华夏文明传播研究文库⑥

华夏传播学的想象力

——中华文化传播研究著作评介集成

谢清果　编著

九州出版社 JIUZHOUPRESS｜全国百佳图书出版单位

图书在版编目（CIP）数据

华夏传播学的想象力：中华文化传播研究著作评介集成 / 谢清果编著. -- 北京：九州出版社，2018.7
ISBN 978-7-5108-7388-1

Ⅰ．①华… Ⅱ．①谢… Ⅲ．①传播学－研究－中国 Ⅳ．①G206

中国版本图书馆CIP数据核字（2018）第163062号

华夏传播学的想象力

作　　者	谢清果　编著
出版发行	九州出版社
地　　址	北京市西城区阜外大街甲 35 号（100037）
发行电话	（010）68992190/3/5/6
网　　址	www.jiuzhoupress.com
电子信箱	jiuzhou@jiuzhoupress.com
印　　刷	北京九州迅驰传媒文化有限公司
开　　本	720 毫米 ×1020 毫米　16 开
印　　张	36.75
字　　数	468 千字
版　　次	2018 年 7 月第 1 版
印　　次	2018 年 7 月第 1 次印刷
书　　号	ISBN 978-7-5108-7388-1
定　　价	76.00 元

厦门大学人文社会科学"校长基金·创新团队"项目"海峡两岸舆论：动力机制及其演化轨迹研究"（编号：20720171005)资助成果

厦门大学传播研究所　　成果

厦门大学华夏文明传播研究中心　　成果

厦门大学

厦门大学哲学社会繁荣计划
2011-2021

华夏文明传播研究文库

顾问

黄星民（厦门大学新闻传播学院教授，博导）

詹石窗（四川大学老子研究院院长，博导）

学术委员会

主　任：孙旭培（中国社会科学院）

委　员（以姓氏笔画为序）：

马成龙（香港浸会大学传理学院）

尹韵公（中国社会科学院新闻与传播所）

吕　行（美国迪堡大学）

庄鸿明（厦门大学新闻传播学院）

孙　玮（复旦大学新闻学院）

李　彬（清华大学新闻传播学院）

肖小穗（香港浸会大学传理学院）

肖东发（北京大学新闻与传播学院）

吴　飞（浙江大学传媒与国际文化学院）

吴予敏（深圳大学传播学院）

吴廷俊（华中科技大学新闻与信息传播学院）

汪　琪（台湾政治大学传播学院）

邵培仁（浙江大学传播研究系）

陈国明（美国罗德岛大学传播研究系）

陈韬文（香港中文大学新闻与传播学院）

陈嫣如（厦门大学新闻传播学院）

张惠晶（美国伊利诺大学芝加哥分校）

张铭清（厦门大学新闻传播学院）

林升栋（厦门大学新闻传播学院）

罗　萍（厦门大学新闻传播学院）

总　序

一、文明传播：文明的传播与传播的文明

"文明传播"概念的提出与理论阐释已经成为中国传播学界一个别样的探索方向。从"文明传播"的视角来审视人类文明的发展规律以及背后的传播机制是人类自我反省的必然要求，而文明传播研究的成果从根本上有具有指导人类文明航向的意义。

"文明传播"问题的提出源于20世纪90年代中国社会科院新闻与传播研究所的几位传播学研究者与《北京日报》《人民日报》《光明日报》、中央电视台首都新闻共同发起了声势浩大的"文明工程"运动。得益于"文明工程"运动实施引发了"文明传播"问题的思考，并于2006年12月在北京召开的中国首届"文明论坛"上提出建构"文明传播学"的观点。2007年8月"文明传播的跨学科研究与学科创建"课题作为中国社会科学院资助重点课题获得立项，主要参与者有季燕京、毛峰、王怡红、杨瑞明、张丹、胡河宁、胡翼青、刘明等人。季燕京、毛峰于2007年的《中国社会科学院院报》上发表《以文明传播思想为核心的传播哲学》一文，文章认为："以文明传播思想为核心的传播哲学认为，信息传播最深刻的起源应当在人类的社会实践——认识结构之中，其最核心的基础和根本问题是社会认识的主体性起源。同时，任何社会认识的主体性都应当是基于社会实践主体性之上的。也就是说，社会实践中的各种利益关系、组织方式以及不同主体所处的社会历史地位，这是社会认识中主客体关系的基础或依据。因此，真正了解社会传播的主客体关系及其主体性问题，包括起源和形成，都应当从社会的利益关系、组织关系、物质条件以及相应的认知模式中寻求答案。"总而言之，文明传播追求的是自觉审视社会整合中的通过社会组织方式而实现的利益交换整合和通过

社会传播结构而实现的信息交换的整合，从而形成与当代和谐社会理念相配合的传播文明视域。毛峰则是较早关注文明传播且富有成就的学者，他从研究《帝国与传播》《传播的偏向》入手，提示出伊尼斯的文明传播观："文明在确立、生长、扩张与绵延的过程中会不断遭遇传播问题：政治权力与经济利益是否合理流动分配、文化价值是否被大多数社会成员共享共信，是这一文明能否实现内部整合的基础；而在外部扩张上，文明对自然的开发是否超过自然所能忍受并自我修复的限度、文明是否能合理对待其他文明中的社区与人群，更成为文明生死存亡的关键。文明在传播过程中时常出现的'偏向'与失衡，往往置文明于死地。文明传播的悖论在于：文明在物质、技术以及媒介层面的进步，常常打乱了固有的文明传播秩序，尤其是文化信息的骤然增加与分歧杂乱，使原本共享共信的文明价值被怀疑并否弃，最终使文明成为传播的牺牲品，文明由于传播的偏向而堕入战乱、崩溃等非文明的野蛮状态。"① 如此看来，文明传播研究的价值与意义在于自觉维护人类文明永续发展，促进和保障人类生活和谐。毛峰从中国的《论语》中找到防止文明传播异化的指导思想，他认为："孔子提出的救济传播的偏向、失衡与异化的原则是对文明传播活动施以道德指引，使文明传播活动回归其逐渐偏离的自然秩序（道）与社会秩序（德），赋予文明传播牢不可破的道德基础，使文明永葆活力、持久与和谐。"② 中华文明上下五千的智慧蕴藏着丰富的文明传播理念。毛峰认为"文明传播的法则是自然生态与人类活动的良性平衡"，中华文明在漫长的历史长河中养成中国的"文明模式"："以儒家思想为中心，辅以道家等先秦思想而形成的中国世界观，确保了中华文明在绵延五千年的悠久岁月中取得独步世界的辉煌成就，其尊崇爱护自然、力行道德教化、追求精神提升、万物和谐的文明模式，在世界其他文明盛衰不定的历史急流中，保障了中华民族的长期统一、稳定、繁荣、与他民族和谐共存等高度可持续性。"③

2012 年 11 月，《文明传播的哲学视野》一书作为"文明传播的跨学科研究与学科创建"的结项成果正式出版，"文明传播"理论得以完整呈现。该书分"关于文明传播的基本认识""传播学的反思与中国学派的传播哲学""中

① 毛峰：《文明传播的偏向与当代文明的危机——伊尼斯传播哲学中的历史智慧》，《史学理论研究》，2005 年第 2 期。
② 毛峰：《回归道德主义：孔子文明传播思想论析》，《南开学报》（哲学社会科学版），2005 年第 3 期。
③ 毛峰：《文明传播的秩序——中国人的智慧》．北京：中国传媒大学出版社，2005 年版，第 13 页、前言第 4 页。

华文明传播的原理探索""中华商业文明及其传播机制的历史反思""文明的转型与发展传播理论的反思""文明跃迁进程中的组织变革与战略理性"六篇共三十四章。该书的问题意识在于"中华文明何以传播承续至今而不中断""现代传播学为什么不能解释中国历史和现实社会的重大和基础性问题""文明转型过程中涉及什么样的传播思想、传播结构、重大社会理论和组织方式问题"而"文明传播"概念的基础内涵在于人类在克服人与自然、人与社会、人与自身之间重重矛盾的努力中所达到的历史进度和高度。显然，"文明传播"的目标是和谐，实现和谐传播的方法和途径是对话和反思。其中，"文明传播"作为概念，是"文明的传播"与"传播的文明"的统一。前者强调的是"文明"在传播中生成和发展；后者强调"传播"亦是在"文明"的观照下进行的，传播活动本身也进行着"文明"的洗礼。正所谓"文明通过传播，走向对话语境，达到和谐。传播是表明文明的手段，是显露文明的平台，传播的对话方式是实现和谐社会的有效途径。"①

二、华夏文明传播：华夏传播学的理论特质

"华夏传播"的提法，最早出现在《华夏传播论》一书中。然而书中却未对这一概念做说明。《华夏传播论》最初拟名"中国古代文化传播概论"或"中国传统文化中的传播"，最后正式出版时改为现名。可见，当时"华夏传播"仅作为书名的缩写形式出现，还没有鲜明的概念意识。真正将其作为概念提出的是黄星民教授，他发表《华夏传播研究刍议》一文，清晰地勾勒出"华夏传播"一词使用的脉络，进而分析"华夏"一词的文化意涵——华夏特指古代中国，且内含地理中国和文化中国的褒义。他这样界定"华夏传播研究"："华夏传播研究是对中国传统社会中的传播活动和传播观念的发掘、整理、研究和扬弃。"这个定义包括三个层面的含义：其一，指出中国传统社会是该研究的范围，即大抵指涉五四运动以前的中国社会。其二，指出"传播活动与传播观念"是该研究的对象。"传播活动"包括传播媒介、传播人物、传播事件、传播制度等以及它们的沿革流变、经验教训和基本规律："传播观念"指的是关于传播的言论、观点、学说、思想，甚至传播哲学等等。重点

---

① 杨瑞明、张丹、季燕京、毛峰主编：《文明传播的哲学视野》. 北京：中国社会科学出版社，2012年版，第35页。

在华夏传播思想与传播制度。其三，指出"发掘、整理、研究和扬弃"是该研究的基本指导思想。"发掘、整理"是研究者对华夏传播活动进行客观的描述，是基础。"研究、扬弃"是研究者在发掘、整理的基础上，运用传播学等当代社会科学的研究方法加以验证或阐释，力争从其中找出带规律性的东西，从而把它们提炼成科学的传播理论，用来指导今天的传播实践，丰富和发展世界传播学理论。"研究、扬弃"也可以从批判角度入手，告诫我们如何去避免过去的失误。这样的"华夏传播研究"的价值与意义就十分明显了：学术意义，即熔西方传播科学理论和华夏传播学说精华于一炉，共同解释、指导和总结今天中国的传播实践，形成我国特色的理论范式，形成传播学中国学派；发扬时代色彩，华夏传播研究在华夏文化与信息传播两方面保持着灵动的张力，如此既有助于发扬中华文化的魅力，又有助于培育、探索适合中国国情，能够阐释中国实践的信息传播学说；提供世界启示，华夏技术与传播道德的结合，是中华文明延续的内在原理，这对于世界传播事业的健康发展具有一定启迪意义。①

"华夏传播研究"作为领域已然形成，正像传播学可分为经济传播学等方向，华夏传播研讨华夏传统文化中的传播活动与现象，自然也可以称之为"华夏传播学"。当然，"学"通常被解读为"学说""理论"，亦有"学科"之意。笔者认为，"华夏传播学"的前提假设是承载五千年文明的中华文化虽然没有用现代传播学话语表达的传播学理论，但是已然存在直接或间接用中国话语（无论是文言文，还是白话文）表达的传播学理论却是存在无疑的。如《鬼谷子》的论辩说服理论和张仪、苏秦的说服实践，《韩非子》中的《说难》篇、《吕氏春秋》中的《察传》篇对口语传播的理论提炼，这样的情况不胜枚举。当然，这不是"西学中源"的自吹自播，而是强调立足中华传统，根植于中国几千年的生活生产实践，延续、传承、创新我们中国传播理论，借助西方的传播学说和方法，重塑可与西方对话，阐释中国实践的华夏传播学。因此，华夏传播学是华夏传播研究的终极指向。我们可以这样表述："华夏传播学是在对中国传统社会中的传播活动和传播观念进行发掘、整理、研究和扬弃的基础上，建构起来的能够阐释和推进中华文明可持续发展的传播机制、机理和思想方法的学说。"这里包含三个含义：其一，以史鉴今，通过开展华夏传播研究，提炼华夏独特的传播理念、传播技艺；其二，华夏传播研究的目标

---

① 黄星民：《华夏传播研究刍议》，《新闻与传播研究》，2002 年第 4 期。

在于既能解释中国传统社会的传播现象与活动，又能推导中国当代社会实践，实现传播理论的当代创新；其三，着力点在于将复杂的传播现象、传播制度、传播理念通过"由表及里，去粗取精，去伪存真"的功夫，形成一套能够保持自然生态和谐、社会关系和顺、政治运作高效廉洁、民众生活有序安宁、国际关系和平互助的传播思想、传播制度，以指导当下的传播活动，实现与社会组织方式的紧密配合。换句话说，既保证了社会制度安排必需的公平正义，又在合理的传播秩序中保障权力运作过程的公平正义。用今天的话来说，保障公民的"知情权、参与权、表达权、监督权"，需要作为社会公器的传播媒介确切发挥功能，不沦为只当政府的耳目喉舌，而首先充当公民的耳目喉舌。

我们知道中国传统社会中的传播活动、传播制度、传播理念并不是完美无缺的，甚至有时显得有些反动，但从理论上讲，这是实然与应然的矛盾。拿古代士人传承的传播观念来说，其中就有如史家的秉笔直书传统，但在制度化为传播管理控制时，产生了偏差，出现了所谓"刑不上大夫，礼不下庶人"的情景，再等而下之，具体的传播活动和事件上是往往沦为人治，而不是注重法治。华夏传播学的起点在于客观地把握中国传统社会中传播实际（理论与实践两方面），归宿点则在于拨乱反正，将先贤对实现大同世界的诸多构想和探索，经过与世界文明的对话，以中华传统价值观为内核综合创新成适应社会主义实践的传播观念、传播制度和传播活动。这样的学说，才是"秀外慧中"的。

周伟业将华夏传播理论称为东方范式，他以汉语成语、谚语、俗语为例，认为华夏传播理论蕴含着行胜于言的传播取向、一诺千金的传播伦理、"信言不美，美言不信"的语言理论、"防民之口，甚于防川"的舆论警示，表现出以人际传播为核心、既重视语言又怀疑语言、聚合中华文化基因等特征。相对于欧美传播理论，华夏传播理论在文化根源、价值取向和思维方式上具有自己的文化特性：

1. 文化根源

华夏传播学体现以儒家的中庸太和，道家的无为自然和禅宗的缘起性空为核心精神的华夏文化，而经验学派源于实用主义哲学，讲究通过媒介控制，达到社会行为调控的效果；批判学派源于法兰克福学派，侧重于对社会、文化、传播现状的反思和批判。

2. 价值取向

华夏传播学的主旋律是和谐，力求通过传播活动构建内心和谐、人际和睦、天人合一的和谐人生、和谐社会、和谐宇宙。经验学派的价值取向改良社会，关注的是如何和多大程度上调整传播活动以改善当前的社会统治。批判学派价值在于变革社会，着力点在于反思传播过程中的控制合法和合理问题，进而促进传播控制的合法合理。可见，"经验学派和批判学派的总体取向是通过媒介生态的改造来改良社会生态、文化生态；华夏传播理论的总体取向是通过人际关系的协调来实现社会关系的优化"。①

3. 思维方法

华夏传播学以"中庸"（或称为中和、中道）为核心的思维方法是对历史与现实生活智慧不断进行理论提升的结晶，因此，其运思过程就是生活智慧的不断积淀和升华，是经验思维（实用理性）取向。经验学派则讲究科学实证，要求运用问卷调查，社会实验等方式来进行数据分析，因此是科学思维取向。批判学派则是理论反思与现实批判，注重通过人文精神的重塑来实现社会公平正义，因此是批判思维取向。

表达方式和适用范围。华夏传播学的表达方式往往是经验性的话语，如格言警句、成语，适用广泛，不仅适用于古代，也适用于现代，这体现出华夏传播学较擅长解释人际传播现象。经验学派和批判学派的表述方式是学术话语，以概念和理论的形式出现，更适用于大众传播时代，因此能较好地解释现代社会的媒介传播、组织传播。

总而言之，华夏传播学"是一种历史沉淀、文化积累。它不同于为政府、公司提供咨询、服务的实证研究，也不同于批判现代社会弊病、文化工业问题的理论研究，是一种扎根于中华文化的东方范式的传播学理论。它是汉语文化对人类传播规律的深刻领悟，也是华夏文明对世界传播所做出的独特贡献"。②

综上所述，华夏传播学是贯通古今，以传统为主，以现实为辅；以现实为导向，以传统为着力点；试图通过对华夏传播史与华夏传播理论的双重观照中，寻找传统与现实的逻辑起点，围绕社会运作与信息传播的互动为主线，

---

① 周伟业：《东方范式：华夏传播理论的内涵、特征与价值——以汉语成语、谚语、俗语为中心的思考》，《南京政治学院学报》，2010 年第 5 期。

② 周伟业：《东方范式：华夏传播理论的内涵、特征与价值——以汉语成语、谚语、俗语为中心的思考》，《南京政治学院学报》，2010 年第 5 期。

夯实中华民族圆"中国梦"的基础。

　　在此基础上，我们进一步提出"华夏文明传播"观念，不仅仅是将文明传播的视野集中于中国，而且是要聚焦于中国优秀文化传统（即华夏文明），着力挖掘华夏文明中的传播智慧，当然也追求依托华夏文明来与西方传播实践与理论展开对话，鲜明地传播中国好声音，讲好中国好故事，用我们的中庸、天下、和谐、礼乐等观念来阐述华夏传播理论，来解释中国当代社会交往与国际传播背后的理念，从而为中华民族的伟大复兴建构起自己的传播话语体系，让世界理解华夏文明是以追求"天下太平"为己任，她奉行"和而不同"的交流观念，具有极大包容性、开放性和开拓性的优秀品质，世界的和平发展需要华夏文明贡献智慧，华夏文明也乐于与世界分享中国智慧。

　　《华夏文明传播研究文库》将以研究与传播中华优秀传统文化为宗旨，一方面注重传播华夏文明，从多个维度研究中华文化传统，以增强民族的文化自信与文化自觉，使华夏文明能够薪火相传；另一方面积极阐扬华夏文明的传播智慧，立足中国，放眼世界，以他者为镜鉴，建构华夏文明传播的思想体系，提供可以与西方传播理论对话的中国文本。

主编　谢清果　钟海连

2016 年 2 月 26 日

目　录

华夏传播的理论建构

华夏传播的政治沟通

华夏传播研究的民俗视维

华夏传播研究的文艺视域

序

传播学"中华学派"建构路径的前瞻性思考

　　华夏传播研究自 20 世纪 70 年代末肇始，90 年代兴盛一时，此后平淡发展，而至 21 世纪初渐有勃兴之势。本文首先力求充分把握这一领域前沿热点的研究成就，并归纳出其显著特征，进而从反思"传播学本土化研究"问题入手探讨"华夏传播研究"的合法性，再基于四十年华夏传播研究的历史变迁与近年来发展的丰硕成果，从核心概念辨析、中国新闻传播史研究、民族文化传播学建构、华夏传播学的想象力培育、华夏传播理论体系构建等维度，全方位、前瞻性地展示出传播学"中华学派"建构的基本态势与发展路径，以期推动华夏传播研究向建构"华夏传播学"的方向挺进，为最终"中华传播学"的形成奠定历史与文化的基石。

　　一般认为，华夏传播研究肇始于 20 世纪 70 年代末，由香港中文大学的余也鲁、台湾政治大学的徐佳士等前辈学者在传播学传入中国（首先是港台地区）伊始，便提出研究中国传统文化中的传播智慧问题，并在香港与台湾分别召开中华传统文化的"传"的问题研讨会，此后台湾政治大学传播学院的朱传誉、祝基滢、关绍箕等人研究该问题成就斐然。20 世纪 90 年代初，大陆的厦门大学成立传播研究所，专门作为推动华夏传播研究的机构。在这一机构的推动下，召开过多次学术研讨，出版了论文集《从零开始》，推出了首部概论性著作——《华夏传播论》（孙旭培主编），出版了首套研究丛书——《华夏传播研究丛书》（郑学檬的《传在史中：中国传统社会传播史料选辑》、李国正的《汉字解析与信息传播》和黄鸣奋的《说服君主：中国古代的讽谏传播》等三卷），此外，吴予敏、黄星民、李彬、尹韵公、邵培仁等人表现突出。同时，厦门大学新闻传播学院（前身为"新闻传播系"）逐步开设出此领域本硕博成体系的课程——"媒介发展史研究""华夏传播概论""华夏传播研究""中国传播理论研究"。21 世纪的第二个十年以来，华夏传播研究获得迅猛发展。厦门大学创办了《中华文化与传播研究》刊物，推出《华夏文明传播研究文库》，开设"中华文化与传播大讲坛"，邀请海内外专家学者主要围绕中华文化传播相关议题开讲，努力推进华夏传播研究领域的教学与科研工作，期望能够再度引领该领域的学术研究，进而使华夏传播研究这一领域成为传播学中国化研究进程中一道亮丽的风景线。

那么，何为"华夏传播研究"呢？厦门大学的黄星民教授早在 16 年前将之界定为"是对中国传统社会中的传播活动和传播观念的发掘、整理、研究和扬弃"。研究对象包括"华夏文化"与"信息传播"，研究目标是形成"传播学中华学派"（黄星民，2002）。何以称为传播学"中华学派"而不直接称为"华夏学派"或"中国学派"呢？首先，孔颖达在《春秋左传正义》中有言："中国有礼义的大，故谓之夏；有服章之美，故谓之华。华夏，一也。"可见，华夏与中国意义相近，但前者更有文化自觉，文化自信的意谓，而"华夏"在后世的发展与运用中，更倾向于表述"古代中国"，同时"中国"一词当今较为稳定地用于表述"中华人民共和国"的简称。其次，传播学"中华学派"的形成无疑如黄星民老师所言，必须进行"引进消化国外传播科学""整理研究华夏传播学说""研究总结中国当代传播实践"三个层面的工作，最后形成有我国传播特色的理论范式，以指导中国社会实践，参与世界传播学对话。明显地，我国传播学的未来应当是融通古今中外的传播学说，因此，用"中华学派"一则表达是中国的传播学派；二则传递出该学派是对中国悠久文明的继承与创新的结晶；三则"中华"一词在当代使用的意蕴中涵盖整个大陆与港澳台，甚至包括国外华人华侨及认同中华文化的国际友人，共同形成的大中华文化圈。最后，所以不称为"中国学派"，是因为"中国"一词当今约定俗成地侧重指称作为国家的中国，即便广义上使用的历史上一直处于意义流变的"中国"概念，但内涵过于丰富，比如作为方法的中国，作为价值的中国，就不好用于专称一个学派。而所以不称为"华夏学派"，因为此概念内涵偏重于古代，易让人忽视其理论的当代实践与价值。不过，华夏传播研究及其华夏传播学的建构正是建构传播学"中华学派"必经的一个阶段，而传播学"中华学派"真正形成的标志便是"中华传播学"的创立。

笔者提出的"华夏传播学"正是研究华夏传播学说的理论成果，也是构建传播学"中华学派"的理论基础。而传播学"中华学派"的最终形成必当是华夏传播学与世界传播学、中国（现当代）传播学融合而成的有中国特色，中国气派，中国话语的传播学崭新范式——"中华传播学"。具体说来，华夏传播学的使命正在于整理中国传统的传播理念、传播理论、传播制度，这不仅是理解当下中国诸社会现象的重要依据，也是反思中国传统，构建未来和谐社会所需要的传播资源；还是丰富世界传播理论的必由之路。基于此，笔者曾撰文认为，华夏传播学是华夏传播研究的终极指向，并做如下界说："华夏传播学是在对中国传统社会中的传播活动和传播观念进行发掘、整理、研究和扬弃的基础上，建构起来的能够阐释和推进中华文明可持续发展的传播机制、机理和思想方法的学说。"这里包含三个含义：其一，以史鉴今，通过开展华夏传播研究，提炼华夏独特的传播理念、传播技艺；其二，华夏传播研究的目标在于既能解释中国传统社会的传播现象与活动，又能推导中国当代社会实践，实现传播理论的当代创新；其三，着力点在于将复杂的传播现象、传播制度、传播理念通过"由表及里，去粗取精，去伪存真"的功夫，形成一套能够保持自然生态和谐、社会关系和顺、政治运作高效廉洁、民众生活有序安宁，国际关系和平互助的传播思想、传播制度，以指导当下的传播活动，实现与社会运作方式的紧密配合（谢清果，2014）。总之，华夏传播学作为华夏传播研究领域最终的理论成就，是最终促进作为传播学"中华学派"理论表征的"中华传播学"最终形成提供根基。近年来，华夏传播研究领域取得了长足进展，为了总结过去，展望未来，笔者选择《国际新闻界》《现代传播》《新闻与传播研究》《新闻大学》四本新闻传播学界最具影响力的期刊论文为核心，旁及其他刊物；还有相关著作，力求既生动准确又能概览式地展示华夏传播研究近四十年来，尤其是近五年来的学术样态和发展趋势，力争把握建构传播学"中华学派"的基本方向和路径，从而阐明了传播学"中华学派"建构何以可能这一核心问题。

一、传播学"中华学派"建构的雄厚基础及显著特征

笔者已于《华夏传播学引论》（厦门大学出版社，2017）和《华夏文明与传播学本土化研究》（九州出版社，2016）两部著作的绪论部分中相对系统地介绍了华夏传播研究近四十年来研究的成就。尤其是在纵览21世纪以来华夏传播研究的主要成果之后，笔者发现，华夏传播研究领域的研究基础已然日益雄厚，业已呈现出其以下研究成就与显著特征：

（一）研究主体年轻化

研究主以中青年学者为主。他们有的从传播学相邻学科如政治学、历史学、哲学等领域走向传播学议题的研究，如历史学博士白文刚、政治学博士

陈谦、哲学博士谢清果等人。有的因为师从与对华夏传播研究有兴趣的导师，如出版博士学位论文《元代传播考》的李漫师从清华大学的李彬教授，华东师范大学的潘祥辉、暨南大学的姚锦云都曾师从浙江大学的邵培仁教授；研究先秦政治传播思想的贾兵师从上海大学的许正林教授；出版过《先秦诸子传播思想研究》的仝冠军师从北京大学的肖东发教授；赵晟、杜恺健两位博士生师从厦门大学的谢清果教授，深圳大学主要从事汉代信息传播研究的黄春平师从中国社会科学院的尹韵公教授，等等。

（二）研究对象集中

目前华夏传播研究的对象相对集中在文艺传播、政治传播、语言传播、舆论传播、符号传播、内向传播。传统文学经典作品的传播研究兴盛，如《西游记》《西厢记》以及诸子百家作品的海外传播研究，比如戴俊霞的《诸子散文在英语世界的译介与传播》（北京师范大学出版社，2014）、李亚宏的《中国古典说服艺术》（云南人民出版社，2011），等等。同时，与当下传播学界研究热点前沿问题相呼应，如符号学、舆论传播研究，也自然向传统回溯，向历史要智慧。先秦诸子传播思想研究也是经久不衰的研究热点。甘惜分教授早年的博士生何庆良的《先秦诸子传播思想研究》从传播功能论、传播效果论、传播媒介方式论、论辩思想、传播技巧、传播心理、受众需求论、传播控制论、传播道德论等九个方面重点论述了儒道法墨纵横家的传播思想。其认为，"研究诸子传播思想不是整理国故，也不是发思故之幽情，而是探索如何利用历史遗产服务于今天、面向未来的严肃课题，这是中国传播学研究所不能忽视的。"（何庆良，1993：7）北京印刷学院魏超教授的《老庄传播思想散论》（中国轻工业出版社，2010）一书以幽默风趣的笔触，散文的表现手法，在传播主体、传播符号、传播技巧、传播受众和传播过程与环境方面探讨了老庄传播思想的启示。

华夏内向传播智慧研究特色凸显。笔者近年来对此多有耕耘。例如以《道德经》第20章中"众人熙熙，如享太牢、如春登台。我独泊兮其未兆，如婴儿之未孩，儽儽兮，若无所归。众人皆有余，而我独若遗。我愚人之心也哉！沌沌兮！俗人昭昭，我独昏昏；俗人察察，我独闷闷。澹兮其若海，飂兮若无止。众人皆有以，而我独顽似鄙。我独异于人，而贵食母"这段为核心观照对象，将"众人"解读为俗我，即主我，而将"我"解读为道我，即"客我"，进而阐述了老子内向传播智慧以自我境界升华为指向，与西方以社会功能为指向的内向传播研究是有着不同的学术进路（谢清果，2011）。接着，笔者发现《庄子》书提出的"吾丧我"的命题是最具道家鲜明特色的内向传播命题，因为庄子学派发现了有两个自我（即"吾"与"我"）的存在，而这两个自我的矛盾张力，正是主体实现超越的操作路径，视"吾"为"道我"，"我"为"俗我"，通过心斋、坐忘等心性修炼功夫，来消除后天自我观念对本性的遮蔽，以"丧我"为路径，回归"吾"，即道我，真我（谢清果，2014）。再者，笔者将研究对象指向佛家。佛家的心性论重在启人由迷而觉而成佛，成佛的过程本质上就是内向传播的过程，即通过戒定慧的内心操持，消除自我妄见，进入无上正等正觉，借助弗洛伊德的本我、自我、超我的人格理论来加以分析，自我以佛为操作指向，摆脱本我的贪嗔痴，放下我执、我见、我相的自我局限，向觉悟的超我——佛的境界挺进。（谢清果、季程，2016）。此外，也关注儒家，笔者在研读《大学》《中庸》等儒家作品的过程中，发现"慎独"是儒家内向传播的核心观念，是超凡入圣的必由之路，而凡可视为俗我，主我；而圣可视为圣贤，客我，通过慎独功夫，使自我由凡而圣（谢清果，2016A）。相应地，道家的"见独"观念是最能体现道家式的内向传播智慧。理由是"见独"观念清晰地呈现了道家内向传播活动是如何运作，及其怎样营造良好运作的环境条件的。具体说来，"见独"正是道家自我认知、自我反省、自我升华的内向传播活动，其运作机制是以"道我"对"俗我"的召唤，同时，"俗我"以"道我"为镜子来修身养性，而在这过程中，通过内观、心静如镜的一系列内向操作过程，终究能让心灵焕发"天光"，以促成"俗我"向"道我"的转化（谢清果，2016B：42—52）。

青岛大学的陈谦连续推出《中国古代政治传播思想研究》（中国社会科学出版社，2009）、《中国古代王明政治传播制度研究》（中国社会科学出版社，2016）两部作品，加上广州大学贾兵老师的博士论文《先秦诸子政治传播观念研究》（上海大学，2011），中国传媒大学白文刚的《中国古代政治传播研究》（中国社会科学出版社，2014）以及华东师范大学潘祥辉的《传播史上的青铜时代：殷周青铜器的文化与政治传播功能考》《"对天发誓"：一种中国本土沟通行为的传播社会学阐释》，中国社会科学院的朱鸿军、季诚浩的《经筵会讲：一种中国本土的政治传播仪式及其演变》等文章充分说明中国三千年的封建社会是研究政治传播的天然素材。

（三）研究态势呈学科交叉融合

文史哲学科与传播学的交叉融合，这一特征本身是华夏传播研究的特质所在。华夏传播研究致力于研究中国人的交往观与关系哲学，而这些研究离开文史哲的厚重积累，是不可能。尤其是华夏传播智慧的珍珠本就在于中华元典及其赓续的经典文献之中。例如，《周易》通常被认为是群经之首，是中华文化的源头。而从传播学的角度看，其实际上从思维方式（交通感应）和传播哲学（阴阳和合）上奠定了中国人的交往观。邵培仁、姚锦云在李国正、陈国明等诸多学者研究基础上，认为《周易》建构"交—通—合"的传播观，这种传播观沟通了现实交往与理想世界的鸿沟，使人与人的心灵交汇，价值观契合。毕竟《周易》是中华智慧的集大成，是中华先人试图以卦爻（符号）与辞（意义）的内在关系，建构起中华民族诠释千变万化的生活与世界的思想体系，将人类的一切传播活动都纳入到"变易、不易、简易"的周延的解释系统中。（邵培仁、姚锦云，2016D）暨南大学姚锦云老师的博士学位论文《春秋释〈易〉与德性交往观的形成》，正是以《左传》《国语》中的22个占卜筮例来分析那个春秋时期的由天人沟通观念向人人沟通观念转变的历程，颇为精彩。

（四）研究取向上，策略性明显

相关学者选择研究问题意识方面与自己所在地域和学校的传统优势相结合，从而更易于策略地在学界展现自己的学术成就。例如对民族文化的研究，郝朴宁等学者则往往身处少数民族地区，或者如庹继光、汤景泰等人参与到复旦大学刘海贵导师主持的"中国少数民族传播研究"方面课题或大项目中去，从而能够方便高效地利用资源凸显自我。笔者本人从事老庄道家研究20余载，自然也着力将老学与传播学相结合，打造"老子传播学"这一跨学科交叉研究领域，推出了一系列著作：《和老子学传播——老子的沟通智慧》（宗教文化出版社，2010）、《和老子学生——老子的健康健康传播智慧》（宗教文化出版社，2010）、《和老子学管理——老子的组织传播智慧》（宗教文化出版社，2011）、《和老子学养生——老子的健康传播智慧》（宗教文化出版社，2011）、《大道上的老子——〈道德经〉与大众传播学》（九州出版社，2016）、《生活中的老子——〈道德经〉与人际沟通》（九州出版社，2017）。这些作品分别从语言传播、人际传播、组织传播、健康传播、大众传播、人际传播等视角来剖析《道德经》文本及其流传，且重点探讨了"道可道，非常道；名可名，非常名""无为""小国寡民"在符号学、传播效果以及传播社会责任等方面的意义，最有特色的是将《道德经》与彼得斯的《交流的无奈》一书进行比较研究，探索了两者在语言的失真与意义之惑、文字的冒险与意义的曲解、交流无奈的破解之道等方面所进行的富有启发性的阐释，发表有《交流的无奈：老子与彼得斯的不谋而合》（谢清果、杨芳，2016A）、《老子对人际传播现象的独特思考——与〈交流的无奈——传播思想史〉比较的视角》（谢清果、杨芳，2016B）、《架构"交流的无奈"通向"人际的和谐"桥梁——论老子人际沟通的逆向思维》（谢清果、曹艳辉，2012）等多篇论文。从而在先秦诸子传播思想研究领域中有了一定的显示度。

（五）论文发表阵地，分散中有聚焦

华夏传播研究的成果发表较为分散，各类人文社会类大学学报，各级社科院院刊都时有刊载，细致分析后发现，往往未必凸显其传播学科类别，而是或在历史研究领域，或在文化研究领域，不一而足。同时，新闻传播学界的核心刊物中《国际新闻界》和《现代传播》时有相关论文，而《新闻与传播研究》侧重于发表华夏传播史类的文章，而《新闻大学》则更倾向发表华夏传播媒介方面的文章。而尚处于发展中的浙江大学传播研究所办的《中国传媒报告》已出版62期，第60期刊就载有笔者作为华夏传播研究专栏主持的一组文章。厦门大学传播研究所办的《中华文化与传播研究》已出版5期，主题分别是"深切缅外余也鲁先生"（第一期），"传播学中国化的历史、现实与未来展望"（第二期），"中国文化遗产传播：理论、方法与实践"（第三期），"民族\文化心理研究"（第四期），"华夏文明传播研究"（第五期）。此两份刊物均因主办者为华夏传播研究的不懈推动者，刊物自然成为华夏传播研究成果的重要展示平台，尤其是后者，则明确表示着力于华夏传播研究在新世纪的开展，并已筹备将于2017年创办致力于研究精深学问的专业化辑刊——《华夏传播研究》。

（六）研究时段与历史学研究热点有较高重合度

分析已有的华夏传播研究的论文往往集中于先秦、汉代、唐代、宋代、清代晚期等历史上较为辉煌的时期。例如：

先秦时期的研究注重探讨诸子百家传播思想，也关注先秦社会传播活动。如赵云泽等人认为先秦社会传播活动，如史官记事、官方文书通讯、采风、乡校议政等具有大众传播功能，主要体现在"辅佑政事"和"延揽民意"方面。难能可贵的是作者进一步认为"新闻纸"出现之前存在大众传播活动，因此，中国新闻传播事业诞生的标准问题，应以"新闻传播的活动"为标志（赵云泽、丁琢、孟雅、李师贤，2016）。

汉代的研究倍受关注。有学者探讨汉代檄文的形制、传播内容、传播方式，与露布的区别，及其作用和影响（黄春平，2011）。汉代的谣言等研究颇为突出，既有专著，如，吕宗力的《汉代的谣言》（浙江大学出版社，2011）；又有论文，如《"举谣言"考辨》（陈建群，2014）。

唐代是中国的盛世，回味唐代是中华民族复兴的重要意象，自然也牵引了学者的目光。有学者从研究当代的国家形象传播入手，回顾唐代的传播对外传播经验，认为唐朝在"我——他"关系的想象中，加强了自身的国家身份认同（陈雅莉、张昆、曾林浩，2016）。

宋代是个科技与文化昌盛的时代，当时传播制度方面也有许多值得关注的地方。例如有学者就关注宋代作为信息控制的"定本"制度的存废过程，进深刻指出：宋代定本制度的存废之争，实际上是新闻信息传播效率与新闻信息传播安全之间矛盾的外在反映（魏海岩，2012）。还有学者探索宋代"榜"这种媒介的形态、张贴空间及其功能、传播范围，都做了深入细致的考察（杨军，2011）。

清代晚期由于社会处于近代转型期，媒介与社会的关系研究，较为突出。例如有研究《京报》与当时中英关系，探讨两国通过《京报》及其《字林西报》的"京报摘要"等围绕"觐见问题"引发的社会舆论，形塑了近代化过程中的中国与世界透过媒介的交流状况（赵莹，2013）。还有研究维新变法等时期的士人如何因应新媒介时代，具体来说，就是士人是如何借助新式报纸进行宣传与自我身份建构的（李滨，2011；李秀云，2012）。

二、传播学"中华学派"的建构当根植于省思"传播学本土化"的理论自觉

刘海龙教授曾以特殊与普通、应用与理论二元划分来剖析四象限的关系。总体上华夏传播当前所处的阶段集中在特殊与应用，特殊与理论两个象限内，即应用西方理论解释中国传统思想与实践；借鉴中国经验，以中国实践印证

西方理论，在修正中发展西方理论。其实，西方理论本身也是特殊的理论，因此，移植中国情境，仍需要在地化印证或检验。而相较于西方，中国文化更多以思想的形式表达，缺乏理论的推演。不过，在西方传播理论的刺激下有可能基于中国文化传统与实践经验建构适合中国的传播理论。不过，传播学者的追求当不止于这一境界，那就是在此基础上，借由中西传播学者的对话，可以进一步在应用与普遍、理论与普遍这两象限推进，亦即在全球化的时代，世界交往日益密切，中国可能也能够为世界传播实践贡献中国"方案"，例如和谐传播理论；基于中国实践，进而生发出带有普适性的传播理论，即由中国学者首先发现并被世界认可的理论，如面子理论。"应用 / 理论、特殊 / 普遍之间的张力既客观存在，同时又是中国传播研究保持活力的重要条件。这既符合中国现阶段以发展为主的国情（时间因素），同时也是全球化与多元主义、统一的民族国家与其内部的多元主义等张力（空间因素）的体现。"（刘海龙，2011）诚然如斯。凭此路径与心境，既不会简单地否定从中国悠久的历史传统中去找寻传播习惯的努力，又不会担忧丧失学术话语权这一焦虑问题。总之，立足中国文化传统与现实社会实践，研究中国问题，提出中国见解，解释并前瞻地分析中国社会，在此基础上生发出传播思想和理论，其实就是如同中国特色马克思主义一样，培育出有中国特色的传播学——华夏传播学（或称华人传播学、中华传播学）。其实，作为《华夏传播论》一书的主编孙旭培在介绍该书的文章中早就透露，当时两岸暨香港的学者拟在三个方面着手研究，一是断代史，二是专题研究，三是理论探索。"从中国传统文化中找出原则与原理，结合现代社会实际进行研究验证，建立科学理论"。（孙旭培，1998）

华夏传播研究，乃至传播学"中华学派"的形成，到底发展之路在何方？在这一点上，邵培仁教授提出的六点路径富有启发。其一，验证主义：重新验证西方的研究发现；其二，寻根主义：反向的学术探寻与追溯；其三，融合主义：将西方学术融入中国文化；其四，问题主义：用西方理论与方法研究中国问题；其五，改良主义：改良旧理论，优化老办法；其六，创新主义：建构和创立新的理论和方法。这与陈韬文提出的本土化三阶段说法："简单移植，修订理论和原创理论"（陈韬文，2002）有异曲同工之妙。理论创新是中国传播学者追求的理想目标。而华夏传播学者当下在做的，重点在于"寻根"，邵培仁认为是"将现有的传播理论或提炼总结的学术元素和本土基因，通过寻根问祖式的分析研究，在中国五千多年文化典籍和历史记忆中探讨其学术渊源和发展规律，比对同西方传播学在思维特点、理论深度、研究方法等方面的差异，思考其进一步发展与繁荣的走向和趋势。"（邵培仁，2013）究其实质是以回溯的方式，在中国的历史与文化中找寻中国人对待传播问题的思维方式和行为方式，从而力争将"中国传统思想影响下的中国人传播行为"概念化，理论化，进而能够理解和解释在现实与历史共同型塑而成的中国人的传播习惯及其相适应的一系列制度规范。在此过程中，我们是无法拒绝和抛弃西方的传播理论，而是希望将它作为建构华夏传播理论的参照系，因为没有"他者"，是无法确认自我。因此，对话机制是华夏传播理论建构的必有路径。既探讨传播的人类共通方面，又深研中国在传播实践中的形成中国经验和中国模式。

笔者近期也提出"中西传播理论特质差异"说，认为可以用"心传天下"概括华夏传播理论的特质，因为它强调和谐传播，注重生活经验，以"天下"为价值终极取向；同时可以用"理剖万物"概括西方传播理论的特质，因为它强调科学追问，讲究实证方法，追求问题意识导向，以传播效果控制作为目标。并认为应当推动华夏传播理论"走出去"战略，以建构和谐世界的传播理想，抑制西方文化霸权主义，尊重文化多样化，奉行"和而不同"的相处交往之道（谢清果、祁菲菲，2016）。我们相信在更深入地研究中西传播理论的差异基础上，来开展华夏传播研究，提出富有中国特色的理论与思想观点，如此开展中西对话利于对人类传播理论做出中国的贡献。

邵培仁、姚锦云认为经验与理论并不存在鸿沟，而是可以经由经验而上升为理论，华夏传播研究可于此努力。中国的儒家道德传递观就具有打造成为类似于凯瑞仪式传播观一样的儒家道德传播观的可能（邵培仁，姚锦云，2016A）。邵、姚两人还发文阐述了"华夏传播"研究的合理性。他们认为，前人的经验通过语言和思想在后人的经验中延续，并成为后人的"意义之网"和"释义系统"，因此，以历史为对象的华夏传播研究能够发展为关于现实的知识（邵培仁、姚锦云，2016B）。进而邵、姚两人认为至少有"阴—阳""和—合""交—通""感—应""中—正""时—位""名—实""言—行""心—受""易—简"等十对华夏传播观念，它们既是中国传统思想的重要范畴，又是中国人日常传播行为和行动的"释义系统"，这一努力对发展出"华夏传播理论"至关重要（邵培仁、姚锦云，2016）。如此看来，当前的华夏传播理论如同已然经过破土而出阶段，进入迎着风雨，立根长芽的新时期。

三、传播学"中华学派"的建构当在中国新闻传播史论的研究中提升研究后劲

华夏传播学的建构必须在历史、理论、方法等方面加以着力。而事实上，中国历来有治史的传统，深厚的史学基础，为华夏传播研究奠定了坚实基础。对中国古代报纸的研究，是管窥华夏社会关系结构的重要路径，也是观察传统社会信息流通的必然要求。华夏传播媒介自我的变迁及其牵涉的国家管理，无疑是作为研究社会关系建构的华夏传播学所关注的。吉林大学程丽红主持国家社会科学基金项目"清代新闻传播史研究"，其成果之一《清代小报初探》（程丽红、焦宝，2013）论述了清代小报是独立的媒介这一观点，也肯定了小报有"混杂于邸报或报房《京报》的发抄事件之中"的可能。这是当时小报非法存在而不得已运作形态。于此，亦可了解在传统专制社会里言论自由是何其艰难，但有需要就有满足这种需要的媒介形态。

此外，中国新闻传播史的研究成果中，巫称喜教授的《殷商文化传播史稿》一书填补了商代传播研究的空白。还有许多方便都涉及华夏传播研究议题，如研究传播思想，传播制度和传播媒介，都丰富了华夏传播的内容。例如，传播思想方面有：《被遗忘的中国早期传播研究—评朱希祖的〈道家与法家对于交通机关相反之意见〉》（高海波，2011）一文就是对希祖于1925发表的对古代道家与法家传播观的比较研究；赵尚博士（2015）探索了具有"保"性质的"报"观念的历史流变，分析与"报"与西方宣传的差异，并评价其积极与消极意义。传播制度方面：宋素红、齐琪（2014）对唐到宋进奏官的传播职能与对其管理制度方面的变化进行细致考察，这对于了解古代政治传播是很有助益的。面对四起的谣言，宋代政府一边布置谣言传播的政治禁区，一边建立预警、预案制度，并由此形成一套严密的传播与防控体系（刘大明，2012）。此种研究本身可以以古鉴今，还可以探讨中华文化情境的信息传播规律及其治理的制度。

传播媒介方面：吴果中、夏亮（2011）透过"新闻画"的分析来把握晚清媒介、社会、国际三者互动的关系呈现，将时尚消费与政治批判融合在一起，体现媒介与当时上海社会关系的时代烙印。孔正毅、陈晨（2012）从明代"京报"是否存在这一问题入手，进而以丰富的史料表明明代"京报"不仅存在，而且以邸报与小报两种类型存在。魏海岩（2012）研究了王安石变法时期新出现的以月报为周期的官报在实际运作中的问题，并指出多样化与

专门化为宋代官报发展的趋势。还有对元代是否存在邸报问题，学界展开争鸣。孔正毅主持国家社科基金"中国古代官报——邸报史"课题，其成果之一如《再谈元代的"邸报""朝报"及"除目"问题——兼答李漫博士》与李漫的《元代邸报"新证"考辨》（《国际新闻界》2010 年第 6 期）进行商榷，此类研讨有助于推动对中国古代报纸的深入研究，期望将来学者能够在古代报纸与传统社会结构间的关系进行更有广度深度的研究。当然，晚清电报电话传中国后，对中国政治、经济、社会、文化都有深刻影响。孙藜教授的《晚清电报及其传播观念（1860—1911）》（上海世纪出版集团，2007）便早已探讨了晚清社会对电报的接受过程及其思想观念的变迁的历程，揭示了新传播技术嵌入后的社会传播话语实践。2015 年孙教授又推出新作《再造"中心"：电报网络与晚清政治的空间重构》探讨了电报网络对驿传等旧媒介所建构、维系的空间与社会联系之网的重构，而这过程中伴随着晚清政府致力将电报的网络纳入于权力的结构之中，以维系中心和权威。

郭镇之、郭云强（2013）也关注了晚清电报与电话引进后产生的主权与利权之争，反映了晚清政府面对电信这种新媒介技术在传媒经济与政治经济两重观念的冲突。这一研究对于我们今天互联网主权、安全、交流权等的讨论可以提供历史经验。

四、传播学"中华学派"的建构当在核心概念的辨析中奠定理论基石

对于华夏传播学的建构而言，需要像西方传播学一样对相关的核心概念，进行历史与现实的考索，使同行能够在合适的情境下探索中华传播问题。这方面也有些学者进行了开放性研究，如暨南大学的邓绍根对"舆论"一词的考证，还有学者对"传播""宣传""媒介"等概念进行历史梳理。其中，张振宇、张西子（2011）考证指出中国古代的"媒介"是媒人和推荐者之意，具有仪式感。而直到晚清才具有了指代"交流"的事物。很值得一提的是潘祥辉从传播考古学的视角，从"圣"的来源、演变、中西圣人差异等角度，进行探玄钩沉，认为圣人的原型是拥有超凡传播能力，能够沟通天地人神、偏倚耳听口传的"传播之王"（潘祥辉，2016B）。郝雨（2015）出版的《中国媒介批评学》一书，从中国传播的文学批评中介绍思想方法，来丰富发展媒介批评的中国见解，甚至力争建构起中国的媒介批评学。需要说明的是，需要传播学是舶来品，但是传播思想与传播观念则是各国家，各民族与生俱来的实践积淀，建构传播学"中华学派"着力方向就是要提出一套中国风格、

中国气派、中国话语的传播学理论体系，这样的思想体系当是以我为主，综合创新，以解释和指导中国社会实践为试金石和归宿点的管用的学说。为此，中国传播学者应当，也必然根植于中国丰富的历史与生动鲜活的社会生活，生发出一整套，既能与西方对话，又有中国品格的华夏传播学来。而这样的传播学，无疑是需要从中国文化特有的观念与理论中去挖掘，去提升，去创造。

总之，从中国文化观念入手，探讨华夏传播活动源流，无疑是促进华夏传播理论生成的基础工作，因为概念及其群落的生成，将为华夏传播学的最终铸就提供了范畴基础。

五、传播学"中华学派"的建构当注重推进"民族文化传播学"研究

华夏传播理论与实践的研究，一个重要的方向便是基于中华民族文化多元一体的特征，深入研究民族文化传播，将是华夏传播研究最有可能突破的领域之一。仲富兰的《民俗传播学》（2007），郝朴宁等人的《民族文化传播理论描述》（2007），杨立川的《传播习俗学论纲》（2009）等书都是这一领域的代表作。庹继光、刘海贵（2012）曾撰文分析了民俗传播的信源分析、程式化处理、受众认同与信息变异等传播要素，探索民俗成为民族符号，形成"集体记忆"的传播过程。节日作为民俗的一个重要组成部分，它通过仪式的展演，增强了民族认同感。节日文化在当代时空下的传播，不是节日自身演变的不得不然，也是国家形象塑造的社会基础。（崔莉萍，2012）研究中华文化传播，不可能脱离当下的时空，只有贯通古今，以今溯古，才能使华夏传播研究接地气。也就是说，应当着重研究中华文化意象的诸方面如宗祠文化、乡贤文化、节日文化等对于民族精神与价值传承的关系，避免文化"乡愁"漫延开来。其实，郭建斌、吴飞等老师研究少数民族村落在因应媒介变迁过程中的生存样态，就不仅对于我们从文化传播的角度深刻体认少数民族文化自身传承的脉络，进而惜爱并保护好民族文化；而且也让世人明白民族文化如何应对媒介社会时代，走出民族发展新路子。这其实也是华夏传播学的现实关怀与历史使命。

其实，华夏传播研究未来推进的方向可以在建构"华夏传播学"为旗帜下，继续推进。以往的华夏传播研究是"向后看"，研究传统社会积淀的传播智慧，而其实，还有一个可取的方向当是"向前看"，探讨中华优秀文化在现当代社会如何传承发展问题，这既是事关中华民族核心价值观的发扬问题，

也事关中国传播学的学术话语体系建构的问题。因为只有能够回应时代问题的研究，才是有生命力。而说到底中华文化的当代传承问题，本质是传播问题，无论是国内传播，还是海外传播，因为一种独特的文化样态，本身正是一种有特色的传播方式。中华文化只有在当代能够自然自觉地融入人们的生活，那便是传播生活化了，便有了灵魂。例如，黄鸣奋（2013）认为儒家当因应数字媒体兴起的时代进行有效转型，而这个转型的方向便是"数码儒家"。"数码儒家"的要义在于儒家既要掌握基本信息技能，具备跨媒体素养，又要继承儒家经世济民的人生理想，并在新时期不断发扬光大。各民族文化的传承与发展同样需要传播学等各领域学者的通力合作，使民族文化在适应媒介社会化时代发展中不断增强其传播力、影响力与凝聚力。这应当是中华文化软实力提升的必由之路。近年来也有学者在民族文化传媒化方面着力，这是个值得关注的研究方向，因为民族文化的健康有序发展离不开市场、政府与传媒三方力量的博弈（刘建华、Cindy Gong，2011；程郁儒，2012）。2017年1月25日，中共中央办公厅、国务院办公厅印发了《关于实施中华优秀传统文化传承发展工程的意见》，《意见》指出："文化是民族的血脉，是人民的精神家园。文化自信是更基本、更深层、更持久的力量。中华文化独一无二的理念、智慧、气度、神韵，增添了中国人民和中华民族内心深处的自信和自豪。"传承与发展中华优秀传统文化是时代的使命，也是学者的责任。传播学领域的学者应当积极投身于建设有中国特色的传播学的伟大实践中去，努力将华夏传播学与世界传播学、中国当代传播学融为一体，发出传播学的中国好声音。

六、传播学"中华学派"的建构亟须培育"华夏传播学"的想象力

刘勇（2006）认为当前中国的传播学研究缺乏想象力，过多地围绕要不要本土化的无谓争论，而其实，"究竟什么是本土化？本土化意味着什么？怎样本土化？"才应该是传播学本土化命题的"真问题"。培育想象力是需要质疑精神的。而其实，华夏传播学可以克服西方传播学过于注重传播过程与效果研究的只见物不见人的研究缺欠，发扬中华传统以人为本，讲究人的性灵安顿的和谐传播智慧。

培养想象力的一大路径就是进行中西传播观念的对话，这一点其中从近代西学东渐以来，尤其是晚清时期，中国知识分子自身转型中自觉地省思中华文化，将相关思想与西方进行对照，以促使相关外来观念以中国人易于接

受的形式落地。例如西方"言论自由"与传统的"开言路"进行对接思考。诸如之类的传播观念的思考是中国近代传媒事业发展的观念基础（于翠玲、郭毅，2013）。而中国虽早有"自由"观念，但并不是近代政治学意义上的观念，有学者探索了晚清时期西方的"自由"如何历经跨文化传播而成为晚清以降的重要话语（周德波，2015）。

其实，培育"华夏传播学"的想象力在笔者看来，可以着重从以下两个方面着力：

（一）注重回归在地传播经验的研究

在地经验包括当下中国社会实践，也涵盖中国历史实践。只要能够充分利用传播学相关话语分析，对历史与现实的中国实践中呈现的问题，进行研究，都可以视为对在地经验或中国问题的观照。姜红就曾探讨近代报刊话语体系中的以"黄帝"为对象的种族民族主义与以"孔子"为对象的文化民族主义进行的符号斗争，这一斗争呈现了近代报刊为新媒介的中国近代社会话语与历史叙事的复杂面向（姜红，2014）。蒋建国（2014，2016）关注晚清报刊及其大众阅读研究，由于晚清社会处于转型时期，新媒介发行与阅读已经进入百姓的日常生活，"劝民读报"也成为知识精英的社会动员指向，白话报的兴起，推动下层百姓的阅报行为，如此，办报与读报，成为一种新型社会关系，并日益成为变革社会的力量。此类的研究关注中国情境的传播现象与传播问题，透过研究有助于世人把握具有丰富传播历史的中国是如何走向近代，拥抱现代社会。

反思中国传播学发展历程，传播学者都提出当研究中国问题。而华夏传播研究的一大努力方向正是将诸如"言论自由"等传播学议题引入中国情境，探索中国历史上的言论自由问题的演变史，这本身就是华夏传播学与西方传播学对话的重要路径，也是确立华夏传播学的前提条件，更是"问题"研究取向的体现。并且一个有趣的现象是，近代西方报纸及其思想传入中国的时候，无论是传教士的解释，还是中国知识分子都不由自主地采用了"附会"的方式，将报纸的社会功能比附中国古代的"清议""教化""规谏"等表述（李滨，2014）。李立广（2013）指出，在中国古代言论专制形成过程中，统治者有意识地抛弃了民本的舆论思想，以"别黑白而定一尊"为政治目标，撷取了诸子思想中"齐言行""尚同""一教"等言论控制思想，以"焚书坑儒""罢黜百家，独尊儒术"为手段，建构了封建专制主义言论思想传播秩序。研究中国历史与现实中的传播现象及其问题本身华夏传播研究的方向与研究富矿。同时也是回应学者对做好华夏传播研究的忠告。比如，台湾政治大学传播学院的汪琪教授在分析了"西方主义"与"东方主义"的后殖民主义情境后说："东西方文明大规模接触的数百年间，东方人接受西方与否定自己其实是同时发生的，也是一体的两面。这种自我否定使得亚洲学者在从事研究的时候往往排拒或压抑本身的经验价值与文化观点。"（汪琪，2013：109）诚然如斯，中国学者，大多一贯以学习西方以正途，以西方的思想、学说、理论来审视中国和中华文化，在思维方式上不由自主地以西方为标准，与西方不一致的方面常常斥之为愚昧落后。黄旦教授也曾质疑前些年的传播学"本土化"策略，认为其始终在中西二元对立的框架中，以西方的普遍来验证中国的特殊，为破解些困境，他提出以吉尔兹的"地方性知识"为路径，立足中国经验和场景，提出有意义的传播问题，参与世界的对话。作者希望通过建构中国自己的传播知识体系，"以文化为方法，以传播为目的；以文化为路径，以传播问题为出口"，他深刻提出："我们的'本土化'研究应该是从提问开始，是从中国现实的传播问题开始，是从具有人类共通性的中国传播问题开始。"（黄旦，2013：35—57）此论发人深省。

（二）继续建构能够回应中国社会传播问题的理论体系

其实华夏传播研究的理论体系建构，前有大陆吴予敏的《无形的网络——从传播学的角度看中国的传统文化》（国际文化出版公司，1988），后有台湾关绍箕的《中国传播理论》（台北：正中书局，1994）等著作，它们都试图从各自的角度探讨中国传播理论的独特表达形态。笔者主持过福建省社会科学规划项目"道家符号传播思想研究"（2009）、厦门大学中央高校基本科研业务费项目"道家传播学的理论建构"（2011）等课题，带领研究团队正致力于建构能与西方传播理论进行对话的华夏传播理论，推出一系列成果，试图在传播学研究近年来较为活跃的公共传播、舆论传播、媒介批评、说服传播等方向上呈现华夏文明传播史上在这些议题上所积淀的思想观念、表现形态、历史变迁，并思考其当代价值，期望能引发学界关注，共同在相关方向上深入开拓（谢清果、王昀，2016A；谢清果、王昀，2016B；谢清果、曹艳辉，2016；谢清果、王小贝，2015）。浙江大学的邵培仁教授主持2013年度浙江省哲学社会科学规划课题"华夏传播理论研究：新视野、新思维、新路径"，其后，他和他的博士生姚锦云联手在华夏传播理论体系建构方面成就颇丰。例如，他们提出了"接受主体性"概念，并以庄子、慧能与王阳明为代表，分别探讨他们在思想交流、宗教信念传递、道德传承三大人类传播问题上的独特观念，认为中国传播观念重在"受"而不是"传"，即追求恢复内心本真的精神世界，亦称为"真宰""本心""良知"。从而，传达出与西方"传者为中心"的传播观不一样的"接受主体性"的传播观（邵培仁、姚锦云，2014A）。邵、姚两人（2014B）还提出了"传播辩证论"，能以表述中国古人在符号与意义的关系以及交流是否可能的问题上的理论思考。前者古人表达为名实之辨与言意之辨，而后者则表达为是非之辨与辩讷之争。《老子》开创，《墨子》《庄子》承续，而《荀子》以"解蔽"为集大成。总之，中国古人的辩证传播思想是我们理解中国人传播价值和传播心理结构的金钥匙。邵、姚两人（2014C）还曾提出"传播模式论"，认为《论语》文本蕴含了四种传播模式：价值传播的"内化"模式（以仁释礼，情在理中）、道德传播的"情感"模式（众星共辰，风行草偃）、人际传播的"外推"模式（忠恕为仁，推己及人）、知识传播的"情境"模式（不愤不启，不启不发）。其深层结构是儒家一以贯之的传播思维，包括传授兼顾的主体意识、知行合一的实践精神和情理交融的实用理性。如此，至少建构了儒家的传播模式论，具有相当的解释力。厦门大学的杜恺健博士生探讨"华夏传播符号"的内涵、体系及其其功能，作者认为中国古人注重语言符号的社会性质，一方面，通过对名学的考察，强调必须要有一个与社会相适应的语言符号系统才能够促进社会以及交往的发展。另一方面，古代中国人亦擅长使用非语言符号作为一种传播媒介，通过它们为人们提供了共通的传播理念，进而使得人们在一定交往背景下进行传播成为可能，同时也为传播活动提供了共识的规范。此外，华夏传播符号也具有协同继承的功能，周易卦爻辞的协同继承说明符号所继承不仅仅是中国符号原有的意义，同时也是对原有生活世界的阐扬（杜恺健，2016）。赵晟博士生选取从华夏文明传播的安全角度重新诠释了"夷夏之辨"，认为"夷夏之辨"是一种民族中心、民族自觉的传播本位观，而其核心"夷夏之防"反映的是一种华夏文化传播的安全观与责任观，此外，历代的和亲与朝贡则是夷夏博弈过程中的一种战略选择和跨文化传播策略（赵晟，2016）。此类阐发颇有新意，使原来属于文史哲的议题转化为传播学的议题，体现了华夏传播研究注重与文史哲研究的学科交叉融合。

结 语

"华夏传播学"：传播学"中华学派"的建构的当代目标。

华夏传播研究当今虽然远不是传播学研究的前沿热点，但是她却具有推动与深化中国传播学研究，回应传播学基本问题的理论特质，也就是说未来必将成为研究热点，此乃时势使然。因为植根于本民族文化的传播研究才是学术研究的根本生命力所在。有学者指出，中国人面临的传播困境是"如何共同生活"问题。"因为谎言、作假、不信任、谣言、暴力、不公、腐败……这些问题已经不再是西方学术界思考的核心问题，而这正是中国问题的独特之处"（李红，2015：302）。笔者倡导建构"华夏传播学"，目的是团结一批从事中国文化传播、中国新闻传播史以及传播思想史研究的学者，甚至包括文史哲领域对传播媒介、信息流通感兴趣的学者，组成学术共同体，力争通过 2013 年创刊的《中华文化与传播研究》和拟于 2017 年创刊的《华夏传播研究》以及每年一次的"华夏传播研讨会"（暂名）来搭建学术交流平台，将相关学者集聚起来，相互分享信息与思想，共同打造"华夏传播学"学术高地。因为，笔者认为"华夏传播学，又称华夏传播理论，是对中国传统文化与文化传统中的传播活动和传播观念进行发掘、整理、研究和扬弃的基础上，建构起来的能够阐释和推进中华文明可持续发展的传播机制、规律和思想方法的学说，亦是立足中国历史与现实，能够华文明传播现象，解决中国社会传播问题，运用中华术语建构起来的具有中国风格、中国气派的理论体系。"（谢清果，2016C）

笔者认为当采取适当聚焦与兼容并包的思想方法来建构华夏传播学。华夏传播学的核心内容是文化传统的传播学研究，不仅包括古代的传播问题、传播事件，传播思想等的研究，还包括近现代对文化传统的海内外传播研究，如以新的媒介形态传播中华文化，也应当包括在其中。例如景宗虹（2013）撰文分析茶文化海外传播内容、渠道、误区以及搭建传播平台推动传播等议题做了有深度的思考。理应纳入到华夏传播研究的视域中来，这是华夏传播研究贯通古今的内在需要，也是中国传播学从传播汲取智慧，打造有中国特色的传播学体系奠定基础。在笔者看来，中国传播学侧重国别或疆域中国意义上的传播学。广义上讲，是指一切在中国的传播学或传播学在中国，可以包括从古至今一切从传播学视角或有传播学意蕴的学术研究，自然也包括华夏传播学；从狭义上讲，可以专指近现代、当代中国语境中的传播学，尤其侧重于包括新媒体、社交群体在内的大众传播研究。而华夏传播学侧重"文化中国"意义上的传播学。从狭义上讲，专指研究传统社会（鸦片战争以前，最迟可至五四运动新文化运动）中的传播问题，可称为"华夏传播研究"；从广义上讲，侧重研究从古至今的中华传统文化与文化传统中的传播问题，力求从中国历史、中国经验、中国实践出发，用中国传播话语体系，表述华人交往、交流及其关系建构与意义共享的传播理论，进而与世界传播学进行对话，从而丰富人类传播理论与经验。总之，侧重中华文化的传播与创新问题研究，可称为"华夏传播学"。也有学者在思路上与笔者有共通之处，比如，邹利斌孙江波（2011）提出用"传播理论的本土贡献"观念来代替"传播研究本土化"，因为后者着力是西方的传播理论，并提出本土研究的进阶路径是"中国经验、中国问题、中国范式的三位一体"设想。此种观念颇有启发，能够助于消解当前中国传播学界主体性的焦虑。

总而言之，笔者认为传播学"中华学派"的建构需要明确提出"华夏传播学"，不过，"华夏传播学"的建构当应坚持从"文明传播"观念入手，而不是从一般的"文化传播"出发，因为中华文明绵延五千年，其积淀的华夏文明传播智慧是无可替代的，深入研究华夏文明传播的观念、思想及理论体系是世界传播学对中国的期待，也是中国传播学界可以奉献给世界的最可宝贵的传播理论。当代习近平同志为核心的党中央提出的建构"人类命运共同体"新理念，正是中国传统"天下"传播观念的当代表述，其实质正是要建构"人类沟通共同体"，而这正是华夏文明传播智慧可以奉献给建构和谐世界、太平国际的中国方案。令人欣慰的是，中国社会科学院新闻与传播研究所杨瑞明、王怡红等研究员于2007年以"文明传播的跨学科研究与学科创建"为题的课题被立项为院内重点课题。其课题成果以《文明传播的哲学视野》为题由中国社会科学出版社正式推出。该成果从传播哲学的高度，指出"文明传播"作为概念，是"文明的传播"与"传播的文明"的统一。前者强调的是"文明"在传播中生成和发展；后者强调"传播"亦是在"文明"的关照下进行的，传播活动本身也进行着"文明"的洗礼。正所谓"文明通过传播，走向对话语境，达到和谐。传播是表明文明的手段，是显露文明的平台，传播的对话方式是实现和谐社会的有效途径。"（杨瑞明、张丹、季燕京、毛峰，2012）其实，关注这一议题的学者较早的当属毛峰教授。毛教授在其大作《文明传播的秩序——中国人的智慧》一书中很有见地地指出："人类的知识或信息传播，是一种文明价值或人文意义的传播，是人类知识或信息得以生成、固定、传承、读解、接受、变形等传播机制以及传播技术持久作用的结果，是特殊政治经济利益与价值观的产物。一言以蔽之，人类传播的基础与核心，是文明传播。"（毛峰，2005：铭言 1）作者以诗意的笔触，通过对《中庸》《易经》《论语》等传统经典的哲学诠释，认为中华古典文明虽然经历了西方文明的洗礼，但是中华文明是以伦理原则为传播秩序，以"义利之辨"为核心的道德基础和精神基础的高雅文明，其所形成的"尊崇爱护自然、力行道德教化、追求精神提升、万物和谐"文明模式具有纠正"文明传播偏向"之弊的功能，其价值不可估量。厦门大学传播研究所于 2016 年推出《华夏文明传播研究文库》便是旨在承继这一创新理念，期盼能够共同打造出华夏文明传播研究的学术新高地（谢清果，2017）。目前笔者已编写了《华夏传播学读本》（世界道联出版社，2016），还有含摄华夏内向传播、人际传播、组织传播、大众传播、跨文化传播、舆论传播、媒介批评、文艺传播、宗教传播等为主要章节的本科生教材——《华夏传播学引论》（厦门大学出版社，2017）与包含华夏传播情感论、风草论、责任论、时空观等为主要内容的硕士生教材——《华夏文明与传播学本土化研究》（九州出版社，2016），而2018 年则推出汇集四十年来华夏传播研究领域主要著作提要的《华夏传播学的想象力》和力争夯实华夏传播研究的文献资料搜集和教材建设基础，从而高扬了创立传播学"中华学派"的闪亮旗帜，也为未来"中华传播学"的最终形成树立起里程碑与方向标。

参考文献

陈国明主编：《中华传播理论与原则》.台北：五南图书出版公司，2014年版。

陈国明：《有助于跨文化理解的中国传播和谐理论》，取自，J.Z.爱门森：《"和实生物"——当前国际论坛中的华夏传播理念》.杭州：浙江大学出版社，2010年版。

陈建群：《"举谣言"考辨》，《国际新闻界》，2014（8），第148—160页。

陈韬文：《理论化是华人社会传播研究的出路：全球化与本土化张力处理》，取自，张国良、黄芝晓主编：《中国传播学：反思与前瞻》.上海：复旦大学出版社，2002年版。

陈雅莉、张昆、曾林浩：《唐代的对外传播与"中国"在前近代国际关系中的国家认同建构》，《国际新闻界》，2016（6），第6—27页。

程丽红，焦宝：《清代小报初探》，《现代传播》，2013（9），第37—41页。

程郁儒：《民族文化传媒化》.北京：中国社会科学出版社，2012年版。

崔莉萍：《节日传播的文化空间建构》，《新闻大学》，2012（4），第98—103页。

杜恺健：《华夏传播符号的内涵、体系及功能初探》，《中国传媒报告》，2016（4），第11—19页。

付晶晶：《中国古钟文化传播述论》.北京：社会科学文献出版社，2016年版。

高海波：《被遗忘的中国早期传播研究—评朱希祖的〈道家与法家对于交通机关相反之意见〉》，《国际新闻界》，2011（1），第37—41页。

郭镇之、郭云强：《晚清电子传播的引进：兼析"权""利"之争》，《新闻与传播研究》，2013（4），第63—77页。

郝雨:《中国媒介批评学》.上海:上海大学出版社,2015 年版。

郝朴宁、李丽芳、杨南鸥、郝乐:《民族文化传播理论描述》.昆明:云南大学出版社,2007 年版。

何庆良:《先秦诸子传播思想研究》,中国人民大学 1993 年博士学位论文。

黄春平:《汉代军事信息的传播——檄文》,《新闻与传播研究》,2011 (3),41—47 页。

黄旦:《问题的"中国"与中国的"问题"——对于中国大陆传播研究本土化讨论的思考》,黄旦、沈国麟编:《理论与经验——中国传播研究的问题与路径》.上海:复旦大学出版社,2013 年版。

黄鸣奋:《从电子媒体到数码儒家》,《中华文化与传播研究》,2013 (1),第 44—51 页。

黄星民:《华夏传播研究刍议》,《新闻与传播研究》,2002 (4),第 80—86 页。

贾奎林:《先秦诸子传播理论普适性分析》,《现代传播》,2011 (1),第 165—166 页。

蒋建国:《清末报刊的大众化与发行网络的延伸》,《新闻大学》,2014 (4),第 118—126 页。

蒋建国:《办报与读报:晚清报刊大众化的探索与困惑》,《新闻大学》,2016 (2),第 29—37 页。

姜红:《"黄帝"与"孔子"——晚清报刊"想象中国"的两种符号框架》,《新闻与传播研究》,2014 (1),第 6—20 页。

景宗虹:《论中国茶文化海外传播》,《国际新闻界》,2012 (12),第 69—75、100 页。

孔正毅、陈晨:《明代"京报"考论》,《国际新闻界》,2012 (2),第 122—127 页。

孔正毅:《再谈元代的"邸报""朝报"及"除目"问题—兼答李漫博士》,2014 (1),第 153—166 页。

李红:《网络公共事件:符号、对话与社会认同》.北京:中国社会科学出版社,2015 年版。

李滨:《"附会"与中国近代报刊思想的早期建构》,《新闻与传播研究》,2014 (3),第 99—116 页。

李立广:《先秦言论传播思想与封建言论专制的建构》,《国际新闻界》,

2013（7），第142—150页。

李漫：《元代邸报"新证"考辨—与孔正毅教授商榷》，《国际新闻界》，2012（6），第113—117页。

李萍：中华文化海外传播的策略性思考——基于"四大名著"海外传播的分析，《现代传播》，2012（1），第147—148页。

李滨：《试析谭嗣同的报刊角色观》，《国际新闻界》，2011（6），第112—116页。

李漫：《元代传播考——概貌、问题及限度》.北京：北京大学出版社，2013年版。

李秀云：《梁启超舆论观之演变及其成因》，《国际新闻界》，2012（3），第103—108页。

刘海龙：《传播研究本土化的两个维度》，《现代传播》，2011（9），第43—48页。

刘大明：《试论宋代谣言传播的政治风险防控》，《新闻与传播研究》，2012（1），第103—107页。

刘建华、CindyGong：《民族文化传媒化》.昆明：云南大学出版社，2011年版。

刘勇：《"想象力"缺失：中国传播学研究反思》，《西南民族大学学报》（人文社科版），2006（6），第84—86页。

毛峰：《文明传播的秩序——中国人的智慧》.北京：中国传媒大学出版社，2005年版。

穆弈君、M.W.LukeChan：《中华民族文化形象符号之动漫塑造》，《现代传播》，2014（12）。

潘祥辉：《传播史上的青铜时代：殷周青铜器的文化与政治传播功能考》，《新闻与传播研究》，2015（2），第53—70页。

潘祥辉：《"对天发誓"：一种中国本土沟通行为的传播社会学阐释》，《新闻与传播研究》，2016a（5），第30—46页。

潘祥辉：《传播之王：中国圣人的一项传播考古学研究》，《国际新闻界》，2016b（9），第20—45页。

邵培仁：《华人本土传播学研究的进路与策略》，《当代传播》，2013（1），第1页。

邵培仁、姚锦云：《寻根主义：华人本土传播理论的建构》，《新疆师范大学学报》（哲学社会科学版），2013（4），第28—41页。

邵培仁、姚锦云：《传播受体论：庄子、慧能与王阳明的"接受主体性"》，《新闻与传播研究》，2014A（10），第5—23页。

邵培仁、姚锦云：《传播辩证法：先秦辩证传播思想及其现代理论转化．《杭州师范大学学报》（社会科学版），2014B（2），第96—111页。

邵培仁、姚锦云：《传播模式论：〈论语〉核心传播模式与儒家传播思维》，《浙江大学学报》，2014C（4），第56—74页。

邵培仁、姚锦云：《从思想到理论：论本土传播理论建构的可能性路径》《浙江社会科学》，2016A（1），第99—109页。

邵培仁、姚锦云：《为历史辩护：华夏传播研究的知识逻辑》，《社会科学战线》，2016B（3），第140—151页。

邵培仁、姚锦云：《传播理论的胚胎：华夏传播十大观念》，《浙江学刊》，2016C（1），第203—215页。

邵培仁、姚锦云：《天地交而万物通：〈周易〉对人类传播图景的描绘》，《浙江社会科学》，2016d（8），第70—81页。

单波、肖劲草：《〈论语〉的传播智慧：一种比较视野》，《国际新闻界》，2014（6），第76—91页。

宋素红、齐琪：《进奏官从唐到宋的演变初探》，《国际新闻界》，2014（10），第21—31页。

孙旭培：《探讨中国传播理论的可喜尝试——介绍〈华夏传播论〉》，《新闻学研究》，1998（57），第238页。

庹继光、刘海贵：《民俗传播要素简论》，《新闻大学》，2012（4），第7—12页。

汪鹏：《碑刻媒介的文化传播优势及其现代功能转型》，《现代传播》，2014（2），第155—156页。

汪琪：《"华化"传播研究：挑战、目标与取径》，取自，黄旦、沈国麟编：《理论与经验——中国传播研究的问题与路径》．上海：复旦大学出版社，2013年版。

魏海岩：《宋代定本制度存废新考》，《新闻与传播研究》，2012A（2），第87—91页。

魏海岩：《中国最早的新闻月刊——进奏院月报》，《国际新闻界》，2012B（2），第87—101页。

维莫尔·迪萨纳亚克：《人类传播研究的亚洲方法：回顾与展望》，取自，赵晶晶编译：《国际跨文化传播精华文选》.杭州：浙江大学出版社，2007年版。

吴予敏：《中国传播观念史研究的进路与方法》，《新闻与传播研究》，2008（3），第33—39页。

吴果中、夏亮：《媒介的社会批判：清末〈图画日报〉的文本特色——以"新闻画"为中心》，《国际新闻界》，2011（12），第107—111页。

巫称喜：《殷商文化传播史稿》.广州：暨南大学出版社，2015年版。

谢清果：《内向传播的视阈下老子的自我观探析》，《国际新闻界》，2011（6），第58—63、89页。

谢清果：《华夏传播学勃兴的东方视维、问题意识与方法自觉》，《中华文化与传播研究》，2014（2），第31—40页。

谢清果：《内向传播视域下的〈庄子〉"吾丧我"思想新探》，《诸子学刊》（第十辑）.上海：上海古籍出版社，2014年版，第61—75页。

谢清果、周亚情：《无：道家内向传播的独特范式》，《老子学刊》，2015（6），第53—61页。

谢清果、陈昱成：《风草论：建构中国本土化传播理论的一种尝试》，《现代传播》，2015（6）。

谢清果、王小贝：《华夏说服传播的概念、特征及其实践智慧》，《高职研究》，2015（3），第1—11页。

谢清果、季程：《内向传播视域中的佛教心性论》，《扬州大学学报》（人文科学版），2016（3），第16—22。

谢清果、王昀：《华夏公共传播的概念、历史及其模式考索》，《华侨大学学报》（哲学社会科学版），2016A（1），第5—15页。

谢清果、王昀：《华夏舆论传播的概念、历史、形态及特征探析》，《现代传播》，2016B（3），第32—40页。

谢清果、曹艳辉：《华夏媒介批评的概念、思想流变及其价值取向》，《南昌大学学报》（人文社会科学版），2016（2），第111—118页。

谢清果：《作为儒家内向传播观念的"慎独"》，《暨南学报》，2016A（10），第54—64页。

谢清果：《新子学之"新"：重建传统心性之学——以道家"见独"观念为例》，《"新子学"深化——传统文化价值重构与传播国际学术研讨会》（会议论文集），2016B。

　　谢清果：《华夏传播研究的前史、外史及其开端》，《中国传媒报告》，2016C（4），第4—10页。

　　谢清果、杨芳：《交流的无奈：老子与彼得斯的不谋而合》，《阜阳师范学院学报》（社会科学版），2016A（3），第1—5页。

　　谢清果、杨芳：《老子对人际传播现象的独特思考——与〈交流的无奈——传播思想史〉比较的视角》，《成都大学学报》（社会科学版），2016B（4），第1—7页。

　　谢清果、曹艳辉：《架构"交流的无奈"通向"人际的和谐"桥梁——论老子人际沟通的逆向思维》，《周口师范学院学报》，2012（1），第34—36页。

　　谢清果、祁菲菲：《中西传播理论特质差异论纲》，《现代传播》，2016（11），第30—35页。

　　谢清果：《2011—2016：华夏传播研究的使命、进展及其展望》，《国际新闻界》，2017，第101—117页。

　　谢清果、祁菲菲：《华夏传播理论的内涵、特征及其未来展望》，《今传媒》，2017，第1—12页。

　　徐翔：《中国文化在国际社交媒体传播的类型分析——基于共词聚类的研究》，《现代传播》，2015（10），第38—45页。

　　徐瑶、樊传果：《论孔子的传播思想》，《中国传媒报告》，2015（3），第103—109页

　　杨军：《宋代榜的传播学解读》，《新闻与传播研究》，2011（3），第48—57页。

　　杨立川：《传播习俗学论纲》.西安：陕西人民出版社，2009年版。

　　杨瑞明、张丹、季燕京、毛峰主编：《文明传播的哲学视野》.北京：中国社会科学出版社，2012年版。

　　于翠玲、郭毅：《清末民国开言路与言论自由的比较视野考论》，《国际新闻界》，2013（9），第139—145页。

　　赵云泽、丁琢、孟雅、李师贤：《辅佑政事和延揽民意：先秦时期社会传播活动的功能考察》，《国际新闻界》，2016（6），第129—140页。

　　赵莹：《〈京报〉的流传与19世纪中英关系构建：以"勤见问题"为例》，《国际新闻界》，2013（7），第151—159页。

　　赵尚：《论"报"的中国文化背景——我国古代信息传播意义上的

"保""报"关系考》，《国际新闻界》，2015（9），第145—156页。

赵晟：夷夏之辨：《华夏文明传播的安全观》，《中国传媒报告》，2016（4），第20—28页。

张玲：《"衣冠禽兽"的文化符号读解——以明代官服制度为例》，《现代传播》，2013（7），第82—85页。

张振宇、张西子：《自"名"而"动"由"人"及"物"——中国古代"媒介"概念的意义变迁》，《国际新闻界》，2011（5），第81—86页。

郑博斐：《在交往中实现自我与他者——孔子传播思想的核心内涵》，《中华文化与传播研究》，2014（2），第57—62页。

仲富兰：《民俗传播学》．上海：上海文化出版社，2007年版。

朱鸿军、季诚浩：《经筵会讲：一种中国本土的政治传播仪式及其演变》，《现代传播》，2016（10），第18—24页。

周德波：《晚清自由观念的跨文化传播进路》，《国际新闻界》，2015（4），第7—26页。

邹利斌，孙江波：《在"本土化"与"自主性"之间——从"传播研究本土化"到"传播理论的本土贡献"的若干思考》，《国际新闻界》，2011（1），第60—66页。

华夏传播研究的历史回眸

宋代新闻史

朱传誉

出版概况

《宋代新闻史》，朱传誉著，台湾商务印书馆 1967 年 9 月出版，342 页。

朱传誉，台湾新闻史学家。江苏镇江人。1927 年 2 月 6 日生，毕业于上海私立中国新闻专科学校。1948 年去台湾，任台北《国语日报》儿童版主编，并任教于台湾政治大学新闻研究所及私立世界新闻专科学校。1961 年应罗家伦之约，编纂《台湾画史》《中国国民党与台湾》《中国近代史画》，以照片介绍中国近代历史的发展，提倡历史的通俗化。1973 年创设天一出版社，影印书籍和编印各种专题目录索引，以提供研究史料。长期致力于中国新闻出版史料的搜集与研究，目前已著有《先秦传播事业概要》《宋代新闻史》《中国民意与新闻自由发展史》《报人传记与回忆》《报人·报史·报学》《先秦唐宋明清传播事业论集》及《谈翻译》等书，并致力于大众传播史料的搜集与研究工作。

内容提要

作为第一部专门论述宋代新闻史的著作，全书共分为 8 章，除导论外，该书先是介绍了五种新闻形式和传播媒介，它们分别是邸报、小报、边报、榜文、时文，并论述了宋代的出版事业与出版法，最后则讨论了宋代的舆论。

在导论之中，著者从宋人王安石所说的"春秋是断烂朝报"的说起，对宋代以前的新闻形式一一做了评判，他认为《春秋》近似一种新闻纪录，而不是一种报纸，而对唐代的"报纸"一词的来源，作者则认为它可能是宋时的说法，据此加上史料推断，著者认为宋代的报业特别发达，它的主要读者是官吏而不是民众。除了官报和民营小报以外，作者认为宋代的新闻形式还有榜文和时文，它们的主要传播对象就是民众，读者普遍，传播的功能远胜于报纸。接着作者在此还简述了一番宋代的出版事业和舆论，这些我们将在接下来的部分具体说明。

导论之后，作者则先从不同的传播形式分别说起。第一章作者先是讨论了邸报，宋代邸报是由进奏院统一发行。发行形式为每日发行，但受制于运输条件，通常只能十日对外传送一次。它是宋代主要的传递信息工具之一，其主要对象是特定阶级的官吏和机关，而不是所有官吏。严格说起来它不是大众传播媒介宋代设立进奏院，专门负责管理邸报的信息收集和发行，各州均有一名进奏官，负责信息的收集。在编辑程序上，著者先是讨论原先邸报的编辑程序，宋代决定报纸编辑政策的是枢密院，主要编辑人员是检证检详官，给事中虽是名义上的上司，但实际上并没有参与到编辑程序之中，到了嘉定以后，才有所作为。而在内容方面，邸报的内容主要是官吏的迁黜、朝臣章奏、诏令、朝见与朝词、谢褒、仪礼、邢狱和诗文这几种。邸报有不同名称如邸状、报状、朝报等。邸报制度主要有两个弊端，一是藏匿文书、二是泄露机密，但邸报依然是修史的重要史料。

接着著者论述了与官报不同的民间报纸小报。小报的产生原因有三：一是社会的需要，二是传播技术的进步，三是政府对新闻的封锁，宋代小报是特殊环境下产生的新闻事业。在宋时就有人专门以探查消息为生，小报的内容多源于省院信息的泄露或者是坊间消息的泄露。受制于史料的不足，作者在此就没有再做进一步的探讨，并认为仅能在宋代的一些文集之中看到对这些小报的描述了。

第三章著者则讨论的宋代的边报，受制于宋代外患不断的局面，边报成了当时信息收集的一种重要形式，作者认为宋代的边报收集，主要是防守的、消极的，被动而非主动，当知道了敌方的策略之后，就非常松懈，探视人只能了解地方的表面，而不能够深入了解地方的国情。另一方面，宋代的边报多是道听途说所成，不实或不明。同时边防或是执政大臣，常常隐匿情报或军情，同时重要的情报也经常外泄。在这种情况之下，作者认为宋代的边报并没有实现信息收集的功能，宋代的军事才常常失败。

第四章作者讨论了"榜文"，著者认为榜是一种传播媒介，它的传播对象广泛，军民都是它的传播对象，内容方面则主要是诏书、法令、奏章、大臣罢黜、战讯等。榜文的张贴地点一般都是人流最多的地点，同时它也会普遍张贴，让所有人都可以看到。它不仅是政府传递政令的工具，同时也具有法令的约束力，因此官方和民间都非常重视，其影响力远胜于当时的邸报。著者此外还讨论了榜的另外一种形式"匿名榜"。

第五章作者则讨论了时文，时文是指流行于当时的文字，这类文字的特点是多少有点时间性，流传很广，自然影响也很大。它是除了报纸小报以外的最有影响力的传播形式。在此著者分别介绍了诏书、檄文、章疏、诗文、机文、程文、边机文字等多种时文形式。并对它们进行了总结，作者认为时文多是单篇或是小册，具有现实性，同时又有实用性。它是新闻、消息、情报、知识、意见的综合。由于时文的刺激，当时的出版事业飞速发展，进而有助于意见的交换，形成舆论，影响政治、社会。

在第六章之后，作者则不是从媒介的分类来论述宋代的新闻，作者在此主要讨论的是宋代的出版事业，作者认为宋代的出版事业特别发达，从雕印者来说，著者将其分为了官刻和私刻，著者又以地区为划分，对这些出版业进行了论述。并据此认为宋代出版事业的发达源于政府与士人的提倡，同时传播科技的进步，印刷术的发展，社会的需求一并带动了出版事业的发达。此外，著者还讨论了宋代的出版法律，宋代的出版法主要有以下一些内容，一是禁印卖，它指的是有些书籍不能够贩售，即"禁书"，它们包括"历日""刑法""经典""时政""边机文字"等。二是禁藏书，它指的是收藏以上提及的禁书。第三则是宋代出版有详细的审查以及惩罚制度，作者在书中通过史料列举的方法将那些制度一一列举，在此不再多做叙述。

最后作者则讨论了宋代的舆论，作者首先对舆论一词做了定义，他认为是"公众的言论"。著者列举了舆论的多种形式如公论、众议、物议等，它们都是民众意见的表达。宋代因为传播事业的发达，因此他们的舆论也很发达，著者讨论了宋代几种舆论形成的机制，包括集议、谏诤、封驳、转对等，同时他也讨论了几种影响舆论形成的机制如内降、伺察、新闻封锁等。著者认为宋代的这些制度至少都是与民意有关的制度，他们都是想建立以舆论为基础的政治制度，不过宋代的舆论观念，和现在多少有些不同，当时主要求言的对象是知识分子，但是对于民众他们也没有忽略。

学术特色

总的来说，作为一部论述宋代新闻史的著作，该书的内容非常翔实，从传播媒介到传播内容再到传播对象，可以说是事无巨细。同时该书的史料也是非常翔实，单单一章的注释就多达两百多条，可见其著者功力之深厚。

观点撷英

中国报纸的起源，说法很多，由于宋代王安石说过一句《春秋》是"断烂曹报"的话，遂有人把中国报业的历史，追朔到先秦。由于西汉辉耀中有一条关于大鸿儒的记载，说大鸿儒属官有郡邸长丞，附注释："主皆郡之邸在京师也，按郡国者皆有邸，所以通赛报，待朝宿也。"因此有人认为"通赛报"就是"传达君臣间消息之谓"，也就是"邸报之所由起"。由于唐孙克制的《经纬集》中，有一条读开元汇报，遂有人据以断定开元汇报是中国，甚至可以是世界上最早印刷的报纸。（导论第 1 页）

宋代邸报是由进奏院统一发行，进奏院长官由中央任命，进奏院的直属上司是给事中。给给事中封驳，审查命令，属中书省，但宋代在习惯上属枢密院。南渡以后，一度属门下后省。南渡前和南渡后前期，邸报大多是先呈枢密院审定，才能发行。南宋末期由门下后省负责。邸报内容以朝臣的迁黜为主，其次为诏令宣奏。新闻来源以六曹为主，行不雕印的诏书法令，向例是进奏院办法，也成立邸报内容的一部分。进奏院因经费有限，原则上自己很少雕印，代刑部或其他机构雕印温饱，另由政府颁给转款。发行对象，是中外官司，但又选择性，并不普遍。（第 56—57 页）

一般说来，榜是一种传播媒介，一直到今天，仍旧有它存在的价值。今天的所谓"传单"，宋代叫"小榜"。……不过，今天由于传播工具很多，不管是大榜或小榜，一般人都不予重视，其传播效果自然也有限。宋代因为没有报纸，广播电视等大众传播媒介，榜就成了最重要的大众传播媒介之一。通常用手写，如果要普遍张贴，就雕版印刷。手写的多为打榜，雕印的较小。中央机关可以通令各地出榜，也可以直接派人在各地报贴。不过，要照会各地长官，榜是传播敕令的媒介，也是推行政令的工具，具有约束效力。（第139页）

根据以上的介绍，我们可以知道：（1）时文大多是单篇或小册，便于传播。不管是手写或雕印，能在最短时间内，传播至各地。（2）具有现实性，有其现实的背景。当时也许很轰动，受人注意，以后可能失去价值，或价值大减。如苏轼所草的吕惠卿制词，当时天下传诵称快，但今天已没有人注意。

（3）具有实用性，如诏书是政府传达政令的媒介，士子争购夹袋册是为了裹挟，书商雕印各类文字，是为图利。也就由于这原因，它只能流行于一时。它是新闻、消息、情报、知识、意见的综合。由于它的刺激，发展了出版事业，加强人与人之间，阶层与阶层之间，区域与区域之间的传播活动；有助于意见的交换、沟通，进而形成言论，影响政治、社会，促成大大小小的改革。（第170—171页）

（杜恺健　撰）

先秦传播事业概要

朱传誉

出版概况

《先秦传播事业概要》，朱传誉著，收录于台湾商务印书馆人人书库，台湾商务印书馆 1973 年出版，144 页。

内容提要

在该书开头，作者首先对中国新闻事业做了一个分析，将它认为中国古代新闻事业及近代新闻事业，作者认为受制于研究材料的稀缺，虽然自清代以来就有对中国新闻事业资料的关注，但在研究上仍以戈公振的《中国报学史》最有成就。随着新闻学研究领域的扩大、研究方法的进步，新史料的不断发现等情况影响，戈式的观点需要进行修正，因此作者认为有必要再对中国的古代传播事业进行考察。在绪论之中作者将中国古代的新闻事业分成了五个部分，它们分别是（1）邸报的研究；（2）民意的研究；（3）新闻自由的研究；（4）出版事业的研究；（5）交通事业的研究。同时作者认为新的中国古代新闻事业研究应该基于新的传播者观念，用新的研究方法来研究，综合若干现象或事实，然后加以统计和分析，归纳出一个较客观的理论。因此该书虽然主要讲的是中国古代的新闻事业，但仍被冠以了"传播"之名。

作为一位新闻学者，朱传誉尤其重视对新闻业以及对民主的考察。因此该书主要从三个方面来论述先秦的传播事业即中国古代新闻的起源、民意的起源以及先秦的传播活动。

在第一部分，中国古代新闻的起源之中，作者主要讨论了新闻与歌谣以及新闻与历史的关系。在古代的传播活动之中，以口头传播的方式最为简单，这类方式也最早被人采用。作者认为虽然没有办法研究当时的实况，但我们可以想象古代穴居人在晚上围火炙食的时候，他们一定会分享自己当日的见闻，可以认为这些人就是最早的记者。而这些对话也很有可能被制作成歌谣以便于传播，因此歌谣是古代人类交通知识、传播教化的工具，也是研究新闻起源的重要资料。

在中国古代，口头传播是最早的传播形式，而为了帮助记忆，韵文由此诞生，它也是最早的传播技术。在这之中最流行、最有影响力的就是谚谣。作者考察谣谚时，特别关注了它的社会属性，认为它是政治、经济、社会等各方面的反应。作者以子产执政为例子，当子产执政一年时，郑人对其及其反感，这种反感就体现在民谣之中"取我衣冠而储之，取我田畴而伍之，孰杀子产，吾其与之。"但当子产执政三年之后，民谣的风向一变"我有子弟，子产养之，我有田畴，子产植之，子产而苏俄，谁其嗣之"作者这说明古代虽然没有像报纸、广播那样的传播工具，但一旦发生什么大事，新闻就会立刻以歌谣的形式传播出去。而歌谣的保存不易，诗歌则是歌谣以文字保存下来的形式。因此诗歌也是当时的一种新闻，作者以《氓》为例将其改写成了一篇新闻。而后作者就《诗经》本身进行了一些探讨，他认为上古是有采诗之制的，而所谓的采诗实际上就是采集歌谣，这实际上也是采集新闻。只是受制于传播条件的关系，上古的新闻传播活动比较不容易观察得到。

在第二节，作者主要探讨了古代新闻与历史的关系。作者认为新闻和历史的关系非常密切，因为二者都是以人类社会所发生的事实为基础，区别只是时间顺序上的先后。在早期的新闻事业中，因为交通、通讯上的限制，新闻就是一种记录，甚至是一种"公共事务史"，这在早期的西方编辑看来也是如此。然而随着科技的发展，新闻越来越被认为只能是新近发生的时间。作者就这种观点进行了批判，他认为对一个事物的判断必须回到事物的当下中去。因此作者研究了春秋各国记录历史的情形之后，认为它实际上很像现在的新闻记录。其次，春秋时的史书是人人都能看到的，孔子修《春秋》就是最佳例证，因此历史也符合新闻的公告性。再次，史书记载的内容也与新闻一样无所不包，无所不及。因此作者认为今日报纸的特性史书都有，只是限制于传播手段的落后，说不定会有助于古代新闻传播的发展。此外，历史的作用，在于鉴往知来这与今日新闻重视新闻伦理，重视法律和社会责任、道德也是有异曲同工之妙。由此我们发现古代的春秋或是历史记事倒是很像我们今天的新闻，根据作者的分析，作者认为当时的新闻与历史不分。古代的历史著述作为一种消息和知识，它同新闻一样也是一种传播方式，因此我们也可以用研究新闻和传播的方式来研究历史，以此有助于研究。

　　在文章的第二部分，作者则主要探讨中国古代的民意，因为报纸通常以"为民喉舌""反映民意"为职责。所谓"民意"，作者认为指的是民众的意见，也就是舆论。而"舆论"也就是大众的言论，作者认为民意已经建立了一套它自己的理论系统，并且成了一种应用科学。（它在这里主要指的是民意调查）这种科学同样也可以拿来用在古代。虽然作者认为中国古代并没有民主制度，但这并不妨碍中国古代具有民主思想，因此研究也要先从民主思想开始。所谓"民主"，作者认为是一个政治名词，而要在中国古代追寻这种政治观念，只能在当时的一般性著作之中寻找。作者在这里探讨了"民为邦本，本固邦宁"的民本思想，"允恭克让"的民主道德修养，"天人合一"的政治哲学。由此作者总结出天不能够治理人民，因此需要君主来代替天，而君主则是顺应民意才产生的，而天心就是民心的表现。"敬天爱民"则正是中国古代民主思想的核心。作者以《国语》之中"防民之口，甚于防川"的例子来说明这个思想。历王无道，而召公向他进谏说"防民之口，甚于防川"，他认为民心如同河流一样"夫民虑之于心，而宣之于口，成而行之，故可雍也。若雍其口，其舆能几何"也就是说，民意如同河流一样只能疏，不能堵。而破坏民意自由的人最后只会像历王那样被流放。因此所谓的天意实际上也就是民意，正所谓"天视自我民视，天听自我民听"，所谓天道的思想实际上就是民意的思想，也就是民主的思想。而所谓的"君王"实际上也仅是民意之下利群而选出的领导者，他的职责也是为了群体服务。

　　在讲到古代中国的民主制度，作者认为民主的制度必须得在民主的思想下才能得出，而古代留下的资料之少，作者也仅能从中分析一二。作者主要从《尧典》《盘庚》的三篇以及《周礼》这几部书中关于制度的解释，来描绘古代中国的民主制度。这一部分大多是摘选其中的仪式性内容来解释古代民主的制度。而在讲完民主的思想和制度之后，作者才开始讲述古代民主的活动，作者认为古代最值得讲述的民主事迹有两则，一是尧舜禅让，另一个则是汤武革命。作者认为虽然两则故事看起来风马牛不相及，但实际上二者皆是顺应民意的典范，尧舜得人心而禅让，汤武得人心而揭竿起义，这些都说明民意在中国古代是政治的核心，只有得民意者才能够得到天下。当然这其中也会与现代民主稍有些不同。除了以上关于民主大方向的论述，作者还具体分析了两种民主的方式即诗谏和史谏。它们指的是通过诗歌和史书的形式向君主进行进谏。作者最后对民意总结到上古的民意与现今的民意有很大距离，但这也是民意的起源，虽然现今的史料有所不足，这仍然需要后续的考察与发现。

在该书的最后一章，作者才开始分析了先秦的传播活动概况，作者主要从三个方面分析起，一是先秦的交通情况，在这里作者主要介绍了周代的交通情况；二是先秦传播工具的发明和改进，主要介绍音韵以及甲骨文、金文的传播工具的出现；三是思想及言论自由的情况，作者认为当时的言论应算是自由的，而这种学术思想恰恰适应了当时列国争霸的环境。

最后作者对该书做了一个总结，先秦时期传播活动的发展，为后来战国争霸埋下了伏笔，消息和知识传播速度的加快也加速了周封建制度的崩溃，这也恰是社会学者所用的方法，也是最科学的方法。

学术特色

总的来说，该书作为早期华夏传播的研究著作，为我们接下来华夏传播的研究奠定了基础，同时也指明了一定的方向。同时书中关于史料与典籍的使用，不可不说是华夏传播的典范，但稍有不足的是书中一再强调的科学的社会学的方法，与书中曾提到的回到当时的语境之下研究当时具体的历史情况，这二者之间的对立是作者一直没有处理好的问题，作者对于当时的民意与新闻，实则还是运用作者所处年代的新闻与民意的观点来理解并不能做到完全地融入当时的语境，而这也是当前我们做华夏传播研究所要面临的一个迫切的问题，如何处理这种时代的距离感也是将来华夏传播所面临的挑战。

观点撷英

上古的诗歌谣谚和历史，既然类似今天的新闻，是消息和知识的传播，自然也可以当作新闻，或与新闻作比较的研究。（第42页）

先秦传播方法以口传为主，虽然很幼稚，但是很多上古纪录，赖口传而保存，不管是周代的官方教育和春秋以后的私人讲学，也都是以口传为教学方法。（第124页）

（杜恺健　撰）

中国民意与新闻自由发展史

朱传誉

出版概况

《中国民意与新闻自由发展史》，朱传誉著，台湾中正书局 1974 年 7 月初印发行，1984 年 7 月第二次印刷，565 页，约 30 万余字。

内容提要

《中国民意与新闻自由发展史》主要记载了中国从先秦到 1971 年的新闻自由发展和斗争史。该书共八个章节，于第一章绪论后七章，以时间顺序记录先秦、中古、宋代、明代、清代到民国时期言论自由相关思想、制度和抗争等历史现象，以宏观、微观角度来呈现中国民意与新闻自由千年来的发展。章节下分节，每一节下分目，运用大量的史实资料，客观翔实阐述中国民意与新闻自由发展历史。

绪论，分五节阐述了中国新闻自由理论基础、历史进程、观念的演变历史以及前途等。第一章作者重点阐述了新闻自由虽是近代民主政治的产物，但是它在中国渊源很早，并且也有其理论基础和历史背景。自由主义的诞生可以追溯到古代希腊，欧洲中世纪经历了宗教思想迫害后，文艺复兴兴起，自由和民主思想兴起，从文艺复兴开始到资产阶级革命的长时间里，欧洲一直都是一部新闻言论自由的发展和抗争史。期间一些人做出了巨大贡献，如弥尔顿、洛克、杰弗逊等。而后作者由此出发，说明中国在其专政政治历史之中也有着争取言论自由的传统。中国民本制度虽然形成很晚，但是民本思想源远流长，从孔子"有教无类"平等观念到孟子"民贵君轻"的民本思想，作者在第五节中宏观简单展开了中国言论自由的发展历史。

先秦言论自由，共三节，第三节分两目。章节中，作者详细介绍了先秦民本思想的发展，尧舜禹时期到夏商周时期的"天"与"民"的关系理论，奠定了君民之间君不能独裁，不听民言，否则将有"天罚"。"敬天爱民"为周代的基本国策，在当时，民本思想和制度方面以有一定基础。百家争鸣，对于民本都有一定主张，儒家以孔孟为代表，道家老子主张无为而治，《庄子·齐物论》对平等精义详细阐述，墨子主张多为民实利，要尊天爱民。在制度方面，《尧典》记载当时已有天子听谏之制，周代人民还有上书、请愿、申冤的权利。先秦时期还有监察制度，其中诗谏和史谏起源较早，只可惜可供参考的文献太少。

中古言论自由分四节，第一节秦代言论自由，秦始皇焚书坑儒对言论自由造成了极大伤害，但是也有不少人为此辩护，太史公《儒林列传》中说道"坑术士，而非坑儒"等。第二节汉代言论自由，作者从汉代主要民本思想家思想、党锢之祸、谏诤与选举、集议、文学、伏阙和清议七目来论述展现汉代当时的言论自由的发展及抗争，其中文学精细以四项：奏疏、议论、历史及谣谚来体现汉代文学方面的言论自由。奏疏即为名臣上书民意，皇帝也会下诏求言；议论为当时的文人所著政论名著，其中汉代王符、王充和仲长统被称为"后汉三贤"；历史重点为《史记》以及其他史书，司马迁著的《史记》宗旨在抑君权伸民权；谣谚为诗歌的胚胎，是当时为了方便记忆与传播所做，但其产生也是因为当时政治经济背景下的民意想得以传达所致。第三节隋唐言论自由，分两目，封驳与谏诤和文学。其中文学下精细分九项，分别为奏疏、诗歌、歌谣、消息和知识的流通、廷议、伺察、起居注与时政记、檄文、伏阙。唐以诗赋取士，其中合乎上旨的诗赋很多，应民意，呈现状，其中以杜甫、元稹、白居易为最；唐代歌谣较少，但也有反映民意的，《旧唐书》《新唐书》中皆有记载；唐代印刷造纸发达，消息知识流通，邸报也随之出现；伺察则为皇帝任命伺察朝官密奏，一定程度上妨碍了言论自由；檄文对象为大众，特色为明白易懂，可以说是一种军事兼政治性文学；伏阙是老百姓直接向皇帝伏阙上书，可申冤、致仕或者纯粹反映民意。

宋代言论自由在中国言论自由发展史上出现新的进程，即为传播工具（印刷术）和出版法的出现。"报"这一传播媒介发展到宋代，已经有官方的邸报和民间小报，且小报也有专门的记者"内探"；而边报是边区军事活动的消息。榜是宋代重要的传播媒介之二，主要内容为诏令、政令、章奏、大臣迁黜、战报等。还有时文，时文是当时流行的文字，流传广，影响大。宋代言论自由的障碍，作者将之分为三目，除伺察和内批外，第三目闭塞分为五项，分别为限制传报、防泄、新闻检查、匿名书、文字狱。其中，宋代有了出版法，言论自由的发展遭到了新的障碍：政府法律干涉。通过禁印卖、禁藏习、出版审阅及审查还有版权来干预言论自由。第五章明代言论自由的论述结构与第四章相同，第六章清代对新闻自由的迫害，从政府制度、文字狱、对报纸的迫害等方面，利用大量的文献史实再现。第七章和第八章主要讲述了民初袁世凯和军阀利用辩御用报纸、收买贿赂和津贴、邮电检扣、法律压迫、直接用伪造民意等方式对言论自由的迫害以及当时的文人志士如康有为、梁启超等对言论自由反迫害争自由所做的努力。

学术特色

朱传誉的《中国民意与新闻自由发展史》一书，在写作中可以看出作者著作的两大特色。一是擅长利用大量史实举例论证。一方面，大量举例可以论证作者所要讲述的历史现象，同时又能够让读者身临其境，体会到当时的社会背景及环境，以及言论自由在当时背景下的表现。如：第六章清代对言论自由的迫害第二目上谕保密，历代以来，泄露皇帝所讲的，非明旨，都是大罪。作者为此举例，如："雍正三年一月喻大学士等：'凡大小臣工面奉谕旨，皆国家政务，不当轻泄……'雍正三年八月……雍正四年一月……乾隆十一年……"（第346—347页）将大量的史实资料整理，对应书中章节，让文章充实而有理有据。第二个特色是，作者擅长讲资料汇总，并且总结出一定的现象原因，重要的是，总结全面而客观。例如："对于我们的观念就逐渐改变，只看到我们的'专制'，而忽略了我们的'开明'。这由于两个原因：（一）西方民主思想应用于实际政治制度，进展很快。（二）中国正当清朝挟制言论，大兴文字狱，文化退步的时代。辛亥革命以后，由于内忧外患，不能实施惠政，因而在新闻自由方面，要比欧美落后一步。"（第44页）当然，细读文中例子还有很多，便不再赘述。作者能够立足历史，总结现象原因，可以让读者更加了解这一部发展史。

该书上到先秦，下到作者所在年代，作者考察了大量文献，以求历史客观详尽。从史书、历代存留文献、个人所著书等文献当中询查，资料使用之庞杂大量，个人理解研究之透彻，治学态度之严谨，是为后人学习的典范。例如第三章中古言论自由共147个注，其文献来源近60多种，有《汉书》

《隋书》《顾炎武日知录》《史记》《唐书》《晋书》《柳州文集》等。这本著作也成为后来学者研究华夏传播和中国新闻自由发展的重要资料来源。文中，作者说道：新闻自由虽是近代民主政治的产物，自由主义的诞生，来源于民本主义，而中国民本思想渊源已久，在大量史实资料中论述论证，从尧舜禹时代开始，中国的言论自由就已有记载。"十八世纪以前，西方各国都对我们保持最大的敬意……对我们的观念逐渐改变，只看到我们的'专制'，而忽略了我们的'开明'。"（第44页）作者的观点，将针对新闻自由的研究从西欧各国转向华夏悠久的历史当中，扎根中国传统文化，中国历史，中国记载，中国理论，言论自由在中国的历程，自成体系，是对中国华夏传播研究的重大进展。

观点撷英

言论自由既为社会发展所必须，自然应该得到社会的宽容和法律的保护。只要不是故意，即使有错误的意见，也应容忍。何况，据自由主义的理论，认为人类具有理性，能分辨是非善恶，少数错误的意见，不但无害于真理，且有助于我们对真理的发现。（第19页）

新闻教育和职业训练虽然可以提高报人的素质，却不一定能提高他们的道德水准。报人不能像医生、律师等在社会上有独立的地位，因而也不可避免地屈服于老板的权威。（第38页）

由于用人唯才，考试制度的日臻完善，人人有参政的机会，政权不被少数贵族或特权阶级垄断，因而能不断求革新。同时，西方出现宗教迫害，造成思想上的专制；中国大致尚能维持信仰的自由，因而佛教能普及于中国，对中国文化产生很大的影响。（第40页）

两千多年来，我们所实行的虽然是"专制"，但多数是"开明专制"，多少含有民主政治的基本精神。我们之所以立国悠久，有如此深厚的文化，可以说是因为我们民族有爱民主爱自由，为民主、自由而奋斗的传统精神。这也可以说是我们的民主精神。我们不但爱护自己的自由。我们爱好和平，扶植弱小民族，都是这种精神的表现。（第41页）

他国所谓天帝化身折君主也，而吾中国所谓天帝化身者人民也。然则所谓天之秩序命者，实无异民之秩序命讨也，立法权在民也。所谓君主对于天而负责人者，实无异对于民而负责人也，司法权在民也。然则中国古代思想，

其形质则神权也，其精神则民权也。（第 67 页）

群立君，是为了利群，也就是吕氏春秋中所说："利之处于群也，君立道也。故君道立，则利出于群。"上古人民虽然没有现代民主观念，但是他们推选酋长，不会自甘做他的奴隶，而是因为他能利群，能为大众服务。如伏羲定婚礼，作网罟；神农播五谷，尝草药，行交易；黄帝蚩尤，立井田，作宫室衣裳，虽均出于传说，未必可信，但至少可以看出，上古帝王之所以能为帝王，都一定因其能为人民服务，能对人民有所贡献。（第 69 页）

因此我们可以大致推定，版权问题的产生，也是在南宋后期，因为只有在出版事业相当发达，竞争相当激烈的时候，才会产生这一问题。（第 215页）

学生干政，是因为朝政失常，公论不申，对一个国家来说，自然是不正常现象。其后历元、明、清各代，鉴于宋代教训，都列伏阙为禁例。但就当时的环境来说，学生基于爱国热忱，希望政治上轨道，也不能说不对。（第223 页）

（陈佳玉　撰）

中国上古演讲史

宋嗣廉

出版概况

《中国上古演讲史》，宋嗣廉著，演讲与口才杂志社函授中心 1987 年出版，245 页。

宋嗣廉，男，1932 年 12 月生，吉林省德惠市人。吉林省吉林师范学院教授、原院长。学科专业是中国古代文学。现为中国《史记》研究会顾问，山西省司马迁研究会特邀顾问，曾荣获"振兴吉林一等功"、吉林省优秀教师、"吉林英才奖章"，全国优秀教师，享受国务院特殊津贴，是英国剑桥大学人物传记中心确认的"国际知识分子名人"。

内容提要

《中国上古演讲史》分为四章，每一章和第二章各分三个小节，第三章和第四章各分两个小节，对中国上古演讲的历史思想进行分析。

第一章，殷商西周时期贵族奴隶主的演说活动。作者从第一篇演说辞和第一个演说家入手，按照年代的划分，先介绍殷商西周时期的有关演说方面的故事。前第一节选取的是面对王师、贵族和平民发表的说辞，第二节则从一篇谈话记录稿《无逸》出发，整个谈话作者分为五个结构层次，详细分析这个谈话成功的原因，就是"晓之以理，动之以情。"接着，第三节从一篇有民主思想的谏辞入手，从正反两面分析为政者通过演说正确疏通诱导，可以巩固统治的道理。

第二章，崇尚演说的春秋战国时代。作者从春秋战国时代的演说出发进行分析，共分三个小节。先从这个时代整体的背景和概况入手，再分别对春秋时期和战国时期的演说进行具体的描述。之所以选这个阶段，因为春秋战国的特殊国情，为了更好地宣传自己的学术与主张，"说谈之术"渐渐成为一门学问，因此出现了一些系统的教材，所以后两节中，作者通过具体地说辞比较，总结了演说中演说家的特点、说辞的风格等，通过诸子的演说实践及理论建树，来分析如何说服君主、如何更好地进行谈话。

第三章，中国古代演说模式的推进。中国古代的演说模式因为体制等政治经济原因有自身独有的特点，所以作者在这一章从游说风靡谈到宫廷议对，从知识界的讲学论证谈及其他。承接上几章按历史构思的思路，这一章里作者说到了秦王朝的建立标志着"游说者之秋"的结束，从而转入了宫廷议对，总结了当时宫廷议对具有"旗帜鲜明，谈锋犀利；触及时弊，敢说真话；相互诘难，往复深化；旁征博引，痛快淋漓"的特点，在第二节中又通过知识界讲学论证的层面来对演说进行介绍，具体分为讲学、论证、清谈、辩难的形式，并通过具体的文献引用进行有理有据的介绍。

第四章，刘向、刘勰对"谈说之学"的历史总结。我国古代演说理论形成时期的一个特点，就是儒、墨、名、法诸家各有见地，汉承秦制，中国空前统一，实行了独尊儒术，历史为学者们提供了对关于谈说的学说进行总结的条件，西汉的刘向，魏晋的刘勰完成了这一历史任务。所以在这一章，作者从他俩的角度出发，对演讲学说进行了总结，总的说来，以刘向的《说苑》和刘勰本人出发进行分析，总结了他们的演说理论，供人思考和参考。

在最后，作者还对引文进行了注释和译文的摘录，以帮助读者们更好地理解。

学术特色

该书是当时作者承担的作为演讲与口才杂志社主办的口才演讲、交际、函授中心的八部教材之一的任务下写出的，对于人们了解中国上古演讲的历史，从历史中获得经验教训特别有可参考的价值，因此，该书具有重要的现实参考意义。

除上述所说，在振兴中华演讲事业的今天，认真考察一下中国古代演说发展的历史，会发现我国的古代演说事业不仅源远流长，经久不衰，而且形成了独特的风格与理论体系，该书对于古代演说历史进行整理，对于华夏文明传播研究具有重大的贡献价值和意义。此外，该书总结了一些特别有参考价值的结论，告诉我们，中国是有自己独特的演说传统的国家，是有极其丰富的演说经验和理论遗产的民族。通过古代反思当代，可以说，该书本身以贴合社会实际的思想进行演说历史的解读，使人读后进而思考社会与自身。

观点撷英

谏辞开头从反面讲起，目的在引起厉王警觉；设喻则是便于厉王接受所要讲的正面道理。（第 11 页）

诸子的谈说，还有一个特点，就是普遍注意运用比喻——"譬"说明道理。（第 17 页）

因为作为一个柄政的卿大夫，贫富只关涉到个人利害，而有德无德则影响到国家的存亡，能否荫翳子孙的大问题。（第 37 页）

纵观春秋时期"行人"的外交辞令，或对辩，或陈辞，或只言片语，或长篇大论，无不是具有"从容委曲而意独至"（《艺概》引吕东莱语）的特点。（第 42 页）

与此相联系，春秋时代行人时令，还带着雍容典雅、简约矜持的宫廷气息，而纵横策士的说辞则具有通俗活泼、畅所欲言甚至危言耸听的民间色彩。（第 56 页）

后世策士为了练习纵横捭阖的游说本领，就这件事又设计出几套可行的游说方案。（第 57 页）

墨子的活动年代虽与孔子大体相接，而其辩诘的思维形式，则全是战国学风。（第 74 页）

他从生产实践中认识到制车不能随心所欲，必须有法：画园就必须用规，为方就必须用矩，求平直就必须用准绳，不然是造不出车的。（第 75 页）

嬉笑怒骂，辛辣嘲讽，是庄子说辞的第一个特点。（第 92 页）

学者们广招弟子，开业授徒，干预政治。像官居高位的主父偃学纵横长短之术，伏生已九十多岁，仍招收弟子。（第 106 页）

（李婕雯　撰）

先秦唐宋明清传播事业论集

朱传誉

出版概况

《先秦唐宋明清传播事业论集》，朱传誉著，台湾商务印书馆 1988 年十二月初版，516 页。

内容提要

在作者的前言之中，作者认为报业的发展与政治是否开明，经济是否繁荣以及其他各类社会因素有很大关系。所以作者才在该书开头亦在论述新闻的起源时也讲述了先秦时期新闻与政治，新闻与交通事业的关系，这一部分的论述完全摘取了作者之前所著的《先秦传播事业概要》的论述，这一部分的摘要可参考之前的《先秦传播事业概要》。

在讲完先秦的传播事业之后，著者一下就跳到了唐代，并专门研究了唐代的《开元杂报》，作者论述了《开元杂报》的起源是源于唐代孙可之的一条笔记，后来这条笔记被中外学者多方考证，戈公振、曾我静部雄氏对此亦有论述。作者首先摘著了孙氏的原文并根据戈公振的考证确定唐代杂报也叫邸报。同时著者也分析条布以及条报，并认为这也是当时新闻的一种形式。另一方面，因为《开元杂报》的论述源于《中国雕版源流考》，如果这个事实确证的话，这对于古代印刷史、出版史来说也是一大发现。而在讨论邸报时，作者则引用了裴庭裕所著的《东观奏记》中关于"报状"的论述，不过"报状"是否等同于邸报还有待考证，除了"报状"以外，另一种形式就是"事状"，这是邸报在唐代之时的称谓。至此，作者进一步认为进奏院应是当时最早的报馆，也是最早的钱庄，并且在当时很有权力。作者认为应是唐朝盛世的发展才促进了唐代报业的产生。

而在宋代的传播事业研究上，作者主要研究了邸报、小报、榜文三种传播媒介，在邸报方面，作者主要从它的发行机构、编辑程序、内容、印刷、发行、名称、流弊这几个方面进行了细致的研究，作者大量运用史料之中关于这些方面的论述并进一步得出"宋代邸报是由都进奏院统一发行，进奏院长由中央任命。邸报内容以朝臣的迁黜为主，其次为诏令奏章，新闻来源以六曹为主，原则上很少雕印，发行对象是中外官司，但有选择性"（第154页）的结论。在小报上，著者则主要分析了它的产生背景、起源、发展、编辑与发行形式。作者认为小报一词是由进奏院走私消息而来，办民报的人假托官报，是为小报。它的读者对象较广，销量较多，主要采用印刷形式。它的产生源于社会的需要以及传播工具的改进，同时政府封锁新闻的做法也促进了小报的诞生，宋代小报是特殊环境下产生的特殊事业，在世界报业史上有重要的地位。最后作者则分析了宋代的榜文，布告在古代作为一种最有效的传播手段，是宋代主要的传播媒介。作者分析了当时榜单的内容，以及出榜的地点，并认为榜的作用在于传达政令，同时具有法令约束的效力。

在分析完宋代的传播媒介之后，作者紧接着论述了宋代的舆论。"舆论"二字著者解释为"公众的言论"。著者认为宋代舆论以两个问题为核心，北宋的党争以及南宋的和战问题。作者据此分析了宋代舆论的形成和发展，宋代舆论的形式主要有集议、谏诤、封驳、转对、求言、上书、伏阙等。与此同时作者也分析了阻碍舆论发展的形式。作者认为舆论是民众的声音，而士作为民众的代表，其所代表的就是舆论，舆论的发展使得帝王会向舆论让步，但同时帝王也有对可舆论的权力，作者认为这是宋代舆论畸形的发展，这也是最后导致宋朝灭亡的原因。

最后关于宋代的部分，著者还分析了宋代的出版法，作者认为因为宋代的出版业发达，才会有许多的法令限制出版业。著者主要分析了宋代禁印卖的书籍种类，其中包括历日、刑法、经典、时政、边机文字、时文、国史等。同时宋代也禁收藏，其中主要是天文、时谶、兵法等书籍。当时会根据社会情况禁止某一类的收藏，作者有提及南宋道学兴盛时就曾被列为禁书。同时作者还考察了宋代出版的审查以及惩罚制度，版权以及、避讳等出版问题。

分析完了宋代之后，作者进入明代分析明代的舆论。作者首先考察了明代舆论的几种形式，包括集议、廷推与传举、封驳与谏诤、伺察、下情闭塞等。作者认为明代对于言论的钳制超过了以往朝代，终于导致了明朝的灭亡。

作者认为这种钳制不仅体现在舆论上，也体现在对新闻的封锁上以及对出版业的控制上。与此同时作者还列举了对于言论自由争取情况，其中的典型就是东林党。而在对自由思想的争取上，作者认为王阳明的心学是对八股文的颠覆，是一种争取自由的思想。

进入清代，作者首先分析了清代的保密制度，因为作者认为清代的保密制度与以往不同，主要是为了防止内乱，甚至可以说是清朝的统治方式之一。就范围和性质而言，作者认为可以分为密奏保密、上谕保密、会议保密、程序保密这几种，而在泄密方面则分为太监泄密、军机处泄密、提塘泄密这几种。在这里作者列举了各类史料来讲述这些保密、泄密的方式。

除了保密制度，作者还研究了清代对舆论的压迫，首当其冲的就是文字狱，书中列举了张缙彦案、庄氏史案、沈天甫案等史料详细描绘了文字狱压制言论的情况。除此以外，毁禁书籍也是清朝压制言论的方式，其中的典型就是乾隆时期为了编纂《四库全书》而展开的毁禁运动。而当时的人为了发表自己的言论，他们也通过像匿名书、歌谣、捏造上谕、御批、伪造奏章的方式来进行防抗。在这里作者还着重叙述了清朝对报纸的压迫。其中作者对国民日报、苏报等案件作了详细的叙述，同时也讨论了《大清印刷物专律》对于清末言论自由的钳制。

最后，作者还研究了明清的塘报，作者认为虽然戈公振对此已有一定的研究，但并未对此深入，而塘报与邸报、京报的关系密切，因此有必要对此进行深入的研究。作者提到塘报的起源和驿制有关，经由塘兵传送的文报，叫塘报。作者考证在明熹宗时就已有塘报了，塘报主要用来提供地方事件的信息。之后作者对塘报的发展做了考证，明代的塘报主要用来传递军情，在清初也是如此。后来随着清朝统一的稳定，提塘的功能也由军事认为转为邮政任务，塘报的内容也开始逐渐多元化起来，并进而导致了邸报、京报的产生。接下来作者分析了塘报的传递和传钞制度。并分析了塘报的流弊，他认为塘报容易泄露机密公事，传播未经允许发布的上谕奏章，诈财，延误文报传递。最后作者得出结论塘报起源于明季，提塘负责管理邸报以及京报。

学术特色

作为一部关于中国古代传播事业的著述，该书史料翔实，考察严谨。对于各类历史细节的考察都做得非常仔细。从内容上来说，可以说是十分丰富的。但该书也有一定的缺点，其中主要体现在以现代之新闻、舆论观念来理解古代之事，这样实际上很容易造成一种认知的偏差。因此在此书的阅读上，对于其考证的部分值得我们去做进一步的思考，而关于民意、民主的部分则需要进一步进行扬弃思考。

观点撷英

新的中国古代新闻事业研究，应该基于新的传播学观念，用心的研究方法来研究，不是探讨某一个现象或事实，而是要综合若干现象或事实，然后加以统计和分析，归纳出一个较客观的结论。以邸报为例，在纵的方面，我们要探讨它的产生，成长和发展；在横的方面，我们要研究它和其他现象或事实的交互关系，以及交互影响。（第7页）

有语言然后又文字，上古书写不便，学术接受，靠口耳相传，为了帮助记忆，大都编成韵文，因此当时的韵文特别发达。无论是君主的文告（如尚书），或民间的口传新闻（如谣谚），都带韵。不过，当时的所谓韵，是循天籁，不像后代韵文那样的有规有律，有板有眼。

同时，这固然是为了帮助记忆，也是为了便于传播。"口耳相传"就是一种传播的行为，易记的含义，就是易于传播。消息、只是如能顺利传播，教育才能发达，文化才能向上，社会才能进步，人类历史才能推进。我们甚至可以说，口语传播是最早的传播方式之一，韵文则是为了便于口语的最早传播技术。（第16—17页）

今天的新闻，无论在内核和外在形式上，都独立发展，成为一种新的科学，但是就它的起源来说，和上古的诗歌谣谚、历史记录很近似，是一种消息、资料和知识。新闻史人类社会活动的反映，这和诗歌谣谚，以及历史记录，并没有什么不同。社会学者利用各种方法或工具来从事社会学的研究，谣谚为其研究工具之一，大众传播也是其中之一。社会学家把研究社会的基本方法——统计和调查，应用到大众传播方面，因而也成了研究大众传播的基本方法。（第41—42页）

古代没有传播事业，但是不能说没有传播活动。传播活动越频繁，人类社会越活越，文化也越向上，传播活动的是否频繁，有赖以下几个条件：（1）交通的发达。（2）传播工具的发明和改进。（3）思想言论的自由。（第98页）

先秦传播方法以口传为主，虽然很幼稚，但是很多上古记录，赖口传而保存，不光是周代的官方教育和春秋以后的四人间血，也都是以口传为教学方法。战国之所以能成为我国历史上学术思想的黄金时代，可以说是靠口传之共。战国时竹帛之使用逐渐普遍，以往口传的开始著录。举个例子来说，论语子罕、季氏、阳货和微子三篇，问题与其他各篇先容不同，前者为语体，较活泼，其他各篇则较见解，顾炎武认为语体论文是原本论语以外，还有一些流传于世，后人加以新解释，而蔓延扩大的结果。（第 124 页）

宋周封建的崩溃，已如前述。其崩溃的速度，和传播的活动成正比。交通越发达，消息、只是的传递越广，崩溃得也越快。丝血兴，平民其，消除了阶级，打破了纵的讽谏。战争、外教活动增加，游士、商旅来往频繁，消除了区域的封建状态，也打破了横的讽谏。（第 125 页）

（杜恺健　撰）

无形的网络——从传播学的角度
看中国的传统文化

吴予敏

出版概况

《无形的网络——从传播学的角度看中国的传统文化》，吴予敏著，国际文化出版公司，1988年5月版。平装，32开本，14万字。该著作为"蓦然回首——对中国传统文化反思"的大型系列丛书之一，是华文学界最早的从传播学角度研究中国传统文化的著作。

吴予敏，汉族，文学博士。深圳大学传播学院院长，广东省高等学校文科重点基地——深圳大学传媒与文化发展研究中心主任，博士生导师（文艺学专业、传播学专业）。教育部新闻学科教学指导委员会委员（2002—2010）、中国社会科学院文学研究所、武汉大学、河南大学、西北大学、上海师范大学、西南交通大学等校客座教授。担任中国传播学会副理事长、常务理事、中国广告教育研究会副会长、中国中外文艺理论学会理事、深圳市宣传文化基金影视组评审主任委员等职。主要从事传播学、美学、中国文化思想研究。

内容提要

《无形的网络——从传播学的角度看中国的传统文化》于总序和后记之间共分五章二十二节。第一章，古代社会的传播媒介。作者从古代传播媒介的演进着手，将传播媒介分为语言传播与非语言传播两大类，语言传播又包括口语传播与文字传播。然后分别从语境特点、社会结构、文化心理等方面分析各自的特点，指出其约定俗成及交互运用的共性以及对中国传统文化的影响，尤其强调了"历史——民俗"的非语言传播对中华民族的影响。

第二章，古代社会组织及其传播方式。作者从传播主体、受众、传播方法、传播媒介、符号等多方面论述了古代社会组织的信息传递。从纵向传播和横向传播两个方面，分析家族、乡社、职业社团、信仰社团、其他社交组织等不同的传播主体，采用的不同的传播方法及途径传递信息，从而达到传播的目的实现传播效果。家族调动了古代社会一切可能采用的文化传播手段，并利用了家族设计的特殊的传播符号，以父系自上而下的纵向传播为基本特点，以血缘亲疏为基础由内而外进行横向传播，运用复杂传播活动从而达到自调、自卫、并谋求发达的目的。乡社利用人们共通的文化心理：自然崇拜和祖先神灵崇拜，通过社祭习俗活动等多种传播手段，并利用长老和豪绅权威，控制传播渠道，左右乡社议论，从而达到建立乡社精神，维护乡社整体利益的目的。行会利用本行会特有的"引语"以及宣传、沟通方式扩展自己的关系网，形成广泛的生存基础和良好的社会环境。信仰团体通过宣讲教规、制定教义，并利用方术、巫术等传播手段，建成严整的传播网络，从而达到传播的目的。民间社交团体内部传播以"义"为基本的道德信条，传播媒介及其编码系统因地因情创制，被赋予特定意义。

第三章，政治领域的传播。作者从封建中央政治结构的变化、社会官职的演变梳理分析封建社会的政治领域信息传递，通过"君临之术、奉臣之道"、对"社会舆论"的控制，系统展现政治领域传播。君主运用君权，适时地调整官位设置与职责范围，有效控制信息通道，维护强化君权，利用监察、建立通讯屏障、开辟言路等手段掌握传播技巧，把握下行传播的主导权，维护君主专制地位。政治传播领域，处于劣势地位的臣子的上行传播则采用顺应君主好恶脾性，运用各种权变与传播手段相结合，有效控制政治传播。传播主体自身的道德、策略、意向都对传播效果发生重要影响。封建君主专制用暴力加强对社会舆论的控制，实现了"舆论一律"的同时，也切断了横向的信息传播，摧残腐蚀了中国的知识分子，对中国的精神、文化带来毁灭性的打击。

第四章，古代关于传播的理论观念。作者从传播主体、传播技巧、传播媒介等方面入手，以儒家、道家、法家、墨家为例，解析古代社会的人际传播，构建基本的传播理念。儒家人际传播注重传播主体的函化和修养的提高，强调针对不同的受众，提高传播技巧，通过道德规范的伦理确定，内省反思来达到维系人际关系，调和社会矛盾，巩固社会秩序的目的。道家从宇宙本体论和人生智慧及策略入手，注重传播权谋及其语言的运用技巧。法家提出了对舆论进行甄别和控制的理论，同时注重对传播主体和客体进行系统分析，注重传播技巧的运用。墨家主张建立举国一致的政治共同体，建立纵向的传播系统，注重语言传播媒介的研究和应用。

第五章，总论：社会传播结构与传统文化模式。本章作者主要探讨社会传播结构的构建及其与传统文化模式的关系。中国的传统文化模式与特定的传播媒介、传播结构、个体和社会组织的传播方式、人们的传播观念有十分密切的关联。传播形态与文化形态具有直接的同一性。传播结构对文化具有重要的文化功能。作者将中国传统文化模式分为三种传播结构：一、生命（生活）传播结构，二、枝杆型的传播结构，三、偏心圆的"历史传播结构"，并分析三种传播结构的文化功能，提出合理设计传播机构，传承中华文化，实现"无形的网络"的实际效用。

学术特色

20 世纪 80 年代，随着改革开放的深入发展，大量的西方思潮涌入中国，传统文化受到空前的冲击和挑战。与此同时，西方学者却从传统的中国文化中摄取大量的成分。1977 年，美国传播学者施拉姆（Wilbur Schramm）在访问香港中文大学时就已提倡发掘中国传统文化中的传播遗产。1978 年香港中文大学主办的第一次"中国传学研讨会"，拉开了"传播学中国化的序幕"。随后中国华人学者掀起了着眼于中国的传统历史文化与当代现实，发掘具有本土特色的传播现象与观念，意图建构中国特色的传播理论体系和话语权的热潮。大型系列丛书"蓦然回首——对中国传统文化反思"应运而生。《无形的网——从传播学的角度看中国的传统文化》作为系列丛属的重要成员，是国内华文学界最早的从传播学角度研究中国传统文化的著作，首次将传播学理论方法引入文化史研究，扩充了学科研究的视野，对发掘中华传统文化，传播和传承华夏文明，构建华夏文明传播的思想体系，具有重要的学术价值。

《无形的网络——从传播学的角度看中国的传统文化》将西方的传播学理论运用到古代社会的传统文化中。运用文献资料和意义分析相结合的方法，通过对中国古代传统典籍文献的挖掘整理、对中国古代历史文化演进的分析，从传播学的角度剖析古代传统文化，构建立体化、网络化的古代社会文化传播的图画，建立具有中国特征的文化传播结构和理论体系。该书从传播学的角度，从中国的政治、宗教、哲学思想等维度较为具体勾勒了华夏文明传播结构体系，架构了华夏文明传播的理论框架。分析了中国古代社会的传播媒介、古代社会中组织及其传播方式、古代的传播理论观念、社会传播结构与传统文化模式的关系，君主专制政权和官员层级制度下独特的政治传播。指出古代传统文化的利弊，对今天挖掘、整理、传承中国优秀传统文化，构建中华传播理论和话语体系具有重要指导和借鉴意义。同时，我们也应该看到此书的不足，对诸子百家的传播思想分析及中国社会传播结构的论述过于简单，由于作者专业兴趣的限制，"传播学的角度"时有游离。但瑕不掩瑜，从整体上看，这是一部在华夏文明传播和传播学本土化研究上具有启迪和引领作用的力作。

观点撷英

口语传播对于历史的塑造力和对于人的观念的塑造力大大超过文字传播的功能。儒家伪造的古史系统，方士和阴阳家制造的谶纬迷信，道教伪造的太上老君和天师的神秘仙术，佛家讲唱的佛祖故事，都是在悠久的口语传播的基础上改造的。（第 11 页）

"历史——民俗"的非语言传播就其功能而言，不在于交流新的信息，而在于重申既定的社会关系、等级秩序、信条、行为道德规范和群体的理想。所有的这些重申，都隐蔽在五花八门的仪式背后。最终，是通过仪式表演来感化社会的成员，使他们自然地产生文化心理的认同感，加强社会群体凝聚力。（第 28—29 页）

在家族内部的教化训育的传播活动中，非语言（身体、仪式等）的形式有很强的效力。长辈的自虐是一种传播方式，长辈对晚辈的他虐是更加普遍的方式。家族内部的传播渠道最重视各个辈分、年龄层次之间的纵向传承关系。这种传承，始终是单向偏重的、纯粹灌输性的，不具备平等交流的特点。（第 38—39 页）

正如司马迁所评，这样出身闾阎终于显明天下的政治说客，最大的本领是"长于权变"。权变与传播手段的结合，是中国古代政治领域里的传播活动的精要。诸如：察言观色、投石问路、以虚涵实、假装糊涂、阳奉阴违、瞒天过海等，都是运用权变手法控制政治传播的伎俩。（第 126 页）

从氏族部落时期产生的民族议政的风气进入奴隶制国家阶段后，渐渐演变为民本主义的舆论管理。封建君主在专制政体和官僚科层制的建立，使社会舆论并不能直接反映民意，往往成为统治集团内部政治斗争的工具和借代物。（第 149 页）

儒家将人际间的传播与人格涵养视为内在相关的一体。前者是表征，后者是实质。通过前者可观察后者，后者又决定了前者的具体形态。（第 156 页）

韩非子也总结了一些游说的技巧方术。"凡说之务，在知饰所说之所矜而灭其耻"。总的原则就是顺其所好，避其所恶。但这与一般进谗佞臣不同。这只是让对方能顺利接受意见的技巧方略。（第 197 页）

中国的传统文化模式与特定的传播媒介、传播结构、个体和社会组织的传播方式、人们的传播观念有十分密切的关联。传播形态与文化形态具有直接的同一性。一种文化模式是与相应的传播结构共存的。传播媒介的更新和传播结构的改变，势必会引起人的行为——心理结构和社会组织结构的改变，直至影响到整个文化模式的改变。（第 205—223 页）

（田素美　撰）

中国传播媒介发源史

吴东权

出版概况

《中国传播媒介发源史》，吴东权著，中视文化事业股份有限公司1988年初版，收录于《中视丛书》。

吴东权，男，籍贯福建莆田，1928年生，1946年去台湾。别号仲谋，笔名人言、木成林、林信。政工干校第一期新闻组，中国文化大学新闻系，香港远东学院研究所毕业。曾任《青年日报》主编、"中央电影公司"制片部副理、"中国电视公司"新闻部经理、中国文化大学和世新大学副教授。曾主编《女青年》月刊、《文坛》月刊、《青年战士报》副刊。现已退休。

内容提要

作为一部讲述中国传播媒介发展的专著，该书共分为9章及结语共10个部分，在该书的第一章中，著者首先对传播媒介下做了一番研究，作者认为传播媒介是一个现代化的名词，在中国古代是没有这个词汇的。作者认为最早"传播"一词见于《北史·突厥传》中的"宣传播天下，咸使知闻。"依据，这句话作者认为与当今"大众传播"的意思相吻合。其次，在中国其他典籍之中也提到过"传播"二字，作者认为它与"内向传播""口头传播"的传播形式均有吻合之处。在这之后作者认为中国在仅几百年来反而很少使用"传播"一词，而在美国却被逐渐重视了起来，著者检视了"communication"与"传播"两个概念的内容，认为实际上传播在我国其来由已久，用处也十分普遍，以"传播"来解释"communication"可以说是十分恰当。接着作者又对媒介作了一番分析，他认为"媒介"与"媒体"是有所分别的，媒体一词是新词，在古代找不到先例，而媒介则是有的，意指"介绍"。古代所用的媒介具有"介绍""中介"之意，它是一种声音、符号、画面等，能够表达意思，透过传播方式以达到传播之功能者。由此作者援引张植珊的说法认为"传播媒介的本身，就是一种方法、一种手段或一种工具而已。"作者认为传播媒介并不是一蹴而就，而是在经历了古人一点一滴的创新与发明才有了现代的大众传播媒介，因此从事研究的话，就要追本溯源，一探究竟，这也就是次数的主题。在本章之中，作者将中国古代的传播媒介分为了七类，它们分别是符号、音响、光影、器物、象形、文具以及综合类。在接下来的部分著者就开始针对这些做了仔细的研究。需要说明的是，该书的每一章节，著者都是先对这种媒介形式做了一番介绍，之后在分别对这个分类之下的媒介再做介绍，限于篇幅的原因，本概要只对大分类的定义做一个介绍，其余部分则从简叙述。

在该书的第二章，著者首先讨论了符号这一传播媒介，它是一种能够传播意义的象征，是传播的基本要素之一，著者在此对符号做了一番定义之后，就开始分别叙述符号的形式。著者在此分别介绍了结绳、刻契、文饰、图卦、文字这五种符号。在这五种符号的分类之下，著者在刻契之中又介绍了契书、质剂、券契、券书四种媒介；在文饰之中介绍了直线文、＋字与Ｘ字、山文与波文、弧线与圆圈、物形与人形这五种媒介；在图卦之中则介绍了图即河图、卦即八卦这两种媒介；在文字之中则介绍了金石文、甲骨文、篆文、隶书、楷书、草书、行书这七种传播媒介。

在第三部分音响之中，著者认为音响分为三种，一是人畜生理上所发出的声音，二是人畜利用工具所发出的声音，三是大自然的声音如风雨雷电等。人类所能够利用的，应该是前二者。这些媒介，著者认为通过声音的不同，它们代表了各自不同的含义，传达不同的信息，因此它们都是古老的传播媒介。著者将音响分为了5种，一是语言即人类最原始的传播媒介。二是爆竹，作者对此分别介绍了爆仗、鞭炮、烟花、火铳四种媒介。三是金鼓，著者分别介绍了钲、铙、铎、镯、锣、铃六种媒介。四是歌谣，它是人们表达感情流露的最直接方式，是宣达思想情绪的媒介。五是乐器，著者分别介绍了钟磬、笙箫、琴瑟、筝筑这几种媒介。

在第四章之中，作者主要到古代的人利用光明与黑暗的对比得到了一种其实，即影子可以传达许多意义，进而到了现代，光电技术的发达促进了现代大众传播媒介的产生，因此我们应该从头开始，探究运用火的媒介。在最早的时代，人们只懂得运用火把来传递信息，作者对火的演化进行了一番介绍，并讨论了它在运用上的各种实例。之后著者介绍了灯笼这一媒介，灯笼首先是由蜡烛发展而来，但烛火容易被吹灭，因而才有了灯笼。著者认为灯笼的用途有以下几种：（1）显示身份；（2）显示姓名；（3）显示事故；（4）传播节令；（5）显示职业。（6）突发状况的传播。此外还有烽垒，在古代信息传播极度贫乏的年代，烽垒是实现快速传递讯息的主要媒介手段，它主要有以下几种形式：（1）烽烟；（2）烽子；（3）烽候；（4）烽火；（5）烽鼓；（6）烽燧。接着作者介绍了火箭这种传播媒介，作者认为火药的发明促进了火箭的诞生，它是一种用来快速传递讯息的媒介手段，作者对火箭的几种样式做了介绍，并认为火药对传播也有作用。最后著者介绍了影戏这一媒介形式，著者对它的发展过程进行了梳理，并认为它是现代传播媒介"电影"的前身之一。

第五章作者则主要介绍了象形，在传播之中，有一些事物可以用另一种形状表达，通过这些其他事物，达成传播的要求，这些事物就是象形，就是一种传播媒介。作者在此分析图腾、金石、旗帜、态势四种象形媒介。其中金石又分为钟鼎、碑碣、玺印、石雕四种媒介。旗帜则分为旌旗、市招两种。态势则分为行动、姿势、表情三种媒介。

在该书第六章作者则介绍文具这一传播媒介，作者认为文字图案都是传播媒介，但他们往往得借助文具才能够现实这些传播符号，因此文具本身就是一种传播媒介。著者从中国传统的"文房四宝"作为四种基本的文具媒介形式对它们进行了介绍。毛笔方面，作者介绍了汉笔、晋笔、唐笔、宋笔、明笔；墨方面著者介绍了唐墨、南唐墨、宋墨、明墨、清墨；砚台方面，作者介绍了汉砚、三国南北朝砚、唐砚、宋砚、明砚。纸张方面，作者则对汉晋唐宋元明清的纸张分别作了介绍。

第七章作者则对器物作了介绍，所谓器物，实际上指的就是工具，在这里指的也就是传播工具例如书报、服饰等。作者在此分别介绍了简牍、帛丝、书报、服饰四种媒介。除服饰以外的其他三种用来承载文字符号的媒介，他们的作用都是将意见传播给他人。作者分别就简牍、帛丝、书籍和报纸这几种承载文字的媒介的发展史做了介绍，并对它们的种类及功能做了细致的探究。而在服饰方面，作者认为很少有学者从传播学的立场来探究服饰的法院，他认为服饰也是一种传播媒介的作用。作者梳理了中国古代服饰的发展历史，并认为服饰可以用来传播一个人的职业、性格等，但随着现代化的进程，这种传播作用就越来越小了。

在最后一章之中，作者则讨论了综合的传播媒介，即不能与之前那几类传播媒介归入一类的媒介。作者认为中国古代的传播媒介，应用面是相当之广，上述媒介仅仅只是大端，这章所要阐述的媒介分别为驿传、印刷与戏剧，此三项为传播讯息、意识与观念之媒介，其构成因素不像其他媒介那样简单，而是一种多种媒介合成的媒介，因此作者才把它们放到了综合类。在驿传中，作者主要介绍了羊报、鸽传、迹人三种媒介形式，在印刷方面著者介绍了手抄、雕版、活版以及套版四种印刷形式，在戏剧方面著者则不是从戏剧的种类入手进行探讨，作者在此主要梳理了中国戏曲的法院、形成、发展和新貌四个方面，并对戏剧的两种特殊形式傀儡戏和皮影戏做了介绍。

在最后结语部分，作者对该书做了总结，他认为古代的传播与现代化的传播不能相提并论，但冰冻三尺，非一日之寒，传播媒介的进步在于生活之中积累的一点一点，因此在学术工作之中也应该抽出一点经历来探索过往大传播方式，去发现现代传播媒介的源头，培养自尊、自爱、自觉的民族心理，这也是作者撰写此书的动机之一。

学术特色

作为讨论中国古代媒介发展的第一本专著，该书有着它深远的历史意义，它不但写明了中国古代传播媒介的大端，也为接下来中国传播媒介的研究奠定了基础。总的来说，该书史料殷实，内容丰富，不得不说是中国古代传播研究的一大著作。稍微遗憾的是受制于研究资料等因素，著者未能再对传播媒介进行进一步的分析，去分析不同传播媒介在不同社会语境低下之作用及其与其他要素之间的相互影响，这不得不说是该书的一大遗憾了。

观点撷英

传播媒介是一个现代化的名词，在中国古代，是没有这个时髦的词句的。

不过，如果将"传播"与"媒介"拆开来研究，就可以发现中国古代曾有"传"与"播"之说，而且也有"媒介"的用法。

说来很少人会相信，在"传播资讯""传播系统""传播科技""传播行为"等名词常常提在口头笔尖的现代大众，对于"传播"这两个字的来由，以及

其被大众所熟知的年代到底为何，恐怕很难得到一个明确的答案。（第 1 页）

在这里，我们不难得到一个更清晰的概念，一张报纸，应称为传播媒介，或传播工具；一个报社，宜称之为传播媒体，或传播机构。以此类推，其理自明，又如一个正在发表演讲的人，其人为传播媒体，其所用以传达主张的语言音调，应为传播媒介。张植珊说："其实传播媒介本身，只是一种方法、一种手段或一种工具而已"此说甚为确切。

基于以上这些理念，我们可以亲历出所谓"传播媒介"的种类，大凡足资用来传递人们的思想、一年、知识与讯息的方法、手段或工具，品目繁多，工具巨细不同，大者如报纸、书籍、杂志、广播、电视、电影、广告、电传等等，这些属于"大众传播媒介"内容的媒介，近年来已在国家开发与社会进步的过程中扮演了极为重要的角色，不过，在这些传播媒介的前身，大都有一段漫长的演变历史有迹可循，"事有终始，物有本末"，今日的传播媒介，并不是一夜之间，从天而降，遂成大众所瞩目的传播媒介，而是历经人类的先祖投下无尽的心血，集合多人的智慧，一点一滴、一分一寸地创新发明，改良拓展，终而粲然大备，成为现代传播科技的新宠。饮水思源，从事学术研究的人，总要追本溯源，一探究竟，所以对于传播媒介的法院，确有搜集探索的价值。（第 8—9 页）

由于星移物转，寒暑交替，当然人类的生活方式与思想潮流也随之有所变易，以往船舶的技巧与程式，难免也跟着产生变化，虽然有些方法已遭淘汰，可是最基本的传播方式，却一直保留传递下来，或加以改良，或予以合并，或予以补充，或予以强化。金光现代的传播媒介已经迈入剪短科技，然而除了科技之外，最基本的传播引自，依然离不开先民所运用的"符号""音响""光影""器具""象形"诸类，只不过是中国先民所用的传播文具现在逐渐废而改用新式的符号传播工具，透过打字、电传、电脑、影印等等科技的器材来表达，至于其他种种，定价加强其"综"的作用，发挥更大的功能而已。事实上，中国先民在传播方面发明的文字符号、印刷、造纸、影戏、语言等等，不仅是对现在十亿中华民族的生活方式产生莫大的影响，也对全世界人类文明进化的贡献尽了大力，没有那些原始的几本创造与应用，焉有今日声、光、电、化等种种新式传播工具的发明？

因此，在许多学者致力于未来的传播趋向作全力投入之际，不妨也抽出一些心力来回顾、探索、寻源、搜集往昔的传播方式，从哪些原始的、简陋的、单纯的、古拙的技巧与媒介中，去发现现代传播媒介的源头、探寻中国先民的智慧、发扬华夏民族的光辉，这样做，也许可以使这一代以及后代的中华儿女，不至于过分崇洋媚外，误以为所有传播媒介都是西洋人所发明，好让国人从寻根探源、追本溯往的传播媒介发源史中，培养一些自尊、自爱和自觉的民族心理。（第 560 页）

（杜恺健　撰）

中国明代新闻传播史

尹韵公

出版概况

《中国明代新闻传播史》，尹韵公著，重庆出版社 1990 年 8 月 1 日首次出版，1997 年重庆出版社第二次印刷，精装 32 开，共 284 页，约 20 万字。

尹韵公，主要学术专长为新闻史研究，现从事新闻学研究。时任中国社会科学院新闻所所长、党委副书记。

内容提要

该书约 20 万字，自绪论后分六章。绪论简述了春秋战国，秦朝，西汉，唐宋的新闻传播事业，概括指出了每个时期的特点，最终落脚于明朝。第一章，明代新闻传播事业的生长点与环境范围，作者借对明代新闻传播事业的生长点与环境范围的考察，以宏观的眼光把握了明代新闻传播事业的图景。在之后，则一点点展开，对邸报、塘报、明代告示、民间广告、檄文、旗报、牌报等一一做了描摹。第二章，明代邸报，邸报是中国报纸的"始祖"，是唐、宋、明朝的"官报"，是明代新闻传播的主要媒介，自然也是该书作者着墨最多的部分，共分为八节，对邸报的诞生地、报道内容和范围、邸报的政治透明度与新闻检查、邸报的新闻业务特点、邸报的传递和发行、邸报的印刷和读者群以及伪造邸报逐一进行研究。特别应该指出的是，这样一种探讨不是简单地、浅层次地、浮光掠影地扫描，而是深入地透视。抱守这样一种治学态度，作者对邸报的研究很见功力，对读者欲知而长久以来不知的诸多问题比如邸报为什么由唐历宋而明一直"受宠"做了深刻的解剖。所以明代邸报既满足了它的特定读者的心理，又部分地满足了社会的需要。因而邸报是明代官吏和准官员分子的必读之物。第三章，明代塘报。分四节介绍了塘报的由来和发展，塘报的内容和性质，塘报表现的新闻价值以及报纸与史学。第四章明代告示，亦分四节探讨了告示的内容和特点，告示的印刷和影响，民间广告以及檄文、旗报、牌报及其它等。第五章，明代社会舆论，作者通过舆论与皇帝，舆论与言官制，私揭与匿名揭，政治性歌谣，书院与政治团体，明代出版事业，自上而下立体的勾勒出明代社会舆论的状况。最后的结语部分，作者没有局限于前文所述内容，而是宏观把握中国新闻传播事业的发展路径，进行中西比较，论述中国报纸为何迟迟不能近代化，"中国的邸报自始至终为国家的忠实奴仆，代表的是王朝的利益，支持王朝的政策方针，反映王朝的呼声和愿望；是正统观念的卫道士，而不是理性的产物……中国的报纸好像是一个始终长不大的孩子。邸报从来就不是一支独立的政治力量，这是 17 世纪中叶以后中国报刊与西方报刊的重大区别之一"。

学术特色

在研究方法上，作者借鉴了《宋代新闻史》，将新的学科——传播学的研究立场和方法引入到新闻学领域。传播学的崛起，使得新闻学的研究摆脱了以往那种光是盯着报纸本身的源流和沿革，而忽略了对古代社会其他新闻传播现象给予关注的困境，作者在序言中谈道："如果没有传播学的启发和帮助，我的博士论文将显得非常单薄"。这种新思路和新视角几乎贯穿《中国明代新闻传播史》全书，除了对产品如邸报、塘报、明代告示、民间广告、檄文、旗报、牌报的本身的研究，还扩展到生产者、生产过程"曾经有人指出：明朝之通政司，是因袭宋代的通进奏银台司之旧例。从工作职能的某些方面看，两者确有相似之处，但是，论在政府里的规格和作用，明代的通政司远胜于宋代的银台司""通政司的主要职责是掌领天下章奏，上报皇帝，并节写副本，通报六部。就传播功能而言，它主要是起着上传下达的作用，敦促各地官员将他们知道的情况及时地报告给中央政府"、情境及它们的相互作用"明朝政体完善了言官制，言官制又产生了言官群；而言官群又是明代社会舆论的主要发动者和推动者。本来言官群和言官制应该忠实的服务于它的母体，但万没有想到，最后却是由于言官群体及其掀起的社会舆论在朝廷内部不断地捣乱和消耗而伤害和摧残了母体本身。"

该书另一大研究特点是采用描述性研究，描述式研究是早期美国新闻史的主要手法，基本上是按报刊、广播或电影媒体的产生、发展和演进的脉络，收集考证新闻史料、描述新闻事业发展的过程，以史料翔实、描述丰富取胜。尹韵公先生说过"自人类社会诞生以后，作为人类社会发展的伴生物之一的传播活动也就开始了，过去我们的研究通常只是什么时间、年代出现了何种传播活动或者传播技术，而对出现的传播活动或传播技术，经常缺乏从当时的社会历史大背景对之进行考察，从时代意义对之进行判读，从文化起源的意义对之进行阐释"，因此该书开篇第一章便是在考察明代新闻传播事业所处的社会基础和它的生长点与环境范围，从明代的政治、经济、文化、教育、军事、交通、科学技术等诸方面对明代新闻传播事业的影响切入，以后的章节中也倾力探求新闻传播与诸多方面的联系，使得新闻传播史研究变得立体化。

徐培汀先生《20世纪中国新闻学与传播学·新闻史学史卷》评价说，"《中国明代新闻传播史》是一部观点新颖、材料扎实的古代新闻史专著，也是一部有独立见解、颇有深度的新闻学博士论文，它填补了中国新闻史研究领域的一项空白"。的确，如徐先生所言，该书是一部有独立见解、观点新颖的力作。明王朝的专制主义中央集权近乎极端，特务统治"锦衣卫"特别发达，皇帝的专制独裁已达到无以复加的地步，"普天之下，噤若寒蝉"。而尹韵公先生却提出明朝社会政治透明度是相当高的，明朝历代君主对舆论的态度也是比较开明的。但作者依据搜集、翻检、整理、过滤的有关明代邸报的史料记载，却使他的观点建立在持之有故、论从史出上，具有很强的说服力。另外，通常认为，现代报纸与明代邸报在形式上存在很大差别，尹韵公在承认这一点的同时，又提出了新见："在新闻业务及其表达手法上，明代邸报却与现代报纸有着很多相似之处。""当我们运用这些要素指现代新闻写作要求的何时、何地、何人、何事、如何、为何六要素考察明代新闻与现代新闻的写作要求，竟如此相似，天然地巧同。"接着，作者引用邸报对"张居正卒"，"山东青州安丘城陷、群盗并起"报道的分析，为徐先生的评价又增加了一个论据。

诚如徐先生所言，《中国明代新闻传播史》是一本材料扎实之作。从书中的引文和注释即可看出，作者于明代正史、野史、笔记、小说、士子文集中广搜博索，获取了很多有价值的资料。如"京师淫雨、大水及直隶等处"，"许定国杀高杰"，"天变杂记"以及有关张居正的记载，历史地看都算得上精彩。其中被作者视为"明代新闻第一枝"的"天变杂记"，对天启年间北京王恭厂地震灾变做了三千字左右的报道，这一资料的获得、运用，真正使那些沉睡在故纸堆中的历史资料翩翩起舞了。

《中国明代新闻传播史》一书，是大陆出版的第一本新闻断代史专著，也是近年来继方先生的新闻史力作《中国近代报刊史》之后，国内新闻史学研究的又一项重大成果。在此之前，就新闻断代史而言，只有台湾的朱传誉先生写过一本《宋代新闻史》，大陆方面长期没有此类专著问世。《明代新闻传播史》的出版，填补了这方面的空白，勾画出明代新闻传播事业的总的轮廓，展示明代新闻传播事业的各个方面，增进人们对明代新闻传播事业和文化事业的了解和认识，深化了古代新闻史的研究层次，是新闻史研究领域的一本标志性专著。①

观点撷英

无论是古代社会，还是现代社会，任何一个国家为着使国家机器能够正常而有效地运转起来，都必须建立和设置一整套新闻传播机构。在明代社会，这个角色的承担者，便是号称明朝中央政府九大行政部门之一的通政使司，亦称通政司，以及它属下的六乎廊房，邸报就是由通政司及其六科编辑和发布的。（第23页）

显而易见地，塘报既然是一种以上报重要军事情报和紧急军事动态为主的专业性传播工具，那么塘报的内容自然就离不开军事方面的各种情况。（第146页）

明代告示的种类较多，有晓谕、诏令、布告、榜文、檄文、广告等等。告示的读者没有"群"的限制，而面向整个社会，面向所有识字和不识字的公众。在明代社会，它恐怕是影响最大，普及最宽的传播媒介。（第175页）

古代邸报在封建社会内部，对于沟通信息，加强联系，促进交流，从而起到了加强国内的团结与稳定的重大作用——这是不容抹杀的；中国封建社会能够长期延续，持久而终不衰，在很大程度上有赖于古代报纸的发行网络和完备的驿传制度——这又是不容忽视的。（第276页）

（王璐 撰）

---

① 本文写作参考以下文献：（1）《在明代新闻传播的长廊中畅游——评尹韵公〈中国明代新闻传播史〉》董锦瑞，《新闻传播》，2005（3）：26—28；（2）《美国新闻史研究的视角和方法论》陈昌凤，《搜狐传媒》，2012年06月11日。

先秦的口语传播

吴东权

出版概况

《先秦的口语传播》，吴东权著，台湾地区文化建设主管部门，1991年出版，平装32开本，380页，40余万字。

吴东权，文学风格：创作文类包括论述、散文、小说、传记等。自1957年起，开始将精力集中于小说创作。1976年因调"中影"制片厂服务，对电影文学深入接触，开始兼写电影剧本。1979年以后撰写有关电影、电视与传播等方面的文章。吴东权的文字淡雅平实、生动且深刻，蕴含无限哲理，他以丰富的人生阅历和敏锐的观察，写出个阶层的喜怒哀乐。近年开始写作"银发文学"，关注于老年人的生活。

文学成就：曾获新文艺金像奖、中国文坛协会文艺奖章、中山文坛创作奖等奖项。

主要作品：《电影与传播》《声光传播溯源》《中国声光传播媒介溯源》《电影》《荧光幕后》《中国传播媒介发展史》《先秦的口语传播》《文学境界》《人言小品》《百感交集》《退休生涯规划》等等。

内容提要

《先秦的口语传播》共分绪论一章、主体三十章，再结论一章，共计三十二章。绪论：探索三寸不烂之舌的最高境界。本章作者从语言的运用、口语的探析、遣词的研究和开口的艺术四个方面对于口语传播涉及的控制因素进行了细的概括分析。其中，"语音的运用"集中探讨了音质、音调、音率、音量及音色五要素对于语音的影响以及其相互之间的互补运用；"口语的探析"

则细致分析比较了"口语"和"口头"的差异之处,提出"口语传播"较"口头传播"更为妥帖;"遣词的研究"则以韩非的"说难"内容阐释了遣词的重要性、艺术性和复杂性;"开口的艺术"则侧重介绍了开口的时机、方式、态度以及开口后的践诺的重要性,同时分析了中国人目前缄口不言的现状产生的原因。

主体部分共三十章则是挑选引用了先秦时期三十位(其实应为三十二位)口语传播学家,在先秦动荡的政局中通过口语传播扭转时局、改写历史的事例。通过对这些事例中口语传播家在口语传播过程中的策略应用与传播学相关理论的结合分析,且这种结合更为细致和具体:颍考叔——替代理论抚平君王的矛盾心理,将颍考叔说服郑庄公的过程与美国传播学者勒宾泽(Otto Lerbingger)的《说服传播的设计》一书中说服设计的几个项目结合分析;展喜——心理分析打动齐王的黩武野心,将展喜的说服过程与传播学与心理学专家总结的"一个人有两种基本态度"(对客体的态度和对情境的态度)相联系,分析要达到说服的效果需要了解说服对象的态度,进而改变其态度;烛武——归因理论巧退秦师的传播鼻祖,分析了在说服过程中需要找出说服对象行为的原因,并针对其行为可能产生的结果进行预测,从而达到说服的目的;申包胥——运用哭泣强化口语传播功能,语言传播也需要非语言行为的效果加强;子贡——舌灿莲花操纵五国的兴亡绝续,提出针对不同的说服对象,需要发挥口语传播的不同功能;墨翟——事实类比说服强国的攻伐野心,面对冷静理性的说服对象,可以采用罗列事实举证的诱导技巧达到说服效果;张孟同——恐吓利诱改写战国的雄峙局面,分析对手之间的相互关系,充分发挥恐吓与利诱的效用,让对手不战自乱从而解除危机;邹忌——乐韵琴理谏劝君王的治国理念,"借物引喻",清楚明了且易于被接受;江乙——指桑骂槐损人劝上的传播艺术,抓住时机、注意修正、讲究迂回,实现传播效果;颜率——欲纵故擒抱住周室的传国之宝,利用口语传播连哄带骗、虚张声势、抓住人性弱点,达到传播目的;无盐氏——态势表情衬托口才的传播技巧,凸显了非语言对于语言传播的强化和促进作用;冯驩——不言则以一言奏效的惊人之举,任何说服的言辞在开口之前均需要先锁定对方的心事,充分分析、对症下药;惠施——旁敲侧击改变顽固的既定观念,摸准传播对象基本情况、避开对其既有观念直接冲击,从其倾向的认知点入手,迂回说服;司马错——据理力争驳倒名嘴的霸业论调,与竞争对手同时进行说服过程中,不可盲目行动,需要找到对手的弱点和受传播者的心理欲望,从而有针对性地以理相争；颜斶——智勇兼具提倡人权的民主先驱，欲说服传播对象，在抵触了受传的既有利益时，需要给予其相应的道德弥补、前人之例；陈轸——能使大军自动撤退的上乘口才，抓住受传对象心理，细细分析利弊，步步改变其心态；张仪——欲退还进运用自如的传播策略，把握时机，欲退还进、欲拒还迎，达到传播目的；谅毅——认知设计打消秦王的无理要求，低姿态、以赞为手段说服受传对象；蔺相如——表态胆识口才俱备的典型模式，兵不厌诈，在无伤大雅时可采取诈达到传播效果；貂勃——前后对比化解君臣的猜忌心理，说服过程中的劣势也可以通过自身的努力使其成为转折点；庄辛——引经据典唤醒君王的忧患意识，说服过程中有时一个类似的前人之例做较、圣人之言为凭，会达到意想不到的传播效果；唐且——老态龙钟辩才无疑的传播高手，在传播过程中要抓住受传者的注意有三种方法，一是故作惊人之语，二是诙谐幽默之语，三是切身厉害之语；范雎——自我推荐荣获重用的典型范例，善于利用口语传播和肢体语言；触龙——家常闲话转移立场的特殊技巧，说服过程中尽量塑造一个轻松熟悉舒适的环境；苏代——先破后立片言扭转国家的危机，说服过程讲究旁敲侧击、四两拨千斤；毛遂——口语姿态交替运用的成功模式，在说服过程中可以交替针对受传者的心态动机进行动态分析和说服；鲁仲连——制造危机说服顽强的压力设计，利用威胁性和危机感来吸引受传者注意，加强说服效果；蔡泽——真才实学舌锋犀利的自荐方法，言之有物、据理力争；甘罗——口齿伶俐反应敏捷的天才少年，其说服传播过程可总结为：提出问题、征求答案、获得肯定、趁势警告、迫使就范、达到目的；茅焦——胆识过人口若悬河的亘古奇才，对于怀有敌意预存立场的人进行口语传播，需巧妙应用迂回的、转移的技巧。

结论，每人应有完善的语言表达能力。本结总结了口语产生的四种来源，并对于中西方古代优秀的口语传播家进行了简单介绍和对比，并总结了先秦时期的口语转播大家在传播中的注意事项。最后对于每个个人的口语表达能力的提升提出了期望。

学术特色

吴东权对自己的这该书有这样的一段总结，本人认为可以很好地为此书的学术及社会价值有很好的概述：为了不让西方演辩修辞家后来居上，为了不让中国的古代口语传播家在历史的传承中逐渐褪色，被后代的中国人所忽略或遗忘，因此特地从先秦时代的史料中，精挑细选了三十位颇具代表性、戏剧性、典型性的人物，将其当时的背景，以及口语传播的过程甲乙浅辞叙述，并且引用近代中外传播学者的论点，作"古事今释"的分析，提供读者对口语传播的技巧与功能的认识，以事例、故事史料为实证，与传播理论相对照，名之曰《先秦的口语传播》，相信对于古人有所交代，对于今人亦应有所贡献。

郭为藩表示：传播媒介是一种方法、一种过程或一种工具，它必须仰赖题材资料以呈现其内容，此题材可以启迪人性向上，展现民族风格、提升国民气质、追求人生理想、表现人性光辉为优先，以充实国民的精神生活。台湾地区文化建设主管部门曾于1987年出版文化传播业书六册，1989年出版三册，1991年再商请吴东权先生及谢鹏雄先生分别撰写《先秦的口语传播》及《世纪的媒体文化》二书，前者系以现代传播原理原则析述先秦时代各种口语传播的形式、意义、背景及其影响。可见，郭为藩认为《先秦的口语传播》一书可以因推进文化事业而进一步促进现代社会知识散播、制度变革以及政治、经济、文化活动的进程，可为现代传播事业带来更为蓬勃的发展。

观点撷英

我们从先秦诸子的口语传播成功的范例中，不难体会到今日社会上、国际上进行面谈、洽商、讨论、辩驳、问政等会议中所运用的口语传播，如果缺乏语言的表达能力，那就失去说服力和影响力；如果懂得运用口语传播技巧，预作说服设计，配合表达语言，必定会产生预期的功效，"不战而屈人之兵""不战而退人之兵"，并非神话，因为先秦诸子的口语传播实例，就是明亮的镜子。（第9页）

古来贤者智者，莫不再三告诫，以致国人视言语为高危招灾之举，多少年来，积习所成，遂形成一个不会说话的民族，使得国人养成一种木讷、拙言、忍让、吞声的习惯，该说不说，该辩不辩，该论不论，该吼不吼，结果只好背后发牢骚、私下乱批评、盲目下断语、擅长造谣言，完全辜负了先圣前贤的谆谆告诫，也糟蹋了神圣的口语传播。（第39页）

用口语劝说受播者改变立场与态度，如果能善用"归因理论"，针对其行为结果提出明示，往往会产生很大的功效。（第70页）

一般说来，恐吓到了某种适当的程度，必可产生改变对方态度的功效，

（恐吓不及与过度，均难奏效），而在适度的恐吓之后，若能给予一些利诱，作为鼓舞与安抚，则功效必有立竿见影的效应。（第 112 页）

擅长口语传播与善于运用口才的人，再紧要关头，开口说话，必定是经过一番思考、衡量所说的话是否可以产生预期的效果，甚至多重的效用，才表达出来，这种口语传播技巧，与一般常见的所谓"好抬头""耍嘴皮""油腔滑调""故作惊人之语"之流截然不同，值得我们重视，更值得我们学习！（第 216 页）

根据现代传播理论，这种"认知设计"往往采取两种不同的取向：一是借着事实提出例证，或资讯，或具有逻辑性的理论，向受传播者进行说服。二是利用受播者内心期待的理想、欲望、诉求与虚荣，提出足以产生正面或反面的一致性，逼使受播者重新考虑自己的决心、降低要求的条件。（第 224 页）

我们在政府部门中、机关公司里、甚至家庭团体中，领导人常常也会对部属或晚辈产生排斥、妒忌的心态，如果身边的人有个贯珠在，那就政通人和、精诚团结了。（第 248 页）

甘罗对顽固耿直的张唐和倨傲心虚的赵王进行口语传播时，采用的是相同的一个传播过程式，那就是：提出问题——征求答案——获得肯定——趁势警告——迫使就范——达到目的。（第 348 页）

所以说，对一个怀有敌意预存立场的人去进行口语传播，决不能采用"开门见山"或"单刀直入"的硬碰硬、谁怕谁的方式，必须巧妙运用迂回的、转移的技巧，设定一种是可导致对方发生注意、兴趣、关怀的时间，诱使对方进入设定的隧道之后，再从隧道的另一头开一个口，引出主题。庶可奏效。（第 363 页）

（徐莹　撰）

先秦的传播活动及其影响

张玉法

出版概况

《先秦的传播活动及其影响》，张玉法著，台湾商务印书馆，1993 年初版，平装，272 页。

张玉法，男，山东泽县人，1936 年生。台湾师范大学史地系学士，台湾政治大学新闻研究所、美国哥伦比亚大学历史研究所毕业。1992 年当选"中央研究院"院士。现任"中央研究院"近代史研究所研究员，台湾师范大学历史研究所，台湾政治大学历史研究所兼任教授。著有《中国现代史》《清季的革命团体》《清季的立宪团体》《民国初年的政党》《中国现代化的区域研究——山东省》《中国现代政治史论》《历史学的新领域》《近代中国工业发展史》《辛亥革命史论》等专著十余种。

内容提要

《先秦的传播活动及其影响》于再版序和原序之后分五章。第一章：引论，作者对古代传播活动做了概述，列举了文化传播的几种方式以及对先秦诸子的传播观念进行探讨。第二章：传播的符号及工具。对声音、文字和形象符号的发展及影响做了论述。第三章：阶级间的"传播"。对先秦时代阶级进行划分，有贵族对平民的教育、官方信息的流传以及对学术界言论自由和平民百姓政治意愿的讨论。第四章：区域间的"传播"。对区域间文化分歧和交流以及文化融合与政治统一做了详细论述。第五章：结论。张玉法认为，传播工具的发展促进文化传播，以及传播的活跃对社会的变迁和政治统一具有重要的作用。

学术特色

正如张玉法在该书的概括所说，该书是利用现代传播概念研究先秦时代的传播活动及其对当时政治和文化的影响。虽然该书章节不多，但是作者以其深厚的史学功底对先秦时代的传播媒介、传播主体及其传播效果做了详细的分析，提供了丰富的佐证材料。作者先概括了先秦时代的传播观念，这对全书具有提纲挈领的作用，而且更为重要的是作者能够从古代的各类活动中提出传播观念，这是对信息传递功能的敏感，也是这该书研究的前提和基础。另外，作者从第三章开始探讨阶级之间、区域之间和传播与文化、政治的关系。实际上，在古代政治纷争频繁的时代中，政治和文化之间的交流和传播是占据主要的传播内容。因此，作者对先秦时代传播活动的考察着重对政治和文化之间的探究抓住了古代信息传播的主要作用。因此，这该书对于研究古代信息传播具有重要的示范意义。

观点撷英

我国古代的传播制度，三代以前，不得而知。三代时期，大体上是统制的；春秋战国，则采取开放政策。（第 7 页）

"名"是由言语符号表达之观念，"实"是客观存在的事物。名与实须有相合之关系，不可以假。故《墨子·小取篇》谓"以名举实，以辞抒意"，《荀子·正名篇》亦谓"王者之制名，名定而实辨"。（第 17—18 页）

冠服除用以别阶级、彰善恶外，又有两种作用：其一，冠可以励志进德，为成人之象征；其二，衣服统一，象征政令统一。（第 81 页）

朝聘会盟之外，天子巡狩亦为一种区域间的"传播"。巡狩是天子至诸侯之国。其目的在督导政令。（第 182 页）

学术的发生，含有区域性，其传播的主要人物，除上目所述的游士外，尚有游学之人。（第 212 页）

传播活动愈充分，此一社会愈和谐，文化愈进步；传播活动愈滞固，此一社会愈闭塞，危机亦愈多。（第 254 页）

秦帝国的缔造，一方面崛起的群众，汇成雄厚之民族力的表现，一方面也是区域间的文化，因交流而融合统一的结果。（第 261 页）

（林凯　撰）

中国传播史：先秦两汉卷

李敬一

出版概况

《中国传播史：先秦两汉卷》，李敬一著，武汉大学出版社 1996 年 12 月第 1 版，凡一卷，257 页，约 22 万字。

李敬一，湖北蕲春人，1970 年毕业于武汉大学中文系并留校任教，1978 年至 1979 年在北京大学中文系青年教师进修班学习。先后在武汉大学中文系、新闻系主讲"中国文学史""中国传播史"等课程，并为全校开设公选课"唐诗欣赏""宋词欣赏"；1999 年赴法国作学术交流，现任华中师范大学武汉传媒学院新闻传播学院院长。

内容提要

《中国传播史：先秦两汉卷》于绪论后分为两编十章。绪论从传播、传播学与传播学研究讲起，提出传播学亟待中国化。接着提出"传播学中国化"所包含的四个方面的内容，最后指出先秦两汉传播史研究的重要意义。第一编为先秦传播，该部分共五章。作者按照时间顺序，从传播的起源、口语传播、谣谚传播和文字传播四个方面，介绍了上古的传播方式。接着在讲过春秋战国时期传播发展的背景后，具体介绍了九种春秋战国时期的传播方式，分别为采诗观风，置邮传命，烽燧警报，乡校议政，史官记事，游说诸侯，聚徒讲学，著书立说和街谈巷语。最后以儒家、道家、法家和墨家为代表，介绍了春秋战国时期的传播思想。该编内容说明了传播深远地影响了当时先秦社会的诸多方面，且渗透到中国传统文化的各个方面，对中国产生了深远的影响。第二编为秦汉传播，该部分也有五章。第六、七章主要为秦代。

作者首先介绍了秦代的传播方式：驰道交通，同文传播，明壹计量和民族融合。接着讲述了秦代传播与王朝兴亡的关系：传播的发展促进了秦政权的崛起，传播体系的毁弃也促成了秦的迅速灭亡。在这部分，作者也提及了秦王朝在思想领域、政治领域和经济领域的社会控制，以及如何从传播的角度再认识长城。第八章为西汉传播。作者选取了西汉传播史上的典型事例，有楚汉战争中的"约法三章"作为政治传播的典例，"罢黜百家"作为舆论控制的典例，司马迁的传播理论与实践，张骞作为对外传播的典例，最后讲述了实施传播活动的"硬件"，西汉传播的交通辐射线。最后两章为东汉传播。作者首先介绍了东汉政治领域的传播、教育传播、思想领域的控制，这些都为后世提供了模式。接着讲了佛教的传播；道教的形成与初传。还介绍了开启了农民起义利用宗教迷信的传播形式来组织民众之先河的黄巾起义；传播工具的伟大革命——蔡侯纸的改进，最后讲述了以董仲舒、王充等人的传播思想为代表的汉代传播思想的发展。第二编的结语论述了传播与大一统的关系，指出大一统局面的形成，使中国古代的传播事业进入一个新的阶段。

学术特色

该书运用历史唯物主义和辩证唯物主义的思想观点，应用传播学、新闻学的基本原理，借鉴社会学、历史学、文化学等相关学科的理论知识，从传播历史和传播思想发展史的角度来探讨中华民族在传播问题上的"意识形态和文化方面"的特色。作者不仅阅读了大量历史文化典籍，如《诗经》《战国策》《诸子集成》《史记》《汉书》《资治通鉴》等历朝历代的史书和人物传记，也参考了大量国内外的传播学著作，如中国人民大学出版社 1990 版沙莲香主编的《传播学》，中国人民大学出版社 1993 年版张隆栋主编的《大众传播学总论》，台湾商务印书馆 1979 年版杨孝溁著的《传播社会学》，新华出版社1984 版威尔伯·施拉姆等著《传播学概论》等等。前后共 48 本主要参考书目，范围涵盖古今中外。这使得作者在论述中资料翔实，例证充分；同时，又能很好地结合大众传播理论，用西方传播理论的视角来看待中国传播历史和古代传播思想。理论分析深刻，视角独到，时有新见。此外，作者吸取了何微先生的建议，不把新闻传播活动当作一种孤立的存在，而将其视为整个文化传播的一个侧面，充分吸收诸如古人类学、考古学、甲骨金石学，以及古代社会研究的新成果。比如在介绍传播工具时，就引用了考古学的一些发现。

不足之处在于该书没有将历史经验很好地与现实结合，指导实践，更明确地告诉读者，我们应该如何在这些优秀文化遗产的基础上，建立有中国特色的传播学理论体系。这可能也和这该书的定位有关，作者也在前言中讲到，这是他对中国古代传播问题的一些思考，并没有特别指出要指导实践。不过总的来说，这是一本非常优秀的了解中国先秦两汉时期传播历史的作品。除了在学术方面给人很多启发，文字也精雅、流畅，是很好的科普，让读者更深入的了解先秦两汉的一些社会现象和重大事件，并用传播的视角去看待它们。

《中国传播史：先秦两汉卷》的出版丰富了我国传播史研究，对推动传播思想史的研究起到了一定作用。李敬一之前，大陆有关传播史的研究成果较少，还未有对先秦两汉的传播史进行专门研究的。《中国传播史》的出版，无疑为中国传播学的研究提供了新的视域。该书作为对广义的社会大传播的历史和理论的探索，提出了一些新的见解。这些论述不仅帮助我们更深刻的认识中国古代传播，也为我们认识中国文化传统的形成，提供了一个新的视角。对于具体的传播方式，作者凭借深厚的传统文化功底，述中有评，见解独到，有些看法对研究中国新闻史有重要参考价值。

观点撷英

因此，可以说，春秋战国之际出现的许多新的传播方式，正适应了当时社会斗争的迫切需要。或者说，社会发展的新形势为新的传播方式的产生创造了积极的前提，是当时传播发展的"软件"环境。（第34、35页）

春秋战国时期传播事业的发展，还有着重要的内在原因，那就是传播事业发展的内部规律的促进。朱传誉在《先秦唐宋明清传播事业论集》中论及先秦传播活动时说："传播活动的是否频繁，有赖下列几个条件：（一）交通的发达。（二）传播工具的发明和改革。（三）思想言论的自由。"其中条件（三）已如前文所述，而（一）（二）两点则应当看作是传播发展的"硬件"。（第35页）

由一种军事传播手段（指烽燧警报）而引发出人们对于政治、军事、祖国、家庭的许多感慨，因而使得这一传播手段的名称超出它自身的原始含义，这实属一种特殊的文化现象，它是传播与文化之间关系的最好的诠释例证。（第55页）

董狐通过秉笔直书，形成一种舆论压力，迫使晋国权臣赵盾不得不自认

倒霉，这一事实本身也超出了历史学范畴，它显示了古代舆论传播的监督作用。（第 64 页）

传者其身越正，传播的可信程度越大。这既是对传者的要求，也是每个社会成员参与社会传播的起点。第四，儒家认为，人们参与社会传播还应该讲究方式、方法。特定的传播内容必须有与之相应的传播形式。（第 99 页）

道家在中国传播思想发展史上第一次提出了传播活动中的"真""善""美"的概念，并且论述了三者之间的关系，这是弥足珍贵的。（第 114 页）

概而言之，法家关于社会传播的思想主要表现在三个方面：其一，他们主张"以法为教"，就是将法制观念作为社会传播的基本准则，传播必须为法制服务，言论不能妨害法的推行。其二，凡不利于发展经济、军事的言论务必去之，要控制舆论，不容许高言伪议、巧言辩说"乱国"。其三，在传播方法上，主张"知所说之心"，将受传者置于中心地位，以所说者之好恶为准星，调整传者的传播内容和技巧。法家的传播思想，表现出务实的特征。（第 122 页）

在中国传播发展史上，"约法三章"的传播方式可以称得上是一次飞跃。首先，它消除了传播的神秘性，拓宽了信息传通渠道。此前甚至此后，封建王朝的法令谕旨等都是自上而下由正规的官方传播渠道发布，这样既容易造成传播速度阻滞，也使普通百姓产生"天高皇帝远"的神秘感和自弃感。而"约法三章"则使普通人能有机会参与传播，使得信息被接受和作用程度大大提高，否则就不会出现"秦人大喜"的热烈场面。其次，它将口语传播和文字传播的优点结合起来，使传播的效果更好。（第 164 页）

大一统需要舆论一律，需要有思想的统一。而能否实现一种思想的统一，有传播方式的影响，但更取决于思想本身。西汉"独尊儒术"的实践表明，只有选择适合社会发展需要的思想，并采取灵活巧妙的传播方式，才能达到思想统一的目的。这也是汉武帝留下的启示。（第 172 页）

（刘子瑜　撰）

新闻理论的中国历史观

王洪钧

出版概况

《新闻理论的中国历史观》，主编王洪钧，台湾远流出版公司 1998 年出版，561 页，收录于远流出版公司"大学馆"系列丛书。

王洪钧，著名新闻教育家，曾任台湾政治大学新闻系主任及台湾中国文化大学新闻传播学院院长，历时十五年，后又在新闻传播以及教育相关机构工作十余年。主要著作有《我笃信新闻教育》《大众传播与现代社会》及《新闻采访学》等。该书的主要作者包括王洪钧、关绍箕、杜维运等人。

内容提要

在该书序言之中，编者首先言明了撰写该书的原因，任何国家其新闻思想必须根植于该国传统文化之中，因此中国的新闻学研究自应求取中国固有传播思想及舆论制度之记载精神与评论精神，融合西方新闻理念及现代传播科技知识，建立中国新闻理论之体系，用以弘扬中华文化，迎合时代需要。而因为中华文化之博大精深，编者认为现阶段应以历史基础为中心，因此编者以先秦思想、史官制度与历史记载精神、御史制度、清议制度、士人报刊、革命报刊、新文化时期的新闻言论、抗战前后时期报业之言论精神、党公营报业以及台湾民营报这九个专题入手分别讨论对中国古代新闻理论的历史进行了讨论。

在开始讨论之前，编者还撰写了一章总论，编者在此点名了该书大致的内容方向，编者认为该书旨在依时代发展之顺序，就中国固有之民本思想、言责理念、史官制度、御史制度。士人清议、士人报刊及革命报刊中，寻求其特性，使成贯通之体系。这一总章实则是汲取各章节之精粹做的总述。

第一篇讨论的是先秦的传播思想，著者为辅仁大学的教授关绍箕，著者认为先秦哲学的先哲们对于传播这一人类最基本的行为也有所研究。著者依次讨论了儒家、道家、法家、墨家和名家、纵横家和杂家的传播思想，其中儒家介绍了孔子、曾子、孟子、荀子的传播思想；道家介绍了《老子》《庄子》的传播思想；法家介绍了《管子》《韩非子》；最后墨家与名家部分著者则介绍了墨子、公孙龙的传播思想；纵横家和杂家则介绍了《鬼谷子》《吕氏春秋》的传播思想。最后著者认为先秦的史料整理工作是一项非常繁杂的工作，但这一章节只能做到更"接近"正确的理论。

第二章则讨论的是史官制度与历史记载精神，著者为杜维运，著者先从"史"自的诠释来介绍史官的原始任务即记人事，之后著者讨论了史官的形成与演变并论述了史官的职务是记载天下事，并对史官的风节、学养等个人问题进行了讨论，最后对史官与新闻从业者做了一个对比认为新闻从业者接续了史官的事业，同时认为记者如果能够去除有闻必录的习惯，陶冶学养、砥砺风节，就会是现代的新史官的出现。

第三章著者为关沁恒，他主要讨论的是御史制度及谏诤精神。著者首先认为古代重视民意的政治思想孕育了御史制度，之后著者详细叙述了御史制度的沿革，并讨论了御史的职责与功能。接着著者讨论了谏诤这一规劝的方式，他详细讨论了谏诤的形成、内容、精神以及意义。并认为现代新闻记者的职能应该以古代御史和诤臣为榜样，成为社会各界信赖的诤友。

第四章著者为马骥伸，他讨论的是清议与议论精神。著者先从东汉以前的"士"与"议"开始讨论起，接着著者开始讨论东汉士人的政治地位并认为东汉士人的政治地位较以往有显著提升，因此他们的言论足以往实体政治转移，进而形成东汉的清议制度，著者讨论了东汉士人清议的内容、精神、风气以及随之而来的党锢之狱和处士横议。最后著者指出东汉清议影响了后来中国的政治制度，同时也影响了知识分子的议论精神，他认为知识分子应具有以天下为己任关怀国事的精神，有为天地立心为生民立命的直言不讳风骨。

第五章著者为赖光临，他讨论的是中国士人报业的特质与精神，他所指的士人指的是具备博学宏识的造诣，抱匡时济世的襟怀的知识分子，而这批士人所办的报业就是士人报业。著者指出最早的士人板报应是王韬的《循环日报》，之后依照不同的报人分别讨论了王韬的《循环日报》，梁启超与报业，汪康年与报业，严复与《国闻报》。著者认为士人在认知上都重视新闻，他们的报纸都以论述最受瞩目，他们的目的都是救亡图存，国家富强。最后著者总结了士人报业的影响，开民智，尚民主是他最大的影响，同时他提出士人的精神是国士精神、道德精神、批评精神。

第六章著者是皇甫河旺，他讨论的是辛亥革命报刊之新闻及其言论精神，著者认为当时的时代背景促进了民族意识的觉醒，而革命报刊也如雨后春笋一般纷纷出现。著者讨论了革命报刊的发展及其分布，他讨论了香港的革命报刊、上海的革命报刊、日本地区的革命报刊以、南洋地区、欧洲地区以及美洲地区的革命报刊。之后著者讨论了革命报刊之中排满言论的记载，这里的报纸包括《苏报》《民报》《民呼日报》《民吁日报》《民立报》等。接着著者讨论了保皇党报刊与革命党报刊之间的论战，并认为革命报刊在革命期间发挥了极大的影响力，是民国成立时重要的宣传力量。同时革命报刊不同于之前的维新报刊注重于舆论，它的强大之处在于诉诸革命行动，正如它的精神一样：秉持救苦救难之志，忧国忧民之仁、善善恶恶之义、洞烛先机之智以及视死如归之勇。

第七章著者为张玉法，他讨论的是新文化运动时期的新闻与言论，著者首先先介绍了新文化运动时期，之后开始讨论新文化运动时期的新闻界，著者在这个部分分为了报刊、报人期刊作者三个部分进行研究。之后著者讨论了新文化运动时期的报道方式与基本精神，并讨论了专电与新闻的处理方式，最后著者讨论了报刊言论的基本方向与基本精神。并得出结论认为新文化运动时期是新闻界享有较多自由的时期。

第八章著者为王洪钧，这一章节的主题是抗战前后时期报业之言论精神，著者首先对抗战时期的社会、政治环境做了一个介绍，同时还分析了抗战以前中国现代报业的演变情况。之后著者开始缝隙抗战时期的报业情况，著者共分为三个部分进行讨论，一是抗战前的报业情况；二是抗战时期的报业情况；三是抗战后的报业情况。之后著者讨论了抗战时期《大公报》的发展以其主编张季鸾的报人风范以及抗战时期《大公报》对国是的言论态度。最后著者讨论了抗战时期党政报纸的言论政策。最后著者对抗战时期的报纸做了总结。

第九章著者为郑贞铭，他讨论的是党公营报纸的过去、现在与未来。著者先是对党公营报业做了一个定义，之后他叙述了党公营报业发展的历史，并讨论了孙中山与蒋介石的传播思想。最后著者论述了党公营报纸的言论精神与它的贡献以及他们现在所面临的困境，并给出了一定的解决办法。

　　第十章著者为陈国祥，合著者为徐璐，他们讨论的是台湾民营报纸的办报与言论精神。著者按照时间分期为台湾民营报业的发展做了一个分期，第一段时期为 1945 年至 1949 年，该时期为萌芽期，第二段时期为 1949—1981 年，这一段时期为取得主导期，即发展期。第三个时期为 1981—1986 年，这一段时期为言论自由发展期，最后一段时期为 1986 年至今，这一段时间是民营报纸的全盛时期。对着几段时期的报纸做了叙述之后，著者对此进行总结并讨论了台湾民营报纸之精神。

学术特色

　　作为一部由不同作者分开叙述具有中国历史观的新闻理论书籍，该书可谓是无所不包，从古代到现代，该书几乎囊括了中国历史的各个时期，同时每段篇章的论述，史料都极其丰富，可以说是一本非常适用于教学的中国新闻传播理论教科书。

观点撷英

　　民本思想及民意制度诚应视为我国古代新闻及传播研究之重要课题，也应视为中国传播哲学之基础。但我们古代，尤其是儒家中所蕴含的言责观念及言论，或称言责晋祠，两千余年，独步世界。最称中国传播文化之特色，弥足珍贵。（绪论第 11 页）

　　如从事业整体说：则士人报业开创了世界新闻史的新页。全球未见及另种报业，能推动一个古老国度的蜕变。

　　综合士人报业的新闻与言论的表现，则见其特质与精神涵蕴于中，如下述多项：

　　一、国士精神：士与大夫在古代都享有一定的声望与地位……

　　二、道德精神：……中国社会受儒家思想薰陶，个人行为的对错，品行的善恶，即以道德为最高衡量准则。

　　三、批评精神：庶人议政是一项悠久的传统。（第 269—271 页）

（杜恺健　撰）

中国传播思想史

关绍箕

出版概况

《中国传播思想史》，著者关绍箕，正中书局 2000 年出版，684 页。

关绍箕，东吴大学中国文学系毕业，台湾政治大学新闻研究生硕士、博士，后任台湾辅仁大学新闻传播学系专任教授，现已退休。著有《中国传播理论》《走出符号学的迷宫》《宗教传播学》《实用修辞学》等。

内容提要

在该书开头，作者首先给该书定下了一个基调：《中国传播思想史》所要研究的主题乃是二千五百年来，中国华人传播思想的发展经历。与之前的《中国传播理论》相比，这是一种纵向的或是历史性的传播研究。"传播思想"在作者看来是思想家或个人对传播现象或传播问题所提出的见解、观念、概念、主张、原理、学说的哲学。依据《中国传播理论》的结构，著者将中国传播思想分成了五大范畴，分别为：（1）语文传播思想；（2）传播规范思想；（3）人间观念思想；（4）人际关系思想；（5）民意与报业思想。在这之后的分析著者都根据着五大范畴来进行分类。关于中国传播思想的作用，著者主要认为有三，首先它可以培养鉴往知来的智慧，著者引用韦政的论述说明中国先哲所面临的问题时至今日仍然困扰着现代人，了解过去面对的传播问题以及解决之道，或许有助于我们掌握今日或未来所面临的传播问题。其次则可以重建人们对传播研究的信息，传播学作为西方的产物，在著者看来现代的传播研究都以西方马首是瞻，而了解先哲对于传播学术的构建，则可以增加我们构建当代中国传播理论的信心。最后中国传播思想的研究可以扩大传播史与思想史的研究领域。而该书所使用的方法，著者在此认为采用的是狭义的"思想史"的定义即比较着重外在环境的研究，与"哲学史"有所不同。方法不宜定于一尊，必须根据材料、朝代以及研究者能力来做取舍。最后著者在绪论之中还对中国传播思想史做了一个分期，将中国传播思想的起源与发展分为了先秦、两汉、魏晋南北朝、隋唐五代、宋明与清代六个时期。

接下来著者开始根据之前所做的分期开始叙述不同时期中国的传播思想，在先秦传播思想上，著者在此分为七章叙述，它们分别是：（1）诸子之前的传播思想；（2）儒家传播思想；（3）道家传播思想；（4）法家传播思想；（5）墨、名、阴阳家的传播思想；（6）纵横家与兵家的传播思想；（7）杂家传播思想。

在诸子之前的传播思想方面，著者主要分析了《尚书》《诗经》《国语》和《左传》的传播思想。《尚书》方面，著者首先指出自己研究的是《今文尚书》，并对《尚书》做了一定介绍。著者认为《尚书》中的传播思想较少，它所触及的传播范畴只有语言传播与民意两类。在语言传播方面，其只探讨了影响说服的主要因素一个问题，著者引用秦穆公不听从蹇叔的忠告，来说明忠言逆耳的普遍性，同时也暗示了听言者的态度获性格会影响说服的成败。在民意问题上，《尚书》则探讨了民意与天意以及民意与政权两个主题。著者引用"天聪明，自我民聪明，天明畏，自我民明威。达于上下，敬哉有土"来说明民意与天意的对等性，因此国君不敢轻视民意，否则抗拒民意就等于在抗拒天意。另一句话"天视自我民视，天庭自我民听"则更凸显了民意的重要性。

在论述《诗经》方面，著者认为《诗经》触及的有传播规范与人际关系两类。在传播规范方面，《诗经》讨论了语言规范的问题，其中主要是"慎言"的原因与准则。著者引用《卫武公自责自励之诗》来说明言有"不可磨灭"的力量，因此说话不得不谨慎。权力的大小会决定言语的力量，"慎言"这种传播规范导源于政治的因素，"慎言"是一种政治传播现象。在人际传播方面，《诗经》则论及了家庭关系与朋友关系两个层面。在《谷风》一诗中，它描绘了夫妇之间和谐与永续关系的关系，而在《常棣》与《支页弁》中，《诗经》描绘了交友乃是一种合乎自然的需求，但这种需求仍处在发芽阶段，至于朋友该如何交往如何相处则没有提及。

在《国语》方面，它主要讨论了语文传播、人及观察、人家关系与民意四项。在语文传播方面，《国语》中"直不辅曲，明不规暗，拱木不生危，松柏不生椑"的论述说明听言者的智慧或品质是影响说服成败的一个主因。在人际观察方面，它探讨了多面观察与察言观色两个问题，它认为谈吐须与外表一致，方能真正吸引人，而在观察一个人的时候，除了观察外面，更应该观察一个人的言行。在人际关系方面，《国语》主要讨论了君臣关系与朋友关系两个问题。在君臣关系上，《国语》同时探讨了对等关系与非对等关系两个问题。而朋友关系的问题上，《国语》认为人的互动关系往往建立在"先舍后得"的原则上。最后在民意问题上，《国语》探讨了民意与政权以及明夷与自由两个问题，著者引用"众心成城，众口铄金"来说明民意或舆论对政权的影响力，又引用"防民之口，甚于防川。"的来说明民意自由的表达与国家兴亡之间的密切关系。

最后先秦的一个部分《左传》上，著者认为它讲述了语文传播、传播规范、人际关系以及民意四个方面。在语文传播方面，《左传》探讨了修辞的重要性，著者引用"言以足志，文以足言"来说明修辞的重要性。语言最重要的是效果，而修辞则影响了传播的效果。在传播关系方面，《国语》则讨论了慎言的重要性，慎言会让人趋吉避凶。在人际关系方面，著者引用隐公三年的一段话说明《左传》主要讨论了三伦的关系，最后在民意的问题上，《左传》的专研店与《尚书》《国语》的民意思想大异其趣，它认为重视民意的"品质"大于形式上的"数量"，当真理掌握在少数人手里时，少数人也是拥有多数的决定权的。

在儒家的传播思想方面，著者则主要叙述了孔子曾子、孟子、荀子及其他人物的传播思想，典籍方面则叙述了《晏子春秋》《礼记》《大戴礼记》《说苑》即《韩诗外传》的传播思想。

孔子方面，因为孔子重视礼，所以孔子是一位重视传播规范等人。他的四项主要涉及了语文传播、传播规范、人际观察、人际关系以及民意五项。在语文传播方面，孔子讨论了论辩的弊害、说服效果的层次以及语文是否应该雕饰的问题。在传播规范方面，孔子探讨了言行规范的问题，"非礼勿视，非礼勿听"说明行为说话需要符合规范。另一方面"君子讷于言而敏于行"则说明君子应该要慎言，做事要勤快。在察言方面，孔子偏重于探讨在知言与之人之间的关系，他说"不知言，无以知人也。"在观色方面，孔子主要探讨了"心貌不一"的问题，认为一个人应该"色厉内厉"或"色茌内茌"方为适当。在人际关系方面孔子讨论了一般关系、君臣关系以及朋友关系三个方面，其中对朋友关系着墨甚多。孔子指出了"兄弟"与"朋友"关系的不同，同时又讨论了交往类型、知心与表白、交友之道三个问题。在民意的问题上，孔子则只探讨了"民意与政绩"以及"民意与民智"的问题。

　　而在曾子方面，曾子主要讨论了传播规范，人及观察与人际关系三个方面。在传播规范方面，曾子论及了一般规范与语言规范两个方面，在一般规范上，曾子探讨了言行礼貌规范与言行规范两个问题。曾子认为一位君子应该彬彬有礼不应该粗暴放肆。对于言行规范的问题，曾子则注重规范的准则。同时他受到孔子的影响较多，对"慎言"的准则着墨较多。在人际关系方面，曾子论及了一般关系、家庭关系以及朋友关系三个层面，一般关系方面曾子讨论了"三伦关系"，在家庭关系方面曾子则探讨了父子关系以及兄弟关系两个问题，在朋友关系上，曾子探讨了互动模式、交往类型、知心与表白、交友之道四个问题。

　　关于孟子的传播思想，著者先是对孟子的生平做了一个介绍并认为孟子的传播思想包含了语文传播、传播规范、人际观察、人际规范以及民意五类。在语文传播方面，孟子关注于说服的问题，尤其是在说服君王的问题。在传播规范方面，孟子这主要讨论了语言规范的问题，其主要问题还是慎言。而在人际观察方面，孟子主要讨论了察言观色的问题，讨论了言辞与心理的四种不同关系。就孟子的思想看来，孔子、曾子的人际观察思想仍然左右着孟子的思路。在人际关系方面，孟子则坍塌了"二伦"关系，即父子与君臣的关系。在民意方面，孟子"贵民"，因此孟子相当强调民意的重要性，然而他完全不赞同君王盲目从民。

　　至于荀子，著者也是先叙述了荀子的事迹。并认为荀子的传播思想范畴包括了语文传播。传播规范。人际观察、人际关系以及民意五类。在语文传播方面，荀子论及语用、语意、辩论、说服、修辞五个层面。语用方面荀子探讨了"语文的功用"的问题。语言的作用在于形成共识，否则人与人之间的沟通就很难实现，在辩论问题上，荀子则探讨了辩论的起因与辩者的类型。而在影响说服的要素上，荀子认为可以归纳成态度、信心与修辞技巧三个因素，同时荀子又说"通则文而明，穷则约而详"以此说明修辞的重要性。在传播规范方面，荀子则论及了一般规范与语言规范两个层面，一般规范上荀子探讨了言行貌规范、言行规范与言貌规范三个问题。在人际关系方面，荀子则论及了一般关系、家庭关系、君臣关系以及朋友关系四个问题。最后在民意的问题上，荀子的重点则主要放在君王上，他从君王的视角去看待君王与民众的关系，与孟子稍有不同。

　　至于其他门人的思想，该书则讲述了子贡、子游、子夏、子张、子思、谷梁次的传播思想。书籍方面,《晏子春秋》主要叙述了语文人际观察、人际关系以及民意五个方面的思想;《大戴礼记》则讲述了语文传播、传播规范、人际观察、人际关系以及民意五个方面的思想;《说苑》则触及语文传播、传播规范、人际观察以及人际关系四个方面;最后《韩诗外传》则有语文传播、人际观察与人际关系三样。

在道家传播思想方面,该书主要讲述了老子的传播思想,《庄子》的传播思想,《列子》的传播思想,《黄帝四经》的传播思想,《管子》的传播思想、《尹文子》的传播思想、《慎子》的传播思想、《文子》的传播思想、《鹖冠子》的传播思想以及《易传》的传播思想。

关于老子的传播思想,老子的思想包括了语文传播、语义规范、人际关系、人际观察以及民意五个方面。语文传播方面老子的思想有三个维度,在语义方面,老子主要讨论了符号传达意义的限度,在辩论方面老子讨论了辩与讷的比较,而在修辞方面老子讨论了语言应否修饰。在传播规范方面,老子讨论了一般规范上的言行规范,在语言方面则讨论了慎言的原因和准则。在人际观察方面,老子讨论了观察的通则,同时又讨论如何察言。在人际关系上,老子主要探讨了人际冲突的问题。最后在民意的问题上,老子着重探讨了民意与民智的问题。

庄子继承了老子的思想,因此他所讨论的范围也涉及了老子的五个方面。在语文传播方面,庄子谈论了语用中语言学习的问题,在语意方面,《庄子》讨论了符号与指谓对象,符号与意义孰轻孰重的问题;至于符号意义传达的限度,《庄子》提出了它的不可知论。在辩论问题上,《庄子》探讨了辩论的起因、辩论有无结果、辩与讷之比较三个方面。在说服方面,则主要讨论影响说服的主要因素,《庄子》认为听言者的性格与预存立场都会影响说服的成败。在传播规范方面,《庄子》讨论了慎言的原因。在人际观察方面,《庄子》提出了观察的通则,即表里如一,另一方面观察也应该从多个方面入手,多面观察。在人际关系上,《庄子》着墨较多,主要论及了一般关系、君臣关系以及朋友关系三个层面。一般关系主要讨论了二伦关系,君臣关系《庄子》则认为是一种非对等关系,而在朋友关系方面,《庄子》讨论了交往的类型以及关系的转变。最后在民意的问题上,《庄子》讨论了民意与自由、民意与民智的问题。庄子认为只有废除了严刑峻法,百姓才有表达意见的自由,同时广大的民意是否是一种民智,庄子对此有所保留。

《列子》则讨论了语文传播、传播规范与人际关系三个方面。在语文传播方面,《列子》论及了语意以及说服两个层面。在语意问题上,《列子》讨论了意义与符号孰轻孰重的问题,并认为符号是手段,意义才是目的。在说服问题上,《列子》探讨了说服的作用,他认为拒言具有负面效果。在传播规范方面,《列子》之论及了一般规范之中关于慎言的问题,他们注重言行的规范。在人际关系方面,《列子》讨论了朋友关系中互动模式与人际冲突的问题,通过《列子·杨朱篇》探讨了人际冲突的起因以及解决之道。

而关于《黄帝四经》作者先是阐述了下《黄帝四经》的背景,并认为《黄帝四经》主要论述了语文传播、传播规范、人际观察与人际关系四类。在语意问题上,它讨论了符号与指谓对象的问题,并认为是先有"实"才有"名",并且名实必须相符。在修辞问题上,它讨论了语文应否修饰的问题,并认为"至言不饰",这与老子"信言不美"的修辞异曲同工。在传播规范方面,它主要讨论了言行规范的问题,但《黄帝四经》只说了规范行为的原因,却并未提出规范言行的准则,它只强调了言行的负面影响。最后在人际关系方面,《黄帝思经》之论述了一般关系的二伦关系,即父子与君臣,这里它与《庄子》反对愚忠愚孝的看法颇为接近。

至于《管子》则讨论了语文传播、传播规范、人际观察、人际关系、民意五个方面;《尹文子》讨论了语文传播、传播规范、人际观察、人际关系、民意五个方面;《慎子》讨论了人际关系与人际观察两个方面;《文子》讨论了语文传播、传播规范、人际观察、人际关系、民意五个方面;《鹖冠子》讨论了语文传播、人际观察、人际关系三个方面;《易传》讨论了语文传播、传播规范、人际观察、人际关系、民意五个方面。

在法家传播思想上,著者主要讨论了申不害、《商君书》、韩非的传播思想,申不害的传播思想集中在语文传播、传播规范以及人际关系上,语文传播主要讨论的是语文的公文,传播规范讨论的是慎言的准则,人际关系讨论的是君臣关系,他认为这是一种非对等的关系。《商君书》则讨论了语文传播。人际关系与民意三个方面。韩非子的传播思想则涉及了五个方面,在语文传播方面,韩非论及了辩论与说服两个层面,韩非讨论了辩论的起因以及说服的作用和影响说服的主要因素。在传播规范方面则主要讨论了言行规范与慎言的准则。在人际观察方面,韩非讨论了察言观行并着重讨论了其中的察言。在人际关系上,韩非则主要讨论了父子关系与非对等关系,在民意方面,则讨论了民意与民智的关系。

在墨、名与阴阳家的部分,这一部分的思想家主要讨论了语言传播的思想，《墨子》主要讨论了语文的功用，符号与指谓对象的关系，辩论的作用，辩论的方法，辩论的守则辩论有无结果，语文是否应该雕饰。公孙龙的思想则讨论了符号与指谓对象关系的问题以及辩论的守则。邹衍的思想则讨论了辩论的等级，辩论的价值以及辩论的弊害。除此以外，《墨子》讨论了传播规范重点慎言准则以及人际关系中的一般关系的二伦关系、三伦关系，君臣关系中的非对等关系，朋友关系中的互动模式以及交往类型。

在纵横家与兵家的传播思想中，著者则讨论了《鬼谷子》以及《六韬》中的传播思想。《鬼谷子》主要讨论了影响说服因素的问题以及察言观色还有君臣关系转变和朋友关系转变的问题。《六韬》则讨论语文的作用，说服的作用，多面观察的方法，君臣之间非对等的关系，朋友关系的转变以及民意与政权、民意与豪杰的关系。

在杂家的思想中，著者则讨论了《吕氏春秋》及《尸子》的传播思想。在《吕氏春秋》中，著者讨论了语文传播中语文的功用，意义与符号孰轻孰重的关系，辩论的价值，辩论的弊害，说服的作用，影响说服的因素以及进言与听言的关系这几个方面；在传播规范中，著者则讨论了慎言的原因与慎言的准则；在人际观察中，著者讨论了一般观察中观察的通则以及多面观察的方式，《吕氏春秋》之中对于察言也有做叙述；在人际关系方面，它讨论一般关系中的二伦关系，在家庭关系中则讨论了父子关系，君臣关系中则是一种非对等的关系，而在朋友关系之中他则讨论了交友之道；在民意的问题上，《吕氏春秋》则讨论了民意与政权、民意与自由、民意与民智的关系。而《尸子》则讨论了语文的功用，辩论的守则，影响说服的因素；在传播规范上则讨论了言行规范，在朋友关系上则讲述了朋友之道，最后在民意上则讨论了民意与政权。

自杂家之后，著者进入汉代开始叙述汉代的传播思想，因为著者在后来的部分都是从语文传播、传播规范、人际观察、人际关系、民意这几个部分来谈论汉代以后的思想家，叙述的视角及内容也与之前所讲述多有重叠，因此在接下来的部分我们就只提及该书叙述了关于谁的传播思想在具体内容上就不再多做叙述。汉代方面分为了两个部分，即西汉与东汉的思想家与著作。西汉时期主要讨论了陆贾、贾谊、韩婴、《淮南子》、董仲舒、《盐铁论》、刘向、杨雄的传播思想。东汉时期则讨论了王充、王符、许慎、荀悦、徐干以及《太平经》的传播思想。

魏晋南北朝时期的传播思想著者则分为了魏晋、南北朝两个部分，魏晋方面叙述了刘劭、荀粲、王弼、嵇康、傅玄、鲁胜、欧阳建以及葛洪的传播思想。南北朝时期则叙述了刘勰以及刘画的传播思想。

到了隋唐五代部分著者也是按照朝代分为隋代、唐代以及五代三个部分，隋代叙述了颜之推和网通的传播思想；唐代方面叙述了《亢仓子》、陆贽、李翔、杜牧、皮日休、无能子的传播思想；五代则叙述了罗隐、《齐丘子》以及《关尹子》的传播思想。

宋明时期著者亦是分为了宋代以及明代时期两个部分，宋代叙述了张载、二程、胡宏、朱熹、李邦献、吕祖谦、袁采以及刘炎的传播思想。明代的部分著者则列举了王达、薛瑄、王守仁、敖英、田艺蘅、吕坤、庄元臣、洪应明、刘宗周的传播思想。

在清代著者则讨论了黄宗羲、申涵光、唐甄、拙庵老人、范文园、宋龙渊、陈钘、戴栩清以及汪康年以及梁启超的传播思想。需要提及的是在叙述汪康年以及梁启超的传播思想史，著者多增加了一个维度即报业的维度，汪康年着重从报业的功能以及报业的道德来谈论报业的思想，他将报业的功能分为了始终并总结为监督政府和通达民意，在报业道德上，汪康年则认为立言贵慎以及记事贵实是报人需要坚持的报业道德。而梁启超关于报业的思想则认为报业的天职在于监督政府与向导民众，报纸也可以做为激发民智的一种非常手段，另外他还提出了两种报纸的性能，分别为去塞求通以及散播新思想。在谈及报业的地位时，他强调报馆并非政府的臣属，而是作为一个社会单位；在谈论报业道德时，他强调报纸应当是维护公益，摒除私利。

学术特色

总的来说，《中国传播思想史》一书内容丰富，引用史料翔实，是讨论中国古代传播思想史的重要文献，但该书与著者之前所著的《中国传播理论》的问题一样，因为太注重于史料以及书中所谓的纵向的考察，书中对于传播思想的叙述没有着重点，对于各类传播思想的记述也就变成了流水账，仅仅只讲述了它们是什么，并不能对它们做出一定的评判，以及整理出其中的脉络。但该书作为第一本完整讲述中国古代传播思想通史的著述，实属难得。

观点撷英

"传播思想"即是或个人对传播现象或传播问题所提出的见解、观念、概念、主张、原理、学说或哲学。（绪论第 3 页）

事实上，魏晋时代的"竹林七贤"，早有反对礼教的叛逆行为，狂士之行为举止并非创举，倒是他的"随意自名论"，才是破天荒的独见。（第 466 页）

（杜恺健　撰）

中国古代文化传播史

周月亮

出版概况

《中国古代文化传播史》，周月亮著，北京广播学院出版社 2000 年 1 月出版，平装 16 开本，336 页，26 万余字。

周月亮，男，1958 年 3 月生，河北涞源人。中国传媒大学影视艺术学院教授、博士生导师。1975 年 10 月插队，1977 年 5 月当工人，1978 年考入河北师院中文系，1985 年 7 月研究生毕业，1996 年 7 月破格晋升教授。被北广全体学生投票选举为"十佳教师"（第三名）。

自 1980 年发表习作以来，在《求是》《哲学研究》《文学遗产》《文艺报》《光明日报》《古籍研究》《红楼梦学刊》《河北学刊》《江淮论坛》《清华大学学报》等刊物上发表论文 60 余篇，在《读书》《学习》《名作欣赏》《文艺研究》《中国政协报》《中国科协报》《河北日报》等报刊上发表随笔短评百余篇。著作十余种，还有若干论文发表于《现代传播》。

内容提要

《中国古代文化传播史》分二十三章进行著述。第一章，"以地貌、族群迁移和战争为条件的文化扩散"和第二章，"符号传播"。在这两章的论述中，作者以广阔的单位为对象，借助文化地理学、考古学的一些知识、成果，将一些非线性的传播连续现象也包括进来，以期获得发生史上的印象。现在已发现的早期人类遗址显示，先民们一是从山麓向平原扩散，一是从河流两侧向四周扩散。作者指出从早期的迁徙到聚落迁徙迁移到流徙，造成了文化的传播扩散，从全局上看则呈现出由文化传播的多中心互相扩展变成单中心的辐射扩展，同时各地的文化之间存在着影响和传承，尤其是纵向传承；作者同时论述了村落文化传播和黄河文化、长江文化以及海外文化的发展和传播。随后，作者从实物中的符号、房屋居住等生活方式、以桨、船、车为代表的交通工具和文字四个方面详细论述了符号传播在人类活动生活中的重要意义，正如卡西尔所言"人类精神文化的所有具体形式——语言、神话、宗教、艺术、科学、历史、哲学等，无一不是符号活动的产物"。

第三章，"术传播"。在第三章中，作者从中国术道合一的"术"讲起，从制造术、行业技术以及支撑这些表现的深层的哲学思想方面对其进行了讲述。其中，作者对中国历代信奉和发展的占卜和巫术进行了研究，作者特别强调了巫官文化和史官文化，就巫官文化的代表编著《周易》进行了解读。随后，文章论述了舞蹈、绘画等艺术形式的多渠道传通以及中国的教化形式的演变。自教化的新形式——私学出现之后，文化传播的大时代——百家争鸣的时代真正来到。第四章，"中原文化的外向播散"。中国文化传播史是黄河流域文化、东夷文化、巴蜀文化、荆楚文化、百越文化等周边文化的融合和交流，文化传播是文化类型在播散中的塑造、整合、凝聚、拓展、调试，在不同文化中涵化出相似性。作者在论述这些文化的传播基础上，介绍了游牧民族、草原民族对于文化传播重要的媒介作用。

第五章"口传政治"和第六章"军令如洪及分封制"共同展示了帝国的两个传播机制——政策法规的发布和军政一体。作者分别从诰辞、誓言、民谣、赋诗言志和采诗献诗几个方面对文化传播在政治和外交上的作用进行了论述。第七章，"文化人的传播时代"。从春秋时代传播公共空间滋生，"学在官府"是氏族社会转化为社会大文化的必要形式和途径，突破了氏族血缘关系的囿限，达到了后世民族国家意义上的统一教育，完具了中国古典教育的原型，成为后世文化教育的土壤和武库。随后，作者介绍了学宫、门客、游士和图书的收藏等，这些均是文化传播的形式。

第八章，"哲学级别的传播论"。作者分别论述了以孔子为代表的儒家文化、兵法家们对行政传播的贡献，其中维护传统、在传播中赋予传播新的生机，通过礼乐教化造成社会与传统的同一，是孔子传播论的"中心思想"。儒家可以说是"教育传播家"。而兵家的智慧极具"高科技"风采，法家看重的传播是自上而下的灌输，是舆论一律的语言的暴力统治，限制社会间横向的信息沟通。第九章，"秦汉一统及打通西域"。作者从秦朝的大改造谈起、朝议制度、外地外交讲起，重点介绍了开放的丝绸之路以及中国和罗马的交往，对中国和西域的文化传播进行了研究。

第十章，"昌盛的文献传播与经史传统的奠定"。作者分别介绍了文房四宝的出现、隶书的出现和隶书到草书的改变，汉字的成形是文化传播的重要方式，也是文献重聚的基础。随后，作者介绍了文化纵向传播的主渠道——正史的发展历程。随后，本章介绍了儒学复兴对文化传播的贡献以及城市到村镇文化的传播和交互融合。

第十一章到第十四章中，作者首先就宗教方面的文化传播进行了重点介绍，其中包括佛教东来之后对于中国雕塑、建筑、绘画和音乐行业造成的巨大影响；其次对文化中心南移对中国社会各行各业带来的改变进行了介绍；其次，作者重点介绍了诗、画等多种文化形式的交叉传播，由此衍生出了作为股利政策的科举制度和教育政策；最后，作者就文坛和政坛生活方式的一体化进行了讲述，其中还介绍了整理文献信息的学科——金石学。

第十五章，"儒学大传播"。宋、辽、西夏、金都重儒学，使儒学在空间上获得了空前的流传。以儒学为代表的汉文化在促进民族融合上起到了巨大的心理统一的作用，用武化的形式来统一民族需要流血，用文化来统一则只增进了文明。其中儒学北传重点还是在教育方面和图书方面；宋代的宋儒传播道统的渠道，一是政治化的意识形态；一是宫学，体现于科举的标准化作业及中央和地方官办学校的体制和教材；一是私学系统，包括低层次的乡党之学和正宗士子儒学的书院教育。儒学的普及的基础在民间，消息中心在书院，南宋伴随着理学的鼎盛，书院进入辉煌时期。与之构成滑稽对比的是官学与科举的腐败，一些真心向往圣学的学子纷纷投奔书院。理学和心学是儒学中的（子）思孟（子）学派沉寂千年以后的一个大回跳，他们都认为汉儒背离了孔孟真精神，而心学更为激越，更有孟子式的革命情绪，成为"积贫积弱"的宋朝正缺乏从而也正需要的主体意志、尊个性而张精神的"精神水库"。

第十六章，"元杂剧及元代科技的传播"。作者就元曲的兴起、元杂剧的传播、杂剧的衰微和辉煌的科技成就进行了论述。第十七章，明初控制文化只有政治传播。本章介绍了权力的教化输出、书院儒脉的传播和政府行为以外的组织传播；第十八章，"官方的行政传播与市民社会的抒情渠道"，本章指出一个醒目的现象是各种传播渠道发育了市民社会，明中叶以后的社会状况已极大地不同于明初，政治、经济、文化的各种要素在传播的过程中交互为用，带来了历史的变局。第十九章，"集大成的明代建筑及其复制式的传播"。建筑，是中华文化的重镇，一直没有给予它足够的篇幅，现在也只能就南北国都、寺庙略作说明。集大成，是纵式传播的结果，本身就是历时性传承的果实，如南京城就是把东吴、东晋、宋、齐、梁、陈六朝故都的遗存都包括在内，而北京城一方面是元大都的继续一方面是南京城的复制——在一个同心圆中扩散、翻版。而不能不提的万里长城也是"集大成"的。当然还得包括园林和墓陵。建筑技术是形式上的集大成，古已有之的工艺得到登峰造极的发展，又开创出新的范式，并标准化、定型化，一直延续到清中叶，形成古代建筑史上最后一个高峰。

第二十章，"图书业的发展与医学著作的鼎盛"。作者先介绍了中国历史上规模最大的一部类书《永乐大典》，随后介绍了医药图书盛兴的过程。第二十一章，"多元交叉传播的新局面"。本章从离散、鼓词、弹词、宝卷、宗教的交叉传播和民族文化的交叉传播方面，其中作者介绍了离散—整合是"社会"发达以后的信息组合的新规则以及各民族文化的融合和交流。

第二十二章"清廷传播的文化"和第二十三章"清代的文化传播"。在这两章中，作者分别介绍了理学、意识形态管理法、汉学以及外国人眼中的中国文化。中华文化通过横向的播散和纵向的传承、复杂的文化要素长期离散—整合凝聚—再扩散，民族内部诸项要素的交流、社会各界及其诸层面的冲突、碰撞、认同形成的。

学术特色

作者将古代文化传播史进行了整体勾勒，对于初学者是一本很好的工具书和纲要书，在书中作者详细介绍了中国古代文化各个方面，包括宗教、文化、生活以及技术等辐射到人们生活的各个维度。但是该书在论述时对皇权政治在中国的传播投入了大量篇幅，对民间传播的论述较少，诸如民间文学、民间艺术等没有进行详细叙述。同时，该书在研究中，对一些传播机制的民间的现象并没有进行研究，只是就普遍官方的信息传播机制进行了介绍，总而言之，这该书不失为中国古代文化传播系列的一部教科书。

观点撷英

文化传播的特点是：离中心越远，其文化特色越弱，而在两个文化相邻地带可以找到互相的影响。这种平面传播增加了文化的趋同性，逐渐形成"兼并"，质量大的文化特征吸附较小的，从全局上看则呈现出由文化传播的多中心相互扩展变成了单中心的辐射扩展。但同时使得远离中心之文化的地方特色增加，从而促进了新文明的凝结、旧中心的衰落。（第9页）

传播，不是静态的、无后继效应的简单移植，它像"潘多拉的盒子"一旦打开就不再受任何人的控制，在相互刺激中变异、分蘖、嫁接，充满了"再生性"，而且是有"加速度"的，它不仅是文明演化的催生剂，而且在相邻文化间发挥"互补"的沟通作用、在相接的文化之间发挥"递进"的传导作用。传播在早期人化自然的总体工程中，起着引进"高科技"的作用。随着传播的加强，文明进化的进程大大加速了。（第11页）

卡西尔在其皇皇巨著《符号形式哲学》中再三强调的是：人是符号动物；人类只有通过符号活动才能创造出使自身区别于动物的文化实体，并且只有人类才具有这种符号化能力；符号化行为包括语言传播、神话思维和科学认识，换句话说，人类精神文化的所有具体形式——语言、神话、宗教、艺术、科学、历史、哲学等. 无一不是符号活动的产物。（第20页）

随着文字的创造和广泛使用，人类的传播就变得更加丰富、更加准确。在此之前随着世代变更的口语传统这时才开始固定下来。相隔百万公里的人们有了文字就能互相沟通思想了。越来越多的人开始分享共同的书面知识、对过去和未来的共同之感。（第35页）

中国文化区别于希腊、希伯来文化的一个重要特点在于，中国既不讲求希腊式的理性，也不讲求希伯来式的神性，它讲求一种术道合一的"术"。（第37页）

任何文化的发生和发展，都伴随它的内外双向的传播过程，从工具器物、语言媒介，到生活方式、观念形态、组织体制，都无不随着人们的生产——生活行为的展开而流传。（第56页）

法家看重的传播是自上而下的灌输，是舆论一律的语言的暴力统治，限制社会间横向的信息沟通，强力推行自上而下的"传"，为了达到社会国家的高度一体化。（第117页）

道教则是植根于中国本土文化的大型宗教，它的渊源是多头的、本身又是一个无边界、不封顶的开放体系，流通的过程、活跃的地区也是多渠道、多中心的。（第153页）

宋、辽、西夏、金都重儒学，使儒学在空间上获得了空前的流传。以儒学为代表的汉文化在促进民族融合上起到了巨大的心理统一的作用，用武化

的形式来统一民族需要流血，用文化来统一则只增进了文明。拿破仑的名言：唯有科学的征服是不留遗憾的征服。（第 203 页）

　　离散——整合是社会发达以后的信息组合的新规则，不再是上层文化单向地辐射下层文化了，话语中心与权力中心一体化的宫廷——廊庙体系，在迅速膨胀的市民文艺、民间文化的大海中，由往日的霸权变成了孤岛。（第286 页）

（张耀芳　撰）

史记与新闻学

缪 雨

出版概况

《史记与新闻学》，缪雨著，北京新华出版社 2000 年 4 月出版，平装 32 开本，234 页，17 万字。

缪雨（1921—2000），原名王茂毓，浙江平阳人。高级编辑。温州师范学校毕业后，毕业于厦门大学。曾被聘任为新华出版社编审委员，参加编辑《毛泽东新闻工作文选》。已出版的主要著作有《人民报纸和通讯录》《矿山小主人》《新闻学通论》《史记与新闻学》等。

内容提要

《史记与新闻学》分九章，最后有一个作者自我总结的后记。每一章下属几个小节结合历史书籍和司马迁本人的思想和作为进行新闻学的分析。

第一章，绪论。作者从介绍《史记》作为切入点，在历史书籍中找到新闻学的影子，从而说明了新闻与历史同源，点明了全文的写作中心，为下文详细的叙述做了铺垫。

作者在这一章里提出我们要把《史记》作为一部活的新闻学来学习，把太史公这个人和他的书全面纳入自己的学习计划。

第二章，司马迁——伟大的"记者"。作者在这一章介绍了《史记》的作者司马迁，书写了他的游历经历和坚强不屈的意志精神。

第三章，《史记》的实录精神。从这本历史书籍记录的内容、手法等为切入点，说明了这本历史书籍掌握了第一手材料和采用客观报道的手法，颇有新闻记录的痕迹。

第四章，"究天人之际，通古今之变"。这一章应用了《史记》中的名句，分析了书中写作上采用的方法论上的手法。

第五章，独立思考"成一家之言。"作者举了几个例子，例如秦朝、农民起义、商品经济等例子，对书中独立思考的方面和内容做了阐述。

第六章，心血浇铸民族魂。作者选择民族精神这一角度，选取了中华民族中的几个案例进行分析。

第七章，太史公"爱奇"。这一张从太史公进行选材的角度来进行分析，说明司马迁喜欢选择典型例子进行记录，亲身实践亲见亲闻，特别喜欢奇特的案例，拥有十分强大的新闻敏感度。

第八章，历史编纂学的启示。以历史的角度看待《史记》中的体裁和以人物为中心的描写，说明了运用这种方法达到了文本的整体美。

第九章，司马迁文采风流。通过对司马迁文采的表赞，点出记者也要做文采风流人物，要成为语言艺术大师。

最后的后记作者对自己创作进行了总结，对未来的新闻工作表达了期盼，并从老子中的养生之道为切入点，论述了尊道其实是尊重自然的思想。因为，"道"的运作法则实际上是"自然"，同时从"自然"的六个本性——损益、清静、柔弱、无为、俭啬、中和说明想要养生，要遵从自然本性，接下来的第三小节则从自然的实性，也就是物理性的角度对"自然"养生进行阐释，从地理、时间、个人（呼吸、饮食）三个大角度，引用《道德经》中的言论，说明这四个小点对于养生长寿的重要性。在本章后，作者还附有养生歌诀给予读者参考。

学术特色

作者从新闻学的角度研究《史记》，而写成了《史记与新闻学》一书，可以说运用了新的研究方法和角度，具有重要的现实参考意义。

这该书是新华社高级编辑缪雨的一部作品，是他在离休十年间，从新闻学的角度潜心研究历史、全面系统地解读《史记》写出的一部独具匠心的学术著作。从20世纪40年代就开始参加新闻工作的作者一直致力于新闻理论的研究，撰写了《新闻学通论》等著作。离休后，他潜心研究《史记》，以一个新闻记者的敏锐眼光，从《史记》里寻找古代新闻活动的历史轨迹。他认为，司马迁在"身遭戮辱、冤沉心底"的情况下，深入民间采访，搞调查研究，忠实地记载历史，用自己的一生铸成了《史记》这部不朽的历史名著。在他的身上，不仅体现了一个历史学家严谨治学的精神，更体现了一个优秀记者的求真品质。该书对于华夏文明传播研究具有重大的贡献价值和意义。

此外，该书运用新闻传播学的理论审视司马迁的做法和思想，不光注重其内在品质，针对外在各联系环境都进行了分析，采用经典理论结合的文献与新闻传播的研究角度进行研究，对现今社会具有很大的借鉴意义，可以让人从中得到启迪和领悟。

观点撷英

我国是世界文明古国之一，两千多年前就产生这样一部伟大的史书，真是件了不起的事情。（第 1 页）

当然新闻之形成专业，那是近代的事情。近代，随着资本主义兴起，产业革命之后，才出现专门从事办报等新闻活动的职业队伍——新闻记者，新闻这个专业才在新的社会分工中产生出来。（第 7 页）

古代历史家忠于职守，把忠实地记载历史事实视为自己的天职，必要时甚至不惜以身相殉。这可是一个"史德"的问题。（第 15 页）

作者对于《史记》写作事业怀有一种无限倾心的感情，愿意为它付出毕生的精力和才华，厄而弥坚，困而愈奋，百折不回地为之献身。（第 41 页）

写历史和写新闻一样，都要讲真实性，都把完全真实作为一条必须遵循的原则。这一点，历史学和新闻学在原理上是完全相通的。（第三章第 42 页）

他综合古史资料，吸收远古传说，印证以实地采访考察所得，终于追写成功这样一篇黄帝史迹。直到两千年后的今天，它的基本内容仍经得起科学的检验。（第 54 页）

司马迁学习孔子的治史精神，总结出一条经验：对待史实要采取审慎的态度，一定要实事求是，或者"疑则传疑"，或者"疑者阙焉"。（第三章第 66 页）

司马迁不只是根据现成的文史资料编纂历史，他还广泛地进行采访和实地考察，搜集大量的第一手材料。（第 68 页）

的确，事实是最有说服力的，事实胜于雄辩。无论历史也好，新闻也好，用事实说话正是它的特殊威力所在。（第 71 页）

作为一个历史家，司马迁尊重事实，尊重历史实际，每当他接触到社会

历史问题的时候，他往往能够按历史的本来面貌去观察、分析历史问题，从而表现出一种朴素的唯物主义倾向。（第 77 页）

有时候，当我们正确地强调历史进程最终受内在的必然性支配的时候，会有意无意地忽视历史偶然性的作用，以为谈论偶然性是历史唯心主义的表现。（第 93 页）

当然，掌握科学的世界观和方法论是并不容易的，需要从不断的学习和实践中去掌握。（第 98 页）

司马迁十分熟悉上下三千年历史的演变过程，既深入了解万千事实，又能从中跳出来，对历史作远距离、大跨度的审视，把握住历史发展的总趋势，总走向。（第五章）（第 100 页）

司马迁认为，治生致富之道，以本富为上。所谓本富，就是从事农林牧渔而富，比如陆地牧马牛羊，泽中养猪，水居养鱼，山居种植枣、栗、桔、漆、竹，市郊种植姜、韭等等。（第 111 页）

（李婕雯　撰）

唐前新闻传播史论

赵振祥

出版概况

《唐前新闻传播史论》，赵振祥著，中国文联出版社 2002 年 3 月出版，平装 32 开本，共 251 页，约 21 万字。

赵振祥，内蒙古赤峰市人，文学博士，曾在新闻媒体从事编采工作，该书出版时任教于厦门大学新闻传播系，代表性著作有《巫与中国古代小说》《新闻采访与写作美学讲座》，并发表古代文学和新闻学方面论文若干篇。（以上来自书中简介）现兼任厦门理工学院副校长、教育部高等学校教学指导委员会新闻传播学类专业教学指导委员会委员，中国新闻史学会副会长、中国新闻史学会"台湾与东南亚华文新闻传播史研究委员会"会长、福建省新闻学会副会长。2008 年教育部"新世纪优秀人才"。治学格言：思有不周，然不可不深。

内容提要

《唐前新闻传播史论》全书分为 10 章 32 小节，此外还有引论和附录各一章。赵振祥老师本着辩证唯物史观的研究态度，在充分论证我国唐朝之前一些文本材料，如"志怪"文体的新闻而非"小说"性质的基础上，对远古时期到魏晋南北朝时期的我国古代新闻传播状况进行了梳理，从新闻理论中的一些基本问题，如真实性、时效性等方面对这一时期新闻的基本特征展开讨论，探讨了巫史在早期社会新闻传播中的作用，论证了唐前新闻传播从早期的"神本新闻"到"人本新闻"、从官方"政要新闻"到民间"社会新闻"的演变脉络。下面，笔者将按篇章结构对全书内容进行勾画。

引论，作者从传播形态的分类出发，认为在不同历史时期新闻会解读为不同的具体定义与特征，要用一种动态的、发展的眼光来观照唐前的新闻传播。因此，不能以古论今、用今人的新闻传播理念来套接研究古代新闻传播理论，应持有唯物史观。在此基础上，作者对古代新闻的时效性、真实性问题进行了特定历史环境下的解读，归纳出唐前新闻传播的普遍兴趣，如巫，以及唐前新闻传播的主要特点，如神性色彩等。为之后的研究打下基础。

第一章，神话与人类社会早期的新闻传播。作者主要论述了在远古社会作为神话的"神闻"传播活动，作者认为促成这类传播活动的社会心理基础往往是原始初民分享信息和寻求抚慰的本能性反应，而非将信息传递给后人的理性目的。而在这种"神闻"传播活动中，除了自发形成的，还有一类就是带有人为策划性质的"神话"，而在这类"神闻"中，最早的知识阶层也是统治阶层的巫在其中发挥了重要作用，并形成了一个以巫师——主要是"官巫"为主体的"神闻"传播网络。

第二章，由巫而史与新闻的接力传播。随着统治者身上巫的色彩逐渐褪去，到先秦时期，巫师开始像巫史演变，新闻的传播主体到传播内容都出现了新的面貌。新闻传播主体变成了史官，或者说巫史。早期的史官新闻活动主要侧重于对帝王的祭神祀鬼、占梦、卜筮等一些带有神性色彩的活动，后来史官的任务变成了围绕帝王的言行进行掌书纪事，就出现了《穆天子传》这类带有政要新闻色彩的文本材料。同时，像《汲冢琐语》这样记录见闻趣事带有社会新闻性质的传播内容也开始出现。

第三章，官修史书与春秋战国时期的史志新闻。史官在脱去巫官外衣后，史志新闻的发展状况，作者从《尚书》《春秋》《左传》这三部春秋时期的经典著作入手，探究他们的新闻性质。如"动为《春秋》，言为《尚书》"为证，《尚书》作为古代史官记言的辑录，被视为我国最早的记言新闻。而《春秋》在记事上有突出表现，并因其突破以王室为中心的正面报道和摒弃"神闻"，作者认为其"在中国古代新闻发展史上有里程碑的意义"。《左传》较之《春秋》，有详细的背景材料的记述，因此作者将其视为背景新闻报道的典范。在社会新闻方面，以《春秋》和《左传》为代表，出现了实录、唯物理性的特点。

第四章，方士与秦汉时期的社会新闻传播。方士是鼓吹服食导引和现世飞天的社会阶层，在秦汉时期发展鼎盛，同前一章一样，作者也是从帝王新闻和社会新闻两大方面探讨这一时期的新闻传播活动的影响。政治方面，与早期巫靠"神闻"上位一样,方士依靠"方仙之闻"的策划与传播走上政坛,并且更具主体意识,作者大量列举了东方朔、刘安等事例,旁征博引,发现"方仙之闻"更像是独属于上层社会的新闻传播模块,而此时庶民百姓专注于经营自己的巫鬼信仰,因此像《风俗通义》这样记录巫鬼异闻、奇闻怪事成为当时社会新闻的主要内容。

第五章,多元化的信仰与魏晋南北朝社会新闻的繁荣。魏晋南北朝是中国思想界一个非常混乱的时期,而这种社会信仰多元无序的状态,却给社会新闻的繁荣提供了前提条件。作者在此章主要分析的就是由前朝发展而来的巫鬼异闻、方仙之闻和因佛教传入而产生的佛教"神闻"这三类社会新闻的传播情况。作者引用了大量《搜神记》中的记载,而其中记载的内容往往还会出现在《幽明录》《志怪》《续齐谐记》等其他文本中,可见这类社会新闻在当时的社会环境中传播非常火爆。作者也指出,无论是哪一类社会新闻,在当时特定的历史环境影响下都呈现出几分巫鬼神魔的神秘特征。

第六章,干宝及其《搜神记》的社会新闻传播意义。在次章中,作者首先分析《搜神记》的成书目的主要是干宝认为怪异之事都是真实的,即"发明神道之不诬",而这也是作者认为其为新闻的关键所在。并且干宝所说"若使采访近世之事"中出现"采访"一词非常接近现代意义,因此确定《搜神记》社会新闻的性质。《搜神记》中所陈"前代传闻"和"近世之事",特别是对"近世之事"的记录标志着魏晋南北朝时期社会新闻集录进入了一个繁荣期,为之后以志怪为名进行的社会新闻集录活动树立了榜样。

第七章,魏晋南北朝社会新闻集录的风靡。对于魏晋南北朝时期社会新闻集录之风兴起的社会原因、根本原因与心态,作者援引了鲁迅先生在《中国小说史略》第五篇《六朝之鬼神志怪书》来加以阐释。同时,无论是从形式上的5W还是内容上的题材广泛、注重"猎奇",此时的志怪书籍内容都呈现出强烈的社会新闻特点,此外,社会新闻的趣味性、可读性、通传性强等特点在此时的志怪书籍中都有体现。总的来说,魏晋南北朝时期的社会集录传播呈现出多样化的特点,但总体上保持了对新闻记录的严肃态度,鲜少渲染。并且这种以志怪内容为特点的社会新闻集录传承开来,成为中国古代文化发展的一道奇观。

第八章,神秘思想与魏晋南北朝的社会新闻传播。作者在次章中主要选取了天人感应思想、巫术思想和万物有灵思想探讨他们各自与魏晋南北朝社会新闻传播的关系。天人感应思想视天人为一体,是中国古代久已有之的一种世界观，通常作为社会新闻背后因果关系的解释，但是这种解释总是唯心的。巫术思想通常作为新闻内容出现，主要是以接触巫术、模拟巫术和偶然巫术的形式出现，这种巫术色彩通常给当时的新闻赋予一种神秘奇异的魅力。万物有灵即认为动物类、植物类和物生物类都是有生命的，可以生出一些异闻。因此万物有灵思想丰富了魏晋南北朝人的想象力，也丰富了社会新闻内容。

第九章，魏晋南北朝社会新闻的传播机理。这一时期社会新闻生成传播主要有三种情况，一是现实生活中发生的真实人事现象，二是为了获取较高社会地位或神职的假造异闻，三是表现人们获取意外之财和美色的奇想。通常来说头两种在新闻来源上有一定的真实性，在传播过程中以讹传讹附上神秘色彩，而第三种是完全的伪饰和造假，而这种伪饰和造假是为了快速进入传播渠道，在传播中获得生命力，这种在传播中造神，在传播中制造"新闻"是魏晋南北朝时期社会新闻的一个重要特点，这种神秘性也成为当时社会新闻传播的重要动力。并且，民众对权威的崇拜也使当时从权威中流出的虚假新闻经过时间沉淀而成了今天的历史。权威性在当时社会新闻传播中也扮演着重要角色。

第十章，魏晋南北朝社会新闻的文体论证。作为该书的结尾，作者在此章中与引论部分相呼应，分别从新闻与小说、新闻与历史和新闻与谣传这三者关系的角度，对魏晋南北朝社会新闻的文体特征进行辨析和论证。认为当时社会新闻传播有其时代的特殊性，立足于时代与社会环境，具体考察他们与我们现代新闻传播的相同之处和不同之处，用辩证唯物史观对当时的新闻传播状况进行正确定位。

学术特色

《唐前新闻传播史论》是一项在新闻学和中国古代文学的跨领域学科研究成果。以往学者对中国古代新闻传播状况的研究一般集中在唐宋以后，这是因为人们认定现代意义上的报纸雏形是在唐代才出现的，这样做的结果就是造成了唐前新闻传播状况研究的空置，而赵振祥老师正是敏锐地发现了这一学术空白，秉持辩证唯物史观的态度，对唐前新闻传播的内容、社会背景以及传播机理等等进行了总体的透视，对唐前的新闻传播状况勾勒出大概的面貌。

与以往研究不同，作者认为唐前新闻传播不仅非常活跃，而且并不缺乏文本实证。问题在于之前只是从现代新闻传播理念出发来考察古代的新闻传播状况，导致了研究视野的狭小，从而造成唐前新闻传播研究整体上的荒芜。因此，作者建设性地提出研究中国古代新闻传播，必须从古代特定的新闻传播手段出发来理解古代的新闻传播，而不是以古论今、用今人的新闻传播理念来套接研究古代的新闻传播。

《唐前新闻传播史论》用大量的篇幅对唐前的新闻文本材料进行钩沉和论证，力求为唐前的新闻传播研究寻找坚实的文本依据。以从先秦一直到魏晋南北朝时期出现的"志怪"这一文体为例，认为唐前大量的新闻文本材料都被错误地划入了"小说"一类，导致新闻史学者对研究的忽视。作者通过充分论证这些文本材料的社会新闻性质，以期纠正若干年来这一学术研究上的误解。

《唐前新闻传播史论》力求以辩证唯物主义的史学研究态度来建构古代新闻理论，为古代新闻研究提供一种合乎历史实际的理论支撑，为唐前的新闻传播研究打开一片新的视野。

观点撷英

"新闻"同时也包含有"初闻"的意思，一些新闻事件尽管时过境迁，但对于一个初次阅听这件事的人来说，只要这件事离他生活的时代不远，只要他感兴趣，这件事对他来说就具有一种新闻的意义。因此无论是从传播者及其传播目的还是接收者的角度考察，我们都没有理由否认这些志怪书籍载体所传播的信息曾具有新闻的功能。（第4页）

我们今天所能见到的从最远古流传并记载下来的最早的文字性的东西就是神话，因此，我们研究远古社会新闻的传播状况，就应当从神话开始。（第12—13页）

以《汲冢琐语》作者为代表的史官阶层——专门记异述怪的社会新闻"记者"——的出现，是巫史这一阶层发展分化的必然结果，也是巫史这一阶层内部传承的必然结果。（第40页）

由于记言新闻大都是发生于殷商时期，而殷商时期的社会政治尚笼罩在神权的迷雾之中，因此这些记言新闻也就是这些帝王的政令和讲话大都带有很强的君权神授的色彩。这些记言新闻从帝王口头发布到史官记录，再到宣行天下，每一个传播环节都体现出王权甚至神权的强制性，这是先秦时期记

言新闻传播的一个重要特点。（第 47 页）

对巫鬼的信仰是一种古老的源于民间的信仰，它具有很强的现实功利性，同时又简单易操作，经济上也所费不多，不像方仙那样还有讲究服药导引，这些特点使得巫鬼的信仰更容易为庶民社会所接受，这是巫鬼思想迅速泛滥的原因，这种社会环境无疑给巫鬼内容为主的社会新闻的生长和传播提供了丰厚的社会土壤。（第 76 页）

神秘与迷信向来是社会新闻传播的重要动力，而且会在一定时期、一定范围内形成相对封闭高效的传播系统，这些让人感到神奇与不解、让人们信而不疑的巫鬼异闻通过人际传播与小团体的传播，在社会上迅速漫延，这是整个魏晋南北朝时期以巫鬼异闻为主的社会新闻传播呈现出非常强劲势头的根本原因所在。（第 85 页）

魏晋南北朝时期是多元化宗教和信仰形成并走向繁荣的时期，这种社会环境不仅产生了丰富多彩的社会新闻，也使这一时期社会新闻的集录传播呈现出多样化的特点。（第 132 页）

由于整个社会都陷于一种巫术的迷雾中，一些本不奇异的人事经过巫术思维的点染之后，立刻带上了一种神秘奇异的色彩，同时也就被赋予了一种新闻的魅力，被当作实有其事的新闻而得到广泛的传播。（第 146 页）

伪饰和造假，这是一切神秘文化在信源上的特点，因此从信源上讲，一切神秘文化都是无所谓神秘的，极易受到戳穿。但是一切神秘文化之所以要伪饰和造假，就是为了以最快的速度进入传播渠道，在传播中获得生命力。传播，是一切神秘文化的生命源。没有传播，一切神秘文化都将胎死腹中。（第 161 页）

魏晋南北朝的社会新闻传播有其时代的特殊性，魏晋南北朝的社会新闻从其传播主体、传播过程、传播内容一直到受众都带有那个社会时代的鲜明特征，因此对这个时代新闻传播状况的考察必须立足于那个时代和社会环境，不仅要考察它与我们现代新闻传播的共同之处，更要考察它与现代新闻传播的不同之处，既要求同，也要存异，而不是用现代的新闻传播理念去过滤、考察魏晋南北朝时期的新闻，这样我们才能对那一时代的新闻传播状况进行正确的定位，这也是我们新闻传播发展史研究中应当遵循的辩证唯物史观。（第 197 页）

（陈丹玮　撰）

中国古代传播史

王 醒

出版概况

《中国古代传播史》，王醒著，山西人民出版社 2004 年 4 月第 1 版，32 开本，387 页，29.9 万字。

王醒，男，1957 年生，山西临猗人。1988 年毕业于山西大学中文系获文学硕士学位，曾任山西大学中文系新闻专业讲师，晋中师专中文系副主任，山西大学文学院新闻系主任、教授、硕士研究生导师，是中国新闻教育学会理事、中国新闻史学会常务理事，主要研究方向为新闻理论与新闻史。

内容提要

《中国古代传播史》共分六章三十一节，介绍了中国古代的文学、文化、舆论、文体、军事和邮驿中蕴含的新闻与传播思想，关注了史书、诗歌、民谣、书信等古典媒介形态与传播方式，也关注纸张、印刷术等媒介技术的兴起，更是对烽燧、符信等军事传播媒介以及历代邮驿的发展流变进行了较为详细的介绍和梳理，有别于常见的断代史写作，而是用一种较为宏观分类方式从传播学研究的领域和视角出发考察关照了整个中国古代的传播史。

第一章，古代文学与新闻传播。作者分九个小节来讲述古代文学作品包括诗歌和史书中表现出来的新闻与传播实践，提出了"笔记体新闻"的概念，认为人的新闻实践自远古歌谣就开始了，中国更是从商朝起就开始进行文字新闻的生产活动。在第一节，口语传播时期的历史传说和远古歌谣，作者举例说明了歌谣的新闻与记事功能，强调诗歌新闻作品是对官方报刊新闻的重要补充。在第二节，文字新闻作品的起源，作者引甲骨文的文字记载谈及文字新闻的出现应该在商朝时，而遒人和史官应该是最早的文字新闻工作者。第三节，春秋时期的新闻传播，作者将《春秋左传》作为研究文本，详细分析了其中表现出来的新闻性。第四节，士人传播的兴起，作者关注士人即读书人的传播实践，重点考察了先秦诸子的论说文并认为这是一种新闻评论文体。第五节，记事文本的写作启示，作者认为《春秋》等经典中表现出来的写作思想和形式有着很好的新闻性，是一篇篇良好的新闻报道，能给今人带来启示。第六节，《史记》与新闻学，作者评价司马迁为一名新闻人，将司马迁采写《史记》的过程评价为有意识的新闻实践，并形成了一定的新闻观。第七节，笔记体新闻，作者认为内容庞杂的笔记类书籍中记叙了许多正史和官报上所没有的新闻事件与新闻人物，以《世说新语》和《梦溪笔谈》等文举例说明了民间新闻事件在笔记体新闻中的存续。第八节，诗歌的传播功能，作者以唐代诗歌作为主要关注对象，将其分为"新闻诗""赠答诗""题壁诗"和"干谒诗"，认为诗歌的广泛流传不仅仅起到了新闻传播的作用，还发挥了知识传播、自我营销的功效。第九节，元明时期的各种传播方式，作者记叙了包括报喜、口号、官榜与民贴、官报与民间新闻、广告招牌、名帖等各种各样的官方与民间的传播新闻信息的活动方式。

第二章，古代文化与新闻传播。作者分为四个小节谈古代媒介技术的发展与文化传播的相关关系。第一节，人类早期的体外化媒介，列举了结绳与图画两种古典符号的起源。第二节，人类视觉文化的远距离延伸，谈了汉字产生的历史与传播的特点。第三节，书写材料的革命，讲述了中国古代从甲骨、铸金、竹帛、石刻，一直到纸张出现的媒介发展史。第四节，从雕版印刷到活字印刷术，记叙了中国发明印刷术的历史与作用。

第三章，古代舆论与新闻传播。作者分为七个小节关注了中国古代舆论的产生与特点，关注舆论与中国古代的社会形态和社会制度的关联，讨论了古代舆论与政治传播的话题。第一节，舆论起源的历史，介绍了"舆"字的字源与字意的发展，探讨了先秦时的舆论形态。第二节，民谣中的舆情，以断代史的方式讨论了在中国历代王朝中民谣始终是一种表达民间舆论的方法途径。第三节，舆论的潜伏期——自我传播，作者深入探讨了舆论的形成过程与原因，是来源于个人的思考与议论圈的传播。第四节，人际传播中的语言技巧，作者在本节探讨了具有中国特点、规律的传播话语，以《战国策》的记载为例子，探讨了中国的"论辩术"这样的说服技巧。第五节，士民混杂的言论场——清议，作者将民间的清议定义为公正的评论，但又认为士人

在参与清议时总是带着许多政治和文化色彩，是一种目的性的政治传播。第
六节，舆论的枷锁——极权主义媒介理论，记载中国历代王朝为了对舆论加
以钳制与把控，设立了各种各样的法律法规。第七节，舆论的悲剧——言祸
与文字狱，作者以谏、谤和文字狱为例进一步记叙了封建王朝对于舆论的严
厉把控。

　　第四章，古代问题与新闻传播。作者分为三个小节讨论了一些古代即出
现的与新闻传播密切相关的应用文体。第一节，消息写作的演变，作者举例
论证了中国是最早进行编辑活动的发端国，自殷商时期起就有对文字进行有
意识的加工和编撰活动，并论证中国古代官方报刊的起源于唐代。第二节，
书信体传播，作者将见于书信、露布、檄文、诏策、奏议、榜文和告示中的
文体统称为书信文体，是一种用于信息传递，极具新闻性的写作文体。第三
节，日记体新闻，作者以《甲申传信录》和《扬州十日记》为例谈了日记体
新闻的亲历性、新闻性和史料性。

　　第五章，古代军事与新闻传播。作者分为两个小节以烽燧、符信、揭贴、
军书和军歌的传播实践为例，讲述了军事信息和军事思想在中国古代的传播
方式。

　　第六章，古代邮驿与新闻传播。作者分为六个小节，以断代史的方式，详
细记叙了自先秦始，历经秦汉、魏晋南北朝、隋唐、宋元、明清，中国邮驿的
发展和流变史，将驿站和邮传的通畅和发展与封建帝国的发展壮大联系起来。

学术特色

　　《中国古代传播史》历史史料翔实，论证清晰，有别于常见的断代史写作，
而是用一种较为宏观分类方式从传播学研究的领域和视角出发考察关照了整
个中国古代的传播史。对于史书、诗歌、民谣、书信等古典媒介形态与媒介
技术发展的关注是该书的亮点，对舆论传播、军事传播与邮驿传播的关注也
予人许多启发。但也存在着一些不足之处：因为使用的是一种宏观的分类方
法，所以在具体传播方式方法和媒介技术的发展的记叙中，归类和先后次序
显得有些凌乱，逻辑承接上有些不顺畅。不过，从总体上看，这无疑是一部
很有分量的专史论著。

观点撷英

新闻传播的产生是有条件的，传播者要有清晰的思维能力和表达能力，才能把新闻事实概括为语言信息传递给对方，而接受者也还得有相应的语言理解能力。所以，只有当人类普遍的语言水平达到比较成熟的地步时，新闻传播才可能产生。（第 1 页）

春秋诸子并非只是坐在书斋里著书立说，而是通过聚众讲学和周游列国的传播方式宣传自己的主张，以对社会行为产生影响。（第 40 页）

春秋战国时期记事体文章的场面描写，生动逼真，令读者如见其人，如闻其声，为后世新闻体文章树立了写作楷模。（第 46 页）

在中国古代，诗歌的新闻传播功能是不言而喻的。有勒石刻诗以纪其功者，有吟诗赋词以记其事者，有题壁画亭以赋其志者等。这些诗流传甚广，既起到了新闻传播的作用，又发挥传播知识的功效。（第 84 页）

中国文字产生之始，或文字产生的目的，是要以文化的即人文形式，揭示、表达一种信息和关系，这种信息和关系必须是确定性的、定向的，一目了然的，这样才可以互相认同。它首先是要极简捷地表达、揭示这种信息和关系，然后才是规定性。这种信息和关系，包括当时人们认识到的世间的万事万物以及人事的性质、属性、相互关系，等等。（第 131 页）

在古代社会形态和社会制度中，舆论与新闻传播有着更直接、更密切的相互关系。二者的相互作用，推动了古代民主政治和社会文明。……同时，在古代，舆论也有着社会调节作用，避免过多的社会失衡，保持社会的相对稳定和发展。（第 146 页）

语言技巧关系着人际传播的成败，是表达传播内容的主要外助手段。我们应当从研究具有中国特色的传播话语着手，总结中国人传播话语的特色规律，进而形成有中国特色的传播学话语体系。（第 175 页）

春秋战国时期是应用写作的演进时期，出现了许多记言记事的新文体。它们表现出的"辞尚体要"的简明之风，对我国以后的应用写作产生了巨大影响。（第 262 页）

信息传递对于军事的重要性，不但兵家视为取胜法宝，如言"知己知彼，百战百胜"；而且一般人更认为它确实与军事有着与生俱来的血肉联系。这原因不外有三：一是打仗主要打的是信息战，即了解敌人的情况；二是要及时把前线的情况通报给后方，尤其是神经中枢即朝廷，以便获得指令或援助；

三是军队与军队之间、军队与地方政府之间，也需要沟通信息，以取得协调行动。（第 339 页）

古代的驿站与邮传，不但传播着新闻信息，而且传达着各种各样的信息，它是保证国家机器正常运转的信息网络。（第 359 页）

（赵晟　撰）

中国传播史论

郝朴宁、陈　路、李丽芳、罗　文

出版概况

《中国传播史论》，郝朴宁、陈路、李丽芳、罗文著，云南大学出版社 2005 年 12 月第 1 版，16 开本，441 页，49 万字。

郝朴宁，男，1957 年 5 月生，汉族，天津人，民盟，本科学历，学士学位，教授职称，云南师范大学教研室主任。1982 年毕业于西南师大（原西南师范大学）中文系汉语言文学专业。后至云南师范大学（原昆明师院）中文系任教。2001 任教授，2003 年任文学与新闻传播学院新闻系系主任，2006 年学院撤系建教研室后，任"传播学教研室"主任。

陈路，男，1976 年毕业于四川大学哲学系，曾任云南师范大学哲学与政法学院，院长；云南师范大学马克思主义理论研究中心，主任，教授。

李丽芳，女，1984 年于云南师范大学毕业并留校任教，1996 年任教授，曾任云南师范大学少数民族文化传播研究中心主任、九三学社云南师大委员会副主委、云南省政协委员。

罗文，男，1986 年毕业于云南大学经济学院，现任云南师范大学马克思主义学院院长。

内容提要

《中国传播史论》共分八大章二十九节，介绍了中国自先秦时代起的文化和传播思想的缘起和流变，其中四个大章写中国古代和封建时期，包括"先秦""秦汉""唐宋"和"元明清"四个依照朝代划分的章节；一个大章写"近代"；三个大章写"现代"。前四章较为清楚地梳理了传播学科所关涉的几大研究领域在中国历史的萌芽时期与发展沿革，包括"符号""舆论""教育""说服"与"媒介"等研究领域；后四章则从新闻学科的角度，主要关注并详细记叙了中国近现代以来的报学事业史和思想史。

第一章，先秦时期。作者分三个小节，首先关注了中国文化的原始传播媒介，从结绳记事到青铜刻字；进而关注到这些媒介上出现的符号，从象形文字入手谈及语言与思维关系，从语言修辞谈及汉语言和中国文化的内在勾连；最后又从先秦百家争鸣的思想碰撞谈及原始舆论和说服意识的觉醒，并重点谈及了先秦诸子的教育传播思想。

第二章，秦汉时期。作者分两个小节，关注了政权统一时期，技术和权力对于信息传播的促进与钳制，主要从"书同文车同轨"说开去谈媒介技术发展对于信息传播的促进，又从"文字狱"和"独尊儒术"说开去谈了权力和话语对于信息传播的钳制效果；并从历史知名的"清议"和"党锢"事件出发，谈不同观点和思想碰撞时的宣传技巧，谈"传播"与"反传播"的话题。

第三章，唐宋时期。作者分两个小节，重点关注了在中国历史上著名的盛世时期，多元文化碰撞整合时期，传播媒介和传播方式的多元化发展的话题，将"露布、檄文与条报"这样的公文性质的媒介视为新闻事业的萌芽，进而关注到"进奏院""邸报"和"小报"的发展；并从"纳谏"与"兼听"的观念出发，谈及了在古典文学作品中频频闪现的中国民本主义传播思想的源头，还从宋代的"定本誊报"制度说开去谈论了新闻检查制度和思想的萌芽。

第四章，元明清时期。作者分为两小节，继续记述了"邸报""小报"以及"塘报"的各自发展，并通过对比呈现了官报和民报这种权力媒介和非权力媒介之间在报道内容和风格上的极大不同，并以"禁报"的案例谈及了权力对于媒介的渗透；还通过记叙明清时期广告活动的发展和"东林党争"这样的著名历史事件入手谈及"话语对抗"，谈及基本新闻观是如何历经磨砺才最终确立下来的课题。

第五章，近代。作者分为两个小节，详细记叙了中国近代报业兴起的历史，包括晚清官报和民间华文报刊各自的诞生与流变；并条分缕析的详细记叙了近代著名报人包括康有为、梁启超、谭嗣同、严复、章太炎和孙中山各自的报业思想和传播理念。

第六章，现代（上）。作者从"五四"新文化运动说起，分为五个小节，谈及了广播和电影这样新媒介介入和新文化运动影响下的中国新闻事业的转型与发展；并提出这一时期中徐宝璜、邵飘萍和戈公振的新闻思想代表着成系统的中国新闻理论的出现；进而谈及中国共产党的无产阶级新闻观念与新闻事业的发端。

第七章，现代（中）。作者在这一章中分了七小节，主要是从战争宣传的角度记载并谈论了"战争的新闻"和"新闻的战争"；记载了国民党的新闻独裁、日本侵华的新闻宣传、海外华人和外国记者的新闻援助；并在这一时期涌现出的各新闻观念、思想的对比与印证中，谈论了中国共产党的"红色新闻"与无产阶级新闻理论的产生与发展。

第八章，现代（下）。作者分为六个小节，通过对比这一时期中国民党新闻事业的衰落与民营新闻事业的发展，以及冷战时期我国与西方媒体的新闻舆论较量，详细地记叙了我国新闻事业从困境走向胜利的过程，并将胜利归因于马克思主义的新闻文化观以及中国革命伟人提出的革命的新闻观。

学术特色

《中国传播史论》历史史料翔实，论证清晰，断代史式的成文结构十分完整。关注了不少知名的历史事件，并以之为依托关照了包括"反传播""权力话语对抗""战争新闻"等研究领域，让人眼前一亮。《中国传播史论》以断代史的方式记叙并构建了一个较为完整的中国传播史，其学术价值和现实意义不言而喻。但也存在着一些不足之处：《中国传播史论》使用的，在近现代之前关注媒介发展与传播思想的萌芽，在近现代之后关注报业史和新闻理论思想演变的全书结构，是较为成熟的在分析和记叙中国新闻和传播史时常用的行文结构，显得四平八稳，但不足之处也表现在这里，除前文所述的一些亮点之外，整体显得缺乏新意。不过，从总体上看，这无疑是一部很有分量的专史论著。

观点撷英

如果我们以整个人类文化发展为背景展开我们的研究的话，不难发现汉字在结构学的意义上是充满了人文精神的，这最集中地体现在了文字自身的主体思维方式上，而这种主体思维方式正是中国古代哲学的精华所在。（第25页）

中国传统文化的最大特点是浓厚的道德色彩，而高明的道德灌输是通过多种形式施加潜移默化的影响。孔子对诗和音乐的教化作用是非常重视的，他没有将它们作为单纯供人欣赏消遣的文艺形式，而是作为传播道德的载体。利用老百姓喜闻乐见的通俗形式进行道德灌输所取得的效果，是经史典籍所不及的。（第 58 页）

今文经学根据统治阶级的需要，对儒家经典任意解释和发挥；古文经学则把儒家经典视为历史材料，按字义进行解释，训诂简明，不凭空捏造，实际上是通过阐明儒家的道理，向人民宣传儒家的道德规范。表面上看，他们在宣传各自不同的观点，但从本质上看，是儒家内部的"禄利之路"的宣传战，是统治阶级争权夺利的一种表现形式，其宣传的结果都是在歌颂先王、先圣，美化古代社会政治制度。（第 109 页）

鸦片战争在敲开中国闭关锁国大门的同时，西方文化观念与传播观念也随之进入了中国，近代报刊开始出现。由于是出在一种不同文化的对抗与接受的背景下，所以近代报刊表现出了强烈的宣传意识。（第 177 页）

我国新闻事业在近代历史上的发展，应该说是社会激变的必然产物。虽然西方传教士带来了西方的办报思想，但其产生的影响是相当微弱的。因为，无论是其传播宗教思想，还是成为西方列强政治经济侵略的宣传工具，都是同当时先进办报人的思想理念相对立的，何况还存在着文化本身的差异，而中国人对于文化本身价值的显现，又是十分自负的。（第 194 页）

中国新闻理论是从新文化运动开始起步的，而且表现出了历史意识、现实意识、传统文化、外来文化的多元综合特色。而外来新闻理论的影响，又使中国新闻理论的建设是在一个较高的起点上起步的。（第 239 页）

新闻传媒可以说是舆论传播媒介，反映社会舆论，制造社会舆论，影响社会舆论，进而对人们的思想和行为方向产生积极的作用。在舆论构成上，从社会舆论到新闻舆论有一个发展和转化的过程。新闻舆论应以党的总政策总任务为指针，以国家和人民的利益为根本，力求产生正效应，避免和减少负效应。（第 260 页）

这种新闻检查制度在满足某种"政治"需要的同时，却使中国的抗日战场在西方媒体中被淡化了，新闻价值与新闻伦理被可怕的政治吞食了。（第 269 页）

中国共产党作为执政党的新闻事业，从文化落后的农村地区开始，这无论是在国际共运史，还是国际共运新闻史上都是一个伟大的创举，它发展了

马克思主义的相关理论，也是马克思列宁主义新闻思想同中国实际相结合的成功范例。（第313页）

如果我们把媒介传播信息作为一个完整的过程来看待的话，那么，其评价应该是贯穿于这一过程的各个环节的。当一名记者对一新闻事实作出选择时，就已经开始一种评价活动了。因为对于新闻事实的选择，是根据一定价值体系进行的，而评价正是同价值不可分割、相互关联的概念。（第340页）

学习历史，是为了在反思的基础上有效地把握今天，其中给我们印象最深的也许就是舆论导向意识。从新闻传媒的角度看，一个重要的只能是对于正确舆论的引导和对于错误舆论的抑制，即所谓的正面舆论和负向舆论的问题。要坚持正确的舆论导向，就必须正确地反映客观事物的真实情况，反映事物发展变化的客观规律，维护绝大多数人的根本利益。（第425页）

要强化舆论监督，必须建立权力制衡体系，使社会公众的权利向实效转化，遏制腐败的前提是要在权力结构中建立制约机制，使舆论监督具有独立性。失去制约的权力是可怕的。（第431页）

（赵晟　撰）

中国传播思想史

金冠军　戴元光

出版概况

《中国传播思想史》（四卷本），金冠军、戴元光主编，余志鸿、徐培汀、戴元光主笔。上海交通大学出版社 2005 年 3 月第 1 版，16 开本，1609 页，194.3 万字。

金冠军（1948—2011），浙江海盐人。1983 年毕业于复旦大学分校，曾任上海大学文学院中文系副主任、文学院院长助理、影视学院党委书记、常务副院长、院长。现任上海大学影视艺术技术学院教授、院长，中外传媒政策研究中心主任，博士生导师。主要研究领域：文化管理、媒介管理。

戴元光，1952 年 11 月生于江苏盐城，教授，博士研究生导师。现为上海市重点学科带头人，上海政法学院教授文学院院长，中国传播学会会长，全国新闻与传播学专业学位研究生教育指导委员会委员，教育部新闻学科教学指导委员会委员，上海大学传媒研究中心主任。

余志鸿（1941—2010），上海人，1982 年毕业于复旦大学获文学硕士学位。从事语言学、人类学、符号学和传播学研究。中国著名语言学家，在语言学理论、古代汉语、现代汉语和词典编纂等领域富有建树。曾任上海大学教授、上海大学研究生部调研员、中国民族语言学会理事、上海市语文学会副会长、上海现代语言学研究会会长、上海市公共场所中文名称英译专家委员会委员。

徐培汀（1932—2013），浙江新昌人。复旦大学新闻学院教授。毕业于复旦大学新闻系。曾任新昌县学联主席、县人民代表兼常务委员、党的宣传员，复旦大学校学生会宣传部长、团总支书记兼系党支部委员、党总支副书记，复旦大学校报《复旦》主编。现任复旦大学新闻学院教授。是中国文献信息速记学会副会长，中国中文信息学会速记学会副主任等。

内容提要

《中国传播思想史》四卷本分为古代卷上和下，近代卷和现当代卷。全书表现出三个写作思想导向：一是以多学科视野立体表现了中国古代传播思想的丰富内涵；二是驻足现代文明检视中国近代传播思想的中西交流图景；三是以大众传播为入口梳理了历史重构了现代传播观念。是对传播学进入中国几十年以来许多专家研究成果的消化和再梳理，力图更清晰地勾画出中国传播思想发展的轮廓。

《中国传播思想史》第一、第二册，即古代卷上和下，由余志鸿主笔，共分十三章四十七节，以断代史的模式，介绍了华夏民族自原始族群时期起始直到清王朝初中叶时期的传播思想的缘起和流变史：

第一章，华夏族的原始传播思想。作者分三个小节，原始族群的传播行为、原始传播思想的形成和汉字的形成与社会传播，记叙了华夏民族通过部落战争和长期接触、交融，生成了原始的华夏语，并创造了实现人神沟通和人际交流的传播符号——汉字的历史，并从原始神话、原始巫术和古老汉字等方面关注了华夏民族先祖们创造性的传播行为，揭示了这些行为背后蕴含的原始传播思想。

第二章，上古传播与文明发展。作者分三个小节，华夏文明的开创、王全传播机制的建立和上古教育传播思想与建制，记叙了文字创建之后的半信史时代中，上古传播思想所得到的更大发展，作为传播工具的汉字是如何发展得更趋成熟，逐渐摆脱了"自我传播"的局限，转向客观实录而形成汉民族独特的甲骨文化，还从官学与私学的产生、《春秋》和《三礼》经典的传播谈论了上古教育传播的萌芽。

第三章，先秦诸子的传播思想。作者分为五个小节，先秦传播活动与传播思想、孔子的传播思想、孟子与荀子的传播思想、墨家与名家的传播思想、黄老学与庄子的传播思想，记叙了春秋以来，随着社会生产力的发展、奴隶制的崩溃和文化传播的日益多元化的大背景下，以"礼"为核心的传播思想所发生的剧烈变化。以先秦诸子为代表的一大批优秀知识分子和思想家在其著作中涉及的传播思想一同构筑了中国古代学术传播史的空前繁荣。

第四章，秦王朝的建立和传播控制。作者分为三个小节，帝国的政治经济和文化传播、韩非及诸法家的传播思想、统一汉字与"焚书坑儒"，记叙了秦统一中国所带来的政治体制、经济结构和社会文化的空前变化，尤其关注了秦始皇制定的一系列统一传播和控制传播的强有力措施，提出在王权传播机制下的中央集权式组织传播对中国古代的传播活动和传播思想的发展产生了不可忽视的深远影响。

第五章，西汉各家传播思想和史学的传播。作者分为三个小节，中央集权下的西汉传播业、儒学振兴与语文诠释学的发端、"史"的传播与早期新闻传播，讲述了西汉以对传统经典书籍的发掘和重新解释为特色的传播思想，并提出在这一时期西汉吸取了秦王朝覆灭的教训，更加重视传播事业的发展，儒家思想和黄老思想重新获得尊重，终于发展起来了具有中国传播特色的经文诠释学。

第六章，东汉的文化发展与经学传播思想。作者分为三个小节，科学技术与文化艺术的传播思想、小学兴起与文献的传播、王充《论衡》及其传播思想，提出东汉是中国传播史上的重要时期，媒介技术尤其是造纸术的发明为文化传播产生了巨大的价值；认为小学的兴起和一些具有历史意义的字词典的编撰，对文化传播带来了深远的影响；提出史书的道统化传播，唯物主义思想家对儒学观念的清理，以及佛教的传入，儒道佛的交融，都让史文化传播生发了全新的概念。

第七章，分裂时期的文化传播思想。作者分为三小节，文化多元与宗教传播思想、魏晋南北朝的文学传播思想、南北朝的文史哲传播思想，讲述了魏晋南北朝这个既动荡而又相对稳定的特殊时期，思想界出现了多元化并存和交融的现象，道教的建立、佛学的兴旺、玄学的产生、儒学的新生等，都使这个历史时期的传播特别地生动而活跃，在整个传播思想的历史上起着承前启后的作用。

第八章，隋代的传播思想。作者分为四个小节，隋王朝的传播事业和传播活动、颜之推的传播思想、陆法言的传播思想、王通《中说》的传播思想，讲述了隋朝在政治传播和思想传播上的进步，通过推行儒学，开创了广泛吸纳知识分子从政的科举制度，为之后中国封建社会人才选拔方式提供了一个蓝本。记载了颜之推、陆法言和王通在政治传播、教育传播和语言传播上的贡献，尤其强调了在语言传播上诞生了具有重大学术价值和历史意义的韵书《切韵》。

第九章，唐五代传播思想。作者分为四个小节，《贞观政要》及其传播思想、科举制和唐代的教育传播、唐代的传播家及其传播思想、唐五代的传播事业及其传播思想，讲述在政令传播和朝议制度取得重大进步的唐代所达到的文化传播的非凡高度。记叙作为高层领导获取军政信息的"邸报"在当时已经是一种重要的传播工具。另外，本章还记载了唐代优秀的政治家和文学家，包括韩愈、李贽、罗隐等先贤的传播思想火花。

第十章，两宋时期的传播思想。作者分为四小节，《资治通鉴》的史学传播思想、北宋理学的传播思想、南宋理学的传播思想、两宋传播行为的性质和特征，讲述了两宋这一中国历史上文化发展和传播活动、传播思想都相对活跃的时期，史学是如何发展出了史志度牒等新型传播形式，儒家是如何形成了影响深远的理学派，文学上的词曲传播和教育上的书院式传播是如何兴起，以及全新意义上的新闻传播都在这一时期开始萌芽。同时，还记载了史学家司马光，理学家二程、朱熹和陆九渊，反道统的叶适等先贤的传播思想火花。

第十一章，蒙元时期的传播思想。作者分为三小节，元儒和帝王的传播思想、蒙元多元宗教的传播思想、元帝国的文学艺术传播，讲述了在大一统的元帝国里，宗教得到了少见的自由传播，儒家被融会入帝王思想，以及民族融合和语言接触发生的空前冲突都推动了中华民族内部的广泛沟通，加速了全社会的"华化"，并使得本来隔绝的东西方文化得到了前所未有的互动传播。

第十二章，明代的传播思想。作者分成五个小节，传播体制和王权传播思想、长篇小说出现和文学传播、王守仁的"心学"及传播思想、《菜根谭》的传播思想、明代书院及其传播思想，讲述了在明代严格的文化传播控制下，明代知识分子一边是传播思想受到了极大的限制，而另一边仍然通过结社讽议、编写社会小说等方式展开自由言论的传播，也是在这样的背景下明代书院得到了重新振兴，儒家思想以"心学"理论的传播获得了新的生命力。另外，本章还讲述了明代时随着海上交通的开拓，汉字和汉文化迅速向着朝鲜、日本和东南亚播散，形成了"汉字文化圈"的过程。

第十三章，清王朝初中叶的传播思想。作者分为四个小节，帝王的政治文化传播思想、清初代表学者的传播思想、发达的小学及其传播思想、清代文学的传播思想，讲述了清初期以满汉交融为目的的教化法治并用的传播思想，以及之后在西方思潮影响下，中国知识分子从中国社会自身变化的事实出发对旧有意识的思考，一方面更为精解地发挥传统小学，一方面努力吸收西方的现代科学思维方法，涌现了一大批杰出的传播思想家。另外，清王朝的文字狱和言论控制的空前残酷也对当时的传播思想造成了极大的影响。

《中国传播思想史》第三册，即近代卷，由徐培汀主笔，共分十章四十一节，详细记载了晚清鸦片战争时期直到辛亥革命时期，中国近代传播思想的产生和流变史：

第一章，晚清闭关锁国政策与封闭式传播。作者分为四个小节，晚清政治外交传播的新动向、晚清文艺传播活动和传播思想、西学东渐与士大夫传播思想的衍生、鸦片战争后的军事传播思想，讲述在晚清时期西方文化和学术思潮的传播对中国传统的、封闭的思想带来的强烈冲击，在这一股"西学东渐"的传播冲突中晚清的政治传播思想急剧变化，小说等文艺传播活动繁荣发展，以往进行文艺写作的士大夫开始向作为报人进行撰稿写作转变，另外近代军事教育的传播思想也在这一时期萌芽。

第二章，民族主义与近代新闻传播思想的形成。作者分为五个小节，近代民族主义思想的传播、晚清知识分子的传播思想、传教士办刊活动及其传播思想、外商报刊与近代新闻传播、《申报》沿革与近代新闻传播思想，讲述了中国儒学传统的民族主义思想向近代民族主义思想的转变与传播，以及晚清学会在其中所起到的媒介作用；作者还以张之洞、梁启超等先贤为例讲述了这一时期的儒学传播、商战传播和教育传播思想；作者还从传教士办刊讲起，详细记载了近代在中国出现的各种华文、外文报刊，尤以其中的《申报》为例，讲述了近代中国新闻传播思想的流变。

第三章，阶级和民族矛盾尖锐时期的传播思想。作者分为三个小节，禁烟活动与林则徐的传播观、《海国图志》与魏源的传播思想、太平天国与二洪的传播思想，从"晚清睁眼看世界第一人"的林则徐谈起，讲述了他译报译刊的事例，之后又以魏源、洪秀全和洪仁玕为例子关照了这一时期全社的传播思想。

第四章，从夷务向洋务转变的传播思想。作者分为四个小节，洋务与"中体西用"的传播思想、曾国藩的著述及其传播思想、李鸿章为代表的洋务及其传播思想、洋务运动背景下的新闻传播，从"洋务观念"入手彻谈了这一时期"中体西用"的传播思潮，并以曾国藩和李鸿章为例子谈及了儒学适应新形势下的变化以及军事与强国思考影响下的传播思想；另外，还记载了维新运动前后国内外的主要报刊的概况。

第五章，初期改良派的传播思想。作者分为五个小节，王韬报业活动及其传播思想、《盛世危言》与郑观应的传播观、陈炽和陈衍的传播思想、新闻小说与李伯元的传播思想、白话权舆与裘廷梁的传播思想，主要关注了近代中国改良派的传播思想，包括早期的维新派和之后的保皇派及立宪派。还以王韬、郑观应、陈炽和陈衍、李伯元及裘廷梁为核心关照了这一时期的报业思想、商战传播思想、新闻小说的出现以及白话文运动。

第六章，戊戌变法时期的传播思想。作者分为五个小节，康有为的传播思想、严复的传播思想、谭嗣同的传播思想、梁启超的传播思想、汪康年和英敛之的传播思想，从这几位近代维新变法、思想启蒙的先贤的创报办刊、翻译经典和发展文艺事业的事例说起，谈论了他们各自的新闻理念和传播思想。

第七章，清末"新政"时期传播思想的论争。作者分为三个小节，新式官报与民间小报的新闻传播、新闻自由与新闻法规限制的斗争、革命派与保皇派的报刊大论战，从官报和民报斗智斗勇的冲突说起，谈论了报禁与新闻立法的话题；还关照了以革命派和保皇派分别以《民报》与《新民丛报》为阵地相互论战的著名历史事件。

第八章，资产阶级革命派的传播思想。作者分为四个小节，舆论准备与革命派代表性报刊、章太炎的传播思想、郑贯公等人的传播思想、《马氏文通》与马建忠的传播思想，将关注的视角转到革命派的代表报刊及代表报人，关注了《中国日报》查封与《苏报》案这样的知名历史事件，以及章太炎、郑贯公、秋瑾、于右任和马建忠等先贤的著作和传播思想，其中涉及新闻自律、新闻教育、妇女教育、创建党报以及白话文运动等创新思想。

第九章，西方近代传播理论的引入及其影响。作者分为三个小节，中国近代新闻学的形成、日本松本君平与《新闻学》、美国休曼与《实用新闻学》，讲述西学东渐以来外国传教士、商人先后来华办报，新闻学作为舶来品输入中华，促进了中国新闻传播思想的演变及发展。尤以其中松本君平的《新闻学》和休曼的《实用新闻学》的传入为例子，讲述了外来思想对中国近代新闻传播思想形成及实务实践的影响。

第十章，辛亥革命时期的传播思想。作者分为五个小节，孙中山的传播思想、民初新闻体制与传播业的繁荣、"癸丑报灾"与袁世凯的传播思想、新闻工作职业化与自由传播思想、"报业奇才"黄远生的传播思想，详细记叙了辛亥革命时期的典型人物孙中山、袁世凯、黄远生等人的新闻思想与报业实践，以及典型事例如"癸丑报灾"，讲述了在民主主义思潮影响下传播思想的演变。

《中国传播思想史》第四册，即现当代卷，由戴元光主笔，共分十章五十一节，详细记载了民国初年直到新媒体时期，中国现当代传播思想的发展和流变史：

第一章，民初传播业和传播思想。作者分为四个小节，民初传播的政治与文化生态、民初传播业的短暂繁荣、民初传播思想的学术积累、西方传播思想，将民初报刊业的发展做了一个小结，并以王韬、郑观应等人的思想为核心总结了民初国人的传播观念和思想，之后又从施拉姆的《报刊的四种理论》、马克思主义以及自由主义传播理论谈起，讲述了西方传播思想在中国的早期传播。

第二章，现代先驱者的传播思想。作者分为六个小节，传播自由学术思想的短暂高涨、新文化运动与传播研究、蔡元培："上以督促政府，下以指导社会"、李大钊"使命"观和民本主义、陈独秀：自由主义传播思想家、邹韬奋：为了大众属于大众的传播观，讲述了以"民主与科学"为核心的传播思想的兴起，提出新文化思想启蒙运动是一场观念层面的声势浩大的文化传播活动。还记载了以蔡元培、李大钊、陈独秀和邹韬奋等人的传播理念、思想和传播实践，主要涉及政治和教育传播，以及记者的自律和新闻实务等思想。

第三章，五四时期传播思想的嬗变。作者分为四个小节，西方传播思想的传入与中国传播观念的变化、五四运动与《新青年》、马克思主义传播思想早期的传播、五四时期重要传媒和传播思想，记叙了西方传播思想的引入与国内传播教育的兴起，这些都极大地促进了《新青年》的创刊与新文化运动的兴起；而马克思主义传播思想的传入和实践也表现在中国共产党所创办的报刊上。

第四章，现代传播思想研究的启蒙。作者分为五个小节，徐宝璜："供给知识"与"代表舆论"、邵飘萍："品性为第一"、戈公振："言论自由，为报界切肤"、传播思想研究的分流、马克思主义传播思想的影响，讲述了新文化运动之后，中国学界对新闻与传播的认识开始了由"术"而"学"的变化，五四时期先贤所阐发的一系列与传播有关的政治自由、思想自由理论都为中国传播思想的启蒙和传播铺平了道路，徐宝璜、邵飘萍和戈公振的代表性著作体现了中国传播思想启蒙期的成就，也呈现了传播学研究的理论研究、应用研究、历史研究等三大分支。本章还记载了在马克思主义传播思想的影响下，随着中国共产党的传媒发展，中国共产党的传播思想的逐步形成。

第五章，自由传播理论与实践。作者分为五个小节，自由传播与民办传媒、《申报》与史量才："经济独立、言论中立"、《大公报》："不党、不卖、不私、不盲"、范长江："报纸是政治的工具"、储玉坤："报纸是社会的灯塔"，记载了以《申报》和《大公报》为主要案例的民办传媒的发展及其创办人史量才、胡政之、张季鸾等人的传播思想，另外还涉及了范长江和储玉坤的涉及记者、社论、广告、出版等具体新闻实务的报学思想。

第六章，毛泽东传播思想。作者分为四个小节，毛泽东早期传播活动和传播思想、毛泽东传播思想的三个来源、毛泽东传播思想的理论内涵、邓小平对毛泽东传播思想的继承，详细记载了毛泽东在长沙创办《湘江评论》，并为多种报刊撰稿的历史，提出毛泽东传播思想来源于西学东渐、马克思列宁范式和封建士大夫的道德精神三个源头，提出毛泽东传播思想的主体是中国封建民主思想和马克思主义相结合的产物，认为邓小平等后人的传播思想和理论观点都是在改革开放的形势下对毛泽东传播思想的进一步继承和发展。

第七章，传播思想研究的曲折和艰难。作者分为七个小节，新中国传播思想和传播政策、刘少奇的传播思想及对传播政策的影响、陆定一的人民报刊传播思想、政治运动中的传播思想、传播理论的困惑与传播业危机、"文化大革命"对传播科学的扼杀、传播研究的转折，详细记载了中华人民共和国的传播思想和传播政策，以及在刘少奇主政新闻传播工作期间所提出的整顿和改革建议，还关照了陆定一在长期新闻传播实践活动中总结的对新闻的定义及其系统的传播思想。之后作者关注了在"整风""大跃进"及"文化大革命"等政治运动中艰难发展的中国传播理论与新闻事业，为期间传播教育事业的倒退而惋惜，又为改革开放后中国传播业所迎来的转折和大发展而庆幸。

第八章，屡遭困厄的当代传播思想家。作者分为五个小节，王中：传媒"是宣传工具"也是"商品"、徐铸成：自由是民主政治的先决条件、储安平：报刊是"共同说话的地方"、甘惜分：传媒是社会舆论机关、方汉奇：传播者要有"学术良知"，详细讲述了在中央的"双百"方针和毛泽东的自由讨论思想鼓励下，传播界许多学者都开始提出自己对于传播原理的一些看法，开始突破传统党报理论的某些固有观点和苏联传播理论与实践的模式，本章就收录了其中的代表性人物，复旦大学新闻系主任王中教授、《文汇报》主编徐铸成、自由思想家储安平、中国人民大学新闻系甘惜分教授和方汉奇教授的传播思想。

第九章，当代西方传播学的传播。作者分为七个小节，西方传播学的基本理论、西方传播学的传播、中国人对西方现代传播学的最初认知、传播学研究的深化、迅速发展的传播学应用研究、传播学研究中的不同观点、传播观念的嬗变，首先较为详细地讲述了西方传播学的基本理论体系和研究领域，然后开始详述传播学作为一门学科正式传入中国的过程，以及中国对于西方传播理论的消化和深化，进而开始了自己的传播学研究，提出了中国的传播学理论及传播学研究的中国化理论，并有本土著作开始问世。另外，本章还关注了一些学者对于西方传播学理论的批判性看法，以及传播学科研究前沿和观念在现代的嬗变。

　　第十章，传播学研究的转型。作者分为四个小节，新媒体理论、传媒新经济思想、传播学理论研究的拓展与深化、传播学的价值重构，从互联网开始谈起，关注了新媒体兴起对于传播学研究的巨大影响，关注了媒介经济学的兴起，关注了新世纪以来传播学的各项研究前沿，包括传播学的本土化与国际化，以及与各大学科的交叉研究与理论成果。并提出要正视我国新闻传播学科建设的各项问题，把握当前难得的发展机遇，重构我国传播学的当代价值。

学术特色

　　《中国传播思想史》所搜罗的历史史料非常翔实，站在宏观传播学的角度上，将教育、文化、历史、艺术等等各方面的史料都归入到传播学科的研究范畴，论证清晰，中国的封建时期的断代史式的成文结构十分完整。关注了各种知名的历史事件，总结和凝练了这些事件所表达的传播思想，并以之为依托重点关照了包括"政治传播""教育传播""文化传播"等等传播学研究领域，让人眼前一亮。同时又对于知名的历史人物的传播思想进行了汇总和梳理，提供了传统史书中所忽略的许多问题和思考。在讲述近现代的传播思想史时，直言不讳的科学态度尤为可嘉，将民国时期和中华人民共和国时期，尤其是政治运动其间中国的新闻传播学科与思想理论的艰难发展的历史写得有血有肉入木三分，对于现当代传播学研究的中国化和国际化的关注也十分亮眼。《中国传播思想史》以断代史的方式记叙并构建了一个较为完整的中国传播史，其学术价值和现实意义不言而喻。但也存在着一些不足之处：《中国传播史论》使用的，在近现代之前关注媒介发展与传播思想的萌芽，在近现代之后关注报业史和新闻理论思想演变的全书结构，是较为成熟的在分析和记叙中国新闻和传播史时常用的行文结构，显得四平八稳，但不足之处是显得缺乏一些新意，另外对于现当代中外传播学研究前沿的记叙显得有些凌乱。不过，从总体上看，这无疑是一部很有分量的专史论著。

观点撷英

尽管中国几千年一直处在古代专制主义和皇权皇威下，但传播思想仍不断出新，传播思想家启蒙家群星璀璨，反映传播思想的精神成果纷呈迭出，并隐约折射出民主与自由的精神，为我们研究历代传播思想提供了丰富的依据。（第1卷第1页）

原始华夏语和原始华夏族一样古老，它们是共生的社会现象，原始华夏语成为社会成员之间的联系纽带。（第1卷第24页）

春秋时期既是政治家施展才华和权术进行竞争的时代，也是中国历史上文化人显现才智和谋略进行竞争的时代；从传播角度讲，一部分贵族下降到平民，把文化带到了下层，也就出现了中国传播思想史上的一个特殊时期。（第1卷第81页）

（先秦诸子时期）在中国社会结构巨变下，学术思想家所呈现的繁荣近乎奇迹般延续了400余年。原因有多方面的，但最主要的是政治力量的竞争和平民知识分子的积极投入、传播方式的多样和社会舆论的开放。（第1卷第129页）

在新的王权（秦朝）传播机制下，建立起了以法治国的政策，强化了中央集权的组织传播，推动了具有历史性意义的规范汉字的不朽事业，同时用强权压制儒家传统而鼓励杂家思想。这一系列重大举措，对中国古代的传播活动和传播思想的发展产生了不可忽视的深远影响。（第1卷第227页）

史的传播在上古时代就很活跃，各地方国家和中央政府几乎都有专职的史官，他们负责把当时发生的重要大事记录下来，供帝王参考或供朝廷议政。……古代的宫廷史官相当于现代社会的中央特别记者，讲时效，讲实录，虽然其公开性比较有限，但是其新闻性却很强。（第1卷第294页）

科举制源于隋代，兴盛于唐代，后来成为我国封建体制下选拔官吏的一种人才传播制度。科举制开创了中国教育测试的先河，它对世界各国公务员的录用考试产生了很大影响。尽管科举制因其内容陈腐、权贵干预等种种弊端而在清末最后退出了历史舞台，但是它对人才教育的评价系统、选拔机制仍然具有强大的生命力，产生着巨大的社会作用。（第2卷第44页）

在传播思想上，他（朱熹）的主要观点是认为，学者最为要"格"的"物"有下列四者：穷天理，明人伦，讲圣言，通世故，即具体为客观规律、人际关系、孔孟之道和社会问题等四方面。（第2卷第117页）

朱元璋凭借起义军的力量推翻元朝建立了明朝后，他的第一件大事就是控制传播。……在文化传播上把一切不符合统治思想要求的视为"妖言妖书"……在这种文化迫害下，明代知识分子的传播思想受到了极大的限制。但是，明代文化人仍然通过结社讽议、编写社会小说等方式展开了自由言论的传播。明代书院得到了重新振兴，儒家思想以"心学"理论的传播获得了新的生命力。同时，随着明王朝海上交通的开拓，对外交流的发展，汉字和汉文化迅速向着朝鲜、日本和东南亚播散，为"汉字文化圈"的形成创造了条件。（第 2 卷第 205 页）

清朝的文字狱，是封建专制主义空前强化的产物。其根本目的是加强思想文化领域的传播控制，树立君主专制和满族贵族统治的绝对权威。它禁锢了思想，堵塞了言路，影响了科学文化的发展。（第 2 卷第 293 页）

本来兵器的转型本质上说是军事传播观念的转型，事实是世界上每当出现重大军事变革的历史时期，都是思想观念进行变革的重要历史时期。但是，当时（晚清）的中国统治集团，并没有真正从军事失败中得出观念上的觉醒，相反仅仅着眼于军事兵器的变革。（第 3 卷第 27 页）

（洪仁玕的）这个发展资本主义的纲领《资政新篇》，虽在近代中国学习西方的思想史上闪闪发光，但对于当时的社会现实终于无所补益，因为洪仁玕并不真正懂的农民革命战争和发展资本主义的关系，脱离了中国的实际，缺乏坚定支持的领导核心与群众基础。（第 3 卷 108 页）

中国的新闻学作为一门学科，是从西方传入的。中国古代，有发达的劝服传播，但由于自给自足的小农经济影响，横向的新闻传播一直未受到重视。西学东渐，海禁大开，外国传教士、商人先后来华办报，新闻学作为舶来品随之也输入中华，促使中国新闻传播思想的演变及发展。（第 3 卷第 318 页）

民初报业为中国传播业的发展奠定了基础，尤其是中国传播业的民族性质有了很大的发展与变化，传播立法有了很大的发展。由于辛亥革命结束了统治中国达 2000 多年的君主专制制度，为中国的未来发展开辟了广阔的前景，使中国思想文化界发生了空前的变革。具现代色彩的新文化在全国传播，传播自由的思想在中国得到了张扬，推动了新闻传播立法。（第 4 卷第 9 页）

传播在不同的民族、国家和不同的文化背景下，都有不同的标准。西方国家的传播观是建立在西方国家社会制度、文化价值取向基础上的，是西方资产阶级思想文化在传播观念上的具体反映。而西方传播理念则是直接来源于西方的资产阶级传播理论，即自由主义的报刊理论和后来的社会责任理论。

（第 4 卷第 23 页）

新文化思想启蒙运动是一场观念层面的声势浩大的文化传播活动，它在传播者、传播环境、传播核心内容、传播渠道、传播效果等方面有着不同以往的鲜明特点。（第 4 卷第 40 页）

马克思主义传播思想的传入与马克思主义在中国的传播从时间上讲是一致的，并且是无法分开的。从 20 世纪 20 年代开始，马克思主义逐渐从一种西方社会学说转变成一种无产阶级革命理论，特别在 1921 年中国共产党成立后，成为党的指导思想和理论来源，其传播朝向专业化组织化方向发展。（第 4 卷第 92 页）

如果说五四新文化运动前，中国尚没有真正意义上的传播研究，有的只是"报馆有益于国事"式的将传播当做政治手段的"术"；那么五四和新文化运动就开启了中国传播之蒙，对新闻与传播的认识开始了由"术"而"学"的变化。（第 4 卷第 108 页）

中国的传播学研究是从情理 10 年"文革"对新闻传播学的干扰和破坏开始的。一方面，传播学人们要清除"极左"思想的影响，甚至连一些基本概念问题和常识问题也要澄清，如新闻的定义，新闻的功能，新闻价值；另一方面要着手对西方传播学理论进行理性的考察和审示。从 1986 年开始，中国的传播学理论研究开始步步深入了。（第 4 卷第 292 页）

当代社会呈现的是开放、多元、国际化的特点，完全不同于战争年代或 20 世纪 50 年代或 60 年代的封闭状态。毛浙东及中国共产党的新闻思想需要发展才能特高与当代社会的融合度。当前，我国新闻传播从理论建设到媒介经营都面临严峻的课题，如果我们不能正视这些课题，我们就会重犯过去已犯过的错误，而且会失去难得的发展机遇。（第 4 卷第 438 页）

（赵晟　撰）

晚清电报及其传播观念（1860—1911）

孙　藜

出版概况

《晚清电报及其传播观念（1860—1911）》，孙藜著，上海世纪出版集团上海书店出版社 2007 年 12 月出版，平装 16 开本，148 页，10 万余字。

孙藜，男，山东安丘人。复旦大学传播学博士。上海政法学院社会学与社会工作系社会学教研室副主任。1995 年毕业于兰州大学新闻与传播学院，之后服务于多家媒体，从事记者、编辑、评论员工作。2000 年重返校园，分别在兰州大学新闻与传播学院、复旦大学新闻学院攻读硕士、博士学位。其研究领域在媒介社会学和传播思想史。主要承担教学课程《社会研究方法》《中国社会思想史》《西方社会思想史》等。

内容提要

《晚清电报及其传播观念（1860—1911）》以最早的电子传播媒介——电报为研究对象，考察了晚清电报及其传播观念的历史演变。通过这一个案探究了在中国早期现代化的特定历史情境下，新传播技术与社会生活、思想观念变化之间的互动关系。该书深入描述了这一进程中政治与经济、国际与国内、沿海与内地等诸种社会力量的交锋，批判地阐释了不同社会群体的传播话语及实践，为中国近代思想史提供了一种从传播技术和传播观念切入的解读方式。

该书共分四章十二节并一篇导论和一篇结语。导论，"媒介即讯息"：传播技术、社会与文化。本导论中，作者分析比较了麦克卢汉、英尼斯及威廉斯理论各自的优缺点、相互的区别和联系、发展和传承。在比较中看到其理论均指向了一个共同的立场：媒介和传播，不仅在词义上都有"公共"之义，二者在构成我们的社会关系的同时，也构成了我们公共的生活。从而进一步指出，传播技术与传播观念之间存在相互作用和影响，进而引出了文章主体以电报个案探究新传播技术与社会生活、思想观念变化之间的关系。

第一章，拒迎之间：电报自西徂东与传播观念角力。本章从电报诞生，西方人视其为全球化的传播工具，采取各种方式希望将电报传入中国讲起。随后，分析了对于封建中国具有巨大冲击力的电报在传入中国的进程中的曲折和阻碍。并分析了电报在"强中驭外"中的政治、军事传播工具观念，在商界被视为"生意"，传播"市价"等信息的传播观念的发展演变。在此过程中还极细致地罗列了沈葆桢、李鸿章、丁日昌等代表人物在电报从"掣肘"到"制夷"思想观念转变中的作为和影响。

第二章，官督商办：电报体制的形成。本章以津沪线"变法"为例，窥一斑而见全豹地解释了电报可以在清廷统治下进入中国的依据是清廷在军事信息上备感掣肘于洋人，官督商办体制下的电报使用中总是以军情要务为先；随后，本章对于电报在开通建设过程中与洋人的"主权之争"进行了详细阐述，给出了翔实的清政府在与西方各个国家争夺电报主动权中以主权为依据和思考的辩论；最后，进一步分析了这种主权辩论的展开的重要原因在于，清廷事实上已经出现了一个新的信息传播体制。清政府在对外交涉中自觉站在"国家"角度，试图表明朝廷对电报传播不可动摇的控制，但现实中却没有这么简单。电报不仅改变了清政府的信息传播渠道、传播速度，更重要的是在传播思想、观念上对清廷追求的"尊君亲上"造成了一定冲击。使得清廷采取了一系列措施来降低这种影响，维持清廷权威。

第三章，官、商、民：电报的"相争"与"相维"。本章首先介绍了电报在中国发展初期官、商之间在电报使用中存在的冲突，即商人见利则趋，而官注重政治、军事、信息的控制。二者"何者为先"的利益冲突一直存在，处在"相争"之中；但是，当面对西方国家时，二者出于对自身利益的考虑，官方希"借'商力''权自我操'"，商需配合政府压制西方国家以争取商业信息主动权，于是出现"相维"的互动。随后，又细致分析了电报与报纸结合之后在信息主体、内容方面的变化，并以申报发展变化为例。分析了电报在乡村传播过程中与乡民的风水意识产生的冲突和碰撞。分析了电报传入，出现了"电学"新学科从而培养专业电报工作人员，并以电报工作人员认为电报工作为"洋行"，以此折射出电报是掌握在官方手中的控制工具这样的意识。

第四章，"全国交通"：清季电报国有与官方话语变迁。本章总结了随着电报事业的发展，商办之中的"窒碍"逐渐显现，在经历了最初开办和发展的初级阶段后，已表现出一种渐趋停滞状态的特征。此时，"生意"色彩已基本被作为"军国要计"传播控制手段应用所取代；随后，本章介绍了电报被逐渐"集权中央"，完全国有后带来的优势，如为军国要计消除障碍，集中服务中央集权管理越来越负责的国家事务，服务于国家对外交涉需要等。

结语，从传播学的角度，综合地对电报在晚清的发展过程进行了思考和总结，并将电报在美国和晚清中国推广过程进行了比较，对其推广过程的截然不同的原因进行了分析比较。最后提出了今天的我们，是否已经能够在新媒体技术诞生后去找到南帆先生提出的解放和控制、民主和限制自由中找到一种平衡。

学术特色

该书作为孙藜的博士毕业成果，得到了其导师黄旦的极大肯定：第一，在选题上具有开创性的意义，首次在中国的历史语境中，就电报技术与晚清社会、政治和文化的关系，做了有益探索，开辟了新闻传播领域的一个新的研究方向。第二，不仅比较生动、具体和全面低展示了晚清电报从"官督商办""商股官办"直至"收归国有"的轨迹，同时也让我们看到了在这中间所牵涉的利益群体各自对于电报技术的看法和认识，史料和观点贴得紧，不突兀，既非无所依傍，亦不强制索解。第三，这是一个跨越学科边际的研究，涉及面广，孙藜能够统筹兼顾，放而不乱，在总体的把握上，思路清晰，重轻得当。

观点撷英

因而对于我们而言，就是要在这个价值立场上，一方面，要从社会关系的视角看待传播技术，看到与传播技术密切相连的人们对彼此关系的理解；同时，还要把这种关系置于社会过程、历史过程下观照。既要考察围绕着传播技术，各个社会群体的传播观念及实践所进行的控制与反抗、合作与妥协等诸种互动，也要考察这样的互动所带来的变化。（第9页）

视电报为"全球化"的"载道之器"，这个观念首先意味着，国与国之间要保持一种开放、交往的状态，中国要摆脱"天朝大国""定于一尊"的孤立心态，无论是王韬借助于"大同"、还是郭嵩焘对整个社会沉迷封闭心态的批判，都是这一观念的体现；而与之相随的，还有另一种强烈的民族情绪：即电报在这些士大夫们眼中不仅是"合地球为一家"的载体，同时也是"强中以驭外"的工具。（第36页）

但是，也应该看到，正如前面指出的那个"古今一辙"，洋务官员们与西人"相争"电报"主权"，固然表现出与外来者争夺权益的主动意识，但同时极为重要的，依然是早期在信息传播上变"掣肘"为"制夷"思路的体现，通过有可能实现的"驾驭"、借助西人自身的话语逻辑，维护朝廷在政治、军事方面的信息控制权力。（第66页）

亦有研究者指出，全国电报网的建成，使清廷在军事、政治上的信息控制能力得以加强，自太平天国和捻军起义后，外侮日深，国内却一直没有太大动乱，一定程度上与靠电报"闻讯立动，消患于未萌"有很大关系。（第76页）

"略全体面"之争，与"独厚于外国而薄待于我中国"之类的话语，无论交织着多少生意得失的考虑，至少表明了一种在国际信息传播上主动和对等意识，既非"主而不办"下的"密防""严禁"和"堵绝"，也非为"自主"不计利害般地变相损害"自主"，成全了帝国的"体面"，也即尊严。（第88页）

换句话说，在传播观念上，乡民们通过传播工具所维护的，是一种血缘、地缘为主的宗教关系，陕西民变中传帖所谓的"一家一人""公同议罚"，正是其反应；在这种观念下，电报这种用于更广阔空间快速联系的传播工具，不仅对这个社会关系的维护毫无用处，相反甚至可能带来破坏，自难免成为拒绝、破坏的对象。（第106页）

假若美国是因"空间"的倚重，积极采用电报，从而开辟空间带动时间的变更，并在此基础上达到平衡，进行重新整合；那么，中国的晚清，则是由于"空间"侵入了长治久安的"时间"，且在这一种时空的碰撞中，难以找到应有的平衡支点，从而导致清廷对电报惴惴不安。况且这一"时间"非同寻常，而是关系到清廷的日久天长。（第134—135页）

我们有可能利用传播技术维护一个平等、自由和共同参与的"公共生活"；我们也有可能创造一个和谐美满的社会关系；我们更可以利用并通过手中的传播工具，回击"文化帝国主义"的挑战，并在国际和地缘政治中重新定义彼此的关系。可是这一切不是技术本身可以自动实现，就像晚清的电报及其冲击不是电报本身自然发射一样。（第 136 页）

（徐莹　撰）

清末民初新闻出版立法研究

殷　莉

出版概况

《清末民初新闻出版立法研究》，殷莉著，新华出版社，2007 年 3 月版。平装，32 开本，20.2 万字。该著作是教育部规划项目《中国近现代出版新闻立法研究（1898—1949）》的一部分。

殷莉，女，汉族，新闻学博士后。1988 年中国人民大学新闻系本科毕业，1996—1999 年就读于中国社会科学院研究生院新闻系，获文学硕士学位，2006 年于中国人民大学新闻学院获博士学位，2007 年就读于复旦大学新闻学院，博士后出站。曾在新疆大学、大连理工大学任教，现任天津师范大学新闻传播学院教授、广播电视新闻系系主任、硕士研究生导师，主要从事新闻学、广播电视学等研究。参与国家社科重点项目一项，主持省部级科研项目两项，在学术期刊上发表学术论文 30 余篇。

内容提要

《清末民初新闻出版立法研究》于总序和后记之间共分五章十六节。第一章，中国第一部新闻法的诞生。作者从不同观点的论争中，明确提出《大清报律》是中国第一部新闻法，并且从其产生背景、起草原则、综合意义三方面对其进行了详细解析。首先是背景方面，作者从政治层面的宪政运动、政府的管理需要以及经济层面，整个时代背景下报业的发展出发，对《大清报律》的产生进行了基本阐释；其次，对《大清报律》的起草原则进行了详细解析，即通行中西、以日本《新闻条例》为师、规制言论，其中规制言论这一点深刻反映了当时的社会背景；最后，将《大清报律》的意义归结为几点，如开放"报禁""言禁"，允许朝政信息传布等，最后提出《大清报律》的制定为以后新闻法律法规的制定建立了一种模式，为之后政府提供了可参考的具体借鉴。

第二章，否定又否定的立法历程。整个章节以时间为纵轴，对清末、民国南京政府、民国北洋政府时期的新闻立法进行了详细的分开论述，其中尤其指出政权更迭是清末民初新闻法规四立四废的主要原因。

第三章，清末民初新闻出版法律法规的内容。从对出版自由、媒介自由的保护和限制、对媒介行为的规范，这三个主要维度出发，对清末民初颁布的八部新闻出版法规的内容进行了详细介绍。首先，是新闻法规对出版自由的保护和限制，它主要分为权利性规范和义务性规范；其次是新闻法规对言论自由的保护和限制，主要分为权利性规范和禁止性规范；最后，指出新闻法规在规范媒介行为方面发挥着重要的作用，如关于著作权、名誉权等方面的详细规定以及更正与答辩权的提出。

第四章，清末民初的新闻自由。本章从新闻自由的法律保障、立法学视角中的新闻自由、新闻自由思想三方面，试图勾勒出清末民初新闻自由的状况。首先是新闻自由的法律保障，它主要由宪法保障和出版新闻法保障组成；其次，从立法学视角出发，对清末民初的新闻自由进行探索，主要从立法主体、立法程序、法律规则、法律概念四方面着手对其进行详细探究；然后将清末民初的新闻自由思想归纳为以下三种，一、绝对自由观点，二、优先地位平等观点，三、平衡观点。最后在本章节的末尾，作者指出清末民初的新闻法规，在出版和言论两方面，对新闻自由进行了限制，在出版方面制定了预防制和保押金制度，言论方面则采用了稿件审查制度，禁载内容也超出刑法民法的范围，增加了不准政务信息报道等额外的限制内容。

第五章，与法、日新闻出版法的比较。本章就出版新闻法的义务规范这一点着手，从禁载内容，限制手段与处罚三方面，将清末民初的新闻法律制度与法国出版自由法和日本新闻纸法作横向比较，试图通过法国和日本当时对新闻自由保护和限制的情况，对我国清末民初新闻法规对新闻自由的保护和限制情况有清楚的认识和评价。最后得出结论，《大清报律》《钦定报律》和《出版法》是与国际上同时代新闻自由水平同步的法律法规，《报纸条例》《修正报纸条例》是低于国际上同时代新闻自由水平的法规。

结合了这五章的详细分析，综观我国清末民初新闻出版立法，最后作者提出以下结论，就新闻立法的立法制度和立法技术而言，清末民初的新闻法律法规或多或少存在问题。从立法主体来看清政府巡警部无权立法；从立法程序来看，民初创制的《报纸条例》《修正报纸条例》和《出版法》，是不符合行政立法程序的行政法规；从法律规则来看，《报章应守规则》和《报馆暂行法规》不具备完整的法律规则，新闻自由不可能得到保障；从法律概念来看，很多出版法存在法律概念不明确的情况，使得新闻自由的界限不确定。

学术特色

新闻立法作为新闻活动必须遵守的行为准则，作为国家制定的有关新闻工作的法律法令、条例规则，是值得整个社会密切关注的。新闻传播法制建设一直是我国新闻学界和业界共同关注的一个重大的理论问题与实践问题，随着近些年我国政治、经济、文化的不断发展，对新闻立法也提出了许多新的要求，而回顾我国新闻立法发展初期的许多探索，也可为现今的许多相关工作提供有益性的参考。

综合看来，该书对促进我国新闻立法的相关研究，完善相关新闻理念具有较强的参考价值，具体表现如下：

首先，系统全面的详细探索。该书对清末民初近30年我国新闻立法的过程、新闻法制思想、新闻立法的实践及其成果进行了全面系统地研究，并从立法主体、立法程序、立法规则、法律概念以及与法国、日本新闻法比较的视角，对以上法律法规立法的动机、效果、目的、性质、作用及影响作了深入的分析和评价，丰富了我国新闻法制史研究的内容，为我国新时期的新闻立法工作提供了历史的借鉴。其次，明确详细的时间轴。该书以时间为纵轴，对清末民初几部主要新闻法规进行了深刻详细的剖析，并且具体阐释了当时社会政治、文化大背景对新闻立法的各种影响。论文有目的性地选择清末民初（1898—1926）这一时间段，对我国最早的新闻立法过程，法律法规以及新闻法制思想进行研究，并且将时间层次具体分为清末百日维新之后、民国南京临时政府阶段、民国北洋军阀阶段、民国南京国民政府阶段，对不同阶段的新闻法规结合当时背景进行详细具体的分别分析，试图全面准确地认识和评价清末民初新闻立法实践及其成果。研究成果对于认识和评价自由新闻法制的意义与价值，对于建设一个开明、规范、有效的新闻传播法制体系，制订一套完善的新闻法律，实现新闻传播的法治化，无疑具有理论价值，对我国当前正在进行的新闻传播法制建设具有一定借鉴意义。与此同时，研究成果还可以丰富我国近现代新闻法制史的内容，对于我国近现代新闻法制史研究具有一定的学术价值。

观点撷英

清末民初是我国近现代新闻出版法律法规创制初期，也是我国自由新闻法制体系形成时期，这一时期制定颁布施行了一系列的新闻出版法律法规，形成了君主专制制度下的新闻法制体系和自由新闻法制体系。对这一时期的新闻出版立法和法律法规进行研究，不仅有利于正确理解言论自由和舆论控制之间的关系，有助于正确认识和评价自由新闻法制的意义和价值，而且对于实现"建设一个开明、规范、有效的新闻传播法律体系，制定一套完善的新闻法律，实现新闻传播的法治化"目标，无疑也具有一定理论价值和参考价值。（前言第3、4页）

中国第一部新闻法《大清报律》的产生与清末宪政运动的大背景息息相关，与清末报业进入发展高潮，初步形成了外报、民报、官报的报业结构息息相关，与各种政治类别的报纸出现，尤其是反对清政府，提倡"排满革命"的革命派报纸的出现息息相关。（第30页）

近代以来世界各国对报刊的出版管理一般采取了两种不同的制度——预防制和追惩制。预防制是事先限制，它包括保证金制和批准制两种，也有以同时满足两种条件作为报刊创办条件的，它意味着，创办一家报刊需要或者交纳保证金，或者经过批准，或者经过批准又交纳保证金才能获得出版权。预防制是一种限制出版自由的出版管理制度。从严苛程度来说，保证金制轻于批准制，批准制又轻于批准制加保证金制。追惩制是事后惩罚，出版管理采用的是注册登记制，意思是只需注册登记即可出版，报刊违法才受到法律惩罚，是一种有利于出版自由的出版管理制度。（第107页）

在立法过程和法律实施中，管理者与公民、媒介的出发点是不同的。管理者往往从统治和管理的角度希望对言论出版加以限制，公民和媒介往往从自由、正义、公正的角度要求给予保护，但是国家机关依照立法程序制定并颁布法律后，这部法律即具有法律效力，尽管权力者未必是有法必依，但也会尽可能依法办事。所以权力者只能通过修改报律来修订对自己统治或者管理更为有利的条款。这里法律修改程序成了人们监督政府行为合法与否的依据。（第145页）

　　我国清末民初新闻出版单行法立法6部，除《民国暂行报律》外，其他5部新闻法律法规都予以实施，用来规范媒介的传播行为，以时间顺序可以分为三个阶段。1908—1912年采用注册加保证金制，这一阶段有新闻法《大清报律》和《钦定报律》；1914—1916年采用批准制加保证金制，这一阶段有不符合立法程序的行政法规《报纸条例》和《修正报纸条例》，1916—1926年采用注册制，这阶段有不符合立法程序的行政法规《出版法》。（第188页）

　　尽管和法国相比，我国清末民初几乎不具备良好的法律运行环境，法律赋予的新闻自由在实施的过程中未必能够得以实现，但是从这一阶段新闻出版法律法规条文中，我们还是可以获知当时法律所能赋予的新闻自由权利，可以通过中、法、日三国同时代新闻出版法律法规比较，知道我国清末民初法律规定的新闻自由和国际接轨的情况。（第229页）

（祁菲菲　撰）

木简、竹简述说的古代——书写材料的文化史

〔日〕冨谷至

出版概要

《木简、竹简述说的古代——书写材料的文化史》，〔日〕冨谷至著，人民出版社 2007 年 5 月第一版，平装 16 开本，156 页，16 万字。该书研究领域为简牍学。原著是日本著名出版社岩波书店推出的"世界历史丛书"中的一种。中文版由宁波大学学术著作出版基金资助支持。

冨谷至，京都大学人文科学研究所教授，对中国法制史，简牍学等研究精到，著述甚丰，是学术界的领军人物。曾出版《流沙出土的文字资料》《边境出土木简研究》等著作；译者刘恒武，宁波大学文学院博士，曾因冨谷至教授推荐，在京都大学人文科学研究所担任兼职研究助手和非常勤讲师；校译黄留珠，西北大学历史系教授，博士生导师。该书原版于 2003 年，刘恒武博士自 2004 年 5 月着手翻译该书，译稿初成之后与富谷教授反复研讨，黄留珠教授校订把关，历时两年才得以出版。

内容提要

第一章：关于纸的发明。从高中课本关于蔡伦是否是纸的发明者的争论谈起。总结出西汉时期的纸的作用和蔡伦之后纸的改变。作者综合考虑各项因素，提出了新的看法，他认为"这些纸张并非一开始就是作为书写材料而备至的"。西汉时期的纸的用途是作为"包装材料"用来包裹物品。那时候的纸应该是用布帛一类的植物纤维加工而成的薄片的总称。《后汉书·蔡伦传》中所谓的蔡侯纸，是纸作为书写材料实用化的开始。

第二章：纸以前的书写材料。主要谈论石刻材料。作者对石刻进行了分

类，地上立的石碑和地下墓中放置的墓志，并对他们进行了区别比较。地上的石刻是现实世界的碑，就其所设定的读者而言，由皇帝树立的石刻，其读者是臣下和人民。个人的颂德碑，其读者是构成乡里社会的现世的人。另一方面，地下的石刻则是冥界的墓志，读者是黄泉国的神灵或邪鬼。墓碑、颂德碑和墓志性质迥异，分属不同范畴，应分别研究。

第三章：木简和竹简。作者首先叙述了木简竹简这一历史资料的发现和其研究历程。我国简牍学研究基本上是以简牍记载内容的探讨为主。但是作者创新性地把作为简牍作为一种多维的历史资料来研究。不仅研究简牍记录的内容，还研究它的尺寸、书写、编缀格式等与书写内容、权威性、政治等的关联。除了对编缀简的研讨，作者还介绍了单简的分类、目的和使用方法。并根据木简和竹简的差别，归纳出他们使用的规范。即简牍根据形态分为单独简和编缀简，根据材质分为竹简和木简。单独简主要是木简，编缀简主要是竹简。单独简用来书写各种证明——检、檄、楬、符等。编缀简用来书写书籍或者簿籍等文件。

第四章：在介绍从简牍到纸的这一变迁之前，作者先介绍了简牍述说的书写世界。作者认为简牍是一种多维资料。根据出土的简牍，可以确定出土地在简牍使用的时候是怎样的一个场所。通过分析出土简的内容，可以察知出土地的性质，探明当时行政情况。简牍拥有其他历史资料不具备的价值。根据简牍上的字体来研究文字统一，推翻了秦代文字统一为小篆的说法。作者还通过介绍简牍资料中的下发文书，上报文书来解析文书行政这一始于秦代的皇帝政治体制。此外，作者还分析了文书的传递。文书传递有两种方法，以亭行和以邮行，邮寄的文书，在邮和邮亭留下邮递记录。这些记录会以报告的形式逐级递交上级机关。以文书来检查文书传递，如此的文书行政的重层构造，就是中国古代的集权国家体制，亦可以称为书写记录的世界。

第五章：楼兰出土的文字资料——木和纸的并用。这章作者返回本来的文脉，思考从简牍到纸的书写材料变迁。20世纪楼兰曾出土了一批书写材料，既有简牍又有纸张。这说明在三世纪后半页纸已经出现并使用。作者通过考察分析史料，得出了以下结论：一、3至4世纪，书籍的书写材料普遍由简牍过渡到纸。二、作为书写材料的纸绝非贵重、稀有的物品，它已经被广泛使用，并且数量相当可观。不过此时纸张并没有完全取代简牍，这是一个木和纸并用的时期。作者强调由简牍向纸的转化阶段性、逐渐的过程。简牍和纸的分类使用可以总结如下：在晋代，简牍主要用来书写各种证明书、封检等。纸用来书写各种书籍信件。简牍和纸也共同用来书写账簿名籍之类的文档。总之简牍是一种功能不仅限于书写的书写材料。如果只考虑写文字的功能，晋代已经是纸的时代了。

第六章：由汉到晋——由简牍到纸。作者跳出楼兰出土的木简和纸文书的范围，广泛利用文献史料进行综合考察。从文献史料看文书装帧，诏的纸色。作者重点介绍诏书用纸的两种颜色：青纸和黄纸。青纸是皇帝亲笔诏书的书写材料，黄纸不仅用于诏书，也用于其他正式官方文书、官方簿籍。青色象征万物生成，黄色象征中央、君主。两种颜色的区别源自简牍时代包裹诏书的包裹织物的颜色不同。书写材料从简牍变为纸的过程中，包装简牍的织物颜色也延续到新的书写材料上。

总结：秦汉帝国能够筑起如此强大的专制国家，是由于拥有中央集权式的行政构造，但是这不是全部的原因。还必须认识到，如果以这些机构为基础使其发挥技能的运用体系没有确立的话，机构就没法发挥作用。维持和强固国家这一躯干的正是文书行政。甚至可以说，中国古代集权国家就是确立于简牍这样的书写材料之上的。书写材料在相当程度上规定着行政体系，一旦书写材料发生变化，行政制度就会受到影响。

学术特色

该书的研究路线，吸纳了日本学界注重简牍实物本身研究的学术传统而又有所拓展。书中倡导全方位多角度的研究方法，除了通常的文献学式的研究外，利用文学物的方法对简牍的种类、形制以及编缀方式等特点展开详考，同时利用古文书学的研究方法对简牍的编制、编册以及传递进行探讨，以此揭示简牍记载内容之外的大量历史信息。此外，作者充分考虑到了简牍使用的历史延展度，将考察视野拓展到早期甲骨和青铜以及后期出现的纸张等等书写材料，清晰地揭示了简牍在我国书写文化史上地地位。制度史视角地引入也是该书研究特色之一，作者始终将简牍等历史遗物放在中国古代制度演变下的大背景下展开思考，提出了许多发人深思的见解。就该书而言，以下几个方面值得注意：首先，该书从文物学的角度对简牍进行了分类，将其分为单简和简牍两个大类，特别指出，单简除了拥有作为文字载体地功能之外，还能发挥信凭物、标识物地作用，这一点是纸张无法替代的，编缀简与其它材质的书写材料相比，由于可以持续追加而在文档地记录和整理上拥有突出优势，作者指出，不同用途的简牍过渡为纸张的时期各不相同，而各种功能相异的单简以及官方文档、簿籍向纸张的转移则经历了相当长的历史时期。这一结论也是基于对简牍实物特征的全面考察而提出的。

其次，该书强调简牍出土地点的研究，主张探明与简牍关联的所有考古学信息，进而弄清楚简牍的发出地和接受地以及相关各遗址的属性。这种方法旨在将简牍置于考古学坐标之内展开考察，由此最大可能地获取简牍本身所携带的历史信息。

此外，该书论及汉代文书行政的状况，其成果多出自古文书学角度，这种方法具体而言，是以简牍书式为基准，以出土地点为单位，对简牍册书进行复原，并且考察其传送方式以及传送过程中的变化。日本学界的森鹿三、大庭修、永田英正等学者曾经利用古文书学方法取得了不少成果，该书不仅对这一方法进行了全面阐发，而且将先前研究推进了一步。

最后，该书对于简牍这一中国古代书写材料的利用及变迁的考察，始终没有脱离中国中央集权帝制形成及发展的历史大背景。该书认为简牍作为一种书写材料在秦汉时期达到高度成熟，这与秦汉时期文书行政体系的建立与完备密切相关，简牍在行政领域中的利用使得文书行政得以贯彻，而文书行政又是集权帝制不可或缺的支撑。因此，简牍文书的种类、功能以及传送等方面的特征归根结底是由秦汉政治制度决定的，而对于简牍文书本身的编缀方法、使用方式以及传送方式等方面的复原研究，有助于我们透彻了解秦汉文书行政的全貌。书中还指出，由简牍到纸张的过渡，并非单纯的新旧事物交替，其过程还受到行政因素的制约，由于各种简牍在文书行政体系中功能各异，它们被纸张替代的时间也不尽相同。

观点撷英

《后汉书·蔡伦传》中所谓的蔡侯纸，是纸作为书写材料实用化的开始。虽然在此之前纸已经被制造出来，但是主要的用途应当是包装或装饰。在蔡侯纸之前的古纸之中，写有文字者并非完全没有，但是其上书写的文字应该是随机或就便而为，这些纸张的主要用途不同于作为书写材料的纸，其道理恰恰与带字的残陶断砖不能被视作普遍性的书写材料是一样的。（第11页）。

对于"韦编三绝"的含义，虽然没有弄清楚，但是钱，最近翻阅到一篇论及"韦编"的"韦"的论文，论文认为"韦"通"纬"，是指"横线"，与意为"纵线"的"经"相对应，也就是说，"韦编（纬编）"是横向编缀的绳，即编缀用绳。按照这种说法，鞣皮未被使用，没有必要考虑革绳，实际上这种解释也并不彻底。无论如何，笔者认为"韦编三绝"的基本含义是"编绳数次切断"。（第 45 页）

从原则上讲，木简和竹简有不同的用途，竹简是编缀起来以书册的形式使用的书写材料、木简则作为单独简使用，便于进行简侧刻齿、顶端修圆、简上开孔等细小刻工。现在，如果让我们推想用于制作书籍的书写材料，也就是纸出现之前一般的，普遍的书写材料，那么它一定是竹简。作为单简、拥有特别形状的木简，在某种意义上或许可以说是一种由书写的内容、用途来决定材质的特殊的书写材料。（第 61 页）

总之，中国木简的出土于紧随其后的日本木简的发现之间的偶合，使特殊被误解为一般，尤其使木简一词深入人心，并具有了代表纸之前的书写材料的地位。假如最初出土的是竹简的话，对于书写材料的认识或许会有所不同。（第 63 页）

从近年出土的文字资料看，秦统一时制定的中央集权政策之一的文字统一，并非统一于李斯所做的小篆。在那个阶段隶书已经普及，法律的条文在统一后也用隶书书写，而且统一前后书体的变化难以辨识。必须指出，以教科书为首的迄今对于文字统一的理解有明显的错误。（第 71 页）

"书同文字"是指文书行政应该使用统一书体，笔者认为它是对于不同种类、不同等级的官方文书所用文字的规定。其对象始终是官方文书，并不包含私人文函、书籍。（第 72 页）

时节性活动，诸如夏至日这样按部就班执行的例行活动，也要依照适当手续提出奏文，取得皇帝认可，变成诏书后下达到最远端的边境军事基地，其中反映的中央集权体制下的文书行政的面貌才是我们最应该关注的。甚至这种内容的诏书都要如此彻底地执行，那么可以推知其他重要事件又该如何。不，或许应该这样考虑：不管是否属于重要事件，都要谨慎地传达到末端，这是文书行政的基本原则，是中央集权国家得以强固的神髓。（第 82 页）

如果比喻作扇子的话，以皇帝命令为首的下发文数呈扇状散布浸透，来自下级机关的上报文书则向扇轴集中上收。位于扇轴的是皇帝，可以说扇子的形状就是中央集权国家。这样的文书行政，即行政命令，经过一个个官署时被一支支添加起来，再传布下去，或被集中上来，使这个过程成为可能，就是作为书写材料的简牍的形态。简牍具备可追加文档的机能，是因为它可

以规定诏书形式、然后在传达之际发挥累加执行文句、上告文句的机能。(第87页)

然而，黄籍一词早于黄纸存在，以后进入纸的时代青纸出现的时候，黄籍的黄的色彩意义被重新强调，而黄纸也作为有色纸名称来使用。简牍的黄籍、以纸为材料的黄纸在西晋时代并存。这也是木、纸书写材料并存时代的具体体现，不久黄籍向纸转变，写在黄纸上的户籍成了正式户籍。黄在这一阶段由一个抽象词转化为一个色彩词汇。(第135页)

(胡获子　撰)

清代前中期新闻传播史

史媛媛

出版概要

《清代前中期新闻传播史》，史媛媛著，福建人民出版社 2008 年 5 月第 1 版，平装 32 开本，219 页，16.6 万字。

该书是作者在中国人民大学新闻传播学院博士期间写就的博士论文，其导师是中国新闻史学界的泰斗方汉奇先生，该书也是在其支持下完成的。

内容提要

《清代前中期新闻传播史》于导论之后分八章三十四节。导论阐述了清代前中期新闻传播史研究的必要性、研究对象、发展轨迹，并说明其现有研究的不足，研究的天然障碍以及研究的基本方法。第一章，清代新闻传播的历史背景。作者从满族的崛起、清军入关的时代背景入手，并从多民族融合、政治、经济、文化、对外政策进一步阐述了清代的社会历史环境，进而说明了新闻传播事业在这期间的发展特色。第二章，清军入关前的新闻传播。作者通过讲述后金六部与塘报的设立，檄文的舆论宣传作用以及邸报在后金、明清的历史发展所起到的作用等事例阐述了此阶段的新闻传播活动。第三章，清代邸报。作者考察了发抄与提塘的发展，同时论述了邸报的形成、内容、新闻特性、受众以及十八世纪欧洲人是如何看待清代邸报的，作者还从不同的角度论述了清代邸报是否是官报这一论题。第四章，报房《京报》与地方新闻事业。作者阐述了清代北京民间报房的诞生、运营和《京报》的内容、性质、受众、翻印以及售卖地，作者还探析了辕门抄的形成和发展。第五章，清代小报。作者通过考察清代小报的历史发展和伪孙嘉淦奏稿案的典型事例，从而论析了清廷控制新闻传播的原因和目的。第六章，清代告示。作者通过考察清代告示的类型、内容、复制、发布和新闻特性，详细论析了清代统治者是如何使用这一手段进行公开新闻传播的。第七章，清代的舆论与舆论压迫。作者先从清代言官的设置、舆论的表达方式说明了舆论的作用，再探析清廷对舆论的注重与压制。第八章，近代化报刊的出现与中国古代报刊的终结。作者阐明了清代前中期的新闻逐渐向近代新闻事业的过渡现象和中国古代报纸与近代报纸两种模式并存的奇观。

学术特色

《清代前中期新闻传播史》揭示了清代前中期新闻传播活动的发展特色。作为中国古代社会的末端，清代的新闻传播活动在前代的基础上发展到了新的高度。清代前中期的政治局面稳定，工商业繁荣，文化繁盛，为新闻事业的发展提供了广阔的空间，在此基础上的新闻传播活动的开展形式多样，内容更是多姿多彩。但究其本质，清朝仍是高度集权的封建专制统治，闭关锁国、夜郎自大、思想禁锢是它的另一面。在这种环境成长起来的新闻事业，既有明显地发展又备受束缚，既带有古代新闻传播的原始、僵化的一面，也有逐渐向近代化过渡的一面，体现出极具个性化的发展特色。这种发展特色几乎覆盖了这个时期所有的新闻传播手段。邸报、报房《京报》、辕门抄、小报、告示和报刊是清代前中期传播信息的重要手段，在前代的基础上都有了长足的发展，内容形式均有重大的突破。但与此同时，这些传播手段形式都受到了不同形式、不同程度的限制。例如在邸报的发行上，清政府规定提塘是唯一允许办理邸报的人，并严令禁止邸报传播政府发抄以外的新闻，甚至邸报在抄录、刊刻、印刷之前，必须送科检验，检验合格后才允许印刷发行。清政府正是通过对邸报的办理、内容的限制和审查等手段对邸报进行一系列的控制，使邸报成为"中央政府的忠实喉舌"。再如清统治者对舆论的控制，清朝提倡理学以此加强对知识分子的思想禁锢；统治者还通过制定法律颁布谕旨，将不利于己的言论一律斥为"妖书妖言"，极力加以限制；此外清统治者还通过禁书、禁报、文字狱等手段来约束言论。总的来说，清代统治者通过思想钳制、法律约束和强制暴力的手段来控制舆论的形成与传播。所以清代前中期的传播活动大多为统治者服务，不利于封建统治的传播事业会受到严酷地压制。因此这些传播手段大多以报道官府提供的消息为主，百姓心声、思想言论、商情报道、社会新闻报道始终难以占据一席之地。

《清代前中期新闻传播史》系统展示了清代前中期新闻传播活动的全貌与基本特征。作者注重史料的考证与收集，重视史论结合的论证方法。虽然清代史料繁杂分散，且新闻传播活动形式多样，但是作者思路严谨，梳理有序，对多样的新闻传播手段加以划分，再将其置于时代背景下细细考察，读起来并不会觉得晦涩、枯燥。例如在清代小报的阐述上，作者从明末小报的一则记载简略地对小报进行说明，再通过蒋良骐在《东华录》的记载给清代小报下了定义。作者还对清代小报的内容进行详细分类，期间既引述了《清会典》《康熙朝满文朱批奏折全译》等清代清廷的史料，也涉猎了《中国新闻事业通史》文献中有关的历史资料。此外，作者还注重对典型案例的研究，通过"报房小抄案""程如丝自杀案件"这些具有典型性与代表性的事件阐明了当局限制小报的原因。史论结合的论证方法，再加上对典型案例的研究分析，使得作者得出的结论更符合历史实际。

作者具有学术批判精神。例如在论析清代邸报上，以往的一些学者仅从"刊刻"二字的技术层面去理解，曲解了"刊刻邸抄"的主体，最后得出了邸报是手抄、民营报房《京报》是刊刻的错误结论。作者用"清代雍正后，每提邸报，必用'刊''刷'"和张芾与咸丰帝的事例指出了这一结论的错误。作者还具有一分为二的辩证思想。在论述"清代邸报是官报吗"这一论题时，作者用咸丰帝的谕旨论证了"从政府所办报纸的角度来讲，清代邸报是民营的，不是官报"这一论点，又从清政府对邸报的控制这一角度阐述了"清代邸报是官报"这一说法的合理性。

《清代前中期新闻传播史》最大的价值在于它揭示了清代新闻传播活动的内容、发展的规律与趋势，进一步挖掘了已有的清代新闻传播研究，填补了新闻史研究的空白，有助于中国古代新闻史的研究的完整与丰富，是一部全面、系统展示我国古代新闻事业巅峰期的著作。（摘自书中导论）

观点撷英

封建集权限制了自由、民主思想的诞生与传播，没有近代的思想自由、民主思想的奠定与传播，就不可能产生近代化的报刊。清代新闻事业虽然有形式上的繁荣，但始终没有实现本质性的突破。（第21页）

邸报与报房《京报》的本质区别在于前者是职官所送，不以赢利为目的；

后者是报房所售，以赢利为目的。相应地，出自提塘所送必是官报无疑，出资购买所得必是民间报房报纸，若用邸报、邸抄、邸钞、朝报、抄报等相称者，一般是提塘邸报。而以"京报"相称，这要看具体环境、情况而定。（第92页）

不管怎么说，清代民间报房《京报》的出版，绝非突然，应该是前代民间公开新闻出版活动的继续，是有一定历史积淀和传承的。这应该是清代报房《京报》能够存在、清政府能够接受《京报》的一个历史背景原因。（第97页）

除了抄录督抚衙门所发布的信息外，辕门抄中有不少新闻是出版者采写。辕门抄中有报人自采自编的新闻，这是中国古代新闻事业发展的一大进步，标志着中国古代新闻事业开始向近代转化。（第125页）

小报的屡禁不止，与小报的存在方式有关……小报一般是混杂于邸报或报房《京报》的发抄事件之中，往往没有独立的、固定的载体形式，虽然可以通过审阅判断出来，但显得比较隐蔽……小报的流行还与中国古代社会缺乏立法精神，从上到下都有一种"法不责众"的固定观念有关。（第143页）

清代限制新闻传播活动的目的，就是为了将这一活动完全置于封建统治者的严密控制之下，防止任何不利于专制统治的信息和言论的传播，进而控制舆论，维护高度集权的封建专制政体。（第155页）

无论邸报，还是民间公开出版的《京报》、辕门抄等，始终没有商情报道、社会新闻采写，更缺乏报人独立的言论。它们既不反映民意，更不代表舆论，甚至不能独立反映社会生活，本质上仍然属于中国古代报刊的范畴，客观上起到了维护封建专制统治的作用。（第190页）

东西方文明以及报刊发展的巨大落差，必然以一种剧烈而奇特的方式显示出来。中国近代社会的历史是伴随着列强对中国的侵略开始的，同样地，中国近代报刊的历史也是由外国人揭开序幕的。（第191页）

近代列强的入侵，切断了中国古代报刊的近代化自然演进历程。外来近代化报刊的传入，则促进了这种演变，催化了中国近代化报刊和近代新闻事业的诞生。（第204页）

受历史发展的超稳定结构的制约，清代前中期的新闻传播事业在向近代化新闻事业的过渡中，必然是步履艰难、进程迟滞。（第205—206页）

对于制度高度完善的封建帝国来说，其向资本主义过渡的艰难程度是一种深厚的历史积淀，是一种巨大的历史惯性。这才是清代封建社会向资本主

义过渡和古代新闻事业向近代化新闻事业转化，落后于西方的支配性力量。（第 207 页）

（李曼曼　撰）

唐宋词传播方式研究

钱锡生

出版概况

《唐宋词的传播方式研究》，钱锡生著，复旦大学出版社 2009 年 1 月第一版，大 32 开本，平装，283 页，27 万字。该书的蓝本为钱锡生所撰写的同名博士论文。

钱锡生，苏州大学文学院教授，古代文学教研室主任，中国词学会理事，主要研究方向为唐宋词学和影视传播艺术。

内容提要

《唐宋词传播方式研究》于导论后共分八章。导论部分主要对唐宋词传播方式研究的现状进行了述评，指出了唐宋词传播方式研究的意义和价值之所在，并概要介绍了该书的主要内容和方法。第一章：唐宋词的传播背景和传播阶段。作者指出唐宋词的传播背景是唐宋词传播研究的基础，并将唐宋词的传播背景总结为"城市化""商业化""去道德化"。同时，作者从传播的角度将唐宋词大致可分三个阶段——"乐人之词""诗人之词"和"词人之词"。第二章：唐宋词的歌舞传播。作者依次考察唐宋词歌舞传播的主要场所、表演主体、演唱方式，提出了观赏性、即时性和广泛性的歌舞演唱的传播效果。作者还通过对各种材料的排比组合和详细分析，还原了唐宋词歌舞传播的艺术时空，总结了歌舞传播方式对唐宋词产生的深远影响。第三章：唐宋词的吟诵传播。作者首先指出唐宋词吟诵传播的方式为赏诵、背诵、传诵三种，其次从语言和非语言、视觉和听觉、娱己和娱人三个方面，论述了唐宋词吟诵传播的特点。最后，作者提出唐宋词吟诵传播的效果主要体现在激活情感、强化认同、自出新意。在本章中，作者将吟诵传播与歌舞传播进行比较，总结出吟诵传播简捷、方便、通俗化的优势。第四章：唐宋词的手写传播。作者在本章中首先论述唐宋词手写传播的类别，其次从名人崇拜、书艺佳品、文献价值和经济价值四个方面论述了唐宋词手写作品的价值，最后探索唐宋词手写作品的传播效用。第五章：唐宋词的题壁传播。作者首先着眼于唐宋词题壁的一般场所，其次提出了题壁传播便捷性、开放性、竞赛性的特点，再次分析唐宋词题壁的主要传播内容，最后对唐宋词题壁的主要场所进行举例说明。第六章：唐宋词的石刻传播。作者首先论述唐宋词石刻的传播分类，其次阐明了唐宋词石刻的三种传播方式，最后探析了唐宋词石刻的传播价值。第七章：唐宋词的印刷传播。就这一章，作者首先讨论了唐宋词印刷传播渠道和出版传播形式的多样性，并从书肆买卖、师友馈赠、藏书租借三方面论述唐宋词书籍流通的便利性。第八章：传播方式的演变对唐宋词的影响。作者深入剖析了歌舞传播方式与唐宋词体系形成的关系、文学与音乐的矛盾斗争和唐宋词传播方式的改变、唐宋词的"雅化"和传播方式演进之关系。

学术特色

《唐宋词传播方式研究》展现了唐宋词发展及其传播方式演变的基本线索。唐宋词的传播背景是唐宋词传播研究的基础，其传播背景一是城市化，这为唐宋词的欣赏提供了庞大的受众群；二是商业化，这为唐宋词的消费提供了适宜的温床；三是"去道德化"，这为唐宋词的创作摆脱了精神的束缚。作者借鉴了胡适对词史的划分，将唐宋词的发展过程划分为三个阶段："乐人之词""诗人之词"和"词人之词"，它们分别和词的声音传播、文字传播和印刷传播密切结合。唐宋时代，由于城市及经济的繁荣、中外贸易的开展、歌舞文化活动异常活跃，唐宋词成为人们朝歌暮弦、家喻户晓的主要娱乐方式。唐宋词的歌舞传播方式对唐宋词的创作产生了深远的影响，它初步确立了唐宋词的主体风格，增加了唐宋词的艺术魅力，扩大了唐宋词的社会影响。而吟诵传播和歌舞传播一样，都是声音传播，吟诵传播虽然没有歌舞传播那样迷人的魅力，但却有简捷、方便、通俗化的特点。唐宋词起初主要靠歌唱，但也不排斥吟诵，后来在词乐失传后，其声音传播便主要靠吟诵。除了声音传播外，文字对于唐宋词的传播也产生了重要影响。其中不可忽视的一点就是题壁传播，中国的题壁文化源远流长，可上溯到春秋时期。无处不在的各类墙壁给唐宋词人们提供了天然的、方便的创作实践机会，满足了他们发表作品的欲望，并扩大了词作的社会影响；题壁也给一般读者提供了观摩学习和欣赏评论其词作的空间，这是唐宋词繁荣的又一群众基础。在印刷传播出现之前，石刻还作为印刷的前身，凭借大量复制的便利，被唐宋词人善于以提升自己的影响力。唐五代以来，随着生产力的发展，中国书籍由写本时代进入印刷时代，宋代更是印刷术辉煌发展的士气。唐宋词从一开始就几乎与印刷术的发展齐头并进，两者结合后，唐宋词如虎添翼，得到了迅速而广泛的传播。在书的最后，作者纵观唐宋词传播方式的发展历程，做出总结——唐宋词的创作和传播是一个双向互动的过程，唐宋词的各种传播方式之间的关系呈现出一种不断叠加和综合运用的过程。这些传播方式的变化对唐宋词词体的确立、词史的进程和词风的演变产生了深远的影响。

《唐宋词传播方式研究》力图对唐宋词与传播的关系进行全面系统的清理。研究过程中，作者采取了史料收集整理的传统研究方法，将研究建立在扎实的文献基础上。该书仅参考书目就有《全唐五代词》《全宋词》《词话丛编》《直斋书录解题》等百余本，且涉及大量其他文献资料。作者通过对各类材料的合理分类、归纳总结，通过定量分析和定性分析相结合，提供了客观、具体、翔实的唐宋词传播的真实图景，避免主观武断，增强论述的科学性。书中除了丰富的文献资料之外，作者还吸纳传播学的有关理论，借助传播学的研究手段，做到文献资料和理性分析相结合。

《唐宋词传播方式研究》将唐宋词传播与多种学科结合起来进行研究，实现了跨学科的优势。就该书的参考书目来看，不仅涉及词话、诗话、历史，更触及印刷史、书法史、目录学、金石学、歌舞艺术、吟诵艺术等领域。此外，在研究中，作者还做到了将宏观研究与微观分析相结合研究。该书既对唐宋词的传播作宏观描述，又对各种传播过程做微观分析，力图做到大小结合，既大处着眼，又小中见大；既全面概括，有具体生动。

《唐宋词传播方式研究》最大的贡献在于，对唐宋词与传播的关系进行了全面系统的清理，复原唐宋词的多元传播方式，并努力探索不同的传播手段在唐宋词的词风形成与演变中所起的重要作用，重现了唐宋词发展的文化空间。作者有意识地绕开了既往唐宋词文本研究的一元模式，将传播学的研究方法引进唐宋词研究领域，试图在唐宋词学和传播学的交叉点上寻找突破（闵定庆，2010）。

但该书也有不足之处，作者的导师杨海明在为该书作序时指出，由于作者早已"改行"成为一位新闻工作者和教学者，所以该书中对于某些问题的论述，主要是词的传播方式对词体、词风的影响，还显得不够充分。不过，从总体上看，该书在有关唐宋词传播的研究领域仍是一本开创性的著作。

华南师范大学教授闵定庆（2010）给予了《唐宋词传播方式研究》一书高度评价，他称，《唐宋词传播方式研究》可视为一部真正意义上的从传播学角度研究唐宋词学术的专著，有着新的学术研究取径的示范意义。华东政法大学教授王晓骊（2009）也称该书为第一部对唐宋词进行系统研究的专著。

观点撷英

从消极的意义上来说，这类声色场所为人们提供了一个逃避的空间，让他们暂时忘记现实中的烦恼困顿，让他们消磨耿耿于怀的壮志雄心。然而从积极的意义来说，这未尝不是他们珍惜人生、实现自我价值的一种手段。在这样的场所，既是社交中心，又是艺术中心，他们可以充分展现自我的才华，尽情释放"真我"的性情，诗酒流连、歌舞升平，冲破礼教的束缚，将受压抑的情感大展于裙裾之间。（第15页）

视觉和痛觉是人类接受外界信息的习惯方式，是人类最重要的两大感知通道，欧洲语言学家罗曼·雅各布森认为，"人类社会中，最社会化、最丰富和最贴切的符号系统显然是以视觉和听觉为基础的"。（第91页）

丹纳在《艺术哲学》中写道："一句句子是许多力量汇合起来的一个总体，诉之于读者的逻辑的本能，音乐的感受，原有的记忆，幻想的活动；句子从神经、感官、习惯各方面激动整个的人。"优秀的诗词作品，通过声情并茂的朗诵，可以让人即刻生发出许多感情。（第95页）

手写作品具有丰富的信息，每件作品都带有历史的印记，它淡化了时间的存在，保存着对人事的记忆，让人见证、鉴赏、怀旧。如苏轼在《题梅圣俞诗后》说："览其亲书诗，如见其抵掌而谈笑也。"（第111页）

中国的书法具有实用和欣赏两种价值，前者为了保存记录和传情达意，后者是以一种视觉美来展示一种神韵、一种心境。两者可合二为一，书而随情、情而随文，通过文字来书写生命的情绪，成为思想的外化。（第115页）

题壁词中有许多是醉心于绿水青山之间、抒发隐逸怀古之情的作品。人们在风尘仆仆的车船劳顿之余，在明净的山水之中，获得了心灵的愉悦，得到抚慰和休息。此情此景，只有抛弃了世俗的烦恼，才能得到悉心的体味。

（第 160 页）

　　很多唐宋词人们耗心费神、不惮劳烦地把眼中所见、耳中所闻、心中所感一寄于此，正是因为这种方式可以使自己的作品快捷地流传世间、为人所知，并使自己的作品和他人的作品进行交流比较，不断提高自己的诗意。（第 176 页）

　　大众传播"从技术角度看，关键是要提高信息'复制'的水准，这不仅指时间上要快，空间上要远，还包括数量上要多，质量上要精"。（第 211 页）

　　再从"软件"方面来看，词的"本色"的体性和主题风格的形成，也是与其歌舞传播方式密切有关。唐宋词的演唱主要是在秦楼楚馆、歌筵酒席之间由歌儿舞女来完成的，在这样的环境中，就必然会形成词为艳体，调为艳曲的格局，其传播过程有三个环节：传播者（词人）—媒介（艺妓）—受众（听众或观众）。（第 263 页）

　　书面语言的运用对唐宋词追求风雅、淳雅、骚雅的风气起到了推波助澜的作用。但这种书面语的文字传播必须通过符号诉诸人的视觉，它把鲜活的信息变成一个个符号进行线性排列，弱化了人的直觉感知能力。（第 272 页）

（刘嘉文　撰）

元代传播考：概貌、问题及限度

李　漫

出版概况

《元代传播考：概貌、问题及限度》，李漫著，北京大学出版社2013年出版，平装16开，285页，近27万字。

李漫，清华大学文学博士，现为比利时根特大学文学与哲学学院助理研究员，主要研究兴趣为中国传播史，东西交通史及中国思想史。目前学术方向为晚清与现代思想史及政治史。代表性论文有：《元代邸报"新证"考辨》《谣言、汉奸与认同：谁引夷人毁名园》《奥古斯丁与僧肇论时间：忏悔录与肇论》（合作）等。

内容提要

蒙古人直至成吉思汗时期才进入书写文字的时代，关于蒙古帝国自我认识的史料存世不多，可供研究的史料中也有很大一部分是由波斯语写成。所以，元朝因存世史料的问题，一直阻碍着学界对它的探究，对新闻传播学界来说亦是如此。该书的研究将深入这块处女地，对元代的传播问题第一次进行了全面、系统而翔实的考察。

全书共分共七章和一篇附录，一篇后记。第一章，引言。简介了基本问题及方法论。

第二章，吴门五月看除目：元代"报纸"问题考。考察了元代邸报是否存在的问题。通过举证迄今未被使用的新材料得出结论，即元代不存在"邸报"，但存在一些不同形式的官报向社会精英通报政府信息，如广义的"官报"——除目。

　　第三章，驿路纵横通上下：元代传播条件考。本章详细讨论了元代传播系统所涉及的相关部门、传播与运输路线以及驿传系统的功能，而这种驿传系统来自于契丹辽。中书省、通政院和兵部等，每一个部门都发挥着不同的作用，同时，不同官职层次上的民族分布也有所差异。通过绘制表格的方式，将管理人员的统计、每一行省的驿道路线图清晰明了地展现出来。

　　第四章，长城非复旧时关：元代传播诸问题考。本章着重探讨了传播的媒介与内容问题，包括区分口头与书面形式的传播模式，比如，口语与布告、粉壁、榜文、石碑、印刷品的传播魔术异同。并进一步将这些不同媒介划分至人际传播（如书信）、组织传播（如书院）以及大众传播（如杂剧）。此外，又以专门的篇幅论述了人与"地下世界"的交流问题。

　　第五章，亲迩疏逖失内外：帝国与传播。从对资料的收集与爬梳中发现并重新思考研究的问题，本章将焦点集中在元代所面临的两种异质文化的冲突与交融，审视政治与统治传统、游牧文化与农耕文化以及宗教传统与哲学传统方面的异同，通过翔实的史料进一步佐证了元政府不是一个"设计而成的中央政府"，而是一个"高度中央集权的政权"的观点。

　　第六章，混一辐裂自羯磨：帝国之限度。本章重点关注文化之于帝国的作用，讨论了文化适应性限度的问题。蒙古人的口语传统与汉人的书写传统截然不同，两种文化之间不存在共同的语言，也倚重不同的传播媒介和媒介系统，这些因素使文化适应性的限度被进一步强化了。汉族与蒙古族文化交流的通过并不通畅，心理层面上铸造的"长城"是异质文化传播交流中难以逾越的城墙，而传播系统运转的失灵是元帝国走向衰亡的重要原因之一。

　　第七章，结语：作为"方法"的元代。本章将处在困境中的元代这一多元文化社会作为一个案例，向我们展示了国家内部文化之间交流对话的重要性。在某种意义上，正是由于叙述的多元可能性，使得元代成为一种"方法"，将元代从历史中解放出来，成为一种可以为当下借鉴和批判的对象，通过对元代历史的叙述，来反映对当下问题的思考。

　　附录，元代邸报"新证"考辨。本章是作者刊发在《国际新闻界》（2010年第6期）上的一篇论文，原题为《元代邸报"新证"考辨——与孔正毅教授商榷》。孔正毅教授刊发在《新闻与传播研究》（2010年第1期）上的文章依据元人文字中提起"邸报"的三则史料，对元代邸报提出新的看法，试图推翻元代无邸报论的传统认知。李漫博士对孔文的三条史料逐一辨析，周密翔实，从而得出"元代邸报论证的证据不足为信"的结论。

学术特色

《元代传播考：概貌、问题及限度》对近一个世纪的元代新闻与传播活动进行了全面、系统而翔实的考察，为中国新闻传播史的断代史研究新添了一项实在的成果。作者为了此项研究，不仅广泛搜求，爬梳钩稽，而且还专门学习了元代官方语言八思巴文。通过作者的努力，有元一代的主要新闻与传播问题，包括传播活动、传播类型、传播内容、传播渠道、传播方式、传播规律等，基本得到呈现或澄清。同时，在此基础上，作者又对元代传播与其政治、经济、社会、文化等关系，进行了较为深入的探讨与分析，为认识元代新闻与传播的总体状况和基本面貌提供了一手的研究参考。这是一项颇有难度、颇有分量的研究成果，尤其书中对元代邸报问题的论述、对元代驿路的复原、对元代民间传播方式的探究如粉壁等，更是显示了作者研究的功力与价值。

本研究在跨学科领域的意义方面，不仅为我们提供了缜密而详细的史料梳理，也为我们理解辽阔而复杂的元帝国的中心与边缘、地方与地方、社群与社群之间的有效的沟通机制和"跨体系社会"的运作方面，提供了一个传播学的视角。书中认为传播失灵是元帝国瓦解的重要原因之一，具有启发意义。因此，该研究对于传播学、历史学等多学科都有帮助。

在新技术风起云涌、新理论潮起潮落之际，李漫博士耐得住寂寞，在浩瀚的史料中摒弃世事的喧腾浮华并取得这般成就，也着实令人钦佩。

观点撷英

历史研究者始终处于过去与现在的张力中，他的价值，正在于这种张力的存在。否定张力的任何一端，都将使历史不可能。史学家只能在这张力中工作，此即他的有限性，他既不能毫无想象，也不能任意想象。他的解释当然是现在的，同时也是历史的。……任何合理的解释模式，都应该是这种特殊对话达致的结果，而不是研究者一厢情愿独断的强加。（第7页）

一本优秀的学术专著，很大程度上是与一部优秀小说相似，既要有内容的真实感，又要有叙事结构的独具匠心，相比较而言内容是更重要的。（第7页）

尽管元代确无"邸报"，但元代有其他形式存在的，广义的"官报"——除目。（第32页）

在如此广大的地域之中，如何才能使帝国政权得以维系巩固，是一个值得研究的问题，其中的要素当然有很多，但毫无疑问政令通达无远弗届是其中非常重要的因素。（第33页）

该书中的人灵传播主要是指人与非人的交流，即人与宗教想象性质的神灵，或血缘纪念性质的祖先逝去的亲友、迷信色彩的鬼怪等非人间存在物的一种交流。这种交流或传播，在本质上既是一种内向传播，也是一种大众传播，因为，在与非人交流的过程中，要么是解决了个人内心世界的超验的问题，要么是为了通过这种人灵传播的方式与其他人进行符号交流。（第123页）

无论是人向鬼神祈祷，还是人向亲友的亡灵诉说哀思，在本质上仍然是为了解决个人内心世界中超验的问题，或是通过仪式性的实践与其他人共同就某一问题交流（communication）。（第150页）

政治"上层建筑"层面的政治文化传播、交流的失败，导致有元一代"草原"与"中原"两派之间斗争不止，造成了元代中后期政治的不稳定；元代官方信息传播管理部门对于元代政治的影响；基础设施层面的驿路建设对于元代中央对地方的控制能力的影响；驿传系统的站户人力资源的强弱有无对于元代传播体系，乃至元代政治的影响等，都可以归结到一点：传播对于元帝国的影响是非常重要的，甚至可以说在一定程度上影响了元代政治的最终走向。（第168页）

元代的社会与文化与前朝相比，更加具有开放的多元的特点，主要是由于其"混一海内"，将多民族地区纳入其版图，而不同民族交往以及社会经济形态的多样化，使得元代的思想文化也呈现多元开放的情景。（第191页）

元帝国的确存在着一种独特的局限，而这种局限就是交流／传播的限度。这种交流／传播的限度与帝国的限度互为表里。（第198页）

作为一个共同体的"蒙古人"征服了中原地区以及中亚广袤土地之后，他们首先面临的问题在该书作者看来不是政治问题，而是交流问题——或者为了将"交流"两字"去自然化""去熟悉化"我们可称之为"传播"问题——具体地表现为语言的问题。（第200页）

共同语设定的矛盾处对于人类学和语言学"自然弱势"的族群来说。对于保持语言多样性和交流的无障碍而言，都是一个至今难以克服的矛盾，也是需要具体情况具体对待的。（第213页）

（张丹　撰）

殷商文化传播史稿

巫称喜

出版概况

《殷商文化传播史稿》，巫称喜著，暨南大学出版社 2015 年 9 月第 1 版，16 开本，共 219 页，36 万字。

巫称喜，1962 年生，江西于都人。韩山师范学院文学院教授，云南大学文学院硕士生导师。中国文字学会会员、中国新闻史学会会员、中国训诂学研究会会员、中国修辞学会会员。出版有《甲骨文名词研究》《训诂理论与实践研究》等著作，在《新闻与传播研究》《现代传播》《学术研究》《江汉认坛》等学术刊物上发表论文 30 余篇。

内容提要

20 世纪 80 年代，传播学引入中国几年后，我国传播学界即提出传播学的"本土化"问题，强调要以中国历史和当下的传播活动为研究对象，探讨中国人的传播理论和传播历史。经过学者 30 多年的努力，中国传播史的研究取得了比较丰硕的成果，其中既有针对文化、教育、媒介、新闻等专门领域的传播史，如尹韵公的《中国明代新闻传播史》、李彬的《唐代文明与新闻传播》；也有完整体例的综合性传播史，相对来说这方面的研究成果较少，目前只发现有李敬一的《中国传播史》（先秦两汉卷）。不久前，韩山师范学院教授巫称喜先生撰著的《殷商文化传播史稿》由暨南大学出版社出版，该书的出版进一步扩充了后者的研究成果库。

巫称喜教授的专业方向是语言学，对甲骨文的研究有着深厚的功底。2000 年后，不断求新的巫教授将其研究视野逐渐转向新闻传播学，2007 年他进入暨南大学做新闻传播专业的高级访问学者,师从林如鹏副校长,并把"甲骨文与商代新闻传播"作为研究课题,其主要研究方向是商代传播史。

经过多年的积累,凭借自身敏锐的学术眼光、扎实的专业素养、交叉的学科知识,巫教授的商代传播终获硕果。作为国内第一部关于商代传播的断代史,《殷商文化传播史稿》在中国传播史研究中具有独特的价值,一方面是它系统描述了商代王朝传播的基本历史面貌,把对中国古代信息传播的综合研究推进到文字可考的最早时期——殷商时代;另一方面,这该书不同于一般的史料梳耙和整理,巫教授将甲骨文与传播学结合在一起,从传播学视角对甲骨文研究史料和成果进行重新理解和剖析,对商代的传播模式、传播制度和传播特点作了一些理论化的论述。

从微观到宏观全景式的商代王朝传播史。全书分上编、中编和下编三部分,共 15 章 52 节,结构递进安排,条理清楚,思路清晰。全文内容丰富,从微观到宏观,为读者展现了层次分明、分类严整的商代王朝传播景观。

上编首先从具体的传播内容和传播载体入手,对商代卜辞传播内容的类型、具体的甲骨占卜制度、王朝信息传播流和传播过程进行了深入细致的论述。这一块的论述是全文的基础,为让读者对商代传播有直观清晰的认识和理解,书中举了大量的占卜事例以配合论述。中编着重立足于宏观环境的视角,系统探析了商代传播的控制因素——传播制度和媒介控制,即谁在影响商代信息传播,又是如何影响的。对此,作者对商代的社会环境、神权政治、商代诸神、商代诸王、商代贞人与商代传播的关系作了比较全面的阐述,提出商王与贞人是商代传播活动的主要控制者、传播者。下编主要内容是对商代的分类传播活动进行了鸟瞰式的概述,让读者对 3000 多年前商代的战争传播、经济传播、天气灾害传播、宗教祭祀传播、文化教育传播的面貌有了大致的了解和把握。如该书在战争传播一章中,描述了商代战争进程的五个阶段:侦察敌情、告祖与谋划、战争物资征集与供应、战争布阵、战争行为以及凯旋、献俘、祭祖,作者在一定程度上复原了商代战争的历史场景。

学术特色

商代王朝信息传播过程的理论化总结。过去,中国的最早确切纪年是公元前 841 年,随着考古发掘和甲骨文研究的推进,确切纪年上移到了夏朝,但期间的史料和信息总体上是相对零散的和不成体系的,殷商人总体活动面貌是比较模糊的，而具体传播过程及背后的运行支撑更是如此。在商代传播史料缺乏系统积累和组织的情况下，作者勇于探索，大胆尝试从传播学视角，分析殷商王朝如何组织信息传播活动以保持庞大帝国的运转。

《殷商文化传播史稿》从一个个具体甲骨卜辞分析起，由表及里，抽丝剥茧，一步步勾勒了一个王朝的信息传播系统。作者认为殷商王朝十分注重信息传播，并形成了神灵、商王和臣属三级信息传播网络，信息流通较为畅通。这种传播网络依靠一套较为完备的信息上传下达制度进行运作。上传制度主要是"告"和"闻"，"告"包括两个层次，一是殷商国王向先祖神灵禀报国情，二是殷商王国臣属向商王呈报下情，"闻"即信息闻报机构和制度，它由专门的闻报机构搜集各地信息以及时上商王。信息下行制度主要表现是"令"，即殷商时王及臣属发布政令的重要制度，其传播流向主要是自时王至臣属或者自臣属至下层民众。它由"帝令""王令""臣令"三种命令发布系统构成，上下分明，井然有序。从甲骨卜辞看，"王令"的信息最丰富，既有农田开垦耕种、建造王宫等农业建筑生产信息，也有商王对军队或军队首领发布命令，或开展军事活动等军事战争信息，以及其他一些政令信息。

为信息上下行制度有效实施给予支撑的是"羁"的普遍建设，"羁"就是商代的驿站，该书认为，商代驿传与驿站设置已经普及。驿站、驿车和道路一起构成了商代的驿传系统，确保了商王与臣属，商王都与各地信息的互通和传递，特别是边境军情的传送，这为商王对基层和边境方国的控制提供了信息保障。与秦汉以后的王朝驿传系统主要服务于皇帝及政令军情不同，商代官吏、贵族也可以使用驿传系统，他们往来于王都或者从王都到各地普遍使用驿车，这从侧面反映商代王朝在统治阶层内部，信息控制并不严格。

在传播学中，一个基本的传播过程由五个要素构成，他们是传播者、受传者、讯息、媒介和反馈。在有据可考的商代信息传播活动中，占卜是主要的信息传播形式，在占卜中，传播的五个要素具体指什么呢？它们的动行模式是什么？该书对此做了一一厘清和探析，这也是作者的又一创新。

《殷商文化传播史稿》认为商代占卜活动中受传者和传播者并不是固定不变的角色，这两者能够发生角色的转变或交替，上帝诸神、卜人、贞人、时王互为传播者、受传者。如在"占"这个环节上，"王"要察视兆象和参考贞人的初测意见，这时王成为上帝诸神和贞人的受传者，但时王又要将预测结果告之占卜集团成员、王室成员或其他方国首领等，此时他又是一个传播者。占卜时，讯息的主要表现是上帝诸神传达的兆象、贞人、时王解读的命辞、占辞以及对占卜结果进行验证的验辞。传播媒介主要是龟甲、兽骨。在商代占卜活动与甲骨卜辞中，重贞卜辞反映贞人对上帝诸神意图所显兆象的反复解读的结果，其信息解读与反馈常经过几次或十几次，贞人与时王之间的信息反馈更为频繁，验辞也是对命辞和占辞的一种信息反馈。

作者还对商代信息传播过程的模式特点作了总结，他认为：（1）商代占卜活动较多地体现出信息传播过程的循环和互动模式；（2）大多数甲骨卜辞体现出商代信息传播过程的直线模式，贞人将预测的信息单向直线式传播给时王；（3）甲骨卜辞只有部分卜辞体现了商代信息传播过程的循环和互动模式，贞人与时王各自预测结果的交流互通就是明证。

多元交叉学科研究的成功果实：商代为什么国祚隆久。在信息获取的途径方式与信息的本质属性上，与后世信息（或称新闻）传播相比，商代信息传播具有极其独特之处，商人获取信息的途径主要靠占卜，大多数甲骨卜辞所记录的是贞人与时王预测的信息，是关于未来事物发展的信息即预测性信息，真实发生的事件的信息只存于甲骨卜辞的验辞之中，但验辞较为少见。因此，商代留给后来研究者的信息材料主要是龟甲或兽甲上的占卜，且这些占卜主要是预测性信息，这就需要研究者具有很强的语言学特别是甲骨文文字学的学术底蕴，才能透过占卜上的甲骨文，解析3000多年前商代的真实信息。

作者首先探讨甲骨卜辞命辞性质。认为殷墟甲骨卜辞是我国现存最早的成系统的信息传播材料，是有文字可考的中国传播史研究的起点，而甲骨卜辞性质问题直接关系到甲骨卜辞文献的价值大小，书中提出鲜明的观点：甲骨卜辞命辞是贞人陈述之语，这是开展商代传播史研究的文献前提。进而对甲骨卜辞命辞的解码分析，其间的研究十分辛苦，仅仅为了考察甲骨卜辞中的贞卜辞、选贞卜辞这些语言形式的古今比较，作者就对一位算命先生进行了长达半年的田野调查，经过多番努力后，终于拼凑了一张比较完整的商代传播地图。借助多学科学术背景，作者通过综合分析研究，发现与后世相比，商代传播一个重要特点是人神传播。该书认为殷商统治者无事不卜，无事不占，毫无疑问商代是一个"民神不杂"、祭祀与沟通上帝鬼神的权力高度集中的社会，是一个神权政治与人神传播高度发达的社会。而殷商诸王及其王室成员与商代诸神进行"天地通"，主要依靠甲骨这个特殊的信息传播媒介来占卜预测，占卜的力量比人的力量更为重要，鬼神的意志远远高于人的意志，不用说庶人、卿士，即使是商王的意志，也仅供参考而已。

　　该书在阐述了人神传播的过程及在神权政治中的地位和表现后，给出了商王朝国祚隆久的原因。作者认为通过人神传播，商王朝从诸神获得统治的合法权，赢得内服。另一方面，神谕的解读者——贞人集团在人神传播和整个神权政治中占有重要地位，商王朝通过用方国部族代表为贞人以及令方国助祭、到方国进行祭祀等手段，以占卜与祭祀活动为切入点，在潜移默化中对方国意识形态施加影响，因此殷商王朝经"四衰"而能"四兴"，前后经历六百余年。这个研究结果也验证了加拿大传播学者伊尼斯的论断：主导媒介的时间偏向表现在它对文化和制度产生的影响，倚重时间媒介的文明固守传统，强调连续性，突出社会的黏合力，商人对鬼神的宗教信仰和占卜甲骨一起构成了偏向时间性的商朝主导媒介，共同促进商王朝存续时间的持久。

　　总体来说，《殷商文化传播史稿》具有较高的学术价值，不仅填补了国内研究殷商传播断代史的空白，其针对多学科交叉地带的研究方式值得关注。同时，在具体研究中，巫教授紧紧围史料展开分析，有一分史料说一分话，这种求真务实的精神令人钦佩。

观点撷英

　　殷商王朝除建立臣属报告制度，保证各地信息及时上传外，也建立了信息闻报机构及制度，由专门的闻报机构搜集各地信息以及时上报商王。从甲骨文卜辞来看，商代闻报机构及制度主要"闻"上。（第30页）

　　在甲骨卜辞中，一部卜辞兼有"命辞"和"占辞"，这说明贞人和商王都参与占卜预测，他们各自对兆象作出解读，并得出各自的预测结果，但这种预测并不是无序的，是先"贞"后"占"的，商王之"占"往往是对贞人"贞"的肯定，补充或修正，显然，贞人与商王之间进行信息的彼此交流与互通，在信息的双向互通过程中，事实上形成了传播过程的循环和互动模式。（第40页）

　　贞人在占卜活中，主要负责占龟，领悟神意，传达神谕，实际上是通过占卜预测获取，传播信息，因此，贞人是占卜活动的中心人物。贞人不仅是殷商王朝政治集团的中流砥柱，而且是商代信息传播的中坚力量，为商代信息传播作出了独特而重大的贡献。（第67页）

（蒋正和　撰）

唐代文明与新闻传播

李 彬

出版概况

《唐代文明与新闻传播》，李彬著，新华出版社 1999 年第一版；中国人民大学出版社 2014 年修订版出版，平装，16 开本，333 页，30 万字。该书第一版被收录在新华出版社出版的《新闻传播学博士文库》中，修订版被收录于"新闻传播学文库"中。

李彬，清华大学新闻与传播学院教授，博士生导师。主要著述有《全球新闻传播史》《中国新闻社会史》《传播学引论》等。

内容提要

《唐代文明与新闻传播》于导论后分为九章，根据书中内容可大致分为三个部分。导论阐述"唐代新闻传播"的研究背景，前人的论著讨论，此书论题的外在范围和内在界限以及此书写作的总体思路。第一部分官方传播，该部分共五章，集中探究了唐代官方传播的宏大叙事。此部分先讨论了驿传和邸院这两个在唐代官方新闻传播中地位较为突出的两个机构，就这两个系统的构成、运作和地位等环节在史料的基础上进行了详细探析，临摹了其状貌。后又就一些以往不常涉及的官方新闻传播方式进行了讨论，如露布、烽燧、榜文、实物等等，探讨这类事物在唐代文明的背景中如何传递和流通，以及这类传播的历史意义。在这个部分的最后，作者对官方的新闻传播思想进行研究，借此来探究唐人的新闻思路与传播观念。第二部分士人传播，从第六章至第八章，共三章，作者从总论解析士人传播之所以独立成列的原因开始，进而延伸到唐代士人传播的渠道、内容、效力和特殊性各个方面。在分论中，作者以士人传播的不同渠道作为划分，从书信（内含新闻信）、著述（以时事性小册子即随笔小说为主）和题壁等方面入手，分别论述了其状况以及在新闻传播上的意义，因为士人间的"人际"传播无迹可求，其主要是对"媒介"传播进行考察。最后一部分是民间传播，共一章。讨论了几个民间传播中的传播形式，在丰富史料的支撑下就其性质和在新闻传播中的意义进行了阐述。最后，作者对唐代新闻传播活动进行了历史哲学层次的透视，去追索其整体意义，力图从经验与超验、历史与逻辑相统一的角度去确认唐代新闻传播的历史地位。

学术特色

作者的创新见解蕴含在对唐代新闻传播的总体评价及其论证过程中。作者在全书的开篇即对学界一些较为关注的问题，如"开元杂报"和敦煌"进奏院报"是否是中国古代最早的报纸，在翔实材料的基础上做了历史的考察，并提出了不少新的见解。就"开元杂报"的讨论而言，作者汇集各家说法和史料一一进行探讨，从名称、语意角度和史料的可行度逐一分析，但作者没有拘泥于对旧有观点的陈述和批判上，其更是整体的角度上去考量"开元杂报"独特的历史地位和象征意义，认为"开元杂报"与西方的《每日纪闻》有着同等的地位与意义，是中国报业的滥觞，"在中国新闻传播史上的发轫意义与象征地位应是毋庸置疑的"。从进奏院报的公文特征和与新闻传播若干的关系出发，认为唐代的进奏院报"与正式的邸报还相差很大"，"其内容近乎内参，其形式埒于新闻信"，这一见解不仅比较合理，而且还具有新意和启迪作用。

此书资料丰富，论据充足，所涉学科不仅有新闻学、传播学外，还扩及文、史、经、哲更为广泛的领域上。在文献资料的使用上，作者没有单纯地堆砌史料，着眼客观的价值，而是试图在唐代文明的历史背景下，去描述唐人新闻传播活动的真实生活图景，同时力求在历史研究中以人为本位，"旨归在于'复活'而不仅是'复现'一段新闻传播的历史画面"，用联系和整体的观点去考察新闻传播在唐代文明中的痕迹，从多方联系中对问题进行探讨，是一种富有新意的研究历史的理念。且作者有相当深厚的文学修养，文笔优美，虽然该书是学术论文，但却不刻板。

该书在当时，是对于唐代新闻传播活动的最详细、最系统的介绍和论述的一篇著作，其填补了古代新闻传播史研究中的空白，且不乏创见，极具开拓意义。

该书也存在不足之处。书中有些内容虽然与新闻传播有一定关系，但不是很密切，将其作为新闻传播的内容来论述，似乎比较勉强。且书中史料太多，没有经过适当删削，会让人有不够紧凑之感。

观点撷英

如果说，谓"校尉羽书飞瀚海，单于猎火照狼山"；那么，民间传播就是散文，平淡无奇、波澜不惊，所谓"马上相逢无纸笔，凭君传语报平安"。至于"作为一个群体，其精神面貌和行为方式的基本特征，往往更为集中、典型地蕴含着时代文化精神地内核和本质"的士人，其传播形态则似一幅历史的长卷，历久弥新，韵味无穷。（导论第12页）

不言而喻，早期的邸报也不是一个前不着村后不着店的孤坟野冢，一个远无遗传近无亲族的孤臣孽子。因而，我们与其费尽心力去指认最早的一份邸报，不如先辨别出邸报起源处那一大片嘈嘈切切错杂弹的"低沉的嗡嗡声"，辨别出与之连带的历史条件和文明背景，尤其需要辨别孕育它产生它的传播氛围及其直系亲属。也就是说一旦把整个合唱队的情况弄清了，那么合唱队中的领唱便不难确认了。（第66页）

虽说正式的邸报源于唐代说目前恐怕还难于成立，但我国古代新闻事业的创生却可以"开元杂报"为标志。无论从历史科学还是从历史哲学的角度看，它都昭示着一种从无序到有序的飞跃，彰显着一种从混沌到清朗的转折；此后不久日渐涌现的新闻信即进奏院状报，为古代新闻事业又写下了浓重的一笔，在中国新闻传播史上留下了实在的遗产。（第77页）

唐代新闻传播好比一辆三驾马车，由官方传播、士人传播和民间传播三骏共同牵引。其中，官方传播虽为驾辕主力，承载重负，把握方向，但两旁一起拉套的士人传播与民间传播也功不可没。借用后现代主义的话语，官方传播属"宏大叙事"，士人与民间传播则为"私人叙事"。（第157页）

贺知章的《回乡偶书》，可以作为之一"日出而作，日落而息"的乡土社会的典型写照，作为其生存与传播状态的象征描绘。"少小离家老大回"——这显然是一种融汇在生命中，流淌在血脉里的乡土情怀；"乡音无改鬓毛衰"——则凸显了乡土传播图景中的唯一"媒体"——乡音，即于一方水土

契合得天衣无缝得方言土语。（第244页）

　　按照维科的观点，人类历史始于"神的时代"，然后下承"英雄时代"，最后转入"凡人时代"。与此相似。孔德认为，人类认识的发展经过神学阶段、形而上学阶段和实证阶段，即神学、玄学和科学。诸如此类的形而上的命题，都无法逐一还原为形而下的事实。因为，历史哲学不在于临摹历史的形态，而在于勾勒历史的神态。英国哲学家W.H.沃尔什说得好："与其说他们提出的是假说，不如说是一个解决问题的框架。"（第281页）

（李志鹏　撰）

宋代新闻传播与政治文化史稿

刘大明

出版概况

《宋代新闻传播与政治文化史稿》，刘大明著，中国传媒大学出版社2017年2月出版，平装，16开本，127页，21.9万字。该著作是由李珮主编的"新闻传播学丛书"之一。

刘大明，男，1981年生，山东日照人，华中科技大学文学博士，现任教于西南政法大学全球新闻与传播学院。主要研究领域：新闻传播史、华夏文明传播等。曾在《新闻与传播研究》《国际新闻界》等刊物发表多篇文章，主持省部级课题三项，参与国家社科重大公关课题一项。

内容提要

《宋代新闻传播与政治文化史稿》于总序和自序之后分上下两编共十三章。上编，第一章：宋代邸报的新闻活动——围绕政治信息传递相关问题而展开。由于宋代邸报作为一种传播政治信息的官方媒介，既是国家对思想领域进行控制的传播平台，又是士大夫了解朝政信息的窗口，所以宋廷采取各种措施维护邸报信息传递渠道的畅通，并将其纳入了统治体系中。作者围绕宋廷维护邸报的政治信息传递的相关问题展开，具体从邸报的读者群体、政治传播意图以及舆论地位等几方面开展论述。

第二章：宋代邸报诗的新闻活动价值。作者考察了"读邸报诗"群体的形成及其新闻活动形式，揭示了邸报诗的主要内容，也即皇帝的起居及治国理政活动；官员的迁授降黜信息；有关胜利的军情战报以及充当书信传递工具等。进而总结邸报诗对宋代新闻传播活动的价值：一是邸报作为宋代政治传播互动的公共话语平台；二是邸报提供了媒介沟通的特殊性舞台；三是邸报弥补了宋代新闻史研究长期资料不足的缺陷。

第三章：宋代的政治谣言传播及其治理特色。作者考察了宋代政治谣言的社会传播现象，如国运和宫廷内幕的谣言、政争党争谣言、官场腐败谣言、国家安危的军情谣言等，同时也考察了台谏系统、皇城司、地方官僚系统作为谣言传播的信息渠道监控手段，进而揭示治理政治谣言的特色措施。

第四章：宋代谣言传播的政治风险防控。作者列举了宋代政治谣言的几种类型，如统治者酝酿的谣言、政策导向的谣言、关于政争、党争的谣言、品评政治人物的谣言等，以及传播谣言的禁区，如禁止传播皇室内幕的谣言、禁止传播朝政机密信息的谣言、禁止传播谋反谣言、禁止传播灾异谣言以及禁止传播军事谣言等等。最后，作者分析了防控政治风险的辟谣机制。

第五章：宋代文人出版图书的原因及意义。作者分析了宋代文化发展繁荣的背景，探讨了宋代文人出版图书的群体构成，也即士大夫、部分官员以及民间文人等，进而分析和总结了文人群体出版的原因以及文人出版图书的意义。

第六章：宋代图书出版业的侵权现象及其防控机制。这一章作者以宋代图书出版业为切入点，探讨在专制主义中央集权体制框架下，图书出版行业内的侵权现象及其防范风险的机制。同时也考察了出版传播领域的政治禁区，也即在帝制时代，任何图书出版均要服从专制统治的需要，绝不允许挑战皇权权威的行为的出现。

下编，第七章：北宋政治与"文人论兵"现象。作者考察了北宋文人士大夫的谈兵论战现象，指出其中产生和发展的原因，也即既有严重的外患根源，又有其特殊的政治因素，进而阐明了这种现象与北宋王朝建立起的适合本朝需要的专制政治运作模式的相关性。

第八章："防患于未然"——北宋士大夫的政治战略观。作者深入分析了北宋王朝在"内忧外患"局面下，许多士大夫参与谈兵过程中秉持的"防患于未然"的政治精神，把各种防弊理念纳入抵制外患的考虑范围内，而在具体的实施过程中，"庙算"的中枢决策体制构建，"先正内而后制外"的战略思维以及"不战而屈人之兵"的理想战略等观念正好迎合了士大夫们的抵制外患又能避免内忧的政治心态。

第九章：北宋文人的驭将思想。作者探讨了在北宋推行"重文抑武""以文驭武"的政策背景下，北宋将帅所扮演的角色、拥有的地位和发挥的作用。

本章也从北宋的文人对将帅地位、作用的认识，出发，提出一些驾驭和培养、选拔将帅的建议。

第十章：北宋文人的兵制改革思想。作者针对北宋与周边民族战争中所暴露出的兵制制度缺陷和问题，并对在此过程中文人参与兵制改革的思想进行总结，具体从募兵制的流弊、以省财为主的强军理念以及理想化的治军原则等三个方面加以论述。

第十一章：北宋"文人论兵"群体的军事作用。作者探讨了文人在军事活动中的作用，作者肯定了历史上像范仲淹等具有军事理论基础又有军事实践经验的几位文人，同时也列举了文人在军事实践中毫无作为的原因，进而探讨发现这与北宋王朝的专制制度设计、具体的军政措施以及"重文抑武"的社会风习相关。

第十二章：北宋"文人论兵"的兵学文化价值。作者概述了兵学文化的繁荣，讨论了"论兵"形式的多样化，以及宋人兵学研究的价值，揭示了北宋文人所创造的兵学成就在宋代文明中占据的地位以及在兵学史上的时代价值。

第十三章：北宋"文人论兵"的历史地位。作者从"文人论兵"对社会文化的影响和"文人论兵"对后世兵学的影响等两个方面对"文人论兵"的历史地位进行阐释，肯定其在宋代文明中的地位和价值。

学术特色

陈寅恪先生曾说："华夏民族之文化，历数千载之演进，造极于赵宋之世。"宋朝作为华夏文明发展进程中的一个朝代，具有丰硕的社会、政治、经济、文化发展成果，是繁荣发展的一个朝代。对宋代文明的各个维度的挖掘、整理和传播对丰富华夏文明传播体系具有重要的意义。《宋代新闻传播与政治文化史稿》作为新闻传播学丛书之一，以独特的视角描述了宋代文明的传播，开拓了研究视野，丰富了文明传播内涵。当前，国内外许多学者从华夏文明的各个朝代入手，从不同视维研究各个朝代中特殊的文化，不断填补华夏文明传播研究的空白，丰满了华夏文明传播发展的羽翼。

《宋代新闻传播与政治文化史稿》从新闻传播领域和政治、军事、文化领域出发探讨宋代文化的繁荣发展。在上编中，作者从新闻史的角度研究宋代邸报的新闻活动、从传播史的角度研究谣言传播以及宋代出版传播活动等；

在下编中，作者从政治史的角度讨论宋代文人谈兵论战的时代背景、具体策略以及兵学文化繁荣等。该著作中史料丰富，研究范围广泛也富有特色，能够从"文人论兵"的角度探讨宋代的政治、军事制度及其社会关系背景，并揭示出宋代特有的兵学文化及其传播思想，彰显了华夏文明特有的一个侧面，丰富了华夏文明传播的内涵。当然也应该看到该书的不足之处，在上编中，关于邸报、谣言和图书出版只限于表层现象的描述，对具体邸报、谣言和图书出版的传播路径、传播机制以及其中传播思想的挖掘则相对欠缺，如果能深入挖掘和阐释这些内容，则更能体现宋代文明的传播图景。在下编中，如果能对"文人论兵"现象与中华传统文化思想做关联性探讨则能更好体现华夏文明的特色。

观点撷英

综上所述，宋代士大夫们参与邸报的新闻活动，就信息传递这一问题提出了自己的想法并付诸实践。从某种意义上说，邸报传递的信息也反映了宋代士大夫阅读朝廷措施的实际状况及朝廷传播信息的动态过程。（第 5 页）

邸报作为官方信息发布的主要媒介载体，满足了官僚、士大夫阶层了解朝廷动态的愿望，形成了宋代特色的新闻信息传递活动。对士大夫群体而言，邸报新闻使他们有了精神依托，也有了评价的对象，并由此产生了"读邸报诗"。（第 10 页）

在问鼎与经营权力的政治领域中，谣言的始作俑者往往躲在幕后，运用具有预见性、隐秘性、蛊惑性等特点的语言，将政治禁忌的话题带到公共场合中，煽动朝野人士的情绪，形成强大的政治舆论。（第 15 页）

宋廷防控政治风险的模式是非常奇特的，既能迅速启动辟谣应急机制，利用邸报等信息渠道及时辟谣；又能及时启动预警机制，侦缉谣言传播对象，掌握信息发布的主动权，有效地阻断了谣言传播的链条。（第 28 页）

有宋一代是图书出版业的黄金时期，"君臣上下，未尝顷刻不以文学为务，大而朝廷，微而朝野，其所制作、讲说、记述、附咏，动成卷帙，累而数之，有非前代之所及也"。文人充当这一时期的主力军，从中央到地方，他们靠广博的学识、严谨的态度将图书出版业推向高峰。（第 30 页）

尽管如此，他们仍无法阻止有人为追逐利益的侵权行为。一般来说，这种行为只要不威胁到专制统治，就不会遭到压制，反而能够得到宋代统治者

的变相鼓励。(第 35 页)

综上所述，经过北宋初期的专制主义中央集权统治秩序重建，赵宋王朝虽然成功地避免了唐末五代以来的短命危机，但却造成了长期"积贫积弱""内忧外患"的局面。在这种情形下，赵宋王朝奉为圭臬的"重文抑武""守内虚外"等治国方略，就是这一局面的背后推手。(第 58 页)

先秦时代，国家遇到大事，君臣在庙堂里谋划战略，把制定的战略决策称为"庙某""庙算"。这一思想在北宋得到了继承与发扬。这是因为，当时的"庙算"思想不但拥有现实的政治基础，即"皇帝与士大夫共治天下"，而且有着一批思想体系、价值观念一直的士大夫群体积极参与庙堂的谋划，贯彻"防患于未然"的政治精神。(第 59 页)

文武关系是北宋"文人论兵"的一个核心议题，这个议题长期贯穿在北宋王朝所推行的"重文抑武""以文驭武"的政策中。在这一政策的作用下，北宋将帅所扮演的角色、拥有的地位和发挥的作用都深受影响，乃至于形成了有宋一代独特的气象。(第 72 页)

总之，朝廷虽然采纳了部分士大夫提出的建议，在一定程度上也提高了宋军的战斗力，但是终究不能从根本上改变北宋因制度本身及其运作而引发的积弱不堪、被动挨打的局面。(第 94 页)

（林凯　撰）

中国文化中的"报""保""包"之意义

杨联陞

出版概况

《中国文化中的"报""保""包"之意义》，杨联陞著，中华书局出版社2016年9月出版，系"钱宾四先生学术文化讲座"系列丛书之一。32开本，138页，共7.5万字。

杨联陞（1914—1990），字莲生，保定人。著名历史学家，海外汉学的先驱者，在中国史相关研究领域做出了许多开创性贡献。早年毕业于清华大学，后赴美就读于哈佛大学，获博士学位。著有《中国货币与信贷简史》《中国制度史研究》《东汉的豪族》《国史探微》等。

内容提要

该书由金耀基撰写的总序和跋、林聪标撰写的"迎杨联陞教授到新亚书院讲学"以及该书作者自己写的引言、原报、原保、原包、附论、结语（致谢）以及"报——中国社会关系的一个基础（杨联陞著，段昌国译）""人际关系中'人情'分析（初探）""（金耀基）中国文化中之媒介人物（杨联陞）"三个附录组成。

金耀基在总序中说，2009年为香港中文大学新亚书院创校64周年，而他从1977年任新亚书院院长，坚持"激扬学术风气、树立文化风格"为首要，并讲述了创办"新亚学术讲座"的四点主要意义，该讲座钱宾四先生首讲。1985年金氏卸任院长。同年，他邀请杨联陞先后三次来新亚就中国文化中的"报""报""包"三个关键词开讲。

新任院长林聪标在写于1985年"迎杨联陞教授到新亚书院讲学"一文中

高度评价了杨联陞的学术成就,认为"联陞先生代表了博闻强记、学贯古今的通儒传统,也代表了知识即乐趣、致知能自足的文士理想。……但联陞先生更是当世卓越的汉学家,是中国生活艺术和中华文化的最佳诠释者。"(第2页)文中介绍,杨联陞1933年到清华大学就读,其志趣在中国社会经济史,遂有名著《东汉的豪族》面世,同时对于文字、语音和敦煌、甲骨学都有创见。1941年赴美国哈佛大学深造,他以博士论文《晋书货志译注》获得学位。1957年获台湾地区教育部门颁发的"文化奖章"。1969年获圣路易斯华盛顿大学颁授荣誉博士学位。1976年获香港中文大学颁发的荣誉博士学位。1980年从哈佛荣休。1985年9月赴新亚讲学,其内容熔文字学、思想史、社会史于一炉,有触类旁通之特色。

引言部分,作者介绍了讲座题目的由来,其中《原报》早在1957年以"The Concept of 'Pao' as for Social Relations in China",收录于John King Fairbank编辑的《Chinese Thought and Institution》,第291—309页。而中译版《报——中国社会关系的一个基础》,收入《中国制度论集》(1976,第349—372页),文中还谈了他对"训诂治史"的看法,表达了对傅斯年《性命古训辨证》和沈兼士《"鬼"字原始意义之试探》的敬意。

《原报》一讲中,他谈到"中国人的'报',注重人的来往关系,总必先有二人:我可以先施,你后报;或你施我报,其中缺一不可。"(第14页)他考证认为报原意是祭祀,系由象征郊宗石室(指葬地祭地)而引申为祭祀。此后报字用于报祖宗恩方面。而英文Retribution译"报"字,是报应之意。

《原保》一讲中,他认为保字的基本意义没有问题,尤以表示大人对小孩的爱是可以肯定的。至少到了周代,"保"是指能够保有、保持,再申言,是说人保持任何东西之意。保甲制度是由什伍组织演变而来,此制度有对什么人才须要加入,什么不须加入的问题。此外,他介绍了几个复合词"保举""廪保""保固""无任"。

《原包》一讲中,他说包的古文有胞胎之像,可作苞。而"苞苴"则指在别人口袋中的红包。此外,介绍了"包占""包揽""保役""买卖要保人及卷契""包工""包税""包产""连环保""保险""包庇"。

附论部分,对前文的"报""保""包"的一些问题,进行新的思考,如补充了报仇、报告、情报、报纸、保管,包管等内容,体现了学者的严谨态度。

结语与致谢中,交代了讲演期间的交往,以及自己的感谢。

附录一，《报——中国社会关系的一个基础》

作者明确指出，当一个中国人有所举动时，一般来说，他会预期对方有所"反应"或"还报"。还服是可以延后的，因为中国人的社会关系，一般来说，是以家庭为基础，而家庭像一个法人，是可以延续很长时间。在两个已经建立了友善关系的家庭之间，社会交礼之往来不必每次都结清，因为又方在短时间内都不会觉得过意不去了。而且 交互报偿的原则又转而加强了家族系统。

附录二，"人际关系中'人情'分析（初探）"一文作者为金耀基。金氏认为，人情是了解中国社会性格的一个文化概念。因为"它不只普遍地存在于社会中个人的意识层里，而且是外在于个人的意识，并对于社会（人际）关系是具有拘束力的。"（第 82 页）而儒家的忠恕之道与"报"的观念则正提供了个人交换行为的规范基础。

附录三，"中国文化中之媒介人物（杨联陞）"，该文是 1957 年 7 月 24 日的座谈会纪要，刊于《大陆杂志》第 15 卷第 4 期。杨氏认为"媒介人物"这个概念可以包括经济上的媒介人物，如企业家、捐客；社会上的媒介人物如媒人，门房等；法律方面的媒介人物如律师，外交方面的媒介人物如使节，宗教方面的媒介人物如牧师，文化方面的媒介人物，如教师，译员，等。他择其要者做了分析，并认为媒介人物的责任是沟通介绍，而价值在于效率与可靠性的大小。

最后，金耀基做的《跋》中认为杨氏的学问受其老师社会学大师帕森斯的影响，并认为了解中国社会的捷径是从重要概念入手，即研究中国人的经验生活中去掌握国人思想行为的概念。

学术特色

该书是运用多学科交叉融合的研究方法，尤其是运用文字训诂，社会学，中西比较的方面，从报、保与包以及人情、媒介等概念进行了条分缕析，发前人之所未发。特别需要指出的是，作者杨氏从 1957 年至 1985 年跨越了近三十年，不断探讨"报"等反映中国人特殊的文化心理的概念进行了持续的探索，做出了令人敬佩的原创性成果。此研究给人的最大启发是以小见大，从我们日常生活的感性经验着手，从历史与现实的交往实践中去掌握一个观念的变化史，从而印证了陈寅恪所言"凡解释一字即是作一部文化史"。杨氏此书从表面上看是研究中国社会史、思想史方面的成果，而实际上则是从几个概念入手探讨中国独特的社会交往观，是华夏传播研究前期成果的杰出代表。

观点撷英

中国人的报，完全是挨打的事毕竟不太多。（第15页）

它（"保"）的原义系指殷人祭祀、报答他们的祖先。现在，保字原义则是保护子孙，保护后代。例如孟子"若保赤子"，赤子就是小孩子，因为传宗接代是我国传统认为很重要的事。（第28页）

中国人一般信用都极高，所以我想用一"信"字贯通前后三次演讲的内容：第一讲的"报"字，我们报答祖宗乃依于对先人的信仰；第二讲的"保"字，是要靠我们对所保的后代后辈有可信性(Trustworthiness)；第三讲的"包"字，是人对人群的信实(Integrity)，此点尤为重要。（第32页）

我们可以说，"天"不论是人格化或非人格化的，中国人相信它都遵循还报的原则。（第63页）

中国社会中还报的原则应用交互报偿于所有的关系上，这原则在性质上也可以被认作是普遍主义的。但是这个原则的行使却是倾向于分殊主义，因为在中国任何社会还报绝少只是单独的社会交易，通常都是在已经建立个别关系的两个个人或两个家族之间，一本由来已久的社交收支薄上又加上的一笔。限于已经建立起来的个别关系，个人的还报很容易造成——或至少在表面上——偏袒徇私的结果。（第71页）

"义务感"是儒家社会理论中极重要的，所谓忠恕之道、絜矩之道及"礼"的规定，即具有浓厚的义务感。人情则是人在日常生活中的一种难以具体说明，却又很有约束力的义务。然则，人如何来尽其义务呢？简单地说，就是从乎人我、己群的关系而尽义务。（第92页）

人情根本就是一种得到文化价值所支持的社会规范。说得清楚点，人情像一种社会"舆论"，使一个对"自家人"都要予以帮助，对于越是亲密或关系越特殊的"自家人"，则越有帮助的义务。（第102页）

媒介是一个作用，任何人都可以发生媒介作用。（第134页）

（谢清果　撰）

华夏传播的理论建构

从零开始——首届海峡两岸中国传统文化中传的探索座谈会论文集

余也鲁、郑学檬

出版概况

《从零开始——首届海峡两岸中国传统文化中传的探索座谈会论文集》，厦门大学出版社出版 1994 年 7 月印刷第一版，293 页，开本 850 毫米 ×1168 毫米，约 23 万字。

余也鲁和郑学檬主编。主编余也鲁，获美国斯坦福大学人文科学院传播学硕士学位。曾任香港浸会学院社会科学院院长兼传理学系主任，香港中文大学讲座教授兼传播研究中心主任，研究院传播硕士班主任及新闻与传播学系主任，亚洲传播教育及专业设计专门顾问。现任香港海天书楼总编辑，海天资讯企业董事会主席，澳门东亚大学、香港理工学院、香港岭南学院及厦门大学学术顾问，国内多间大学客座教授。主编郑学檬，厦门大学教授，著名教育学和历史学家，博士生导师。1960 年毕业于厦门大学历史学系历史学专业（本科）。现任厦门大学历史研究所经济史研究室教授、博士生导师，曾任厦门大学常务副校长。

1993 年 5 月，在庆祝厦门大学新闻传播系建系十周年期间，厦门大学学术顾问、原香港中文大学传播系主任余也鲁教授倡议，由厦门大学传播所和新闻传播系主办，"首届海峡两岸中国传统文化中传的探索座谈会"在厦门大学召开。本论文集为厦门大学传播研究所丛书之一。

内容提要

　　该书共 21 篇优秀学者论文。首先，关于中国传统的传播观念问题，已有一些学者在探索，他们提出了若干新见，发人深省。但是，由于中国传统社会，有着悠久历史，以一个或几个人的力量去研究很难把情况都弄清楚，因而也很难比较准确地概括出中国传统观念的内容和特点。所以，对传播观念的研究，将是一个漫长的过程，将是一个多学科合作探索的过程。而该书中，如《中国传统的传播观念初探》《略说中国传说中有关言语或传的计策行为》《从"礼治"到"法治"：传的观念》《中国古代的商业与传播》以及《浅论先秦百家争鸣与文化传播》等论文都在探索中国古代社会中"传"的学问与发展轨迹。当然也不乏对于近现代"传"文化的探索与行经，如《论西北文化传播的特征与机制》《现代公共关系在中国发展的深层文化心理基础》以及《广告传播与中国传统文化的融入》等论文都是在探索近现代的传文化。当然其中也有将传统与现代相结合进行论述的文章和观点。而无论是郑学檬、余也鲁、孙旭培，还是陈培爱、徐佳士这些大家学者，都是在有目的地认识中国久远的历史和传统中存在着一切人的传通经验与尝试。

　　而该书最大的作用在于：该册论文集，是来自台湾、香港和大陆的文学、哲学、历史、语言、民俗、人类学、经济学、传播及新闻等学科的专家，对中国传统文化中传的理论与实践进行首次跨学科的比较深入的研讨。从历史和传统中探索人类的传通过程与作用，可以有目的地认识中国久远的历史和传统中存在着一切人的传通经验与尝试，为今天社会的发展提供经验和借鉴，从而丰富世界的传播研究，形成具有中国特色的传学理论。

学术特色

　　余也鲁教授《论探索》一文，引用他为《传媒、信息与人》一书评述写的"代序"中提到探索中国文化与传统中传的理论与实践的十二个入口。本次座谈会研讨的内容也大体都在这些范围之内。以《论探索》一文为论文集"代序"，而以余也鲁教授代表所做的《从零开始》的总结收束。

　　座谈会是为期 5 天，由海峡两岸学者参加的会议，在讨论中已有一个共识，这就是：中国文化中的传学是值得探索的，将中国历史和传统所出现的现象、事件、思想进行分析，在共同性中寻求特殊性，并且提炼出来，做成规律、原则，甚至理论，再放在现代社会的背景中来验证，从而丰富世界的传播研究，是可行的，也是中国学人的责任。而该书收录了 21 位优秀学者的论文，无论是从内容上，还是从形式上都是对传学又一次历史性的总结。从古代至现代，从台湾文化至大陆文化，从礼仪人际至百家争鸣，从朝野古城至现代广告，由古至今，由远及近，由内至外。至于座谈中达成的一致性，并无排他性，而是互相启发，互相补充，在这个信息的大时代中，帮助我们比过去的时代更多点把握，建立一个和平与和谐的现代社会。

学者们在进行传学研究中，从中国的历史与传统中，探索人的传通过程与作用，也探索了传通的结构与体制。主要研究方法为：从历史上研究中国人储存于传输信息的能力、过程与变化。研究我们传输信息的系统和这些系统的建立与拓展以及和其他社会系统的交互影响。从学者们已经提出的十二个入口仍是非常有效的进行探索的入口，但是并不能排除新的与此十二个不同的入口，只要它们能帮助在中国历史与传统中进行人的传的行为的深入研究。

观点撷英

从事"中国化"必须钻研浩瀚无际的古籍，这对目前台湾学术界人士有很大的吓阻作用。一方面，流行的功利价值观念使人对于皓首穷经的工程望之却步；另一方面，阅读古籍能力薄弱也令人有力不从心之惑，不敢贸然投入。（第 14—15 页）

总之，酒楼、茶坊所形成的文化环境，有强烈的情感气氛，虽然不免"摇荡心目"，但由于传播环境不免有宽松的好处，有利传者畅所欲言，受众乐闻其意见，甚至可能出现传、受同乐的境界。（第 22 页）

所谓舆论，就是公众的意见。公众异口同声地表达某一种意见，形成舆论，就能形成比较强大的社会力量。有一些谚语、格言说明了舆论的不可抗拒性。如"众口铄金"（《国语》），是说众口一词，能熔化金属。天下人长嘴都是要说话，谁也封不住，如"瓶口扎得紧，人口扎不住""坛口好封，人嘴难捂""拴得住驴嘴，拴不住人嘴"。（第 28 页）

为什么在传统中国，讯息的传达需要透过如此迂回、曲折、间接、隐晦的手段，实在是值得我们深入探讨分析的问题，君主专制，言论的自由没有保障，自是原因之一，但绝不是唯一的原因。其他如传统中国人对言语行为

的基本看法，价值观念以及人际关系等都是重要的因素。（第 42 页）

但文化比较研究的成果早就启示我们，我国思想文化中优秀的成分很多，我们在吸收外来文化的同时，一定要保有民族文化的精华部分，让民族文化的精华部分，让民族文化的精华在一代又一代人的交流和传播过程中发扬光大。（第 158 页）

（徐疆　撰）

华夏传播论

孙旭培

出版概况

《华夏传播论》，孙旭培主编，人民出版社 1997 年 10 月出版，平装 16 开本，494 页，30 万余字。

孙旭培，男，1944 年 12 月生，安徽省怀宁县人。华中科技大学新闻与信息传播学院特聘教授、博士生导师，中国社会科学院新闻与传播研究所研究员（书上资料），中国社会科学院研究生院新闻系教授、硕士生导师、博士生指导组成员，中国新闻法制研究中心研究员、北京大学新闻与传播论坛课程教授，上海大学、天津师范大学客座教授，安徽大学兼职教授，武汉大学传媒研究中心客座研究员。1968 年毕业于安徽大学外语系，1981 年毕业于中国社会科学院研究生院新闻系，获文学硕士学位。1968 年至 1978 年在安徽淮北煤矿工作。1977 年 10 月《在人民日报》发表文章，第一次提出"四人帮"的"左"的问题。1981 年 10 月起任人民日报记者，1983 年 6 月起，在中国社会科学院新闻研究所任研究室副主任、主任，副所长，代所长，所长。重点研究新闻理论和新闻法，有关新闻自由和新闻改革的观点在海内外有影响，出版过《新闻学新论》《新闻侵权与诉讼》《华夏传播论》等书，以及《社会主义新闻法是新闻自由保护法》等论文数十篇，有三项成果获新闻研究所优秀成果奖和一、二等奖。1991 年被收入《当代中国名人录》，自 1992 年起享受政府特殊津贴。

内容提要

《华夏传播论》分六编二十五章进行著述。第一编，绪论。作者立足岩画研究为主体的洞穴文化,从人类穴居生活、采集、制造工具以及信息传递等方面揭示了人类传播的悠久历史。其次,作者从古代文化中传播概念入手,介绍了"传播""传通""宣传"等词语的出处发展。"传播"一词,用于表示言辞的广泛散布,较早见于唐代李延寿《北史·突厥传》:"宣传播天下,咸使知闻。""传通"则见于《后汉书》,"宣传"在《三国志》中已多见。最后,作者从四个方面论述了中国传统文化中传播的若干特性:一是传播体制上的"定于一尊"的一元格局。由于中国几千年的封建宗法制度,皇帝以"一言九鼎"确定了在传播体制中的主宰地位,同时,"独尊儒术"造成了一元传播体制和大一统局面文传播的巩固。在此体制下,纵向传播的地位远远超过横向传播,横向传播弱化。二是传播取向上的伦理道德的追求。中国传统社会中,家国一体的主张使得伦理政治化,也使政治伦理化,传播活动以道德为起点和归宿,并最终成为社会公认的传播规范。传播环境、传播主体和传播内容都被贴上道德机价值尺度的标签。三是凝结着东方智慧的传播技巧。四是由于作为传播媒体的汉语具有独特神韵,因此传播具有东方特色。

第二编,"传播与媒介"。作者主要是从中国的语言、文字、非语文、环境以及社会环境等方面介绍和分析了传播和媒介的关系,语言作为人类使用历史最悠久、最有表现力的传播媒介,是传播过程中使用较多的媒介,形式包括谚语、格言等,许多谚语概括了传播的一些原理,如"好事不出门,恶事传千里""三人成虎""人言可畏"等等,古代中国人善于使用韵文、利用离言、运用比喻,对需要传播的内容进行加工,以取得更佳的传播效果。除此之外,还包括歌谣和寓言等传播知识的载体,这些传播媒介最早都是通过口头记载和传播的形式,直到文字的出现,成为传播发展的里程碑。甲骨、石碑的镌刻和书籍的记载是文字记录和传播的主要演变形式。中国古代把书籍分成经、史、子、集四种,实际上是两大类:一类是以思想为主体的著作,如经、子、集中的各种著作;一类是以知识为主体的著作,以史部著述为代表。方志和谱牒分别从地方社会的文化传播和地方家族社会组织两个方面,对史书系统起着辅助作用,加强其传播知识的功能。

在本编后半部分,作者通过服饰、礼仪、建筑、声音与传播的关系,研究了古代的非语文传播。古代的服饰、礼仪、建筑都成为观念传播的符号,表达了等级观念和皇权意识。中国古代用服饰、礼仪传播了各种观念,其中最突出的是等级观念。其次,本编研究了自然环境和社会环境与传播的关系。"环境与传播"一章中指出,地理环境对中国古代文化传播活动的影响是明显而深刻的。中国位居欧亚大陆的东部，地形由西向东倾斜，西部高山、东部大洋，形成地理上的"孤岛"，从中国文化的发源地黄河、长江流域向西数去，距离使得各个文明之间很难发生交流。同时，从黄河和长江到珠江流域，都没有巨大的自然屏障，不至于对各地区的交往形成极大的障碍，这就使得中国的文化传播，一方面对外封闭，另一方面境内传播非常流畅。而就社会环境而言，社会风俗对传播的影响很大，古人很早就意识到了这一点；"孟母三迁"就是最好的例证。而且古人所受的教育等会对个人的特质具有明显影响。

第三编，"各领域的传播"。作者逐一分析了政治、思想、文化、科学、经济、军事各个不同领域的传播。政治传播在政权争斗和统治中占据了核心地位，关系到皇权的统治；文化传播主要表现在不同国家和民族文化交流上，重点介绍了汉族和少数民族某些文化和习惯是如何从冲突一步步走到融合的；"科学传播"一章既分析了中国古代科学的几个支柱，如医学、数学和天文学曾经达到的世界领先的水平，也讨论了中国古代科学长期停滞不前的原因。

第四编"传播的主体是人"。本编讨论了中国人际传播特点，以及说服传播、民间传播和组织传播。中国人际传播特点可以归纳成下列九点：强调观人；强调伦常；强调缘；强调君子之交；强调知心；强调人情；强调面子；强调防人之心；强调谦逊忍让。说服传播是希望对方接受自己的意见，并改变对方的态度与行为，包括劝说、游说、谏净、辩论、谈判等。该编先介绍了孔子提出的忠臣谏君的五种方式：诵谏、慈谏、直谏、风谏等，以及宋朝名臣吕祖谦等的谏净方法，然后介绍了韩非子、荀子的谈说之术以及《鬼谷子》这该书，分析了说服传播的技巧和效果等。

第五编"传播体制"，作者分析了信息的贮存（涉及档案收藏、藏书、刻书、编书）、信息的传播（包括官方文书与民间信件的传递），以及传播的控制三个环节。"传播的控制"一章谈到，君主们对传播的控制，常采取"堵"或"导"的方针。孔子的"正名"和"非礼勿言"，成了古代中国人传播的准则，把老百姓局限在政治讨论的群体之外，究其根本，巩固中央集权，加强统治。

第六编，"中外传播交流对中国文化发展的影响"。本编分析了中外传播交流的运作过程中所表现的特点以及对中国文化发展的影响。其中阐述了丝绸之路实现了文化大传播；明朝太监郑和下西洋是一场有组织的政治传播活动，目的是王化；同时，本编还从佛教、基督教、摩尼教以及神祇的传播上阐述了宗教传播在中国的发展之路。

学术特色

作者认为，此书的目的不是为了创立一门完全不同于西方传播学的中国传播学，而是为了通过大量挖掘中国文化中关于传播方面的财富，促进传播学的发展，最终创造出集东西方文化精华之大成的传播学。对中国传统文化中传播的研究，不仅有助于理解中国传播特色的背景，而且有助于促进传播学的世界性发展。该书是一本综合性的华夏传播书籍，非常适合初次接触华夏传播这个领域的人阅读和参考。该书在阐述和研究过程中，非常注重分析与综合的运用，大量使用了归纳法和演绎法，在研究时，从很多事物、实例和现象中分析得出了传播的结论，进行了大量的例证。总之，《华夏传播论》作为最早的华夏传播领域概论性的书籍，其是具有一定参考价值的。

观点撷英

然则穴居时代的人，既是信源或信宿，又是信息载体，人在传播中的整体作用为后世所不能比拟。（第13页）

社会的传播活动范围非常广泛：横向则广袤无边，纵向则世代不绝；可以近在咫尺，口语相传，也可以通过文字、绘画等，思接千载、视通万里。所传的信息极其丰富，或传事，或传言；或为显性的具体客赐黼或为隐性的意象、精神。传播性质是社会群体中人的主客观交流、联络活动，是维系社会的纽带。所以传播有自然态，即人与事物的自发性自由传播；也有人为态，即人们有意识、按主观意愿的传播。（第23页）

传统社会高度集中的政治结构，使其不可能建立超然于权力中心以外的信息集散机构。如同皇帝一身而二任一样，传统社会庞大的官僚系统既是政治权力运行系统，也是社会政治信息的传播网络和通道。（第35页）

就社会横向传播与纵向传播而言，横向传播往往遭受轻视和抑制，比纵向传播显得势弱量小。从某种意义上说，横向平行传播是以平等、自由的思想为基础的，而这刚好与宗法等级观念相抵触。而且，不同社会层面的平行交流过于频繁，就可能导致横向联合势力的加强，以致造成独立、自主局面的形成，这在"定于一尊"的大一统的传统社会中是绝不容许的。因此，与纵向传播相比，社会横向传播往往处于非正规的、时断时续的、补充性的状态，甚至受到统治者的防范、监视和堵塞。（第38页）

语言是人类使用历史最久远，而且最具表现力的传播媒介。中国语言具有简练、形象的特点，它常给那些反映生活的哲理的思想以一种美的表达形式。特别是谚语和格言，生动而深刻，简洁而信息量大。（第55页）

社会的进一步发展使歌谣就不仅仅是人们抒胸臆，表性情的自发形式了，歌谣的传播中融入了更多的自觉性因素，人们开始有目的地创作歌谣，并寻求有利、有效的传播渠道，以表达自己的政治态度，影响其他人，并试图将此进一步上升为舆论，形成大多数人共有的看法。（第66页）

传播效果就是指传播引起的社会变化。现在从传播的作用点是对象的心理这一观点看，应当指受传者的心理在传播作用前后所发生的变化。是受众的这种心理变化外化为相应的行为变化，受众的行为变化作用于社会，才引起了社会的变化。（第75页）

汉字体式的演变，受着两种趋势的影响。在文字体系内部，要求结构简单明确而且相互区别；在文字体系外部，要求准确反映日益复杂的人际关系和社会活动。（第99页）

民主社会消除了这样的信息独享、独用的特权者，法律保证各种信息在法定的各个相应的信息圈中交流和利用，这样就最大限度地消除了阴谋集团得逞的可能性。（第241页）

文化是每个民族为了生存和发展，在物质生活和精神生活中通过体力和脑力劳动所取得的各种成果和成就的总和，包括物质文化和精神文化；传播是一种传递文化信息符号的互动过程；文化传播是指文化传递扩散的过程。（第243页）

文化冲突是不同性质的文化之间的矛盾和对抗。一个社会集体的文化接触到另一个社会集体的文化，必然出现内在的传统文化与外来的异质文化之间的矛盾冲突，文化冲突之所以发生是因为文化差异的存在，文化对产生它的环境是适应的，但对其他的环境却不一定完全适应。（第255页）

成功的说服必须靠方法、时机、与时势的相结合。不是每一次都能见效的。《摩篇》说："故谋莫难于周密，说莫难以悉听，事莫难于必成。此三者唯圣人然后能任之。故谋必欲周密，必择其所与通者说也。故曰或结而无隙也。夫事成必合于数，故曰：道、数与时相偶者也。说者听，必合于情，故曰：情合者听。"说服不成，可待机再说。《抵巇篇》说："世无可抵，则深隐而待时，时有可抵，则为之谋。"（第364页）

（张耀芳　撰）

说服君主——中国古代的讽谏传播

黄鸣奋

出版概况

《说服君主——中国古代的讽谏传播》，黄鸣奋著，文化艺术出版社 2001 年初版，平装 32 开本，该书为厦门大学传播研究所主编的《华夏传播研究丛书》之一。

黄鸣奋，1952 年生，1982 年毕业于厦门大学中文系汉语言文学专业，历任厦门大学中文系教授、主任，中国语言文学研究所所长，厦门大学人文学院副院长。并担任中国古代文学理论学会、中国苏轼学会、福建省文学会总理事，享受政府特殊津贴。主要著作有《论苏轼的文艺心理观》《英语世界中国古典文学之传播》《电脑艺术学》等。

内容提要

现代传播学的主要任务之一就是把握说服的规律，中国古代的封建则从理论和实践两方面阐明了这一规律。作为一本专门讲述中国古代讽谏传播的专著，该书分为序言、六章正文、余论以及附录三章。在该书序言部分，著者主要讲述了讽谏传播的流变并认为它与"正名"密不可分，著者首先从"讽谏"二字的含义入手解释讽谏传播，"讽"指的是一种微言相感，"谏"则指的是直言相劝，当二者结合在一起的时候，它指的是一种重在微言的直言相劝，也可能是泛指一切形式的进谏。之后著者归纳了讽谏的特征有以下几点：一是卑为尊言；二是直理曲说；三是节情适变。之后著者讲述了讽谏的流变，并分析了过往对于讽谏的研究。著者认为讽谏传播的行为对于现代仍有很大的现实意义并能为今日的说服传播提供参考。最后著者提出将该书分为传播主体、传播对象、传播方式、传播手段、传播内容以及传播环境六个部分对讽谏传播进行探讨。

在第一章主体传播部分，著者认为"讽谏传播主体"指的是从事讽谏活动的人，进谏者力图与自己的言谈向君主诗家影响，发挥激浊扬清的作用，讽谏传播就是他们的人格特质的显现。官僚机构所设立的谏官是讽谏传播最重要的传播主体，讽谏传播宗师在一定的自我意识支配下进行的，它的一举一动受制于当事人所奉行的价值观。因此著者在这里分析了传播主体的人格特征、角色设置以及自我意识三个部分。在人格特征部分，著者运用中国传统的"五常"理论解释了讽谏传播的内在依据，但著者认为这还不够，讽谏传播的人格特征还需要在君臣互动的过程之中才能够显现出来，这则需要在对角色设置的考察才能显现出来。著者认为传播主体的角色设置是以尊卑贵贱作为前提的，正是社会地位的分化才是讽谏成为传播的一种特殊类型，同时它还受制于传播主体的自我意识，即个人意识、群体意识、君主意识、民众意识以及社稷意识。以上三者彼此相关，并形成了讽谏传播主体。

第二章著者则讨论了讽谏传播手段，著者将讽谏传播的手段分为了三种，一是潜语，它指的是发生学意义上泛指语言出现之前就已经见诸应用的一切交往手段，它狭义上指的是语言前身的表情如音质、音量、咳嗽、呻吟、哭泣等。它可以间或独立起作用，在某些场合，潜语为用语言进谏进行了铺垫。其次著者介绍了语言的应用，著者将其分为了口头语和书面语，而根据所使用的语言风格进行划分，著者将其分为正言、谐语和隐语三种。最后著者介绍了讽谏传播的物语运用，即讽谏之中的非言语传播。

而在第三章，著者则讨论了讽谏传播的方式，实际上它指的是讽谏传播的过程，著者将其分为了三个过程，即求谏、进谏和纳谏。求谏指的是君主向臣民询问意见的过程；进谏则指臣民向君主进行讽谏的过程；而纳谏则指君主采纳进谏的过程。

第四章著者讨论了讽谏传播的对象，实际上，讽谏传播的对象很简单，就是讽谏时代的君主，他们位于社会的顶端，他们既是信息运动的发端，也是信息运动的归宿，纳谏也因此成为说易行难之事。该章节主要从君主作为传播对象出发，从君主的认识特征、情感特征和意志特征三者相互结合，来考察君主作为传播对象，他们听谏的好处，以及采纳朝臣讽谏的难度，还有如何制取讽谏以博取君主门的听谏。

第五章则主要讲述了讽谏传播的内容，著者指出真实性、规范性和艺术性是评价讽谏传播内容的三个尺度，著者分别从进谏者是否符合实际；所提出的意见是否吻合社会准则；进谏者在论述自己的看法时如何有效地将原则性和灵活性结合起来，这三个角度来评价古代讽谏传播的内容是否行之有效，接着著者一一列举了古代的讽谏实例，从这三个角度分别进行了评价。

最后一章传播环境，著者则讨论了讽谏传播的环境因素，著者将"环境"分成了自然因素和社会因素，关于自然因素一方面，著者在第五章的时候已经有所讨论，这个部分主要讨论了社会因素对讽谏传播的影响，著者在此主要讨论了三种社会环境对于讽谏传播的影响，一是史臣的影响，即史官以及历史记载对于讽谏的影响，二是宫廷，即后宫对于讽谏传播的影响，三是家族背景对于讽谏传播的影响。

在最后的余论之中，著者对讽谏传播进行了总结，著者认为讽谏传播是发生在特定传播主体（臣下）和特定传播对象（君主）之间，以特定传播手段（主要是文言）传达特定传播内容（与礼法和道义相适应），并采用特定传播方式（自下而上的规劝）以适应特定传播环境（中国古代社会）的要求。并总结了一些讽谏传播的原则。对于传播主体和传播对象，他认为要待人以诚、循之以道、以人为镜。排除成见、以心交心、容纳异议。对于传播手段和内容，他提出了身教为重、导引情志、积极阅读、体认寓意、共识为主、以意为主这六个原则，最后在传播方式和传播环境上，著者则提出了未雨绸缪、重视疏导、自我保护、因时制宜、当面批评、疏通言路的原则。

在该书的最后一个部分则是个案研究，著者通过对晏子的说服传播的研究，从传播主体、传播对象、传播手段、传播方式、传播环境、传播内容六个方面分别对晏子个人的讽谏传播活动进行了分析。

学术特色

作为一部讲述中国古代传播讽谏活动的著述，该书将讽谏作为一种历史现象，置于中国传统社会的整体结构进行考察，该书的史料丰富，对于不同的讽谏活动都均有涉猎，在一定程度上将讽谏作为中国古代特有的传播活动一一展现了出来，可以说是对中国古代特有传播活动研究的一部佳作。

观点撷英

大致而论，进入讽谏时代以后的讽谏传播，是以"定格"为特征的：谏官的出现，使讽谏主体的身份得以确定；求言令之类形式的出现，使讽谏对象得以经常做一些表面文章；官方文书格式以至于风格的分化，使讽谏手段得以定型；儒学独尊地位的形成，使讽谏内容有了"等因奉此"的基调；讽谏方式以讽谏（狭义）为主导，而讽谏本身又要求"温柔敦厚"；封建环境中交叉着错综复杂的矛盾，但讽谏从总体上说起了调适皇权和道统相互关系的作用。（第 32 页）

关于讽谏的历史作用的分析，对当今的领导科学研究有所启迪。总的来说，"君为臣纲"虽然已成过去，我们所处的社会环境较之古代有了巨大的变化，但是保证信息畅通仍是维护正常社会秩序、保障社会向前发展的基本条件，集思广益听取下级乃至广大人民群众的意见仍是正确地进行决策、防止工作失误的重要前提。正因为如此，对于讽谏的研究至今仍具有重要意义。（第 45 页）

所谓"讽谏传播主体"，指的是从事讽谏活动的人。讽谏传播是人所特有的行为，进谏者力图以自己的言谈向君主施加影响，发挥激浊扬清的作用，讽谏传播是他们的人格特征的显现。就此而言，讽谏传播在古代社会中应当非常广泛，臣民人人可得而为之。但是，讽谏传播本身繁荣于等级森严的历史条件下，其实，并非人人都有机会向君主陈述自己的意见，由官僚机构所设立的谏官成为最重要的讽谏传播主体。在这一意义上，讽谏传播主要是一种与谏官这一位置相适应的角色行为。（第 53 页）

真实性、规范性和艺术性是品评讽谏传播内容的三个尺度。它们分别指进谏者所反映的情况是否符合实际；所提出的意见是否吻合一定的社会准则；进谏者在论述自己的看法时如何有效地将原则性和灵活性结合起来。

真实性是讽谏传播的出发点，违背这一标准的言论便成了诋毁；违背了这一标准的言论便成了怂恿、唆使或花言巧语；艺术性则要求进谏者审时度势、引擎事变，违背了这一标准的言论便显得拘泥。一般地说，同时符合这三条原则的讽谏较易受到与其的效果。（第 150、168 页）

作为该书研究课题的讽谏传播，发生在特定传播主体（臣下）和特定传播对象（君主）之间，以特定的传播手段（主要是文言）传达特定传播内容（与礼法和道义相适应）并采用特定传播方式（自上而下的规劝）以适应特定传播环境（中国古代社会）的要求。就此而言，讽谏传播已经成为历史，并且是不可重演的。当然，这并不是说对讽谏传播的研究就没有现实意义。虽然有着种种的特殊性，讽谏传播毕竟还是一种传播，它所涉及的某些传播原理具备一定的普适性，可供当今传播学说服理论研究者参考，在传播时间中也有一定的价值。（第 187 页）

（杜恺健　撰）

汉字解析与信息传播

李国正

出版概况

《汉字解析与信息传播》，李国正著，文化艺术出版社 2001 年初版，收录于厦门大学传播研究所主编的《华夏传播研究丛书》，平装 32 开本。

李国正，1947 年生，四川泸州人。1985 年毕业于厦门大学中文系汉语史专业，曾任厦门大学中文系副主任、中国语言文学研究生副所长，现任厦门大学中文系教授、汉语言文学专业博士生导师，主要著作有《生态汉语学》《汉子解析文字传播》《文学修辞学》等。

内容提要

该书作为《华夏传播演技丛书》中的一本，主要研究的是华夏传播中符号、媒介与传播的领域。该书共分为上下两篇，上篇《汉字的哲学解析与信息传播》主要从"八卦"入手，之后以《周易》为主要研究对象，探讨周易的信息结构、传播特征、传播模式、传播功能等。下篇《汉字的艺术解析与信息传播》则从"测字"入手，探讨测字传播的特征、模式与功能。

在引言之中，著者首先对该书做了一个大致的介绍，作为世界上仍被运用的历史最为悠久的文字，汉字的基本性质一致相对保持稳定。汉字作为一种可以被分析的文字，在长期的历史演进之中，逐渐凝结了中国文化的文化内涵，构成了中国传统文化的一部分，而这些文化所隐含的信息则正待人们去发现与挖掘。传播学作为西方一门新兴的学科证恰能够为此做出贡献。该书也正是由此出发来探讨汉字的解析与信息传播。

在上篇《汉字的哲学解析与文字传播》之中，著者认为汉字承载了比通常情况下更多的信息，因此也被赋予了更多特殊的含义。中国古代哲学最高成就的符号系统，非《周易》莫属，因此该篇就主要从周易入手讲述汉字的信息传播之中所承载的哲学含义。

在第一节"八卦"的起源于信息传播之中，著者首先对《周易》的主要内容"八卦"作了一番探讨，著者详细梳理了八卦的历史脉络，并认为八卦作为一种占卜专用的特殊符号，可能与汉字有某种联系，也只有在汉字系统较为成熟的情况下，才能把占卜活动登记经验整理成书。著者认为"八卦"的产生时传播特殊信息的需要，因而才有了各种各样的占卜方法。恰也在此时"八卦"也逐渐演化出了挂名和卦辞，这些挂名和卦辞构成了"八卦"自己独有的信息库，也就是《周易》的主干。

在第二节，著者则梳理了《周易》的信息结构。著者认为《周易》一书所含的符号系统主要包含了以下几种信息，一是数学信息；二是天文历法信息；三是生态信息；四是伦理信息；五是医学信息；六是艺术信息；七是思维信息；八是观念信息。著者依次对这些信息在《周易》之中的体现一一做了列举。

而第三节著者则讲述了《周易》传播信息的特征，著者首先讨论了"卜""筮"过程之中的信息是如何传播的。著者认为在占卜的过程就是一个信息传播的过程，占卜者通过对卦象的解读实际上就是在向求占卜者传递信息，作者依此给出定义认为《周易》的"传播者"就是以《周易》六十四卦和汉子解析为媒介信息的专业人员。接着著者以《左传》为例依此给出了在《左传》之中使用《周易》论事的例子，同时著者将论事与测事区分开来，还讲述了测事的情况，最后著者还用了现代之中运用《周易》的例子进行了说明。

最后在第三节，著者总结了《周易》的信息传播模式，著者认为不同的《周易》占卜活动，都有不同的传播模式，著者依据之前讲述《周易》信息传播特征的分类依次将这些模式归位了《左传》中运用《周易》论事的信息传播模式、《左传》中运用《周易》论事的信息传播模式以及现代之中运用《周易》进行信息传播的模式三个大类，在这之下还有数十种大大小小的信息传播模式，在此就不一一列举了。

在这之后著者对周易的信息传播模式做了一个总结，著者认为《周易》是以六十四卦作为传播信息的手段。六十四卦本身不是单纯的信道，而是一个复杂的信息系统，正也因此，《周易》的信息生成、传递、解码也是一个复杂的过程。著者对此归纳到《周易》有三个传播特点，一是以既定程序营造一个受众易于接受的传播环境；二是以特定的图像和传者阐释的语言作为媒介传播信息；三是兼为媒介和载体的图形含有多层次的信息。

最后在第五节之中，著者对《周易》传播的功能进行了论述，一是提供信息，排解疑难；二是提供咨询，调节人的心理；三是干预国家事务，稳定社会局面；四是参预重大决策，维护国家利益；五是祛恶劝善，维护社会道德；六是淡化矛盾；协调人际关系。

在下篇著者则主要讨论了测字与信息传播的关系，著者认为汉字字形高度概括的形式特征构成了汉字信息传播的一种重要手段，从而形成了独具中国文化特色的"测字"活动，测字本身就是一种信息传播活动。

在第一节之中，著者首先梳理了测字的源流，详细叙述了汉字艺术解析的起源、发展，并讨论汉字艺术解析与艺术的融合，测字不仅是专业活动者借助传播信息来谋取社会地位的手段，也是政治家、军事家借信息传播来达到政治、军事工具的工具，因此在测字时，往往也会与文化相互融合来进行信息传播。

在第二节之中，著者则讨论汉字的分类与信息结构，著者首先介绍了汉字的传统分类，之后开始论述汉字的信息结构，著者认为汉字的信息结构主要包括了以下几部分，一是字形的信息，二是字音的信息，三是字义的信息，在这些字形的信息之上，不同字形的共同使用构成了汉字的系统信息，著者按照上面所说的分类对汉字的系统信息也做了叙述。最后著者还认为汉字的信息还受到了汉字的环境信息结构的影响，这种环境主要包括历史环境信息、人文环境信息以及交际环境信息三种。

第三节著者讨论了测字信息传播的特征，著者认为解析汉字的过程，也就是信息传播的过程，对汉字的解析越透彻、越合理，传播的信息就越能使大家接受。著者在这个部分共分成了几个部分，一是字象解析，就是汉字形象的解析；二是字迹解析，就是对不同的人书写汉字的体势和笔画的解析；三是字形解析，指的是对汉字的结构形体所做的解析；除此以外还有字音解析，就是对汉字发音的解析。著者根据上述的解析归纳了汉字文化艺术解析的特征做了归类，认为汉字的艺术解析可以分为直示性的、暗示性的和警示性的三种。而根据环境和文化体系的不同，汉字的解析则又会有所不同。

第四节著者讨论了测字传播信息的模式，著者在此将测字的模式做了几个分类，一是没有说明测例出现的具体环境，在这之下又分表明求测原因，受众多寡，传播效果等的传播模式。第二大类是点名环境的测例，在这之下又按照原因、效果、受众人数做了分类。著者依照这些模式归纳了汉字解析的传播特色，他认为必须由传者依据汉字的形式特征加以理解分析才能被受众所了解是汉字解析的最大特色，其次则是汉字解析的复杂性；再次则是这一信息传播过程是多向互动的过程。

最后著者总结了测字传播信息的功能，著者认为汉字解析有教化功能、导向功能、心理调节功能、警示功能、决疑功能以及预测功能。

学术特色

作为一本讲述汉字解析与信息传播相结合的著作，著者在中文方面的造诣可谓是十分精深，因此他在运用关于中文方面解析汉字信息的时候也可以说是得心应手，稍微美中不足的是该书受制于年代的限制，对于传播学的理解并没有很深入的进展，但从模式一章就可以看出很多问题，著者所归纳的模式也是单例的模式，并不能够扩大到一切应用之中，因此著者所说的"模式"似乎也不是一种模式，但总的来说，该书作为探寻中国汉字特色传播的著作，依然是我们值得阅读的经典。

观点撷英

当一些汉字被提出来组合成特定系统时，处于系统中的汉字就承载了比通常情况下更多的信息，被赋予了更多的含义。而这些特殊意义的信息必须经过特殊的处理，才能传达给受众；而受众亦需要具备一定的背景条件，才能接受并形成反馈，产生效果，由汉字组成的代表中国古代哲学最高成就的符号系统，非《周易》莫属。（第19页）

传播者以《周易》为媒介分析组织信息，提出劝告、判断或预测时，首先，传播者自身的意向目的、思辨能力、文化水平、操作技巧等等因素都影响到输出信息的内容和形式；其次，受众参与传播活动的目的、观点、心理、认识、情感、态度、文化修养等等因素也不可避免地影响到信息的接受程度；在此，进行传播活动时，各种环境因素也不可避免地影响到信息交流的全过程。（第81页）

《周易》六十四卦作为贯穿古今，流行朝野的传播信息的手段，确有其独具的特色。

首先，以《周易》六十四卦作为传播信息的手段，其实质是传者凭借一种特殊的媒介向受众输出信息。这种媒介之所以特殊，是因为它既是传者向受众输出信息的媒介，同时又是信息的载体，并且具体表现为一种过程。

其次，《周易》六十四卦作为一套特殊符号，也不纯粹是普通的语言信息载体。普通符号作为载体承载的语言信息，受众能够接受的信息量以接受主体的条件不同而有多少之别。而已《周易》为手段的传播活动，如果没有传者解码，受众根本不能接受到有效信息。这是因为《周易》符号系统承载的不仅是普通的语言信息，更主要的还是承载了特定的哲学信息。中国古代的哲学体系是必须经过专门训练才能掌握的信息系统。可见《周易》六十四卦是集普通语言信息和特定哲学信息于一体的多层次信息载体。

再次，信息的生成、传输和解码表现为一种吸引受众，争取受众信赖的过程。无论古代的占卜、占筮，还是现代的摇钱起卦。（第110—111页）

汉字是记录汉语的符号，负载的是汉语的意义信息。在通常的传播活动中，汉字是汉语意义信息的载体，意义信息通过书籍、文件等各种媒介传递给受众。可是，在测字这一特殊的传播活动中，汉字虽然仍是载体，但它负载的不再是通常传播活动中的语言信息，而是具有独特理据的艺术信息。而汉字负载的一书信息，必须由传者依据汉字的形式特征加以解析才能为受众了解，这是测字最重要的特色。

其次，作为测字活动中受众提供的单个汉字，不仅是负载独特艺术信息的符号，而且是含有多重复杂信息，可以作多种解析的艺术图形。作者通过对字形的解析向受众传递信息，汉字形体是传递信息的媒介。可见测字活动中的单个汉字兼有媒介和载体的双重功能。

在此，传者对汉字的解析，是一个将汉字形体负载的艺术信息与手中信息需求相对照，同时与传者的知识和智慧相结合，输出新信息的过程。这既是创造新信息，传播新信息的过程，也是吸引受众参与、说服受众接受信息的过程。（第329页）

（杜恺健　撰）

传在史中——中国传统社会传播史选辑

郑学檬

出版概况

《传在史中——中国传统社会传播史选辑》，郑学檬编著，文化艺术出版社 2001 年 5 月出版，平装 32 开本，收录于厦门大学传播研究所主编的《华夏传播研究丛书》。

郑学檬，男，1937 年生，1960 年毕业于厦门大学历史学系历史学专业，曾任厦门大学常务副校长、厦门大学学术委员会委员，现任厦门大学历史研究所经济史研究室教授、博士生导师，主要代表作有：《五代十国史研究》《中国赋役制度史》《中国古代经济中心南移和唐宋江南经济研究》等。

内容提要

传播是人类社会最基本的行为，历史在本质上是人类传播活动的记述，该书的主要目的就是讲存在于中国史籍加以整理发掘，去发现古人的文字之中所包含的中国人的传播的智慧。作为一部编选的中国古代传播史料选辑，该书共分为序、前言，其后是七章主要内容，接着还有附录，共 10 个部分。在主要内容方面，编著者从传播的开始、传播的观念、传播的原则、传播的过程、传播的环境、传播的形式这七个方面分别寻找了中国古代的史料来加以整理。

在前言之中，著者首先讲述了编辑此资料选辑的缘由，并对它的编辑方法做了叙述，它首先是由七八位历史系的博士生、硕士生参加，寻找出资料近 20 万字，之后编著者自己根据自己的传播学知识，去搜寻中国古代的传播史料约 5 万字，并自己为这些史料做了简释，这也是该书此后七章的主要内容，即选辑史料并对这些史料做出一定的解释。

在该书第一章之中，著者探讨了传播的起源，著者首先从文字的出现开始说起，认为如果没有文字的记载，传播在中国文化审察和社会发展的作用恐怕很难描述。并认为中国古代传播的真正开始是从文字以后开始的，著者列举了甲骨文、金文等文字。之后编著者还讲述了其他传播工具的开端，如占卜、乐器等。该章尤为重要的一点是，编著者发现了圣人这个称呼是和传播联系在一起的，圣人的意思即包含着信息灵通的意思。

而在第二章之中，著者则主要讲述了中国古代传播的观念，中国传统社会是一个充满礼治，天人合一，修身、齐家、治国、平天下观念的社会，人们传递信息都有自己的观念和逻辑。著者在此依次列举了礼治的原则，它是指分清君子小人。"道"则含有舆论影响，重视君子舆论的主导地位，维护礼治等级社会的稳定的意思。而为了稳定，则主张"慎言"、言行一致。同时传播在政治之中也有举足轻重的作用，许多记载都将要上清下通，讲教化，同时这里还涉及了人际传播的问题。

第三章著者则讲述了中国的传播原则。中国传统社会特有的文化背景，形成了自己的传播原则，著者主要列举了是非原则、兼听则明原则、听言责实原则、言无贵贱原则等等。著者认为中国传统社会讲"委顺"，似乎中国古代没有独立思考和自由思想，这是误解，他认为中国自古就有"言者无罪"之原则，主张心悦诚服，并认为这些原则在现在仍十分具有价值。

第四章编著者则讨论了中国古代的一些传播过程，著者认为传播过程的复杂性，应引起研究者的高度重视，著者在编著之中认为传播过程是非常复杂的，只有对这个过程了解得越多才能够明白古代传播的含义。著者通过一系列的例子说明，中国古代有许多涉及了信息传播的史料，并认为这些传播过程的史料都是有参考价值，是值得研究的。

第五章则主要讲述了传播与环境的关系。著者认为任何传播都在一定的政治和人文社会环境中进行的，所以首先表现为环境对传播的制约作用。编著者讨论了"天时"即外在环境的作用，同时也讨论了人文社会环境对传播的影响。著者尤其着重探讨了颍川的教化（移风易俗），提出了"君子之德风也，小人之德草也。"并认为君子主导型传播是中国传统社会移风易俗的基本模式，颍川是"风草论"的试验区。

第六章讲的是中国古代的传播技巧，著者主要选辑的是人际传播之中的传播技巧，即人际交流之间的技巧，同时又讨论了操控舆论的技巧。最后著者选辑了魏晋时"清谈"的史料，并认为玄学清谈的辩才是传播技巧的绝好素材，至今仍有研究价值。编著者认为中国古代的说服技巧，高潮这士人悦目、悦耳、悦心，这种提法也就是今日广告的原则。并认为这些技巧都是古人辩智的表现。

在该书的最后一章，著者则讨论了"传播的形式"，这也是该书篇幅最多的一章。这一部分的内容繁多，著者认为不能一一列举，它一共包含了以下几种形式的传播：（1）语言传播；（2）邮驿传播；（3）移民传播；（4）宗教传播；（5）民间传播；（6）若干特色传播，总之在这一部分，限于史料繁多，著者认为仅能从中截取一部分来进行说明，但这也是该书内容篇幅最大的一部分，占据了该书将近一半的篇幅。

学术特色

该书作为一部对中国古代传播史料的选辑，该书初编的材料多达210多种，可以说是史料翔实。除此以外，该书最大的特色还是编著者对这些史料一一做了解释，并将这些史料与传播学的关系也一一做了评述。该书可以说是研究中国古代传播必不可少的工具书之一，对于我们寻找中国古代传播史料具有很大的帮助。同时作为第一本对中国古代传播史料的选辑，该书也具有非常重大的历史意义，它算是打开了中国古代传播认知和见解的大门，对未来华夏传播研究具有非常重要的指导作用。

观点撷英

研究人的传播，不可以把自己局限在时间的地方主义里。我们不仅有丰富史料，也有迫切需要来建立起自己的传播研究。（余也鲁，序第3页。）

班固《白虎通德论》卷下对圣人的品格、素质作了这样的概括："圣人者何？圣者通也，道也，声也。道无所不通，明无所不照，闻声知情。"班固把圣人具备的三条件概括为通、道、声。其中通与声包含着信息灵通的意思，可见，圣人这个称呼（名词）是和传播联系在一起的，这实在是一个惊人的见解！（前言第3页）

中国传统社会特有的文化背景，形成了自己的传播原则，如是非原则、兼听则明原则、听言责实原则、言无贵贱原则等等。这里我想提一提人们所不"言无贵 贱原则"。中国传统社会是一个等级社会、强调别贵贱，但在访问民意或了解下情时，凡属明君、贤臣，总是不耻下问。因为信息只有真伪、轻重之分而无贵贱之分，下臣、草民如果知道了重要信息，你不问他们，问谁？说明自古以来，信息有相当的独立性，不是易为某一阶层的人所垄断。（前言第3页）

古人看人评事多有辩证观点，殊途同归、同途异致；志同道合、志同道殊均若此。在传播上也是如此。不同的舆论观点，可能有相同的利益和目的，反之亦然。志同道合实不若志同道殊之常见。细察舆论之前因后果，诚可信也。再者细析之，一事不止两面，实有多面，如于沟通，则可以同归。（第10页）

在传播学上，是否有本末之分？令人深思。传播的信息多多，必有一个总的导向，才能导民以道（方向、规则、原则），达到社会民众的普遍认同，易俗大化。所以风草论，导之道论，移风易俗的本末论，都是当时社会公认的（至少统治者）传播原理，或者传播的原则。（第79页）

（杜恺健　撰）

中国传播史论

李敬一

出版概况

《中国传播史论》，李敬一著，武汉大学出版社 2003 年版，平装 16 开本，301 页，约 26 万字。该书系武汉大学人文社会科学重大研究项目。

李敬一，华中师范大学武汉传媒学院学术委员会副主任，省重点培育学科首席负责人。武汉大学教授，博士生导师，著名国学专家，新闻传播学者。先后担任武汉大学广播电视系系主任、武汉大学教学督导、中国新闻教育学会播音与主持艺术专业委员会理事、教育部学位中心新闻传播学科特邀通讯评审专家、中共湖北省委宣传部及武汉市委宣传部特聘新闻阅评专家，中央电视台《百家讲坛》、北京电视台《中华文明大讲堂》、上海电视台《艺术人文》主讲人。现任华中师范大学武汉传媒学院播音主持艺术学院院长。主要研究方向为新闻传播学、新闻传播史、跨文化传播。有《中国传播史》《中国传播史论》《先秦两汉文学史》等论著多部。

内容提要

该书力求史论结合，在中国传播史的整体构架下，以专论的形式展开叙述和论证，其纵向勾勒出中国古代社会传播发展的历史线索，横向又以点带面，对某一历史时期的传播实践做出历史总结。（第 300 页）作者运用历史唯物主义和辩证唯物主义的思想方法，运用新闻史学知识和传播学的理论框架，借鉴有关学科的科学知识，从人文精神的角度，对中国自身的传播历史、传播方式、传播观念，尤其是对传播与中国传统文化、传播与中国社会发展的关系进行了探讨与研究。（第 299 页）该书分为五大板块，分别为：史实论、人物论、思想论、技术论和发展论，共二十二个章节。另附参考书目和后记。

"史实论"以史实为材料，结合诸多传播理论分析中国传统社会的多个传播活动，共十章。第一章"游说诸侯——先秦口语传播的最高境界"，着重分析春秋战国时期孔子等人游说诸侯的史实，参考了《史记》《战国策》等经典文献，从中分析中国古代口语传播的技巧与智慧。第二章"传播的互动——采诗观风新论"，以"采诗""观风"两个中国古代重要的传播手段为研究对象，阐述传播者与收集者的互动在传播中的重要作用。第三章"史官记事——中国早期专业新闻传播活动管窥"，以史官记事这一中国早期的新闻传播活动为主，从新闻传播学的角度分析史官的传播方式与新闻职业道德。第四章"玄奘西游，鉴真东渡——唐代的对外传播"，作者以玄奘西游，鉴真东渡为代表的唐代对外传播活动为基础，从中外交通线路、官方对外传播和对外宗教传播三个角度，指出对外传播活动带给唐朝蓬勃的生机与活力，以探讨对外传播的重要性。第五章"宋代书院与学术文化传播"，从宋朝时期的书院与学术文化相得益彰的史实谈起，运用内向传播等理论，指出从传播发展史的角度来看宋代书院带来学术思想大解放、学术文化大传播的重要作用。第六章"东林党与复社——明代的朋党、社团传播"，分析明代中后期朋党结社活动活跃的因素，并以明代的东林党聚徒讲学、著书立说行为与复社的"揭帖""清议"行为代表，运用组织传播理论，探讨了明代政治中的政党传播活动，指出明代政党政治理念的广泛传播带来的重大影响。第七章"秦焚书与清修书——中国古代图书传播"，着重对比分析了秦代焚书与清代修书两个涉及图书传播的大事件，指出两者皆因扼杀传播而失天下的本质，从而说明图书传播在中国古代传播方式中的重要作用，引起对于舆论控制的深入思考。第八章"中国农民革命战争史上的舆论传播"，以中国农民革命战争为史实材料，以舆论传播为研究对象，深入剖析中国农民起义中舆论的组织形式、内容和传播方式，说明舆论对于社会变革的意义，阐释传播在社会生活中起到的推波助澜作用。第九章"中国古代邮驿制度与传播"，作者首先梳理了中国古代以及近代邮驿的发展史，又总结统治阶级对于邮驿传播的控制，指出其控制信息传播的本质，最后说明邮驿传播政治、军事、经济、社会信息的重要功能。第十章"佛教传播与中国传统文化"，介绍了佛教在中国的传播与发展以及对中国传统文化的影响，探究了佛教在中国传播的三个特点，并对佛教传播进行了深入思考，指出佛教在中国的成功传播这一文化现象对于研究跨文化传播的启示。

　　"人物论"以三个中国古代重要人物为研究对象,研究其传播实践活动以及传播观念,并总结其对后世的启示。第十一章"司马迁的传播实践与传播观念",首先对司马迁这一历史人物进行再认识,总结了司马迁的传播观念,深入探究了司马迁的传播精神、古代传播思想的内核"实录",以及司马迁的传播实践"漫游",这两者是传播的重要方式和行为准则,指出司马迁对中国传播的重要意义。第十二章"张骞通西域——中国对外传播史第一页",介绍了张骞两次出使西域这一史实,指出这一对外传播活动对于西汉以及后代的重要意义,堪称中国传播史上意义深远的一个壮举。第十三章"和平与文明——郑和下西洋的传播实践",从四个方面证明了郑和下西洋这一传播活动系一次真正意义的和平传播,又详细论述了郑和下西洋从传播内容上讲是在传播文明,并带着宣德教化的目的,最后作者从和平与文明出发带来了历史的沉思,郑和下西洋是对中国和平与稳定的彰显,也宣告了中国积极对外传播活动的终结,思考其对现今的启示。

　　"思想论"以道家、儒家、法家三个在中国传统社会占据重要地位的思想为研究对象,从传播的角度分析其特点。第十四章"道家传播思想探析",详细分析了道家传播思想形成的社会背景,探究了老子、庄子的传播观,探讨了道家传播思想的得与失,着重说明道家传播思想的积极意义,指出道家对非言语传播、语言符号的暧昧多义性的认识以及传播技巧的贡献都有重要研究价值。第十五章"儒家、法家关于舆论控制的'共识'",介绍了用道德教化、社会规范制约舆论的发展,儒家法家皆通过不同的方式去规范和引导社会条件从而树立有利于自家的舆论导向、排斥异己舆论,再通过对儒家和法家统一舆论、控制思想的比较,指出其操纵舆论、造就舆论一律的本质。

　　"技术论"通过详细分析蔡侯纸和活字印刷这两项我国古代技术革命,说明它们对于传播的重要作用。第十六章"蔡侯纸——影响人类发明的传播技术革命"分析了纸与传播的关系和蔡伦造纸的重要意义,指出其是传播工具的革命,也是人类传播意识的一大飞跃。第十七章"活字印刷——传播技术史上的里程碑",分析了活字印刷术的广泛应用及其对人类文明发展的贡献,尤其是传入西方的意义。

　　"发展论"通过分析社会发展的客观史实,深入思考传播对社会发展所起的作用。第十八章"先秦传播与社会发展",以先秦传播为分析对象,论述了传播与政治、经济发展、军事斗争、文化的关系,指出先秦传播对当时社会进步乃至后世社会发展的推动作用。第十九章"传播与汉唐大一统",指出传播对于汉唐大一统的促进与巩固作用，而汉唐大一统对传播既有发展作用又有限制、制约作用，论述了二者的辩证关系。第二十章"地图、世界图像与'民族''国家'观念——文化传播与中国近代化历程"，着重分析了三个传播事件对中国近代化的推动：传教士的文化传播动摇了"帝国""王朝"观念；近代历史地理知识的传播让中国人"睁眼看世界"；"民族""国家"观念的传播激发了有志之士探索国家革新改制途径的实践。第二十一章"近代西方文化传播与中国社会的转型"，分析了中国近代社会中西文化的碰撞带来的局面，着重探讨报刊与社会转型，指出西方文化传播对中国社会转型产生的影响。第二十二章"中国传播史与传播学研究本土化"，作者展望了中国传播史与传播学研究的发展，提出应当加强对中国传播历史和古代传播思想的研究，认识中国传播事业发展现状，关注西方传播理论及其最新发展态势，建立有中国特色的传播理论体系。

学术特色

该书的一大特色是"古今结合"，即将现代的新闻史学知识、传播学理论与中国古代的传播史实相结合。首先从作者参考的文献资料中可以看出，作者借鉴了《论语》《战国策》《资治通鉴》等35本中国古典名著，同时还参考了35本现代中外史学以及传播学著作。可以看出作者十分注重文献资料的收集与使用，在研究中国古代史料的同时还借鉴了大量现代的史学以及传播学理论，以丰富该书内容。其次从该书的部分内容可以看出，作者运用现代的传播学理论来解释中国古代的传播史实，如"传播的互动——采诗观风新论"一章，作者用传播者与收集者来形容在采诗观风这一历史活动中统治者与被统治者的关系；再比如"宋代书院与学术文化传播"一章，作者将学者静坐澄心以明理修身称为一种内向传播，用美国社会心理学家米德的内向传播理论解释了这一历史活动。用现代的传播学理论来阐释中国古代的传播史实，一方面使读者可以更好地理解作者的观点，另一方面又达到了古今传播活动与理论的结合，让研究更符合当代需要，更具现实意义。该书的一大创新之处则是从史实、人物、思想、技术、发展五个角度来对华夏传播学进行研究。

该书的一大贡献是将传播学研究同中国社会发展和传播事业的实际结合起来，探索并建立适合中国国情和文化传统的传播理论体系。（谢丹2006：78）《中国传播史论》做到了传播学研究和中华传统文化的结合，首次将华夏传播分为史实论、人物论、思想论、技术论和发展论五大板块进行研究，为华夏传播学研究找到了新的突破口。此外，该书还为华夏传播学之后的研究提供了方向指引，对后世的研究有很大的借鉴意义。当然，该书也存在一些不足之处，作者很多观点很有价值，但缺乏更深度、系统的研究，可能出于篇幅考虑史实资料运用还不够丰富，如对外传播只涉及了张骞通西域、郑和下西洋两个历史事件，导致史实论据有一些单薄。但从总体来看，《中国传播史论》着实是华夏传播学研究的一个硕果。

观点撷英

采诗观风之所以成为对当时乃至后世影响深远的一种传播方式，最重要的因素在于它在一定程度上实现了传播者与收集者，或者说统治者与被统治者之间的互动。"上以风化下，下以风刺上，主文而谲谏，言之无罪，闻之者足以戒。"（第 27 页）

以王权为最高核心的等级隶属制度结构，导致了传播系统主要不是网络状的覆盖社会而是垂直的切入社会——即自上而下的统摄。然而要让这个官僚及其运行，必须保证体制内信息的双向流通。但在古代落后的传播条件下，君主大多数时候只能通过官员的奏章来获取民间信息，而这些官员的奏章常常因传播速度缓慢、传播渠道太长、信息干扰杂多而失真，难以真实地反映社会情况。与之相较，直接采风于民间，显然是一种更直接、风迅速获取民间信息的手段。这种自上而下的逆传播，打破了专制社会里常规的传播方式，将田野之风吹向高堂深殿，使得处于统治者视野之外的边缘文化进入统治者的中心文化圈，从而在历史的长河中保留并流传下来。（第 28 页）

理学家们认为"天理"，只在喜、怒、哀、乐未发生以前的心理状态才能显现，它又极其细微，不是耳能所闻目能所睹的，非过细体认是不能觉得的。但人们平常为外物所扰，思虑纷纭，很难看出"天理"来，所以要默坐以澄心，使得心中没有一点事了，天理才能体认出来。

他们正是通过静坐自省这一独特的内向传播方式，来认明"天理"从而实现自身"为圣贤"的目的。（第 69 页）

邮驿系统在提高着君主专制的官僚机构运行效率的同时，也在社会内部消解着极权力量赖以生存的基础，尽管这种消解微弱而无意。而中国社会便是在这种对抗所形成的动态均衡中不断向前发展的。（第 122 页）

佛教传播的成功，为传播学提供了这样一些启示：其一，作为一种意识形态，作为一种文化，要想在异国他邦传播开来，必须善于适应彼时彼地的意识形态或文化传统。……其二，思想、文化的传播不能采用强制的手段，而必须注意传播的方式与方法。（第131—132页）

司马迁的传播观念和理论是从他对史学的理解和他的传播活动中体现出来的，他留给中国传播史的经验有以下几点：

"究天人之际，通古今之变"，这是传播事业的追求目标。"载明圣盛德，述功臣贤士大夫之业，别嫌疑，明是非，定犹豫，善善，恶恶，贤贤，贱不肖，存亡国，继绝世，补敝起废"，这是传播者的社会责任。（第145页）

不管是"导之以德，齐之以礼"的儒家天下，还是"导之以政，齐之以刑"的"法治"社会，中国古代帝王以及他们政治上的幕僚们，一方面通过道德规范和行为习惯，利用层层礼法教化来制造、限制和引导民意；另一方面又利用国家政权机器建立各种制度、法律规范来控制舆论、操纵舆论，从而使社会舆论趋于统一，以利于维护其腐朽的专制统治，这是他们舆论政策的重要成分。（第201页）

先秦的神话、传说、歌谣、诗文、风俗、思想等，都是经过口传、身传或文字等符号流传至今。孔子虽称"述而不作"，但他的许多言论还是被弟子们付诸文字。若无孔子的"述"，及其门徒的"作"，儒家思想便只能归于湮没。（第237页）

综上所述，我们不得不承认，西方文化在19世纪末传入中国之后，不仅其由传播内容所带来的器物变革、制度革新及思想观念之转型共同促进了中国古代社会向近代社会的转变，而且作为传播载体的新闻媒介——近代报刊也从舆论的角度对中国社会的转型产生影响。在这个意义上说，我们固然要反省被迫融入近代世界对中国社会转型所造成的负面影响，同时也不可忽视被迫与西方文化接触的过程中，西方文化的传入对中国社会转型所产生的积极作用。（第281页）

不研究中国传播历史，就无法解释传播与中华民族传统文化的关系；而不了解民族的文化传统、文化心理，也就无法解释当今的传播现象，因而不利于促进新时代传播事业的发展。（第283页）

（张昕羽 撰）

《中华文化与传播》

孙顺华

出版概况

《中华文化与传播》，孙顺华主编，新华出版社 2003 年版，32 开本，337 页，29 万字。该书围绕文化与传播的关系，从传播意义上阐述了中华文化的书，也有别于中国传播史之类的书。作者将文化与传播加以融合，从一个新的视角阐述文化在传播中的意义，这是一种尝试，值得学界重视。

孙顺华，是青岛大学文学院的一位老师。生于 1962 年，1980 至 1987 年她就读于北京大学，1984 年获北京大学史学学士学位，1987 年获北京大学史学硕士学位。后来，1987 年到青岛大学任教至今。目前主要研究方向是中国历史和文化传播史。其他著作还有《中国广告史》山东大学出版社 2005 年，《公共关系学》青岛出版社 2002 年。孙顺华老师曾获得的奖项有：山东省高校优秀论文二等奖 1 项；青岛市社科优秀成果论文二等奖 1 项；青岛市社科优秀成果著作二等奖 1 项。

内容提要

《中华文化与传播》于导论之后分九章，其包含二十七节。导论阐述中华文化与全球化时代的文化传播。第一章，论华夏文化圈的形成，该部分共三节，作者从前文明时期的原始传播入手，到中华早期文明阐述，再论华夏文化圈在多种形式的传播中的形成。第二章，中华文化形态的奠定。内容包括中华文化的"轴心时代"、礼乐文化的兴起与传播、春秋战国的文化自由传播、儒学与权力的结合及其传播形态的变化。第三章，"中华帝国"的传播体制，从古代君主专制主义政治制度的发展到君主专制主义统治对传播的控制，再到"中华帝国"传播控制的特点进行阐述。第四章，中华文化的社会传播，分三节：道德本位的社会化传播规范、社会化传播的途径、中华文化的活载体。中国人在创造中华文化的同时，也创造了影响和制约中国人传播行为的社会环境。第五章，中华文字演变与文字传播技术的发展，该章节包括对文字和汉字的认识、汉字的起源、早期文字甲骨文、汉字形体的演变等。传播技术、传播手段和中华民族的发展、中华文化的延绵紧密地联系在一起：汉字、印刷术和造纸术的发明和发展使中国无可争辩地处在前三次信息革命的领先地位，标志着农业文明时期中华文化的辉煌。第六章，中华文化的文字传播，这部分包括文字传播与中华文化、中华书籍的传播轨迹和经史的传播状况及作用分析。当口语传播将不发达的古代社会分化为许许多多相对隔离的区域的时候，文字传播以它强有力的权威性和严格的规范性把一个国家一个大民族统一起来。第七章，中华文化的非文字传播。从中国建筑的符号意义，传统服饰的传播功能和中国书画的语言代码功能来论述。第八章，中华文化的内聚。包括"汉化"与"胡化"、佛教的输入与中国化、明清之际至现代西方文化的传播三部分。第九章，中华文化的扩散。中华文化的内局和扩散形成了一种互动关系，中国古代的儒学、科学、典制、技术、中国化佛教流播周边国家，造就了"东亚文化圈"，而中学西渐对于欧洲文明的发展乃至整个世界文明的发展都具有积极意义。

学术特色

《中华文化与传播》文献史料的搜集、整理和使用做得恰到好处。书中多次引述了《论语》中的精髓，从《论语先进》《论语子罕》《论语为政》《论语述而》等都摘取了相关的信息来证实、阐述自己的观点。还广泛涉猎了《韩非子》《礼记》《史记》《秦始皇本纪》《春秋繁露》等佳作。

中华文化形态的奠定以春秋战国时期为轴心，可上溯到西周的制礼作乐，下延至秦汉的文化整合。公元前 800 年到公元前 200 年 世界范围内所发生的精神过程似乎建立起一个轴心，人们称这个时期为轴心时代。它是人类由巫术发展到神教和由自然宗教发展到伦理宗教的转折时期，神权统治告终，人类有了第一次的觉醒。春秋战国时期作为典型的轴心时代，具有明显的承上启下的作用。轴心时代继承了夏商周 3 代的文化传统 特别是西周的"制礼作乐"的文化成果。孔子是中华元典的传述者，夏是"遵命文化"，商是

"遵神文化"。轴心时代为秦汉文化的整合奠定了基础，没有轴心时代的文化继承和创造，便没有秦汉的文化整合。

《中华文化与传播》这该书从文化与传播互动关系的视角阐释独具特色的中华传统文化的形成、发展和影响，探讨中国历史上和现实中种种传播现象的本质和规律。书中展示了中华文化的博大精深、源远流长和丰富多彩。中华文化是沟通中华民族过去、现在和未来的桥梁，其历史割不断，文化也割不断。并且中华文化不是封闭的文化，它之所以有悠久的生命力，原因之一是它带有开放的特色，一是中国境内各个民族间相互学习，共同创造了中华文化；一是中国善于向外国学习。开放的中华文化也曾经在东亚和欧洲传播，对其文明进程也产生了深刻影响。

观点撷英

可以说，文化是社会遗传的一种形式。我们把它看成是一个连续统一体，一系列超生物、超肉体的事物和事件，它们随着时间的推移而世代相传。（第14页）

传播模式有三种，即直接接触、媒介接触和刺激传播。一个社会的发明，先被他周围的社会所接受，然后像接力棒似的一站一站传到远方，这就是直接接触；如果两种文化之见不是直接交往，而是以第三者为媒介，使某种文化因素得到交流，这就称为媒介接触；某一社会掌握了某项知识以后，刺激了另外一个社会，给对方以灵感和启发，使之也相应发明和发展了类似的文化因素，这是刺激传播。（第59—60页）

儒家学说的核心是"仁"。"仁"字从"人"从"二"，强调的是人与人的关系。"仁者，爱人"。强调人与人的关系是爱，但这种爱不是基督教所说的人类之爱，也不是现代人所理解的阶级之爱，而是血亲之爱及由此出发推及整个社会的"等差"之爱。（第87—88页）

在人生和社会的问题上，不是追求拯救、灵魂不朽，而是把不朽放在现世工业文章上，"用之则行，舍之则藏"，进则建功立业，退则著书立说，试图凭着人类自身的德性修养，在此岸世界建立一种理想化的社会，同时解决人生的苦乐问题。老子的"小国寡民"社会，庄子的"超世""游世"的"至人"境界，孔子、孟子的圣贤人格和"大同"理想，墨子心目中的理想社会，无不在此岸世界建立理想化的社会。（第96页）

儒家文本是由孔子整理和编辑的。孔子本人博览群书。他自述"吾十有五而志于学","发愤忘食,乐以忘忧,不知老之将至"。这说明他从小到老勤学不辍。孔子所读的书主要是前代的典章制度和历史文献。据说孔子周烈国的一个重要的原因是收集失散的文献典籍。他把自己的社会理想寄托于学术传承之中,通过儒家文本传播文化知识和社会的理想。(第106—107页)

孔子的圣人化和各地孔庙的祭祀仪式从形式上强化了儒家的独尊性和神圣性,使儒学传播具有了宗教传播的特征。每次祭祀仪式,都是对既定的社会关系、等级秩序、信条、行为道德规范的重申,通过仪式表演可以感化社会成员,使他们自然而然地产生文化心理的认同感,从而有效地将儒家的理念传播渗透到具体的社会生活中,并反过来使儒学的价值观得到长期的保持。(第112页)

法家把传播纳入法治的轨道。法家集大成者韩非子非常重视对传播的控制。他说太上禁其心其次禁其言,即把意识倾向的控制放在言论控制之前。他主张以法令作为传播控制的准则,说"明主之国,令者,言最贵者也;法者,事最适者也。言无二贵,法不两适。故言行而不轨于法令者必禁。"法令体现君主的意旨,把全国人民的言行"轨于法令",实际上就是主张以君主的是非为是非,不符合君主意旨的言行要受到禁止。(第124页)

专制主义的传播体制和宗法制度相结合,渗透于社会的各个层面,导致皇帝对臣下,上级对下级,官员对百姓,家长对家庭成员,男人对女人传播地位的不平等,或者说后者的失语状态。这既是专制主义的表现,有时专制主义的必然结果。(第143页)

将社会交往与主体修德视为内在相关的一体,修德的主要内容是以血亲为基础的仁爱精神;人的交往与交流行为必须受"礼"的规范和约束;儒家从正面强调仁爱修养,礼的约束的同时,还从反面强调克服人性弱点。(第149页)

美学价值的高低是对文字本身的鉴赏,这与文字负载的社会信息量多少无关。文字形体的美学价值是对文字的点画体势气质情感的衡量,这些因素构成的艺术境界所负载的信息是一种靠人的心灵去领悟,去领略的捉摸不定的信息。这与文字负载的具有公约性的社会信息属于不同的层次。(第188页)

(孟安娜 撰)

《中华传播理论与原则》

〔美〕陈国明

出版概况

《中华传播理论与原则》，陈国明主编，五南图书出版公司 2004 年 1 月第 1 版，16 开本，539 页。

陈国明，1987 年获美国肯特州立大学传播学博士学位，目前为罗德岛大学传播学系教授。陈国明为 1987 年美国国家传播学会国际与文化问传播组杰出博士论文奖得主。曾任美国国家传播学会立法委员、美国东部传播学会文化问传播组主席等职。主要研究领域为文化间／组织间／全球传播学。目前担任两个专业期刊编辑以及多本期刊编辑委员。除了获得学术研究各种奖励之外，至今已发表了一百余篇论文，编著二十本中英文专书。

内容提要

《中华传播理论与原则》于前言后，分为"总论""分论""细论"三大部分共编译收录了 24 篇文章，试图从中华文化的角度，来探讨所谓中华式或本土性的传播形态或行为，以资与其他文化的传播形态或行为有所分别，其目的并非是在寻找普世性的传播理论，而是试图通过收录的 24 篇论文描绘出一个具有中华文化特色的传播理论与原则。

第一部分"总论"包括七篇文章，除了首篇鸟瞰华人传播研究的过去、现在、与未来的展望之外，其他六篇旨在探究文化特殊性传播理论的可能与否，以及可资之依据。这一部分论文对中华传播理论的建立有整体性的分析。

第一篇题名《中华传播学研究简介》，是编者陈国明撰写的综论式文章，在对传播学研究领域的界定后，概述性地介绍了华人传播学的过去即中国传统的传播活动，之后开始系统地梳理华人传播学的现在，包括研究内容的类别、研究方法和典范的取向，最后又在对华人传播学的未来展望中提出华人传播研究应该在批判吸收与转化西方思想的同时，深耕于中华文化的土壤，梳理与建立起自我文化的认同，然后放眼全球社会，以资提供与接收必要的双向贡献。

第二篇题名《华人传播理论：从头打造或逐步融合？》，作者是王琪、沈清松和罗文辉，他们从传播理论的本质和华人文化传统两个角度入手谈论了华人传播理论建构的可能性，并提出要在理论化的同时与西方建立有意义的对话，融合又不忘创新将是华人传播理论建立的最可行道路。

第三篇题名《理论化是华人社会传播研究的出路：全球化与本土化的张力处理》，作者是陈韬文，他首先提出要将华人传播理论与华人社会传播理论两个概念在理念上的差别。并在探讨了传播理论本土化的意义后，提出发展华人社会传播研究首要的就是要提出重要的理论问题，然后找出答案，再以答案回应世界理论界的关注，提出补充性或创新的想法，对全球化的争论有所启发，只有这样华人社会传播理论的概念才会得到更多世界学者的认同。

第四篇题名《传播理论的亚洲中心典范》，作者是三池贤孝，他开篇就提出二十一世纪需要的是多元化的传播理论，而不是操控于某国单一理论的霸权主义之下，提出亚洲中心论传播研究就是根植于多种亚洲传统文化的传播学理论系统或思想，是区别于欧美中心论的传播研究，是对于亚洲文化价值与传播行为的知识。在强调了亚洲社会心理的互惠性、为他性、和谐性特征后，提出了传播学的亚洲中心论的假定，并从机会和挑战两个方面论述了其理论建构的可能。

第五篇题名《中华传播的理论与实际：一个层次面向》，作者是John Powers，其建构的人类沟通学科的概括知识性架构模型分为四个层次，分别是讯息中心、沟通者中心、层次中心和脉络中心，并以此为根据划分有关华人沟通的研究文献，归纳出一幅描述华人沟通过程、原则和实践的详细蓝图。

第六篇题名《中文传播研究之理论化与本土化：以受众及媒介效果的整合理论为例》，作者是祝建华，他在对大陆受众及传媒效果研究的简单回顾之后，提出要对西方理论进行去芜存菁的吸收，并提出了自己的用于研究大陆受众行为与媒介效果的理论框架，命名为"整合理论"，从宏观和个体的层面对"整合理论"进行建构，还从"整合理论"的正式表述、实证基础和评估出发进行了详细论述，提出既理论化又本土化的中文传播研究。

　　第七篇题名《华夏传播学方法论初探》，作者是陈世敏，其从社会行为科学"中国化"说起，探讨了传播学"中国化"的可能，并聚焦于方法论，从研究方法上剖析华人社会传播研究本土化的诸多难题，着重探讨了"方志学"作为传播学在中国学科建设的方法论的可行性。

　　第二部分"分论"包括七篇文章，探讨中华文化的不同面向，对传播的不同层面（level），如人际间传播与组织传播，所可能产生的影响。

　　第八篇题名《意识构成、文化与华人传播》，作者是陈凌，本篇文章从Gebser 的理论，从意识构成着手，探讨中华文化与华人传播，并从时间与空间、人与自然、自我与社会这三组基本范畴为基点，探讨中华文化传统和习俗如何源自意识基本范畴，从而影响人际沟通。通过中美文化的对照，本文提出了文化差异乃是意识构成形态不同所致。

　　第九篇题名《台湾人际传播理论的重建：多面性理论架构的分析》，作者是张惠晶和 Richard Holt，在文献综述中评价前人对于台湾人际关系和传播理论研究中主要存在三个问题，即忽视个人的主体性、鲜有提及传播人的情感因素和视华人的传播行为为被动且单调的。提出由于华人复杂的人际脉络关系，所以想要深究华人人际传播行为必须以多面性的概念来进行考察，即从华人传播的操纵性、艺术性与谦和性来考察。最后还从政治的变迁、语言的变迁、文化生活的变迁以及电脑科技的变迁四个方面谈了现代台湾人的人际沟通活动。

　　第十篇题名《易经八卦的人际关系发展模式》，作者是陈国明，他从人类的社会需求三要素：归属感、支配力和情感入手，谈不同文化在人际关系的发展、维系与终止的过程中展现的不同特色与方法，并试图从中华文化的角度，发展出一个适合解释华人人际关系演进过程的模式，并从人际关系研究的理论模式，一个中华文化的关系模式，中华文化关系模式的特色与形态，中华文化关系模式对沟通行为的影响，和谐关系的另一面等方面入手进一步对华人人际关系加以分析。文中认为易经八卦象征着人类关系发展的八个阶段，分别为"震—雷—激起""巽—风—渗入""离—火—附着""坤—地—承受""兑—泽—喜悦""乾—天—健壮""坎—水—深渊""艮—山—止息"，强调了华人关系模式中最具特色的细水长流性与和谐性。

　　第十一篇题名《层级结构与华人组织传播》，作者是刘双，作者先从组织的概念与层级结构的概念入手，探讨了组织传播的特点与层级在组织传播中所起到的作用，尤其以华人组织中的层级结构为例探讨了组织传播模式，提出组织的结构是受到政治因素和传统文化因素的共同影响的，而层级结构与传播之间则存在着互动式的相互影响。

第十二篇题名《儒家思想对组织传播的影响》，作者是陈国明和钟振升，他们试图解析文化环境对亚洲五龙经济成就的影响，换句话说就是探究亚洲五龙经济成就可能受到儒家思想传统的什么影响，尤其侧重在对组织生活和组织传播两方面的影响。文章从层级关系、家族系统、仁道观念以及重视教育这四个儒家思想的要素为架构，来分析儒家思想如何影响了亚洲五龙的人际关系与组织生活，探讨儒家思想对于管理原则、人群关系和沟通的影响。最后提出在儒家思想影响下的组织沟通特色是能够有效地提高组织沟通的策略，而且这些策略基本上是投资在预防性，而非问题解决性的组织效力的评估之上。

第十三篇题名《无为谈判者：道家思想与谈判行为研究》，作者是黄铃媚。作者首先检视西方谈判研究的现状与困境，接着介绍西方学者因应这些困境所出现的"东方转向"及其限制，最后则从道家思想发展处替代性的谈判行为准则，主要从道家的无为和不争思想入手，谈"无为无不为"和"柔弱胜刚强"在谈判活动中的实际应用。

第十四篇题名《西方中心论传播研究的改进：佛教思想的典范》，作者是石井敏，其认为在后现代学术运动的冲击下，亚洲传播学者面临的任务是批判地脱离传统的西方中心论典范，以及寻找建立在自己文化传统的沟通典范，并以此延伸出文章的四个相关目的：1.批判地检阅进来西方中心论传播学研究典范失落的现象；2.试着通过跨宗教的比较世界观，发展一个新的典范；3.简述对东亚文化具有重大影响的大乘佛教的思想；4.从大乘佛教的观点，提出三界传播研究的思想典范，即对人类世界、自然世界和超自然世界之间发生的传播活动、事件和现象的研究。

第三部分"细论"包括十篇文章，直接从行为层次，分析华人如面子、关系、气、报、客气、占卜、风水等重要的文化概念，与传播的直接关系。理论或模式的建构，在这一部分有较深入的尝试。

第十五篇题名《华人社会中的脸面与沟通行动》，作者是黄光国，文章从儒家关系主义的观点，提出一套概念架构，来说明华人社会中的沟通行动。通过回顾传统华人社会中跟脸面有关的几个重要概念，从社会学的角度，说明现代化对华人的社会行为可能造成什么样的冲击，最后进一步说明：在现代社会中，"面子"在华人沟通行动之中所扮演的角色。文章的论述涉及"面子与戏剧理论""面子与权力""面子的性质""面子与社会互动"几个方面，作者在其中详细论述了面子之于华人的社会行为而言，是一个意义十分丰富的概念。

第十六篇题名《和谐与华人沟通行为》，作者是陈国明，作者先区分了高低不同的情景文化下人们所具有的特色，之后介绍了华人沟通的本体观，即"变"是宇宙运行的唯一永恒原则。进而又提及了中西方对于人类沟通的三种差异看法，并提出为了达到和谐或沟通胜任能力，中华文化发展出了三组原则，即从内在角度而言的"仁义礼"；从外在角度而言的"时位几"；以及从策略角度而言的"关系、面子、权力"，作者认为这九个概念的功能与彼此间的关系，形成了一个理想化的华人沟通的整体系统。

第十七篇题名《关系与华人沟通行为》，作者是马成龙，文章主要目的就在建立一个跨文化比较关系的多面向基准，然后以这个基准来阐述关系在中华文化中的重要性，以及为何关系是华人间沟通的桥梁。在论述关系的多重面向时，文章提供了七种面向上的考虑并认为其显示了华人社会中"关系"之所以比其他社会较为显著的原因。提出，对于许多华人而言，关系是人际沟通的核心问题，没有良性关系的存在，深入交谈几乎是不可能，而如果说传播沟通就是文化，那么关系可说是中华文化的传统版本。

第十八篇题名《礼与华人沟通行为》，作者是肖小穗，文章认为"礼"本身就是一套文化表意系统和沟通模式，在"礼"的深处有一极生动活泼的区域，在那里"克己""约我"等否定字眼不再适用于说明礼的功能；相反地要用到"游戏""建构""创造性""动力""韵律""愉悦"等肯定行字眼，才足以展示礼的能动作用。而认识"礼"的能动性，对于中国传播学研究有特别重要的意义。作者就是从礼的游戏性质、礼的构成规则、礼语的游戏规则以及礼语与中国人际沟通的关系来深入探讨。

第十九篇题名《报与华人沟通行为》，作者是 Richard Holt 和张惠晶，作者从佛道两家的思想入手谈"报"在中国文化中的概念，谈"报"的宇宙观和"报"在人际互动中的作用方式。并将"报"与其他民俗概念进行对比和勾连式的分析，包括"报"与"关系""礼""情""人情债""礼貌和礼物"等。认为"报"的运作带给华人人际关系一种特殊的内涵，不仅能拉近人与人的距离，也能将彼此的关系推远，而华人的人际世界，便在这样的矛盾拉扯间维持一种巧妙的平衡。在文章的最末作者还就"报"与人际沟通的因果关系，探讨了五个传播理论研究与发展的方向。

第二十篇题名《客气与华人沟通行为》，作者是冯海荣，文章探讨"客气"的根源和中华文化中和客气有关的概念以及影响客气的社会因素，并从传播学的角度，勾勒华人的客气行为，然后进一步尝试建立华人客气行为的理论称述。提出在华人世界中，客气是一个既复杂又富于变化的概念，在与华人不同价值观的相互渗透与交融中，形成了华人特殊的沟通方式。

第二十一篇题名《缘与华人沟通行为》，作者是张惠晶、Richard Holt 和林宏达，文章对于"缘"如何影响华人人际互动，特别是日常的感情交流，加以详细分析，探讨它对华人人际沟通理论发展的影响。在对"缘"的概念起源与有关的语词进行分析后，探讨了"缘"与"命""欠债""情感"三个概念之间的关系，并通过对其他学者对于"缘"的评述来对"缘"之于华人社会生活的影响做进一步分析。最后文章还对"缘"如何影响华人人际沟通理论的发展方向提出了几点建议。

第二十二篇题名《风水与华人沟通行为》，作者是陈国明，文章从传播学的角度，分为四个部分来探讨风水学这门学问，即风水是什么、风水的特色、风水的中华文化与哲学基础、风水对华人社会的影响。同时，文章还试图从风水的属性，与中华文化与哲学思想的关系归纳出十个假定与十个命题，勾勒出风水学源自中华哲学与文化的中心思想。并从文化间沟通可能出现的误会，提出应该以一种更正面而科学的态度面对诸如"风水"一类中华传统智慧的积累。

第二十三篇题名《占卜与华人沟通行为》，作者是庄瑞玲，文章从沟通的观点探讨华人的占卜或算命行为是如何表现中华文化价值观与华人沟通模式的，并以命题表示占卜或算命与沟通行为的关系，讨论分为四个部分：1. 占卜与中国哲学；2. 占卜与心理学；3. 占卜与文化价值观；4. 占卜与沟通理论。提出占卜和算命行为源自不确定性减除的经营目的，源自文化情境的脉络，源自镜中我与自我实现的预测。

第二十四篇题名《气的传播理论和语文策略》，作者是钟振升，文章从"气"的定义和产生过程入手，将"气"的概念引介到传播的研究上，探讨"气"的阴阳特性，以及其对语文（verbal）讯息处理（messaging）过程的影响，并提出了"气"的传播理论，建立了"气"的传播模式。

学术特色

《中华传播理论与原则》是一部论文辑录式的书籍，编者所选取的论文具有十足的中华传播理论建构倾向，不仅仅局限于对西方中心式传播学研究的批判，而更多的是扎扎实实的立足于对华人世界的传播行为与传播实践的分析与中华传播理论的建构。兼顾了对前人理论的继承和新理论新视角的创新，《中华传播理论与原则》一书的学术价值和现实意义不言而喻。但也存在着一些不足之处，就是在细论的部分对于一些华人世界特有的民俗概念与华人沟通行为之间的勾连与联系的建构时显得有些牵强，另外对于源远流长的中华文化来说，书中所涉及的民俗概念还是太少。当然，篇幅有限，瑕不掩瑜，从总体上看，这无疑是一部很有分量很有新意，对当前的国内传播学研究极具启发价值的论文辑录，对于中华传播理论建构的贡献是不言而喻的。

观点撷英

依我个人的看法，"传播"或"沟通"是一个普世性的概念，也就是说，不管是东方或西方人，只要是人类，就不能不经由不同符号系统的交换，来达到互相理解的目的。因此，归纳或演绎出普世性的传播理论，并不是不可能之事。例如，对"传播"自身的存在、过程、与属性等自身的论述，该不会因为文化的差异，而产生不同。（第1页）

有系统的传播学研究，既然是二十世纪之后，才在美国开始兴起的，因此之前人类社会是没有"传播学"这个概念存在。但是传播/沟通就是生活，任何社会随时皆从事着传播的活动。中国也不例外，而且自古传播活动已经相当发达，不仅具有自己的一套传播系统，更有一大部分给定制化，成为官民自己与之间传递信息，达到相互了解的工具。（第9页）

要成功地扮演全球社会的一个分子，华人社会的传播研究，在批判吸收与转化西方思想的同时，必须深耕于中华文化的土壤，耙疏与建立起自我文化的认同，然后放眼全球社会，以资提供与接收必要的双向贡献。唯有经由健全的本土性的发展与认同，再以此认同投射到整个全球社会，华人传播学才能显现其光辉与乐观的前景。（第21页）

目前我们最需要的，是加强我们对于社会科学理论所代表的精神、形成的社会背景、文化传统、以及建构要件的了解，同时深入检讨目前课程安排与研究出版的方向，帮助青年学者了解存在华人文化传统中的理论"胚胎"，未来的理论建构才不至于永远沦于空谈。（第 40 页）

21 世纪的传播领域，必须具有多语言与多文化的特性，以回应人类在本土与全球传播中多样性的经历。传播研究的未来，在很大程度上，需要依靠非西方学者，致力于突破欧美中心论的学术世界观，以及从不同的观点从事文化与传播的理论化工作。本体话的传播理论应该在世界各地发展起来，并积极地输入美国。应该让欧美中心论学者了解这些不同的传播理论。基于此，"亚洲学者若无法确认与充分地利用自身丰富的文化遗产，无疑是抛弃能够对传播学提供宝贵贡献的机会"。（第 69 页）

以我在大陆和海外从事中、外受众及传播效果实证研究二十余年的经验来看，我们应该追求既要理论化，又要本土化。任何偏颇的做法，无论是盲目、机械地搬用西方理论，抑或狭隘、排他性地追求本土理论，均是不明智的。……从本土实情出发（即不是从某一理论或假设出发），广泛搜索国际学术界的知识巨库，从中严格选择直接相关而又能够操作化的概念、命题或框架，以此为基础而发展出整合性理论。（第 125 页）

孔子发展的道德伦理规范，建立了组织内家庭式的人际互动关系。亚洲五龙承袭了儒家思想，形成了一股以人为中心的工作动力。这种动力不仅减低了人际间沟通的成本，而且创造了高度的组织效率。（第 260 页）

首先检视西方谈判研究的现状与困境，接着介绍西方学者因应这些困境所出现的"东方转向"研究与其限制，最后则以善于处理强弱对反的道家思想为分析的主轴，有系统地阐明其中"无为"与"不争"的论说，在不同于西方"竞争／支配"思维模式下，提出六个命题，表示无为谈判者应该遵循的谈判行为准则：1. 无为谈判者是管理竞合矛盾者，2. 无为谈判者是自我价值开发者，3. 无为谈判者是因势利导者，4. 无为谈判者是权力释放者，5. 无为谈判者是软中带硬者，6. 无为谈判者是知足保胜者。（第 288 页）

本章所提出的和谐理论，表述了华人把永续性，带入不停变迁转化的沟通过程的一个较完整的方法。华人沟通的和谐观，与西方文化有着显著的差别。对西方人而言，达到目的或有效性，乃是沟通胜任能力的主要因素；但华人却强调用以达到和谐的适当性与互惠性的重要性。（第 355 页）

华人社会的关系行为可以从许多不同的角度来加以检验。首先，关系是一种文化的实践。在华人社会，不一样的关系意味着不一样的人际沟通行为。其次，关系是可用来完成各种人生目标的工具，如华人就很善于采用不同的关系策略，达到利己和利人的目标。再次，关系使华人陷入永无止境的亏欠和报恩，并促成对人际和谐有某种程度的重视。复次，关系在另一方面，也造成了很多根深蒂固的腐败与人际间矛盾的现象。（第 375 页）

　　本章认为中国传播学研究的重心，是构成规则和操作规则，而不是制约规则。过去对制约规则的谈论已很多，当前中国传播学研究的主要任务，不是继续表述中国人际沟通的制约规则，而是要考察沟通者对构成规则的应用。我们关注的焦点不是那些死的沟通规则，而是互动的沟通过程。（第 400 页）

　　华人不但需要协商人情与责任的平衡，同时也必须寻求情感与功利价值二者的整合。从"报"的象征符号世界来看，华人的人际世界是色彩缤纷，吵吵嚷嚷的你来我往，你多我少的讨价还价；在这样的过程中，他人对自己的好，自己对他人的礼数，以及其他相关人等的涉入，都让人觉得人的世界是充满温馨也偶有寒意的。华人传播理论的建立，第一要务便是了解华人人际互动的复杂性。（第 431 页）

　　　　　　　　　　　　　　　　　　　　　　　　（赵晟　撰）

文明传播的秩序——中国人的智慧

毛 峰

出版概况

《文明传播的秩序——中国人的智慧》（文化与传播研究丛书），毛峰著，中国传媒大学出版社 2005 年 9 月第 1 版，32 开本，351 页。

毛峰，1965 年生于天津，1986 年毕业于南开大学法律系，1986 年本科毕业后任《天津日报》记者、编辑，1990 年考入南开大学中文系现当代文学专业攻读硕士，师从李丽中教授，1993 年获得文学硕士学位；1993 年考入北京师范大学中文系文艺学专业攻读博士学位，师从童庆炳教授，1996 年获得文学博士学位并留校任教至今。共出版学术专著 5 部，其中《神秘主义诗学》入选"三联·哈佛燕京学术丛书"第五辑，受美国哈佛大学燕京学社资助在北京三联书店出版；担任《媒介批评》编委；有多篇学术论文、诗歌、散文、戏剧等作品在海内外发表。毛峰社会职务：北京师范大学新闻传播学院教授、博士生导师，国家社科基金重点项目专家，北京师范大学新闻传播学研究所副所长、媒体策划与文化传播研究中心研究员、《媒介批评》编委、"励耘文库·文化与传播研究"学术丛书主编。

内容提要

该书分文明传播模式、中国世界观、传播中国世界观，建造全球和谐社会三部分，有上、中、下三篇。

上篇，作者以伊甸园的隐喻和美索不达米亚平原的悲剧阐明了文明传播模式的概念：人类活动要与自然生态相和谐，若人类活动与自然生态相抗衡，人类必会遭受自然的反击，招致灾难的到来。作者以鲜明的历史案例提醒我们遵循文明传播的法则：自然生态与人类活动的良性平衡。同时作者给出了一系列理论依据来证明文明传播模式的必要性。汤因比在《人类与大地母亲》中指出：生物圈与人文圈的传播平衡是时代的核心课题；海德格尔指出：现代技术的全面统治是时代的最高危险；伊尼斯和波兹曼对媒介发展的批判。在批判的观点之后，作者给出光明的方向：雅格贝尔斯曾说危机时代是产生伟大智慧的时代，在现代技术与科技时代的危机之后，我们必能寻找到正确的路径，通向未来的光明。由此，作者引出了中篇：中国世界观。

中篇：中国世界观，是这该书的主题。作者以中国和谐世界观开篇，和谐世界观即：文明有序传播、万物协调统一。这是中国数千年来一贯伟大的历史传统以及其孕育出的独特思维方式，也是中华文明数千年来源远流长，屹立于世界文明之林的根基。和谐世界观追溯到唐虞时代和夏商周时代体现在"敬天爱民"的传播智慧以及民本主义、人道主义的政治哲学。中国和谐世界观，不仅有源远流长的历史，更有深厚的智慧与理论基础。万世之师——孔子的思想是中国文明的内在精神核心，孔子以"仁"的思想勾勒了一个真实圆满，阳光普照的世界。"仁爱"也正是中国和谐世界观的内在核心，是中华文明的传播原则：以仁爱之道，对待自己、他人、世界、和整个宇宙；谨守传播秩序，促进天人和谐。正是从"仁爱"出发，发扬孔子思想的传播智慧：礼乐精神、德教立国、世界大同，成为和谐世界观的理论核心。以孔子为代表的儒家学派，在儒学经典中不断阐释完善中国传播哲学《论语》之：有源乃大，道行不息；《孟子》之：所过者化，所存者行；《中庸》之：万物并育而不相害；《大易》之：富有其业，日新其德。

中华文明博大精深，中国世界观以儒学为核心，但只有与中国其他学派传播哲学汇聚融合，才能成为最美世界观。所以，大道无形、大美不言的老子传播智慧和磅礴万物而为一的庄子及佛家传播智慧，是构成中国和谐世界观不可或缺的思想源泉。

下篇：明确中国和谐世界观之后，作者在下篇中给出了方法论建议。文明传播的均衡秩序在两汉重新确立，并在中国历朝历代更迭中成熟稳固。新文化运动后，中国的传统文明遭受批判，受到全盘西化论的冲击。诗人泰戈尔推崇中华文化，阐释文明是传播一种人格理想，而传播危机是人的观念与人的教育的危机。泰戈尔把亚洲的希望和全人类的希望寄托于中华文明，并为陷入迷茫的中华文明指明了道路："将西方文明的外在美丽与活力，注入东方社会内在深厚、博大与宁静中。"在西方近代化的进程中，反近代化的浪潮与之相互激荡与吸收。所以中国的辜鸿铭提出：强化中国，教化世界，吸收并提升西方人道主义，中国的仁道主义将会使世界大同。最后，作者强调迫在眉睫的根本变革是教育、学术、文化传播的根本变革，改变教育理念为：人格教育与知识教育高度一体化、传道授业并行的新教育，培养有廉耻、有社会责任感的有德君子与青年才俊，带动社会风气的转变、政治经济秩序的确立与良性运行、中国社会的可持续发展与中华文化的全面复兴。

在尾章中，作者以"余不敏，乃有志焉。"结束全书。该书历时八年编写而成。作者以深厚的文化素养，贯通古今中外，以全面丰富的古今事例和思想文化巨著为支撑，阐释了中国人的智慧——文明传播的秩序，即和谐世界观。纵观全书，作者展示了清晰的逻辑线索：上篇讲述当今世界面临着人类活动与自然生态冲突的危机，中篇提供了解决危机的理论依据——文明传播的秩序：中国和谐世界观，下篇论证了和谐世界观的应用。

学术特色

作者在阐释、论证各级观点时引用大量国内外学者的观点。比如在上篇文明传播模式的论证时采用汤因比、海德格尔、伊尼斯、波兹曼以及雅思贝尔斯等著名学者的理论观点。在中篇，中国世界观中，作者以孔子及其儒家学说核心，结合佛家道家的智慧，融合提炼出了文明传播的秩序：中国和谐世界观。下篇传播中国世界观，建造全球和谐社会以两汉以来中国稳定的社会格局为例证；以泰戈尔、辜鸿铭的观点，证明了中国世界观对建造全球和谐社会的作用。作者以丰富的学者理论观点，和翔实的案例，使全书论证过程合理充实，做到了有理有据。

作者提出的文明传播的秩序：中国和谐世界观，将中国数千年的思想文化融合提炼，在当今科技时代，生态恶化，人性沦丧的危机中，和谐世界观将会为世界未来的发展指明方向。中共十六大以来，胡锦涛总书记提出"以人为本，全面协调可持续的可续发展观。"作者提出的和谐世界观的内涵与科学发展观不谋而合，和谐世界观强调：仁道、和谐、大同；科学发展观要求：全面、协调、可持续。结合书中中国和谐世界观，我们更好理解科学发展的内涵和要求，也更容易发现科学发展观中蕴含的中国古典智慧。

观点撷英

　　因此，对当代中国人来说，不是否弃现代化道路，而是变西方模式的片面现代化而为可持续的绿色现代化、和谐现代化，以中国世界观为引导，全面复兴传统文化，重建政治廉耻与社会公正，迅速有效地推行经济与社会的可持续发展，千方百计地储备中国社会的可持续性力量，以备在全球性危机与灾难中幸存，并引领全人类走出困境，重建未来。（第 5 页）

　　在物质上，人是有限的，是身心合一、交互为用的生物，尽管屡屡遭受挫败，他总是企图成为环境的主人；在精神上，人是无限的，人能够通过无限的精神潜能掌握自身，从而获得无限的精神自由，即：成为自己的主人，从而超越了环境的一切束缚与局限。（第 20 页）

　　中国人认定：世界的价值、意义、真理，不在生命以外，而就在宇宙生命的不息流动之中，在合乎事物本性的人类生活中。（第 178 页）

　　中国世界观是有大本大源之世界观，其本乎天道，源于自然，故本固源深，枝繁叶茂，流行不息，生生不尽，立于无穷。（第 181 页）

　　中国世界观之根本目标，是在人与自然、人与社会之间，建立一种道德关系，即彼此尊重、彼此协调、井然有序、共同繁荣的和谐关系。要建立人与自然、人与社会的伟大和谐，首先要深刻体认自然之道、社会之道、人文之道。（第 216 页）

　　老子对种种文明制度的尖锐批判，他重返自然、让人恢复本真人性、文明生活应保持在最低限度的主张，渗透着深刻的生态智慧，可谓博大深邃、启迪悠远："致虚极，守静笃。万物并作，吾以观其复。夫物芸芸，各复归其根。归根曰静，静曰复命。复命曰常，知常曰明。不知常，妄作凶。知常容，容乃公。公乃全，全乃天，天乃道，道乃久，没身不殆。"万物芸芸，各归其根：荣华富贵，真如过眼云烟。有见于此，则心灵宁静，不受私欲驱遣，而能容纳万物，葆全本性之纯真，终生没有迷惑危险。（第 220 页）

　　中华文明之传播秩序，在于居社会上层之政治领袖与居社会中层之知识分子以及居社会下层之大众之间的良性互动。政治领袖有好学之德、向道之心，则知识分子必以道统之尊、学统之精严、民意代表之重，向君主建言，从而推动实现中国社会之平稳改良。否则，居社会中坚地位之知识分子，若受尽戮辱而不敢发言，则政治信息的传播反馈严重受阻，天下必大乱。（第 237 页）

　　辜鸿铭归纳总结说："中国人的精神……不是你们所说的大脑活动的产物。我要告诉你们，中国人的精神是一种心灵状态、一种灵魂趋向，你无法像学习速记或世界语那样去把握它。简而言之，它是一种心境，或用诗的语句来说，一种恬静如沐天恩的心境。"（第238页）

　　梁漱溟首先指出，世界上存在着两种理：一是物理，一是情理。理智源于人身，理性源于人心；理智是人的生活方法，是工具，是手段，理性是人的生命本体，是主宰，是人类特征；西方文化长于理智，而短于理性；中国文化长于理性，而短于理智；所以西方文化成就的是民主与科学，中国文化成就的是伦理道德。（第338页）

　　诚如梁漱溟先生之伟大预言："西方化的尽头必是中国文化的复兴"，真确完整地传播中国文化，以解救当今全球西化之重重危机，逐步实现传播学乃至一切人文学术、思想文化的本土化，扶助中国文化自立并腾飞于世界各民族文化之林，不仅是当代中国学人的崇高使命，更是当代中国传媒人不可推卸的历史责任。余不敏，乃有志焉。（第348页）

（董婳婳　撰）

传播理论的亚洲视维

〔美〕赵晶晶

出版概况

《传播理论的亚洲视维》，赵晶晶编译，浙江大学出版社 2008 年 10 月第
1 版，16 开本，344 页，37 万字。

赵晶晶（J.Z. 爱门森），女，美籍华人学者。在复旦大学攻读博士学位
期间赴美国留学。曾先后在美国密西根州立大学、密西根大学、北京师范大
学、中国社科院、复旦大学等中外多所大学和研究机构任助教、讲师、副研究
员、研究员、教授、访问学者等职。现为浙江大学教授，美国《China Media
Research》主编。该学术季刊乃国际上第一个聚焦中国传媒研究的全英文连续
出版物，由美国中国传媒研究协会和浙江大学传播研究所联合主办。

内容提要

《传播理论的亚洲视维》除赵晶晶撰写的后记外，共编译收录了 18 篇文
章。以一种亚洲视野关照并对比了从中国到日本，从印度到泰国，从儒学到
佛教的，不同于西方世界的亚洲的传播问题。正如赵晶晶自己在前言中所说，
虽然传播学是伴随着美国的全盛时期诞生的，但在这“后美国时代”里，越
来越多的跨文化传播研究学者开始寻求建立于东亚文化基础上的非传统的哲
学、理论及传播观念。《传播理论的亚洲视维》就收录了这类研究中具有代表
性的文章。

第一篇文章《探足于“后现代”“后美国”与“复变”的交叉河流》，作
者赵晶晶。这篇文章也是全书编者赵晶晶为全书所写的前言。她从“后现
代”“后美国”与“复古求变”的交叉视角，对目前已经在国际上出现，并在

逐渐发展壮大和成熟的传播理论的亚洲中心学派进行了引介析论，介绍了该学派的背景概况和学术宗旨，及其建构的亚洲中心传播命题和模式。

第二篇题名《对人性、文化和传播的重新思考：亚洲中心的评论与贡献》，作者三池贤孝（Yoshitaka Miike）。文章检讨分析"人性"之作为欧洲中心主义的概念，并将亚洲文化视为理论研究的中心资源，从亚洲中心的角度对人类传播的本质进行再思考。并提出了五个人类传播命题：1.传播是提醒我们宇宙万物都相互依存、相互联系的过程；2.传播是让我们减少自私心理/自我中心主义的过程；3.传播是我们队万物生灵的欢乐和痛苦加以体验的过程；4.传播是我们与万物生灵进行受恩与回报的过程；5.传播是我们将宇宙道德化、和谐化的过程。

第三篇题名《一个有关人类传播的亚洲研究方法的对话》，作者陈国明、威廉姆·J.斯塔柔斯塔（William J.Starosta）。文章从本体论、认识论、价值论、方法论和目的论五个例证方面，勾画了"亚洲传播"的本质，提出亚洲传播的风格包括：直觉、移情、沉默、内敛和含蓄。

第四篇题名《亚洲传播研究的蓬勃发展与未来：中国视角与日本视角》，作者陈国明、三池贤孝。文章是中国学者与日本学者就"亚洲传播研究的蓬勃发展及未来"这一问题进行的对话。其中的问题包括：亚洲传播研究蓬勃发展的情况如何？为什么亚洲传播研究者尚未终止欧洲中心传播范式的统治？亚洲传播研究的目的与意义何在？哪些亚洲本土文化概念可以为亚洲传播理论的发展做出贡献？如何评价亚洲传播研究？

第五篇题名《龙树与现代传播理论》，作者维莫尔·迪萨纳亚克（Wimal Dissanayake）。文章关注印度著名佛教人物龙树（Nagarjuna，150—250）和其著作《中观论》（Mulamadhyamakarika），并从中吸取空/空性、相对性、因果间不确定关系以及人们对时间概念的误解等佛教思想，并与近现代传播理论做对比和交叉，进而寻找启示。

第六篇题名《甘地主义传播/沟通伦理的交替多维透视》，作者威廉姆·J.斯塔柔斯塔、LiliShi。文章使用"双主位"批评的研究范式（即拟定至少两种方法来解释现状，且给予第三方即批评方理解和解释的责任），对穆罕达斯·卡拉姆昌德·甘地的道德伦理进行一种主位解读，并由其着力于与传播/沟通相关的课题，并通过中国学者和欧洲学者的观点对比，对甘地的伦理道德提供一个客位的观测，以确保对甘地的伦理哲学进行多维视角的哲学解读。

第七篇题名《探索佛教开悟（菩提）之道作为终极传播》，作者石井敏

(Satoshi Ishii)。文章从佛教的视角给跨文化传播研究者们提供新的洞察力和任务，并提出：1.重新肯定日益崛起的将东亚文化贡献于人类传播研究的重要性；2.对两种主要的涉及开悟的佛教救世学派作一历史性的概观；3.提出一张图表模式，阐明趋向佛教开悟之途径作为终极的传播。

　　第八篇题名《修辞能力与敏感性概念之再探：西方视角与东方视角》，作者冈部朗一（Roichi Okabe）。文章从东方视角出发，对修辞能力与敏感性概念的哲学基础与概念基础进行考察，分析东西方存在的文化差异，提出东方文化对环境敏感性和听众分析的重视程度与西方文化不同，因此西方的修辞方法并不适用于东方文化。

　　第九篇题名《从泰国的视角理解友谊：工作和非工作关系中的期望处理》，作者 Michael Pfahl、Pornprom Chomngam 和 Claudia L.Hale。文章特别关注"友谊"概念，将之置于泰国文化的语境中加以理解，并在调研资料的基础上考察泰国人如何在工作与非工作环境中体验"友谊"这种非常重要的人际关系，以此拓宽传播学科对泰国个人传播活动的理解。

　　第十篇题名《马来西亚华人的自私心理和交往行为：从本土视角分析其合理性》，作者李依琳（Ee Lin Lee）。文章从本土的视角，为马来西亚华人的自私心理和交往行为的刻板印象提供了一种理解，解释了马来西亚华人的自私心理和传播行为是如何与已有的有关华人文化群体以及对东亚人的总体研究相应的，强调在以亚洲视角进行研究和建构理论的过程中，对散居在中国大陆以外的华人的多样性和复杂性进行考察的重要作用。

　　第十一篇题名《伊斯兰与传播的理论视角》，作者哈米德·莫拉纳（Hamid Mowlana）。文章集中讨论了目前大众传播的系统和结构中所存在的，以西方的偏见和研究习惯来对待与伊斯兰世界相关领域的问题。通过讨论伊斯兰世界观的五个主要概念：1.团结；2.坚持正义、禁止错误；3.共同体；4.虔诚；5.伟大责任。来为穆斯林记者设置新闻报道的道德标准，并从伊斯兰教的视角得出：语言和政治的词汇与概念正处在全球政治中心，并掌控者最终的信息控制的结论。

　　第十二篇题名《儒家思想与传播：仁、礼和乌班图（Ubuntu）》，作者琼·奥克·尤姆（June Ock Yum）。文章通过对"仁"（人文主义）与"礼"（礼仪或礼貌）共同产生的影响加以研究，来对东亚传播模式加以理解，并将"仁"与南非的"乌班图"概念加以对比，将南非的种族和解与国家民主化归功于南非人民对于"乌班图"的共同理解与实践。

第十三篇题名《让多种新闻主义之花绽放——基于"宇宙论、东方学与自由"对世界新闻业态的理论探讨》，作者谢尔顿·A.古纳拉特恩（Shelton A.Gunaratne）。文章探讨了西方基于犹太—基督理念世俗化影响下的新闻主义观念和新闻体制，对比东方在佛教"缘起"和"无常"思想影响下的多样化与统一性的世界观，提出世界上并不存在一统天下的新闻主义或新闻业态，大家一致认可的社会化的、负责任的新闻业态典范也许能从佛教哲学中寻得答案。

第十四篇题名《一份关于美国学生眼中"中国和谐观念"的报告》，作者诺琳·M.谢菲尔—菲克斯（Noreen M.Schaefer—Faix）。文章以美国迪菲安恩斯学院的学生为研究对象，通过引导他们从中国文化的角度出发学习和谐观念，记述他们在课堂学习"中国和谐观念"的过程和结果，充分揭示了美国学生对蕴藏于中国文化之中的和谐观的看法和观点。

第十五篇题名《走向儒学女权主义：对欧洲中心女权主义研究的一种批判》，作者尹婧。文章批判了世界范围内"欧洲中心论"女权主义论调的霸权地位，引入儒学女权主义的概念，谈"仁（人性）"的原则，"分"的权利概念，以及以义务为本的道德准则来探讨一种非西方女权主义模式的可行性。

第十六篇题名《论风水对华人传播的影响》，作者陈国明。文章介绍风水即空间布局的艺术对于中国社会的极大影响与其体现出的中国传统文化价值，通过发掘风水学的哲学和文化基础来探讨风水对于华人沟通行为的影响。并提出风水是中国古代智慧的集中体现，不仅仅包含了许多神秘的知识还具备很多的可供当代研究的传播观念。

第十七篇题名《二十一世纪的亚洲传播学者》，作者罗纳德·D.戈登（Ronald D.Gordon）。文章着眼中国和其他亚洲地区的传播学者在传播领域做出的重大贡献，寄望中国及亚洲其他地区的传播学者能超越对"已接受的"观念的依赖和简单重复，从自己的亚洲文化、历史、哲学、宗教和社会环境出发，在研究方法和内容实质上做出原创性的贡献，并认为只有这样才能真正建构起"人类"传播学科。

第十八篇题名《华文新闻与传播学术期刊所应承负的双重媒介之历史重任——"首届华文新闻与传播学术期刊国际研讨会"发言》，作者赵晶晶。文章以出自他文化的全球传媒瞻瞩观点发端，论述华文传媒理论体系的发展、成熟和走出国门之势在必行。指出长期以来中国在新闻与传播学术领域多以输入为主，呼吁华文新闻与传播学术期刊承负媒介之媒介的历史性重任，将中国本土的新闻与传播学术思想尽快输出到国际学坛。

学术特色

《传播理论的亚洲视维》是一篇论文辑录式的书籍，编译者选取的论文不仅本身学术质量优秀并具有明显的亚洲特色和文化代表性，从一些宗教名词的考究翻译上也可以看出编译者们所下的功夫。《传播理论的亚洲视维》一书的学术价值和现实意义不言而喻。但也存在着一些不足之处：首先，论文辑录的方式自然可以很方便地得到一种多元化的多维视角，但另一方面也自然而然地失去了一些对亚洲传播学的历史性的成系统的整体考察；另外，编选的文章包含了对儒家和佛教、伊斯兰教的许多考察，但对于同样极大地影响了中华文化圈的道教与道文化的思想就显得关照不够。当然，瑕不掩瑜，从总体上看，这无疑是一部很有分量很有新意的论文辑录，对传播学的亚洲中心学派的贡献是不言而喻的。

观点撷英

一直来所谓的"人类"传播理论贴的是"美国"制造的标签。但眼下群雄崛起，世界政治和经济体系正在发生结构性变化，各国将日益以平等姿态出现在世界舞台。随着亚洲经济力量上升，必然会加强传播理论转型的自主能力和提升建构亚洲传播理论体系的可选择地位。非主流文化的知识精英们，出自本文化的自觉而纷纷呐喊于后美国的大国际语境中的今天，也表明了传媒理论亚洲中心——随同其他 非欧美中心产生（Asante，2007）——之顺应时势必然。（第 4 页）

使用亚洲符号作为分析工具、植根于亚洲历史和宗教—哲学原则、回应亚洲传播经验、从亚洲世界观的角度批评西方理论与实践的统治、细化环境信息、深入反思以亚洲语言写成的本土文学著作，在亚洲社会中提出有关社会变革的实践性建议从而帮助解决本地问题。（第 76 页）

"缘"是行为和同他人关系的结合。"缘"既可以指好的关系程度也可以指坏的关系程度，或者是介于好和坏之间的任何程度。"缘"是一种同个人有关系或无关系的感觉，并且其能影响关系的多少和好坏。因为关系的发展和改变，"缘"的涵义还在被重新定义。（第 268 页）

美国的人类传播研究虽成为个人职业、并且形成学科，但却对 21 世纪所要面对的社会问题贡献甚小。这是当前及未来的中国传播学者和研究者要面临的一个现实。（第 321 页）

（赵晟　撰）

具象传播论——形名学之形学

杨钢元

出版概况

《具象传播论——形名学之形学》，杨钢元著，人民大学出版社，2008 年
4 月版，平装，32 开本，26 万字。

杨钢元，中国人民大学新闻学院副教授。主要研究方向集中于：影像传
播学、广播电视新闻传播研究、纪录片研究、影像传播文化研究、影像传播
心理研究、影像传播的文艺学、美学研究。近些年来创作了许多著作：如《格
局的界定——文艺创作方法理论研究》《无形的链条》等。而且，杨钢元教授
还曾参与过许多电视创作实践：如《大地缤纷》——迎接第四次世界妇女大
会知识竞赛文艺晚会，中央电视台，任副导演；全国青年港澳知识竞赛，团
中央、港澳办、全国政协、中央电视台联合主办，总撰稿。

内容提要

《具象传播论——形名学之形学》于总序和后记之间共分为上、中、下三
编，共十四章，其中上编 4 章，共 13 节；中编 3 章，共 9 节；下编 8 章，共
37 节。首先是上编，本编的主题为实践与理论，分为 4 章。

第一章，人类信息传播活动。本章按照时间顺序将人类传播活动进行了
系统整理，并且将其概括为以下几个阶段：前语言阶段的信息形态，语言的
诞生，文字前的实物化信息载体的诞生，文字的诞生与传播空间的扩展，思
维的转型，印刷媒介逻辑自洽的强权，声像的回归。最后指出，随着人类信
息传播活动的全面发展与进步，最终进入了声像时代与全面信息消费的时代。
这场革命对人类思维和行为方式都产生了巨大影响，无论是经济、政治，还

是人类的各种文明形式乃至人类的思维、表达乃至娱乐消遣方式，都在做出主动适应性的或被迫性的改变。

第二章，人类审美活动分析，本章的分析主要从权能感、审美理想这两个维度切入，首先是权能感，作者认为它是人类实践活动制约审美活动的心理中介，进而具体地从权能感入手，探讨人类审美意识生成的实践性前提，进而阐明实践活动是客体与主体携手步入审美世界的桥梁，最后尤其强调了其对审美心理机制的决定性影响；其次是审美理想，作者认为审美理想是审美活动的核心，并且对审美活动具有无可置疑的决定性意义，进而从审美理想与规范观念的关系、审美理想的工作机制出发，对这一观点进行了详细诠释。

第三章，"言不尽意"，"立象以尽意"——中国古代的传播观念。作者从中国古代的记号学观念——形名论出发，对中国文化中的符号学、传播学观念进行了简单的回顾，来探索我们能否在语言学之外找到一条理解影像传播的思辨之路。

第四章，传播概念系统的考察。本章对传播概念系统的相关概念做出了系统的阐释与界定。首先是信息，作者把信息界定为生命的现象，具体定义则是生命或仿生系统对事物及其属性（包括自身）的反应和表达形式，然后对信息生成、信息表达进行了相关定义；然后作者对信息媒介进行了简要分析，并且将其归纳为两个主要要素，分别是讯息通道与代码。

随后是承接上编的中编，本编的主题为具象传播的讯息通道与代码规则。

第五章，具象传播与传播具象。作者首先对活动声像的非符号性进行了详细剖析，具体探究了非符号性传播何以可能，非符号性传播为人类传播带来的主要变化等。随后作者对具象与具象传播进行了概念的厘定。最后作者将具象传播的建构规则归结为两个方面：真实系统与认知结构。总之，作者在考察活动声像非符号性传播的基础上，根据具象传播赖以实现的人类认知结构，绘制了具象传播系统示意图，并论证了具象系统的建构逻辑——真实系统。

第六章，影像编码的四种基本方式。具象传播有三种不同的途径，本章作者将其分解，从开放性过程现场直播、纪实编码、组合编码、影像配合编码及各编码方式的关系这几个主要维度出发，具体研究其各自的传播逻辑、传播特性及其现实形态，详细阐述了活动声像可以是非符号性的。基于这一结论，电视实践已经突破了建立在电影实践基础上的相关理论概括。最后提出，本章得到的结论，将彻底动摇以往活动声像理论所谓有统一的视频语言或影视语言的论断，电影符号学也因此被证明并不能涵盖所有活动声像的传播现象。

第七章，蒙太奇与长镜头理论的影像传播学定位。首先作者提出以往对活动性声像信息编码方式理论阐释存在一种内在矛盾，提出电视传播方式对蒙太奇与长镜头理论冲突的冲击，电影符号学理论对非叙事编码方式的忽略等等。然后又详细论述了蒙太奇长镜头理论在传播学意义上的理论统一。

最后是下编，主题为具象传播的代码系统。

第一章，对西方创作方法理论发展的历史考察。作者将在这一领域理论的发展和深化上做出贡献的主要人物及其理论观点，做了一个宏观的分析与汇总，主要分为：古希腊罗马创作方法理论，中世纪至启蒙运动时代的创作方法理论，席勒的《论素朴的诗和感伤的诗》，19 世纪创作方法理论，西方现当代创作方法理论。

第二章，中国古代创作方法理论概观。作者以艺术门类为经纬，对中国古代创作方法理论做了一个简要的评述，将其分为几个主要层次，即美学及诗词歌赋理论中的创作方法理论，中国绘画理论中的创作方法理论和小说、戏剧理论中的创作方法理论。

第三章，苏联与中国现当代的创作方法理论。作者从创作方法概念、苏联文创界的争论两方面出发，对中国现当代创作方法理论进行了简要的分析与阐释。最后提出，苏联和中国现当代的创作方法理论，是走在了一条错误的道路上，对创作原则、创作精神和创作方法的混淆，使理论不得不采取了"开放体系"这种混沌的理论形态，因此必须首先厘定概念，才可能使我们走出这理论的沼泽。

第四章，创作方法——具象性艺术的格局分类。作者首先解答了创作方法的作用领域这个问题，提出创作方法仅存在于具象性艺术当中，这一点也是已经被文艺的历史所证明了的。然后对具象性艺术作品的层次结构，具象性艺术独具的符号系统进行了详细剖析，最后对真实、非真实的概念进行了厘定与阐释，对整个具象性艺术的格局进行了界定。

第五章，各种创作方法特点分析。作者根据其不同的遵循原则、功能、形态，对各创作方法的特点进行了简要分析，将其分为几个大类，分别是：对主观现象真实的抒写——写主观自然型；依主观逻辑的再创造——仿主观自然型；对客观现象真实的复写——写客观自然型；仿现实认识结构的创造——仿客观自然型；人为变形的形象体系——超自然型；形象的反逻辑组合——反自然型；形象体系与内容的并列组合——象征型。

第六章，创作方法体系的建构及格局间的关系。作者首先对创作方法体系的结构、创作方法间的结合方式进行了简要的阐释与分析。然后提出，要自觉地驾驭创作方法，巧妙地利用这些规律，在其中找到其他有效的创作途径，进而充分利用结合部的优势，在两种创作方法的结合部，创造确而难定的艺术形象。

第七章，创作方法在文艺创作中的位置。作者从创作方法与创作精神、创作原则、作品思想内容、世界观、审美意识、艺术手法和技巧、文艺流派、风格及创作个性的关系这八个方面出发，对创作方法在文艺创作中的确切位置、功能进行了详细阐释。最后为创作方法概念做了一个明确的定义，即作者通过在一定审美意识指导下描述和塑造某类在感性上真实或非真实的具象性形象体系之途径，达到传达信息之目的，这个具体途径就叫作创作方法。

第八章，西方创作方法发展的历史形态巡礼。本章对西方创作方法发展过程中的不同形态进行了历史性的总结与分析，就不同时代文化精神氛围、意识取向与创作方法的兴衰的关联，历史上重要的文艺流派与其中的创作方法间的关系，做了一个粗略的历史考察。

学术特色

言语的传播和非言语的传播，共同构成了传播的全部方式。在传统的传播学领域，言语传播得到了非常广泛而细致的研究与阐释，而非言语的传播虽然也有不少研究成果，但总体而言还是非常薄弱的。然而，由语言文字主宰传播的状况在近几十年出现了明显的转变，特别是近 100 年来，以现代科技为依托的影像传播方式异军突起，向语言文字的霸主地位发起了强悍的挑战。这一变化的影响广泛而深刻，在人类历史上具有划时代的重大意义。有人将这一转变称作读图时代的来临，更多的学者将这一转变看作是视觉文化时代的来临。作者很有前瞻性地洞察到了这一时代趋势，对具象传播进行了非常深刻且详细的探索，具有较强的学术价值，具体表现如下：

首先，极具前瞻性的研究视角。在这个视觉文化正在成为主流的 21 世纪，作者及时且敏锐地捕捉到了时代的发展趋势与传播学的新视角，对这一现象进行了详细探索。视觉文化成为新兴的主导文化形式，文化不断创新、扩容，文化的领土前所未有的猛烈扩张。而具象传播的方式，随着传播技术的发展，正日益占据人类信息传播的主流地位，对我们的社会生活及其变迁，产生着巨大影响。作者极具前瞻性地洞察了这一趋势，进一步发现具象传播在新技术平台上的新特质，传播具象，这是由讯息通道的新特质引发的新的传播现象，因此就从此着手，对其进行了深入探索。

其次，勇于开拓新的媒体视野。人类传播信息的形式分为感知完型和符号，中国古代概称"形名"。信息传播是在通道和代码系统中实现的。当前的形象传播理论，有处于讯码层次的蒙太奇、长镜头、电影符号学诸理论，和争讼纷纭的形象创作方法理论。为了研究的深入，作者转入了广播电视专业，试图通过转换媒体经验，开拓新的视野。直接以形象的通道与代码为研究对象，构建起了具象传播活动的阐释体系，并且进一步从具象传播的代码系统着手，对文艺创作的方法理论进行了详细定义与分析，并且进行了整个大的格局界定。在影像传播活动爆发性展开的 21 世纪这个所谓信息时代，作者对这一领域的研究成果将和名学，即符号学一起，共同促进人类对信息传播的理解和实践。

观点撷英

奇妙的是，视觉文化的崛起与社会发展的进程相呼应。诚然，"观古今于须臾，抚四海于一瞬"（陆机《文赋》）是人类自远古就有的梦想，中国古代"千里眼""顺风耳"的形象也寄托了人们超越感知生命极限的幻想，但人类视野的真正扩大，居然与资本的世界性扩张步伐相继踵。当农业文明的乡土视野被资本逐利带来的流动视野所取代之时，影像的记录与传播技术也破土而出了；当代的全球化进程，又与数字技术、微电子技术、计算机及网络技术、卫星技术等等高科技信息处理与传播技术的广泛应用相同步。可见，社会需求为技术发展注入了巨大的推动力。可以预见，随着精神需求占据人们需求比重的日益扩大，这一趋势将延续，内容将深化，特别是虚拟技术所带来的体验型、互动性传播方式，将进一步丰富人们的生命体验。相应的，非言语传播将大肆侵占言语传播的传统领地，传播学研究也必须因变性地转变视野和研究重心。（引言第 4 页）

人类的传播活动，继承了其进化史的所有成果，并以其卓越的符号创造与传播能力超拔于地球上的一切生命，成为万物的主宰，使得在单项能力上或体力上远胜于人类的各种生物俯首称臣。因此，德国哲学家恩斯特·卡希尔把人定义为符号的动物。是人类的传播能力，使人类的利于生存与发展的经验与技能等实践和智力成果得以承传与扩展，并反过来经过筛汰促进了人类整体能力乃至器官的进化发展，特别是智力的发展。（第3页）

二十世纪语言学声名显赫，傲视群伦。但在中国传统文化的东方智慧法眼中，"言"的地位却不很高，在许多论者眼里，处于随时都可抛弃的工具或曰垫脚石的地位。所谓"得意忘言"，如同"得鱼忘筌""得兔忘蹄"，和吃饭的碗筷一样，不过是手段性的工具而已，当不得饭，解不得饱。正是由于中国文化中形式逻辑思维方式的相对不发达，相对于"言"，中国古代理论家似乎更看重"象"的传播功能。这同源于《周易》的传播形式及其对后世的巨大影响是分不开的。（第86、87页）

诚然，物质属性是信息的来源和内容，但物质属性并不能自动生成为信息，由"谁"来"抽取出各种形式"的问题是不能回避的。信息仅是由生物这种高级物质形态特有的物质属性所派生。非生物物质间的关系属性是相互作用与反应，而生物与其他事物都有主客体之分，其关系属性增加了"反映"这一中介环节，因而信息只是生物这种处于高级层次的物质的特殊属性的产物。在非生物的世界里，相互作用与事件永远是一次性的，虚在无法从实在中分离，物质属性无法从物质分离，物质有实在而无客观；生物的反映属性，使得实在具有了对象化的世界，世界有了主客观之分、主客体之别，虚在因此可以借主体设立的坐标而与实在分离，通过反映、重复与概率乃至推理和想象等对主体生成为相对稳定的"属性"信息，通过反映"曾在"与"将在"及其与实在的关系而"虚"在。因此，在物质与物质属性层面并没有信息的位置。只有进入主客观层次，物质及其属性才对主体生成信息，物质与属性的区分也是以主客观的区分为前提的。在主客体区分之前，世界只有自然、天然或"实然"，一切都是自在的。（第109、110页）

（祁菲菲　撰）

"和实生物"——当代国际论坛中的华夏传播理念

〔美〕赵晶晶

出版概况

《"和实生物"——当代国际论坛中的华夏传播理念》，赵晶晶（J.Z. 爱门森）编译，浙江大学出版社 2010 年 8 月出版。平装 16 开本，全书共五卷，27 页，457 千字。

赵晶晶（J.Z. 爱门森），美籍华人学者。在复旦大学读博士学位期间赴美国留学。曾先后在美国密西根州立大学、密西根大学、北京师范大学、中国社科院、复旦大学等中外多所大学和研究机构任助教、讲师、副研究员、研究员、教授、访问学者等职。现为浙江大学传媒与国际文化学院教授，美国学术季刊《China Media Research》和《China Media Report Overseas》主编。

内容提要

文中按全书的篇章顺序及内容，分为五大部分：一、和谐传播，传播和谐；二、从传统走向国际的传播理论；三、与多学科错综交叉的现代传播；四、与国际传播大师对话；五、传播理论的亚洲中心性之现代意义。五个部分中分别包含论文数篇。

第一章，和谐传播，传播和谐。本部分共收集论文 8 篇，分别为《有助于跨文化理解的中国传播理论》《中国的"和"的观念：对"和"及"和平"范式的分析》《争论过程与中国社会中的和谐及冲突》《强调和谐：中国留学生与新西兰同龄人交流中的心声》《调解在当代中国农村社会中的地位》《和谐社会、公民社会与媒介：传播行为视角》《互联网与一种传播和谐的意义建构理论》《传播与和谐：发展中国家的传统媒介及其对社会变革的影响》。"和实生物"和谐是中国传播理论对国际传播理论的重大贡献，在中华民族文化中，和谐是常道的体现，也因此而成为传播交流的终极目标。中华民族文化中的和谐强调人需要关注人内和谐、人际和谐、群体和谐、民族和谐、国际和谐、生态和谐、人与自然的和谐。用今天的学科分类来看，我们所说的和谐传播，传播和谐的研究应用，可以涵括人内传播、人际传播、组织传播、民族传播、国际传播、文化传播、人与自然之间的传播、人与超自然之间的传播等等各个领域。

第二章，从传统走向国际的传播理论。作为群经之首的古老的《易经》，及其众多衍生概念如"阴阳""气"，等等以及第一章中提到的和谐，正从传统迈向国际传播领域。这些经典概念渗透东亚哲学的几乎所有的重要领域，成为东方文化深层结构中的重要组成部分。本部分中采撷了论文五篇，分别为《中气十足的新生》《组织沟通中的"气"：产生能量流的辩证过程》《寻找"气"的西方面孔》《易经的叙事模式》《对"气"的思考》。本章先介绍的是美国旧金山州立大学传播学系钟振升教授的《中气十足的新生：推荐从传统走向国际的"气"传播理论》和《组织沟通中的"气"：能量流产生的辩证过程》两文，运用物理学、生理学及认识论的理论来解释"气"的概念。本章第三篇是钟振升教授与伊利诺斯大学张慧晶教授，香港浸理会大学陈凌教授，北伊利诺斯大学理查德·霍尔特教授合作写出的《寻找"气"的西方面孔——东西方认识框架中对"气"的解释》。该文使用多维量表法，通过对中国和北美人群的调查，探索他们对"气"这一有关能量流动、活力、精神和尊严的概念之不同认识。本章最后一篇是美国霍华德大学威廉姆·J·斯塔柔斯塔教授《对"气"的思考》，为我们提供了中华文化从传统走向国际的传播理论得到的是怎样的反响以及西方传播学会怎样接受这一新理论的范例。

第三章，与多学科错综交叉的现代传播。本部分共撷取论文5篇，分别为《公共服务与市场导向：BBC 和 CNN 对中国反日游行的报道》《一场不平等网络战争中的中国民族主义》《中美在全球商务实体领域冲突的解析》《禽流感电视报道刺激度与观众情感反应和对新闻质量的判断》《对婚姻冲突中沉默使用情况的跨文化研究》，内容上与政治学、经济学、心理学、社会学、新闻学、国际关系、语言学、修辞学等学科重叠交叉。本部分第一篇论文《公共服务与市场导向：BBC 和 CNN 对中国反日游行的报道》研究了新闻报道的两种导向——公共服务和商业化——对新闻内容的影响，采用了科学统计的研究方法，作者发现 CNN 所推崇的面向大众的新闻报道含有更多的戏剧元素，而作为公共服务机构的 BBC 则采用更为中立的新闻框架。《一场不平等网络战争中的中国民族主义》一文中则提到由于西方媒体对中国西藏问题的不实报道，使得中国网民对西方主流媒体逐渐失去信任和信心，转而支持中国政府在处理西藏问题中的立场。西方抨击中国的活动反而巩固了中国的地位，刺激并加强了中国网络民族主义，而且还教育了一支强大的中国网络民族主义大军。《中美在全球商务实体领域冲突的解析》一文采用深度访谈的研究方法，通过对美国企业中的中国求职者与美国在华企业的管理人员进行案例调查，来研究中美企业在冲突管理风格上的差异，并尝试解析不同文化领域可能会引起误解与冲突的因素。

第四章，与国际传播大师对话。本部分收录了加拿大知名社会心理学家彭迈克博士、前国际跨文化传播研究协会主席贝塔斯·霍夫博士、前美国国家传播协会主席贝齐·瓦克纳格尔·巴赫博士和国际传播协会主席帕特里斯·巴泽里尔博士的四个访谈。通过这类访谈，可以针对性的得到许多实用信息，比如在与巴赫博士的访谈中，可以得到美国国家传播协会《NCA》的博士项目声誉排名研究内幕，可以了解国际传播协会的运转模式、宗旨和近期的学术活动，甚至能得到该组织对新学者的欢迎态度。我们通过对这些大师进行访谈，可以感受到现当代国际上传播的主流研究趋势，还可以面对面观测他们对目前中国本土传播学研究现状和未来发展的看法，并了解这些当代主流学者的治学态度，分享其作为成功的国际传播组织领导人、传媒研究者、导师和教师的个人经历。

第五章，传播理论的亚洲中心性之现代意义。这部分的主题是赵晶晶博士编译的《传播理论的亚洲视维》和《欧美传播与非欧美传播中心的建立》两书的最直接的继承和发展。本部分收录了《人类传播理论的亚洲范式及其建构——评 J.Z. 爱门森（赵晶晶）教授译著〈传播理论的亚洲视维〉》及《剖析传播学术中的"欧洲中心主义"：亚洲中心性在理论及研究去西方化过程中的作用》两文。作者强调，西方的先行学者们已经在倾听亚洲学派在国际论坛上的大声疾呼，但无论是什么样的中心主义，都有可能妨碍国际对话，造成文化隔阂。"和谐"是中华民族的理想境界，中心只能是一种手段而不是一种目的，从对立走向共荣才是人间正道。

学术特色

本译文文集中的所有论文均精选自作者所主编的《China Media Research》和《China Media Report Overseas》两本学术刊物。每位作者（若属合作，有时只择第一作者）都做了简介，附在每篇论文第一页的页下注中。该书作者们或为有国际影响力的学人，或为后生可畏的新秀，都活跃于国际学坛。该书所有论文的行文出处文内注，均按国际传播论文 APA 风格，保留英文在跟随的括号内，以便读者与参考文献参照查阅全文。所有汉语英语外的专用名词和书名按照国际惯例用斜体（Italic）。关于人名翻译，主要学者、国内已经有译名的或已经约定俗成为人所熟知的，翻译成中文，并一般在首次文中出现时将英文原名放在括号中；个别作者不愿意自己名字翻译成中文音译的，保持英文。所有参考文献按国际惯例保持英文，每篇论文的中文概要和关键词放在前面，英文摘要和关键词放在文后。《"和实生物"——当前国际论坛中的华夏传播理念》系教育部哲学社会科学研究重大课题攻关课题项目《国际传播的理论、现状和发展趋势研究》（批准号 09ZJD0010）之中期成果之一。由于语言限制和时空距离等原因，国内的一些传播学者还缺乏直接与国际前沿传播理论交流的机会。该书编译者长期在太平洋两岸间奔走，立意在国际传播理论间的桥梁架构上起一介微力。

观点撷英

作为中华文化的核心概念，"和谐"是中国人在人类交流过程中追求的终极目标。和谐也是中国社会衡量传播能力的主要标准。和谐的实现，要求人们：将"仁""义"和"礼"三个原则加以内化；能够对"时""位"和"几"三种因素加以适应；对"关系""面子"和"权力"加以适当运用。（第32—33页）

"和"包含四个相互关联的维度。作为宇宙本性的"和"应该培养人们的人内心的和谐、人和人之间的和谐、社会范围内的和谐，最终达到人和宇宙自然之间的和谐。从道家的观点看，"和"是自然和宇宙万物不可分割的一部分，因此人类应当发展自身四个层次的和谐，去融入宇宙间和谐的秩序之中。（第44页）

中国式沟通的三个基本假设，首先，对传统因素要加以考虑，也就是说，和谐在政治系统、宗教信仰、历史事件以及哲学思想中是怎样发挥中心作用的。第二，交流可以在说明意义和行为的层面上从积极和消极的两个方面被理解。第三，交流者的相互动态协调——为了维持人际和情境和谐而调整信息——是和谐交流的中心。（第 83 页）

对于来自本地媒介渠道的所有信息，农村居民都会对之加以理解、认定为真、有效地领会。这是因为农村居民把他们的文化遗产看得很重，因此重视来自本地媒介的一切信息。政府利用大众媒介，使大量的农村居民对政府计划、政策、项目持忽视和敌意的态度，即使他们这样做会让自己蒙受损失。（第 158 页）

中国网络民族主义是由于西方媒体对"西藏暴乱"的虚假报道激发起来的。当中国网民发现西方媒体带着其自认的文化优越感，按照预先设置的议程就人权和西藏问题蓄意诋毁中国时，他们感到备受羞辱，他们的国家形象也遭到损毁，于是，他们义无反顾地加入到这场战斗中。这些中国网民有才智、受过良好教育、精通技术，他们与西方媒体的傲慢自大、偏见和不公正展开了顽强的斗争。他们为了捍卫自己国家主权、自尊和领土完整而战，毫不妥协。西方抨击中国的活动巩固了中国的地位，刺激并加强了中国网络民族主义，而且还教育了一支强大的中国网络民族主义大军。（第 272 页）

（闫昊然　撰）

文明传播的哲学视野

杨瑞明、张　丹、季燕京、毛　峰

出版概况

《文明传播的哲学视野》，杨瑞明、张丹、季燕京、毛峰主编，中国社会科学出版社 2012 年 11 月出版，平装 16 开本，510 页，57 万余字。

杨瑞明，中国社会科学院新闻与传播研究所副研究员，信息室主任；兼中国社会科学院研究生院新闻系副教授，中国传播学会秘书长，首都女新闻工作者协会理事。2003—2004 获福特奖学金在美国访问学习，曾作为访问学者在香港中文大学和瑞典、奥地利、英国等访学。自 2007 年担任中国传播学会秘书长至今，参与负责策划和组织的全国性及国际性传播学学术会议主要有："首届中国文明论坛"；2007 中国传播学高端学术研讨会——"传播研究在中国：反思与展望"；2008 第十届中国传播学大会——"从历史到未来：传播对话共享"；2010 第十一届中国传播学大会——"新媒体·多元文化·全球传播：挑战与应变"。

张丹，中国社会科学院新闻与传播研究所副研究员、中国传播学会副秘书长。

季燕京，法学博士、首都文明工程研究中心首席研究员、《文明》杂志社编审、《资本市场》杂志社编委。

毛峰，文学博士、北京师范大学文学院新闻传播学研究所教授、博士生导师。

内容提要

《文明传播的哲学视野》分六篇共三十四章：第一篇，关于文明传播的基本认识。本篇共分五章内容，用五章的篇幅详细介绍了文明传播相关的基本认识问题，包括问题的提出：文明传播的宏大语境、问题的归纳：文明传播与和谐传播、问题的演进：对话在文明传播与文化和谐之中、问题的神话：文明传播思想与方法的形成以及问题的具体：文明传播与社会和谐的现实话题。本篇探讨了文明的语境中的概念，文明传播也需要在语境中理解；讨论对比了文明传播与和谐传播的对比以及对应关系；探讨了文明传播的基本方式、冲突点，以及通过联合国分析突出了对话作为文明传播的核心方法，并进一步论述了对话方法论在文明传播与和谐过程中的重要性；探讨了文明传播思想在形成过程中需要注意的关注点、依据的方法、形成的可能，以及文明传播理论形成需要考虑中国发展的实践；探讨了在文明理论形成过程中需要注意的具体的社会对话问题，如社会意义、畅言建议、文化警惕以及文明问题。

第二篇，传播学的反思与中国学派的传播哲学。本篇共分八章三十一节内容：第六章，问题的回顾：2005—2006 年的传播主题，主要介绍了西方传播学的重点问题、2005 年中国传播学界关注的主要问题以及 2006 年中国传播研究关注的主要议题；第七章，问题的困惑：全国传播学研讨会简析。本章介绍了中国传播学 30 年的研究历程中提出的主要问题，历届全国传播学研讨会的背景与内容（1982—2008 年共十次会议），我国传播研究所面临的困境以及中国传播学研究的不足；第八章，问题的总结：成就与危机矛盾并存。本章主要介绍了中国传播学发展的三个时期，我国传播学学科的基本成就，在分析了中国传播学的深层危机的基础上，进一步初步界定了传播学研究未来发展的方向和任务；第九章，问题的反思：西方传播学的众多局限。本章主要介绍了经验主义传播学的总体局限、研究方法与框架的局限，批判主义范式的危机与困境，技术主义范式及其困境，后经验主义和人文主义的局限，以及西方传播学危机的总体表现；第十章，问题的起点：传播哲学的总体方法论。本章主要介绍了"反思"在传播学中应用的依据、根本方法以及反思方法论的基本原则；第十一章，问题的出路：文明传播理论的缘起。本章介绍了文明传播研究的发起过程，文明论坛的主题和意义，以及文明传播对于传播学研究的推动作用，更进一步地将文明传播与传播哲学进行对接分析；第十二章，问题的阐发：文明传播的主体形态。本章主要介绍了传播主体范畴的概念界定、相对的客体以及界定过程中在西方传播学与新闻学对其界定的误区。再对传播主体形态的起源进行分析，再进一步详细介绍了传播主体的混沌形态和分化形态内容；第十三章，问题的谜底：文明传播的媒介形态。本章主要进一步分析了传播主体的分化形态，主要介绍了西欧封建制与手抄新闻、文艺复兴和宗教改革的传播学意义以及教会争取言论出版自由等，并分析了近代报业没有在中国首先诞生的原因。

第三篇，中华文明传播的原理探索。本篇用七章的内容，首先介绍了中华文明传承的奥秘，即谱系文化的存在，分析了谱系文化的来源和基本状态，指出了谱系文化的思想核心是儒家忠孝观，介绍了谱系文化的社会功能和民间信仰的表现方式；随后介绍了中华文明特有的信仰传播方式，内容包含了宗族、血缘、信仰、宗教等方式；紧接着分析了中华文明具有的世界性特质，以及中国社会的精神秩序与制度遗产，在此基础上将中西交往的文明与传播差异进行了比较，并以俄罗斯为类型参照进行了细致分析。

第四篇，中华商业文明及其传播机制的历史反思。本篇共四章内容，第二十一章介绍了世界商业文明的概念、起源及中华商业文明的发展脉络以及制约中国近代商业文明发展的主要因素；第二十二章则以徽商晋商为例，介绍了中华商业文明的诚信传播传统。通过分析徽商的衰败原因、晋商的经营之道，再给出现代商业文明观点的思考和启示，再通过介绍新徽商的商业文明体系的构建，让读者真正了解中华商业文明的精髓；第二十三章则给出了中华商业文明想到达到的一种理想——"君子型企业"，并细致分析了形成"君子型企业"的目标、途径、主体及中国企业文化环境的设计方案大纲；第二十四章，资本市场：世界商业文明的最高形态。给出了胡锦涛要求大力发展资本市场的具体要求，并分析了资本文化与商业文明的发展形态以及资本文化的历史经验与战略机遇。

第五篇，文明的转型与发展传播理论的反思。本篇共四章内容，第二十五章介绍了历史哲学角度文明转型与发展传播概念的形成，并从中世纪西方文明转型与发展思想的起源和发展概念与理论的形成两个方面做了细致介绍；第二十六章，发展传播：现代文明与经验主义的理论，本章主要介绍了勒纳的传播与传统社会变迁理论、罗杰斯的创新扩散理论以及施拉姆与发展传播学理论的奠基；第二十七章，批判学派：现代化反思与回归马克思主义。本章主要介绍了马克思主义的现代化批判思想以及法兰克福学派对于马克思主义理论新的认识，介绍了当今存在的西方"信息垄断"与"文化入侵"以及非西方文明对其的依赖，则出现了国际传播过程中发展中国家抗拒文化入侵原因和表现；第二十八章，当代建构：文明转型与转型社会的发展理念。本章主要介绍了现代文明进程的描述方法、现代化运动带来的后现代社会，在此之上又分析了不同于西方的东方文明形态，以及在全球化视野之下的文明转型中的发展传播问题。

第六篇，文明跃迁进程中的组织变革与战略理性。本篇主要介绍了中国在社会转型与组织文明化过程中的问题，以及为了更好地实现文明转型而在体制、组织传播上所做的变革和转变，以及在变革中对《改善交流的欧洲行动计划》的政策借鉴和对俄罗斯的文化反思运动的精神启示，在这些分析启示之上，对于中华文明传播给出了弥补文化断裂、提升文明传播的战略建议。

学术特色

该书首次以"传播"为方法视角的大跨度的多学科研究，提出文明传播的范畴，论域涉及哲学、法学、经济学、文学、历史学、文化学、社会学等学科，内容涉及文明史和现实的文化问题、文明传播与和谐传播问题、文明对话的方法论问题、文明传播如何关注实践真问题、重新理解中华文明的传播，亦即中华文明的创立与普世、传承与创新、认同与建构，等等。

该书鲜明地以文明进程为学术研究的大视野和思考框架，突出表现传播学思想和方法的横断特点，以文明传播学的思想建构为总目标，使对话理论和实践与建设文明和谐社会的国家目标一体化为主题思想，提高人文科学对实践真问题的关注能力，拓展了文明研究和文化思考的传播学方法论领域。

该书重新解读古今中外学者研究文明与传播的各种论著和最新研究成果，进行思想分析与整理，确立基本的研究问题；建立研究框架和可供分析的概念化范畴；策划并召开了有国内外专家学者参与专题学术研讨会，同时，结合中国社会科学院新闻与传播研究所主管的中国传播学会的传播学研究年会和学术研讨会、参与主办的"文明论坛"等学术活动展开课题研究，集思广益，博采众长。

该书的思想和学术方法的创新主要在于：（1）现实理论突破：对中国传播学和西方传播学语境缺失的审度和全面超越；（2）研究视角的突破：力图形成一个以文明传播研究为核心的传播学中国学派。

观点撷英

文明传播的悖论在于：文明在物质、技术以及媒介层面的进步，常常打乱了固有的文明传播秩序，尤其是文化信息的骤然增加与分歧杂乱，使原本共享共信的文明价值被怀疑，甚至否弃，最终使文明成为人为传播的牺牲品。（第21页）

文明通过传播，走向对话语境，达到和谐。传播是表现文明的手段，是显露文明的平台，传播的对话方式是实现和谐社会的有效途径。和谐应当而且正在成为文明传播和文化交流的意趣、主旨、境界和结果。（第35页）

传播研究的视阈要与世界文明进程的整体语境水平相一致，需要更多地关注源自本土的社会实践问题，扩大自己的理论视野，在问题研究中提升理论建设的可能性与深化该学科的社会价值与意义。（第116页）

重建对国民素质进行教育、管理、评价、奖惩的社会道德规范体系，一切企事业单位，必须履行道德培训义务，设立规范的道德奖惩体制，同时逐步打破国家对涉外行业的不合理垄断，让中国公民以较高的道德素质和文明素质，出现在世人面前，这些公民的言行，是"中国形象"最好的建构者。（第248—249页）

围绕着勤俭、诚信的文化价值观，经商时奉行"君子爱财、取之有道""以义制利""诚信无欺""货真价实"等一系列商道准则早已为古代商界共同遵守。儒家伦理确实提供了理性经商的精神动力，社会已经进入理性的商业阶段。（第278页）

中国企业文化，重在端正企业之德，利于国家现代化之用、丰厚企业内外万民之生，合"六府三事"于一身，以推行"和谐社会的君子型企业文化"为己任，则万年绵延的中华文明，荟萃于"企业文化"，"中国企业家"奋君子仁义之德，成可大可久之功，必长盛不衰，与天地并久、与大道合一也。（第316页）

在当代国际政治与经济政策等的研究与实践中，"参与式发展"已成为最流行的一个概念。"参与式发展"的目的是要达成社会发展的公正、公平，即要减少存在于社会成员间的经济、政治、社会和文化等各方面的不平等和差异，以及要使社会成员获得外在与内在资源以及参与公共发展决策的机会。"参与式发展"的关键点是赋权，而赋权的核心是对发展援助活动的全过程参与和决策权力的再分配。（第390页）

　　"文化禁闭"即无力改变公司文化，即使在清晰的市场威胁面前。——这解释了为什么公司难以回应市场信息。文化禁闭源于公司隐藏结构的逐渐僵化，做决定的能力、控制体制及思维模式的固定化。这会使公司的创新能力和操作能力受挫，公司的前途也不乐观。（第 416 页）

　　总之，在从欧盟对交流作用的重要性认识与制定以交流为优先的行动计划的传播政策中，我们可以看到，交流是一个与整个政策传播过程密切相关的主导性观念，也是可被国家机构有效利用的重要资源。充分进行从上至下和从下至上的双向交流和确立对话的传播理念，是科学质性和有效实施良好政策的最大保障。（第 450 页）

　　文明传播能力的提升，有赖于迅速积极、不遗余力地推行"休养生息"的文化培育政策和注重道德人文等内在素质的"和谐教育、学术、传媒"三大文化体制的深度改革，有赖于有关方面对中华文明传播能力以及我国文化传播机制（宣传机制）的全新认识。（第 492 页）

（徐莹　撰）

华夏文明与传播学本土化研究

谢清果

出版概况

《华夏文明与传播学本土化研究》，谢清果编著，九州出版社 2016 年 11 月出版，平装 16 开本，307 页，35 万余字。该著作系 2016 年福建省本科高校教育教学改革研究项目"华夏文明与传播学中国化研究"（教材建设类）成果和 2015 年福建省高校新世纪优秀人才支持计划项目"华夏文明与闽台传媒特区研究"成果。

谢清果，两岸关系和平发展协同创新中心研究员，厦门大学新闻传播学院教授、博士生导师，福建省高校新世纪优秀人才，厦门大学传播研究所所长，华夏传播研究会会长，美国北卡罗来纳大学夏洛特分校访问学者，福建省传播学会副秘书长，主持国家社科以及省部级课题 10 余项，出版《华夏文明与传播学本土化研究》《华夏传播学引论》《中国近代科技传播史》等著作 20 部，在《国际新闻界》《现代传播》等刊物上发表论文 130 余篇，主编《中华文化与传播研究》《华夏传播研究》《华夏文明传播研究文库》《两岸关系与海峡传播研究文库》等多套丛书。

内容提要

《华夏文明与传播学本土化研究》于总序和绪论之后分十三章三十九节。第一章，心传天下：华夏文明的传播理论特质。作者由西方传播与华夏传播的对比引出华夏传播"心传天下"的特征，先从儒道佛三大学派与传统文华中的成语入手，然后从内部传播、人际传播、组织传播几个维度出发，对华夏传播的主要内容进行解析，并作出现代传播学意义上的解读与延伸。进而总结出华夏传播理论的主要特征，提出促进其发展的相关建议与对策。

第二章，风吹草偃：华夏文明传播的效果隐喻。作者从传播主体、传播受众、传播媒介、传播效果等四个方面论述了古代君子的社会责任传播思想、受众主体意识弱化表现、"风"的媒介化手段和效果以及"风草论"的"渐变效果"等四个方面分析了"风草论"的传播观念，也揭示了"风草论"的内涵及其与传播学本土化的审省。

第三章，家国同构：华夏文明的传播主体观。作者考察了华夏传播主体主要是士、师、圣人的主要成因，也即是由森严的等级、受教育机会稀缺、文化传承等因素所导致，分析了华夏文明传播主体的形象观、功能观、示范观，进而揭示出这些传播主体在传播过程中的主动性作用。

第四章，情深意切：华夏文明的传播情感论。作者从儒道佛三家传播思想中发现与传播情感论有关的内容，进而得出儒家传播重道德情感，道家传播重自然情感，佛家传播则求圆融境界的结论。

第五章，天下归一：华夏文明的传播责任观。在本章中作者从传播过程的角度，着重讨论了"天下"体系这一极富华夏传统思想特点的世界观，挖掘其"无外"原则所蕴含的内向传播思想、"民心"思想及传统文化责任伦理所蕴含的传媒责任观内涵，意图探索华夏文明所孕育的传播责任观，进而提出这种传播责任观可以成为今天的媒介责任观体系的建立和新闻实践提供纵向的参照。

第六章，四海之内：华夏文明的传播时空观。本章中，作者认为人类传播是基于一定的时空进行的。从中国古代内向传播、中国古代人际传播和中国古代政治传播中概括出思接千载、名副其实和四海一家的时空观。

第七章，保合太和：华夏文明的传播秩序观。作者本着重分析华夏传播活动中"和"思想的具体表现和要求，促进和谐共生的传播环境的构建。具体来说从以下三个方面进行论证，一是，认为"和"是天下化生传播的基本准则；二是，"冲气为和"是天下和谐传播的调试过程；三是，天下传播活动的共生指向是"太和"。

第八章，秉笔直书：华夏文明的传播议程设置。作者从历史书写内容、主体、方式分别论述了华夏道统建构、话语权争夺和民意表达等三个维度的内容，以此展示历史书写传统之于传承华夏文明的重要作用。

第九章，以文载道：华夏文献传播与中华道统传承。作者首先主要探讨了历代文献整理概况，其次介绍了文献类型的变迁与中华传统文化的延续，我国文献的类型从印刷前原始文献形式到之后的印刷文献，使得我国的文献制度从卷轴制度过渡到册页制度，最后，将文献的整理、文献类型的变迁及文献的管理统称为我国古代文献的传播，站在理论的角度上探讨了我国古代文献传播的社会功能，并结合文献传播的概念界定，得出古代文献传播的一种重要的大众传播形态。

第十章，传经明灯：华夏文明传播的独特模式。作者主要提出华夏文明传播的独特模式——六经注我与我注六经的文化传播模式。具体探讨了其历史根源、功能、内涵发展，揭示了其作为华夏传播内在机制体制的枢纽和关键。

第十一章，科举取士：华夏文明传播的动力机制。作者从政治传播和教育传播的角度出发，就科举制度对于华夏文明传播的作用做出阐释。具体来说，就政治传播层面而言，从两汉选官的察举制到科举制度的演变表明了华夏文明政治传播范式的形成，就教育传播层面而言，科举取士在一定程度上促进了教育传播范式的完善。此外，作者也对书院文明的作用加以考察。

第十二章：名实之辩：华夏传播符号的意义网络。作者一方面通过对名家的考察，强调必须要有一个与社会相适应的语言符号系统才能够促进社会以及交往的发展；另一方面通过分析非语言符号为人们提供共通的传播理念，使人们在一定交往背景下进行传播成为可能，同时也为传播活动提供了共识的规范。此外，也通过周一卦爻辞的协同继承说明符号对原有生活世界的阐扬作用。

第十三章："夷夏之辨"：华夏文明传播的安全意识。这一章作者探讨了从民族中心到民族自觉的华夏传播本位观；夷夏之防与改土归流的华夏跨文化传播策略和亲与朝贡的华夏战略传播等三个方面的内容。实际上作者要从中告诉读者的是夷夏之辨体现的不是激进的民族主义，而是中华民族凝聚力的增强，民族大家庭不断扩大，最终形成了"多元一体"的大中华民族格局的一种印证说明。

学术特色

华夏文明是中华民族文化思想的结晶，随着中国国际地位提升，华夏文明逐渐彰显其智慧特色，近四十年来针对华夏文明的传播研究逐渐兴起，这既是学术领域的扩展，更是传播中华传统文化的必然之势。20 世纪 70 年代末以降，中国学者余也鲁、徐佳士、郑学檬等提倡发掘中国传统文化中的传播文化遗产到 2016 年厦门大学传播研究所倾力推出"华夏文明传播研究文库"，华夏文明传播内容逐渐丰富，体系逐渐建立，《华夏文明与传播学本土化研究》作为文库中一项成果从多个视角研究发掘中华传统文化，传播和传承华夏文明，构建华夏文明传播的思想体系，具有重要的学术价值。

《华夏文明与传播学本土化研究》从麦奎尔、温德尔的《大众传播模式论》、丹尼斯的《大众传播通论》、哈贝马斯的《交往行为理论》等西方传播理论的借鉴运用到《道德经》《论语》《孟子》《庄子》《尚书》等中国古代典籍的发掘整理，史料丰富，贯通古今，融汇中外，从中提炼出富有中国特色的文化传播思想，构建了区别于西方的传播理论和话语体系。在华夏传播理论尚未至臻成熟，面对五千年中华文明的浩瀚典籍时，该书采用了文献研究以及意义分析相结合的方法对典籍中的史料进行发掘、整理、扬弃、获得新观点，进而对华夏文明的特征、传播规律进行归纳总结，阐释华夏文明传播的历史和现实的意义，丰富了华夏传播的理论内涵。具体来说，该书探讨了华夏文明的传播理论特质、传播效果、传播主体观、传播情感论、传播责任观、传播时空观、传播秩序观、传播议程设置、华夏文献传播、华夏文明传播的独特模式和动力机制以及华夏传播符号和安全意识等方面的内容。其中华夏文明的情感论、责任观、时空观、秩序观等传播特征具有人文情怀和特色，而华夏文明的传播理论特质——"心传天下"以及华夏文明传播的效果——"风吹草偃"则更能凸显传播学本土化的特性。可以说，该书从中国的政治、宗教、哲学思想等维度较为具体勾勒了华夏文明传播体系，架构了华夏文明传播的框架。但也应该看到该书的不足之处，也即基本上都是从典籍挖掘传播思想，或者某个社会历史事件来体现传播思想，该书对华夏文明发展过程中传播媒介的历史发展过程梳理较少。应该看到，媒介的发展在一定程度上也反映了当时的传播过程，体现传播思想，如果能够在这方面多一些补充，相信更能丰富华夏文明的传播体系和内涵，让华夏文明传播体系枝繁叶茂。但整体上看，这是一部在华夏文明和传播学本土化研究和探讨上具有概括性的一部著作。

观点撷英

经研究，我们认为西方传播学确有重视科学方法和实证主义传统，故有"理剖万物"的特征；而中国传播观念则重人文主义，讲究仁义道德至上，故有"心传天下"的特征。（第 32 页）

"风草论"主要包括以下几个层面的传播观念：强调传播主体的德性责

任，关注受众的主体性，承载着教化、舆论、民风等理念，以及对风吹草偃的渐进式传播效果的追求。毋庸置疑，其所涵盖的观念，已贯穿了中国古代政治、社会、个人生活等方方面面。"风草论"十分看重传播者的德性修养，主张"内圣外王"，这种道德倾向也深植于中国人的传播行为、思想中；"风草论"还带着较为明显的政治色彩，为政者重视的上行下效的背后终究带有强烈的政治目的，而君权不复存在的今天，其中深意值得我们思考。此外，"风草论"是中华问哈内核中提炼出的重要思想思源，是考察中国人日常传播行为或心理的重要观念。（第89页）。

"士不可以不弘毅"这句话出自《论语·泰伯章》："士不可以不弘毅，任重而道远。仁以为己任，不亦重乎？死而后已，不亦远乎？"这里"士"，指君子、士人；弘毅指"宽广、坚忍的品格"。该句以"不可以不"鲜明地树立了士当以"弘毅"为己任，"弘毅"就成了六君子的核心形象，这一形象不仅激励着士人在日常生活中以做到"弘毅"为目标，为标准，而且也为百姓树立榜样。如此，"弘毅"就成为传播主体素养的基本面向，以促进社会良性沟通。（第99页）

中国人的情感是人文历史的产物。"人文"一词最早见于《周易》的《贲卦·象传》："刚柔交错，天文也；文明以止，人文也。观乎天文以察时变；观乎人文以化成天下。""天文"指自然界万物运行法则，"人文"则指人类社会的运行法则。源远流长的中国传统文化深刻塑造了世世代代中国人的情感世界。（第109—110页）

儒释道三家向来被视作中国传统文化的源流主干，尤其以儒家和道家的影响为甚。道家和儒家思想所体现出的这种忧患意识，正是我们民族精神的具体表征之一，也是中华民族强烈责任意识的具体体现。而这种以道德责任感为基础的忧患意识投射在媒介上，就表现为媒介对国家安定和人民幸福的关切，媒介对个体生存和人类命运的关怀，以及媒介对未来发展变化的关注，这在中国近代传媒责任观的发展演变中展现得淋漓尽致，这在后面会提到。可以说，"天下"理论具体到传统文化中集中体现为责任伦理思想，而这种传统文化中的责任伦理思想恰恰提供了孕育我国传统媒介责任观的土壤。（第129页）

在古代中国，传播时空观的内容主要包括精神上的哲学传播时空观和行为上的传播时空偏向。哲学传播时空观是指中国古代先贤与哲人们通过观察与思辨掌握的一套天地宇宙运行观点，比如墨家提出的将"宇""宙"作为空间、时间概念，值得一提的是他们还认识到空间、时间与具体实物运动存在一定联系及空间与时间的一定联系。传播时空行为偏向则是时空观作用在社会各阶层传播活动层面上的实实在在的表现。（第145页）

"和"的传播思想则是影响华夏儿女传播活动的核心根基，规定了中华民族传播活动的具体面貌和方式。而传播活动也进一步促进了"和"思想的发展与和谐社会的构建。"和谐传播""传播和谐"是华夏传播的重要理念和理想境界。（第155页）

古代儒家学者对于古代世界的历史叙述，很大程度上是为了确立所谓"道统"进行的议程设置。在现实政治中，他们的道统理想很难实现对政统的超越和支配，因此试图在思想领域指引政治实践的可能方向。（第174页）

文献的搜集、收藏以及整理等流传活动，使得文献在古代社会得以广泛传播，它作为古代一种重要的大众传播形式，具有社会功能、教育功能、娱乐功能以及文化功能。不但作为统治者统一言论的手段达到了稳定社会的目的，同时还使中华传统文化实现了共时性和历时性的传递。（第188页）

也正是因此，具有较高文化水平掌握文字的封建士阶层掌握了华夏思想文化传播的主动权与话语权，他们通过解读经典、刊印文献、办学授徒、著书立说等多种方式实现了对华夏文化思想的传播。可以说，封建士阶层文化思想传播是华夏传播中最为活跃、特点最鲜明、也最能体现华夏传播内在传播规律的传播活动，是整个华夏文化传播的核心部分。（第209页）

统治者将创置的各种机构作为执行决策、政策、法令的必要手段，而这些机构就是政治传播的重要渠道，因此，官吏选拔制度在一定程度上也是政治传播的重要途径和手段。（第238页）

由此，我们可以发现，实际上早在中国古代，我们的祖先很早就对语言符号有了研究，同时他们更关注的是语言符号在交流时的社会性质，对于他们来说，只有与社会相对应的语言符号才能实现交流。（第260页）

毫无疑问，独特的民族文化属于上层建筑，扎根于经济与国力基础，在汉民族刚刚于中原建立起政权时，面对周围虎视眈眈的外族即"四夷"，从生存安全和文化安全上，都要求他们要小心翼翼地树立起"夷夏之防"的围墙，保护好初生的汉文明；而到了中原政权实力强大的时期，对土地和人口的渴望，对"书同文、车同轨"，从肉体到思想"万世一统"的渴望就会用战争、外交和专政的途径将汉文化大大扩张开来。（第284页）

（林凯　撰）

华夏传播学引论

谢清果

出版概况

《华夏传播学引论》，谢清果编著，厦门大学出版社 2017 年 10 月出版，平装 16 开本，382 页，33.8 万字。

谢清果，两岸关系和平发展协同创新中心研究员，厦门大学新闻传播学院教授、博士生导师，福建省高校新世纪优秀人才，厦门大学传播研究所所长，华夏传播研究会会长，美国北卡罗来纳大学夏洛特分校访问学者，福建省传播学会副秘书长，主持国家社科以及省部级课题 10 余项，出版《华夏文明与传播学本土化研究》《华夏传播学引论》《中国近代科技传播史》等著作 20 部，在《国际新闻界》《现代传播》等刊物上发表论文 130 余篇，主编《中华文化与传播研究》《华夏传播研究》《华夏文明传播研究文库》《两岸关系与海峡传播研究文库》等多套丛书。

内容提要

该书首先从中国传播学研究中的"主体性"缺乏症状分析入手，提出中国传播学研究的东方思维，进而引出了"华夏传播"概念及"华夏传播学"。基于此，对华夏传播学进行了历史回顾和现状把握，作者将近四十年的华夏传播研究分为研究前史与外史、两岸对中国文化中"传"问题的思考（1978—1988。孕育期）、华夏传播研究的沉寂与崛起（1989—1997，调整期）、华夏传播研究主体性的回归（1998—至今，蓬勃发展期）等四个时期，并概略地介绍了不同时期的主要成就，在此基础上进而阐释了华夏传播学的"传播学本土化"问题意识、研究对象与框架以及研究困境，从而进一步提出来华夏传播学研究的方法自觉。如此提纲挈领的对华夏传播进行了概括阐释之后，很自然地引出了主题式华夏传播学内容研究。全书共分为十一章，都是紧紧围绕西方传播类型理论，与华夏文化进行深刻对话性研究：

第一章到第四章介绍的是西方最基本的传播类型即内向、人际、组织和大众传播。当然，内容则是紧扣华夏文化进行本土化结构。第一章，修身、见性、炼心：华夏内向传播的儒释道视角。本章从儒家的"修身为本"、佛家的"明心见性"以及道家的"心斋坐忘"文化内涵，分别阐释了华夏传播内向传播的传播取向、传播操作以及传播运作；第二章，语言、面子、关系：华夏人际传播的基本面向。本章首先从"言必有道"入手，阐述了建立在"道""仁"基础上的华夏人际传播的语言规范，由此指出人际传播中需要道家"善信"和儒家"慎己"的"慎言"要求。随后阐述了"面子"在华夏人际传播中所起到的"人情媒介"功能，详细描述了面子在华夏人际传播中的功能、形式以及其所起到的正负作用。最后又进一步介绍了作为华夏人际传播鲜明特色的"关系"内涵；第三章，控制与抗拒：华夏组织传播中政府与民间力量的博弈。本章介绍了华夏历史延续的政府组织传播模式重纵轻横的特点，介绍了"中华帝国"官方信息传递的方式与政府决策的信息来源和决策制度，还阐释了以帮会为代表的秘密社会的内部传播机制等；第四章，礼乐与媒介：华夏大众传播的独特样式。本章集中介绍了华夏大众传播媒介的发展历程，并深入剖析了作为华夏仪式传播形态的礼乐传播，并集中笔墨梳理了华夏报纸的历史变迁以及传播环境。

第五章至第八章以及第十、十一章内容，都是在以传播学研究内容为依托，分别分析了华夏传播中的跨文化传播、说服传播、舆论传播、公共传播、文艺传播以及宗教传播。华夏跨文化传播主要介绍的是华夏朝贡制度的历史演变，概括了朝贡彰显华夏跨文化传播的特点与影响；而华夏说服传播则侧重讲述了"攻心为上"的传播特色，亦讲究"心悦而诚服"的华夏说服传播效果；华夏舆论传播则侧重阐述了文人论证的民意表达，梳理了华夏舆论传播的历史演变以及其主要形态与历史特征；华夏传播的公共传播则主要阐述了"善说"与"礼法"在其中的应用及功能，并进一步阐释了华夏公共传播的基本特征与模式；华夏文艺传播则侧重于分析其丰富多彩的传播形态，当然其也首先从时代背景、社会阶层以及信息形式三个维度来理清了华夏文艺传播的概貌，其后介绍了树状传播模式下唐诗风行的嫁接式传播、依附式传播以及共生式传播三大技巧，并从创新扩散理论视角下集中阐述了元曲从诞生、创新到扩散传播的整个过程；而华夏宗教传播则主要从"冲突与融合"

入手，主要选择了道教、佛教和基督教三个宗教的传播过程，分析了其在华夏的传播过程以及适应过程。

而第九章，重实录、慎言行：华夏媒介批评的人文精神。此章首先分析了华夏媒介评价的本质和内涵，并梳理了华夏媒介批评思想的历史流变，并进一步强调了华夏媒介评价思想的仁爱礼义、诚信朴实、固国利民的价值取向。

学术特色

《新闻学与传播学"十二五"战略发展方法及目标》的课题报告中指出："可以预见，在未来的五到十年中，中国传播学科在整体上会有一个大的变化：将更加全神贯注于中国自身传播领域的问题，立足本土，深入、全面地研究中国社会传播的历史、交往实践、传播体制与传播观念，在中国社会文化的语境中提出有独创性的理论观点，努力建立既有中国本土特点，又具有普遍启迪意义的传播理论话语，主动参与世界传播学科的平等对话，并为世界传播学研究做出中国应有的贡献。"由此，可见传播学中国化的大势所趋，且其可以做的内容既全面又细致，而《华夏传播学引论》一书真正的是达到了这种全面性和细致性。全面性可以从两个方面分析：第一，传播学本土化"华夏传播学"概念的再精确。从文化根源、价值取向、思维方法三个维度对于"华夏传播学"进行了再精确；第二，西方传播学基础性理论的中西对话。从内向、人际、组织、大众传播到跨文化、说服、舆论、公共、文艺、宗教传播，几乎将西方传播学基础性理论都进行了本土化视野的解读和对话；而细致性则体现在每一个传播专题都进行了深入细致的分析，丰富了华夏传播的历史、交往实践、传播体制和传播观念内容，将华夏传播学理论提升了又一个层次和境界。由此可见，关注于中国自身传播领域问题的《华夏传播学引论》，对于中国传播学科的变化也是起着潜移默化的推动作用的，是一本值得关注传播学本土化的学者一览有益的书目。

观点撷英

华夏传播学史贯通古今，以传统为主，以现实为辅；以现实为导向，以传统为着力点；试图通过对华夏传播史与华夏传播理论的双重观照中，寻找传统与现实的逻辑起点，围绕社会运作与信息传播的互动为主线，夯实中华民族圆"中国梦"的基础。（第 11 页）

建构华夏传播学,应当从宏观层面入手,从华夏内向传播研究、华夏人际传播研究、华夏组织传播研究、华夏跨文化传播研究、华夏礼乐传播研究;从微观层面入手,还可以研究华夏说服传播研究、华夏舆论传播研究、华夏语言传播研究、华夏非语言传播研究等。在此基础上,逐步运用中国的话语、概念,建构自己的传播学框架体系,真正建起富有中国特点、中国风格,中国气派的华夏传播学。(第 44 页)

华夏传播则注重内心世界的圣洁建构,由于华夏文化中最具修身文化的文化派别主要涵盖儒家、道家与佛家,且它们三方的内向传播观点各具特色,升华到修身为本的内向传播起点、天人合一的内向传播调适、以和为贵的内向传播目标。(第 92 页)

"面子"反映人际关系中的角色与地位,影响人际关系的形成与变化。"关系"贯穿中国人处理社会关系的过程,现实中的家庭关系、组织关系、社会关系等都受大传统中待人规则的影响,也受小传统中的人情往来规则的制约,相互交错。共同塑造华夏色彩斑斓的人际沟通模式。(第 93 页)

中华文化以礼乐著称,礼乐是一种仪式传播,亦是古代社会大众传播的独特形态,具体说来,通过从中央到地方各类形式的礼乐制度及其践行,使社会价值理论得到宣教,其具体形式又在朝代更替中与时俱进,确保了华夏文化传播历久弥新。(第 176 页)

古代中国舆论往往强调对一个社会系统的道德评价,这种舆论对于现实政权的实质威胁更大,历来为统治者所恐慌,社会舆论政策之实施也多偏向为注重"防御"而非"疏导"。(第 286 页)

古典公共传播一直徘徊于"家国天下"与独立话语的两难困境之中,维系了超稳定性的极权政治结构,但导致一代又一代知识分子的失声与迷茫。P303 媒介批评是一种价值判断,根据一定的价值观念评论媒体传播者、传播内容、传播效果等因素的功过是非。这种价值观根植于民族的文化思想中,深刻影响后人。从古人对口语、文字、非语言媒介批评的史料看,"仁爱礼义""诚信朴实""固民利民"的价值取向一直贯穿其中。(第 319 页)

体裁越短小的文学作品,育种阶段对于传播效果的影响效果越小,移栽阶段对于传播效果的影响就越大。唐诗恰恰是一种体裁极为短小的文学形式,因此,选择恰当的移栽方式,寻求强大的传播势能,对于唐诗的传播效果起非常重要的作用。那些能获得成功传播的唐诗,大都利用以下三种移栽技巧:"嫁接""依附"和"共生"。(第 332 页)

(徐莹　撰)

华夏传播的政治沟通

礼物、关系学与国家——中国人际关系与主体性建构

杨美惠

出版概况

《礼物、关系学与国家——中国人际关系与主体性建构》，杨美惠著，赵旭东、孙珉合译，张跃宏译校，江苏人民出版社 2009 年版，32 开本，平装，342 页，33.9 万字。

杨美惠，出生于台北，曾在多个国家生活居住过，1981 年首访大陆并先后在此居住三年有余；现任澳大利亚悉尼大学亚洲研究中心主任，同时任美国加利福尼亚大学桑塔芭芭拉分校宗教研究和东亚研究教授。

内容提要

《礼物、关系学与国家——中国人际关系与主体性建构》于导论之后分两部分共八章。导论阐述在中国的田野工作、政治与现代化，说明关系学的"发现"以及其包含的范畴，从自身在中国所经历的恐惧文化下的田野工作谈到人类学家的主体位置，并深入剖析中国现代性的国家规划和本土批评。第一部分，在一种社会主义背景下的微观政治学的民族志，提供了一个详细的关系学的民族志。该部分共四章，包括关系学民族志中丰富的语言，它的多种用途、它运用的情境、它的逻辑和伦理，它在社会主义中国的衰落的历史和重新出现。具体来说，作者细致地描述和说明属于关系学规则的中国城市的各种日常活动和话语，并依据第一手调查资料列出了关于关系学的广泛多样的词汇的各种含义；记录了产生关系学活动的众多情境，深入研究了这些活动的差异，包括城乡、性别、职业阶层的差异；试图表达关系学的内在逻辑，

不但描述它的策略和方法，它的个人伦理的系统，也描述它的实施的礼仪和规则；把关系学与金钱和商品关系这一新领域作了比较和对照；最后勾画出关系学近来衰落、重新出现以及发展的历史轨迹。

第一部分表明了关系学是怎样经常被创造性地作为一种对抗性伦理，在被国家垄断的公众范围内，为个人和私人创造一个空间，显示了本地话语中对关系学的蔑视和肯定的方面。而第二部分，理论框架，则关注关系学重新出现的特殊历史意义，探索关系学作为国家权力对立面的观念从而对本地人和西方人常做出解释的方式进行一场拨乱反正。作者在其中的每一章都把关系学看作一个出发点，由此来勾画出中国的一个捉摸不定的现象的部分轮廓，即"国家权力"的逻辑和运作。第五章，礼物关系中的政治经济学。论述权力关系的各种类型以及这种权力的社会表现和象征的表现，并研究权力的某些抵抗手段是如何在国家社会主义内部形成若干顽强存在的抵抗区域的。第六章，"借古非今"：古代中国的仪式伦理与国家理性。说明"传统"与"现代"的分类不能轻易地嫁接到混淆于"东方"和"西方"的分类，中国历史写作中的对立传统值得注意。第七章，"毛崇拜"、关系的主体和个体的回归。展示"主体性"或关系学中的个体和自我的结构是怎样既抵抗再分配权力，也抵抗国家中心权力或从"毛崇拜"中产生的主体性的，并讨论自由而普遍的，不同于分别从国家再分配、"毛主义"和关系中产生的个人主体性。第八章，中国根茎式的关系网和民间组织。作者认为从关系学角度来看，中国的"民间"的粗略特点可用两种关系来描述：个人与社会、个人与正式组织，并对二者进行研究。最后的结论，作者"返回到实地"，记述关于关系的几个故事以期对全书起到较好的说明作用。

学术特色

《礼物、关系学与国家——中国人际关系与主体性建构》的内容是中国大陆的关系学实践，是作者杨美惠在 20 世纪八九十年代中总共长达两年的对于中国都市的田野调查的结果。在书中，作者沿着古代关系学的谱系，追踪到清代之前关系学的历史成因，由此分析了现代关系学在掀起密集的人力网络并阻止和切断国家机器垂直运作中所扮演的相似角色。尽管深受当代西方社会批评理论的启迪，但该书特别地探求这些理论的具体性、这些理论所出现的不同的历史范围和联系，以及它们对这些具体性和不同性的解释，并探求中国现代化的现时刻中的历史性。作者尽可能不脱离"原初的"民族志的调查材料给出一个层面的诠释，而是从其所做的选择中显示出来，包括选择其所认为重要的特点加以调查报道，包括所选择的问题，以及依照其认为最能描述关系学的叙事结构对素材进行整理。

该书出版后获美国民族志丛书奖（1997）、利兹城市人类学奖荣誉提名（1996）、人类学著作维克多特纳奖荣誉提名（1995），入选"海外中国研究丛书"。学者乔治·马库斯称其为"一本出色而精彩的批判民族志著作，定义了一个当代中国重要的文化构成——关系，同时证明了它复杂的产生路径、共鸣以及在各种或大或小的事件中发挥的作用"；学者杜赞奇称其"从方法论的优势来讲，意义深远，为自我认识中国当代社会的分析者提供了一个框架"。

作者同样关注到追溯关系学谱系时对于中国古代仪式伦理研究的重要性，并从中提炼出华夏传播历史之于关系学研究的意义，探究关系学从过去的伦理遗迹和实践遗迹中吸收了什么，探究古代的政治、经济、文化社会为中国关系学奠定了什么。作者以一个旁观者和外国人的视角对中国日常生活中无处不在的关系活动予以关注并赋予它社会意义，尽管内容多立足于20世纪下叶的现实社会，与中国古代相关的研究相对来说篇幅较少，但仍可称为中华本土文化的关系理论发展提供了极为重要的成果。

观点撷英

恐惧文化的出现可用来衡量国家权力的大小，也可用来衡量渴望国家形象完整的强弱，完整形象是又令人安心，同时又令人害怕的。（第15页）

西方自我批评的观点也会提出，中国的问题能够归结到面对帝国主义的力量而产生的殖民主义和资本主义的程度，即这种势力不仅摧毁了中国文化传统的某些方面，而且利用和强化了传统的其他方面。其结果是，今天中国各种力量的重组，不论多么新颖，却仍然具有熟悉的中国味道。（第31页）

大众话语包含着对关系学多元的、又爱又恨的和矛盾的理解，而官方话语只承认它消极的、自私自利的、反社会主义的特点。（第58页）

关系学的家庭领域和公众领域并非互不相容，它们是重叠的。这是社会主义社会特有的情况，国家深深地渗透家庭的每日生活，不论是衣食住行这些基本要求，还是婚丧嫁娶这些私人行为，都在国家有组织的权力控制之内。（第75页）

　　中国社会的看门人模式表明了这个社会系统的两个突出特点：一方面是直接负责指导、调节、分配，维护物资商品、人员和机会的官员和管理机构的多样性；另一方面是个人关系以及用以打开由那些人把守的无穷无尽的大门的物质诱导手段的重要性。（第88—89页）

　　构成熟悉性的因素有相互信任和相互负责，这两个因素通过确定对发展关系的动议的心领神会而为关系铺平道路。对把相互熟悉作为关系学的先决条件的强调也体现在对下面两种情形的重视上：一是关系双方有某种认同，二是他们有共同的经历。（第97页）

　　感情是社会关系的第一种曲折，钱和贿赂关系与感情联系最微弱。随关系、人情、义气和感情的递进，情感成分依次增长。（第106页）

　　在系统层面，礼物经济开辟出对抗规范化和纪律化技术策略的领域。事实上，这显示出关系艺术不仅在经济匮乏的条件中被应用，而且在国家权力试图对居民扩大和系统化其控制的所有地方都能被找到。（第177页）

　　规则式的资讯深藏在对礼的对象、礼的身体、礼的表达的编排中，它是过去传下来的权力的要素和指导，当它们被重新复制出来时，它们靠表演者和观众演练了这种权力。（第195页）

　　对于大多数人民来说，对京城皇宫里的帝王的效忠只是效忠的顶点，中间插入了许多认同和权威的人物：父母、直系长辈、地方官员等等。在革命之后，这些庸赘的老方式，即在个体与其上面的主管之间这些混乱的分支，都在摧毁"封建主义"的狂热中被废弃了。（第225—226页）

（李心怡　撰）

道教的社会传播研究

曾维加

出版概况

《道教的社会传播研究》，曾维加著，台湾文津出版社 2008 年版，繁体，平装 16 开本，306 页。

曾维加，男，1973 年 7 月生，四川乐山人。西南政法大学哲学系副教授。四川大学道教与宗教文化研究所博士，南京大学哲学系宗教学系博士后，主要研究道教与中国传统文化。该书系为其四川大学博士学位论文 2004 年，原题目为《道教的社会传播研究——以公元 6 世纪前巴蜀及中国北方为中心》。

内容提要

《道教的社会传播研究》于绪论之后四章 36 节及结论、参考文献。第一章，道教传播符号的形成，作者从巴蜀地区的非语言符号——神树、方士传统与方术的传播、语言符号中的神仙思想三个方面来探讨道教的传播符号是如何一步步成型、产生、确定的。

第二章，道教的传播与社会（上），第三章道教的传播与社会（下）。这两章较完整的论述了在道教的传播中与社会因素——战争、政治、灾难、民间信仰、区域等的关系，比较全面的解析了道教的传播过程。

第四章，道教的传播系统及传播特点。作者从声音、语言、文字符号等传播媒介进行分析，并阐述了道教传播借助了心理意象和内向传播，从解释抽象概念以及理论、治疗疾病和炼养修道、科仪法术烘托氛围等三个方面论述，此外，还着重分析了道教传播的组织形态和传播过程中形成的以血缘关系为纽带、以人伦忠孝为血脉、以人口迁移为契机三个特点。

学术特色

该书在广泛利用和分析相关原始资料的基础上，较为完整的论述了道教在传播过程中与战争、政治、灾难、民间信仰等社会要素的关系，从符号学角度追溯了道教神仙思想的形成及其演变，探讨了道教在西南民族中的传播以及与各种不同文化的相互影响，并对道教传播的特点作了总结。该书认为道教的传播是一个与社会共同发展的过程，在此过程中，不仅各要素要影响道教的传播与发展，道教也会努力创造适合自己生存的空间。

《道教的社会传播研究》展现了道教传播过程中的基本线索，虽然道教本身是一个广博而又复杂的体系，涉及的内容很多，但从其传播过程来看，并不是杂乱无章的，从历史文献以及历史事件中，不免看出其传播是有章可循的，从而可以一叶落知天下秋。该书特别引用了敦煌道藏文献，以及日本、韩国、法国、美国等海内外研究的最新成果，反映了作者研究工作的深度和广度以及严谨踏实的学风。

该书的贡献在于扩宽了道教的研究领域。作者从社会传播的角度来研究道教，不仅仅了加深了对于道教的认知，全面地考察了道教传播的过程以及各种社会因素，而且对于后来的研究者也有一定启发意义。

观点撷英

没有神灵崇拜，古人就不能慰藉心灵，而没有人类的崇拜，神灵也就失去了存在的意义。因此人和神灵是要通过某种方式来进行沟通的。绝地天通虽然隔离了凡人同天神之间的直接沟通，但巫术还可以通过一定的途径与上天联系。在中国的神话中，联系天地的有天梯和天柱两种媒介。天柱是起支撑天地作用的，而天梯则是由天地通道的功能。（第 19 页）

东汉后期，悠久的神树崇拜历史、民间的巫术、多民族不同的宗教思想与黄老思想与黄老道家思想相互交织，在成都平原形成了道教。道教吸收了树作为天地通道的作用，将它想象为道士成仙的一条通道。（第 31 页）

道教除了吸收远古传说中树的天地通道作用，还根据其教理教义将长生成仙思想贯注于中。道教认为，在天上的仙境中，处处都有树的存在。（第 31 页）

总的来说，这些早期的神仙思想传播者大多来源于民间，活动与民间，并且在以后的历史中，仍然在民间起着传播者的作用。英国学者巴雷特就认为，直到魏晋，长江以南地区仍然保存有不少的古老宗教传统，其中就包括大量很可能源于汉朝的方士传统。（第 38 页）

宫廷与民间的也就是上层社会与下层社会之间的关系。这两种社会阶层之间虽然有着鸿沟，但却互有联系，彼此吸收借鉴对方，特别是在文化方面，更是你中有我，我中有你。因此，源于民间的方士传统，因其内容是长生不老，这对能够主宰世界但却没法支配自己命运的帝王们来说无疑是一支强心针。另外，帝王们孤家寡人，在到处都是阴谋与陷阱的深宫高墙内很少有人与之交心，他们非常需要能够与彼岸世界沟通，把自己的灵魂托付给仙人，因此，当方术传入宫中后，得到帝王们的大力支持，在社会上的影响日益扩大。（第 45 页）

道教在传播中的符号可以分为语言符号与非语言符号两大类。非语言符号是指不以人工创制的自然语言为符号，而以其他视觉、听觉等符号为信息载体的符号系统。如前面论述的三星堆铜树以及东汉摇钱树都输物化了的非语言符号的典型代表。非语言符号有组合性、连续性、不可控制性等特征，它在人类传播活动中可以发挥多种功能。它可以独立传播信息，还可以辅助语言符号传播。作为一种视觉符号，它们代表抽象的意思，但非语言符号并不能完全清楚地表达所传播的意义，只有当它与语言符号一道来进行信息传播的时候，才能将其所指清楚地表达出来。语言符号是人类社会中最重要的符号系统，它是人们进行交流、沟通的最主要的工具。语言伴随人类社会的产生而形成，是人们在长期的社会交往中约定俗成，以语音和字形为物质外壳，以词句为建筑材料，以语法为结构规律的符号系统。语言符号则具有词语创造的随意性、语言的开放性、语言的概括性、语言的社会性等特点，它注重语言、意义、思想三者之间的关系不可分割。虽然语言是人类最重要的符号系统，但是它还是需要非语言符号作其补充，而且中国的语言多属象形文字，其符号自然也源于非语言符号，因此，它们之间具有天然的共通的属性，如巴蜀的早期国语，就是非语言符号向语言符号转变的过渡符号。（第 50 页）

对心性的修炼其实也是对道的追求，其最终目的则是道教的终极理想，生道合一，长生成仙。总的来说，表现道教信仰的非语言符号发展到一定程度就不能满足道教传播的需要，为了更加充分的表达所传播的内容，解释比较抽象的宗教理论，就会必然会出现静电这种语言符号形态，这样道教才能从原始的信仰崇拜演变成理论化、系统化的道教。在道教的传播符号中，其所指主要是人的生命。道教特别珍惜现实的生命，畏惧生命毁损，"重生恶死"成为其宗教情感的主要线索。"死亡，天下凶事也""祸莫于死，福莫于生"之类的说法在道经中随处可见，这种观念也就成了道教创建道义，指导实践的主导思想。道教的各种符号大多指向这一意义。为此道教把修道得长寿、成仙看作是人生的最高追求，认为脱胎神化、名题仙籍、位号真人，是人生功成名就的一种标志。道教的符号系统表达的不仅是生命的不死之法，而且揭示了生命的意义在于与道为友、与道为一，揭示了生命的真理即是自然和自由。（第 65 页）

道教十分注重生命，其范围不仅限于人类自身，对自然界的植物也多有关怀，因此道教认为在宗教活动中烹杀畜生不仅"不合冥法"，而且"杀生求生，去生远矣"。（第 147 页）

美国心理学家威廉·詹姆斯把宗教分为制度性的宗教和个人的宗教。个人宗教的传播方式是从心到心，从灵魂到灵魂，直接在人与造物主之间进行。这种关于宗教在个体心理的传播活动道教也常常采用。道教在传播过程中，其教义、教理及各种信仰与方术通常并不表现为概念、判断、推理等抽象形式，而是由许多生动可感的具体形象呈现出来的。这些具体形象大多是人们日常所见所闻所感的经验性事物，因而特别容易为人们所理解和接受。将抽象的教义、教理及各种信仰转换为与一般人的经验相对应的各种具体形象，并在人心中以意念的方式形成，因此可称之为心理意象。从传播学的角度来看，这种道教的传播方式又可之为内向传播，即外部的刺激在个体内心里进行直接和思维活动的过程。这种内向传播因其不受外部条件的制约，能够在很大程度上扩大传播对象的范围，给传播主体以最大的自由空间，因而在传播活动中尤为重要。在道教的传播中，内向传播可以让信众在宗教活动过程中想象不在场的或非存在的内外诸景或神灵等事物，把或具体或抽象的认识对象在心里幻化为某种图形、图像或书面，并通过心灵的凝视与观想将其转变为在道教徒感觉"实存"于体内或体外的事物，以达到认识教义或治病养生的目的。另外，在道教的宗教仪式中，心理意象有助于渲染宗教气氛，从而达到传播道教思想、使人们认识、了解，继而信仰道教的目的。（第 223 页）

（董方霞　撰）

中国古代政治传播思想研究

陈　谦

出版概况

《中国古代政治传播思想研究》，陈谦著，中国社会科学出版社，2009年6月出版，平装16开，253页，28.1万余字。

陈谦，男，博士，青岛大学新闻与传播学院教授。研究方向：传播史、政治传播、传播（广告）理论。学术成果：专著2部，合著2部，发表论文近50篇。

内容提要

《中国古代政治传播思想研究》以现代传播学视角探讨古代王朝政治活动中的信息传播的思想。其中，在古代王朝政治控制过程中，监察、谏议与教化活动中的传播思想是探讨的重点。该书共有四章二十三节。

第一章，泛论中国古代政治传播制度与政治传播思想。作者希望通过对中国古代王朝信息传播控制活动的考察，挖掘中国古人就政治传播所提出的主张、见解及观念，进而形成中国传统特色的政治传播思想。先秦几大学派（尤其是儒、法）的政治思想虽然在后世有所融合与演变，但总体上呈现连绵不断的状态。他们不但影响了后世的政治实践活动，更重要的是，这些智慧文明奠定了中国传统政治文化的历史基调。

儒家学说重视政治传播中枢的道德素质，将政治传播等同于道德传播的倾向。比如主张"不能正其身，如正人何""身正而天下归之""天下之本在国，国家之本在家，家之本在身"等修身以治国的道德情操劝诫与规训，而治人、治物、治国、治天下乃是治己的外化与扩大，这其中也蕴含着政治传播的道路。在传播活动中，儒家提倡"非礼勿视，非礼勿听，非礼勿言"中"礼"的原则，就是在"视""言""听"等方面都要合乎"礼"地进行人际传播；做人要"讷于言而敏于行"，即"慎言"；做事要"名正言顺"，即"正名"；交往要"君使臣以礼，臣事君以忠"，"君君、臣臣"，各守本分。儒家特别重视"教化"的功能，认识到教化在政治控制中的重要性和重视文化典籍在教化传播中的作用。法家学说，主张"一言正而天下定，一言倚而天下靡"，支持政治传播的一元化。在实践中，崇尚"以法为教""以吏为师"，通过传播实现政治控制，从而达到政治驯化作用；强调以权术驾驭臣下，以"定分"和"循名责实"原则进行信息监控。墨家学说尊崇"一同天下之义"的政治传播观，墨子设想建立一个专制主义的信息传递与反馈体系："上有过则规谏之"的向上传播机制；"得下之情则治，不得下之情则乱"的向下传播（信息监控）机制。如此，信息在体系内实现双向流动。道家学说则是传播的"无为派"，他们认为应取消有为的传播兴作，儒家所倡导的"仁、义、礼、智"都是"言伪而辩"的产物，反倒于世有害。最后，将中国古代政治传播思想的基本特征凝练为"一言兴邦""一言丧邦"，并对"一言兴邦""一言丧邦"的政治倾向、传播学意义和政治思维进行了深入解读。

第二章，面向臣民的信息监督控制思想——以监察为中心的传播观。第一，作者运用传播学中"5W"模式分析古代监察活动的信息传播特征，认为监察活动的传播者是执行监察任务的官员；传播内容是"向君主弹劾不法官员，反映民间疾苦，报告政令执行良否，建言献策，举荐贤良，等等"；传播渠道多为"亲身媒介"，比如眼、耳、口等；受传者是君主，"一切监察信息的传递以君主为中心"；传播效果是"保证政令畅通，监督官吏"。第二，回溯古代政治信息监控思想的发端，发现西周以降，监察客体开始由"民"向"王"转向。第三，以法家为例，阐述先秦政治信息监控思想，包括监控"以一国而听"的理想状态、监控"定分"责任的划分、监控之"术"的运用，等等。第四，强调身体政治在监察活动中的重要地位，以及耳目思想与信息监控的原则与策略。包括，信息监控者的位势策略、纠举监控讲求重点的策略、快速奏报，网罗天下信息的策略、暗布耳目的策略。第五，从"监控环境"的传播功能观看信息监控思想。监察活动的信息传递与反馈功能于王朝政治有着举足轻重的作用，从传播学意义上说是政治机体适应环境、调节运行的重要的传播机制，两者都是社会运行中的"雷达"。

第三章，面向君主的信息调节控制思想——以谏议为中心的传播观。谏议是"传播者（臣下）通过一定的传播内容和技巧，借助语言、文字或其他媒介形式，面向受传者——君主的进言活动，意在使进言产生说服效果，达到规劝、制约、调节权力、参议决策运行等目的。"

本章首先介绍了谏议思想的起源、谏议思想的发展、谏议传播的理论依据，然后概述先秦诸子的谏议传播思想，包括孔子的"以道事君，不可而止"、孟子的"长君之恶，其罪小，逢君之恶，其罪大"、韩非子的"凡说之难，在知所说之心"等思想。通过对进谏过程中部分对象、不同环节的揣度，审视进谏（说服传播）中的心理原则、态度原则、保密原则、和时机原则等。通过选取历史中代表性的具体案例，再现谏议这一特殊的人际传播活动。最后，从"协调关系"的传播功能看谏议活动的信息调控思想，认为其发挥了"使社会各部分在对环境做出反应时相互关联"的协调作用。

第四章，面向民众的信息规范控制思想——以教化为中心的传播观。将教育以教化看作是"一种信息传递与接受行为、过程"，它有着一般传播行为与过程特点的共性。本章首先阐明中国古代教育、教化与政治之间的相互关系，认为教化即是"以德化民"的道德教育，政治权力是推行教化的必要手段，同时，教化的行为维护政治体制的稳固。其次，认为早期教化内容的传播形式与媒介是"制礼作乐"，而后来通过撰立典籍的方式推行教化思想的传播。此外，提炼了中国古代的重要的教化传播思想：人性是教化之本，教化传播发生的思想起点；"其身正，不令而行"，强调教化传播者的表率作者；"先富后教"，教化传播的条件论；"移风易俗，潜移默化"，教化传播的渐进论；"草上之风必偃"，教化传播的强效果论。最后，从传播功能理论看中国古代教化，认为教化对社会的长期渗透形成的凝聚作用，造就了中华民族延绵不断的历史存续与发展的现象。

学术特色

传播学虽滥觞于西方，如今几乎所有传播理论也都来源于对西方世界，但这并不意味我们没有传播活动，或者说我们的历史与社会中不能产生传播学理论。中华民族五千年灿烂文明进程中，积淀了太多亟须后世学人开垦的历史文化宝藏。我们有理由相信，中国古人的传播实践与传播思想并不逊色于西方，甚至更为浓厚。如今，越来越多的学者投身于"对中国古代传统社会中的传播活动和传播观念的发掘、整理、研究和扬弃"中，希望继承这一珍贵的历史遗产，创造出中国人自己的、适应于本土语境的"华夏传播理论"。《中国古代政治传播思想研究》，是中国学者具有自主意识，积极构建本土化传播理论的尝试。

该书用"广义'传播'概念作为认识起点，以古代政治思想及政治制度、政治实践为背景，从中钩稽梳理出古代政治传播思想的诸多要义，对古代政治传播思想的重要内做出清理总结。"用传播学视角审视中国古代政治思想，颇具新意，该书是华夏传播学研究的优秀之作。

值得一提的是，书中翔实的史料向我们展示了一名拥有历史学博士学位的传播学者——陈谦教授扎实的史学功底。而且陈谦教授非常重视跨学科的研究。在该书的每一章中都列有单独小节，详细介绍不同历史活动、政治活动下的传播学观点，实现学科间的交流与对话。

观点撷英

中国古代政治传播制度体系大致包括五种制度，即：信息中枢的政治决策制度；政治信息传递渠道（包括媒介）制度；政治信息收集与反馈制度；政治秩序的信息监控与政治传播权力调节制度；政治文化传统的信息存续与维护制度。（第 29 页）

先秦儒家虽重视民意，但并不能认为就是民主思想。因为我们在此称"民意"而非"舆论"，意在表明，从传播视角看，先秦时代的儒家并没有"广大人民是舆论主体"的认识。同时在儒家的言说中，也没有人民作为舆论主体主动反映舆论、表达民意、监督政治的观点。……民本思想不是民主思想，同样，也不能认为先秦重视民意的思想史民主的政治传播思想。（第 45 页）

儒家重教化，教化被认为是政治的根本问题和前提，甚至可以说儒家提倡的政治是"教政"。但教化的内容——诗书礼乐，在传播上具有引导性、渐进性和一定程度上的非强制性，虽然与政治有混融，体现出"政教合一"倾向，但毕竟有其相对的独立性与功用。而法家则表现出荡涤传统文化的倾向，他们企图以法令统摄一切。……儒家主张是由"教"达"政"，是多少带有渐进色彩的教化政治传播观；法家则主张"政"（法）即"教"。是依靠强制、威慑来进行政治控制的思路。（第 49 页）

韩非对比君、臣、民的地位，有时比君为壶，比民为水："盂方水方，盂圆水圆。"他有时又比君为渊，比臣为鱼："鱼失于渊，而不可复得也。"有时比君为车，比民为马，比民为轮。即君是乘车的人，臣是拉车的马，民是车下的轮。但强调君主为驾驭马车的控制角色："夫以王良、造父之巧，共辔而御不能使马，人主安能与其臣共权以为治？""车""马""轮"之喻可视为韩非的"机械隐喻"。（第53—54页）

中国古代王朝的政治传播观可以用"一言兴邦，一言丧邦"来概括并引申，或者说，"一言兴邦，一言丧邦"乃中国古代王朝政治传播思想的集中表达。（第62页）

在政治领域，若能造成"一言兴邦，一言丧邦"的实际效果，除非有一些特定的社会条件在起作用。笔者以为这些条件应当在古代王朝的政治结构、政治文化，在中国传统社会普遍存在的圣王意识、臣民意识、尊卑意识及盲从意识中去寻找。（第67页）

在中国传统政治文化中，有一个现象值得注意，即历代论者在强调君臣关系时，多以身体为喻，形象地说明君主臣辅，君尊臣卑，君臣互补等政治关系。每当论及君主臣从、君臣一体、休戚与共的关系时，大多以股肱为比，使元首成为君主的文化符号，股肱成为臣下的代称。（第95页）

中国古代王朝的政治信息监控权几乎掌握在君主一人手中。权力是君主制枢机，其中信息（传播）权力则是重中之重。只有君主掌握全部政治信息，臣民却不必也不可能享有这样的权利，监察之臣与言事之民只能掌握部分信息，而掌握这些信息也是为君主服务，供君主决断之用。以天下人之耳目为君所用，才是信息运行之正途。（第127页）

笔者甚至认为，"君臣一体"的认识应当是唐宋以后谏议传播活动的主要理论依据和心理基础。……秦汉以后尤其是唐宋时期，谏官并未也不可能发展成为君主政治的对立面，反而"使专制统治多体现一点统治层的共同利益以提高统治集团的凝聚力"。相对于先秦至秦汉以"道高于君"为主要理论依据的谏议传播，建筑于"君臣一体"观念至上的谏议传播更加缺少了批判的品格，强化了为专制政治服务，与君主政治同体的面貌。这可看作是中国古代谏议传播的一种稳定的"传播情境结构"。（第137—138页）

（张丹 撰）

中国古代政治传播研究

白文刚

出版概况

《中国古代政治传播研究》，白文刚著，中国社会科学出版社，2014 年 12 月出版，平装 16 开，316 页，20 万余字。

白文刚，男，1975 年生，毕业于中国人民大学清史研究所，历史学博士。中国传媒大学政治传播研究所副所长、副教授，政治学理论专业政治传播方向硕士生导师，中国传媒大学"政治传播优秀创新团队"骨干成员，国家社科基金重大项目"中国特色政治传播理论与策略体系研究"子课题负责人。原先做中国近代史研究，近年转型从事政治传播研究，尤其致力于中国政治传播史研究。曾出版《应变与困境：清末新政时期的意识形态控制》等著作，发表学术论文 30 多篇。

内容提要

《中国古代政治传播研究》对中国古代的重要政治传播现象展开比较系统的研究，全面展现其面相、揭示其特点，并在此基础上总结中国古代政治传播的现代启示，这为中国特色政治传播理论体系的建立提供历史资源，也为当代中国的政治传播实践提供借鉴。

该书共分为六个部分，四章十五节加一篇导论和一篇结语。

导论部分，介绍研究的背景和基本问题。首先，介绍了学界对政治传播的不同理解与争议：西方学界对政治传播的界定存在着传播学视域与政治学视域的分歧，对应着"劝服论"和"控制论"两种政治传播概念。以荆学民为代表的中国学者进行反思，提出"视界融合"的思路，将两种概念要素有机结合，行成原生态的、独立而完整的"政治传播"概念。其次，介绍中国古代政治传播的概念与研究目的。最后，总结中国古代政治传播研究的现状，并提出该书研究的具体思路，即选取四个和政治统治密切相关的重要传播现象展开研究，包括中国古代王朝合法性建构的政治传播、文化传承中的政治传播、政治运转中的政治传播和天朝大国形象建构中的"对外"政治传播。以下四章，皆沿此脉络展开。

第一章，王朝合法性建构中的政治传播。本章着重从天命建构、圣德宣扬、正统辩护三个方面展开论述，探讨政治传播如何作用于中国古代王朝的合法性建构。在天命建构方面，帝王们运用了丰富的符命神话和政治仪式等政治符号开展天命的论证和传播。包括感生神话、相貌异象神话和异事神话等帝王神话的制造，劝进仪式、禅让仪式、祭祀仪式和改制仪式等受命仪式的操演。在帝王圣德形象的塑造方面，依靠精心修辞的政治文告的直接宣扬和运用符瑞神话与政治仪式等各种象征符号展现与操演。在王朝的正统辩护方面，以个案的形式分析清朝面临的正统挑战及其回应策略，展现正统观念与王朝合法性的建构路径。

第二章，教化：王朝政治文化传承中的政治传播。本章首先阐释了中国古代政治文化的面相及其相应的教化旨趣。从三个方面概括了中国古代政治文化，包括对圣德君主领导的大一统政治体制的认同，对以纲常伦理为核心的社会宗法等级秩序的尊奉，对以养民、教民为根本目标的政策追求。其次，讨论中国古代以学校、乡约、宗族为代表的王朝的教化机构；以儒家经典为中心的权威文献、日常教化读物与通俗文艺和礼乐制度为代表的教化媒介；以帝王、官员和民间人士为代表的王朝教化者，以图再现中国古代政治文化传承问题。

第三章，王朝政治运行中的政治传播。本章讨论政治传播现象中的"控制论的政治传播"分支，关注信息在政治系统中的传递与反馈及其对政治的影响。分析政治运行中的决策沟通环节和信息流通环节的传播机制，同时考察其政治体制及相应的信息传播体系机构，以及政治传播的软环境，即当时的言论政治环境。具体说来，包括中国古代王朝信息传播体系的整体框架是什么，先秦时期与秦汉以来的中央沟通模式是什么，地方信息输入中央的模式与中央信息输出的模式是什么，文书传播的渠道是什么、效率怎么样，中国古代帝王对政治言论的态度怎么样，士大夫群体展开政治批评的精神特质是什么等问题。

第四章，王朝对"外"政治传播与朝贡体系建构。本章围绕国家形象的塑造展开讨论。首先，讨论"天下"的国家理念，因为中国古代国家最重要的特征就是其"天下"观念，而"国家理念在国家形象塑造与传播中占据着统摄性的位置"。其次，以朝贡活动为对象审视古代中国开展对外政治传播、塑造天朝大国形象的具体渠道与方式。包括天朝大国帝王威严的塑造与宗藩君臣秩序的建构、帝王怀柔圣德与天朝大国富庶形象的塑造等等。再次，考察遣使、册封活动中，王朝综合运用多种媒介，建构以天朝大国为中心的宗藩政治关系机制。最后，从软实力的视角审视中国古代王朝的对外政治传播。

第五章，结语：中国古代政治传播的现代启示。认为：第一，政治统治手段是政治传播的本质属性之一，中国古代政治传播的根本目的与功用也是建立和维持王朝的统治，一个王朝的建立、维持其政治秩序以及统治最后崩塌的完整过程中始终存在在政治传播活动，给我们提供了丰富的经验案例。第二，政治文明是影响政治传播效果的根本因素。从中国古代政治传播的历史实践中发现，政治符号的选择必须以社会认同的政治文化与只是信仰体系为基础，必须以国家与社会精英的普遍认同与通力合作为基础，政治文化才有可能成功传播。第三，国家的形象从根本上上说是由国家政治文明的特质及发展水平决定的。国家政治文明特质决定了国家在对外政治传播中构建国家形象的目标，一国政治文明的发展水平从根本上决定了它在国家社会的形象。第四，单一的官僚科层制信息传播体系有不可克服的痼疾。该书认为，提升当代中国政治传播能力的关键在政治而不在于传播本身，提升中国政治传播能力，从根本上来说有赖于中国特色政治文明的不断发展与成熟。

学术特色

政治传播研究是一门尚处在年幼阶段的新兴研究领域，它的形成与发展离不开政治学与传播学两者的共同汲养。就"政治传播"概念的分歧而言，"劝服论政治传播"和"控制论政治传播"代表了传播学和政治学两种学科研究旨趣的差异。该书没有对这两种研究取向做评价，认为"对于一个起步不久，尚未形成一致共识的研究领域而言，尽可能展现理解的多元状态对未来形成对学科的饱满界定应该是有益的"，这种眼界值得称赞。

此外，要全面理解和把握政治传播，不仅要研究西方的政治传播，也要研究其他国家的政治传播研究，更要研究中国自己的政治传播，不仅要研究当下社会中的政治传播，也要考察历史视野中的政治传播，只有将研究做横向和纵向视野的拓展，才能提升政治传播研究的品质。白文刚的《中国古代政治传播研究》是中国学者以历史视维研究政治传播，做纵向视野拓展的一次实践，他的研究也实现了传播学、政治学与历史学的结合和互惠。这些具有开拓意义。

对中国古代政治统治中的重要政治传播现象展开比较系统的研究，比较全面地展现其面相、揭示其特点，并在此基础上总结中国古代政治传播的现代启示，为中国特色传播理论体系的建立提供历史资源和中国当代的政治传播实践提供借鉴经验。这些具有现实意义。

该书是白文刚副教授耗时两年多的心血之作，展现了作者丰富的史学功底，扎实的传播理论基础和崭新而深刻地个人见解，令人钦佩！

观点撷英

当代的西方政治传播以竞选政治为研究中心，这实质上是"政治传播"中"政治"根本意义成了恒定不变的因素，政治传播研究成了既定"政治"下的"传播"研究，于是其研究关注的重心也顺理成章地主要致力于对竞选中传播策略、技巧和影响的考察了，这样的研究在某种意义上来说其实是把政治传播研究降低到了"术"的层面。另外由于当代政治传播的媒介主要是大众媒介，所以研究也就进一步局限到大众传媒条件下的传播手段和技巧研究。（第14页）

要全面理解和把握政治传播，必须从横向和纵向两个方向来拓展政治传播研究的领域。所谓横向拓展，即不仅研究西方国家的政治传播，也要研究其他国家的政治传播。从这个意义上来说，我们研究当代政治传播，实现政治传播研究的本土化，不仅是中国政治实践的需要，也是建立政治传播学科的需要。所谓纵向拓展，即研究历史上的政治传播。首先可改变当前政治传播研究主题主要集中于大众传播媒介与政党竞选的现状。……其次是有利于我们从整体上认识政治传播与政治统治之间的关系。……（这样的研究）提升了政治传播研究的品质，为其上升到"学"的层面创造了条件。（第15页）

从一个政权从兴起到衰亡的完整生命历程来看，政治传播至少在政治合法性建构、政治文化的传承、日常政治运行、国家对外形象建构、政治动员等方面发挥功能。（第20页）

在我看来，对于中国古代而言，政治传播行为是客观存在的，但是否可以说存在政治传播思想，还需要严格的论证。（第22页）

作为一项历史考察，受限于资料的特点，更不可能以实验的方法或具体的数据来判断效果，所以对效果的判断可谓难上加难。这就要求我们改变思路，主要通过对符命神话传播的环境来考察其传播效果，更确切地说是通过对符命神化神话预期受众所处的历史文化环境来判断其传播效果，因为传播的实质无非是以符号为媒介的信息交流……而对符号理解是基于文化信仰与符号传播时的具体历史背景的。（第45页）

（劝进的过程），可以更好地宣扬其圣德与天命，可以更好地为其称帝建基制造万民拥戴的舆论氛围，因为唯有如此，才能把处心积虑追求帝王的个人野心，塑造为天命所示、臣民所推、自身被迫承乏以顺应天意民心的大公之举，才能建立起合法性。当然，正因为这是一个刻意设计的仪式，其目的在以象征的手法表明其称帝建朝都是天命所归，所以我们把这种仪式看作是一种不折不扣的政治传播行为。（第49页）

政治文化并不是自然传承的，他的传承需要特定的政治传播活动，即政治社会化。（第106页）

不要被这样的词汇（封建、专制等）及其抽象的定义这概论中国历史的丰富性和复杂性。在有关中国古代政治以及政治传播的研究中，往往会碰到这种以概念理解历史的简单化思维。这样的思维看上去很美，但却不是历史的事实，因而是错误的。（第178页）

朝贡活动，表面来看是诸国面向中国君主表示向化与臣服的一种政治效忠行为。但事实上，中国政府却着整个朝贡过程，在朝贡活动的每一个环节精心开展政治传播活动，在树立起以圣德有为、高高在上的天子为中心的天朝大国形象的同时，将朝贡纳入天朝大国的权力体系。（第247页）

软实力在中国古代王朝对外开展政治传播，塑造天朝形象、建立与维系朝贡体制的过程中发挥了重要作用，在某种程度上与硬实力结合，形成了所谓"巧实力"……这种结合在更大程度上是中国古代文明自身的逻辑选择，而非功利性策略选择。（第280页）

传播才是值得关注的重点，政治传播不过是传播政治信息的传播活动罢了，别的方面与其他传播没有什么根本的不同。（第282页）

（张丹　撰）

中国古代王朝政治传播制度研究

陈 谦

出版概况

《中国古代王朝政治传播制度研究》，陈谦著，中国社会科学出版社，2016年6月出版，平装16开，307页，32万余字。

陈谦，男，博士，青岛大学新闻与传播学院教授。研究方向：传播史、政治传播、传播（广告）理论。学术成果：专著2部，合著2部，发表论文近50篇。

内容提要

全书分为三个部分：第一部分为"中国古代王朝的政治传播思想及制度概说"。首先，在以往研究中国古代政治传播思想的基础上，对古代政治传播思想及制度的进行概述。认为政治传播制度是连接政治思想文化、政治制度以及其政治运行实践的桥梁。其次，阐明政治传播和信息控制等基本观念、衍变的整体历史脉络和现代性意义与价值等。最后，将中国古代王朝政治传播思想的基本特征提炼为"一言兴邦，一言丧邦"，认为它既体现了君主专制的政治思维，也包含了某些传播活动。

第二部分"中国古代王朝信息传播相关制度的历史演进"则以时间为线索，论述与政治信息传播相关的政治制度的发展变化历史。具体说来，包括：夏商时期政治传播制度出现萌芽，承担传播职能的官属初现；西周、春秋、战国时期，政治传播制度草创，政治信息沟通、商议与决策方式初步搭建，监察制度初步建立；秦汉时期，政治传播制度的初步成型，中央行政体制、运行体制、决策系统完成初步构型，教育制度确立；魏晋南北朝时期，政治传播制度出现变乱与重组，传播机构与机制的演变；隋唐时期，政治传播制度开始重整，结束了秦汉以来家国一体的政治体制，开启了皇帝—官僚政治体制，奠定了后代官僚政治制度的基本框架和运行模式；宋元时期，政治传播制度逐渐成熟，中央决策运行系统、监察谏议、邮驿制度、教育制度与图书出版制度日臻完备；明清时期，政治传播制度出现极端化发展趋势，通政使司、军机处、都察院的设立，政治权力高度统一使传播集约化与窄化。

第三部分是"中国古代王朝政治传播制度体系及政治传播制度类型论"。首先，分析中国古代王朝的政治传播制度及得失，包括信息中枢的决策制度、政治信息的传递渠道与媒介制度、政治信息的收集与反馈制度、政治秩序的信息监控与政治传播权力调节制度和政治文化传统的信息存续与维护制度，并借用帕森斯的功能主义社会学观念对传播与文化进行反思。其次，以威廉斯的"父权式的传播制度"的分类学说为对照，总结中国古代王朝政治传播的主要特征。认为中国古代政治及政治之下的传播是"家长式"体制的，"家国同构"和"拟父子"政治关系的阐释是认识家长式传播体制的基点。

学术特色

该书是陈谦教授继 2009 年出版的《中国古代政治传播思想研究》之后的又一力作。该书以传播学的视角与方法探究中国古代若干政治制度与政治活动。为了不至于使研究的论题过于宽大，或者散漫，陈谦教授借鉴了美国政治传播学者多伊奇的观点，以信息控制度思路来建构研究框架，紧扣"信息传播为实现政治控制"这一主题，或者说，将该书的研究对象限定在控制论下的传播活动。该书认为中国古代王朝的"政治决策""政治信息传递渠道（包括媒介）""政治信息收集与反馈""政治秩序的信息监控与政治传播权力调节"以及"政治文化传统的信息存续与维护"等几个方面都隶属于政治控制范畴，因而，在此视角下，可以将控制论所涉及的诸多内涵与思想，如调节、操纵、管理、指挥、监督、整合等，融入对中国古代政治现象的考察。这也形成了该书研究的基本框架。这种研究方式是跨学科式的，框架的搭建也具有启发意义。

该书的研究不止与对中国古代政治传播制度的考察，还希望在对自身本土化问题的全面把握与深入理解的基础上，形成能与西方的政治传播理论对话、互动和相互采借的中国政治传播理论与话语。该书很多地方都体现了这种主体性建构意识，以及积极与西方理论进行学术对话的尝试。比如，与多伊奇、维纳、拉斯韦尔、雷蒙·威廉斯等人思想的碰撞与交流。

观点撷英

传播学者指出："一个人的生活方式，也就是他的传播方式，也可以说，一个人的传播方式，也就是一个人的生活方式。"从政治角度，我们不妨将这句话改为：一个正直组织的存在方式，也就是他的传播方式。中国古代王朝的政治思想、观念、制度形式、运行方式，决定其传播思想、观念与制度实践。（第 26 页）

在"善"与"道德"借助政治权威对社会进行传播法、渗透的同时，政治权威也可能以"善"与"道德"的名义对信息进行封闭、禁止与裁抑。它客观上阻碍了信息最大限度的传播、交流与增值，难以产生政治变革的动力。这或许是中国古代政治传播无法摆脱的矛盾与困境。（第 31—32 页）

西周王朝的家产分封制政治制度在功能上还是粗糙、未分化的。政治功能的分化源于政治活动的复杂化和政治目标的多样化，功能分化越清晰，制度就越完备。（第 72 页）

战国时期虽没有自成系统的监察机构和制度规章，但已经出现比较专职的监察官员，设置了常驻地方的监察官，它们为后代监察制度的正式建立奠定了基础。（第 81 页）

公文文本类型的复杂化、公文信息传递程序的规范化、精密化是秦汉政治传播制度的重要特征，同时也显示出公文传递制度是中央集权官僚政治的重要特征。

魏晋南北朝政治制度较为紊乱，"霸府"、权臣坐大，导致皇权相对卑落，而且职官设置臃肿、随意，王朝号令不一，割据气息严重。以传播视角观之，这正是信息传播不畅的原因，同时也是其结果。（第 106 页）

隋唐的政治制度于中国古代政治制度发展意义重大，吴宗国甚至认为，隋唐结束了秦汉以来家国一体政治体制，开启了皇帝——官僚政治体制，奠定了后代官僚政治制度的基本框架和运行模式。（第 117 页）

御史台是用来解决统治阶级内部矛盾的，谏官作为君主专制的调节器而存在，合成台谏。一方面自上而下，实行"一竿子插到底"的监察，另一方面，自下而上，但所谓"下"，仅是谏官等有限的规谏封驳权，信息传播处于

很不对称状态。（第 129 页）

谏官的规谏制度是在制度内、朝堂上进行的，不公开传播，不得"扬君之恶"，因而并不在更广的范围内损害君主的形象。可以看出，它与当今民主政治所强调的将政治矛盾信息公开化、透明化有着本质性区别，不应过分拔高。（第 133 页）

宋代社会已经初步具备了"大众传播社会"的条件。两宋朝廷认识到印该书的舆论宣传和信息沟通作用较之抄该书增强数百倍，而且很快体现在舆论运动与党争之中。一旦不利于政治统治的言论失控，将直接危及皇权的巩固和国家的兴亡。（第 171 页）

明代监察制度之周密超过前代，有学者曾颇带情绪地指出，明代"国家似乎只有一种功能：充当警察"，……监察后来在很大程度上成为门户斗争的工具，监察腐败与行政的腐败相互助长，以致完备的监察制度又走向它的方面。（第 201 页）

（张丹　撰）

华夏传播研究的诸子争鸣

孔子思想在国外的传播与影响

杨焕英

出版概况

《孔子思想在国外的传播与影响》，杨焕英编著，教育科学出版社 1987 年 7 月出版，开本 787×1092 毫米，371 页，26 万 3 千余字。

杨焕英，女，1938 年 3 月生，河北人。研究员，中共党员。中央教育科学研究所中国教育史专业研究员。中国孔子基金会理事和学术委员。主要从事孔子儒学研究，从中外教育交流史的角度评价孔子儒学的影响、地位及历史作用。所著《孔子思想在国外的传播与影响》（教育科学出版社 1987 年出版）一书，曾获全国首届教育科学优秀成果专著奖。此外，还选编了《孔子教育思想论文选》（教育科学出版社 1981 年出版，1984 年第二次印刷）。1995 年被评为先进工作者。国务院政府特殊津贴获得者。

内容提要

《孔子思想在国外的传播与影响》全书分九个部分，分别探讨孔子思想在朝鲜、越南、日本、意大利、法国、德国、英国、美国、苏联这九个国家的发展传播过程与影响。每个部分分别从孔子思想的传入、发展、鼎盛时期和衰落这四个阶段来详细分析其在每个国家的实际传播与影响情况。作者分析儒学在九个国家中的传播与影响时，按照时间发展顺序向读者剖析了儒学传播的整体走向：初期孔子思想得以传入其他国家的条件及其传播途径；发展时期儒学进一步在各国扩大影响的条件，以及当政者和各界学者对待儒学的态度；鼎盛时期儒学深入人心的条件以及它的推广方式；衰落时期儒学是为何以及怎样日渐式微。全书有逻辑性，条理清晰，令读者对全书架构一目了然。

如第三章"孔子思想在日本的传播与影响"中,作者首先在前言中列举了日本学者们的言论,从正面直接发硬了日本思想界和学术界对孔子的儒学为核心的中国传统文化的态度和看法,反映了儒学在日本影响的广度和深度。接下来从"孔子思想传入日本"说起,从史料记载中找出真实依据,推测出时间,大约已有了以前七百年的历史,并根据日本当时具体的社会背景分析原因。(在社会和政治上,孔子思想主张的大一统、强调大义名分、重视人与人之间关系的道德规范适应了日本此时的社会、政治的需要;在经济上,孔子思想产生于中国农业为主的经济基础,而日本也以农业经济为主,为孔子思想扎根提供了土壤;在思想文化上,日本崇神敬祖,适应了孔子的儒家思想中忠孝等道德观念。)由于在政治、经济、思想等方面,孔子思想都与日本社会相适应,便立即为日本朝野所接受,并结合日本国情不断向前发展,逐步与日本固有的文化、思想融为一体。然后便探讨"孔子思想在日本的发展",儒家思想从原始发展到理学阶段,与武士道理论相结合,使其当时日本的大社会环境中更加深入忍心,不仅幕府将军祀孔崇儒,其他的朝臣也"多以儒教立身"。儒学相当普及,为全盛奠定了基础。"孔子思想在日本的兴盛"则是因为盛极一时的佛教地位一落千丈,儒学便成为官学,进入了鼎盛时期,不断演变发展,在日本进入资本主义和帝国主义阶段后,将其与固有的神道相结合,使之成为对内维持统治对外进行扩张的精神支柱之一。最后来到了"孔子思想在日本的衰落",资本主义的发展,幕府被推翻,冲击着儒家思想的官学地位。时代的前进,孔子思想渐次式微,但其在教育方面,主要在德育方面,至今仍有重要影响,在日本仍潜存着一定活力。日本为了增强本民族的精神力量,以促进新的经济发展,不仅没有抛弃传统思想,而且还对其积极进行新的研究以不断发展。在写作本章时,作者列出了大量相关史书记载和学者言论,加以评价分析。通过阅读条理清晰的章节,能迅速把握行文脉络,文章架构清晰明了。

学术特色

该书行文查之有根,说之有据,文笔流畅,资料翔实。在撰书时作者面对着不少困难:长期以来,关于孔子思想在国外的传播与影响的研究未予应有的重视,对这方面的研究稀缺;相关资料也无系统性;不同国家语言的障碍也影响着资料的收集。但作者在该书的编写过程中时刻保持着严谨的科学态度，引大量一手资料作为行文基础，每一句分析推测都尽力做到言之有据，可见其耗费的时间和心力。在文末的附录中译编了英、美、法、日、苏联五国大百科全书中的"孔子"和"儒学"条目，作为参考，全面严谨。

此外，作者在依据史料，严谨分析儒学传播的同时并不局限于此。在一手资料的收集使用基础上，也参考和吸取了前人已有的研究成果加以完善和呈现。从第四章到第九章，分析孔子思想在意、法、德、英、美、苏的传播与影响时，大量引用外国学者的思想观点，从早期学者如利玛窦、金尼阁等传教士，到近现代伏尔泰、狄德罗、歌德、费正清等文豪与学者，他们对儒学的看法和观点被详细介绍，多元辩证。且该书不拘泥于褒扬儒学的观点，也收录了批贬儒学的观点，如康德和黑格尔对儒学的苛刻评价。书中所述："黑格尔对中国哲学和孔子思想的态度是轻蔑的。在他长达一千七百页的《哲学史演讲录》中，论及中国哲学内容的仅占六页，黑格尔认为只是'附带提到'而已。想一次说明中国哲学不是真正的哲学，在世界哲学史上无足轻重。"集大家之所论后，作者针对不同学者的观点，发表了对不同言论的看法与感想，并将之凝练总结，形成了作者对孔子思想在不同国家、不同时期传播发展的不同看法。这样一来，也能引导读者用辩证的眼光看待儒学，自见其利弊。

《孔子思想在国外的传播和影响》一书以大量史料为基础，加上学者们的观点思想以及作者态度、评论编撰而成。在早期儒学国外传播的相关资料稀缺的情况下，该书为儒学传播的研究提供了有价值的参考依据。我们可以想象，在未来各界学者对儒学传播愈加重视并进行更加深入研究探讨的情况下，该书将为学术发展做出更大贡献。

观点撷英

南来北往的中越人士为孔子思想传入越南架起了一架桥梁。此时如家经典也继历朝之传入而继续传入越南，南朝梁慧皎的《高僧传（卷一）》，便记载三国时吴建业建出寺释康僧会，家居交趾而"博览六经"。这些活动使儒学在越南得到进一步传播。（第42页）

黎玄宗申明教化的四十七条，集中反映了黎朝统治者要在全社会，特别是向民间普及儒家伦理，千方百计做到家喻户晓老幼皆知。把以儒家的纲常伦理来化民成俗，作为地方官的重要职责。一六六五年，黎玄宗又"令旨各处承司精择属内各县社，有孝廉者，即以名闻，命官阅选，随材受任"。这更把人们对儒家伦理道德的修养和仕途结合起来，旨在诱使全社会人人都以儒家的纲常伦理为准来修身齐家，从而使统治者达到治国平天下的目的。（第62页）

在孔子思想传入越南的早期及越南封建制度的上升时期，应当说，这一思想在越南所起作用的主要方面是进步的、积极的。早期它促进了这一制度的不断完善发展，对此应当予以肯定。但是，随着越南封建社会于黎末阮初的开始衰败，封建制度出现危机，孔子思想在越南的正统地位也开始动摇，日趋衰落。（第75页）

日本总以崇神敬祖为内容的固有神道，很容易与孔子的儒家思想相结合。因为忠孝等道德观念便与对祖先崇拜之宗教态度有密切关系。所以孔子思想和日本早已有之的道德规范和风俗习惯极易融合，一经传入日本便被日本统治阶级所接受，用它来丰富和发展日本固有的道德观念，使日本固有的道德条理化和理论化。（第87页）

孔子思想和中国其他方面的文化思想因传教士的介绍、提倡而引起一般欧洲人士的注意，从而在欧洲掀起一股"中国热"、使欧洲由"神学时代"发展到"哲学时代"。（第157页）

他们所推崇的是高度理想化了的孔子思想，是根据资产阶级反封建的需要而加工改造了的孔子思想。他们把中国和孔子作为天国和圣人来称颂，是利用这样的孔子思想来针砭时弊，寄托理想，抨击封建制度。（第169页）

孔子关于礼仪的规定，以及关于道德的具有深意的箴言，再后来中华民族的民族性格形成上，是一个坚强的因素。中国之所以能发展爱好规矩与礼节的习惯，孔子的教训，实大有影响。（第211页）

人文注意的倾向早在孔子以前就已显露出来，但是只有孔子才能把它转变成为中国哲学中的最强大的动力。他不大关心谈论精神的存在或死后的生活问题。相反，由于相信"人能弘道，非道弘人"，他集中注意人的问题。（第220页）

（郭思佳　撰）

心有灵犀：儒学传播谋略与现代沟通

张立伟

出版概况

《心有灵犀：儒学传播谋略与现代沟通》，张立伟著，西南财经大学出版社 1998 年 8 月出版，268 页，19.5 万字。

张立伟，男，1955 年生于重庆。1982 年在武汉大学获文学学士学位，1988 年在西南师范大学（现西南大学）获文学硕士学位。曾在西南师范大学（现西南大学），重庆师范大学任教。现为四川省社会科学院新闻传播研究所所长、研究员、硕士生导师。四川省学术和技术带头人。四川省公共关系协会副会长兼秘书长。四川省休闲文化研究会副理事长。四川大学、成都大学兼职教授。近年来重点研究新闻宣传、文化产业。有《传媒竞争：法则与工具》等独立专著 5 部，学术论文百余篇。获中国新闻奖、四川新闻奖、四川省哲学社会科学奖等多种奖励。为多家媒体与企业提供新闻宣传或文化产业方面的咨询策划；为多家媒体、高校与企事业开设新闻宣传或文化产业方面的讲座或课程。在"人民网·传媒频道"的"学者专栏"，"中华传媒学术网"的"专家论坛"，"中国新闻研究中心"的"学界专栏"均设有个人主页，汇集了张立伟的近期论文。

内容提要

《心有灵犀—儒学传播谋略与现代沟通》共分为三大章，分别是匹夫不可夺志——客方定向、先立乎其大者——主方先导以及言有物言有味——信息加工。作者认为，传播谋略就是以更聪明地传播来代替更努力地传播。该书研究了古代公关行为的一些基本方法：孔子如何制造新闻、组建高级俱乐部，孟子如何揭示不同于战争的三维竞争；周公的表演，曹操的包装，晋文公的炒作，周武王、多尔衮的引导舆论等等。该书打开古今中外事业，主要是儒家及儒家文化中的中国人在传播谋略方面的理论和实践，是一个中国人系根民族的传播历史，向西方传播学的对话和回应。

学术特色

《心有灵犀——儒学传播谋略与现代沟通》这该书无疑是填补了传播学的一个空白，中外学者都意识到中国传统文化蕴涵着丰富而深刻的传播思想及智慧，但是中国文化如此的博大精深，从哪里作为切入点进行研究却是个不得不思考的问题。张立伟学者采取专题研究策略，从儒学传播谋略作为切入，无疑是创新之举。

除此之外，这该书首次挖掘、阐述了儒家和受儒学熏陶的中国人在传播谋略方面的理论和实践。如他所言用更聪明的传播来代替更努力的传播。挖掘总结了古人的一系列传播谋略，比如孔子的因材施教是分众传播的智慧体现，孔子聚徒讲学是以学生作为传播媒介，周游列国是制作了重大国际新闻等等。作者注重发掘传统的长处来古为今用，与当今公关谋略进行交融，创造出了属于中国人的公关之道。

同样的，这该书总结了特色的传播法则和方式，充实了西方公关理论未涉及或涉及不深的领域，像之前的西方公关领域极少讲到竞争者关系，特别是三维竞争，但这该书反复讲到自身、公众、竞争对手的种种复杂关系，比如尊重阐释孟子的著名命题：得民心者得天下。作者认为，不同于战争的三维竞争，即双方的胜负最终由第三方觉得。它特别适合现代的整治、竞技竞争，赢得公众是取胜的关键，也不能完全照搬"知己知彼"，因为并不涉及公众一环。

最后，这该书融汇古今中外，对公关传播实务作理论的抽象和提升。这该书不断地将古代与今天，东方与西方相对照，探索公关传播的普遍法则，有很多都独到的见解。如依托热点——搭车引起注意；高级俱乐部成员——高定位分享信誉和好感等等，既对儒学传播谋略做出了创造性的阐释，又为公关、竞选、广告等现代沟通寻找到了久远的民族文化根系，从而使该书不愧"是一个中国人系根民族的传播历史，向西方传播学的对话和回应"。

但是这该书同样也存在着些许不足。比如对大众传媒的运用论述不够，系统性也相对差一些，理论内容相较例子比例篇幅过少，而且比较可惜的是这该书并无再版仍然停留在 1988 年，如果能结合当今新时代，比如"分众传播"理论结合大数据时代进行深层次阐述等，再次进行更版，相信会更加出色，但是这些缺失也不影响这该书的总体价值。

总而言之，这该书富有新意，填补了学科分支空白，是传统文化结合西方思想的新的尝试和突破，具有历史性的意义。

观点撷英

在我看来，己立立人要有现代意义，就必须把传统儒学"以己度人"的主方定向颠倒过来，变为"以人定己"的客方定向。以客方定向为出发点去沟通，先了解对方的实际需要，有针对性的调整自己、传递信息，勋章哪个能协调双方利益的"立"，使之利他又利己。这整个过程，概括地说就是沟通。（第 8 页）

有效倾听包括互相联系的三层意思：客方愿意说出真实想法；主方尽可能准确理解客方信息；主方根据自己的需要和目的做出适当反应。儒学特别强调倾听中的谦逊态度。（第 10 页）

《孟子尽心上》："君子引而不发，跃如也。中道而立，能者从之。"君子教导别人，如射手拉满了弓，却不发箭，做出跃跃欲试的样子。他在正道中站着，有能力的便跟上来。孟子老师当惯了，张口闭口都在教育人。这且不论。只说这段话中包含的注重启发诱导，则是同说服相通的。（第 30 页）

得民心，首先要知民心，那么，"知公众"就比"知彼"更加重要。知公众所好所恶，才知道"己"的长处向何处施展；如何比竞争对手更好地满足公众。（第 71 页）

存在就是被感知，不被感知就不存在。这个命题在信息膨胀、时间紧张的现代特别显出它的意义。受限：信息潮水般的涌来，而人脑的接受有个限度，这就决定了信息在进入感知上有一番竞争。其次：在时间紧迫的压力下，人们通常只根据感知到的信息做出决策。在这两道关口，进不了前一道就进不了后一道。（第 93 页）

明白了包装就是交流，它就要避免两种陷阱。一是太陌生，如同密码，公众却没有相同的秘密本来解码。不懂得你要交流些什么，传而不通，秋波枉送。二是太烂熟，熟视就无睹，根本引不起注意。好的包装，就要在两大

暗礁之间开拓一条中道：它是熟悉的陌生者。熟悉能被人接受，陌生而引人注目。（第 114 页）

总统表演术光明的一面就是鼓舞人心。"为什么能鼓舞人心？就是我说，高于生活，把看不见的、理想化的、还属于可能性的'能成为什么'拉到现实中来呈现，它就会起激励作用。"（第 122 页）

施拉姆指出："有效传播的一个秘密是把一个人的语言保持在听众能适应的抽象程度上的能力，以及在抽象范围内改变抽象程度的能力，以便在具体的基础上谈论比较抽象的内容，使读者或者听众能够不畏困难地从简单熟悉的形象转到抽象未知。"想想这些成语吧：拔苗助长、守株待兔、狐假虎威、画蛇添足、南辕北辙、唇亡齿寒、自相矛盾、五十步笑百步等等。它们都是古人在说理中运用的生动形象的形象比喻；它们使诸子百家那本该枯燥难懂的理论变得容易理解和领悟。（第 205 页）

"传播该书就是传播难题，使你的信息不能得到有益收获的敌人就是传播量。"解决这个难题的办法之一，就是把传播对象加以划分和限定，只对较少的目标公众传送有针对性的信息，减少覆盖来增加效果。这就是分众传播在近几十年迅猛发展的原因。（第 242 页）

理一分殊，还有一个不同于分众传播的方面，对象是特定的，但把药说的话分阶段说出。那"分殊"不是"横向"分开对象，而是针对一个对象"纵向"分出阶段。一般来说，传播是要促使对象做出主方所希望的改变。单这往往是一个长过程，路要一步步走，饭要一口口吃，主方应该追求把对象从目前所处的位置，推向更高的更容易改变的阶段。这就是追求传播的适度效果。（第 250 页）

（张淇　撰）

孔子思想的传播学诠释

崔炼农

出版概况

《孔子思想的传播学诠释》，崔炼农著，湖南大学出版社 2008 年 4 月出版，平装 16 开本，213 页，20 万余字。

崔炼农，男，文学博士后，1962 年 2 月出生，湖南南县人。1981 年中师毕业后在山区从事中学教育工作五年。1990 年从湘潭大学中文系毕业，先后任职于湘南学院、湖南城市学院。1999 年考入上海师范大学人文学院，师从王小盾教授攻读中国古代文学专业博士学位，2003 年获文学博士学位。2003 年 7 月入湖南大学新闻与传播学院任教，担任中国古代文学、新闻传播史、新闻语言学等课程的教学工作。2004 年 11 月进入四川大学文学与新闻学院博士后流动站从事"汉传佛教文化传播"研究工作。现任新闻与传播学院新闻学系主任，副教授。主要研究方向为中国新闻传播史；中国古代政治传播与宗教传播；中国古代音乐文献学与音乐文学。已在《中国音乐学》《文学遗产》《文史》《北京大学学报》等刊物上发表论文 20 余篇，包括《从赵均刻本编目体例探窥〈玉台新咏〉古本之遗》《古代三句体歌辞及其曲式结构》《恕道：孔子的社会交换论》《先秦文献中的歌辞纪录》等等。

内容提要

《孔子思想的传播学诠释》全书共分为了五章十五小节。在开卷的第一章《孔子从政经历的传播学考察》中，作者试图运用文献考证的方法对孔子早年从政经历作重新考察。重要的发现是：孔于早年曾经担任过的"委吏"一职，即直接参与国家邮释系统物资供应的最基层的工作人员；中年所任"司空"

官职，又兼管驿路建设和维护的重要事项。由于孔子短暂的从政经历几乎全与国家邮驿系统有关．他对邮驿系统运作规程和置邮传命的重大效益肯定有非同一般的认知。而置邮传命在当时无疑是最重要且效率最高的信息传播方式，在国家政治生活中有着无与伦比的重要性。因此，对于立志有为而好学深思的孔于而言，早年与中年的从政经历对其后来的人生体悟和思想提炼不可能不产生巨大影响。在现今可以搜集到的孔子言论中，作者找到了足以说明孔子从信息传播的角度讨论语言问题、观察社会生活、考察国家政治的具体例证，证明孔子比当时任何人都更为关注信息如何传播的问题。

第二、三章分别为"'仁者'的政治传播学"的上下两部分，作者试图建立孔子的政治传播学框架。将孔子"德之流行，速于置邮而传命"（《孟子·公孙丑上》）的政治传播理念与"道之以政，齐之以刑""道之以德，齐之以礼"（《论语·为政》）的施政方略结合起来，对孔子所有言论进行全新的检讨。主要观点是：孔子的伦理思想和政治理念是对上古文明特别是周代文明精髓的全面继承。他的创见更多地体现在他从传播的视角来审察一切，从中发掘出独特的思维脉络，将政治与传播紧密联系起来，并且"一以贯之"。因此孔子将一个国家整体的政治生活看作是君子"修己成德，以德化人"的传播过程。其中"德"就是"化"，是追求同化效应的传播行为；"政"就是"正"，是力求端正民众言行的传播管理；"礼"，是确定民众言行规范的传播尺度；"刑"，是强制民众言行人轨的传播控制。换言之，"德、礼、政、刑"所要完成的正是君子之德的传播过程，也就是"仁"的实现过程，其实质就是有"德"君子对民众实行怀柔统治，用"德"影响民众，同化民众，让他们自觉听从政令。

在第四章"'智者'的实用宣传术"中，作者试图集中讨论孔子的实用宣传术。主要从正确使用语言、用心参与交流、认真进行宣传三个方面来说明：无论是掌握语言传播的主要规律、熟悉演说技巧，还是选择合适的传播对象、有针对性地进行劝服，亦或利用宗教传统进行政治策划、举握分寸以谨慎保持沉默、正视传播过程中的变异因素，等等，孔子都是出于政治传播的考虑。因而特别重视君子言行的传播效果。

而在第五章"君子的社会交往论"中，作者试图发掘孔子思想的深层逻辑基础。通过对孔子思想基本范畴的深层话语分新，作者发现，对事物因果关系作明确的阐释是孔子言论中最主要的话语模式。其中所反映出的主体内容是当时社会交换的复杂情形。"德""仁""义""信"等范畴，均以付出与获得的因果律为其语义基础，"忠""恕""直""孝"等范畴，均以给予与回馈的平衡律为其语义基础。"德、礼、政、刑"的行政方略，无不遵守君子道德"施"与"报"对等的平衡原则。作者因此认为，人际传播过程中社会交换的规律，即付出与获得的因果律，"施"与"报"的平衡律构成了孔子思想的深层逻辑基础。孔子因而主张，君子基于传播效果的考虑，应该"博施"，即合"礼"地实行广博的施与，应该别"报"，即考虑他人施与的具体情况，有针对性地、有等差地予以回报。

　　总的来说，《孔子思想的传播学诠释》一书从传播学的角度深入研究了孔子思想，认为孔子思想深层次的核心内涵是普遍的社会交换理论，并以此角度进一步解读了孔子言论，结合孔子"德之流行，速于置邮而传命"的论断与"德、礼、政、刑"施政方略，勾勒出了其"君子修己成德，以德化人"的政治传播思想路线图。

学术特色

　　孔子作为我国著名的思想家和大教育家，一直都被古今中外的学者和普通民众所津津乐道，但前辈学者大多是围绕着孔子"仁"或"礼"的思想核心来进行研究讨论。而在《孔子思想的传播学诠释》一书中，作者通过吸收已有的中外经典传播学译著的精髓理念，并采用文献考证和话语分析的方法，以《论语》类言论集为中心又不只囿于《论语》，全面阅读先秦两汉六朝传世文献和考古材料，旁搜博采基本公认为孔子亲说的片言只语，细心研读揣摩，发掘零散语句之间的内在联系，深入孔子思想各基本范畴的语义内部，将其中一以贯之的"施""报"关系作为线索，发掘出孔子思想的深层逻辑基础，重新建构了孔子的思想体系。在这个体系中，孔子的传播学是建立在社会交换论基础上的以人际传播为主导的政治传播学，它由三大部分组成，以给予与回馈的平衡律为主的"君子"社会交换论是其坚实的内核，以"德、礼、政、刑"为施政方略的"仁者"政治传播学和重视语言传播、传播对象及宗教手段等的"智者"实用宣传术则是其外在的表现形式。三者由内而外构成一套完整的传播思想体系。这一体系的提出突破了以往学者研究孔子思想的习惯思路，是本著作最大的创新点所在。此外，本著作的论述过程逻辑清晰、条理分明，语言简洁有力，文献史料也十分丰富，有力地支撑了该书的立论，充实升华了文章的内容，也是本著作的一大闪光点。

　　总之，该书从传播学的视角切入，为解读孔子思想开辟了一条新的道路。

可见，孔子这位"述而不作"的文化巨人，原来也是中国历史上第一位对传播独具慧眼的伟大学者。当今世人通过体会古之圣贤孔子的传播智慧，也能重新审视当今的传播问题，带来新的启发与领悟。

观点撷英

孔子说："礼失而求诸野。"（《汉书·艺文志》引）这正是"天子失官，学在四夷"的必然结果。"礼失而求诸野"的命题反映了这样一个传播规律：信息从传播中心向四围放射传播，随着时过境迁，新的时尚代替了旧的时尚，而远离传播中心的边缘地带仍在流行旧的时尚。因而要想找到旧时尚的信息必须到边远的地方去进行调查工作。（第 21 页）

"德之流行，速于置邮而传命"，表面上看，是孔子为了说明"君王行德的效果大于行政的效果"这个道理，采用了一种他惯常运用的"譬喻"手法。但仔细分析文意，我们至少可以得到四个层面的意思：其一，"德"是可以传播的一种信息；其二，"德"的传播好比邮驿系统传递政令；其三，邮驿系统传递政令是一种极为迅速而有效的传播方式；其四，"德"的传播比邮驿系统传递政令更为迅捷有效。（第 24 页）

孔于虽然认为"唯上智与下愚不移"（《论话·阳货》），但又认为"性相近也，习相远"（《论话·阳货》）。他肯定人是变化的，是可以改变的，关键是"习"的问题。因而他特别重视"教"，包括言传与身教。只要有人在"教"，就有人"学"，如果"教"与"学"的人越来越多，形成一种社会风尚，在强大的氛围裹挟之下，即使"下愚"之人也会随大流而动。孔于认为，人有"五仪"，有"君子"与"小人"，面对这形形色色的广大人群，必须有针对性地进行劝服。对于可以成为君子的人，"教"是重要的方法，可以让他们自觉地学习，理性地接受"德"的影响；对于"下愚"的"小人"，就只好用强大的"德"的流行潮带动他们。这就是"教化"，一种更广范围的"因材施教"。在这个不可能短暂、充满艰辛的过程中，孔子相信"教""学"是可以相长的。（第 66 页）

"为政以德"是有"德"君子对民众实行怀柔统治，其实质就是用"德"影响民众，同化民众。让他们自觉听从政令。"以天下为一家，以中国为一人"（《礼记·礼运》）则是这种统治的最高目标，也就是"德"的传播所期待的最佳效果。从这个意义上考察孔子"德、礼、政、刑"并举的治国方略，我们可以发现：（一）"德"就是"化"，是追求同化效应的传播行为；（二）"政"，就是"正"，是力求端正民众言行的传播管理；（三）"礼"，是确定民众言行规范的传播尺度，（四）"刑"，是强制民众言行入轨的传播控制。孔子相信，四者诚然实行于世，"德之流行"自然"速于置邮而传命"。（第68页）

"教化"的过程是一个由上至下的层级分明的有序的过程，正是"北辰居其所而众星共之"天象的人间投影。在孔子看来，君子一旦取得社会地位，掌握话语权，"教化"的力量就可以充分发挥出来，以至"布诸天下四方而不怨，纳诸寻常之室而不塞"（《孔子家语·王言解》），而对于下民弃恶从善，自然会有如汤灌雪的效果。（第77页）

为什么要"安身取誉"？孔子的回答是：只有"身安誉至"才能使自己的政事通达，民无违逆，达到自治而安的境地。因为他发现：成名，成为名人，成为有"君子"之称的名人，便天然具有无穷的传播效力。后来他的学生子贡用形象的譬喻传述了这个千年不朽的命题，连带他这个经典譬喻也成为千年不朽的名句："君子之过也，如日月之食焉。过也，人皆见之；更也，人皆仰之。"（《论语·子张》）没有名声，怎么会有人皆见之、人皆仰之的效果？所以，毫无疑问，作为君子最佳候选人的当政者首要的工作就是如何做到"安身取誉"。（第79页）

孔子提倡的"化"，是一种主要依靠个人道德人格魅力以追求最大同化效应的传播行为。他认为君子应该为政以"德"，必须以"德"化民。要实现这个目的，君子必须在修己成"德"的基础上取得官、贵、达的社会地位，成为名人，掌握话语，用天然强大的传播效力影响他人，逐步同化他人。因而，"化"作为一种传播方式或手段，不排除有平等双向交流的可能，但主要指信息由社会地位或声望高的一方向社会地位或声望低的一方作单向流动的传播过程，是一种强势传播。（第96页）

"德、礼、政、刑"四个环节之中，"德"的传播是君子行政的根本。"德"的传播其实是"善德"的传播，与"善德"相对的当然是"恶德"。"善"人"善"事"善"言"善"行是"善"的榜样、范例，可以产生巨大的社会影响力和相应的传播效果，这是"德之流行，速于置邮而传命"命题的固有之义。然而人类的不幸在于，"恶"人"恶"事"恶"言"恶"行同样也是"恶"的榜样、范例，甚而至于因其符合个体私欲膨胀的需求，产生的社会影响力和相应的传播效果有时会比"善德"更为巨大。在当政者眼里，对"德"的传播最有损害的行为自然莫过于"恶"的传播。因而，不合"德"的"恶"人

"恶"事"恶"言"恶"行的流行与传播，就被理所当然地视为对君子行政根本最严峻的威胁、挑战和最致命的破坏。正因为如此，要想确保"德"的传播效果不受致命的损害，对"恶"的传播者必须毫不留情以重刑加以打击。（第125页）

祭祀的目的只有一个，就是使民众敬畏，使天下顺服。对此孔子说得非常清楚："齐戒以事鬼神，择日月以见君，恐民之不敬也。"（《礼记·表记》）臣子朝见君王一定要在经过特别选定的日子里进行，就像祭祀鬼神之前一定要经过三天的斋戒，之所以这样安排，目的非常明确，仍然是让民众对君王产生敬畏心理，驯服地听从政令。"神道设教"，其实质就是一种意图分明的政治策划。从这个意义上而言，孔子"德、礼、政、刑"的施政方略，也无非就是通过政治策划来推动君子之德的流布与传播。（第158页）

孔子的人生哲学和政治思想，源于他对社会生活中复杂人际关系的烛照和洞察，其逻辑基础是付出与获得这普遍的因果律。付出与获得，包括自我传播（个体对环境）过程中的非社会性交换和人际传播（个体对其他个体）过程中的社会交换。给予与回馈是人际传播最主要的社会交换形式。从这个角度而言，孔子"为政以德"的思想，其实质不过是要在社会生活中广泛地实现给予与回馈的持久平衡。而"恕"作为社会交换的自然法则，是给予与回馈平衡关系得以建立的心理基础。（第176页）

（侯霁　撰）

阳光下的孔子——孔子与大众传播学

孔 健

出版概况

《阳光下的孔子——孔子与大众传播学》，中国民主法制出版社 2009 年 6 月出版，平装 16 开本，234 页，15 万 5 千余字。

孔健，本名孔祥林，作家、电视主持人、孔学研究家。孔子第 75 代直系子孙、孔家滕阳户掌门人。1958 年出生于青岛，1982 年毕业于山东大学日本语专业。1985 年派驻日本任中国画报东京支局长，留学期间获得日本上智大学新闻学硕士和博士学位。

1994 年创刊日文版《中国巨龙周报》《日中经贸》《日中大视野》《日中财经》等刊物，创建孔子学堂，致力推广儒家教育、文化等事业，在日本创办网络孔子大学。

现任日本软银金融大学教授，北科院中国国学院院长，国际孔教入学传播协会会长，日中经贸促进协会理事长，日中文化体育交流协会理事长，中国画报协会副会长，日本巨龙新闻集团总编辑，中国画报日文版总编辑，日文城市兄弟杂志总编辑，日中财经杂志社总编辑，日本山大同学会名誉会长。

其主要著作有：《天下第一家》《新孔子演义》《孔氏姓源》《中日英对照论语》《论语孔子与大众传播》《新论语学》《孔教新论》《左手孔子右手庄子》《孔子的人生之道》《孔子的处世之道》《孔子的经营之道》《孔子的传播之道》《孔子的管理之道》《孔子的交友之道》《孔子的教学之道》《孔子的仁爱之道》《孔子一日一语》《儒教圣典》《孔子全集》《国学入门》《一日一生的大智慧》《孔子家家训》《儒教和日本人》《于丹教我们学论语》《日本人永远不懂中国人》《看中国人和日本人谁最后笑》《没有中国日本玩不转》《小日本的大发想》《日本人与中国人》《北京人和上海人较量》《给中国各省人画像》《日本人真

愚笨吗》《日本文化辞典》《人为何要学习》《中日韩儒教大联盟》等中日文书八十余本。为中日两国文化交流和中国文化在日本的普及做出了巨大贡献。

内容提要

该书分为六大章二十五个小节。第一章《孔子其人》。作者从介绍孔子的家庭背景、成长环境和人生经历入手，指出"少也贱"的孔子虽然在年幼时遭受父母双亡，家道中落的不幸，又饱尝困苦家境、低贱地位的煎熬，但孔子始终不穷于志，好古敏求。不仅以贤者为师，毕生好学，习得了大量的丰富知识，还在生活中保持着乐观的生活态度，十分平易近人。与此同时，孔子作为一名忧国忧民的志士，渴望求仕行道，不辞辛劳奔走列国，并致力于教书育人，在传播事业上取得了巨大的成功。除此之外，作者在这一章中还提及了孔子的两个核心主张，一个是"仁者爱人"，一个是"为政以德"。

第二章《漫话传播》中，作者用平易近人的话语介绍了拉斯韦尔、卢因、拉扎斯菲尔德、霍夫兰四大传播学先驱者，简要谈及了他们的主要传播学主张和成就，包括拉斯韦尔提出的传播过程的五要素和传播活动的三大功能，卢因创立的著名的"团体动力学"，拉扎斯菲尔德提出的"两级传播理论"以及霍夫兰对传播效果研究的重要贡献。此外，作者还结合了大量的古今中外的实例诠释了"传播"一词的内涵。其作为一种交流思想感情或信息的活动，既可分类为有声传播和无声传播，也分类为物的传播和人的传播，还可分类为形象传播和非形象传播。传播的媒介除了现代的电视、网络等，古代的驿站驿道也扮演了重要的传播媒介的角色，而在古战场上，烽火、鼓点、号声、旌旗等在战事传播方面同样起到了很大的作用，后期逐渐出现的报纸对古代传播事业的发展也有很大的促进作用。

第三章《孔子的传播业绩》主要是对孔子生平做出的重要传播业绩进行了梳理。指出孔子不仅致力于无声的传播，让《诗》《书》《礼》《易》《乐》《春秋》等文献典籍更好地传世，播下了华夏文化的种子，形成传统，还致力于有声的传播，打出了"有教无类"的旗帜，开办私立学校，聚徒讲学，传道授业，以启发式的教学方法为主，对学生进行文化知识教育的同时，也对其进行行为道德教育，为古代教育传播事业做出了巨大贡献。而在孔子55岁到68岁的14年间，他曾背井离乡，周游列国，求仕行道，并努力传播自己富民教民、正名的思想，以及君子固穷的意志力和积极的入世思想，这些思想理念都对后世产生了重要的影响。除此之外，作者还认为，孔子作为一个传播者，特别强调传播的真实性和可信性，既不强以为知，不懂装懂，也不随心所欲，慎言慎行。而在教学传播过程中，孔子又独创了循循善诱法，强化了对传播对象的引导，大大地提高了传播效果。

第四章《孔子的传播经验》对孔子在传播过程中的可取之处进行了总结，指出孔子能因材施教，说话看对象，在同一问题上面对不同的学生做出不同的回答，提升了传播的针对性。而在进行教育传播时，孔子不仅讲究教育的艺术，使学生接受规劝，更重视学生能听而改之，实现传播真正的说服力。这既要求传播者具有一定的知名度，也要求传播者应当用恰当的话语与表达方式进行传播活动。此外，孔子对自己的传播对象始终怀有感情，而他的学生也能够对其敬之爱之，帮助他游说诸侯，整理文化典籍。依靠这种感情反馈，孔子进一步发展了自己的传播事业。

第五章《传播者的素质》则以孔子为参照对象，对优秀传播者应当具备的优良品行做出了概括。包括在知识方面要"博学以文"，在德行方面要"约之以礼"。既要提高自己的文化素质，又要提高自己的道德水平。日常生活中，孔子一向不喜做不分是非曲直，只会四处讨好的"乡愿"，反对"道听途说"，注重"闻言欲审"。既要重视群众的舆论，又不唯群众的舆论是从，要坚持为人处世根本的原则。对待错误过失，孔子也主张"过则勿惮改"，并通过努力学习，不断完善自己，定期内省，以达到传播者"寡过"的理想状态。而在具体的传播实践中，传播者还要提升驾驭语言的能力，遣词用句既要辞达意切，也要注重修辞文采。孔子对后世的传播影响力如此深远与他是一位语言大师密不可分，孔子的语言不仅准确精练，格言甚多，而且富有感情色彩和哲理性，又十分形象，流传度甚广。而在行文创作方面能够思结千载，视通万里，这也能够助力传播者进一步提升其传播的魅力。

第六章《传播的永恒主题》介绍了孔子提出的四大对今天仍有很大启发意义的主张，一是"大同理想"，它强调了天下为公和和谐社会的理念；二是"成人之美"的品德，多传播美好的事物，以促进社会的和谐与安定。三是"宽能德众"，主张为政者要宽容大度，制定容得众人的对内对外政策，能够团结不同的党派、民族和国家。四是"己所不欲，勿施于人"，即将心比心，推己及人。传播者唯有将这几大主题写于自己的传播旗帜之上，才有可能有效地缓解世界范围内的矛盾，建立真正的世界大家庭，实现美好的大同愿望。

学术特色

作为儒家文化和思想的代表，孔子及其经典语录体著述《论语》是人类不可多得的精神财富，其地位之崇高自不必多言，以至于后人关于儒家的任何观点思想，孔子及《论语》是永远也不可能被绕开的人物和文献。而在传播学领域，"传播学研究中国化"问题也是当下摆在中国传播学者面前的热门议题，从传播学视角切入研究孔子的传播活动及《论语》的传播思想，当然就更加避免不了对孔子及《论语》的阐释或新解。孔健的《阳光下的孔子》一书就是以《论语》为研究对象，借此反映出作为一名传播者的孔子所拥有的辉煌灿烂的传播事业，主要论述了孔子的传播业绩，传播经验，并总结了成功传播者所需的必备素质和传播过程中的永恒主题。

总体来说，作者的行文语言通俗易懂又平易近人，完全不如普通学术论著中充满了大量晦涩难懂的字词语句，而是坚持深入浅出，让读者一目了然，例如为了让读者快速地对传播学有一个大致的了解，作者在著作的头两章中就以"孩子向妈妈汇报考试成绩信息"等现实生活中常见的各类传播现象为例向读者进行了传播知识的入门普及，有助于读者对相关知识要点的领悟。

此外，作者在论述过程中旁征博引，除了《论语》中的经典语句，还列举了大量古今中外的经典案例。例如在介绍孔子的传播业绩时，作者为了表明对于孔子坚持反对传播过程中的假话、空话和大话的支持，就利用了"文化大革命"中的惨痛教训进行了印证。而在论述孔子的传播经验时，为了凸显传播效果的重要性，又引用了韩非子的《说难》与孔子的主要观点进行相互佐证，还借用自身在日本创办《中国巨龙新闻》报的成功经验予以进一步论证补充。在此后论述传播者的素质"巧思"一节中，作者不仅引入了齐梁时期刘勰的《文心雕龙》的观点，还剖析了六朝邱迟的《与陈伯之书》和西晋李密的《陈情表》，以及当代的"学术超女"于丹的《论语心得》的成功之处，以此共同凸显传播者"深行文理"的作用。

作者通过简洁明了的语言，配合大量鲜活的案例和翔实的资料，为读者展示了一位阳光透明的圣人生活哲学和传播智慧，加之作者本身就是孔子的直系七十五代孙，与孔子有着深厚的渊源，对于孔子和《论语》的解读也就有了更浓烈的情感和不一样的韵味。

观点撷英

讲"礼仪"是文明的标志，礼仪伴随文明社会的产生，也伴随文明社会的发展而发展。没有礼仪的社会是野蛮社会，人们厌恶野蛮而向往文明，自然也就追求礼仪，只是随时代的不同而礼仪的内容变化罢了。今天，我们开办礼仪学校，培养"礼仪小姐"，说明"礼仪"不是可以取消，而是得到了新的发展。"礼仪"是我们今天大众传播的一个重要内容，应该通过我们的传播媒介，让更多的人懂得"礼仪"，提高自己的文明程度。"礼仪"观念越是深入人心，人际关系就会变得更和谐，更美好，人间也就更可爱，宛如夏夜的星空，繁星万点，互相辉映。（第92页）

孔子从自己的从政经验中体会到，治国要先富民，但只讲富民还不够，还必须教民，在提高人民的物质生活水平的同时，还要提高人民的精神境界。富而不教，人的意质低下；教而不富，社会未必安定。又富又教，百姓才能安居乐业，完善自己，使得社会稳定。（第106页）

我们现在爱讲"名正言顺"，这话就是从孔子那里来的，说明他的正名思想为人们所接受，影响了数千年，这是他的传播功劳。从逻辑学的角度看，人们对一些事物的概念尚未搞清楚的时候，怎么能形成判断和推理呢？怎么能做出结论呢？所以，孔子说"名不正则言不顺"。由于言不顺，认识上是混乱的，是非是混淆的，各人有各人的是非，各人有各人的行动，那么要形成共识和统一的行动都是不可能的，结果必然是什么事情也办不成。没有一定的标准可遵循，老百姓就无所适从，这必然造成了社会生活、政治生活方面的混乱局面。（第108页）

正名的积极意义在于："名"和"实"要相一致，循名责实，名副其实，不要名实相乖，名不副实，徒有虚名。正名的消极作用是维护了封建等级制度，用过时的周礼作为"正名"的标准，套向一些新生事物，显然这是一种保守领向，是不足取的。（第109页）

从传播学的角度来看，孔子反对说假话、空话、大话，是很值得重视的，因为这关系到传播的真实性和可信性问题。如果在传播中不把那些"假、大、空"去掉，就会成为骗人的东西。"文化大革命"期间，报刊上经常出现"我国连续十年大丰收"的假话、"到处莺歌燕舞"的空话、"在无产阶级文化大革命的推动下"的套话、"为解放全人类"的大话，使得人们越听越腻，十分反感，总感觉报刊不真实，不可信，成心愚弄人。所以，在那个时代，很多

人是不看报也不听广播的。（第 119 页）

"循循善诱"是孔子的创造，这种方法特别有利于学生接受某种道理。老师总爱教育学生爱惜光阴，孔子也不例外，但是他在进行"惜阴"教育时并非空洞的说教，而是用诱导的方法，把永不停止的光阴比作永不停止的流水，站在河边对学生们说："逝者如斯夫，不舍昼夜！"这生动贴切的比喻首先给人以形象的感觉，抽象的"惜阴"道理变成了形象的惜阴道理，让学生们感到老师的话有些新奇，而且有弦外之音、言外之意，值得咀嚼。在咀嚼玩味的过程中，那"弦外之音"和"言外之意"即惜阴的道理变"思而得知"。孔子就是这样"循循善诱"地教育学生。（第 124—125 页）

孔子对学生循循善诱，这实际上是传播者对传播对象进行引导，即住正确的轨道引导。子路没认识到学习的重要性，经过孔子的循循善诱，子路放弃了原来的错误认识，懂得了学习的重要性，这就是引导所产生的好结果。如果对子路的错误认识不加以纠正，不向正确的轨道上引导，那么子路的错误认识就会继续存在，最终会导致他不读书，不学习知识，永远是一个粗野之人。所以，传播者的任务之一是要随时针对传播对象存在的一些错误思想、错误倾向而加以引导，把人们的思想和追求引导到正确的轨道上来，这就是传播的导向性。

传播离不开导向性，如果离开了，传播就会失去针对性，变成了盲目的传播。有历史使命感和社会责任感的传播者，时时都在注意社会的发展方向，从而有目的地进行弘扬，传播其思想理念，以求最终得到好的结果。（第 126 页）

一个合格的传播者在劝服传播对象的时候，应该具备这样两个条件：自己有一定的知名度，传播对象了解你，信任你，对你的劝服不怀疑，这是一。在劝说的时候，仔细研究方法，用恰当的话语和恰当的表达方式，亲切自然地表达出来，使别人不产生反感和逆反心理，这是二。两个条件缺一不可，否则不能取得理想的劝服效果。（第 145 页）

"于丹为什么能成功？传统与现代的对接，学术与传媒的对接，学者与大众的对接，我称作'三个对接'。'三个对接'的关键：第一是现代；第二是人性。你要把传统、经典传递给我们普通的人民群众，你必须要把握这两点。"（第 151—152 页）

教育者必须先受教育，传播者无疑是教育者，也有个先受教育的问题。自己有丰富的学识、美好的感情，正确的思想、优良的作风、高尚的道德情操，这才能用自己的笔和语言去教育人。血管里流出来的是血，水管里流出来的是水。一个知识贫乏、思想灰色、感情污浊、作风轻浮、情操低下的传播音在自己的嘴里和笔下能流出什么来呢？（第 157 页）

　　子贡提出两种人——全乡都喜欢的人和全乡都讨厌的人——来问孔子，要孔子回答这两种人怎么样。按照一般人的想法，孔子会肯定全乡都喜欢的那种人，否定全乡都讨厌的那种人。孔子的回答却不是这样，他认为绝对肯定和否定都是不可以的。对群众的看法即社会舆论不可盲从，要作具体分析。全乡都喜欢的人，并不一定就是贤者，很可能是谁也不得罪的"好好先生"，"乡愿"是也。全乡都讨厌的人也不见得就是坏人，很可能是因为由于坚持原则而得罪了较多的人。孔子认为要判断人的好与不好，不可简单地听别人的议论，关键是要看是哪些人在说他好、哪些人在说他不好。如果是一乡的好人都说他好，一乡的坏人都说他不好，那么这个人就真正是好人了。反之，一乡的坏人都喜欢他，一乡的好人都讨厌他，那么，他就并非善良之辈。在分辨人的善与不善的时候，孔子只是拿群众的舆论做参考，并不人云亦云。孔子反对乡愿的处世杰度，他自己决不做乡愿，在大是大非面前，他的旗帜是鲜明的，明确表示赞成什么，反对什么。（第 167 页）

　　传播者的任务是要把自己知道的信息、掌握的情况、想好了的观点准确无误地告诉广大读者。如何才能准确告诉受众者呢？这不是凭传播者的热情和主观愿望，而是靠自身的语言修养，即驾驭语言的能力，其中包括用词准确。传播是传播者与传播对象之间的交流，传播对象在获取信息时是通过语言这个桥梁，传播者要架起这座语言桥梁。在修建语言桥梁时，传播者要精选恰当的词来表达自己的意思。（第 182 页）

　　人生一世，华生一秋，若不愿对酒当歌，醉生梦死，那就应该做些有益的事，立功、立德，立言。对于传播者来说，把最有价值的东西化为精神产品传播出去，谓之"立功"；站在公正的立场，维护国家民族和人民的利益，是其所是，非其所非，谓之"立德"：笔下妙语连珠，像孔子那样讲几句深藏哲理而又形象精炼的格言留传后世，谓之"立言"。只要通过努力，传播者都可以立功、立德、立言；时代和人民也需要传播者立功、立德、立言。（第 192 页）

（侯霁　撰）

老庄传播思想散论

魏 超

出版概况

《老庄传播思想散论》，中国轻工业出版社，2010 年 12 月出版，平装 16 开，179 页，19 万字。

魏超，北京印刷学院教授。1988 年 7 月在河北师范大学取得文艺学硕士学位后留校任教，主讲文艺理论课；1993 年 4 月调入河北经贸大学，历任讲师、副教授、教授，主讲写作、广告及传播类课程；2006 年 1 月调入北京印刷学院，主要研究网络环境下的文化传播。现任新闻出版学院党总支书记、北京出版产业与文化研究基地主任、传播学北京市重点学科负责人。近几年来陆续出版《老庄传播思想散论》《广告文案写作教程》《数字传播论要》《数字音像产业相关法规文件汇介》等著作。

内容提要

该书是传播学者对老子与庄子思想进行重新解读的实践，在既保持老庄思想中的国学内核的基础上，引入西方传播学界的"洋泾浜"，推动东西方文化的交流。

全书共分为五章，第一章，"关于传播的主体"，共七小节。《不笑不足以为道》与《我愚人之心也哉》认为，老庄传播思想的基本主张是，传播主体要实现引领教导大众的传播目的，而不是把自己放在大众的对立面，或者高高在上。君侯王者并不是国家权力机构的代表，而是一个需要不断完善其品格修养的个人，这样的个人作为传播的主体，首先要解决的问题是自身与大众的关系。《呆若木鸡》和《吾丧我也》两篇分析了老庄的"忘我""去我""无我"的主张，而"忘我""去我"的核心又在于忘记人间情欲，《绝学无忧》与《不言之教》两篇对此有进一步的阐发。《圣人被褐怀玉》中辩解"西方人重视外在表现，东方学人重内在品格"的说法，认为东方学人并非无视外在表现。

第二章，"关于传播符号"，共三小节。借鉴西方传播学、语言学、符号学、信息学等理论，从哲学的高度审视老庄传播思想，对那个时代最主要的语言传播符号及相关问题，做认真而深入的思考。《名可名非常名》一篇主要探讨"名"与"实"的关系，并提出了"名为实宾"的主张；"朝三暮四"一篇进一步探讨了人类对"名"的痴迷和对"实"的忽视；《得意忘言》一篇则表述老庄对语言文字的怀疑态度，提出了获取意义、舍弃符号的鲜明主张。

第三章，"关于传播的技巧"，共六小节。主要关注老庄思想中的"绝巧弃智"和"道进乎技"的"传播之道"。《大巧若拙及道进乎技》一篇主要介绍的是李老庄关于传播技巧的基本主张，其若巧之"大巧"即"道"，是比所有技巧更高明的技巧；《弱者道之用》《无之以为用》《反者道之动》三篇是对"大巧"的解释与应用，其"弱""无""反"三者均为老庄独家看重的传播之道；《心斋与坐忘》一篇的主题是"呼吸"，探讨呼吸在亲身传播中的妙用；《朴散则为器》一篇是在谈传播工具，于"武器"之外，提出一个"文器"的概念。

第四章，"关于传播受众"，共三小节。探究老庄在面向大众传播中的大众立场。《贵以贱为本》，强调了受众在传播活动中的重要性，认为精英和大众都有价值，不分高低贵贱；《皆知美之为美》一篇，体现了老庄辩证的认识论，是一种多元的文化主张，出自对由一个又一个有差别的个体所组成的大众的真正而触底的尊重；《民莫之令而自均》一篇，由"百姓""众人"分析老庄的"受众观"，得出"风化"与"教化"的力量。

第五章，"关于传播过程与传播环境"，共五小节。关注老庄思想中的人内传播，或者说是内向传播问题，包括个人由认知到认同的传播过程。《不知知病》解读人类认知本身；《无执故无失》一篇，重点在"执"，包含固执和偏执两层意思，探讨人类认知的"根"；《方而不割》一篇，提出了一种与"曲"相反、与"方"同行，却更见高超的认知方式，是老庄为治人类认知之病提出的解决之道。他们的结合展现了老庄对人内传播过程的真知灼见。《圣人为腹不为目》一篇探讨传播的目的，貌似是"反传播"，其实是主张更实务、更有用的传播。《不如相忘于江湖》一篇惊的是人类传播活动导致的环境变异，也继续回答了老庄为什么会"反传播"的问题。

学术特色

该书的研究是中国学者积极构建本土传播学科与理论，传播中华文明的一次积极而有益的实践。

中国古代的确没有传播学，近代、现代也都没有。直到当代，具体说是20世纪80年代，才开始从国外引进来，至今仍处于引进阶段。特别是近几年，以何道宽教授为代表的一批翻译家，正在不停翻译出版越来越多的国外传播学经典著作，为中国传播学建设做出了大量有益的基础性工作。但是，国情不同，体制不同，思维方式不同，价值取向不同，术语名词不同，表述习惯不同，读者要求及社会需求更有不同。中国一定要尽快建设有自己文化特色的传播学学科。惟其如此，才能为世界范围内的传播学学科建设做出更大贡献，并最终在世界传播学界获取发言权利和对话资格。没有传播学不等于没有传播思想。传播是人类的基本行为，有人在，就有传播活动发生；有传播活动，就有对传播现象的关注与研究，就有传播思想。中国古代传播思想只是处于散落状态，没有构成学科知识体系。而中国文明史泱泱五千年，必有大量的传播思想，急需我们爬疏整理。正是在这种形势与机遇下，该书的研究显得格外有意义。

该书立足西方传播学的研究视角，就老、庄二人的传播思想与主张，抢先做一番整理的尝试，研究细致、具体、深入、清晰。在研究方法上，该书以述为主，重在解说。多引入当前社会生活中的实际案例，实现了对老庄思想的深入浅出式的解读。同时。多取案例，加强了学术和社会生活之间的联系，彰显学术活力，讲学术研究从学术沙龙的自说自话中解放出来。此外，该书参看西方传播学的理论，以传播主体、传播符号、传播技巧、传播受众、传播过程和传播环境为研究基本框架，重新挖掘与审视老庄思想中蕴含的传播现象，并进行简要的评价，实现东西方文化与理论的对话。

该书从整体来看，并不是一个偏重于研究性的学术论著，更像一个充满案例与感想的"读书笔记"。但是，书中处处流露出的思想闪光点，值得我们关注。

观点撷英

至于讲道理，也是一样，甭管你说多么透彻，未必有人爱听，更未必有

人能懂，何况你又不一定能说得清呢！所以《道德经》劈头就说："道可道，非常道；名可名，非常名。"（第22页）

呆是一种姿态，克敌制胜的姿态！求胜，就是呆的目的。（第27页）

始终保持对于局面和形势的高度关注，敏锐把握每一个稍纵即逝的机会，竭尽一切可能，发挥全部潜力，在最合适的时机，采用最小的投入，取得最好的成效——这就是木鸡之呆。（第29页）

"干掉自己"和"吾丧我也"基本是一个意思，但有个境界高下的区分。"干掉自己"不过是"泯然众人矣"，而"吾丧我也"却是"天人合一"了。这，就是我们和庄子之间的差距。（第44页）

老庄不是不要技，而是主张"无技之技"；不是不要巧，而是主张若拙之巧。准确来说，这样的大巧已经超出了技巧的层次，进入道的境界。因为技巧只能导致比拼，老庄以不争为道，为了避开争斗，就必须要超越技巧。这就是道比技更高明的地方，也就是道进乎技里那个"进"的意思。（第80页）

中国地域里还有"迷魂汤"……从传播学角度看，所有这些"迷魂"现象首先意味着一种吸引力。面对神秘不可解的事物，大众就像弄个清楚明白，所以神秘感是吸引力的源泉之一。保持神秘，也就是传播过程中处于上位的传播常用的手段之一。……"故弄玄虚"，是带有点贬义色彩的常用传播技巧。（第91页）

"心斋"这一概念是一个传播学概念，讲的是人与人之间亲身传播过程中的应接方式和沟通理念，也是一个很灵便的小窍门、小技巧。（第105页）

不必把自己视为精英，也不必把自己视为大众。每一个人都是他自己，每一个人之间都是有差别的，但大家都一样是人，谁也不要瞧不起谁。一视同仁就是尊重彼此，尊重彼此的差别，让世界成为多元并存的世界，成为丰富多彩的世界。这就是"天物不覆，地无不载"的道理。（第120页）

中国古人很少说"爱"这个字，但《道德经》中却又"爱民"之说，……在老子这里，国已不是侯王之国，也是民之国、百姓之国。欲"治国"，必先"安民"，故并称"爱民治国"。也许老子说不出人民是国家主人这样的话，但奉天承运、治理国家的圣人必须要爱民，这是老子最基本的政治主张和传播思想。（第134页）

（张丹　撰）

和老子学传播——老子的沟通智慧

谢清果

出版概况

《和老子学传播——老子的沟通智慧》，谢清果主撰，宗教文化出版社，2010年出版，平装16开，320页，20余万字。

谢清果，两岸关系和平发展协同创新中心研究员，厦门大学新闻传播学院教授、博士生导师，福建省高校新世纪优秀人才，厦门大学传播研究所所长，华夏传播研究会会长，美国北卡罗来纳大学夏洛特分校访问学者，福建省传播学会副秘书长，主持国家社科以及省部级课题10余项，出版《华夏文明与传播学本土化研究》《华夏传播学引论》《中国近代科技传播史》等著作20部，在《国际新闻界》《现代传播》等刊物上发表论文130余篇，主编《中华文化与传播研究》《华夏传播研究》《华夏文明传播研究文库》《两岸关系与海峡传播研究文库》等多套丛书。

内容提要

以往的学术研究中，对《老子》的研究已经涉及老子传播思想的星星点点，但是对《老子》整体传播思想进行研究的文章并不多。该书将《老子》中的"以正治国，以奇用兵，以无事取天下"（第五十七章）概括为老子思想的总纲，从传播动机、传播策略以及传播效果三个方面对信息传播的主体、方法和效果评价等方面对老子的传播思想进行深刻阐述。

全书分为总论和分论两大部分，共14章，内容包括：老子对传播过程的观念认知，老子语言传播的艺术神韵，老子人内传播的淳朴本真，老子智慧与公关谋略等。

　　具体说来，第一部分，总论：老子传播智慧纲要。共三章，第一章：传播主体定位——以正治国。以古人以"善""信""德"为自己行为准则与目标的追求，考察中国人将传播活动道德化、情感化的主体式内省过程，探索对中国人道德心理机制的更深层次认知。第二章，传播策略探索——以奇用兵。以军事术语中的"以奇用兵"，解读老子传播活动的传播方法。包括思想策略中的"顺常""辩证"和"创造"，语言策略中的数量原则、质量原则和相关性原则等。第三章，传播效果追求——以无事取天下。以老子宣扬的"道"为切入点，考察道中蕴含的真善美内涵和人与自然、人与人、人与社会和人与自我身心等诸多关系，从而发现老子传播思想中"夫两不相伤，故德交归焉"的传播效果观。

　　第二部分，分论：老子传播智慧的多为考察。第四章，老子对传播过程的观念认知。驳斥老子的"反传播"观，认为老子建构了以"道"者为传播者，道为传播内容，问道者为受众，"名"为传播媒介，"众妙之门"为传播效果的完备的传播思想体系，尤其是老子通过对"无名""无欲""有欲"关系的剖析，洞察并结揭示了人类传播过程的复杂性和奇妙性。第五章，老子语言传播的艺术神韵。以"正言、贵言、信言"代表老子语言传播主体的求真意向，以"不言、无言、忘言"传递老子语言传播过程的求善准则，以"道可道，非常道"表达老子语言传播效果的臻美取向。第六章，老子人内传播的淳朴本真。以《老子》的有关内容为主线，从心理学的角度，结合传播学的理论，对米德的"主我"与"客我"理论做出新的阐释，探索老子思想和荣格心理学理论的相通之处，同时结合物理学中量子力学的研究成果，讨论任内传播的逻辑问题。第七章，老子人际传播的和谐自然。老子的"三宝"（分别指"慈""俭"和"不敢为天下先"，见《老子》第六十七章）是其处世哲学的思想结晶，在一定程度上也是老子人际传播思想的精髓所在。本章从"三宝"视角探究老子在人际传播中的主体态度。"慈"是在人际传播中传者对传播对象应持有的态度，"俭"是在人际传播中传者对自身主体不断提高传播素养的要求，而"不敢为天下先"是化解一些人际传播障碍的良方。第八章，老子具象传播的意义生成。"象"是道的载体，以"象"尽意、以有形无形的具象传播思维是老子论"道"的一种主要表达形式。本章分析老子"大象无形"的具象传播思维、老子具象传播思维的类型和通过具象实现抽象意义生成的机制。第九章，老子传播活动的无为玄旨。老子的"无为"是人类生存的一种理想状态，也是人类传播活动中应该秉持的最高原则。本章从传播学视角出发，从传播者自身的"无为"理念，传播过程的"自然"方法以及受众"自化"效果三个方面探析老子"无为"思想中蕴藏着的传播智慧。第十章，老子信息传播的道德取向。以《道德经》"信"的思想来阐述老子传播思想，包括老子对信息传播的方法自觉与价值考量、老子对媒介的批判性态度和老子对传播对象之期盼等等。第十一章，老子"小国寡民"社会的传媒考量。老子提出的"小国寡民"社会理想模式，对人们理解和把握当代信息社会下公民的媒介生存方式、对媒介的依赖、内省传播的意义、国际传播导向、政治传播的目的以及新媒体下人际传播关系等都有启迪意义。第十二章，老子智慧与传媒的历史演进。从传播学的视角出发，结合《道德经》的"反战""守柔"以及"人本"主义三大思想，以及人类传播史上媒介技术的演进为纵线，评析主要大众媒介的演图景及其所展示的文明。其中，两次世界大战以及第三次信息革命是媒介演进过程的三大拐点，尤其是信息革命时期人际传播方式的复苏彰显了"不失其所者久"的传播之"道"的时代启示。第十三章，老子智慧与公关谋略。探索老子思想对现代公关活动的启示与借鉴，包括如何解决公关活动中的传与受的矛盾，公关活动中应该依据怎样的原则，以诚为本，预防在危机公关中的重要性，以及老子的公关智慧等。第十四章，交流的无奈：老子与彼得斯跨越时空的对话。从传播符号学的视角探究《道德经》与《交流的无奈》的共通性。包括两者都认为语言的局限性与完美交流的不可实现，但他们都提出了各自语言传播的精辟见解和应对策略。

学术特色

《和老子学传播——老子的沟通智慧》首次从传播学的视角系统地研究老子，开拓了"老子传播学"这一崭新研究领域。作者从传播动机、传播策略以及传播效果三个方面剖析了老子传播思想的总纲——"以正治国，以奇用兵，以无事取天下"，进而探讨老子在语言传播、人际传播、人内传播、具象传播等方面的深邃思想；考察老子对传播过程的认知、对传播道德考量的执着、对信息"无为"传播的追求等；还独具匠心地从传媒文化视角重新省思老子的"小国寡民"社会理想，初步展示了老子与现代公关、传媒历史乃至西方传播思想等方面的貌离神合，从而多维度管窥了深刻隽永的老子传播思想。

该书通过以当代西方传播学的理论与方法重新解读两千五百多年前的老

子思想，一来实现对老子思想的挖掘与阐扬，有利于中国传统文化的传播，二来对传播学本土化建设，华夏传播学的理论建构都具有极大地意义。尤其在人内传播或内向传播方面，老子的思想中蕴含着丰富的学术资源，中国传播学者们挖掘与采借。因此，该书具有双重现实意义。

具体说来，该书可谓是老子研究的一个新视角、新尝试。在此书中，一方面，作者把老子的哲学智慧与传播学进行了系统地比较研究，从传播动机、传播策略以及传播效果三个方面剖析了《道德经》中所体现出来的具有中国特色的传播思想，另一方面，作者运用《道德经》的智慧来解读、诠释一些传播现象和传播规律。读完此书，我们可以从中得到启发，以去寻找适合中国国情的传播之路。

该书指出，虽然老子本身并没有直接讲述传播学，但是他以东方的特有智慧所表达出来的思想旨趣，都无疑指明了其对于传播的理解。老子对传播的理解总纲概括起来就是"无为"，无论是《道德经》开篇所提到的"道可道，非常道；名可名，非常名"，还是以后的"大音希声，大象无形""知者不言，言者不知""行不言之教""多言数穷""信言不美，美言不信；善者不辩，辩者不善"等等论述，究其实质都是强调传播中当要"无为"，只有通过"无为"的方式，才能实现老子所期望的人与人之间的理想境界："邻邦相望，鸡犬之声相闻，民至老死，不相往来"，也就是《和老子学传播》中第三章所提到的"以无事取天下"的传播效果。至于老子提出的这种"以无事取天下"的传播效果，作者在第十四章中提到了"交流的无奈"，通过分析老子与彼得斯的思想碰撞，认为言有尽，而意无穷，正是由于这种交流的无奈，老子才指出要"无为""自化"，当人们不再传播沟通的时候，并不代表社会的倒退，相反，这正好代表了社会矛盾的减少，人们生活的和谐稳定。

如此说来，"邻邦相望，鸡犬之声相闻，民至老死，不相往来"当是一种传播佳境，我们可以从以下几个方面对之做深层次诠释。

一、老死不相往来：社会和谐的佳境

在日常生活中，老死不相往来代表的是人与人之间关系的决裂，可老子为何说"老死不相往来"是传播的最高境界，是社会和谐的佳境呢？这是因为，老死不相往来的前提是"甘其食，美其服，乐其俗，安其居，邻邦相望，鸡犬之声相闻"，这几句话描绘的乃是一个丰衣足食、安宁和谐的社会场景。作者指出的"甘其食，美其服，乐其俗，安其居"是政治传播的终极目标，而实现这个目标的途径之一就是要"挫其锐，解其纷，和其光，同其尘"，挫锐，解纷，和光，同尘，就是不论是阳春白雪，还是下里巴人，都能够相互理解，平等相处。其实，要达到无为传播之最佳境界的根本途径就是要理解"道"，循践"道"，所有的人能达到"惟道是从"。"道"在某种程度上可以理解为是"一"，这个"一"是世间万物最朴素的那个原始。当人人都能理解这个"一"，在这个"一"的指导下，个个纯朴天真，能够不言而相互理解——流于形式的传播不再成为必需，如此就能够和光同尘，从而实现"小国寡民""民至老死，不相往来"的传播佳境。老子信奉"反者，道之动"，他认为"大道废，有仁义；慧智出，有大伪；六亲不合，有孝慈；国家昏乱，有忠臣"。在他看来，世间力倡的仁义、孝慈、忠臣其实正是人们社会人际关系出现部问题的产物。为解决此类问题，老子提出"绝圣弃智，民利百倍；绝仁弃义，民复孝慈；绝巧弃利，盗贼无有""见素抱朴，少私寡欲"的解决方法，这些方法都是"反者，道之动"的运用。贾宝玉说得好："人谁不死，只要死得好。那些个须眉浊物，只知道文死谏，武死战，这二死是大丈夫死名死节。竟何如不死的好！必定有昏君他方谏，他只顾邀名，猛拼一死，将来弃君于何地！必定有刀兵他方战，猛拼一死，他只顾图汗马之名，将来弃国于何地！所以这皆非正死。"所以，只有当社会不能满足民众的需要时，民众才会感到有传播的需要。人际传播的需要或者说动机可以保证个人的生存和发展，促进与他人建立有效的社会协作关系，满足自己基于社会性的精神和心理需要。正因为民众有这些需要，才会进行传播活动，但是，如果民众都安居乐业，无知无欲，这些需要都极度减少的话，那么功利性传播活动也会降低到近乎"不相往来"的境地。秉承老子的"反者，道之动"的观点，功利性传播活动减少到近乎没有的时候，那也就说明这个社会已经到达了一种十分和谐的境界，此时，劳动可能就会成为了一种需要，成为一种自然，此时的社会传播活动是人与人之间"两不相伤"的化境。

二、交流的无奈：老死不相往来的根源

书中引述彼得斯的话说："语言是一个黑箱，里面承载的内容，也许未必是我们（这个说话的自我）心里所想的东西"。作者指出，彼得斯认为语言承载的内容，并非说话者的真正意图，它涉及伦理，道德，语境等等方面的影响，所以彼得斯说："交流是无奈的，它不是一座桥梁，而是一个沟壑"，而老子也是这样认为的，他所说的"道可道，非常道；名可名，非常名"中的

"道"被表达出来后，就不是那个永恒存在的道了，就像作者在第五章所提出来的一样，这种"道可道，非常道"是一种只可意会不可言传的语言传播的艺术神韵，是语言传播的臻美取向；而"名"可以理解为符号，它所表达的也是不能够穷尽这个符号所代表的意义，与老子一脉相承的庄子也说"吾生也有涯，而知也无涯，以有涯随无涯，殆矣"，在老子所向往的"老死不相往来"的理想社会中，因为这些民众明白了"有涯"和"无涯"的关系，所以他们才会过着"甘其食，美其服，乐其俗，安其居"的小国寡民的生活。

三、为学日益，为道日损：实现传播佳境的根本途径

如何才能达到老死不相往来的理想境界？老子指出了一种方法，就是"为学日益，为道日损"，要不断地学习，在学习中总结规律，终有一天，能够大彻大悟整个世界运行规律，到那时，任何事物都可以用这个道来概括，自然而然就没有了交流的冲动了，这就是老子的理想社会——小国寡民。作者在书中第十四章里提到了用"突破时空限制"的方法来破解交流的无奈，而"为学日益，为道日损"就是一种"突破时空限制"的方法，只有不断的自我反思、自我否定，才能够"为道日损"。

其实，在这个老死不相往来的理想社会中，那种鸡犬之声相闻是一种很奇特的传播方式，它内含着相当丰富的信息，首先，它表明了这是小国寡民的社会；其次，这种闲适的鸡犬之声实际上是在某种程度上起到了人际传播的作用，也就是通过鸡犬之声来这种非语言符号来互相传达着自己个人生活得很好的信息，没有再进一步沟通的必要性了，这就是老子为我们构建的"小国寡民"社会的理想状态——"鸡犬之声相闻，民至老死不相往来"。究其实质，老子"不相往来"思想强调的是个人内在的自省，进而消解人际冲突的根源，以实现和谐安宁而又富裕的社会生活提供精神文化支撑。

观点撷英

传播抑或沟通，很多时候就是一段漫长的旅程，伴随隐形的变化，没有时间的等待，没有耐心的考验，没有信念的支撑，可能就功亏一篑。（第36页）

将传播活动人伦道德化的做法，一般可望得到对方有效的回应，从而收到事半功倍的良好效果。从此意义上来讲，中国人将传播活动道德化、情感

化，正是人们对传播规律、对中国人的道德心理机智的一种智慧的认知。（第43页）

"以无事取天下"意指用无事之法平定天下，政治上无所事事就可以安抚百姓，平定天下。这既可以看出是老子对侯王治国理想状态的一种期待，也是对侯王治国应当无为的一种规劝。这是一种最理想的传播效果——无为而无所不为，然而实际生活中传播效果会有分层。（第70页）

语言运用的最终目的在于传意，得到意，就不需要去在乎"言"。究其实质，即语言不能代替生活本身。一切包括语言在内的活动都应以维护人的存在为前提。"得意"的含义在于是对语言的超越，是人对自己存在价值的获得。（第78页）

"传播能力"也是一个关系及其关系互动的概念，是对于发生于传播关系中的一种共同的理解。这种"共同理解"体现在人际传播的"反身性""情境性"以及"合一性"三大特征之中。（第188—189页）

老子倡导复归结绳记事的文化传统和呼吁人类更多思索自身，即"认识自已"，也就是提倡从内向传播上实现个人对自己人生意义的完整掌握。（第254页）

（张丹　杨芳　撰）

和老子学养生——老子的健康传播智慧

郭汉文、谢清果

出版概况

《和老子学养生——老子的健康传播智慧》，郭汉文，谢清果著，宗教文化出版社2010年11月出版，平装16开本，250页，200千字。

郭汉文，男，籍贯福建永春，现为中国道教协会常务理事、福建省道教协会副会长等，参与多项关于道教丛书的编纂工作。

谢清果，同上，（略）

内容提要

《和老子学养生——老子的健康传播智慧》分十章，每一章下属三个小节对老子的健康思想进行分析。

第一章，尊道贵德，养生源。作者从介绍道和德的内涵入手，说明了老子思想中的核心"道"的含义，即它是宇宙间万事万物生成发展的内在依据，它是养生之根，概括了"道"对于养生的指导思想及其体现的特征：周行性、自然性、反向性、本原性，其次介绍了德，它作为第一小节的"道"的二级本体是作为无与有统一体的"道"中的"有"的部分的表征，说明"道"的显示是通过"德"来显现，可以表现为物、策略、人格要求，在第一章的第三小节，将前两节所说的"道"和"德"合为一，说明养生须尊道贵德，要生道合一，点明第一章中心。

第二章，道法自然，安平泰。作者在这一章从老子中的养生之道为切入点，论述了尊道其实是尊重自然的思想，因为，"道"的运作法则实际上是"自然"，同时从"自然"的六个本性——损益、清静、柔弱、无为、俭啬、中和说明想要养生，要遵从自然本性，接下来的第三小节则从自然的实性，也就是物理性的角度对"自然"养生进行阐释，从地理、时间、个人（呼吸、饮食）三个大角度，引用《道德经》中的言论，说明这四个小点对于养生长寿的重要性。在本章后，作者还附有养生歌诀给予读者参考。

第三章，专气致柔，健体格。在本章中，作者从体育思想为入手点阐释了道家自然养生德体育思想，说明道家德自然养生体育思想实际上丰富了体育的内涵，将内养含义推向一个更加新的高度，以此为基点，说明老子的体育养生思想是：刚柔相济、动静相融、为于未有，从老子著作中的精气神、刚柔、动静观点出发，说明老子的体育思想是注重"无为"，即顺其自然，遵循朴素的自然本质。其中，老子更加注重体育养生的"静和柔"，并强调持之以恒的作用

第四章，"味无味"的饮食养生方法。本章节从《说文解字》中的"味"字出发，表明"味"最初的含义是将食物含在口中，兼有名词（品尝的味道的口感）和动词（品尝）两种意思。接下来，便从多方面进行老子关于饮食养生思想的论述。首先是"淡"，它是饮食养生的主要原则，而"淡"不光是味道的淡，还包括深层次的心灵上的恬淡思想。其次是"甘"，它是饮食养生的基本要求，"甘"指的是食物的鲜美，而从烹调角度来说是作为中和的作用，最后引用中医必读经典《黄帝内经》中的语录说明饮食还要适量。第三点作者从饮食养生的基本出发点"腹"入手，说明了圣人饮食为了"腹"，这个字不只指人的肚子，还包括人体内向各种人生修养，在这个层面，老子的养生思想，更多的是启发人们树立正确的养生观念，而不单单为饮食养生而作。

第五章，动而愈出的性爱养生思想。老子可以说是最早提出房室养生学的人，作者通过性爱之道、性爱之法、性爱之术三个方面分析老子的关于性的养生理论。在"道"方面，老子在第二十八章中认为性爱之道在于"知其雄，守其雌"，两性动静结合方能长远；在"法"方面，老子主张"用之不勤"，这里的"勤"代表的是可持续发展的含义，注重保持和谐；在"术"方面，老子总的主张"用其光，复归其明"，在具体的过程中细化为强调注重节奏、绵绵柔和、塞其兑，闭其门、用其光，复归其明，要注意用一切方法保持身体的光亮。

第六章，"见素抱朴"的精神养生原则。老子的精神养生有三个渐进的阶段，一是反俗回归道，二是通过见素抱朴使得心灵纯真朴素，三是以道养生，达到养生极致。作者就从这三个方面分别论述了老子的养生进阶法。在第一

阶段，要追求"四绝"——去自矜、却自伐、去自是、却自见，不过人们能做到消除人内心阻碍精神自由的因素已经是十分难得的了，而要做到四绝，才真正进入第二阶段，其中"何以素朴的确认与私欲的去除"是真正做到的心理基础，也就是追求素静和寡欲，在最后的升华阶段是强调长期地保持良好的精神状态，守静安心，向内关养生之道。

第七章，"功遂身退"的行政养生智慧。这里的"行政"不单指治理工作，也只这个过程能让管理者自身活过天年。作者认为，在老子看来，施政和养生相辅相成，治理者要"以身为天下"，爱惜自我，对社会奉献，还要"知足"，方能"恒足"，最后以后世之人借鉴老子的"功成身退"思想保全自身的例子说明凡事有度才是行政养神的智慧。

第八章，"修之于天下"的社会养生范式。作者在这一章把养生放在了社会系统来看，众所周知，世界上的万事万物都是相互联系的，养生思想也是如此，因此，作者从群体养生环境，自身修于身、家、乡、国、天下的社会效应，保持健康心态三点阐释养生的道理，实际上，在老子分享的这些养生传播思想中，已经不单单再局限于养生这一话题，而是可以作为正确的方法和指导性的思想用于各样的方面，用来治理国家则国泰民安，用来管理家庭则家和邻里安等等。

第九章，"知不知"的养生防病意识。作者在这一章阐述了老子影响中医学理论的养生观点——治未病，也就是圣人不生病是因为防患于未然，了解和重视病根，才保养了长久的生命。作者在分析养生防病时，注重"知"和"防"的论述结合，用科学的遵守事物发展常规的方法，做到知常、自知，从自我出发，不离于道，保持自我的独立性，不流于世俗，方能久远。

第十章，"死而不亡"的养生生命情怀。在最后一章，作者论述了老子总的关于生命的哲学传播思想，从方法论的角度对老子关于生命的思想进行分析。首先是关于生命流转的有无相生的道理，生命产生于道，人的发展要合乎道。其次是通过现实社会中不同的关于生和死的途径（取生和取死之道），结合老子的思想，强调取舍要趋弊。最后，老子强调生的养生，也强调死的延展性的意义，进而影响后人。

学术特色

实际上关于老子观点和著作的研究已经有大量学者做出了很多成果，从养生的角度来研究老子思想的也已经很多，而该书作者采用健康传播学的新理论等对老子养生传播思想进行研究，可以说开启了一条新的思路。尤其是该书围绕十个方面，系统地阐释了老子的养生智慧，这在学术界还不多见，可以说具有重大的学术价值和意义，除此之外，在近年来健康问题使得人们对社会对自身的发展更加的关注的情况下，如何运用老子健康传播思想去调控自身、采取相应的政策措施治理国家等，本文具有重要的现实参考意义。

《和老子学养生——老子的健康传播智慧》是一部将传播学思想和方法引入老子养生思想进行系统研究的专著，它以流畅的文笔，引用老子《道德经》里的经典语录，同时结合古代中国经典著作里的话语，结合现实中的鲜活的案例，主要从传播学角度对老子养生传播思想进行分析，全文中把老子的健康传播思想进行了归纳，提出婴儿是老子健康传播的形象代言，物壮则老是老子健康传播思想的规避指向，死而不亡是其终极目标，没身不殆是其对社会情境的认知，可以说，该书对于华夏文明传播研究具有重大的贡献价值和意义。

此外，该书首次运用健康传播学的理论审视老子养生思想，从十个方面多维度对其理念进行分析，不光注重自身调控，针对外在各联系环境都进行了分析，采用经典理论结合的文献研究方法，在吸纳和借鉴相关理论如《黄帝内经》等古代专著里的经典言论的基础上，对新时代人们的健康养生进行了系统的划分和阐释分析，让人看到老子思想对于现今社会具有的借鉴意义，让人从中得到启迪和领悟。可以说，该书本身以贴合社会实际的思想以一种内在的力量传播老子养生思想，使人读而思考社会，思考自身，得到清静。

观点撷英

老子的自然养生思想，深刻地影响着中医对人体自然以及人体与环境关系的探索，以期通过包括饮食在内的行为方式的改变，通过以中草药之性帮助人体"扶正去邪"，其核心原理是"天人合一"。（第43页）

柔弱是另一种形式的坚强，坚强往往也可以以柔弱的形式出现，所以绵里藏针就是此意，亦如老子所言："以其不争，故天下莫能与之争。"（第六十六章）"不争而善胜"（第七十三章），不争是柔的体现，而善胜则是坚强的体现。（第67页）

养生者当知强守弱，不可强为。老子对柔与强有过深深的感慨："天下莫

柔弱于水。而攻坚强者，莫之能胜，以其无以易之。弱之胜强，柔之胜刚，天下莫不知，莫能行。"（第七十八章）（第 69 页）

心中要是不重视饮食，甚至放纵自己的心志去追逐五音、五色、五味等一切难得之货，则必将干扰日常饮食，使饮食不节、无常，如此身必遭殃。因此，饮食无小事，小处养身，大处养神，作用极大。（第 99 页）

"和"是健康的表现，身体委和就是亚健康或不健康，因此，要保持身心的和谐，这是健康的常态。老子说："知和曰常，知常曰明，益生曰祥，心使气曰强。"（第五十五章）（第 199 页）

（李婕雯　撰）

佛教道教传播与中国文化

刘晓英

出版概况

《佛教道教传播与中国文化》，刘晓英著，学苑出版社 2012 年 5 月出版，249 页，29 万字。

刘晓英，1963 年生。1989 年毕业于北京大学中文系，文学硕士。现任国际关系学院文化与传播系副教授，中外文化教研室主任，研究生导师。一直从事中国当代文学、西方文学与文化方面的教学与研究工作，近年来，致力于宗教文化与国家安全领域的研究，研究成果先后在《国际关系学院学报》《城市建设》《作家》等杂志上发表。该书是作者在为国际关系学院文化传播系本科生开设的同题目课程的基础上，经过近十年的资料收集与潜心研究，心血凝结而成。该书课题被列为 2010 年国际关系学院院级科研课题，获得了相应的研究经费支持。该书出版还得到 2011 年"国际关系学院科研基金项目"的出版资助。

内容提要

介绍佛教文化和道教文化的基本知识，包括宗教的创始人，宗教产生的年代、背景，其基本的教义、教规、宗教仪礼、节日等等。在对两大宗教有了初步了解的基础上探讨其向中国传播或在本土发展的历史过程，进一步探讨这些外来思想文化在中国传播的过程中，是如何与中国的母体文化相碰撞、交锋、妥协、融合，最终逐渐本土化的过程；经过改造和筛选后的外来文化中的哪些精神素质最终为中国文化所接纳，形成了哪些新的特点，它又在哪些层面上影响了中国人的信仰方式和生活方式。在探讨宗教传播影响中国文化这一命题时，该书试图在两个方面展开点面结合、由浅入深地探讨和分析，这涉及对中国自古以来两大文化或曰文化体系的认识。根据中国信仰文化的这个特点，该书也从两个方面切入宗教传播和影响的研究，一是大传统，即结合本人的专业特点，考量传统文人士大夫直到当代知识分子的信仰取向，这种信仰取向在历史和当代有哪些示范性意义。二是把眼光投注到普通下层民众的身上，分析和关注宗教传播过程中，普通信徒又是从哪些方面去接纳和理解宗教的，形成了信仰方式和内容的哪些特色，等等。

学术特色

该书以宗教为视角，对中国文化做一研究、阐发与介绍，探究其发生发展、传播吸纳、此消彼长的脉络及因缘，以达到对本民族文化的认识与了解，此目的一也。从文化发展与传播的角度看，对整个中国文化产生影响的思潮有两大类，一类是从西方传入中国的，另一类则是由中国传统文化自身衍生的。前者浩浩汤汤，自汉唐至今，由西来的文化传播使者和中国本土知识分子自觉的倡导与传播，文化的种子已经在东方的土壤上发芽、开花结果；后者则静谧而绵延，在世界其他几大文明相继消亡的情况下，依然保持着极强的生命力，在几千年的历史发展中对中国人的政治思想、人生哲学、伦理学说和审美观念产生了巨大的影响。以构成中国传统文化三大基石的"儒、释、道"来看，佛教是西来文化的代表，道教则是土生土长的中华文化，这二者与占中国思想文化统治地位的儒家思想相互影响、相互撞击、相互参照、相互渗透，构成了中国文化的独特风格。

从历史来看，任何一个民族的文化都不是孤立的，没有经过剪枝和嫁接的文化是没有生命力的，中国传统文化结构的调整和形成正说明了这个道理。中华文化的发展证明了它不是一种封闭文化，它始终在接纳优秀的外来文化，那么，中国文化接纳外来文化的过程和最终成形的文化特质为今天提供了哪些有益的经验和启迪，也是该书研究的目的之一。研究过去是为了启迪未来，21世纪的中国，正处于一个社会转型的时期，这一转型，体现在从传统社会向现代社会的转变过程，即由过去封闭的经济体和文化圈而逐渐转向与世界文化与经济趋同，也就是人们常说的全球化的过程，这一过程必然要冲破国家的、地区的、种族的、宗教的、文化的界限，也必然会带来东西方文明与文化的冲突与碰撞。因此，我们如何站在历史的高度，对本民族文化和外来文化在传播与交流中的有益经验加以梳理、甄别，去粗取精，去伪存真，认清本民族赖以生存的文化根基所在，在全球化的浪潮中不至于迷失方向就显得尤为重要。

<h1 align="center">观点撷英</h1>

中国宗教，无论是佛教还是道教，实际上都有两种不同的信仰世界：一个是属于高文化水准信仰者的信仰，这些信仰都是由道理、学说为基础的，人们追求宗教中的精神世界，希望借助宗教的信仰是自己的生活拥有超凡脱俗的境界；一个是为数众多的普通人的信仰，这个信仰是以能不能灵验，有没有实际用处为基础，信仰者希望宗教可以给自己解决现实生活中的问题，给自己释厄解困，求得福祉。（第32页）

禅宗是典型的以探求佛法精义与解脱方式为旨归的经营佛教，主要在上层的官僚士大夫阶层流行，在佛法传播的过程中有着无可替代的价值与功用。但在传统中国社会中，知识分子毕竟是少数；教育水平普遍低下的普罗大众却占社会的绝大多数，佛教要想在中国扎下根来，必须在生活上向民间靠拢。（第63页）

佛教讲众生平等，一切众生都有佛性。"佛是已经觉悟的众生，众生是尚未觉悟的佛"，转迷成悟获得人生真谛是佛教解脱与超度的根本旨义。与其他宗教不同，佛教认为觉悟与真理的活的不是来自天启与神恩，而是来之于自证自悟，从自性内了悟以破妄显真。（第101页）

佛教在汉族地区流传的过程中，一方面使自己的宗教性节会纳入整个节日传统中而不断汉化，另一方面汉族的节日也主动吸收了佛教的一些仪式活动而"佛化"。借助民俗文化的力量是佛教深入民间信仰的最直接助力，不仅联络了寺院与信徒间的感情，接引了不少信徒，使徒具宗教意味的佛教庆典增添活泼热闹的人间氛围；而民间节日由于借鉴了宗教的一些内容和仪轨也蕴涵了庄严肃穆的内涵和平等慈爱的宗教精神。（第130页）

对生命的短暂，佛教主张"色空"，以断灭贪嗔痴，往生西方乐土为终极目的。而道教却颇勇猛刚进，认为神仙可求，只要通过后天的修炼，可获得神仙寿考乃至长生不死之术。道教宣扬的长生久视、羽化飞升的梦想，不仅是那些锦衣玉食、享尽了现世幸福的封建帝王和贵族们梦寐以求的；对于不那么富贵的普通文人士大夫而言，亦具有相当的诱惑力。（第210页）

　　宗教可以使社会的不同个人、群体或各种社会势力、集团凝聚成一个统一的整体，从而有利于社会的稳定和发展——这便是宗教社会学所说的宗教的"社会整合与控制功能"。（第237页）

　　道德本来是人们在长期的社会生活中形成的习惯、信念、舆论来调节人们之间关系的一种行为规范，宗教为了约束信众的行为与思想，自然也把道德纳入自己的教义当中，形成了一整套劝世谕人的宗教教条。（第239页）

（张迪越　撰）

先秦诸子传播思想研究

仝冠军

出版概况

《先秦诸子传播思想研究》，仝冠军著，中国书籍出版社 2014 年出版，共一册，316 千字，平装 16 开本，381 页。该书系中国新闻出版研究院与中国世纪出版社组织策划出版的《新闻出版优秀博士论文文库》丛书之一。

仝冠军，河南大学文学学士、文学硕士，北京大学管理学博士，中华出版促进会理事，副编审，现任职于中国出版集团公司战略发展部。2005 年起，先后在中国出版集团公司出版业务部、战略发展部、中国出版传媒股份有限公司证券与法律事务部工作。发表论文 80 余篇，参与国家社科基金重大项目《中国出版通史》和《我国对外文化传播文化软实力研究》、中宣部"四个一批"人才委托资助课题《出版企业集团战略投资者角色研究》、原新闻出版总署委托项目《中国新闻出版业"十二五"发展规划》、中国出版集团公司《国际一流出版传媒企业集团研究》等重大课题的科研工作。2012 年获得第四届"中华优秀出版奖·科研论文奖。"

内容提要

《先秦诸子传播思想研究》全书共十二章，第一、二、三章与第十一十二章主要是从比较宏观的层面来分析先秦时期传播思想，而第四至第十章则是分别具体阐述了先秦诸子的传播思想和理论。

第一章，论述先秦时期传播思想的价值。作者一方面指出，先秦时期有丰富的传播思想，对于传播学研究来说，这些思想不可或缺。另一方面作者表示研究先秦传播思想有益于传播学研究的本土化，也有助于重新认识中国文化，对当下中国传播实践具有启发。

第二章，论述先秦诸子传播思想产生的背景。针对这一问题，作者从交通条件、传播方式、传播载体、传播符号、传播规范资源、社会思潮以及教育普及等方面入手，详细分析了先秦时期传播思想的产生条件。

第三章是关于前诸子时期的传播思想。当时的思想主要保存在《诗》《书》《左传》等典籍中，虽不见得深刻，却已基本涵盖了诸子传播思想的广度。先秦诸子的传播思想有不少直接传承自这一时期。

第四章，论述孔子的传播活动和传播思想。孔子的传播活动包括开办私学、游说列国和整理传授文献三个方面。作者将孔子的传播思想总结为"和而不同"的传播观念、传播符号论、传播目的论、求信与求真、受众思想、内向传播思想、历史传播思想、舆论思想以及传播环境论等九个方面，并分别进行分析。

第五章，论述孟子的传播活动及传播思想。孟子的传播活动包括游说与著述以及辩论。孟子传播思想深受孔子影响，同时也结合了自己的社会背景，他的思想包括传播秩序与传播责任、"势"与活动、知言与知人、传播的原则和权变等。

第六章，论述荀子的传播活动及思想。他的传播活动包括游学于齐国、三为祭酒和著书立说。荀子的传播思想既有来自儒家的地方，又受到了其他学派的影响。作者将他的传播思想总结为传播控制论、传播效果与传播符号论等，还解释了荀子传播思想中强调的传播者的社会责任、传播内容的客观性与过程的透明度、对社会舆论的看法等内容。

第七章，作者分析了老子的传播活动和思想。老子的传播活动包括著书立说和传授知识两个方面。传播思想方面，作者从时代特征、地域特色和古代思想的角度入手进行分析总结，解释了老子极具批判色彩、追求个体自由的传播思想的来源和核心内容。

第八章，庄子的传播思想。作者从传播主体所受的束缚、传播活动中的成见以及是非标准、传播心理、传播符号方面的言意之辩、传播方式方面的寓言理论等几个方面，详细介绍了庄子的传播思想。作者在本章最后，对庄子的传播思想进行了辩证的评价，肯定了他的主张对当代传播的启发和贡献，但也具有自己的时代局限性。

第九章论述了墨子传播思想研究。墨子的传播思想是为他游说诸侯的活动服务，具有很浓烈的功利主义和集权主义色彩。作者还介绍了墨子主道利周的传播观、重视经验的传播思想、传播主体的诚信和自信等内容。

第十章是关于韩非子的传播思想研究。韩非子的传播思想是最系统和最理论化的一个。作者先介绍了韩非子传播思想展开的背景，再是介绍了韩非子理想中的以君主为核心的传播网络，分析了韩非子对传播心理深刻而冷峻的分析、重质轻文的传播思想。

第十一章是对先秦诸子传播思想的总结。作者列举了先秦诸子对传播体系、传播符号、传播效果、受众思想等 17 个主要传播问题的看法，比较了主张"和而不同"与"尚同"的两大思潮的传播观念，总结出道德倾向、政治化倾向、历史经验性、预设性等几个方面的特色。

第十二章，作者将先秦诸子传播思想和西方传播学理论进行了比较，从经验性与经验主义、人文精神与西方科学精神、主要传播模式的异同、人文与科学的结合几个方面展开，看清两者的差异和互补性，发现先秦诸子传播思想的不可替代之处。

学术特色

该书作者采用了理论分析、归纳与分析结合、比较研究等方法撰写这本著作。

理论分析方面，他以辩证唯物主义与历史唯物主义为指导思想，主要运用西方传播学的基础理论开始研究。一方面注意西方传播学理论与中国传播实际的适度结合，另一方面又不囿于西方理论的窠臼，以我国古代传播现象和思想为主。另外，该书还运用和参考了历史学、考古学、文字学、中国哲学、语言学、修辞学等其他学科的基本理论和研究成果。同时借鉴了西方传播学研究中的传播模式，制作各类表格 14 个，建构传播模式图 23 幅，简洁而形象地概括了先秦诸子的主要传播思想。作者运用了归纳与分析结合的方法，在全面搜集先秦时期资料的基础上，对一些重要时期、人物的传播现象与思想进行归纳，总结出其中的规律和特点。归纳后还进行了分析，分析其思想的来源、变迁以及带来的影响。在每章最后一段话进行全章总结，方便读者对于文章核心部分有一个总体的把握。同时，作者运用比较研究的方法。不仅将同一时代"和而不同"与"尚同"两大传播思潮进行比较，也对先秦诸子传播思想和西方传播学在经验性、科学性、主要传播模式等方面的差异进行了比较，凸显了两种传播观的差异与互补。通过这种对比和相应的合理的分析，一方面可以看出先秦诸子传播思想的鲜明特点，另一方面又可以看出其与西方传播学理论之间的互补关系。

该书在先秦诸子传播思想研究方面有自己的创新之处：

（1）作者认为，要系统地看待先秦诸子的传播思想的产生和发展。传播活动从来不是一个孤立地社会现象，它总是和具体的社会环境融合在一起。该书将诸子代表作品放置在先秦特定的社会背景之下加以考察，寻找思想的来源以及与社会情景的相互作用。例如作者从时代特征、地域特色和古代思想的角度来研究分析老子传播思想受到的影响。文化传播活动的发展塑造了文化的基本形态，传播活动与社会环境是一种永恒的互动关系，这是作者在该书中始终贯穿的主要论题，也是其他传播史著作时常忽略的一个重要方面。

（2）作者深入、系统地研究了先秦诸子代表人物的传播思想。该书先是对先秦诸子的著作进行了认真的梳理和挖掘，总结了儒、墨、道、法等学派代表性人物的传播思想；还对当时存在的其他传播思想进行了简单的分析与总结。重点分析了当时为何会出现这些不同的传播思想，分析了当时的社会现实以及前人对他们的影响，并为不同思想绘制了不同的传播模式图，具有创新意识。

（3）作者对先秦诸子的传播思想进行了概括和比较。无论是对同时期传播思想的横向比较，还是中西传播理论的纵向比较，都具有一定的独创性。作者认为，先秦诸子传播思想与当代西方的传播学理论没有优劣之分，它们是传播学研究的两个向度，之间具有很大的互补性，肯定了先秦诸子传播思想对世界传播学研究的贡献。

总体来说，该书参考资料详尽，论述相对合理，具有较强的创新意识，能够活用图表来表达自己的看法和观点，但也存在错字别字，插图文字错位等不容忽视的编校问题。

观点撷英

实现传播学研究的本土化至少有两条基本途径：一方面可以通过对中国当下传播现状的研究、分析和探索，建立自己的理论框架；另一方面可以通过文化传播史的研究，挖掘中国古代传播思想的宝库，借鉴和吸收古代优秀的、先进的传播概念和理论，构建自己的传播理论体系。这两条途径可以相互补充、结合。（第12页）

就传播而言，理想的状态就是：既要发挥传播主体的主观能动性，又要使传播活动符合特定的社会规范；传播者既能做到随心所欲，又能够不逾越规矩。这种理想状态具体表现为"仁"与"礼"的统一。（第 130 页）

语言结构是一定的、不变的（例如"素以为绚兮"的诗句在任何场景中，基本意义不变），但是其上的意义（由原诗句而来的象征义或引申义）可以随着情景的转变发生变化，在孔子与弟子的交流过程中，诗句之上悬置的意义与孔子预设的传播环境或者此前已有的传播结构（孔子进行诗教的传统给弟子以心理暗示）有关，所以弟子在此教学环境中，会将不同的诗句与自己的人格修养、求学、修身等联系在一起，获得广阔的意义生成空间。（第 148—149 页）

荀子看到了新词新语产生的必然性，看到了传播符号发展的必然性，他说："若有王者起，必将有循于旧名，有作于新名。"语言等传播符号体系并非静止不动，在发展过程中，既会从历史中承继旧的符号，也会不断创造出新的符号，以适应社会变迁。荀子的缺陷在于，他以为传播符号乃是圣王所作，没有意识到人民群众才是传播符号的创造者与革新者。（第 226—227 页）

《逍遥游》说："瞽者无以与乎文章之观，聋者无以与乎钟鼓之声。岂惟形骸有聋盲哉？夫知亦有之。"正由于有些传播主体在知识结构、层次或者地位上处于劣势，在传播活动中也会出现对某些方面的信息难以理解的"聋人""盲人"，所以高层次的传播主体就会停止向他们传播这类信息，进一步拉大他们之间的知识距离，"信息沟"越挖越深，传播活动也越来越不对等。（第 263 页）

柏拉图模式中，文本的作用被忽视（不在传播现场），起决定作用的是从诗神→诗人→诵诗人→听众，听众和诵诗人一旦离开灵感，就无法进行有效的沟通；庄子模式中，传播的效果主要取决于读者与作者的心灵相通，依靠的是直觉，而直觉的获得是以理解文本为基础达到的。文本是作者思想的线索。（第 275 页）

此外，韩非子还发现了人们的从众心理："言之为物也以多信：不然之物十人云疑，百人然乎，千人不可解也。呐者言之疑，辩者言之信。奸之食上也，取资乎众，借信乎辩。"在很多时候，辩论的是非并不取决于一定的标准，而在于谁的赞同者比较多，谁的言辞更加雄辩。因此，有人会以大家的意见（即舆论）作为资本向主上施加压力，获得好处。韩非子在这里说明了舆论并不全部反映真实的信息。（第 316—317 页）

先秦诸子传播思想的预设性主要表现为他们对理想的传播体系的构建，在他们的体系中，传播效果是预设的——孔子期望达到"和而不同"的境界，老子期望"无为而治"，墨子期望"尚同"等等；传播的向度也是预设的，基本都是从"君子"到"小人"、从"华夏"到"夷秋"，从"先知先觉"到"后知后觉"等等。这一特征与诸子的精英意识是紧密相关的。（第349—350页）

西方所谓的"经验的""经验主义"却不是这个含义……西方所说的"经验"，主要指从个人亲身体验而来的知识或者技巧。中国所说的经验却多指经过长时间的历史所检验的、屡试不爽的、更多的是从前人的书本或口头传播得来的知识或者技巧。这是两者的本质区别。（第352页）

（姜宇晗　撰）

《道德经》与当代传媒文化

谢清果

出版概况

《〈道德经〉与当代传媒文化》，谢清果主著，世界道联出版社 2014 年 12 月出版，262 页，21 万字。该书系《中华文化与传播研究丛书》之二，厦门大学"繁荣哲学社会科学计划（2011—2021）"工程项目成果。

谢清果，两岸关系和平发展协同创新中心研究员，厦门大学新闻传播学院教授、博士生导师，福建省高校新世纪优秀人才，厦门大学传播研究所所长，华夏传播研究会会长，美国北卡罗来纳大学夏洛特分校访问学者，福建省传播学会副秘书长，主持国家社科以及省部级课题 10 余项，出版《华夏文明与传播学本土化研究》《华夏传播学引论》《中国近代科技传播史》等著作 20 部，在《国际新闻界》《现代传播》等刊物上发表论文 130 余篇，主编《中华文化与传播研究》《华夏传播研究》《华夏文明传播研究文库》《两岸关系与海峡传播研究文库》等多套丛书。

内容提要

该书是谢清果教授探索"老子传播学"的一部新作。该书由总序"响应'文化强国'战略，推进中华文化传播与创新"和已故黄友敬先生的"历史呼唤高度人类需要老子"一文为代序，以及《道德经》八十一章组成。

该书不同于以往的《道德经》注释版本不同的是，其一，作者提纲挈领地概括出各章的标题为章名，如第一章的标题为"常道与可名：符号与意义空间的构筑"、第二章的标题是"'生而不有'：倡导民有、民治、民享的传媒文化"等等。其二，各章中依次为原文、注释、今译和传媒解析四部分构成。既传播了经典的意义，还探索了经典在传媒领域中的运用与启迪。

总之，该书能带领你我甄读古经，解答迷思，剖析古今中外的"无为"传播之道，领略华夏博大精深的治世传播哲学。

学术特色

一、"惟道是从"和"唯施是畏"的内向传播观

老子曰："孔德之容，惟道是从。"可见老子对传播主体德行修养的重视；老子又曰："使我介然有知，如行大道，唯施是畏。""是以圣人去甚，去奢，去泰。"可见老子对传播主体新生敬畏的要求。众所周知，内向传播也叫人内传播、自我传播，是指一个人接受外部信息在人体内部的信息处理活动。内向传播是人类一切传播活动的起点，没有传播者自我良好的信息处理水平，岂有成功的传播活动可言？这恰恰也是传播者本身最容易忽略的，在这方面老子则为我们启迪甚多，正所谓"知人者智，自知者明。"在老子看来，"自知"远高于"知人"，所以传播者贵在"自知"，"知不知，上。不知知，病。"只有深刻认识到自己的"病"才能像圣人一样"是以不病"。而且传播者也要有"道者不欲盈"的传播主体修养，心怀谦虚、诚恳之心去接受外来信息，本着客观态度，运用灵活的传播策略，秉持"镇之以无名之朴"的自我控制论，明确"上德不德"的自我定位观，坚守"通常无名"的传播自律观，练就好一身"虚极静笃"的传播心境，行传播之"道"，怀传播之"畏"，自如的游走于信息泛滥的现代社会之中。用谢清果先生的话概言之是"所以要寻道而趋，必然要放德而行，由德及道——遵循'道'的准则，使'德'成为传播的内涵。"（第68页）

二、"上善若水"和"道法自然"的人际传播观

谢清果先生认为"老子的人生哲学，也就是水善的哲学。"（第32页）借以其特性提倡善终胜恶，以柔弱胜刚强，以不争而争的人生哲学理念。"水善利万物而不争，处众人之所恶，故几于道。""天下莫柔弱于水，而攻坚强者，以其无以易之。"细想之，慎思之，老子所云竟与人际沟通之道不谋而合。从人际沟通的前提来说，双方必须地位平等。"常善救人，故无弃人。""是以圣人自知不自见，自爱不自贵。"正视每个人存在的价值并加以平等对待；从人

际沟通的原则来说，一是要"善言无瑕谪"，充分发挥语言符号和非语言符号的功能，"善言"亦"善不言"，是谓贵言。二是要"贵德""贵善"，以"德"浸润之，以"善"说服之；从人际沟通的境界来看，我们崇尚"道法自然"的自由沟通之道，老子把"道"视为万物之源，万事之本，并勉强冠之以"无声""无形"——"道"之名，且启迪我们要重视"轻诺必寡信"的人际印象观，持"圣人不积"的共享姿态，遵循人际传播规律，方可以自然无为而无不为。

三、"治人事天莫若啬"和"祸福倚伏"的组织传播观

组织传播指的是组织所从事的信息传播活动，包括组织内传播和组织外传播两个方面，这两个方面与组织的生存和发展息息相关。一方面，对于组织内部传播而言，传媒人员的素质直接决定了该媒体在社会中的竞争力和公信力，所以他们在平时的工作和生活中要学会以"啬"之道来厚积薄发、储备力量。"根据老子的组织传播思想，既要在组织治理全过程中贯穿'啬'之原则，组织传播者通过自我节制，以及向组织参与者传播节制的思想观念，并把'啬'即节制作为组织控制的手段，这对当代的组织传播依然有深刻的启迪价值。"（第189页）这是谢清果先生在组织传播方面给予我们的深刻阐释。在组织内部上、下行传播的过程中组织人员更要树立"见素抱朴"的真想意识，切忌欺上瞒下，而组织的管理者应有"善下之"的领导艺术，"不尚贤""不贵难得之货"，才能使组织内部团结进取。另一方面，对于组织外部传播而言，传媒组织应该建立"生而不有"倡导民有、民治、民享的传媒文化，以受众为中心，回归受众本位。当组织遭遇外部困境和风险之时，应当树立"祸福倚伏"的灵活传播观和"希言自然"的传播环境观，行"不言之教"，以"弱者道之用"的公关原则和"柔弱处上"的公关范式为利器，辅之以"无死地"的生存之道，将危险化为机遇，帮助组织度过生存危机。

四、"为无为"和"尊道贵德"的大众传播观

大众传播活动若想达到理想的境地，需从以下几个方面做出努力：一、对于大众传播的主体来讲，应有"言有宗，事有君"的真实性追求，视真实如己命，把握好传受双方共通的意义空间，树立"重为轻根"的传媒素养观，拥有"燕处超然"般的豁达胸怀，更要以"为无为"为社会责任意涵，做一个合格的传播者。二、在传播内容上，大众传播者应当"坐进此道"，珍视

新闻传播的真、善、美，对传播内容进行"为天下浑其心"式的严格把关，"尊"传播规律之"道"，"贵"真实、全面、客观、公正之"德"。三、在传播渠道方面，大众传播主体应当领略老子"得一"的传媒生态观，在纷繁复杂的现代媒体的横流之中，处理好各类媒体之间的平衡，优化传媒资源，"有无利用"的行"为无为"之为我所用。四、从受众方面来说，传播者要转变思想观念，从老子"无以生为"的视角来看待受众，以受众为传播指向，以"道纪"的传播哲学取信于民，并以"代斯杀者"的传播监管之道保证受众的知晓权、传播权、传媒接近权，这也是受众分化的传媒市场中媒体生存和发展的长久之道。五、从传播效果方面来讲，除了以上几方面的关键因素决定之外，传播策略与之也息息相关。老子"尊尚贵德"和"无不为"的传播哲学不无他的道理，"善贷且成"的缘因于"道"，这也是传播效果理想状态的通达之由。"少则得，多则惑"的传播策略与老子"无为而治"的传播策略有异曲同工之妙，看似"无为"，实则"无不为"。今日的传播者过于追求传播效果的理想化，于是哗众取宠、狂轰滥炸似的信息甚嚣尘上，实乃"为不为"与"尊道贵德"之大忌，结果只能是南辕北辙，左灯右行。

五、"大国下流"和"小国寡民"的国际传播观

21世纪的中国正处于国际地位的上升期，然而伴随着发展而来的一系列问题，让中国这个传媒大国在国际社会中步履维艰。而老子的《道德经》中所蕴含的传播哲学恰好为我们拨云见日。"大国者皆下流""夫两者各得所欲，大者宜为下。""邻国相望，鸡犬之声相闻。民至老死，不相往来。"这就要求我们在国际传播中既要以谦卑的姿态，吸取他国传播文化的精髓，汇聚天下"河流"，面对传播中的文化冲突，应有"宠辱若惊"的慎传态度和"不敢以强取"的适度传播观，从而妥善处理分歧。另一方面，又要与他国在"地球村"中相互尊重理解，"以身观身"，求同存异，做好文化交流，反对文化霸权和文化侵袭，以理想的"小国寡民"的地球村情怀构建"大国众民"的全球传播生态，从而建立和谐公正的国际传播新秩序。要做好国际传播，提升好国家形象，谢清果先生认为我们应当从国家和公民个人两方面共同努力，既需要国家运用正确的传播策略，做好对外宣传，又要公民在境内外以个人良好修为正塑自身形象以"反哺"国家形象，这也恰是近几年国人出行负面新闻频发的"镇静之剂"。（第220页）

从谢清果先生所著的《〈道德经〉与当代传媒文化》一书所阐释的老子的

传播哲学中我们可以深刻领悟：无论是内向传播、人际传播、组织传播、大众传播，抑或是国际传播；无论是新闻、广告，抑或是公关；无论是传播初心、传播策略，抑或是传播境界看似分离，实则相通，都自然融于老子的传播之"道"、治世之"德"。于熙熙攘攘的混世中阅之，清目涤身；思之，沁脾启心；行之，大道至简，实乃传播治世之"经"也。

观点撷英

第一章中，老子实际上提出了语言传播过程中语言符号与其传达"意义"之间的关系问题。（第6页）

对传播活动而言，善是一种心态，也是一种动机，是传播活动开始的重要起点，对传播过程和传播结果是有导向性作用，因此是贯穿传播活动的重要理念。（第87页）

老子建议君王要改良自我的传播者形象，做到自知而不自见，自爱而不自贵。以此建立良好的公众关系，营造内利团结、外利发展的公众环境，这也是社会发展的和谐之道。（第225页）

（孙三虎　撰）

华夏传播研究的媒介场域

中国邮驿发达史

楼祖诒

出版概况

《中国邮驿发达史》(民国版,初版),楼祖诒著,中华书局1940年发行,硬精装,大32开,498页。

楼祖诒,字翼荪,浙江省杭州市人,1901年生,1974年2月病逝于西安市,终年73岁。楼祖诒早年就读于扬州中学,毕业后考入杭州之江大学。大学毕业后,到杭州市邮政局,从事一般的业务工作。之后由初级邮务员、高级邮务员、副邮务长、邮务长,行政职务由秘书、主任秘书至科长、处长,并一度任邮电司长。华东邮政学校在1949年8月由济南迁至南京,楼祖诒被调到邮校,任语文课教员。1958年4月他在南京邮电学校光荣退休。[①]

内容提要

《中国邮驿发达史》在题记、自序、编辑大要、导言之后,分为前编共一章七节,正编共四章十二节,副编、附录及后序。

前编,第一章:驿政胚胎时代(上古至周以前)。在这一章中,作者解释了邮驿的意义,较为详细的描述了上古时期邮驿载体(如车、舟、文字等)的发展及整体交通概况,并对邮驿制度进行猜想。

正编,第二章:驿政初期时代。作者解释采用断代史的方式缘由,考证周时代的驿政政策和制度以及交通概况,并对周代制度存疑之处进行考辨。在本章中,作者还提供姚仲实春秋诸国疆域的附录;同时,作者简要分析战

---

① 执之:《著名邮政史学家楼祖诒(上)》.http://mall.cnki.net/magazine/Article/ZYGZ201203035.htm.《中国邮政》2012年第3期。

国和秦时代交通发展概况，并总结梳理了汉驿制度、汉代交通大势、汉代西域交通与邮驿西向以及三国和两晋南北朝时期邮驿交通概况。

第三章：驿政进步时代。作者对隋代邮驿交通进行简要论述；对唐代邮驿制度、组织、经费、牌符、制度存疑之处、律令、制度流传日本之考证、交通等方面进行详细的研究；同时也对宋代（辽金附）邮驿制度、牌符、驿铺等进行简要概述。

第四章：驿政全盛时代。作者详细考察了元代邮驿制度、元驿组织、元驿律令、牌符、经费，对元驿参用色目人及与东西洋文化交通等情况进行研究，并简略阐述明代邮驿制度、律令和海上交通情况。

第五章：清驿述略。作者详细阐述了清代邮驿概况，包括邮驿组织、设置、驿律、驿程、文报局等运作情况；对新式邮政之起源进行探讨；分析客邮的起源、禁阻、交涉撤退等经过；最后对民局（批局、轮船信局、书信馆、巡城马等附）的营业概况和取缔民局经过进行简要梳理。

副编：作者收集了中国邮驿志、设驿计数、邮驿小志、同治上江两县志（卷五城厢考）、同治上江两县志（卷六田赋）、宿松县志（卷三十一交通一驿传）等史料。

附录：作者收录了，一、邮政法，二、邮政总局组织法，三、邮政储金汇业局组织法，四、各区邮政管理局组织通则，五、邮政代办所规则等几部邮政法律法规。

学术特色

《中国邮驿发达史》以断代史的方式对中国古代邮驿的发展进行详尽的考证和阐释，并且在副编和附录中收录了中国邮驿志、邮政法等有关邮驿发达史料，史料丰富翔实。可以说，楼祖诒对中国古代邮驿历史的研究具有开创性的意义，并具有引领作用。在书中作者引用诸如《永乐大典》等古籍文献以及对各个朝代邮驿史料考证之存疑，可以看出作者学识广博和治学严谨的态度，当然更是体现出作者呕心沥血的书写历程。概而言之，作为一个邮政工作者，"他以自己的实践，在邮史研究领域内，把宏观与微观、时与空、纵与横、管理与历史、邮与社会、古驿与今邮等紧密地结合起来，对历史上各个时期邮的表现形式、发展特点及规律作了深入的探讨。"①

《中国邮驿发达史》展示了中国古代邮政媒介的流变，揭示了最原始的信息传递过程，也在另一个侧面了反映了中华传统文化生成和发展的过程。正如楼祖诒在著述中强调，邮政的发展与当时社会发展密切相关，因此，通过《中国邮驿发达史》这本著作可以透视华夏文明发达之程度，是华夏文明传播研究中不可或缺的一本著作。

观点撷英

上古通信交通，虽无实迹可寻，然赖以维持交通之工具，水、陆、山、泥，已由人力胜天。其发达过程，有如前述，兹进而研考通信符号之起源，与其发达之概观。原始人民，表示意见，传达消息，厥恃语言与手势。燧人氏始作结绳之政，大事作大结，小事作小结。初得记事之具体象征，更进由图像，演为象形文字之发明，终于有六书集其成，卓然世界文字中，特成中华文字，此其进化，有可述焉。（第6页）

古代邮驿交通之迹，往往可于会盟遣使之记载中寻之。诚知往古邮驿需要之产生，本为政治的与军事的。在战时文书驿递，固属异常迫切，而在平时使节往还，书札交通亦为不可或缺。吾人就古书所记之会盟遣使而得古代邮驿交通之迹，较为仅言制度者，尤为可靠。（第57页）

西周宗法社会，秦乃军国民社会，由春秋入于战国，社会组织，逐渐蜕变，春秋诸侯，故国灭亡者踵相接，世家君卿，驯为平民，于是贵族阶级消灭。同时战斗相寻，急功近利，商业发达，操奇计赢者，且能与人家国事，于是在春秋时代之会盟遣使，赴告策书至战国皆寂然无有。而邮驿交国之迹，前载于书籍者，因情势变迁，泯然不复可寻。然交通范畴，战国则交春秋为广。（第83页）

日本与中国南朝之交通路。当时航行海外最重要之港，为摄津之难波津，难波津似由今之淀川石河口至大河川河口间海岸一带之地。与难波津并重之港为务古水门。后者当时为前者之外港。其他地设有新罗亭为航海船舶解缆之所，字词遵濑户内海逐渐西下，过穴门（关门海峡）而至筑紫。其间碇泊

---

① 执之：《著名邮政史学家楼祖诒（下）》.http://mall.cnki.net/magazine/Article/ZYGZ201203035.htm.《中国邮政》2012年第3期。

地则不可知矣。(第 139 页)

唐诸州年有专税,以供馆驿。唐六典:"凡天下诸州县钱,各有备常,三年一大税,其率一百五十万贯,每年一小税,其率四十万贯:以供军国传驿及邮递之用"若合其大税小税而计之,三年工税钱二百三十万贯,则平均每年之驿税为七十六万余贯也。(第 175 页)

由此可知元驿之重要性,有非寻常所想象,军行万里,绝塞孤征,所恃以通消息,资接济者,厥惟驿站。然元人亦深知其行国之习俗与居国不尽相同,于是科举既分进士为两榜,以蒙古,色目人为右,汉人,南人为左。其官制亦蒙古人为长,汉人南人次之。因此元代驿政,亦有蒙古站赤与汉地驿站之分,其统率之长官亦各异。(第 208 页)

上述简陋,无可讳言,然求得欧亚邮驿交通之起源,已属匪易,路线经过地名及里程更难祥明矣。然可臆断者,古代设置驿路,往往系就原有之大路通道,长春真人西游记,由山东往波斯晤成吉思汗,虽在察合台汗设立站赤以前,但其路程,固可得资参考也。(第 283 页)

明驿范围广大,虽不及元,然其制度,则承宋元之后,亦多可述。且明之急递铺,据永乐大典第一四五七五卷所载:国朝诸司职掌,内将其设置,递送公文,管理组织,取缔无印文字入递,及关于铺舍损坏等,均有详细记载,殊足以资考证。(第 290 页)

自前清光绪以还各国相继增设邮局,甚至内地亦有客局踪迹,妨碍吾国邮政,清廷屡与各国驻使交涉,要其撤销,然多推诿因循,互数十年而未决。民国成立,政府赓续前议,直至民国十一年底,各国先后撤销。惟日本客邮在南满铁路一带者,迄未停办。(第 340 页)

民间邮递之法,有明永乐以前未尝有也,是时之前,所有驿递,除供王事之用外,其组织及办法实未完备,是时积习,凡属缙绅之辈。(第 345 页)

(林凯 撰)

中国印刷术的发明及其影响

张秀民

出版概况

《中国印刷术的发明及其影响》，张秀民著，人民出版社 1958 年 2 月第一版，平装 32 开本，208 页，12 万余字。该书由人民出版社 1978 年再版；台湾文史哲出版社，1988 年版。

张秀民（1908—2006），男，中国目录学家、印刷史专家。谱名荣章，字涤瞻，浙江嵊州市崇仁镇人。生于清光绪三十四年，为北宋名相张知白第 28 代玄孙。1931 年毕业于厦门大学国学系，同年进入国立北平图书馆（今北京图书馆）。长期从事印刷史研究，著有《中国印刷术的发明及其影响》（1958）《活字印刷史话》（1963）《中国印刷史》（1989，获中国科技史荣誉奖、中国印刷技术协会首届毕奖），编有《（北京图书馆）馆藏中国医药书目》《（北京图书馆）馆藏边疆书目》《太平天国资料目录》（与人合编）等目录数十种。

内容提要

该书共分为印刷术的起源和对亚洲各国与非洲、欧洲各国的影响两个部分。共分为 6 个章节进行介绍。

第一章节作者简单介绍了纸张未发明之前书写材料的演进。首先，作者分别介绍了在纸张尚未发明之前中、外的书写材料。这里他列举了外国书写材料 13 种（石刻、纸草、砖瓦、树叶、树皮、蜡板、铜、羊皮、亚麻布、兽皮、金叶、铅、人皮），不难发现这些原始材料的来源多种多样，无论从其易得性还是成本来看都远远不能和纸张竞争；中国书写材料 11 种（甲骨、铜、竹木、绢帛、石刻、玉、铁、陶器、铅、蒲、羊皮），中国早期的书写材料与西方有一定的相似之处——比如石刻、羊皮、铜、铅。我们也可以从现在使用的语言中找到一些古老的痕迹：英文中 paper 是从纸草演变来的，library 则与树皮有关；中文"名留竹帛"这一成语也与古代使用竹木和绢帛密切相关。其次，作者还介绍了纸张、笔、墨的产生和发展概况。可以确认纸张的发明早在 4 世纪初的中国就已经存在，推翻了西方 8 世纪发明破布纸的说法。另外，作者还提及最初造纸术的西传到朝鲜和日本。后来在 751 年传入阿拉伯，1150 年传入西班牙，1276 年传入意大利和法国，1390（或 1391 年）传入德国，1494（或 1495 年）传入英国，1586 年传入荷兰，1690 年传入美国。

第二章节，作者介绍了唐代和五代时期的雕版印刷状况。首先，作者介绍了唐太宗贞观十年（636 年）的雕版印刷。作者列举并考证了关于印刷术起源时间 7 种不同的认识：汉朝说（165 年）、东晋咸和说（326—334 年）、六朝说（222—584 年）、隋朝说（581—617 年）、唐朝说（618—906 年）、五代说（907—959 年）、北宋说（960—1126 年）。从现存的文献和文物来看，唐代存在印该书是确凿无疑的，唐末印刻技术盛行。所以在否认了其他几个说法后，作者认为印刷术至少不晚于唐代（906 年）。起源方面，印章阳文反写反刻的习惯给雕版印刷带来启示；传播范围方面，从四川、淮南扩展到江西、洛阳、江东、成都，其中又以扬州为首，成都次之。这两地由于经济繁荣、人文荟萃，造纸技术发达这些原因，使得这里的成为文化传播的中心。接着，作者介绍了五代时期（907—959 年）虽然经历战乱，但印刷成为新兴产业的情况。民间私刻和政府大批印刷课本都兴盛一时。地域在四川、浙江、汴梁、甘肃的基础上有所拓展。四川地区在五代战乱时期并未受到影响，社会环境的稳定促进了出版业的发展，形成"遍普天之内，使人皆持诵（道德经）"这样的局面，在一定程度上促进了文教事业。尤为值得一提的是 953 年冯道主持印刻儒家经典《九经》，其他印刻材料的内容涉及宗教、文学、史书、法律和历本等，印刷范围有所扩大。

第三章节，介绍了各种材质活字的发明，包括宋元泥活字、元木活字、宋元铜活字、元明锡活字、明铅活字和套版的发明。第一，作者回应了有人认为泥活字出现在东周或秦时代的观点。作者认为毕昇在死后将泥活字版交给沈括的侄子辈，但他们却将其视为古董珍藏，所以这种手艺就没有发扬光大。第二，元木活字方面，元代王桢正式采用木活字印书，刻印《农书》惠及百姓。1289 年印刻的《大德旌德县志》是现在所知的第一本木活字印本。王桢对后世的贡献主要有：创制木活字，发明转轮排字架，记录木活字制造方法和经验。马致远对木活字的贡献也值得一提。他在 1322 年用活字书板印成《大学演义》等书。此外，13、14 世纪木活字盛行于安徽、浙江一带；明清时期江南各省祠堂用它排印族谱或家谱；明代北京用活字印刷"邸报"。作者认为木活字的地位仅次于雕版印刷。第三，宋元时期的铜活字到明代 15、16 世纪之交在江南一带正式流行起来，大富豪和商人附庸风雅出钱铸铜字印书。作者认为这一发现否认了铜活字在 16 世纪由朝鲜传入中国的说法。北宋初年四川钱荒加之买卖不便携带的缘由，成都豪民组织起来印发"交子"——世界上最早的纸币。1005 年开始在四川境内流通，1350 年由于滥印纸币导致恶性通货膨胀，从此当地开始抵制纸币。这些纸币的印刷工具就是铜板。第四，作者认为元代已经有铸造锡活字的历史，14 世纪末明代出现锡版印刷品。第五，作者认为我国用铅制造活字的比朝鲜和欧洲都晚。1505 年常州人才开始创造铅活字印刷，但遭到反对。1590 年葡萄牙人在澳门出版《日本派赴罗马之使节》，这是中国首次使用西洋铅活字印书。第六，1340 年，湖北江陵资福寺《金刚经》是现今发现最早的木刻套印本。中国发明套版比欧洲早 117 年。此外，宋代还发明了蜡印，道光初年的"辕门抄"就是用这种方法印刷的。

第四、五、六章节作者着重介绍了中国印刷术对亚洲其他国家和地区、非洲和欧洲的影响。第四章，作者认为亚洲其他国家和地区通行中文或效仿中国科举制度，导致汉文课本、书写工具和佛教的外传，从而极大促进了亚洲国家和地区的印刷事业。

（1）朝鲜：首先，朝鲜自己刻印雕版始于显宗王询——他为了借助佛法退去敌军所以在 1011—1082 年刻成《大藏经》6000 卷。后来高宗面临这样的困境也选择效仿印刻佛经。1446 年朝鲜人发明"谚文"，即朝鲜语，并将汉语儒书和佛经翻译成谚文印书。其次，作者还介绍了朝鲜活字板的几种类型：陶活字、木活字、瓢活字、铜活字、铅活字和铁活字。朝鲜是世界上使用铅活字印刷的第一个国家，铁活字也是朝鲜特有的发明。

（2）日本：首先，作者认为日本最早的雕版印刷起源于 1088 年《成唯识论》。雕刻内容多为善男信女为祈福延寿捐赠刻印的佛经。1247 年日本开始刊印儒家经典，1528 年还自己印刷了医术等实用书籍。其次，日本的活字印刷比朝鲜和中国晚，作者认为日本的活字收到西方和中国共同的影响。现存最早的活字书版是 1596 年的儿童读物，1590 年意大利传教士范利安携带西洋活字印刷机到日本。由于日本严禁异教，故西方印刷术对日本未产生较大的影响。接着，在套版印刷方面，日本在德川时代（1603—1867 年）出现了"浮世绘"，促进了版画的发展。

（3）越南：越南与中国交往密切，他们尤为喜欢中国的图书，13 世纪统治阶级开始使用木版印刷。越南民间也会仿照中国的形式，刻印儿童读本、诗文集、家谱等。1712 年开始用活字印刷，年画在形式和内容上多与中国相似。

（4）琉球：1392 年琉球派遣留学生到南京和北京学习，这样的交流一直延续了 500 多年，因而琉球改用汉字。16 世纪初刻印《四书》，此后汉字和日文并存。

（5）菲律宾：1372—1728 年始终与中国保持藩属关系。菲最早的印工是天主教徒中国人约翰·维拉，他在 1593 年木刻了汉语和罗格语两本《基督教义》。

（6）伊朗：中国为伊朗不仅输入了丝绸、茶叶等物品，同时还将纸币传入伊朗。1294 年伊朗开始发行自己的纸币，这是他们对于中国印刷术的一次实践。

（7）非洲—埃及：在明代埃及与中国正式发生外交关系，作者认为埃及人可能在 13、14 世纪之交开始自己印刷。

（8）欧洲：欧洲旅行家来访中国元代，将中国印刷术介绍到欧洲，这些发明促进了欧洲中世纪科学的发展，同时推动了欧洲文艺复兴的进程。

学术特色

中国人民几千年来，对世界文化的发展有许多重要贡献。诸如丝织品、瓷器、漆器、指南针、火药、印刷术等，都是中国首先发明而传播于世界。这些发明丰富了人类的物质生活和文化生活，表现出中国劳动人民的智慧和伟大创造力。所以十三、十四世纪凡是到过东方的外国人，对中国的高度文明和富庶繁荣，莫不表示爱慕。

印刷术被称为"文明之母"其重要性为人皆知。我国发明雕版与活字版，早已为世界所公认；但最重要的问题，是雕版印刷到底发明在什么年代？该书概述古今中外各家学说后提出了作者对于这一问题的见解，假定为唐太宗贞观十年（636 年）左右。其次，该书举出杨古等人的活字印书，补足了王桢前后的空白。又叙述了金属活字时，同时论及铜板、锡板、印刷纸币。最后，作者就美国人卡特《中国印刷术的发明和它的西传》一书进行了讨论。
作者认为，卡特对于印刷术传入朝鲜、日本，语焉不详，其他亚洲国家除伊
朗外，更一次未提。该书根据《李朝宝录》等资料说明朝鲜铜、铅活字，在
印刷史上的地位，指出元末中国大批刻工在日本刻书，对日本印刷事业的贡
献，并介绍了越南、琉球的古代刻书情况，又论到中国天主教徒在菲律宾开
创印刷事业。整个叙述弥补了卡特著作的不足之处。

观点撷英

纸的发明是人类文化史上的一件大事。纸是传播知识文化的媒介物，又
为包裹、卫生日用不可缺少的东西。它有纸草之便而不易破裂，有竹木之廉
而体积不大，有绢帛羊皮之柔软而无其贵，有金石之久而无其笨重。并且白
纸黑字一目了然，价廉物美，具备了各种材料的优点，而没有它们的缺点，
直到现在还是记载文字的理想材料。（第15页）

中国的墨不但用来写字、印刷、搨碑、染饰宫殿建筑，也被用作妇人画
眉，好的墨功能止血生肌，并治目疾，所以又被入药。墨字从黑土，因为古
人利用黑土或石墨一类天然黑色的物质来写字。（第25页）

所以印刷术的发明必须齐备的纸张笔墨等物质条件，懂得用反文印刷的
道理，积累了印玺，阳文石刻，木板写刻文字图画，印封泥，印布，印纸等
等经验，逐渐发展到了真正的雕版印刷术。这个说是劳动人民大众的创造发
明，此外中国的文字，有甲骨，钟鼎，到秦朝的小篆，形成"书同文，车同
轨"，渐趋统一。汉朝流行隶书，并出现草书。魏晋以后，楷书最为盛行，使
我国的文字从此得到了长期的稳定。（第58、59页）

总之，根据上述新发现的文献，中国雕版印刷术大概起源于七世纪初年
（636年左右），八世纪市场上出现了纸张，就是不但文献记载更多，敦煌发
现的宝实物也不少，成都并且成了全国刻书业的中心了。（第64页）

自从冯道等统治阶级对印刷事业大加提倡，刻书不只是民间书坊，或和
尚、道士的事，而成为政府的出版事业，对印刷术起了很大的推动作用。后
来的人竟因此误会冯道发明印刷术，当然是错误的。冯道是个不倒翁式的大
官僚，品质卑鄙；但是对于提倡印刷事业，总算是有功的。（第68页）

毕昇用胶泥刻成薄薄单字，用火烧硬，一个字，一个印，把这些活字一
个个排列在铁质的框子里，再把排好的版往火上一烘，要稍融化，再用平板

一块，按在上面一压，字面平整，就可印书。他的方法虽然原始简单，而与现代通行的铅字排印的原理，是完全相同的。（第72页）

中国首先发明的活字印刷术，这时又倒轮到中国来；但是由于文字隔阂，对于明朝社会，并没有发生一点影响。连印西欧文字书，有的仍采用中国雕版方法。（第95页）

唐朝以来，朝鲜日本常派留学生、和尚，来华学习求经，明清两代琉球学生，经常在北京国子监读书。过去这些国家都通行中文，甚或效仿中国科举制度，所以经书、课本、纸、墨、笔、砚就成为商品，大量输出，受到各国人民的欢迎。他们又都信仰佛教，因此印本《大藏经》成为赠送各国的最珍贵礼品。他们感觉到单靠中国输入，不能满足其本国人民对文化生活继续增长的需要，于是仿制纸墨，翻版印刷。（第102页）

日本与中国很早就有了交通。285年百济国（今朝鲜南部），王仁博士至日本，携有《论语》十卷，《千字文》一卷，把中国儒家的经典正式传入日本。后来又由中、朝两国传入佛教。六世纪末日本统治阶级就兴隆佛法，建立寺庙，佛教逐渐成为日本的国教。大化革新（646年）后，全国掀起了学习大唐的热潮，多次派遣"遣唐使"、留学生和和尚到长安来学习，吸收大唐文化。他们带回去很多文物，现在奈良的博物馆正仓院里，还保留着唐朝的铜镜、刀尺、毛笔、墨、砚、琵琶等，而唐朝的印该书籍也在那时被带回日本。（第132页）

（静思宇　撰）

中国印刷发展史

史梅岑

出版概况

《中国印刷发展史》，史梅岑著，台湾商务印书馆 1966 年出版第一次印刷，2000 年初版第五次印刷，繁体竖版，平装，261 页。

史梅岑，洛阳潘寨人，曾任河洛日报社社长，在洛阳沦陷期间任中统洛阳站站长，亲自指挥了追杀日本间谍头目的行动。抗战胜利后，任中央通讯社洛阳办事处主任兼洛阳参议会议长。史梅岑到台湾后，创办《中华日报》，后任台湾艺专美术印刷科主任、兼任文化大学印刷学系主任等职，著《中国印刷史》等一大批著作，成为享誉海内外的印刷学家。曾在印刷研究所任理事长时期出版了《中国印刷发展史》，其所在中国文化学院创立的宗旨，以教育、研究、服务三者并重，故设有研究所甚多。印刷学研究所与大学部筹设中的印刷学系为其一例，该所并附设印刷厂，则为服务机构，兼储学生实习之用。印刷所为全国印刷界的工业，取之于印刷界，用之于印刷界，总望群策群力，共襄盛举，俟以研究成果，共谋中国印刷业不断地进步，基金利息，一部分供奖学金之用，奖励优秀青年，培养后起人才，此为任何事业先急之务。该所附设印刷厂经营之盈余亦可充研究基金之用。史梅岑先生的著作《中国印刷发展史》即是该研究所的丛书之一。

内容提要

《中国印刷发展史》于序、自序之后分为十五章，序言中张先生提出了印刷研究所成立的意义和价值，自序中作者说明了书的缘起、过程。

第一章，上古的书契，分别就文字的功用、甲骨文的出土概况、殷墟发掘的成就、甲骨文字的价值、书体与文风、契约的工具、毛笔的起源做了介绍，也为印刷的产生交代了社会背景资料。

第二章，雕版印刷的成长（上），根据时间的发展，从殷商的书绘雕刻—周代的郁郁文物—秦代的雕造—汉代以后的刻经—笔墨的应用—纸张发明在汉代—魏晋南北朝的雕刻历述了雕版印刷在商周秦汉魏晋南北朝时期的发展进程。

第二章，雕版印刷的成长（下）本章从隋唐碑书与雕刻、印章摹拓与雕版印刷、五代刻印经传三个方面，交代完了雕版印刷的成长过程。

第三章，宋代雕印与活字板宋代发明出现了雕印和活字板，本章介绍了宋代书籍的雕印、宋代学院公署的银版，南宋时期雕版的兴盛，由此毕昇发明了活字板，这是印刷史上尤为重要的一章，由此，印刷的发展进入了快速发展和完善的阶段。

第四章，元代的雕版印刷，本章介绍了元代的官刻板本、元代的家塾刻书、元代的书坊刻板，以及王祯对活板的贡献，技术上的进一步发展使得印刷术也进一步和民间相结合。

第五章，明代的雕刻印刷本章介绍了明代的朝廷官刻、明代各藩府的刻书、明代的私刻坊板、明代的活板字印书、明代邸报用活板印刷，从各个方面说明雕版印刷的大量运用，以及由此造成的社会影响。

第六章，纸张流传与印刷本章主要介绍了纸张发明后的应用、古代制纸方法、纸张的传播等三个方面，对纸张有了比较清晰的了解。

第七章，介绍了笔墨沿进对印刷的影响，第八章介绍了宋元明的钞券印刷，第九章介绍了十八世纪的清代印刷，第十章交代了清代中叶的官私印刷，第十一章介绍了元明清至民国的彩色套币，第十二章介绍了西法东渐后的近代印刷的发展情况。

第十三章西方印刷东渐的肇始，主要从改良使用的活版印刷、热心改进印刷的商务书馆、适用于新闻事业的排字法、编字纸版及印机的演进、平版印刷的发展这几个方面来介绍西方印刷对东方印刷页的影响以及内部的更新。

第十四章，现阶段印刷，从自动排编机的类型、桂氏中文排字机、美人中文照相排字机、联合报中文自动编排机、新闻印刷的跟进、电子照相制印的发展等方面叙述了现阶段印刷的技术改进和革新。

第十五章，中国近年印刷教育的发展，从学校印刷教育的发展和社会印刷教育的推广两个方面介绍印刷教育的发展，并期待印刷教育得以进一步地发展。

学术特色

该书成于 20 世纪 60 年代，在那个年代大陆对于印刷史方面的研究基本上处于停滞状态，而台湾地区的一些学者则出现了一批研究成果，史梅岑的《中国印刷发展史》就是其中的典型代表，该书从殷商甲骨文字起，历经周秦汉魏晋隋唐宋元明清以至 1965 年止。对照西历公元，编成《中国印刷发展史》，并另选有新旧图片百余帧，随文附入。可谓资料丰富，跨越时间久远，格局之广大，为后来学者对于印刷史的研究提供了资料支持和保障。

观点撷英

印刷为促进文明的因子，传播文化的工具。人类进化，有了文该书契以后，为适应需要，雕刻艺术，应运而生。嗣后渐有笔墨纸张的发明。由初期的简易绘雕，用之于祭祀卜卦；进而形成印章摹拓，逐渐扩广。能将人类智识，复印大量书册，供应读者欣赏。迄与今日，运用科学方法、照相录制、电子操作。由人力而按钮，由黑白而彩色，进步之速，出人意想。因此，印刷一术，逐形成人生所不可须臾或离。但同怀此种文化遗产，在先民哪里艰辛缔造下，累积无数智慧，始有近代之新颖形态。抚今追昔，遁起饮水思源，温故知新之感。（第 1 页）

我国纸张之发明，远在二千年前，对于文字之流传，居功至伟。倘无此发明，则人类文化之进步，不能如此迅速，而各民族间之同化功能，将亦减低缓慢矣。（第 25 页）

纸系中国人所发明，已为世人所公认。唯在上古时代，以简帛为书写工具，无所谓纸。春秋战国以降，学术发达，百家争鸣。其间虽经秦火，而文书之运用，仍日臻广泛。至汉代崇儒兴学，郡国州县亦普设学校。鸿都太学一所，多至三万余名学生，可想而知当时的读书风气。同时刻碑立石，上下乐为。印阶，定有等差。碑铭之书写与镌刻，亦甚受人重视。既有雕刻之技巧，复有发达之学校，木简锦帛，自为士人所常用。竹木笨重，锦帛价昂，均属不便于人，当如何避重就轻，谋求改进，要为促成纸张发明之主要前导。（第 27 页）

隋得天下，特重文教，搜访异本。每书一卷，赏绢一匹。及平陈以后，经籍渐备，内外阁中，凡三万余卷。炀帝即位，秘阁之书，限写五十副本。

分成三品。妥为藏贮。唐室藏书，别为经史子集，其著录者，五万三千九百一十五卷。

隋唐之世，均置书写博士，书法逐渐精进。隋朝碑帖，更为古今书学家所赞誉。叶昌炽语石谓，隋碑上承六代，下启三唐。由小篆八分，趋于隶楷，至是而巧力兼至。神明变化，而不离于规矩，诚古今书学一大关键也。（第36页）

纸张发明后，到晋代逐渐改良、使用亦趋普及。晋武帝太康五年（公元二八〇年）大秦人献蜜香纸五万幅。帝赐杜预万幅，仿写春秋释例及经传集解。终以预卒未果。按蜜香纸执法，系以蜜香树皮业所作。纸褐色，有赦如鱼子，极香而坚韧，水渍之不溃烂。（第101页）

御控文化时代静悄悄地开始，几乎使我们觉察不到它的发生。只能通过许多孤立的事例。接连一些从表面上看似乎没有关联的偶然事件，以期从观察趋势上能够找出这种文化革命的证据。当然现在我们所见之御控文化时代，只是它的婴儿时期。不过，已经可以证明，这样深刻的变化，一定是文化大变动的先锋。而这种文化大变动的规模，只有数千年前的农业革命可以与之相比。将自动化的结果，仅称之为"第二次工业革命"，实在太过狭隘，没有充分注意到两者间性质与分量完全不同。由于扩展体力的机械变化带来的工业革命，它的过程，从史前时期已经开始：如轮的发明；自然力——火的发现、使用合控制；以及标杆的应用等，逐渐累积而来。

但是由御控文化带来的御控文化革命，是人类心智力量的拓展。它有两项最显著的特色：将人从必须做的重复工作中释放出来，完全交给机器去做；用机器以不可思议的速度，来进行复杂计算，以充实人的创造性思想能力。所以，御控文化是"人当人用"（The Human Use of Human Being）的时代，这是人类只需做最高级创造性的智力工作，而不需做其他事情的开始。所有其他的工作，都可以用机器完成。人所需要或期望的一切事物，都可以用机器来生产，并且仅需用机器，不需要任何人的干预或劳动。这种变动，能为人类做些什么？对人类有什么影响？我们现在还只能猜测。不过，我们的社会，一定将有急剧变化。在短期之内，转变为我们前所未知大不相同的社会。（第228页）

（董方霞　撰）

中国古代驿站与邮传

臧　荣

出版概况

《中国古代驿站与邮传》，臧嵘著，天津教育出版社出版，1991 年 11 月第 1 版，平装，32 开，119 页，5.6 万字。该著作是中国文化史知识丛书之一。

臧嵘，著名历史学家、教育学家。江苏扬州人。1953 年省立扬州中学毕业，1961 年北京大学历史系毕业。毕业后先后在河北师范大学和唐山二十一中教学 17 年。1978 年调入人民教育出版社编辑中小学历史教科书，现为人民教育出版社编审、课程教材研究所研究员。曾任历史编辑室副主任。1993 年被评为国家级有突出贡献社会科学专家，领国务院特殊津贴。兼任中国教育学会历史专业委员会学术顾问、中华书局《文史知识》编委。

内容提要

《中国古代驿站与邮传》共分六个部分。第一部分：我国邮驿之始。作者考察了从尧舜禹禅让时代的"喉舌之官"到战国时期的私人通信之间的邮驿初始发展概况。

第二部分：秦汉大一统时代的邮驿。作者探讨了秦朝和两汉的邮驿发展，同时也在其中分析了现存最早的两封家信、官邮和私邮、烽火通信、汉简、"鸿雁传书"的故事等信息传递方式，丰富了秦汉时期的邮驿传递形式。

第三部分：魏晋南北朝时期的邮驿。作者分别从历史上第一个《邮驿令》；刘备、诸葛亮对四川邮驿的贡献；南方水驿的兴起；少数民族地区邮驿的发展；"信幡"·纸诏·"千里牛"·驼驿；私邮和私营驿旅和"黄耳传书"与风筝通信等七个方面探讨了魏晋南北朝时期的邮驿发展特色。

第四部分：盛况空前的隋唐邮驿。作者描述了隋唐时期邮驿繁荣发展、信息交流方式的多样化，并且也关注了唐朝民族地区的邮驿发展情况。

第五部分：宋元时期的邮驿。作者探讨了宋代邮驿制的军事化、宋代馆驿和急递铺的产生和发展、"金牌"制度、《金玉新书》法规和"私书附递"的法律化等宋代邮驿发展的新颖之处。而从"站赤"制度、"驿使"和"铺马札子"等方面较为简略的介绍元代的邮驿发展。

第六部分：明清时期的邮驿。作者分析了在明、清不同历史背景下邮驿的不同发展特征。如明朝的"非军国重事不许给驿""会同馆"和"递运所"制度、"民信局"的兴起等反映了明朝时期的邮驿发展特色，而清朝的"邮""驿"的合并、边疆邮驿的开辟、旧式邮驿的衰败等也展示了这个朝代的发展特征。

学术特色

邮驿是中国古代社会信息流通的重要载体和中转站，在不同朝代，不同的社会背景下，邮驿有着不同的发展特征，而在这些迥异的发展特征中演绎着富有特色的信息传递方式和故事。这种特殊的信息传递方式甚至故事传说是一个朝代媒介发达的反映也是人文思想的折射。《中国古代驿站与邮传》能够简要反映古代主要信息传递媒介的发展过程也能够从一些故事中挖掘其他的信息传递形式，对华夏文明传播研究起到补充性的作用。

《中国古代驿站与邮传》虽然篇幅不长，但能够简要勾勒中国古代邮驿发展的轮廓，给读者一个整体性的印象，相比《中国邮驿发达史》，该著作能够发现不是主流的邮驿方式方法，是对邮驿发展研究的一个补充，更是另一个侧面展示了华夏文明和中华民族的智慧。当然，因为篇幅所限，该著作并不能对各个朝代邮驿发展过程进行详细考察分析，是明显的不足之处。

观点撷英

春秋时期，各诸侯国日益强大，他们各自在自己统治范围内大力进行农业、手工业和商业的改革，经济迅速发展起来，通信设施也进一步完善。这时期邮驿制度的重要发展标志，是单骑通信和接力传递的出现。这是我国邮驿制度史上的一次重大变化。（第11页）

专家们认为，这两封家书很可能是由军队中服役期满的老乡回家时带到家中的。这种不正轨的私书捎带通信方式，秦朝以后在我国一直继续了若干年，一直到一千多年后的宋朝，政府才有了"私书附递"的规定，明朝以后方出现民邮组织。可见古时的民间通信是何等艰难！（第 24 页）

民间私营逆旅事业的发展，不仅说明了当时商业的繁荣，同时也从一个侧面反映了那时邮驿事业的兴盛。（第 55 页）

从唐代的驿馆制度，可以反映出唐代社会经济的繁荣，同时也可看出封建统治阶级的奢侈。到唐朝末年，馆驿成为政府财政的一项沉重的负担，统治阶级利用馆驿向人民征税，成为掠夺民间财富的一种手段。（第 71 页）

北宋初年，邮驿通信的凭信原国驿券，是一纸证明，当时又叫作"头子"，凭此券在驿路上通行无阻。（第 85 页）

因为身份和品级的不同，元朝规定驿路上"使臣"的给驿标准也不同。比如给马，规定三品官给马无匹，四五品官给四匹，六品、七品官给三匹，八品以下则给两匹。路上的食宿供应标准也按品级给予不同的待遇，如有的使臣给白面大米油酒肉炭等一应俱全，有的则仅给一顿粥饭，最低的甚至只给一升米。（第 96 页）

会同馆有两种职能，一是起邮驿传递书信的作用，一般由会同馆向往来京师的官员提供马匹和其他交通工具；另一还同时起着国家级的高级招待所的作用，这里可以供外国使节和王府公差及高级官员食宿。（第 106 页）

可以肯定，假若那时没有发达的邮驿设施，清朝皇帝们若要及时了解前方军情，进行适时的决断，对前方战局实行有效的遥控几乎是不可能的。（第 114 页）

（林凯 撰）

中国印刷术的发明和它的西传

〔美〕托马斯·弗朗西斯·卡特

出版概况

《中国印刷术的发明和它的西传》，商务印书馆 1957 年 12 月出版，平装 32 开本，208 页，16 万余字。

托马斯·弗朗西斯·卡特著，吴泽炎译。卡特（1882—1925），男，美国人。1904 年毕业于普林斯顿大学，获得学士学位，后于 1910 年毕业于纽约协和神学院，成为神职人员。卡特携夫人前往中国，在安徽宿州从事教育和宗教活动长达十二年，其间与同在当地的赛珍珠结为至交。1923 年，担任哥伦比亚大学中国语言系主任，教授。1925 年 8 月，卡特于纽约曼哈顿家中去世。1957 年，商务印书馆出版了《The invention of printing in China and its spread westward》的中译本《中国印刷术的发明和它的西传》。

内容提要

该书共二十四章，大体分为四部分。第一编，中国印刷术的背景。作者分别从造纸的发明、印章的使用、石碑拓本和佛教的发展四个角度论述印刷术诞生的背景和初期情况。首先，作者肯定了中国是最早发明造纸术的国家，接着从史料记载和考古成果两方面论证了这一观点。蔡伦 105 年改善造纸工艺和在新疆发现最早的破布纸，共同表明最早的纸出现在公元 2—4 世纪的中国。其次，作者首次追溯了印章的使用和中国印刷的关系。从公元前 255 年以前就开始出现类似印章的符节，到汉代印章使用越发普遍。作者认为这种摹印的方法最终发展成为印刷。接着，作者论述了石碑拓片与印刷产生的关系。他认为从早期道家的印章符录到教印刷佛像再到儒家为传布经典、免谬误而采用石刻墨拓印刻经典书籍，这一切就是木板雕印和印刷的雏形。最后，作者认为佛教的发展是促进印刷的重要推动力。这一点作者回顾了世界三大宗教的发展，认为印刷术突破的每一步都有宗教扩张的动机。

第二编，中国的雕版印刷。作者分别从雕版印刷的意义和方法、中国佛寺雕版印刷、日本早期佛教经咒大规模印刷、最早的雕版书、刻印九经、雕版印刷的高潮、纸币的印行这几个方面来介绍中国雕版印刷的情况。第一，作者介绍了雕版印刷在中国的意义，他认为这样一种印刷形式改变了国家教育和文化。因为印刷在中国被视作一种艺术，因此活字印刷长时间无法取代雕版印刷。第二，作者介绍了中国开始印刷佛经的时代背景。唐代军事力量和精神领域的扩张为印刷制造了需求。唐太宗时期（公元 712—769 年）中国寺院已经开始了狂热的复制活动。第三，作者介绍了与中国唐代这一活动对同一时期日本的影响。公元 770 年，日本称德天皇为求得延年益寿，于是印行一百万经咒，这也是世界上最早可证的用木板在纸上印刷的记载。第四，作者介绍了中国最早的雕版书——868 年王玠为母亲祈福刻印的《金刚经》。在考古遗迹中发现单页经咒由于印刷快，较为廉价，因此比书存世量大。作者认为唐代中国的印刷对当代中国影响微乎其微，1907 年发现《金刚经》以前通常认为冯道是印刷的发明者。第五，介绍五代时期（907—960）年，冯道刻印九经的情况。古代益州（今成都）在五代时期由于蜀国的长期独立，因此这里成为中国文化最发达的地区。文献中第一次提及印刷，除佛经外，都起源于四川成都。冯道也承认他的印刷是以在蜀国的见到的制品为基础的。932—953 年冯道印刻九经，目的是勘定经文，这一活动促进了宋代文化教育的发展。第六，作者介绍了宋元时期印刷术的发展情况。宋代文化繁荣，同后来欧洲印刷术促进文艺复兴一样，宋代重新古学，开始了公、私大规模印书时代。刊印的题材包括经传、注释以及历史。宋代末年印刷内容扩大，农业、植物和诗文集开始流行。元代刻印元曲，推动了印刷业大众化进程。第七，970 年蜀国出现最早的纸币——交子，这也正是冯道刊印九经的时期。作者还详细介绍了纸币的发行额、分布、制造方法、使用、弊端等相关信息。

第三编，雕版印刷西传的进程。作者分别从宏观和微观两种视野介绍了这样的传播过程。首先，宏观层面，作者介绍了早期通过丝绸之路的思想传播和商业活动。无论是张骞还是十字军都客观促进了东西方的交流。中国输出桃、杏、丝绸、茶叶、瓷器、纸牌、火药和指南针等；西方则输出葡萄、苜蓿、胡萝卜、琉璃、字母、景教和伊斯兰教等。作者还从另一个宏观层面回顾了纸张从中国传入欧洲几千年的历程。作者认为，印刷术传入欧洲之所以如此缓慢的原因在于：纸张需要和羊皮竞争；识字人数少，需求相对较小。其次，作者从微观层面分别介绍了吐鲁番境内回纥人的印刷事业、阿拉伯人与印刷、元代中国和欧洲的接触、波斯与印刷、十字军时期埃及雕版印刷、纸牌与印刷、织物与印刷、欧洲雕版印刷几个层面的内容。第一，作者认为由于最早印刷品都来自四川和甘肃省，因此西域在雕版印刷初期占有重要的地位。吐鲁番境内的回纥人在 9—10 世纪达到顶峰，吐鲁番成为重要的文化中心，呈现出多语言、多人种、多宗教的繁荣场景。作者又结合在吐鲁番的考古成果推定，这里的佛教徒喜欢复制和重复的心理极大地推动了印刷术的传播。同样考古发现显示，吐鲁番雕版语言多元，雕版的形式包括卷轴式、折叠式、贝叶式三种不同地区的代表。第二，在印刷西传的过程中，作者发现阿拉伯人拒绝用印刷对外传播其宗教思想。第三，在元帝国统治时期的印刷术西传得到了很大的促进。这一时期，蒙古人与东征的十字军正面相遇，促进了东西方文明的交流。此外，蒙古人开始向西征服的时期巧好是中国古代印刷事业发展的顶峰。13 世纪，波兰、匈牙利、俄罗斯都曾被蒙古人侵入，其中成吉思汗孙子的国玺也是有俄国人雕刻的；欧洲国家上层也与元朝开展了频繁的交流。第四，作者介绍了波斯在印刷术西传过程中的重要地位。1231 年蒙古军进攻波斯，客观上促进了大不里士成为西亚主要的商业中心，这里也成为了伊斯兰世界关于雕版印刷有明确记录唯一的地方。第五，作者介绍了印刷术十字军时期在埃及的发展。作者特别指出这里印刷的方法如中国人一样是轻刷上去的，而非像西方那样按压上去的。其次这些印刷的文字以阿拉伯文为主，主要是宗教内容。第六，作者提出纸牌在一定程度上促进了印刷术的西传。15 世纪初纸牌开始印刷，从而印刷纸牌成为了一种工业。他认为在雕版印刷传入欧洲世界的各种可能路径中，纸牌占有很重要的地位。第七，作者讨论了织物的印刷对印刷术的促进作用。印度用化学染料浸染织物，最早注明年代的织物（公元 734 年）来自日本，织物印刷在公元 10 世纪的中国成为一种固定的工业。作者认为织物印刷的方法为印刷术使用的普及奠定了基础。第八，作者介绍了早期印刷在 14 世纪末的快速发展。他认为这一原因包括：文化觉醒后人们对印刷的需要增加；执掌开始流行，提供书写载体；摹刻印章与织物印花已经流行，使人们易于学习这样的技术；外来推动力量。

第四编，活字印刷。这里作者分三部分进行了中国活字印刷的发明、朝鲜活字印刷的发展和印刷术发明的大体回顾。首先，作者列举了 11 世纪开始产生的几种排字方法：写韵刻字法、作盔嵌字法、造轮法、取字法等。此外，作者还介绍了古腾堡发明印刷术的三个独创之处：字模、字母活字、压印机。第二，作者讨论了朝鲜金属活字在 1392 年的发展。朝鲜从 1392 年开始在国家支持下进行了几次大规模的字模铸造，从而印刷了大量书籍。最后，作者认为在世界所有伟大的发明中，印刷的发明最可以表现出国际合作的精神——中国制造纸张，首先实现雕版和活字印刷；日本产生现存最早的雕版印刷物；朝鲜首先铸造金属活字印刷等。印刷动因来自宗教性的复制热情和对美好愿望的祈福，同时印刷的目的还有为避免错误勘印传播经典。同样作者还提到了在印刷术发展过程中关键的人物：蔡伦改进造纸术；日本称德天皇复制百万经咒（770 年）；王玠印造《金刚经》（868 年）；冯道刻印九经（932—953 年）；毕昇发明胶泥活字印刷（1051—1059 年）；王桢最详细记录木活字的印刷方法（1314 年）。

学术特色

印刷术作为中国古代四大发明之一，不仅促进了东西方文化的交流，同样也促进了全球文明的整体进步。

卡特《中国印刷术的发明和它的西传》一书文献来源于三个方面：第一，中日英法德五种文字的论文和专著，尤其是它们对于古代中国文献的记载。第二，中国大类图书，尤其是《图书集成》（1726 年）和《格致镜原》（1735 年）。第三，相关考古学资料和成果。

该书系根据美国哥伦比亚大学出版社 1925 年出版的卡特英文版作品译出。作者利用大量的中国、朝鲜、日本、阿拉伯文的材料，对于印刷术包括造纸的发明和向世界各地的传播情况，作了简明而全面的叙述，并提出了无可争辩的结论：中国首先发明了造纸和印刷，并对欧洲造纸和印刷事业的开始，都起了决定性影响。该书迄今为止仍是外人论中国印刷的最全面的一该书，对研究这一问题和研究中文化交流的读者，都有参考价值。

观点撷英

最早的纸全用破布纤维制成，也没有规定尺寸。第一步的改良，是在纸外涂一层石膏，使它便于吸收墨汁。接着又进而采用植物胶，此后又掺用淀粉，最后把淀粉调成薄浆，或专用的粉浆。浸溶的方法也有改良，减少了对纤维的伤害，使造出的，纸张更为坚韧。以上的改良在 8 世纪造纸术传入阿拉伯人和雕版术发明以前，早已完成。（第 21 页）

这种摹印的方法，自然就发展成为雕版印刷。把印章用颜色印在纸上和用雕版印刷，两者性质上并无太大的差别。印章的径寸较小，目的在于取信；而雕版印刷则尺寸较大，目的在于制造复本。在中国印刷术中，始终没有完全消失印章取信的原意。（第 24 页）

人类才智的表现，有赖于强烈的宗教感情，而得到最伟大的发挥，不单艺术一项如此。可以同样正确的说，印刷术过去的开拓新境界的每一步，都有宗教的扩张作为它的动机。（第 33 页）

中国好比是一个大海，使任何流入的河水都带有咸味。任何游牧民族在统治了一百多年后，在文化上和生活方式上都会彻底华化。因此首先，辽人抗御金人，其后金人抗御元人，在努力阻止来自沙漠地带的异族的新的进犯上，都有作为中国文明屏障的意义。（第 74 页）

至今在吐鲁番已经发现的雕版印刷，全部都是佛经，这是一个重要的事实。也像在中国和日本一样，印刷术对于佛教徒欢喜重复和翻制的心理，特别贡献出了自己的力量。（第 123—124 页）

唐代（公元 618—907 年）的清新气象，可以使人们联想起英国的伊丽莎白女王时代；而宋代（公元 960—1280 年）则彬彬有文，爱好有系统和具有一种科学的精神，基本上和维多利亚女王时代的特色相近。宋代人的心理就是现代人的心理。这个时期内所写的关于人类早期历史的著作，字里行间带有进化论的气味，这是十九世纪以前欧洲所绝无仅有的；而王安石的财政改革和社会改革，可以说是社会主义的先河。不管政治上如何变动和财政上如何紊乱，科学和哲学仍旧向前迈进。（第 182 页）

远东活字印刷的进步可以总结如下：它开始于中国十一世纪，毕昇的发明胶泥活字，在元代，木活字的发展有了重大的进步。至十五世纪，朝鲜于 1403 年开始铸造金属活字，广为采用，它的发展至此登峰造极。朝鲜的方法传入中国和日本，也像在朝鲜一样，成为英武有为之君在国内推进文教的方法。但它在商业上始终没有成功，到十九世纪，几乎完全为更古的雕版印刷所代替；到了近代，在较大的城市中雕版印刷又逐渐让位给欧洲式的活字印刷。文字结论最不适合于活字印刷的国家，却也就是首先创造和发展活字印

刷的国家，实在是一个很令人惊异的事实。(第 198 页)

　　在世界所有伟大的发明中，印刷的发明最可以表现出四海一家和国际主义的精神，中国发明了造纸，并首先试验雕版印刷和活字印刷。日本产生了现存最早的雕版印刷物。朝鲜首先用铸造的活字来印刷。印度以其文字和宗教，供最早的雕版印刷物的取用。突厥民族是把雕版印刷传过亚洲的最重要的媒介之一，现存最古的活字就是突厥文的。我们知道远东的波斯和埃及两地，在欧洲开始印刷以前就已经有过印刷。阿拉伯人是为中国的造纸术传入欧洲开先路的媒介。欧洲先通过君士坦丁的希腊文化的帝国输入纸张，但造纸术是通过西班牙传入的。法国和意大利是基督教世界中最早造纸的国家。关于雕版印刷和他的传入欧洲，根据最早的权威意见，认为都是假道于俄罗斯，虽则主张意大利的人也有坚强的理由。德国意大利和荷兰，是最早的雕版印刷技术中心。荷兰法国和德国，都自称首先做活字的实验，德国完成了活字印刷的发明，并由它传播到全世界。今日在世界印刷事业占有很大分量的英美两国，在印刷的发明一事上不能说有过贡献，至少在初期中是如此；他们对于像高力压印机和铸字机一类较后的发展，已经感到踌躇满意了。(第207 页)

　　　　　　　　　　　　　　　　　　　　　　　　(静思宇　撰)

中国交通史话

陈鸿彝

出版概况

《中国交通史话》，陈鸿彝著，中华书局出版，1992 年 10 月第 1 版（该版本也称《中华交通史话》），平装，32 开本，270 页，17.5 万字。该著作以"文史知识文库"的名义出版。

陈鸿彝，亦名陈洪宜，江苏泰州人。1981 年硕士毕业于北京师范大学中文系古典文学专业，专攻六朝文学。先后执教于国际政治学院新闻系、中国人民警官大学中文系、中国人民公安大学文学系。长期从事古典文学与中国古代史的教学与研究工作。退休以后，围绕"中华十大农书"的系统梳理与评注工作，加强了对中华生态文化的研究。主要著述有《潇洒人生——世说新语撷趣》（中央民族大学出学社）《魏晋南北朝文》（泰山出版社）《中华交通史话》（中华书局）等。

内容提要

《中国交通史话》于引言后，分十章共四十二节。第一章：华夏交通的草创。作者阐述了中华交通初基的开创性，也即夏启以车战为先导，打通了中原与关中的联系；商人用牛马为动力，经营黄河中下游的交通；周代营建丰镐与洛邑，开辟坦荡的京洛交通线，又尝试由渭入黄的水上运输，并制定道路建设的等级制度。

第二章：水陆交通网的初步形成。作者论证了春秋时期道路开通；战国时期水路和陆路交通的连接；先秦国家交通设施以及私人宾馆与旅店的兴起等几个方面构筑的水陆交通网，也展示了中华文明迅速发展的过程。

第三章：秦国的交通事业。作者分析了秦代所确立的驰道体制，邮驿体制，它的全国性人力物力调度与运输经验，对交通的严格有效的法制管理以及秦始皇本人长途巡游的交通实践，对后世具有示范作用和指导意义。

第四章：汉代交通的新发展。作者认为汉代交通继承秦代一统体制，又有心的开拓。在汉代全国的交通网是以驰道为主干并延伸到各郡各县边远民族地区，并具有较好的交通设施与管理水平，这些都是历史性的进步。

第五章：动荡年代的国家交通。作者在本章中考察动荡中不同时期的交通概况，认为，动荡年代打破了秦汉以来一个中心城市向全国辐射的高度一体化交通体制，给更多都市以发挥交通枢纽作用的机遇；交通动力得到新的开发，交通工具有了新的创新，交通科技也取得了新的成就。

第六章：隋唐交通的大发展。在本章中作者重点阐释了大运河的重要作用与意义，对唐代的交通设施及其他也作了介绍，同时唐代的公路与漕运，玄奘与鉴真的对外交流也构成了隋唐时期交通的一大特色。

第七章：中华交通体制的重大变迁。五代十国宋辽金时期，中华交通的总体面貌发生了重大变化。以汴京为中心，以运河为中轴线，北通幽燕辽海，南下宁杭闽粤，水陆并举，江海并举，经济文化交流空前活跃。沿江沿海地区，商业手工业城镇与商埠成串崛起。中华交通进入一个新的发展阶段。

第八章：大开放的元代交通。元代的交通，是对汉唐大陆交通与两宋海外交通的综合与拓展。元代的海陆交通网沟通了与海外国家的联系，疏凿运河新线，开通漕运线，促进南北流通。

第九章：明代交通的兴衰。作者分析了在特定的历史背景下明代大陆交通的发展与败坏；文明的海外交往以及倭寇为害与中日交往等现象，体现明代交通发展特色。

第十章：清代的交通。作者认为清代交通布局是合理有效的，但是其交通工具、设施、动力、服务、管理等方面没有实质性突破，因此在西方电话电报火车轮船破关而入时，这些交通系统失去运作能力。当然作者也指出了这是中国古代交通发展的高峰。

学术特色

"我们民族每前进一步，都以交通的发展为先导。"交通的发展推动了民族的进步与繁荣，也是促进民族社会经济、政治、文化等系统进化与传播的重要动力。考察一个民族的交通发展史，实际上也是在研究这个民族媒介的发展历史。而《中国交通史话》正好为华夏文明传播的研究提供了媒介视维，具有重要的学术价值。

《中国交通史话》以翔实的历史资料、缜密的历史学研究思路和方法对中国古代各个朝代水路、陆路等交通媒介及发展历程进行详细考察和论证，为读者展示了一幅清晰而细致的古代交通画卷。这为华夏文明传播提供了可靠和丰富的佐证史料，为构建华夏文明传播体系奠定更加坚实的基础。但该著作如果能在梳理各朝代交通媒介的基础上更多地探讨其与当时文化传播的关系则能更好增加该著作的人文价值。

观点撷英

经过夏代五六百年的经营，华夏文明覆盖了黄河中下游广大地区，尤其是中原大地，为中国后来两千年的经济文化发展奠定了基础，也为华夏交通区勾画了大致的轮廓。（第 13 页）

先秦的关卡制度、道路管理使用制度，对后世影响深远。仅旅行者必须携有通行证件，必需主动接受检验一条，就一直推行着，从未废弃过。（第58 页）

秦帝国的主要干线有：西北方向：从咸阳出发西去，通向陇山，山间有"回中道"。正北方向：由云阳出发，直通河套地区，特名为"直道"。东北方向，今山西境内，从蒲津出发，沿汾水上溯太原，通向代郡（今河北蔚县西南）。（第 61 页）

丝绸之路出西域国境线之后，一条分支路南下通往今巴基斯坦、印度、孟加拉、尼泊尔一带。而其主干道则西上，经蓝氏城至木鹿城（苏联土库曼境内），再向西行至番兜（伊朗境内），进抵太西丰（伊拉克境内），直达今叙利亚之大马士革城。（第 91 页）

历史证明，发展海外贸易，很有必要。以梁代来说，内有朝廷之需，外有边关之费，又和北魏对垒，军费浩繁、财政开支极大，但当时国力并不拮据，反而呈现一种应付裕如的局势。（第 119 页）

唐代国内的交通干线，当时称为"贡路"。贡路的中轴线仍然是长安——洛阳一线，并以长安洛阳为东西轴心，向四面八方辐射出去；水路则以东西向的长江水路与南北向的大运河水路为主干。（第 147 页）

　　总而言之，五代十国时期，沿江沿海的开发优于中原，养蚕业、种茶业、丝织业与造船业的发展，为宋代对外贸易的兴旺打下了基础，杭州福州泉州广州的港口建设，具有更大的意义。（第177页）

　　元代交通的显著特色是放射面宽，设施配套、道路畅达，物资和人员交流幅广量大，信息交流更为快速。（第201页）

　　郑和下西洋，把以文明与友谊为特色的中外交往推上了高峰，开创了由中国侨民参与的南洋开发事业的新局面，页启动了中西文化交流的新潮。（第222页）

　　官马西路系统覆盖面很宽，可以说将我国西部地区全包括在内了。在大清帝国创建和巩固的过程中，起过十分重要的作用。（第249页）

（林凯　撰）

中国古代邮驿史（修订版）

刘广生、赵梅庄

出版概况

《中国古代邮驿史》（修订版），刘广生，赵梅庄编著，人民邮电出版社，1999 年 10 月出版，平装，32 开本，654 页，55.8 万字。

刘广生，1931 年生，天津市人。1962 年毕业于人民大学哲学系研究生班，曾任人民邮电报社《邮电企业管理》杂志编辑部主任，高级编辑。多年来从事古代邮驿史研究工作，主编《中国古代邮驿史》，参与撰写《中国的邮驿与邮政》，编注《中国古代邮亭诗抄》，编著《河西驿写真》，主编《中国邮驿史料》，并担任《中国集邮大辞典》《中国集邮百科全书》邮驿分支主编。

赵梅庄，1946 年生，山西运城人。1970 年毕业于北京大学历史系，1978 年考取辽宁大学历史系中国近代史专业研究生，1983 年在吉林大学获历史学硕士学位。现在信息产业部政策法规司工作，高级经济师。曾参与撰写《中国近代邮电史》、《中国古代邮驿史》，主编《中国的邮驿与邮政》，并发表论文多篇。

内容提要

《中国古代邮驿史》（修订版）共十二章和附录一、二。第一章：绪论。在绪论中作者概括性的归纳邮驿的概念、本质、特征以及邮驿通信的基本规律和进行邮驿的主要条件，并探讨古代的邮文化。

第二章：中国通信的起源。作者介绍了原始社会的通信活动和"协和万邦"与"明通四方耳目"的传说。以实物展示和传说考证通信起源。

第三章：夏商王朝的国家通信。夏朝设立"车正"管理车旅交通；介绍商王朝的交通和通信等。

第四章：周代的邮传。作者介绍了西周、春秋、战国时期的邮传，而且详细分析了"置邮传命"这个词的来源历史与本质特征。

第五章：秦代的邮传。作者分析了中央集权下的秦代邮传、作用及邮书传递，也考察了秦代的亭与邮亭。

第六章：汉代的邮驿。作者简要概括两汉邮驿发展面貌，并详细分析了汉代邮驿的组织管理、邮驿网络、通信方式、汉代烽燧制度、亭传、厨厩和经费玺节与传符等具体发展细节，并考证了"改邮为置"的制度沿革。

第七章：三国两晋南北朝的邮驿。作者总结三国两晋南北朝的邮驿概况。较详细分析三国、两晋、十六国时期的邮驿概况，提炼总结南朝水陆相兼、北朝传驿趋向合一的邮驿发展特色。

第八章：隋唐的邮驿。作者概括隋代的邮驿发展和唐代的邮驿组织管理，对隋唐的驿和馆、驿的建制与建设、进奏院·杂报·飞钱、通信方式、军事通信、少数民族地区的邮驿、邮驿法令、符券与给驿、邮驿网路等进行细致的考察。

第九章：宋代的邮驿。作者概括宋代以及同时期的辽、西夏、金的邮驿概貌，然后探讨宋代邮驿组织管理、馆驿、递铺、文书传递制度、军事通信、驿券与橛牌、邮驿律、驿递分布和网络、并分析了南宋邮驿的衰落。

第十章：元代的邮驿。作者介绍了蒙古国的驿站，总结梳理了元代邮驿概况和发展特点，对驿站的组织管理、站赤、急递铺、公文传递、给驿与牌符、驿站、站户、邮驿律、邮驿网络以及驿站的衰亡逐一进行考察分析。

第十一章：明代的邮驿。本章中，作者探讨了明代邮驿的建立与发展；梳理邮驿的组织管理、急递铺、会同馆·水马驿·运所、公文传递，符验·条例·廪给，邮驿律、邮驿网络、邮驿弊端，以及明代后期邮驿改革和衰落进行了分析。

第十二章：清代的邮驿。作者考察清代邮驿的概况、组织管理、组织形式和特点、驿站的人、财、物、公文的封发与传递、邮驿程限、邮符与给驿、邮驿律、邮驿网络和邮驿衰败等。

附录一：中国古代民间通信。作者单列一章介绍各个朝代及鸦片战争前后官方邮驿系统之外的非官方的多种渠道和多种手段组成的通信方式。

附录二，大事记。

学术特色

在中华民族发展过程中，每个朝代以及每个朝代中的不同发展阶段，具有不同的社会制度，因此邮驿的发展也不尽相同。研究邮驿发展历史也是从媒介视角观照华夏文明发展进程，可以从中窥探媒介发展与文明传播的关系，具有重要的参考意义。

该著作从中华民族历史发展的进程之中，从它们的总体联系上，以通信为重点，试图对中国古代邮驿的起源和发展演变过程，对它的特点和规律，做初步的探索和研究。它是在 1940 年楼祖诒编著《中国邮驿发达史》之后又一关于邮驿史的研究著作，读者可以发现其中的一些特色：其一，作者用详细的笔触描绘了中国古代各个朝代的邮驿发展面貌和特色，并在书本的修订版说明之前附有很多文物资料图片，而且每章后面附有注释，史料翔实；其二，作者用大篇幅考察了官方管理下的邮驿，同时也单列一章考察民间的邮驿发展，拓展和丰富了邮驿研究的领域和史料；其三，在该著作中，作者分析"邮"与"驿"的不同内涵，并对两者的系统进行详细的考察，读者可以从中感受中华民族通信和交通系统的发达以及中国古代的信息传播样态。

观点撷英

"邮驿"是古代政府为传递文书、接待使客、转运物资而设立的通信和交通组织。（第 5 页）

认为我国最早的国家通信起源于夏朝，是可信的，至今已有 4000 多年的历史；即使从有文字记载的商朝算起，也有 3600 年历史。（第 36 页）

亭的来源可以上溯到传说中的尧舜禹时代，"立诽谤之木"（即后世的华表），到春秋时代出现了边亭。秦统一中国后，列国内部的亭失去了原有的防御候望的意义，开始变为地方基层行政组织。（第 117 页）

自周代起，节就是使臣专用的信物，而在晋代也发生了变化，它基本上已不再授予使者，开始成为授权主管军事的都督有生杀权力的象征。（第 199 页）

驿既承担通信又负责迎送过往专使和官员，所以驿的建筑及其宏伟壮观。（第 240 页）

由于中日往来频繁，唐驿的组织制度也传入日本。日本后来所建立的邮驿，其组织、任务、设备、工具、方式等，多仿照唐驿，到北宋初年，日本

国已有 414 个驿所。（第 290 页）

此外，古代军事通信中常用的"蜡书""风筝""信鸽"等通信方式，在宋代战争中也经常被采用。（第 334 页）

从上述记载中，可以看出：邸报抄录后，要经过驿站传递到府，每五日集中送一次，每月付驿站送投银一两。为了避免重复劳动，上半年由永定驿传递，下半年由宣化驿传递。（第 464 页）

我国古老的邮驿制度，在康熙、雍正、乾隆三朝百余年间发展到了高峰。19 世纪中叶以后，中国逐渐沦为半殖民地，邮驿也随之走向衰亡。（第 505 页）

民信局是私人经营的商业组织，有独资经营的，也有合伙经营的。民信局一般并无华丽的门面装潢，大抵因陋就简，一两间门面，铺面高悬招牌，写明某某信局，或某某轮船信局。（第 627 页）

（林凯　撰）

明清江南私人刻书史略

叶树声、余敏辉

出版概况

《明清江南私人刻书史略》，叶树声、余敏辉著，安徽大学出版社，2000年5月第1版，2002年12月第2版。平装，32开本，227页，18万字。该著作受淮北煤炭师范学院学术出版基金资助。

叶树声，1940年8月生，安徽人，大学文化，淮北煤炭师范学院图书馆研究馆员。全国高校图工委期刊委员会会员，淮北煤炭师范学院期刊工作研究所所长，安徽省两种图书馆学刊物编委。主要学术成果：在《文献》等刊物上发表论文百多篇，完成安徽省科研项目1项。有十余篇次分获国家图书馆学会奖、省学会奖、本学院奖，有多目全文收入其他刊物或论文集，有两篇分别被《新华文摘》摘转，系中国图书馆学会、中国高校馆期刊研究会、安徽省图书馆学会会员，两种图书馆学刊物编委。从1994年10月起享受安徽省政府专家特殊津贴。研究方向：古籍整理、中国书史，代表作品：《论清儒校书》。

余敏辉，男，汉族，1966年8月出生，安徽黟县人，1998年12月加入民进，1988年7月参加工作，北京师范大学古籍所历史学专业毕业，研究生学历，历史学博士。现任淮北市人大常委会副主任，民进安徽省委常委、淮北市委主委，淮北师范大学学报编辑部主任。

内容提要

《明清江南私人刻书史略》共七章，二十三节，另有三篇附录。第一章：绪论，在该章中，作者简要说明明、清两代江南地区私人刻书在中国出版事业史上的重要地位，认为认真研究其成就，正确评价其历史地位，对今天继承历史文化遗产和推动今日出版事业的发展具有重要的意义。

第二章：明清江南私人刻书兴起背景。作者从社会政治、经济；科学、文化、教育因素；前朝刻书的积极影响以及优越的私刻条件等四个方面，详细地分析了其兴起背景。

第三章：明代江南私人刻书概况。作者用较大篇幅梳理了明代江南地区的雕版印书概况，同时也记录了活字印书、手工抄书等印刷的补充形式。

第四章：清代江南私人刻书概况。作者介绍了清代江南地区雕版印书、活字印书、手工抄书以及石印、铅印等印书概况。

第五章：明清江南私人刻书主要特点。作者从内容、形式和版本等三个方面考察了明清江南私人刻书的主要特点，勾勒了整个刻书的面貌特征。

第六章：明清江南私人刻书主要贡献。作者阐述了其贡献，主要有：保存文献，传播文化；积累丰富的刻印经验；积累宝贵的校书经验；促进本地区版画艺术的发展；促进本地区藏书事业的发展；促进本地区丛书编辑工作；促进本地区目录编制工作；促进本地区文教、科技事业的发展。同时作者也指出了江南明、清两代私人刻书的不足之处。

第七章：余论。作者简要介绍了书写该著作的过程和经验。

学术特色

中国文化史作为华夏文明的一个部分显然具有重要的地位。在中国文化史中中国书史在传播文明中起着举足轻重的作用。在中国古代书史中，不管是官办的还是私人的刻字印刷都极大地推动了文化的传播，而刻字印刷本身的历史也构成了华夏文明的一个部分。了解中国书史中的刻字印刷历史能够较为清晰的了解中国古代书籍和文化的传播概况。

《明清江南私人刻书史略》很有见地地发现明清江南地区私人刻书的繁荣与影响。因此，作者针对这一主题进行了 10 多年的研究，在《文献》等学术刊物上发表了有关论文 20 多篇。应该说，作者对这一主题有深入的研究，也取得了丰硕的成果，这极大地丰富了中国古代刻字出版事业的史料，同时也有力地促进华夏文明传播。但是也应看到该著作的不足之处，也即该著作较多的从史料中整理明清江南地区私人刻书的概况以及影响和意义的阐述，而对私人刻书的生产、运作机制以及其与社会环境的关系探讨较少。

观点撷英

明、清两代江南私人刻家之多，刊书之众，技术之高，印品之精，影响之大，皆是该地区宋、元诸代所无与伦比的，也是同时期其他地区所无法匹敌的。（第 1 页）

明、清时期这里文艺创作的繁荣，对当地私人刻书业的发展比较有利。明叶盛《水东日记》卷二十一说："今书坊相传，射利之徒，伪为小说杂事，农工商贩抄写绘画，家蓄而人有之，痴呆女妇，尤所酷好。"这些情况说明当时书坊刻印文艺作品在社会上很有市场。（第 12 页）

明、清时期这里百姓生活较其他地区富裕。当他们物质生活稍有改善，便要求提高文化生活水平。他们一般喜欢阅读小说、诗歌、戏曲等通俗读物。有些人在经济地位提高后，便对政治地位有一定要求，渴望通过读书挤入仕林。在这方面，徽州地区较为明显。民间因文化生活需要用书量也很大，这些书主要由本地区私人刻出。（第 16 页）

综上所述，"汲古阁"刻书目的明确，方法对头，质量较好，同时也有讹误。毛氏父子能耗尽家产，把濒于绝版的罕见秘笈刊印出来，使其免遭亡佚，得以流传。其精神是可贵的，牺牲是较大的，功绩是卓著的，在中国出版事业史上应有其光荣的一页。（第 36 页）

与同时代其他地区相比，江南私人活字印书值得大书一笔。当时这里既有金属活字印书，又有木活字印，其印家之多，印书之多，印刷之精，都是史无前例的，也是其他地区所无法比拟的。（第 88 页）

鸦片战争以后，西方石印和铅印技术传到了中国，并逐步取代了我国古老的雕版印刷和传统的活字印刷。（第 129 页）

清代是我国古代辑刻丛书的全盛时期，所刻丛书质量之高，内容之博，体例之完，数量之多，皆前所未有。若以出版地区而言，当时江南私人刻印的居全国之冠。（第 140 页）

江南清儒在长期校书实践中积累了丰富的经验。他们认为，有几点是校书应该注意的：实事求是，不参成见；态度谦虚，听取他人意见；重佐证，不妄改；要细心，不可粗略；校书最好集体合作，专人校专书。（第 160—162 页）

明、清两代，域内编辑的丛书数以千计。若以地区而言，以江南地区编的为多。这与本地区私人刻书业的繁盛有着密切的关系。（第 178 页）

明、清江南私人在刻书过程中，还做了大量校勘工作，而且成绩较为突出，如清代的顾广圻、黄丕烈、卢文弨、段玉裁、毛扆等，都校勘成果显著，校勘经验丰富。（第191—192页）

（林凯 撰）

中国纸和印刷文化史

钱存训

出版概况

《中国纸和印刷文化史》，钱存训著，广西师范大学出版社，2004 年 5 月出版，442 页。

钱存训（1910 年—2015 年 4 月 9 日），男，出生于江苏泰县（今姜堰市），幼年曾念过私塾，1925 年毕业于淮东中学（今江苏省泰州中学）。中学时代曾积极参与五卅爱国运动，后投身北伐军。曾任芝加哥大学东亚语言文化学系教授（主讲"中国目录学"和"中国史学方法"），芝加哥大学远东图书馆馆长。

内容提要

该书为一综合性的著述，注重纸和印刷在中国和世界文化史中的地位、作用和影响。范围包括历史上的每一个时代，上自二者最早出现，下迄 19 世纪末期，即手工业时代结束为止。全书分十章：首章绪论为全书的提要；纸和印刷（包括制墨和装订）各占三章；传播和影响也占三章，其中最后一章以纸和印刷对中国和世界文明的功能和影响作为结论。全书结构简明而有系统，内容分配平均，数据包括实物和文献，另有插图 174 幅，附录《中国印刷史书目》千余条，可供研究者作进一步的参考。另外有关于该书英文本和译本的《评价摘要》及对作者的《访问记》各一篇，可使读者对该书写作的背景和内容增加了解。

第一章：绪论本章一、二节从"纸在中国的演进、起源发展、向世界各地传播、造纸术的要素、印刷术发明的前提、中西方文化对印刷术的影响"

等角度，介绍了造纸术和印刷术的起源、发展和原因。三、四节则介绍了造纸制墨的相关研究资料以及印刷史的研究范围。第二章：纸的性质与演变。本章详细讲了书写载体的演变历史：回忆《书于竹帛》中的相关内容，书写载体从甲骨到金属、陶瓷、石刻、简牍、丝帛，到发明造纸术有了纸；造纸术在汉代发明以后，经历晋、唐、宋、元、清的不断改革和发展。本章第二节另外解释纸的定义与性质。

第三章造纸的技术和方法。本章介绍造纸的技术和方法，包括原料可以用麻、藤、各类树皮、竹、芙蓉、海苔、棉花、蚕丝等（其实各地原料的选用主要还是依据当地广泛种植的植物种类），造纸用具帘模的发明以及介绍。第四章：纸的用途和纸制品。本章讲述纸的用途，纸不仅是用于书写的载体，也可以作为银票的载体、冥钱和明器、纸神，而且在纸发明以后，还一度用于穿戴，如纸衣、纸鞋、纸帐、纸被、纸甲，也应用于家居生活，如纸墙、剪纸、窗花、纸灯笼、纸鸢、纸扇、纸伞、草纸等。第五章中国印刷的起源与发展。本章介绍印刷的历史，包括石刻、墨拓、雕版印刷。第六章中国印刷的技术和程序。本章介绍印刷的技艺，包括雕版印刷和活字印刷的材料和方法，以及由不用的印刷方式产生的书籍的装订方式，以及各种墨的制作和工艺。第七章中国印刷的艺术和图绘。第七章介绍了印刷术不仅用于书籍，也用于各种图册、画册，包括彩色印刷的套色工艺。调版印刷不仅涉及技术上的各种供需，而且包含具有艺术意义的多种因素。第八章介绍纸和印刷术的西传，用各种史实证明纸是从中国走向世界的，古登堡的金属活字印刷也是受中国活字印刷的启发。第九章介绍了中国周边的国家和地区，包括朝鲜、日本、琉球、越南和其他南亚和东南亚国家纸和印刷术的发展。第十章总结了中国纸和印刷术对世界文明发展的贡献。

学术特色

该书具有严谨的治学态度，配有丰富的图片，详尽的脚注，并引入了相当大量的考古史实，集诸多学科于一体，对于中国纸和印刷的起源、历史、发展等，做出了非常全面的论述。书中主要阐述的是三方面的问题：第一，为何造纸术以及印刷术都是率先在中国发明；第二，造纸术以及印刷术的应用条件在东方以及西方都是同时具备的，但是为什么西方远远地落后于东方；第三，印刷术和纸张产生之后，社会发生了很大的变动，体现在政治、经济、文化各个方面。那么印刷术和纸张在中国文化构成的过程中，发挥了怎样的功能，居于怎样的地位，对于社会以及专业领域的影响，有哪些相同的地方和不同的地方。

书中作者针对自己提出的三个问题，也进行了原因的总结。钱存训先生认为这三个问题最根本的就是文化的原因，比如说中国人很早就使用亚麻类的植物、中国的文字构成比较特殊、中国的政治部门构成比较特殊，在此也将中国和西方国家进行了对比，并通过对比解释了之前的三个问题。毫无疑问，纸张和印刷术的发展对东西方文化发展乃至社会进步都起到了巨大的推动作用。

前言中钱存训先生说明，《中国纸和印刷文化史》实际是旧著《纸和印刷》的增订版，《纸和印刷》是钱存训先生应邀为李约瑟《中国科学技术史》所著的一个分册，1985 年在剑桥大学出版社出版。此书完成后不久即由上海古籍出版社和北京科学出版社出版了中文本。这一次由北京大学的印刷史专家郑如斯教授编译，增加了一些新内容，文字也更加简明通俗，为许多希望了解纸和印刷文化史的年轻读者提供了一个"新经典读本"。

值得一提的是，此书本来是写给西方人的中国文明史读物，读者的针对对象不同，写法自然也有所差别，因此作为本土读者读来又有不同的一种趣味。且作者身在美国多年，受西方文明浸润，时常在叙述中可以触类旁通论及西方，比如在纸和印刷术对世界文明的贡献时提到身穿纸衣的英国著名星歌唱《纸的时代》。书后附有一个详细的《中国印刷史书目》，分为 25 小类，收入中外著述约 1000 种，时间跨度从 1904 年到 2004 年，可谓苦心孤诣、匠心独运。这个工作虽然看似不起眼，但是操作起来需要极其深厚的知识背景，并且要花费大量的时间，并且对于希望在印刷史领域进行深入研究的后学以非常有力的指导。

正如其名"印刷文化史"，文化史正是该书区别于其他印刷史著作的地方。过去很多学者研究印刷史，或偏重版本学研究，或偏重印刷术技术发展的研究。而此书却将印刷术和纸的发明置于文化史的视野之下，从纸起源于在水中漂洗弊絮败绵，将绞结的纤维承载于席上入手；从纸的起源、加工方法、到纸的各种用途；然后讲到和纸联系甚密的印刷术的起源和发展，并讨论了中国印刷的其它产物——版画和年画。专用三章分别叙述纸与印刷术的西传、东渐和南传，纸对世界文明的贡献。虽然这些内容在印刷史的通史中也有涉及（如张秀民先生的《中国印刷史》和最近新编的《中国印刷通史》），但都是将其作为技术的附属，而未以文化史的观念加以综合。

不过以笔者之见，印刷文化史在此书只能算是始开先河，仍没有完全离开通常印刷史写法的束缚，从印刷术对于社会、文化和思想的影响角度进行探讨，在此方面后辈学者可继续努力之。

观点撷英

中国发明造纸术是早在公元前的事。公元 1 世纪前后已被用作书写，2 世纪初就采用新的纤维作原料开始大量生产。3 世纪时纸在中国已广泛使用，不久就越出国界向世界各地传播。（第 7 页）

实际上，纸草纸是由天然植物体材料的薄片多层叠压而成，中国纸则是由经过浸沤糜解而改变了性质的纤维制成的，两者不应混为一谈。（第 38 页）

造纸术西传所以迟迟不前，主要是由地理上与文化上的隔绝，而不是由于人为的保密；试看中国的近邻各国在开始接触中国文化后不久，就学到了造纸术。（第 275 页）

作为中国艺术的一种独特媒介，纸张是中国文化中所具有的最大特色。西方艺术重形式，如雕刻和建筑；中国艺术重意蕴，最高的表现形式是书法和绘画。（第 345 页）

（马振东　撰）

传统媒介与典籍文化

于翠玲

出版概况

《传统媒介与典籍文化》，于翠玲著，中国传媒大学出版社，2006年版，平装32开本，226页，17万余字。

于翠玲，女，曾用笔名余翎。北京师范大学文学院教授、博士生导师。中国编辑学会理事。主要研究中国古典文献学、文献信息学、编辑出版与文化传播史等。其主要经历有：1982年西北大学中文系获学士学位（77级）。1985年北京师范大学中文系获文学硕士学位，导师杨敏如教授，2004年北京师范大学获文学博士学位，导师启功先生。1985年起在北京师范大学中文系（现为文学院）工作；主要学术著作有《中国古典文学研究史》《中华历史通鉴》第三部《文学史卷》魏晋至唐宋诗歌史部分、《朱彝尊〈词综〉研究》《传统媒介与典籍文化》等；其出版古籍整理类著述有：《晋书故事选》《花间集·尊前集注》《明代散文选注》《清代散文选注》《寓言故事选》《分调绝代好词·浪淘沙卷》等；其编写教材有：《现代出版信息检索》、主编《大学生媒介素养概论》等；主持教育部人文社科基金项目有《清代康熙年间文人阅读史研究》和《清代康熙年间文人阅读史研究》，并指导2009年"国家大学生创新性实验计划"项目《中国传统戏曲创意传播方式的调查与研究》；其主要学术论文则是有《论中国古代传播史料的整理与利用》《媒介演变与文化传播的独特景观——中国编辑出版史的认识价值》《论官修类书的编辑传统及其终结》《从"博物"观念到"博物"学科》《从北宋时代特征论秦观的生活道路》等35篇。

内容提要

《传统媒介与典籍文化》共分绪论一章、主体三编十五章。绪论：中国典籍研究的多维视野。绪论中从传统媒介、典籍文化和阅读视野三个方面，总结了在这三个方面有关中国典籍研究的脉络梳理；

第一编：传统媒介。分五章内容对传统媒介进行了详细阐释。第一章，传播史料的价值与整理利用。本章着重从五个方面进行介绍：一是中国传播史料对于任何学科史研究的价值所在，并着重列出了可借鉴西方关于传播学史研究的原因和做法；二是介绍了各个代表性专家对于传播史料整理的几种框架；三是对于传播史料的检索依据和工具书的应用等进行了阐释；四是介绍了中国古代传播史料在利用过程中与文献学的交叉，提出传播史料的利用应该借鉴古代文史考据的基本方法；五是作者还细致总结了伊尼斯在所著的《帝国与传播》和《传播的偏向》两该书中对于中国有关史料表述的偏差，以此提出我们在翻译和引进"大师经典"时有必要对涉及中国史料的内容加以辨析或者补充说明。第二章，古代图书编辑与出版概念。则是从中国编辑概念发展以及中国自古以来编辑与出版关系的发展进行了详细介绍。第三章，古代出版格局与传统文化。主要从"士"阶层与编辑出版事业、官方"文治"传统与出版工程以及民间编辑出版物与图书市场三个方面进行了逐步阐释。第四章，印刷媒介演变与文化转型。本章主要介绍了复制技术影响编辑出版物，编辑出版物进而影响社会文化建构，更进一步来说，因为新式传播媒介的应用，推动了文化事业、传播格局等的社会变革。第五章，"采诗"传统与近代办报观念。对古代文人的"采诗"说和近代报人的"采诗"说进行了阐述，进而分析了传统"采诗"说的突破，进一步介绍了媒介功能与社会变革的关系。

第二编，典籍文化。本编共分五章：第六章，官修类书的编辑传统及其终结。本章主要从标榜文治的编辑理念、文献一统的编辑体例、以类相从的编排方法以及类书编辑传统的终结四个部分进行了阐述。第七章，从博物观念到博物学科。本章首先介绍了中国古代的广义和狭义的"博物"观念，以及中国古代博物知识的图书目录和类书的分类体系；随后介绍了西方"博物学"概念的引进，并对西方博物观念和中国博物资料进行了比较；最后进一步总结了中国近代新式博物辞书的特点。第八章，类书资料与狐幻文学。本章主要从类书资料中总结和分析了狐幻文学在狐的属性与祥瑞说、狐的形象与诗文以及狐的幻化与小说三个方面的相关内容。第九章，诗歌选本与梅花文化。本章从"别出梅花一类"，讲述了自宋以来咏梅的发展，进而逐步阐述了类书体例以及评注资料中对于梅花的相关记录和统计梳理。第十章，摘句品诗与名句传播。本章主要介绍了摘句品诗的由来、具体应用以及传播功能和影响，以及诗选与"秀句"，并从摘句现象长期存在的原因、古代诗歌可以摘句的特点、摘句研究的特殊意义以及读者对摘句品诗的接受四个方面有序给出了摘句现象的成因。

第三编，阅读视野。本编亦分五章：第十一章，儒士读书与隐士读书。本章从儒士的读书方式，从儒家对版本载体的讲究和版本文字的重视，进一步以《春秋》为例，分析了儒士的读书方式使得《春秋》成为治理国家的景点以及提高了文人著述史书的地位。本章亦阐释了隐士的读书方式，主要介绍了与四书五经不同的道家与佛教书籍在阅读过中的无穷乐趣。随后以陶渊明的自我传播为个案，进一步阐释了陶渊明作为一个隐士的读书特点。第十二章，读书文化与家族风尚。本章从读书：士人的技筋，读书法：苦读与"涵泳"以及藏书：读书种子不绝三个方面介绍了读书文化与风尚经久不绝，代代相传的内涵。第十三章，女性规范与闺塾阅读。本章以《女诫》和《诗经》两本著作为例，分别分析了古代女子在女德和情肠方面的读书不同之处，并介绍了古代才女的读书空间，并进一步介绍了新媒介带来的新女性。第十四章，西书东渐与文化融合。本章以西方代表利玛窦："合儒"的传教策略和东方代表梁启超：融合中西学术为例，分析了东西文化的融合，并进一步介绍了当代的"国学"声音，即在全球化背景下，电子媒介的环境中，中西融合、弘扬国学责任更为重大。第十五章，大众文化与典籍解读。本章介绍了随着新媒介技术的发展、大众文化的普及，典籍的解读出现了以"正说"矫正"戏说"、以"大话"拆解名著、以"读图"诠释古籍的新趋势，并进一步分析了出现这种趋势之后，作为编辑出版者面临的相关问题和思考。

学术特色

该书理论视野涵盖文化传播学与新闻传播学两大学科领域，广泛吸收了当今西方传播理论、媒介哲学、大众文化研究、新闻传播学、传媒经济学、编辑出版学、文献学以及当代国学研究的理论，密切贴近当代媒介研究、传媒实践、文化产业发展等实际需要，是国内文化传播学与新闻传播学领域的一部领先之作。该书在批判西方近代主流世界观及其价值观的基础上，深入挖掘中西世界观的古代和近代形成、确立、传播、成熟的社会历史文化机制，探讨媒介世界观在古今社会的传播方式、在近代社会与西方世界观的激烈碰撞、相互传播与融合，探讨了媒介世界观在当代文明传播的均衡、公正、有序、和谐等层面以及媒介在产业制度、商业运作等领域所面临的一系列问题，具有重要的理论意义与实践价值，是国内学术界将当代文化研究与西方传播理论打通、结合的大胆尝试。

观点撷英

任何一种媒介都会制约人民获取信息的途径，影响人们的思维方式，从而形成特定的知识结构。中国典籍是古代文化的书面载体，通过各种肤质技术和阐释方式，一代一代流传下来，积淀了中国数千年的文化遗产，形成了博大精深的中国文化传统。（第6页）

古代书坊属于刻印和销售图书的机构，而刻印前的编辑工作主要是选择图书、写版或翻版、设计封面和板式等，出版物的种类极为有限。书坊还承揽刻印业务，许多私人编纂的文集著述也是委托书坊汇集工匠来刻印的。由于官方出版和私人刻书都有明确的文化追求，传播范围有限，以"射利"为目的的私人书坊，虽然不免遭到官方的管制和文人的批评，却也是活跃图书流通市场的重要渠道。书坊主所热衷出版的小说之类俗文学图书，也沟通了文人作者与市民读者的联系，成为官方出版物排斥小说的一种市场补充。中国古代官方、私人、书坊并存的出版格局，正是中国古代社会政治、经济、文化等复杂因素相互作用的结果。（第48页）

中国古代"博物"一词，是与古代"通识"（广博的知识结构）教育相联系的一种观念，而不是指具体的学科门类。（第89页）

中国古代文献中独具特色的狐形象，与中外寓言中"狡猾的狐狸"这种概念化的动物角色相比（如"狐假虎威""狐狸与乌鸦""狐狸和葡萄"等等），不仅更加丰富多彩，而且具有深刻的社会文化内涵。（第112页）

此外，诗话作者随心所欲，把不同时代、不同诗人所做的意境相似的诗句，信手拈来，排列比拟，稍加点评，会给读者带来许多链接式的感悟。这些诗句在新的阐释框架中也被赋予了新的意义，这是和中国诗歌创作本来就注重"言外之意"，从而形成了特定的文本结构相联系的。（第134页）

就是儒家的这五本经书，奠定了历代儒士治学从政的根基，也耗费了读书人无数的精力，以至于有"皓首穷经"的说法。这就像是一个巨大的陀螺，最初凭借皇权力量的推动，开始旋转起来，接着一代又一代儒士被吸附在这个陀螺上，随之转来转去，划出一个又一个圆圈，虽然这个圆圈有所扩大（从五经到九经到十三经，以及它配经而行的学问），但是终究不能离开这个中心点。（第 144 页）

中国私人藏书文化的兴盛，还和读书人讲究书籍版本、喜欢收集珍惜版本有关，由此形成了书籍版本、目录、校勘、辑佚等专门学问。私人藏书目录及其提要往往不拘一格，收藏广泛，并记载有关书籍来源、版本特征以及藏书家之间交往的内容。（第 171 页）

文明不妨对比一下，李清照所读的书籍都是男子的书籍，而明清时期江南才女们所读的书籍却不乏言情小说（书坊出版这些书籍，已经考虑到女性读者的需要）。李清照潇洒脱俗，即使是写词也流露出"丈夫气"，为文则有学者气；江南才女更多女性意识，不免为虚拟的小说故事所伤情，而她们编辑出版的诗集也拥有更多的男性读者。由于才女的读书生活都要依附于身边的男性，所以，不同的家庭阅读空间，造就了不同气质的才女；不同时代的男性视野，也参与构建了不同时代的才女文化。（第 189 页）

编辑出版者作为把关人，对于文明民族的文化资源应该保持一种敬畏之心，既要有延续文化命脉的责任感，也要有审慎分析的眼光和媒介素养。如果只从眼前的经济利益出发，把典籍资源变成任意拆解组合的碎片、变成填充时尚元素的符号，会对我们民族文化的历史记忆有很大的消解和颠覆作用。（第 226 页）

文史典籍不仅是祖先留给我们的精神文化遗产，也是具有世界影响的精神文化遗产。编辑出版者应该有长远的历史眼光和深层的文化价值理念，真正把图书出版物当作构建社会文化长城的基石。对于开发文史典籍的资源，重要的不在于你说什么（弘扬中国文化），而在于你怎么说，以及实际产生了什么社会效果。（第 226 页）

（徐莹　撰）

宋代刻书产业与文学

朱迎平

出版概况

《宋代刻书产业与文学》，朱迎平著，上海古籍出版社 2008 年版，平装 32 开，319 页，23 万字。

朱迎平，男，1948 年生，浙江平湖人。1982 年 1 月毕业于复旦大学中文系，其后一直在上海财经大学从事中文教学。现为上海财经大学人文学院教授、硕士生导师，兼任学校档案馆馆长。主要研究方向为唐宋散文、古代文体和古代文献。主要著作《宋文论稿》（上海财经大学出版社 2003 年版）、《永嘉巨子叶适传》（浙江人民出版社 2006 年版），《古典文学与文献论集》（上海财经大学出版社 1998 年版）、《管子全译》（两人合作）（台湾古籍出版社 2000 年版）、《文心雕龙索引》（上海古籍出版社 1987 年版）、《全唐文》点校（承担 100 卷）等，并在《文学遗产》《复旦学报》等刊物上发表论文数十篇。

内容提要

《宋代刻书产业与文学》于总序、前言之后分为上下两编，八章，总序提出文学与经济的关系、方法，以及此视角的来龙去脉并指出此是上海财经大学中国传统文学与经济生活研究丛书中的一部分。前言指出雕版印刷的发明的重大意义，在此基础上将雕版刻书作为新兴产业进行整体研究，将宋代文学置于"刊本时代"展开新的考察。

上编是宋代刻书产业全景扫描，介绍了刻书的起源和发展，从而形成初步的文化产业，再到文化产业的持续兴旺，作者不是简单的一说，而是深入到刻书这一行业，从其刻书中心的发展—刻书地域的扩展—刻书格局的发展—刻工队伍的扩大—刻印技术的进步—刻书管理的加强—刻书版权的保护—刻书广告的流行—刻书效益的估算—纸业墨业的支撑，将其放到一个产业链条中去分析考察。

下编，刻书产业对文学的影响。刻书这一产业的发展，随之而来的是就是对于文学的影响，其影响主要体现在文集的编刊、文体的演进、文派的形成、文人的参与等方面。

学术特色

作者在阅读相关史料和论著的过程中，基于刻书在宋代已形成一项独立的文化产业具有相当的规模以及宋代文化首先是文学的发展，已经与刻书产业密不可分，标志着文学的发展由写本时代进入刻本时代，对相关材料进行系统分析、挖掘和阐发，希图从经济生活与文学发展的关系的角度，作一点实证性的考察。

该书对宋刻书产业在进行全面考察的基础上，进而深入探讨它与宋代文学发展的关系，将文学放在印刷史、社会史的背景上来看，拓宽了文学研究的视野。刻书的大规模发展使得诗词文集及各类总集数量明显增多，著名文人都非常注意自己文集的编辑，甚至有机会在生前刊刻自己的作品，这使得名家的文集变得齐整可观，也使后人能够更清楚地掌握一家集子的源流演变。刻书肇始于唐而盛于宋，在宋代繁荣发展的经济生活和日益先进的科学技术的刺激下，刻书产业蓬勃发展，形成了官刻、私刻和坊刻三大系统，涌现了一大批善本佳刻。

该书后附有现存的宋版集部书录，资料详备，有参考价值。

观点撷英

世间万物在差异中无不具有相通性，正是这种相通性使万物联系成世界。寻找、发现相异事物间的相通性，由此入手可发现单科研究中被长久遮蔽的部分，而打开遮蔽部分的过程，往往就是原创性生成的过程。（第1页）

经济学与文学听起来很遥远，但两者之间有共同的生命源、生发点和契合点。经济学与文学的共生点就是人的欲求，契合点是满足人的要求，只不过文学是通过语言隐喻表现人的欲求，并通过想象虚构图景满足人的欲求；而经济学则是研究通过怎样的可能性的经济手段满足人的现实的欲求。就两者的关系而言，衣食住行等经济生活欲求，生发并规定着人的发展创造欲求，而文学与经济学在研究满足人的欲求方面是形影不离不弃的兄弟。但吃饭和说话间究竟是何种关系尚是一个需要认真深入研究的新领域。这种关系可以从文学生成、发展、演进的动力来加以研究。文学发展的动力源于人的原欲，表现于生活中的利益，流注于情感。因为人的本质是追求欲望实现最大化的道义富贵人。所以不断得欲求就成为道义富贵人实现人生最大价值的动力，也成为道义富贵人表现情感的文学的发展动力。（第 2 页）

宋代刻书产业对文学影响的另一重要方面，表现为与问题相演进的互动关系。文体演进是文学发展的重要内部动因，作为外部因素的刻书活动则通过促进文体演进，从而推动文学发展；反过来说，文体的演进也会为刻书产业提供机遇，从而促进其进一步发展。（第 177 页）

"三洪"兄弟从绍兴末年至绍熙初年的 30 年间，共刻书近 20 种 300 余卷。三洪兄弟刻书的地域，遍及江、浙、闽、赣，这些都是南宋刻书业的发达地区；其刻书的范围，广泛涉及文学、历史、诸子、金石、科举、谱录、医方、笔记、志怪小说等方面，展现了宋代文人士大夫广博的知识领域和丰富的修养情趣；除《万首唐人绝句》一部分外，他们刻书均由任职地官府出资刊刻，反映了南宋地方官刻书的蔚然成风。所有这些，都典型地体现了文人士大夫刻书的特色，在宋代刻书史上具有普遍意义。（第 239 页）

朱熹长期侨居建阳著述和讲学，而建阳恰是南宋刻书产业尤其是坊刻最为兴旺的地区，朱熹的刻书活动无疑与当地刻书产业的大环境有着密不可分的关系。弘扬道学诚然是朱熹刻书的主要目的，但与此同时，他也有一些经济上的考虑。朱熹一生清贫，"诸生之自远而至者，豆饭藜羹，率与之共，往往称贷于人以给用，而非其道义则一介不取也。"他所任地方官职俸禄有限，缺乏实现其弘道理想的经济能力，而刻印书版正能达到一举两得的目标，因此他常常"刻小书板以自助"，刻书当作一项高尚的谋生之道。当然，与当时建阳坊间唯利是图的滥刻之风绝然不同，朱熹刻书始终将质量放在首位，他曾感慨："今人得书不读，只要卖钱，是何见识？苦恼杀人，奈何奈何"对书贾"只要卖钱"十分反感。他更是身体力行，事必躬亲，参与刻书的每一个环节。他十分重视底本的选择，反复比较优劣，择善而从。（第 251 页）

从陆游隆兴二年（1164）首刊《修心鉴》到陆子遹绍定二年（1299）知

严州任上刻书，前后65年，陆氏父子两代三人总共刻书数十种近500卷，煌煌大业，在宋代文人中可称壮举。陆游父子并无高官厚禄，自身无力刻书，都是利用任职地方用官府的经费从事公帑刻家集，使陆游这位文学大家的诗文著述得以完整流传，成为古代刻书史上的佳话。陆游父子将刻书与藏书、读书、校书、著书紧密结合，并将其作为仕宦生活的重要内容，使传统书香门第的文化气氛更为浓郁，使士大夫官宦生涯中的文化内涵更为丰富，为后代士大夫树立起立身为宦的楷模。而陆游博大的爱国情怀，也与他的刻书事业密切相关，相得益彰。（第266页）

（董方霞　撰）

在盛衰的背后——明代建阳书坊 传播生态研究

路善全

出版概况

《在盛衰的背后——明代建阳书坊传播生态研究》，路善全著，中国传媒大学出版社 2009 年 5 月出版，平装 32 开本，261 页，21 万余字。

路善全，男，汉族，2007 年入选"福建省新建本科高校新世纪优秀人才计划"；2009 年获"享受南平市政府特殊津贴优秀教师"称号；2010 年获学校"年轻拔尖人才"称号，多次被评为"优秀教师"。曾获武夷学院科研贡献奖、科研成果一等奖。参与和主持国家和省社科规划、省教育厅项目等 8 项。该书出版时为武夷学院副教授，在《新闻战线》《中国戏剧》《中国社会科学院研究生院学报》等刊物发表论文近 50 篇。

内容提要

《在盛衰的背后——明代建阳书坊传播生态研究》在绪论之后分为八章。绪论主要介绍该书研究的问题、研究对象、研究综述、研究意义和创新点。

第一章，介绍传播生态的概念。作者从生态学的概念入手进行介绍，以此引出传播生态，在总结前人观点的基础上对于传播生态的概念进行界定，以"传播外生态""传播内生态"和"传播新生态"三者及其相互关联相互影响的整体动态平衡局面作为传播生态。最后引入了"传播食物链"和"自然地理环境影响"两个概念作为影响生态系统正常运行的两个可能因素。

第二章，明代刻书的历史图景。为了引出明代书坊和建阳书坊的情况，作者首先对于明代刻书业的产业大环境进行了介绍。从政府刻印、藩王刻印和民间刻印的三种刻印方式的分类入手，具体介绍了几个主要刻印地区的民间书坊。然后就明代刻印技艺的创新点：雕版和活字印刷、彩印、线装和插画，以及制墨和制纸的成熟作为铺垫，引出当时刻印本的主流——章回体小说，并对于章回小说成为时代主潮的原因进行分析，归纳了社会发展、文学思潮、体裁内容、传播方式和受众阅读五大原因。

第三章，明代的传播生态历史图景。在这一章中，作者以章回小说发展路径进行探究。首先从历史时期进行分类，将它的发展分为衰微冷落期、恢复生机期、创作高潮期三个时间段，再利用传播生态解读章回小说的演进。以政治生态、文化生态和文体生态构成的传播外生态为明代章回小说的流行提供了开放的环境，而印刷媒介、印刷技术、传播方式构成的传播内生态为章回小说的发展提供了物质和技术可能，加上传播新生态——受众、社会效果，传播生态三者之间的相互推进使得明代传播生态不断演进。作者还以章回小说、受众传播媒介构成的食物链进行分析，归纳章回小说发展的断裂、循环和良性循环三个阶段。

第四章，建阳书坊的刻印情缘。本章中，作者对于建阳书坊的基本情况进行介绍。对其地理位置、历史情况、书坊特点、兴盛时期及衰落时期的章回小说刻本数量情况进行介绍。

第五章，建阳书坊本的生产与传播。本章中，作者从建阳书坊出版的印本的生产和传播两个角度展开。从生产上，主要以文人作为生产集体，作者将其称为群落。生产群落主要由文人创作群落、文人编辑群落和文人刻印群落组成。其中文人刻印群落重点介绍了它的家族性、绘刻一体性；从传播群落上，根据角色功能不同，主要有注解点评的文人群落、序者文人群落和销售者群落。其中对于注解点评的文人创作人员表现出的商业性、理论讨论性等特点进行介绍。

第六章，建阳模式与明代建本构建的拟态世界。作者对于建阳书坊形成的简阳模式及其成因进行介绍，因此引出了建阳模式中最重要的一个特征：拟态世界的构建。建阳书坊通过刻印章回小说为受众构建了"拟态世界"。作者通过建阳书坊主要的章回小说作家入手分别介绍了几个主要的题材。首先是以余绍鱼、余象斗、熊大木为主创作的英雄传奇和历史演义，还有朱名世、吴还初为代表创作的神魔类型，以及以《皇明诸司公案传》为代表的律法风格的章回小说。

第七章，建阳书坊传播生态及盛衰演变。在这一章中，作者以传播生态的方式对于建阳书坊进行研究。传播外生态主要是社会政治因素、书坊主的传播思想、经济因素、市场竞争、思想文化、题材选择。传播内生态包括了媒介因素和生产成本、刻印技术和传播对象、传播时空和书坊扩张，传播新生态主要从受众角度进行分析，同时对比了江浙的书坊业，作者认为传播生态的发展深刻影响了建阳书坊的盛衰，导致后期建阳书坊势必会走向衰败。最后作者从自然地理环境角度分析建阳书坊的兴衰原因。

第八章，建阳书坊产业生态和盛衰。作者引入了一个新的概念，产业生态，他认为书坊产业生态作为传播生态的一个重要形式有必要对其进行研究。他从产业生态位、产业生态种群和产业生态食物链三个方面对于产业生态影响建阳书坊盛衰的方式进行了分析。

在结语中，作者认为，建阳书坊的衰落，从传播生态角度来看，是一种必然的历史结果，而并不是几场大火或外力的作用能够造成的。

学术特色

生态学自 20 世纪 90 年代以来，在全世界范围内已成为了重要的热门学科，这不仅表现在生态学本身的发展，还表现在生态学同其他学科不断相互渗透与相互交叉，从单一的自然科学走向自然科学与社会人文科学的互动发展上，生态研究为社会科学进一步拓展了研究领域，提供了全新的视角。传播学与生态学相互渗透的过程中产生了传播生态学，它最早在 20 世纪 60 年代起源于北美，代表学者有尼尔波兹曼、麦克卢汉等，中国大陆对于传播生态的研究主要集中出现在最近几年。《在盛衰的背后——明代建阳书坊传播生态研究》就是以传播生态学的视角对于建阳书坊的出版业进行的研究。

路善全的《在盛衰的背后——明代建阳书坊传播生态研究》是一部以传播生态学为研究视角、以建阳书坊为个案研究对象的专著。它为了探究建阳书坊在明代由盛到衰的变化原因，以联系的眼光，结合书坊生存的环境背景、地理要素等从书坊、书籍、环境三者相互作用、相互联系的关系为线索，解读建阳书坊走向衰落的原因。该书构建起了建阳书坊的传播生态——"传播外生态""传播内生态""传播新生态"，还引入了产业生态的概念，更详细探讨了建阳书坊盛衰这一历史演进的原因和过程，这对于更深层次认识这一文化现象提供了全方位的镜像，是对于建阳书坊研究的有力推进。

另外，作者以当时出版物主流——章回小说作为主要的研究对象，使得研究更具有受众基础，同时采用食物链的说明工具，更生动形象地将建阳书坊传播生态环节中的每一部分相互合作、相互影响的关系表现出来，让读者更容易接受，使研究成果更直接易懂。

《在盛衰的背后——明代建阳书坊传播生态研究》从传播生态学的视角对于建阳书坊的章回小说进行研究，揭示了建阳书坊走向衰落更深层的原因，为出版业界提供了丰富的研究资料，加深了对福建地区明代纸质文本传播的认识，而且拓宽了传播学的研究视野。

观点撷英

对于建阳书坊传播生态研究而言，我们将建阳书坊作为一个有机体，此有机体与其环境之间的互动关系就构成了生态关系。同理，建阳书坊的传播生态也由"传播外生态""传播内生态""传播新生态"构成，三者相互关联、相互影响，在动态与平衡中一起构成了整体意义上的建阳书坊传播生态。（第30页）

章回小说创作日益成熟。明代中后期，由于市民阶层对通俗小说的需求旺盛，章回小说在宋元拟话本基础上的创作日益成熟，儒商联手在章回小说创作上推波助澜，因此，文学的传播以章回小说传播为主。章回小说的内容经历了从历史演义、英雄传奇到神魔、到公案再到世情等的选择和演进。（第80页）

直接受众与间接受众，又分别确立了明清章回小说两种基本的传播方式——文本传播与文本的曲艺化传播。（第85页）

明代建阳书坊的章回小说，基本上是上图下文，上图下文是插画本的传统形式，大部分书坊主都选用这种板式。同时，这种板式有利于图文对照，纯从阅读角度来说，这是最好的形式。但是，书坊主追求的利润最大化，所以他们也试图打破常规，设计一些新颖的、能引起受众注意力的版式。（第136页）

明代建阳书坊的传播者通过刻印章回小说这一传播媒介，为受众构建了千姿百态、时空交错的"拟态世界"：历史的世界，英雄的世界，神魔的世界和律法的世界。尽管现实世界是拟态世界的母本，但一目了然，建阳书坊主及其他传播者参与构建的拟态世界，不是现实世界"镜子式"的摹写，不是"真"的世界，这个拟态世界给人们以想象的空间。而且，这种拟态世界构建的方式是表意的和幻化的。（第151页）

通过书坊主熊大木的历史演义小说，从两汉写到唐宋，创作内容跨越千年，创作技法不断精进。其创作实践，不仅为受众呈现了千年历史风云，呈现了岳飞的报国与杨家将的殉国，更为重要的是，促进和影响了历史演义小说流派的形成，为历史演义文体的规整化、完善化和语言的雅化，乃至整个创作规范和体系最终得以确立，做出了积极的贡献。（第 164 页）

书坊的生存，需要受众的支持，章回小说的生存，也需要受众的支持。明代的书坊，与市场有着密切联系，被当作一种产业进行经营。书坊主为实现最大的商业利益，利用内容控制权，通过制造新的文学样式，一方面吸引受众的注意力，稳固已有受众群，另一方面也在传播过程中不断造就新的需求和培育新的受众群，并扮演着引导潮流、引领时尚、左右社会精神走向的重要角色。我们把这种现象称为受众市场效应。（第 193 页）

居住在建阳的人们，因长期相互来往，逐步形成了地域认同观念下的"地缘群体"。并获得该群体成员的特性。这种特性不仅体现在以共同地域为背景的人形成的持久稳定的社会关系网络中，而且在更深层面上成为人们进行社会交往时判断他者行为模式的一种评判标准或是社会预测；封闭的地理环境导致人们以自我为中心，视野较窄，观念容易僵化，心态趋于保守，再加上优越的自然条件，相对稳定的靠山吃山的生活，养成人们不求进取、缺乏危机感的惰性。而浓厚的文化积淀更是使他们缺乏披荆斩棘和开拓创新的精神。（第 197 页）

由于种群密度过高，资源和市场的承载能力有限，在这种情况下，资源市场环境弱势的建阳书坊也渐渐进入江河日下的境地。（第 203 页）

关于建阳模式，本书认为建阳模式的内涵为书坊主渐渐成为章回小说创作的主体，书坊主的创作表现出扁平化倾向，是商业性动机衍生出的文化快餐艺术；建阳模式的表征为建阳章回小说传播者的代表人物主要包括熊大木、余绍鱼、余象斗、朱名世、邓志谟、吴还初等，他们分别通过历史演义和英雄传奇题材小说、神魔题材小说、公案题材小说等构建出不同于现实世界的"拟态世界"。（第 211 页）

（裘鑫 撰）

明清江南城市商业出版与文化传播

刘天振

出版概况

《明清江南城市商业出版与文化传播》，刘天振著，中国社会科学出版社2011年5月出版，平装32开本，228页，22万余字。

刘天振，2002年毕业于南京大学，获文学博士学位。现为浙江师范大学人文学院教授，硕士生导师。主要研究方向：宋元明清文学、古代小说与传统文化。近年于《南开学报》（哲学社会科学版）、《复旦学报》（社会科学版）、《光明日报》《戏剧艺术》《明清小说研究》《红楼梦学刊》《齐鲁学刊》等报刊发表论文40余篇，部分论文曾被《中国社会科学文摘》转摘、被《人大复印资料》全文转载。出版专著《明代类书体小说集研究》《明清江南城市商业出版与文化传播》《明代通俗类书研究》。主持国家社科基金项目1项、教育部人文社科基金项目1项、浙江省哲学社会科学规划课题2项。

内容提要

《明清江南城市商业出版与文化传播》分为四篇。第一篇，明清江南城市商业出版发展的背景因素，探讨了明清江南城市商业出版兴盛的多元动因，涉及经济、文化等多个方面。作者首先对于研究范围进行界定，明确江南城市的区域是明清时期的环太湖流域的八府一州，然后作者从商品经济发达、藏书盛行、教育发达、政策支持、技术推动这几个角度论述了江南地区在明清时期出版业发达的原因。还指出了不同城市的各有出版特点。

第二篇，明清江南曲本刊行及知识传播。作者在这章着重探讨明清江南戏曲选本编刊及知识传播的相关问题。作者认为建阳书坊与江西文人合作编刊的方式是书商合作模式中比较独特且能合理配置资源的一种值得赞赏的方式。另外作者介绍了戏曲选本的阅读和清唱的功能、小曲体制灵活多变的特点、选编者强烈的主体精神和审美观点。在明清江南曲本中保有比较鲜明的商业特色：曲新、标声调、配插图、雷同抄袭。以《乐府红珊》为例，作者介绍了江南戏曲选本的选择题材的不同标准和分类方式。与建阳选曲比较后，作者认为江南选曲的目的主要是供士大夫娱乐、审美，追求词美调谐，更符合文人雅士而非普通百姓的审美趣味。最后，作者指出这种戏曲选本主要传播了伦理观点、历史知识、民俗知识、曲学知识、地理知识。

第三篇，明清杂志雏形编刊与新型娱乐方式构建。本章集中探讨明清江南杂志雏行与新型娱乐文化创建的相关问题，分析讨论其文化属性和史学价值。作者首先对于江南杂志兴起的背景进行介绍，他认为科举的推动、文体渊源、类书的同步发行是杂志兴盛的几个原因，其中《国色天香》在现存的消遣杂志中是版面存世最多的。在介绍完杂志编纂体例的复合型和商业文化表征后，作者以金陵的杂志型读物为例，具体描述了其知识系统：文类知识、修身齐家规范、宗教知识。最后作者指出杂志性刊物在出版史上的意义，它直观展示了明代人的小说管和分类意识，同时表现了明代出版业商业化运作程度较好，但是大量的抄袭现象扼杀了杂志读物的生命力，因此此类读物进入清代后开始在阅读市场销声匿迹。

第四篇，明清江南商书出版与商业伦理。专门讨论明清江南商书出版与商业伦理传播的情况，从专业图书文体构建这一角度，审视并论述其出版史意义。指出了商人社会自觉和明清商书出版之间无法割舍的关系。作者以《事林广记》为比较对象，指出了明清商书与之关系，明清商书更具有专业性，选材范围更小，而《事林广记》从取材取向和编写体例这两个方面影响了明清商书。作者还指出了明清商书中的交通地理，介绍了它的编写体例和独特的忧国情怀。最后，作者对于明清商书中的民间生活伦理和历史知识书写进行了介绍，指出其中记载的世俗伦理既有和主流价值系统货精英价值体系相贯通的一面，也由相背离和相抵触的一面；其选取的历史知识包括历代王朝编年和起源知识、历史人物事迹和名人语录等。

学术特色

对于明清江南城市的出版业的研究已经有十分厚重的学术积淀，许多出版通史和断代史都曾将其作为研讨的重点。研究主要依托于重要的文献资料，从不同的视角进行，除了区域出版史角度、刻书主体角度，还有从出版物题材种类角度进行的研究，传统的出版史研究一般根据出版主体性质，从官刻、私刻、坊刻三种体系展开讨论。明代中期后，商业化的印刷业开始发展并在清代达到鼎盛，成为江南印刷业的主流，其中以民间书坊刻书的商业性最为突出，《明清江南城市商业出版与文化传播》以江南城市民间书坊出版的大众读物为研究对象，在前人研究和现有文献资料基础上，以一个比较新颖的角度，对于还原明清江南的出版业的整体情况有着重要意义。

刘天振的《明清江南城市商业出版与文化传播》是一部以出版史角度解读明清江南城市商业出版的专著，以个案研究为方法，在大量文献资料和案例的基础上，选取了戏曲选本、杂志雏形、商业用书这三种新兴大众读物作为考察中心，对成书方式、选材方式、编排方式、传播机制、受众群体等方面进行深入探讨。在探讨中，作者运用了丰富的资料案例，对每一类型的读物都给出了例证，并辅以相当翔实的出处信息，使得观点的提出更加有迹可循、更加有效。

此外，作者运用了比较说明的方法，将建阳书坊与江南城市书坊两地进行对比，显示两地在出版资源配置方式、出版物种类、选材旨趣、版式风格等方面的不同，以此更凸显的是江南商业出版的地域性特色。作者也注重将个案置于社会大环境下进行观察，从政策、经济水平、出版文化历史、民俗风情，甚至交通和地理情况出发，研究个案与环境因素之间的联系和影响关系。

《明清江南城市商业出版与文化传播》以令人叹服的极高的文献整理和归纳水平，以及新颖的观察视角，将明清江南出版业的盛况一角展现在读者眼前。

观点撷英

在交通、通讯均比较落后的明代，这种跨省的文化与商业资源自觉配置，是比江南同地域文人、书商合作模式更值得探讨的一种经济发展模式。明代中叶后建阳出版的戏曲选本有一突出的特点，即多由江西选家与建阳书坊主合作完成。这些曲选瞄准普通读者群体，走通俗化、大众化路线，在选辑内容、编排体例、欣赏旨趣等方面都表现出不同于江南刻本的鲜明特征。（第52页）

士农工商这四种传统工业都被描绘成幸福安乐的乌托邦,完全没有现实的苦难与艰辛,让人们了解这些行业特征的同时,还能使人受到快乐情绪的感染,暂时忘却生活的烦恼。(第88页)

在民间观念中,历史不是冰冷的事件,也不是枯燥的数据,更不是抽象的大道理,而是由活生生的人物和事件构成的。这些人物与事件主要存活在戏曲舞台上和口头传唱的俗曲中,关注度最高的是发迹变泰的书生会让怀才不遇的文人,如苏秦、司马相如、蔡伯、班超、李太白、杜子美、吕蒙正、冯京、王十朋、潘必正等。(第89页)

这种有说有唱的小曲,演述的是人人熟悉的狂欢节一样的民俗节日,用语纯粹是人人皆晓的大白话,非常便于播在众口,将元宵节令人眼花缭乱的各式花灯绘声绘色地描述一遍,很容易为粗通文墨或不识字的人所接受。(第95页)

凡世俗之人被名缰利锁拘压得透不过气来,身心生存空间被极度挤压,对耳目之外的世界几乎一无所知,这种俗病已如于膏肓,简直不可疗救。(第121页)

明清商书的研究已经形成十分厚重的学术积淀,但大多集中于经济史、商业史角度的论述。近年来研究视野有所拓展,如张明富《论明清商人文化的特点》一文聪商人文化角度、郝继涛《明清时期的商业伦理体系》疑问从商业伦理角度探讨明清商书的丰富文化内涵。本届的关注重点是这些实用读物作为一种专业书籍在出版史、学术史以及大众文化传播史上的价值和意义。(第151页)

众所周知,士商两阶层主要活动于城市空间,在明清时期的江南城市中,传统观念中界限分明的士、商两个阶层互动频繁,乃至界限模糊,成为城市社会性质变异的一种重要表征。城市文化"因传统二元性的模糊和界限的流动——士绅和商人、男和女、道德和享乐、公和私、哲学和行动、想象和现实——而带上了自己的特性。简而言之,它是一个浮世的文化"。在江南城市社会,商贾攀附名士,名士纳结商贾,商贾而儒风,士夫而贾行,成为一种相当普遍的社会风尚。(第152页)

再看两种读物对待淫欲的态度,可以说正好相反。在明代后期商品经济扩张、意识形态控制变弱的社会背景下,常年独身逐利江湖的商人,置身物欲横流的城市,往往难耐孤旷寂寞,常常光顾风月场所,买笑追欢,似乎是一种正常的生活方式。但《万宝全书》等日用类书与《士商类要》等商书对

待寻花问柳行为的态度却截然不同。（第 164 页）

明清商书从职业规范角度构建的价值系统，大致反映了明清民间生活伦理的基本结构。由于明清商业伦理的主要精神资源和思想背景仍是儒家伦理，因此，构成其价值系统主体部分的仍是正统儒家伦理，但是其伦理结构的组成却远比儒家伦理更为复杂，许多价值取向与儒家伦理并不一致。明清商人笃好儒家道德训诫语录、格言者大有人在。（第 200 页）

商书对于经商经验、商业知识进行了总结和梳理，对于商业伦理、商人素质等也提出了许多规范性要求，但是对于商人如何运用谋取的财富扩大再生产的问题，商书似乎无意作深入的探讨。"总之，在他们身上看不到企图超越伦理观的经商之道和积极地为商人在买卖中获得利益提供理论的时机，这就必然使他们的著作在现实生活中的商人提出要求时，局限于单纯的品德和个人的机智方面。"（第 206 页）

（裘鑫　撰）

神话：理解中国传统文化的媒介化生存基于对电视传播的考察

晏　青

出版概况

《神话：理解中国传统文化的媒介化生存基于对电视传播的考察》，晏青著，中国社会科学出版社，2015 年 5 月出版，平装 16 开本，278 页，28.9 万余字。

晏青，男，文学博士，暨南大学新闻与传播学院讲师、硕士生导师。主要从事媒介文化、影视艺术研究。在《新闻与传播研究》《文艺研究》《现代传播》等核心期刊发表论文 40 余篇。主持省部级项目 5 项。出版合著 2 部，文学作品 1 部。

内容提要

《神话：理解中国传统文化的媒介化生存基于对电视传播的考察》，于序言和前言之后正文共分六章十九节，后有结束语和后记。第一章方法论：传统文化电视传播的神话学阐释。作者以神话学阐释为方法论研究传统文化的电视传播。以"大文化"的范畴来界定传统文化，指出传统文化在现代媒介生存已成为无法忽略的神话。并批判借鉴罗兰·巴特的神话学理论、福柯的后现代主义理论及中国先秦的去蔽理论等。从现象物、符号、意识形态、主体性四个变量构建椎体形的神话学阐释方法论。

第二章历史脉络：传统文化电视传播的实践。作者将传统文化的电视传播实践分成三个时期。第一个时期，草创期（1958—1978）早期电视的传统文化传播节目主要存在两种形态，一是诸如电视戏曲、电视评书等单独、专门性的传统文化节目；二是传统文化作为专题晚会、综艺节目等节目形态的一部分，两个构成早期传统文化节目传播的主要形态。"文革"时期的传统文化传播几乎停滞，仅有一些戏曲得以录制。恢复期，戏曲、歌舞、曲艺、杂技等具有舞台特质的传统文化节目被直播，一些地方台开始恢复传统文化节目。这个时期传统文化传播从根本上讲是混沌的，还没有清醒地认识和突出的成绩。第二个时期，发展期（1978—2000）。传统文化传播呈现自觉化、栏目化、多样化的特点。第三时期，多元期（2000—2013）。这个时期传统文化传播走向多元、娱乐化的特点。传统文化的新媒体传播日益受到重视。如今，传统文化的电视传播有早期的"摇旗呐喊"的工具角色转变为现在的"走马圈地"的"英雄角色"。

　　第三章仪式化：传统文化的媒介生存样态。作者介绍传统文化作为仪式的电视传播的发展趋势及媒介传播现实。传统文化经历了从巫术到大众媒介传播的转向源于传统文化的仪式化的特征及功能。介绍传统文化的仪式化生存现代形态及节目分类与模式。元仪式节目、媒介仪式、仪式化节目三种节目类型。传播情景分为"事件传播"和"日常传播"。传统文化文化的仪式化电视传播，是通过电视脚本、意义生成与召唤完成的。电视脚本分"竞赛""征服""加冕"三种。传统文化的电视仪式展演在符号表达、去情景化\情景化与流散仪式中，仪式实现意义的生产与信仰的获取。科技时代传统文化的电视仪式功能更强的是共通情感的产生和强化、群体归属感的强化、社会主流仪式形态的传播。传统文化盛世仪式的展演，通过符号的呈现共享价值，从而完成国家的认同功能。

　　第四章传统文化的政治实践与共同体维系：国家政治影响电视的进程，传统文化的电视传播也不可避免地受到国家政治权力的宰制。作为政治权利的传统文化，不可避免地带有政治党意识形态的因素。在社会秩序的维护和强化执政党合法性发挥了重要作用。在传统的文化的现代境遇里，知识化是传统文化的一个重要面向。在这个面向里传统文化形成了"常识"和"伦理"两个维度。但不管哪个维度，都受到意识形态的规约，指向一定的秩序维护和权力的再生产。作者通过"春晚"传统文化的电视传播，国家通过资金、技术的投入，国家意识形态实现过程中，由家庭切入，通过主持人、节目修辞，达到民族与国家话语的实现。完成"家—国"同构，实现"民族—国家"共同体的实现。印证传统文化传播过程中，意识形态的隐形制约作用。

　　第五章娱乐修辞：传统文化与意识形态的物化。在大众文化盛行的今天，政治话语和资本话语的实现都离不开娱乐的大众形式。因此传统文化与意识形态最终物化的最终结果是走向娱乐。娱乐成为意识形态的载体，受到意识形态的制约。传统文化娱乐修辞的策略是满足人们"欲望化"的需求。历史剧和文化经典的重拍是传统文化娱乐化的重要尝试，在历史的再现与仿像中，完成现代技术的符号呈现，以及传统文化的本体言说。历史剧要经历政治和市场的双重变奏，承担起政治风险和经营风险。在娱乐修辞下的传统文化的传播也无法逃脱多种意识形态形塑的命运。

第六章走出神话：实现传统文化媒介化生存。作者指出在媒介化传播的今天，传统文化传播在很多领域表现不均衡，而沦为边缘的"他者"。符号缺席、符号"跨域"的现象存在。作者认为在大众文化秩序下，传统文化之所以没有话语权，一方面面是传统文化的传承度不高，其话语无法编到媒介文化中去，另一方面无法引起广告商的兴趣。传统文化不应该被认为是现代化的"他者"，"去他者"化是传统文化无限走向现代主体体验，汇入社会文化实践的前提。传统文化要汇入现代文化的流通体系，必须借助大众媒介。接着作者从新自由主义、文化民族主义和后现代主义思潮看传统文化面临的语境。认为，传统文化应该走出神话，积极地与大众文化汇流，实现不同历史语境的文化交往，实现双向的文化交往以及文化创新。在传统文化与现代文化汇流的过程中要加强主体建设，要坚守辩证的原则和合理化设计原则，不神话传统文化，也不能任意扭曲、曲解传统文化以适应现代文化。因此，传统文化的现代生存要走出道德的困境、后现代主义的双重围困，有效借用现代媒介技术符号模式，在大众传媒的世界里，与大众文化彼此对话和沟通达成共识，在商品流动、差序关系中实现秩序，实现价值理性与工具性平衡下的文化创新。

学术特色

《神话：理解中国传统文化的媒介化生存基于对电视传播的考察》以史论结合的思路，以神话学阐释为方法论研究传统文化的电视传播，进而揭示隐藏于节目中的意识形态运作，突破当下多论策略而少有理论观照的研究格局。作者对传统文化电视传播的重要现象进行诠释，有理论层面的尝试，有发展历史的整理，有不同变量的辨析。整个研究浑然天成，既有个案剖析，又有理论的厚度，其学术价值蕴含其中。

一、神话学的研究视域

作者试图整合多种理论资源，构建一种解读神话的去蔽方法。从罗兰·巴特的神话学理论实践出发，挖掘先秦诸子的去蔽主体建设思想；并与怀疑思潮，反本质主义等进行对比将其中的一些理论、方法契合性地转换到神话学的理论方法模式，形构一定理论价值，操作的阐释方法。拓宽电视文化研究视野和路径，完善电视文化批评生态。

二、建构了一整套传统文化媒介化生存的理论框架

第一章试图建构一种解读神话的方法论。第二章立足于"史"的角度梳理中国传统文化的电视传播。清晰梳理了传统文化电视传播如何从混沌到自觉，有早期的"摇旗呐喊"到现在的"走马圈地"的"英雄本色。"第三、四、五章分别从仪式化、权力化、娱乐化三个维度切入，集中探讨了传统文化的媒介逻辑、生态形态以及政治、资本两个变量的影响力。最后作者提出了传统文化的主体建设、融合机制的尝试。这一理论框架的建构体现了作者研究的底气和驾驭文化研究的能力。

三、作者研究视野开阔、综合运用多学科知识

运用了神话学、阐释学、艺术学、文化学、传播学、媒介学等多学科的研究成果和理论资源，来理性地辨析传统文化媒介化生存诸多样本，并进行多维度透视，多方面挖掘，充分体现作者深厚的传统文化积累和传媒理论功底。

四、对传统文化现实的深切关怀

该书史论结合，从仪式化、政治权利、娱乐修辞三个层面向传统文化电视传播进行全面深入地解密，认为中国传统文化大众媒介生存实质是仪式化的生存。认为当下国家弘扬传统文化主要是基于权力、合法性的需要，而非单纯地建设社会主义文化、履行公共服务的职责。同时对传统文化电视传播背后的资本逻辑、文化话语争夺等问题有所揭示。

但该书神话学方法论建构有待完善，对政治、资本、传统文化的博弈过程需要仔细、透彻地分析。但瑕不掩瑜，该书仍不失为一部研究传统文化传播的经典之作。

观点撷英

所以说，神话学理论最终目标亦指向事物本身真实，但它选择的是把一切虚假的、拟真的意识形态细致地层层剥开，将血淋淋的历史和现实展现出来，告诉我们悲剧是怎样形成。（第 28 页）

传统文化的多元化、专业化、专门化传播，是电视发展的必然结果，不同类型的文化以栏目形式出现是其中最明显的例证。（第 56 页）

传统文化在早期电视事业的角色是丰富电视节目，为电视新生媒介摇旗呐喊，吸引观众，以帮助确立电视作为大众媒介的合法性地位，也就是说，传统文化只是电视合法性确立的工具角色。现如今，传统文化的电视传播有早期的"摇旗呐喊"的工具角色转变为现在的"走马圈地"的"英雄角色"。（第 85 页）

总之，电视节目的脚本、意义生成与召唤机制体现的传统文化是现代生存的根本特征——仪式化生存。（第 111 页）

国家政治影响电视的进程，传统文化的电视传播也不可避免地受到国家政治权力的宰制，才有可能进入当代的媒体文化共同体。（第 125 页）

国家权力在社会、经济、文化方面的影响，离不开中国共产党意识形态与权力角色。传统文化传播与国家权力，以及中国共产党的权力的复杂关系也不能忽视这个问题，这也是这该书不厌其烦地花了很多篇幅梳理党、国家、政府之间关系的原因所在。（第 133 页）

这三个概念："感性化""感官化""欲望化"。感官化侧重于意识形态转变的传播方式，笼统地可以理解为大众传播手段；感官主义讨论新闻节目的感官特征，以及从感官入手，表达理性；而"欲望化"，不仅仅涵盖"感性""感官"，它更多还原于身体官能的文化体验。（第 190 页）

从符号学角度来看，学术场对于电视场知识分子的批判是基于对符号秩序和符号权力的维护。电视知识分子利用媒体的力量，用现代话语重新整理传统文化，打破原有的自足符号秩序，并从大众里获取新的符号权力。相对而言，这种权力更容易，更具诱惑力，随之成为宝贵的符号资本以获取更多的利益。（第 202 页）

传统文化在不同历史境遇有着不同的遭遇：一方面，在传统社会里，它本身就是神话，但在中国 20 世纪数次思想启蒙和社会政治运动中被消解；另一方面，作为思想启蒙资源的有益部分，传统文化又因启蒙成为一种新的神

话和权力时，被后现代主义运动推到。（第 243 页）

因此，传统文化的现代生存要走出道德的困境、后现代主义的双重围困，有效借用现代媒介技术符号模式，在大众传媒的世界里，与大众文化彼此对话和沟通达成共识，在商品流动、差序关系中实现秩序，实现价值理性与工具性平衡下的文化创新。（第 262 页）

（田素美　撰）

华夏传播研究的修辞视角

中国古代演说史

宋嗣廉

出版概况

《中国古代演说史》,宋嗣廉主编,东北师范大学出版社 1991 年出版,32 开本,275 页,24 万字。

宋嗣廉,1932 年 12 月 12 日生于吉林省德惠县(今德惠市),现为中国《史记》研究会顾问,山西省司马迁研究会特邀顾问,曾荣获"振兴吉林一等功"、吉林省优秀教师、"吉林英才奖章",全国优秀教师,享受国务院特殊津贴。是英国剑桥大学人物传记中心确认的"国际知识分子名人"。

内容提要

《中国古代演说史》于预言和前言后共分为三卷九章。序言为我国著名的演讲理论家和演讲活动家、演讲学教授邵守义先生执笔,讲述了邵守义与作者的深厚感情,表达了对该书成书的欣喜和对中国演讲事业发展的期待。前言为宋嗣廉本人执笔,由中西方的演说事业研究对比、中国古代演说事业的演进发展深刻阐述了研究中国古代演说史的重要性。

第一卷主要是讲述从商朝到南北朝时期的演说历史和人物。第一章讲述殷商西周时期贵族奴隶主的演说活动。作者从我国第一篇演说词《甘誓》说起,引出了我国历史上第一位演说家盘庚。作者完整讲述了演说者所处的历史环境,选出重要的演说语段,逐字逐句联系历史背景、演说动机和人物心理进行讲解,然后根据相关史料点出演说影响,环环相扣,阐述缜密。在这一章中还引述了西周周公告诫成王的说辞,紧扣人物心理,逐段进行解读,理清了周公劝谏线索,将人物的拳拳衷心展露无遗。第一章还介绍了第一篇有民主思想的谏辞，作者紧扣当时的社会发展背景和公众心理，剖析讲辞的手法及意义，最后还谈了自己对于舆论的看法。第二章讲述春秋战国时代的演说史，这是一个崇尚演说的时代。第一节先总论春秋战国时代演说的盛况及其特点，作者大量引用史料，突出了春秋时期演说家百家争鸣的情况以及战国时期演说家普遍注重的"信""实""譬"三个特点。第二节便具体阐述春秋时期"行人"的外交辞令，作者大量引用史料，完整详细地介绍了邓析、子产、晏子的雄才，又将展喜、烛之武、王孙满等几篇说辞进行比较分析，在同样面对大军压境时各路演说家的而精彩表现。文章还介绍了吕相的长篇外交演说。最后作者进行了总结，春秋时期演说具有"从容委曲而意独至"的特点。第三节战国时期"纵横家"的游说之辞，从其兴起的原因、分野、各自的游说术、各自风格进行阐述，其中也总结了包含苏秦等一些权诈之徒的说辞特点。本章还记述了诸子的演说实践和理论建树，肯定了他们对于建立中国特色演说理论体系的贡献。第三章讲述中国古代演说模式的演进，秦汉时期游说风靡，后来发挥重要作用的是宫廷驳议，文章也详细引述了两汉时期的盐铁会议来再现盛况。本章还记述了知识界的讲学论证，引用了孔子、马融等人说辞。第四章引述的则是古人对于我国演说史的总结，分别是刘向和刘勰，文章从二人的著作《说苑》和《文心雕龙》入手来解析两位对于古代演说事业的总结评价。

　　第二卷主要讲唐代和宋代的演说事业发展。第五章记述的是唐代的封驳、直谏和"俗讲"。作者突出了封驳对于唐朝当局的影响，在直谏方面更是以魏征为代表，详细剖析了魏征为唐太宗的精彩谏言。在唐代还传入了一种服务于宗教事业的演说方式"俗讲"，这里大量引用史料，再现了唐代"俗讲"的盛况，突出了其"韵散结合""曲折奇妙""注重人物性格"的三大特点，肯定了其"说书讲史的先驱"的地位。第六章的主题是宋代演说事业。宋代比较突出的演说群体是普通市民和学者。市民方面流行的演说形式是"说话"，这里的"说话"指带有娱乐性质的技艺，文章罗列了各类史料当中关于"说话"的记载，文章也详细地编录的"说话"的技艺和程序。宋代的演说事业的主要主体变成了理学家，文章主要记录分析了二程和朱熹的讲学内容及特点，引用大量史料，完整详细。本章还分析了农民起义中的演说，以陈涉和方腊为对象，点出他们共同的特点。

　　第三卷主讲元明清三朝的演说事业发展史。第七章介绍我国古代演讲史的"低谷"。先是总论，从民族构成、朝野变化、政令政策、统治阶级、哲学学术、知识氛围等方面详细剖析了元代演说事业萎缩的原因。但是文章也对元代依然存在宫廷争辩、宗教演讲、农民起义演说、知识分子转业、说书事业等方面留足了篇幅。尤其是廷辩论争、学术演讲和说书艺术更是分别占据了三个小节具体阐述。文章举出许有壬与伯颜之辩、徹里弹劾桑哥演讲、伯颜与鲁曾之辩的精彩案例，内容翔实。在介绍说书艺术的部分，作者联系政令法律、民间心理和知识分子等多个方面，真实还原了元朝民间说书艺术的繁荣。明朝是我国古代演说史的又一个"波峰"，作者在第八章描述了当时的盛况。文章先从明朝的政治环境方面剖析了演讲繁荣的最重要的政治原因——政治混乱、朋党兴起、官僚争胜。除了政治演讲，哲学界各流派百家争鸣，演讲活动十分繁盛，文章逐个解析阳明学派、泰州学派等流派的演讲特点。在文学、宗教和说书方面，明朝也有了长足的进步。作者用了一个小节的篇幅讲解王守仁的学术演讲，从其出身、学历、著作、论点详细分析，总结了王守仁"有的放矢""生动形象""多用问答""门户开放"的特点。在后面文章也分别各用一个小节的大篇幅介绍了哲学演讲家王艮、雄辩家李贽和演说事迹，紧接着是哲学学派东林党人的演讲活动和宗教界中西学的大论战，最后是明朝的说书事业。书中收录了《说岳全传》中的精彩片段，表现了明朝时期说书艺术说书艺人的发展和进步。该书最后一章是清朝的演讲史。清朝的宫廷演讲十分没落，文章从政权、文字狱、文化氛围、统治者偏好等方面阐述了其原因。但是清朝学术演讲拥有了不同的特色，各个学派的学术演讲主要在书院里以讲课的形式进行，文章介绍了这种讲学制度和其中的代表人物顾炎武、黄宗羲等人。本章最后介绍了清朝的说书事业以及说书名家柳敬亭。清朝的说书事业在题材、艺人队伍、流传面向、书场数量、说书技巧等方面有了极大的发展。文章从生平、从艺经历等方面详细介绍了说书名家柳敬亭，在题材、演讲技巧、口技技艺、把握心理、性格仪表总结了他的成就表现。

学术特色

该书极其重视文献资料的引用，作者在全书大量摘录史书史料的原文，把精彩的演说事例完整详细地还原在读者眼前，不止于此，作者在阐述某一观点和演说家某种特点时，常常引述不同史料的相关记载相互佐证，极具说服力，做到言之有理，真实还原了我国古代演说家的风采。其次作者善于总结归纳，能够联系历史环境、社会环境、公众心理等相关条件进行总结，视野宽，面向准，能全面详细地归纳出演说辞和演说家的风格特点和制胜之处，同时又能以史料进行佐证，反映了作者严谨扎实的治学风格。另外作者在篇幅布局方面很好地做到了详略得当。作者在演说事业发展蓬勃之处从不吝惜笔墨，但也不是冗长乏味，作者善于选择合适的代表人物和作品进行讲述分析。另一方面在演说发展瓶颈期甚至空白期，作者适当减少篇幅，但也能挖掘其中可圈可点的部分，同时对发展受阻阐明原因。

此书成书于1991年，在当时来说，中国古代演说史还是一块尚未开垦的处女地，此书的出版有力地填补了该领域的空白，使后继研究者有了一本专业翔实的参考资料。同时该书大量引用精彩演说实例，行文流畅生动，总结精妙有力，可读性很强，也是演说相关从业者、学者丰富演说知识，提高演说水平的优质教材。

观点撷英

如果只认识到"为民者宣之使言"会使政事"行而不悖"也还是肤浅的。"口之宣言也，善败于是乎兴。行善而备败，其所以阜财用衣食者也。"才说到了根本。就是说能否正确对待社会舆论，关系到生产的发展，政事的兴衰，谁能从反作用的高度来认识"宣之使言"的意义，谁就能够正确地对待它，产生积极的效果，否则相反。（第12页）

"越国以鄙远，君知其难也。"是说亡郑无益于秦；"焉用亡郑以陪邻？邻之厚，君之薄也"，是说亡郑有害于秦。前一句语重心长，富于启发。后一句语势急切，刺激力很大。无益，有害，两相对比，不能不引起穆公的深思。然后用一个"若"字领起，引导穆公从另一个角度考虑，即舍秦于郑如何。（第26页）

纵观春秋时期"行人"的外交辞令，或对辩、或陈辞，或只言片语，或长篇大论，无不是具有"从容委曲而意独至。"（《艺概》引吕东莱语）的特点。春秋时期，虽礼崩乐坏，但"尚礼"遗风犹存。尤其外交辞令，更须"雍容尔雅""不动声色""辞气不迫"。如果锋芒毕露，口出不训，矜持焦躁就会授人以柄，也有失士大夫之大体。但为不辱君命，又于柔中有刚，透过"挚曲"，而使其"意独至"。说"行人"辞令"古今卓绝"（《史通·杂说》）实不为过。（第38页）

韩非关于辩说之务的论述，客观上虽有揭露封建君主制残暴的作用，但从其主观上，是在强调进说君主成功失败关系到国家的治乱兴衰及进说者个人的生死荣辱，必须精心揣摩，正确"处之"，做到"知所说之心"，"以吾说当之"。这些见解今天仍有借鉴意义。至于他主张对所说的对象要"饰所说之耻而灭其所矜"，即文饰美貌化对方的坏事丑事，迎合他们的心理，当然是不足取的。（第 92 页）

讲说还十分讲究声调铿锵，节奏多变。就是说话人讲说时的声调的高低，节奏的缓急，都要随着故事情节的变化而经常变换，讲到情节最紧张处，便舌辩滔滔，"如丸走坂，如水健瓴"，才能引人入胜，抓住听众心理舒缓处，便十分轻松。（第 175 页）

明代的演讲，不仅内容丰富多彩，而且演讲的技巧也愈加高超多不仅封建帝王、公卿大臣参加演讲，就连市井细民、贩夫士卒也都论及朝政，使演讲逐步普及化、平民化。（第 225 页）

明代"士大夫的好胜喜争"甚至达到了敢和皇帝老子相抗争的地步。《明史·王朴传》载："朴性鲠直，数与帝辩是非，不肯屈。一日，遇事争之强。帝怒，命戮之。及市，召还，谕之曰'汝其改乎？'夕朴对曰'陛下不以臣为不肖，擢官御史，奈何摧辱至此？使臣无罪，安得戮之？有罪，又安用生之？臣今日愿速死耳。'帝大怒，趣命行刑。过史馆，大呼曰'学士刘三吾志之，某年月日，皇帝杀无罪御史朴也！'竟戮死。"一个御史之臣竟敢冒杀头之危，强项与帝辩是而不悔也，勇气可嘉。（第 227 页）

统治者喜欢听书，当然喜欢那些合乎自己口味的东西，反之他厌恶的，甚至是要禁止与扼杀的。但是说书艺术的生命并不在社会的上层，而是在广大的人民群众之中。生活在社会底层的广大市民群众才是说书艺术的创造者、爱好者和保卫者。（第 255 页）

说书本是一种口头艺术，如果不能以声夺人那是不会成功的。柳敬亭的音质好，声如巨钟，说到关键处能"声摇屋瓦外"，再加上他巧妙地控制自己的声音，轻重缓急郁恰到好处，语言干净利落，听众听他说书宛如喝了一杯甘露，五脏六腑都舒服极了。（第 273 页）

（崔天宇　撰）

实用修辞学

关绍箕

出版概况

《实用修辞学》，关绍箕著，台湾远流出版社 1993 年出版，收录于传播馆丛书，为该丛书第 101 篇。

关绍箕，东吴大学中国文学系毕业，台湾政治大学新闻研究生硕士、博士，后任台湾东海大学教师，台湾辅仁大学新闻传播学系专任教授，现已退休。著有《中国符号传播理论》《走出符号学的迷宫》《宗教传播学》《实用修辞学》等。

内容提要

作为一本从使用角度为出发点构成的《实用修辞学》，该书是著者在台湾辅仁大学讲授修辞学课程 7 年的结晶。著者认为该书是任何可惜或喜爱修辞的人都能适用的万能的修辞学教科书。著者认为该书的一大特色就是著者"亲自下厨"，自己亲身实践著者自己叙述的修辞方法，在每一章之中都有自己撰写的修辞实例，这也是该书的一大特色。

著者认为修辞学一般来说分为三个方向，一是走理论的路子，二是走历史的路子，三是走实用的路子，著者选择的是第三个方向。著者认为修辞学要讲实用，势必要从"辞格"入手也就是修辞方式入手，辞格是修辞范畴的特有现象，也是修辞领域的一个重要部分，善于运用辞格，可以使语言表达离开平铺直叙的状况，造成生动形象的意境，因此辞格是修辞学研究范围的一个重要方面。为了符合"实用"的要求，著者选了十二种方式作为修辞的"兵器"，并认为在学会了这十二种方式之后在修辞的世界就可以游刃有余了。

该书除绪论、结论之外，其它的章节均采用四个固定的写作模式来进行书写，它们包括：

概念扫描：以最短的时间熟悉某一修辞格式的定义和类别。

辞海拾珠：广收修辞实例，逐一分析。在这一部分，著者主要搜集了歌曲以及谚语中的修辞实例。在这之中又将歌曲以及谚语分为了普通话以及闽南语两种。

示例橱窗：著者亲自示范，依次解说。

修辞急转弯：著者出题目，加提示，与读者共玩益智游戏。

著者首先介绍的第一种修辞方式是比喻。比喻，又叫譬喻，也就是说话所说的"打比方"。著者对此所辖的定义是"凡是说话或写作时，用一个具体而易懂的事物，来说明另一个抽象而难懂的事物，这种'借彼喻比'的修辞方式就叫比喻。"要使用比喻，著者认为必须要有两种或两种以上的事物，同时两种事物又必须要有共同的特点或类似的性质。在比喻的类别上，著者将比喻分为明喻、暗喻、略喻、借喻四种。同时又根据比喻事物的多寡分成了单喻和博喻两种。

第二个著者所介绍的是与比喻稍有些类似的比拟，比拟又称假拟或转化。反形容某一件事物，将它原有的性质假设或转变成另外一种本质截然不同的事物，就叫作比拟。比拟著者将其分为两大类，即拟人和拟物。拟人著者认为有三种方式，即将生物、非生物以及抽象观念拟人。拟物则分为两种即拟人为物以及拟物为物。

接下来著者谈到的是夸张，夸张又称"夸饰"或"铺张"，凡说话或写作时，把客观的事物或现象加以放大、缩小，以强化语文传播效果的修辞方式，就是夸张。著者将夸张分为增夸、减夸、增减并夸三个类别。

下一个著者谈到的修辞方式是重叠，重叠又叫复叠或类叠。著者对重叠的定义是"范式说话或写作时，把同一个字词或语句接二连三、反复使用的修辞方式，就叫重叠"。关于重叠的分类，著者分为七类，首先是叠字，即同一字词的连接使用，其中又分为单叠和多叠；其次是重字，即同一词的隔离使用，他又分为单重和多重。叠字和重字的混合使用就是重叠字。除了字数上的重叠以外，还有叠句即同一语句的连接使用以及重句这两种句子的重叠方式，二者的复合使用又被称为"重叠句"。在这之上重叠的字句混杂起来还有重叠字句的修辞方式。

之后著者谈到的修辞方式是转义，转义又叫变义，著者对此的定义是"凡是说话或写作时，借用熟悉语句中的音韵或词汇，因而转变语句原有意义的修辞方式，就叫转义。"关于转义的类别，著者分为了三类，一是借音转义，也可称为谐音转义，它的方式是保留原音，换上新词，新词的发音必须和原音完全相同，或者极为接近才可以。借音转义又可以分为三种，一种是双关，第二是异义，第三种是反义。转义的第二种类型是借词转义，它等方式是保留原词，换上新义，也就是说原文一字不动，却赋予新的异义。借词同借音转义可以分为三个类型。转义的第三种类型是音词并借，就是即借音又借义的修辞技巧，不过这种技巧比较少见。

第六种著者介绍的修辞方式是对比，又叫对照或映衬。著者对此的定义是"凡是说话或写作时，把相互对立的观念或实施，放在一起，加以比较，借以增强语气，凸显意义的修辞方式，叫对比。"关于对比的方式，按照物品的多少，分为一物对比即把同一事物相互对立的两个层面放在一起比较，两物对比即把两种相互对立的事物放在一起比较，又叫双方对比这两种方式。除此以外，又可以分为单比和博比两种，即只比较一个方面以及比较多个方面。

与对比字音上类似的修辞方式是对偶。著者对此的定义是"凡是说话或写作时，将字数相同、愈发类似、平仄相反的语句，成双作对地排列的修辞方式，就叫对偶"。著者将对偶分为了两种，一为句中对，即在是稳中出现的对偶，这种在散文、律诗、歌词中比较常见，二是单句对，是自成一体的对偶，在不必依附在其它文句之中。又被称为"独立对偶"，春联、寿联等对联以及谚语都是这种单独存在的对偶。在这两类对偶之中又可以分为宽式对偶以及严式对偶两类，这是针对对偶形式更细致的分类。

接下来著者谈到的修辞方式是排比，对此作者的定义是"凡是说话或写作时，用三句以上结构相似的语句，表达出相关内容的修辞方式，就叫作排比"。著者对排比分为了单句排比以及复句排比两种。单句排比着的是用三句以上结构类似的单句，表达同范围性质的事项象，叫作单句排比。复句排比则是用三句以上结构相似的复句，表达同范围同性质的事项，叫作复句对比。

排比的下一个修辞方式是层递，著者对此的定义是"凡是说话或写作时，把三个二以上有深浅、高低、大小、轻重等层次关系的语句，依序加以排列的修辞方式，就叫层递。"层递主要有两种方式，按照升序排列的递进，由降序排列的叫递减。

紧接着著者又讲到了衔接。衔接又称顶真或顶针。"凡是说话或写作时，利用上句的结尾作下句的开头，使临接的句子呈现上递下接的修辞方式，就叫衔接。"衔接的方式著者按照字词的分类分为了字的衔接，即句中单字对单字的衔接，以及词的衔接，即句中词对词的衔接，还有一种就是以上两种相混合的字词衔接。

与衔接相类似的修辞方式是回转，回转又叫回文或回环。著者对此的定义是"凡是说话或写作时，句子词序排列恰好相反，造成回转往复的修辞方式叫回转。"按照回转格式的严格性，著者将回转分为了宽式回转以及严式回转两种。

最后著者提到的修辞方式是模仿，模仿，又叫仿拟或仿词，指的是"凡是说话时或写作时，套改或仿冒前人的名句、流行用语。以造成增强或讽刺效果的修辞方式，叫作模仿。"著者将模仿分为了两种。单纯性模仿指的是语调、文法、性质都很相近，而且不带半点讽刺意味的模仿方式。讽刺性模仿则指虽然语调、文法、性质都很相似，但内容却大异其趣，而且充满嘲讽意味的模仿方式。

在这之后，著者对以上十二种修辞方式做了总结，著者以及建筑作为比喻，认为比喻、比拟、夸张。重叠、转义和对比比较接近于建筑材料，而对偶、排比、层递和回转则是接近于建筑的形式。最后模仿则是一种样品屋，它是对真实句子的一种"仿造"。

学术特色

作为一本讲述实用修辞方法的书籍，著者在形式之上并没有按照西方修辞学的写作方式来写作该书，它所依照的完全是中文之中的修辞方法进行写作，正如文中作者所说，是为了修辞学的"本土化"略尽绵薄之力。可以说这是一本讲述华文修辞的实用教科书。

观点撷英

修辞之于文章，犹如甘蜜之于面包，没有涂上甘蜜的面包固然可吃，确实索然无味。（第1页）

《实用修辞学》之"实用"意义：将修辞学赶出呆板、理论的象牙塔中，将它灵活运用在生活各层面中。（第2页）

将"修辞"和"生活"结合，不管衣食住行的那个角落，皆能看到"修辞"的踪影恰如其分的出现。（第 5 页）

本书在举例方面多方使用国、台谚语、流行歌词等……，此为传统修辞学书籍少见的特色（如黄庆萱《修辞学》所学的例子多以文学作品为主），也反映了台湾的多元文化，使得各族群的读者，均能体会修辞的精妙之处。（第 15 页）

将修辞与生活结合，以活泼又充满趣味的例证，让大众能亲近它，并灵活运用于生活的各个层面。（第 337 页）

（杜恺健　撰）

说服学——攻心的学问

龚文库

出版概况

《说服学——攻心的学问》，龚文库著，东方出版社 1994 年 10 月第一版，平装 32 开本，268 页，20.9 万字。

龚文库，北京大学新闻与传播学院教授、博士生导师。1988 年开始主持北大国际传播与文化交流专业，后参与创办新闻与传播学院并任第一任常务副院长。教学与研究涉及传播学、国际关系与跨国传播、媒体研究、说服学与宣传研究等。主要学术成果包括《儒家文化传统与毛泽东时代的中国》（英文）、《说服学：攻心的学问》（专著）、《当代比较政治》（译著）、《面向 21 世纪的传播与文化》（英文，共同主编）、《媒介与文化书系》（主编）等（资料来源自北京大学师资力量网页）。研究领域包括传播学，国际关系与国际传播，翻译与传播，说服学与宣传战略，国际文化交流。

内容提要

《说服学——攻心的学问》于导论之后分三篇十一章。导论阐述了什么是说服学，为说服学下了一个定义：说服，就是个人（或群体）运用一定的战略战术，通过信息符号的传递，以非暴力手段去影响他人（或群体）的观念、行动，从而达到预期的目的。第一篇论述古典说服学在西方的源头，该篇分两章。作者从智者派、讲演读本和修辞学校概述了古典西方说服的智慧与说服起源，特别讲述了亚里士多德的《修辞学》，还提及了《修辞学》的价值和问题。第二篇论述古典说服学在中国的源头，该篇分五章。作者在此篇中一边通过诸子对"名"的论述来说服的道德性，道德灌输，还有道德原则的几处矛盾，一边从先秦哲人智者谈起，讲述了说服学的实践性和辩证法。本篇最后还讲述了一些值得谈到的问题和中西说服学的汇合点。第三篇讲述了现代说服学，本篇分五章。作者从早期说服学谈起，讲述了现代说服学的概况和主要理论模式，还论证了说服学分别与逻辑学、心理学、社会学和传播学的关系或运用。作者在结语中讲述了如何以辩证、动态的眼光看待说服学。

学术特色

《说服学——攻心的学问》介绍和讨论了从亚里士多德、先秦诸子，到现代说服学着提出的有关说服的许多观点和理论，大致勾画出说服学从古典时期到当代的一条粗略的发展线索。该书不打算对中西古今所有的说服理论做出全面总结（摘取自书中结语）。这部专著在总结古典说服理论的基础上，评价了目前盛行于西方的现代说服学诸流派；从心理学、社会学、逻辑学、传播学等不同的角度探寻说服的规律；研究人们在社会说服、政治说服、商业说服、人际说服、群体对群体的说服等实践中，如何运用语言以及非语言手段（如形象、色彩、音响、图像语言……），包括现代化传播媒介，以非强制手段影响他人的观念和行动，而求达到预期目的。

《说服学——攻心的学问》融古今之理，采中西之长，理论与实际结合，知识与趣味并重，具有一定的学术价值。读者对象主要是教育工作者，思想理论工作者、结构主管人、宣传工作者、外交外事人员、公关人员、广告设计者等。这该书也可以作为传播学、新闻学、政治学、国际关系学等学科具有价值的参考书。

该书贡献在于理清了说服学的脉络，从中西方说服学源头到现代说服学为读者建立了一个清晰的框架。结合理论与事例，读起来不至于全是理论般枯燥也不如全然是事例而缺少理论的支撑。作者没有将说服学作一个独立的学科看待，他将其与其他学科联系起来，对说服学进行了更全面分析。作者用平实的语言阐述自己的观点，没有将说服学神化，客观面对说服学中的问题。作为我国出版的第一部研究说服学的专著，无论从文化传统还是说服学的规律都做出了很好的疏离，其地位是不言而喻的。作者博古通今，事例翔实，说理透彻，无论是对论点的归纳总结抑或是说服实践应用都让人对说服学有了新的体会。作为一部1994年的作品，对当今时代仍有相当大的借鉴意义。

观点撷英

在说服行为中，说服者的品格（或信誉）不是仅仅取决于说服者一方，而是取决于说服者和说服对象双方。亚氏的说法对现代研究者有两点重要的启迪，一是说服活动中主、客双方关系的问题，二是表象与实际的关系问题。（第32—33页）

中国的教育重模仿，这或许与汉字和中国诗、画的特点不无关系。汉字非拼音文字，须学一字记一字，书写讲究固定的笔顺；诗词绘画都有较严格的程式。所以初学者要在描红写仿、背诵临摹上下很多工夫。（第54页）

游说造成的负面效果不应归罪于说服术，然而说服者的道德目的肯定是说服所产生社会效果的一个主导因素。说服者的道德观与说服行为的伦理性应当是说服学研究的一个课题。（第92页）

"察孝廉，父别居。举秀才，不知书。高第良将怯如鸡"。民众已经习惯于身教模式，当缺乏可信的样板时，言教更难取得成效，于是就可能出现"礼坏乐崩"的局面。这就是。样板模式。这种古代社会说服手段的弊端。（第94—95页）

从上面的讨论，我们大致可以看到贯穿现代说服学发展的一条主线，即从"客方被动"论走向"主客双方互动"论。（第116页）

对说服者而言，此人说与彼人说，效果可能不一样，对听众而言，有人信，有人将信将疑，有人不信。在同一人群中，或在不同人群中，都存在这一现象。（第123页）

当一个人对某事物尚未形成明确态度，内心的感知处于微弱，模糊状态时，他就会凭借外部线索包括自己的行为来获得信息。此时，人的公开行为就对自己态度的形成具有很大的影响。（第241页）

（文雅　撰）

中国古代论辩艺术

张晓芒

出版概况

《中国古代论辩艺术》，张晓芒著，山西出版社 2001 年 12 月第 1 版，大 32 开本，平装，419 页，30 万字。

张晓芒，南开大学哲学系教授，中国逻辑学会中国逻辑史专业委员会会长，中国逻辑学会形式逻辑专业委员会副会长。从事逻辑学、逻辑史、中国古代论辩文化研究，出版有《逻辑——日常说理的工具》《正确思维的基本要领》、《诡辩——思维的陷阱》《逻辑思维训练》《点燃创造的太阳》《创新思维方法概论》、《创新思维训练》《先秦辩学法则史论》《从传统走向现代》《中国古代论辩艺术》《惠施、公孙龙与三晋名家》等多部著作，合著有《墨子的平民学说》《历史与现实——世界文化多元化研究》《中国传统文化百科全书》《人类文明系列丛书》等书，在海峡两岸暨香港发表学术文章达百篇。

内容提要

《中国古代论辩艺术》共分为十四章，分别论述了中国古代论辩艺术，包括邓析、孔子、老子、墨子、孟子、惠施、庄子、公孙龙、荀子、韩非、王充、朱熹等的论辩方法。

第一篇，开篇的话，开篇阐述了论辩文化在古代产生的社会土壤以及论辩文化作为一种沟通手段在现代互联网社会中的重要性。第二篇，是非无度，作者阐述了千古诡辩第一人邓析是非无度的"两可"说，从正反两面指出"两可"之说包含了辩证思维的味道，但当缺乏一种确定的条件性的规定时，"两可"之说就会导致诡辩。第三篇，名正言顺，作者从孔子对于言语交际艺术的认识具有很强的政治伦理性出发，论述了孔子希望通过"正名"而"正政"的论辩原则和"执两用中"的论辩方法。第四篇，正言若反，作者通过对几个悖论情境的描述，指出老子"正言若反"思维形式的运用形式及意义。第五篇，为义首务，作者总结归纳了墨子归纳式类推论辩方法和比喻式类推论辩方法的产生根据和产生过程，并将两者进行了同异比较。第六篇，"不得已"之辩，作者解释了孟子"知言""知类"的论辩方法，由此总结概括了类推论辩方法中应注意的问题。第七篇，奇辞怪说，作者从"历物十意"、辩者二十一事、"譬"的理论总结和实践三个方面诠释了惠施的论辩方法。第八篇，无端无涯，作者详细论述了庄子从"齐物""齐是非"走向"辩无胜"的论辩思想发展历程，通过庄子与各色人等的论辩解释说明了庄子是一个怪诞的论辩高手以及他无拘无束的寓言说理风格。第九篇，唯乎彼此，作者讲述了公孙龙名于诡辩、死于诡辩的故事，并由此论述了公孙龙"唯乎其彼此"和"白马非马"的论辩思想。第十篇，是非之争，作者论述总结了《墨辩》中"辩"是什么、为什么，怎么做的论辩方法和思维原则。第十一篇，君子必辩，作者论述了荀子为何"辩"与何为"辩"的谈说之术。第十二篇，势不两立，论述了韩非子的两刀论法以及连珠的特色推论形式。第十三篇，两刃相割，作者从辩照"真是"之理与洞烛"虚妄"之言两个方面解释了王充的论证与反驳原则。第十四篇，月印万川，作者从认知方法的源头和途径出发比较了朱熹"自上"和"自下"两种推论方法的关系。

学术特色

　　《中国古代论辩艺术》从论辩目的、论辩原则、论辩方法与技巧、论辩的各种逻辑要求和伦理道德要求几个方面去诠释概括了中国古代各家的论辩方法与论辩艺术。有些志在显扬真理，有些揭示了宇宙人生的深湛义理，有些则可称之为诡辩。这些论辩，都熔铸着思想家们的真知睿智。作者在书中穿插了许多流传下来关于论辩的故事和研究论辩的篇章，通过这些"土生土长"的篇章，作者向读者展示了中国古代特有的论辩文化，一种熔铸了艺术性的政治伦理目的性极强的论辩文化。作者在书中试图挖掘这种论辩文化的艺术特色，展现并重新阐释熔铸于其中的文化内涵，探讨其中的精义得失，从而在弘扬传统文化的同时，探讨、挖掘为我所用的精华，通过批判继承、综合创新，使中国古代论辩文化中的求真的科学精神和求治的伦理精神在现代社会继续发挥积极的作用，从而使当代人在快速发展的社会里，在网络时代里，在越来越频发的人际沟通中，在思想、到得品质和知识技能等方面的锻炼和培养中，在思维品质、思维能力、思维艺术的增长和创新中，注入古代论辩文化中的合理因素，从而在探索古代论辩文化的现代价值过程中，不断弘扬我们民族传统文化内容。

《中国古代论辩艺术》注重文献史料的搜集整理和使用。该书参考了《诸子集成》《四书五经大系》《先秦逻辑史》《中国中古逻辑史》《中国逻辑史》《诡辩和逻辑名篇赏析》《名学与辩学》《中国逻辑史教程》《中国古代哲学精华》《先秦辩学法则史论》等书籍，引用了中国古代各辩论名家的故事语录，从多种逻辑体系出发，运用综合对比总结的方法阐释了中国古代的论辩艺术文化。

该书的最大特点是通过系统梳理先秦时代诸子的论辩思想及方法，对先秦诸子论辩思想的生成、论辩理论的学说基础、论辩方法的艺术特色进行了对比分析研究，从"是什么"和"为什么"两个层面阐述了先秦诸子的论辩思想与方法，展现了先秦时代论辩文化的思想特点、方法论特点、语言特点，论证了具有中国传统思维方式特色的主导推理类型——"推类"对中国传统文化的影响。作者基于同一律、排中律、矛盾律、充足理由等逻辑思维规则出发去解构了中国古代的论辩文化，兼具了论辩的技能方法性和文化艺术性，进而更为深刻透彻地展现了中国古代论辩名家的论辩才智和论辩精神。

观点撷英

应该说，中国古代的辩学实际上是从对"名"的认识开始的。从"名"与"辩"的关系看，"名"所讲的是语义学的问题，"辩"所讲的是语用学的问题。自邓析开始，古代学者就把"名"与"辩"的问题紧密地结合了起来，对"名"的语义学的说明，是为了"辩"的语用学的运用，论辩"名"，是为了论辩对国家的治理，是为了论辩对是无人时的真假是非，是为了论辩人伦道德逻辑的善恶，是为了论辩"论辩"本身的胜负。（第33页）

"执两用中"是"扣其两端"的继续，它在全面看待问题的基础上，以承认矛盾的存在，承认矛盾自身有否定的因素并向反面转化为前提，希望在矛盾两端之间，寻找连接点与中介尺度，以保持事物的平衡，维持事物的稳定。所以在认识事物和言语谈说中，"叩其两端"和"执两用中"要求对事物的矛盾双方绝对不能完全肯定或者完全否定它们的永久必然性，而是肯定双方正确的东西，否定对方偏执的东西，并以此消除矛盾。（第 46 页）

至于矛盾转化所引起质的规定性变化的中介点或度是什么？老子认为是矛盾一方运动的极限，"大白若辱""至柔至刚""远曰反"中的"大""中至""远"等就表明了这种运动的极限。在这个极点之后，物极必反，循环往复，周行不殆，这就是老子运动观的一大特色。（第 63 页）

关于是非。庄子认为，其一，从万物的取向观察，如果循其以为正确的一面把它看成是对的，则万物莫不可以肯定；如果循其以为不正确的一面把它看成是错的，则万物莫不可以否定，尧与桀不过因个人志趣不同，所以才有自以为是而互以对方为非的强为是非。如果时移俗易，尧与桀也将互变。其二，从"万物一齐"的角度讲，万物的是非也是无差别的。甚至可以说，从万物的价值取向上看，万物的差别正是无差别的表现，无差别正是差别的根据。（第 218 页）

（王红　撰）

孙子：谈判说服的策略

方鹏程

出版概况

《孙子：谈判说服的策略》，方鹏程著，台湾商务印书馆股份有限公司2005年2月出版，平装16开，397页。

方鹏程，著名学者、台湾商务印书馆总编辑、合纵连横学和现代说服传播研究"台湾第一人"，著有《先秦合纵连横说服传播研究》《中国古代杰出人物故事》《鬼谷子：说服谈判的艺术》《孙子：谈判说服的策略》《两岸谈判实录：台湾海基会的故事》等书。

内容提要

《孙子：谈判说服的策略》分十四章，每一章下属几个小节，从计谋、作战、谋攻、形篇、势篇、虚实篇、军队、变化、行军、地形、九地（九种地形）、火攻、用间篇方面谋篇布局进行分析，最后一章对孙子兵法理论体系的研究做了介绍，围绕《孙子》一书，对孙子的谈判说服的策略进行分析，相比另一本在网上可以搜到相关资料和信息的《鬼谷子：说服谈判的艺术》一书，这该书是从战略、战术、策略的角度探讨"不战而屈人之兵"的策略和技巧，同时结合实际例子解说大陆对台湾地区和美国的谈判策略，值得人们在各项工作中进行参考。

第一章，计篇：算计之道。作者在这一章首先说明了孙子的道、天、地、将、法是决定胜负的五事，据此归纳出七个有利条件，进而分别从五个方面对孙子的思想进行分析，了解了五个方面后，那么为达目标就要进行造势，其中，作者重点叙述了谈判说服中的造势，以大陆对台策略的转变（从1949

到 1970 间的谈判策略）等为例子，举例说明，接下来，第三部分，以敌方的
角度，进行"诡道"的说明和原则的阐释。

第二章，作战篇：总体战略。作者在这一章从孙子的用兵之法入手，说
明文攻武斗、速战速决、运用资源的具体情况，以两岸的实际例子和中西方
古代谈判例子为切入点进行分析，再选择谈判作为对象，将这一用兵之法放
入谈判说服中，强调人民和民心的重要性。最后一节，作者把孙子的这一思
想放入为人处事中进行阐述，说明人在生存发展中运用总体战略可以更好地
进行发展。

第三章，谋攻篇：攻心为上。在本章中，作者强调"谋"，也就是强调策
略——攻心，说明"上兵伐谋，其次伐交，民心所向，天下归之"的道理，
并通过具体实例进行将这一计谋灵活运用的介绍。以敌我双方的兵力的多寡
可以采取围、攻、分、战、逃、避六个方法，除此之外，知人善任、知己知
彼也是战争和谈判中胜利的秘诀。

第四章，形篇：创造胜形。结合孙子第四章对于赢得胜利的条件的叙述，
本章节分三个部分，从创造自我优势和创造这一优势的条件角度出发，讨论
防守、攻击、必胜的条件。

第五章，势篇：出奇制胜。在本章中，结合孙子说的借势而为，作者将
之应用于谈判之中，对作战态势四要素、出奇制胜、势险节短、示形误导、
顺势而为等五个方面进行阐述。

第六章，虚实篇：避实击虚。作者用了孙子在本章中所说的掌握主动权，
集结实力，击败敌人的说法，运用于说服谈判中，说明攻击对方薄弱处的重
要性。

第七章，军争篇：风林火山。孙子认为两军相争，争利争胜，就要懂得
避害，结合孙子所说的用兵的"八不"，作者运用例子进行谈判说服中用此道
的分析。

第八章，九变篇：因地制宜。孙子强调用兵变化，应根据地形多变的情
况，采用不同的战术，作者将之与说服谈判的实际情况相结合，强调了谈判
要随着实际情况的变化，采取不同的战略，并结合孙子的方法，对说服谈判
的策略进行例子分析。

第九章，行军篇：敌情判断。作者在这一章从四军之利、险地勿近、敌
情判断、发现弱点、深思熟虑、文武并治六方面分别论述了孙子的处军、相
敌两项作战的策略。

第十章，地形篇：料敌制胜。作者在第八章列出了五种地形的作战策略，第九章根据一般地形分类法，说明军队在山地、水流、斥泽、平陆四个相关地形的行军驻扎原则和对应策略，结合先前分析，第十章则从人与地的关系，提出通、挂、支、隘、险、远六种地形的作战原则，同时说出兵败的六种原因以及上将之道、兵败原因、带兵之道与知兵之道。

第十一章，九地篇：王霸之兵。在这一章，作者承接了上三章的介绍，将第八章的关于五种有利地形的论述扩展为九种地形来讨论。

第十二章，火攻篇：非危不战。结合孙子在第十二章所说火攻的种类、条件、应变、配合和对用兵时机与必要性提出的告诫，作者对谈判说服进行了阐释，将谈判说服中的"火攻"谋略和孙子的用兵谋略结合。

第十三章：用间篇：掌握敌情。在这一章，结合孙子在书中一再强调知己知彼的重要性，作者对敌情的侦测研判、设法通过各种渠道观察敌情、对国内政策掌握、军队士气与心理的观察等方面进行扩展，介绍掌握敌情的方法，真真正正做到孙子提倡的"知己知彼"。

第十四章：孙子兵法理论体系与研究。本章共分为八个部分进行详细阐述，从对《孙子兵法》的整体研究、谈判的两手策略、东西方对孙子相关著作的译著、《孙子兵法》中的谈判说服策略、其在商场上的运用和人生中的运用等方面进行系统分析。在这一章作者结合前面章节的细节分析，加上大陆和台湾政策的改变，总的阐释了孙子的策略——政治战、谋略战、经济战、外交战、心理战、文宣战、资讯战，继而再从谈判说服的角度对前文进行总结性的系统分析，对比了国外对兵法中策略的研究，最后从企业和个人方面运用孙子策略的实例进行分析。

难能可贵的是，作者最后还梳理了十七本关于《孙子》的博硕论文，供大家研究参考。

学术特色

台湾商务印书馆总编辑方鹏程在《孙子：谈判说服的策略》一书中披露，台湾一些博硕士研究生以《孙子》为主题，撰写研究论文，研究范围已经扩大到许多层面，并不是限定在军事运用的范围。数据统计显示，截止到2004年，有300多篇《孙子兵法》论文，研究范围包括军事、经济、企管、教育、文学、语文等。有学者曾称，在如此短的时间里有这么多人专注于《孙子兵学》的研究，并获得诸多的博士和硕士学位，不能不说是世界学术史上的一个奇迹，也是两岸学术界为传播中华文化做出的新贡献。而这本《孙子：谈判说服的策略》，从谈判说服为切入点，结合孙子的思想，将《孙子兵法》中的各章节进行对应分析，不得不说对传播中华文化做出了更高的贡献。该书在通究孙子思想的前提下，结合大陆和台湾的实际情况、企业发展需求、人的发展条件进行了分析，这对于两岸关系的维护和构建，对于企业构造，对于人的发展都有可参考性的价值和意义。

不过由于该书强调的是说服谈判的策略，将两岸谈判与东西方说服谈判比较研究的传播学思想和方法，结合孙子的思想进行系统的研究，从孙子的理论，推演到谈判说服力的策略，以大陆对美国谈判、对台湾地区谈判为实例，分析大陆谈判说服策略与技巧，比较有助于有志于谈判的人士做参考。因此相对于作者另一本专著：《鬼谷子：谈判说服的艺术》，这本书在大陆流行面较窄。然而通过对于以往的两岸谈判案例分析，结合当下两岸的实际情况，可以给两岸的谈判之士提供借鉴，使得两岸加强深入交流，许多问题便自然会得到解决。

观点撷英

孙子说，道，是令民与上同意，也就是说，能让人民普遍支持执政者的政策的因素，例如领袖的人格气质与理想，足以号召人民的政策，以及根据国家发展政策而拟定的和战两手战略，都是道。（第 3 页）

孙子说，有利的作战计划，经由详细分析计算而获得国君同意采行后，就要造势，制造一种必胜的有利形势，作为外在的辅助条件，然后才能推动作战计划。（第 13 页）

通常发动战争的一方，都会自称是维护正义、保护国家人民、具有崇高理想的正义之师，而指称受攻击的一方是邪恶、贪污、腐败、残害人民、危害世界的邪恶政权。（第 31 页）

争取民心、转化民意，就是最好的谈判说服策略。以人民需要的良好政治、经济、社会制度来争取民心，不战而屈人之兵，乃是最好的总体战略。（第 38 页）

谈判说服需要专人负责，充分授权，如有过错，责任要自行负责。所以，谈判团队也需要获得执政者的信任，充分授权。（第 66 页）

孙子说，古今擅长打仗的人，首先要创建不会被敌人击败的坚强防卫能力，然后耐心等待敌人可能被打败的机会。（第 68 页）

人应该懂得避免激怒对方。如果对方一再故意激怒你，你就要体会其中的真意了。（第 170 页）

求婚交友，好比无形的谈判说服，要让对方心悦诚服地接受你的要求，要达到对方提出或藏在心中的条件。（第 176 页）

谈判说服也要先知敌情。从各种管道得知的敌情，必须经过比较、查证、研判，然后才能作为参考。（第 333 页）

孙子在第一章《计篇》说，要研究比较双方的"五事七计"，也就是道、天、地、将、法的优劣得失。（第 349 页）

（李婕雯　撰）

论辩传播述评·游说·社会·人生

贾奎林

出版概况

《论辩传播述评·游说·社会·人生》，贾奎林著，知识产权出版社 2008 年 4 月 1 日出版，平装 32 开本，275 页。

贾奎林（1969—），中国传媒大学新闻学硕士。现为廊坊师范学院新闻系教授，在国家级期刊发表论文二十多篇，出版专著多部。新近出版有：《新闻评论应用教程》（北京大学出版社）、《论辩传播述评·游说·社会·人生》（知识产权出版社）。

内容提要

《论辩传播述评·游说·社会·人生》总共分为了八章，每一章下属几个小节对论辩说服传播的思想进行分析。

第一章，论辩的意义。作者从介绍论辩的意义入手，分三个小节，分别从论辩的历史与条件、论辩定义的内涵与变迁、论辩的意义方面进行阐述，让读者对论辩有个整体的了解和大致的方向的了解，为下文对论辩进行详细的解释做铺垫。让人们了解到论辩在西方和中国发展的历史，论辩随着时代发生的变迁以及论辩对于人们生活，对于逻辑和哲学上的意义。

可以说第一章是总的概括，作者从历史理论和哲学的角度，着重论述了论辩活动的起源、定义以及特征，并且对古今中外的智者、学者和论辩家有关论辩的论述进行了鉴别，着重从时间维度对论辩行为进行解析和诠释，并从当今信息时代，论辩行为在现实社会环境中的定义和功能出发进行阐述。

第二章，诡辩与悖论。作者在这一章通过对诡辩和悖论的解释从而丰富对论辩的叙述，对于诡辩和悖论的解释，采用的也不是同一个结构。作者在第一节中对诡辩进行了阐释，分别从其定义和方法进行阐述，在第三小点通过黑格尔的观点说明了诡辩的价值。第二小节对于悖论进行了解释，从它的形式表现和本质出发进行阐述，所以第三点上作者对两者的关系进行了分析，从而说明了论辩的逻辑，给出了人们论辩中可以采用的几种原则，给人们采用论辩的方法提供了方法上的参考。

第三章，游说。游说可以说是论辩的一种，尤其在古代中国，在如今现实生活中应用也是必不可少的。作者对于游说是什么给了定义之后，分为对个人和群体或者不确定人数的人群进行游说进行阐释，虽然标题不同，不过都是从言语和文字两方面进行论述。其中穿插例子对游说进行了分析和点评。

第四章，论辩谋略分析——《孙子兵法》解读（上）。作者在本章中通过对古代兵书《孙子兵法》的解读，说明了论辩的方法，具体分为几个方面：谋攻——论辩的重要性体现、庙算——论辩活动的策划、虚实——知己知彼，调动敌人、蓄势——论辩中壮大我方声势的策略，在这之中，通过具体的兵法书中的论辩事例进行分析，说明了作者提出的论辩的方法，主要是从论辩的整体方法来进行分析，为下一章的详细论述作铺垫。

第五章，论辩谋略分析——《孙子兵法》解读（下）。在这一章中，作者承接上一章的论述，继续对古代中国的《孙子兵法》一书进行分析，具体分为：用间——论辩前、论辩中主动获取对方情况的策略、作战——因敌制胜的策略、军争——论辩战场策略分析、地形——论辩情势与应变策略分析，相比较上一章，这一章比较注重具体一点的实际情况分析，不过着重于文本的定位，军事等的角度进行分析，不过，这对于我们在社会生活中进行方法论的参考很有帮助。

第六章，论辩方法分析——《鬼谷子》解读（上）。《鬼谷子》一书，一直为中国古代军事家、政治家和外交家所研究，现又成为当代商家的必备之书。它所揭示的智谋权术的各类表现形式，被广泛运用于内政，外交、战争、经贸及公关等领域，其思想深受世人尊敬，享誉海内外。在本章中，作者对《鬼谷子》进行了解读，其中通过文献典籍中的精华，阐释了其中的论辩规律，对古代说客采用的捭阖方法进行了解读，具体分为运用捭阖的原则和运用它的方法。在后三节中，对于论辩中的反应，游说前的心理准备：内揵，体察世事明哲保身的法则进行了分析，说明了论辩的具体方法。

第七章，论辩方法分析——《鬼谷子》解读（中）。本章中，作者承接上一章对于《鬼谷子》的解读，继续对其进行方法论的分析，通过说明论述的言辞方法的运用、论辩的进退之道、论述过程的心理活动和论述时候扰乱对方心机的方法来说明论辩的手段。

第八章，论辩方法分析——《鬼谷子》解读（下）。作者在最后一章中对《鬼谷子》进行了分析，以论辩的时间纬度作为论述的角度进行分析，分为四个部分，前三个一脉相承，分为权篇、谋篇和决篇，即从论辩的开篇、布局和终结进行详细的论述，结合书中的案例进行了详细的分析，在第四节中总结了论辩的几大原则，最后对这一书进行了总结，给文本解读做了概括。结合作者经验和社会实际情况，对于人们生产生活活动很有启发。

学术特色

该书分析的是中国论辩活动的方式、方法和技巧，通过分析不同说客的命运和在具体论辩活动中的利害得失，揭示说客群体的社会特征、政治地位，以及其在特定历史情境中的作用及其作用方式。

该书以《孙子兵法》和《鬼谷子》为纲，《孙子兵法》侧重整体的谋略分析，《鬼谷子》侧重具体的论辩方式和方法，同时，以中国古代文献典籍中的精华来阐释蕴涵其中的论辩活动规律，从前在某种程度上揭示论辩与社会的关系，描述古代说客们的人生轨迹。同时结合了新时代下的信息传播特点进行了相应的阐述，对于人们生活生产上的应用十分有帮助。

观点撷英

中国的论辩活动大约起于远古，在我国最古老的史书《尚书》的第一篇《尧典》中就有帝王尧和大臣们关于选择接班人的一次论辩。其后，我国的论辩活动得到了长足的发展，具备正式形态的论辩活动兴于春秋，成熟于战国，转型于秦、汉、唐、宋，衰亡于元明清，复兴于清末民初。（第1页）

人类论辩行为是伴随信息交流活动开始的。作为信息交流的一种强有力方式，其原始形态产生于人类群体生活的早期，并随人类社会实践的发展而发展，日益成为人们交流思想，探索真理的一种重要形式。人类论辩史在中西方有着不太相同的发展轨迹，但同时又存在着些许相似之处，下面分别对中国和西方加以论述。（第1页）

老子可算是我国顶尖级的论辩大师，道家创始人，五千言《道德经》中蕴含着丰富的辩证法思想，但他本人却主张绝圣、弃智、无为、止辩，认为"大辩若讷"，可谓是真正的得道之人。（第 3 页）

孟子是儒家学派的又一雄辩家，其论辩特色是善于发问、使用类比、具体事物具体分析的方法来说明道理。同时孟子的论说还具有大气磅礴，说理铿锵有力的特征。（第 6 页）

战国时代道家的代表人物是庄子，他论辩的特点是夸饰铺成，恣意汪洋。善用比喻将高深的道理表达得明晰畅达。（第 7—8 页）

西方的辩论活动兴起于公元前 6 世纪，古希腊的雅典实行工商业奴隶制，经济城邦文化发达，伯力克利特执政时期，实行民主政治制度，公民可以参加国民大会，可以在法庭上陪审、起诉，或者在被起诉时为自己辩护，这些活动都需要具有能言善辩的本领和多方面的文化知识。（第 12 页）

纵观中、西方数千年的论辩史，我们不难发现这样一个规律：中国的论辩活动兴盛时期，大都是在大一统局面的崩溃前期，如春秋、战国时期是我国奴隶社会制度逐渐崩溃，封建社会开始建立时期，清末民初是我国封建社会没落衰亡的前期。（第 13 页）

从实用论辩角度而言，论辩的定义应该这样：参与论辩的双方或多方以达成共识为目的，以论证方式为主体的语言交流活动。（第 20 页）

（李婕雯　撰）

巧辩不如攻心：三国的说服智慧

陈禹安

出版概况

《巧辩不如攻心：三国的说服智慧》，陈禹安著，华文出版社 2010 年 5 月 1 日出版，平装 16 开本，252 页，23.2 万字。

陈禹安，浙江人，法学学士、管理学硕士。心理管理学家，宁波大学特聘教授，心理说史首创者，曾游历美国、日本、中国香港、中国台湾等国家及地区考察讲学。主要著作有"心理管理"和"心理说史"两大系列。《销售与市场》专栏作者、多家出版社经管类图书书评人。作品共计二十余部。

内容提要

《巧辩不如攻心：三国的说服智慧》赋予了三国文化以全新的视角，使中华传统文化的博大精深在现代社会更加光芒四射。该书通过对三国故事中的经典案例进行心理学上的深度剖析，深刻地告诉我们这样一个简单到几乎从未思考过的大道理：说服不是口舌之辩，而是一种情感和理性的力量博弈，只有娴熟运用心理学原理，并深入洞悉对方的内心世界，才能真正占领对方理性和情感的高地，由以理服人上升到使对方"口服心也服"的更高境界。这就是日常所言"攻心术"的威力所在。这个奥秘，千百年来，从未有人真正点破过。该书从《三国演义》取材，精选出数十个精彩的说服案例，首次运用社会心理学的基本原理深度剖析三国中的说服智慧，并归类得出数十个具有强大效力的说服策略。这些说服原则和策略，既各自独立，又相互联系，既可单独使用，亦可综合运用。在该书的最后，作者又特意增写了综合应用这些说服策略的经典案例。该书加上序言总共十章。序言的内容是说说服是基于心理分析的影响力——"厚积"才能"薄发"。

第一章，说服的本质——协调认知。张辽为什么能说服关羽降曹——说服的本质：认知不协调的克服；刘备为什么能说服袁绍而两次死里逃生——说服的途径：中心途径和外周途径；诸葛亮为什么能说服关羽放弃和马超比武——说服途径的综合运用。

第二章，权威——狐假虎威的说服秘籍。张昭为什么能说服孙权总是采信他的"馊主意"——权威的力量 I：内部权威；陆逊为什么能说服吕蒙退位让贤——权威的力量 II：外部权威；孙夫人为什么没能说服赵云放她带阿斗回东吴探母——权威的失效 I：利益冲突；薛综为什么没能说服诸葛亮甘拜下风——权威的失效 II：道德背反；刘备为什么能说服诸葛亮不杀关羽——维护权威策略。

第三章，立场——界定利益博弈的边界。曹操为什么能说服陈宫放他生路并弃官相从——相同立场策略；诸葛亮为什么能说服孙权与刘备联手抗曹——相反立场策略；太史慈为什么能说服刘备出兵援救孔融——中间立场策略；董承为什么能说服马腾盟誓诛曹扶汉——立场鉴别策略；李儒为什么没能说服董卓将貂蝉赐给吕布——相同立场反制策略；刘备为什么能说服曹操对程昱郭嘉起了疑心——相反立场反制策略；诸葛瑾为什么没能说服诸葛亮同为东吴效力——对等立场反制策略。

第四章，报酬——适可而止的心理通行证。陶谦为什么没能说服刘备受让徐州——过度合理化效应；赵范为什么没能说服赵云迎娶其嫂——个体差异及频度影响；刘备为什么能说服诸葛亮鞠躬尽瘁死而后已——理由不足效应。

第五章，标签——给他戴顶"高帽子"。陈宫为什么能说服曹操善待厚养自己的家人——标签约束效应；曹睿为什么能说服司马懿尽忠曹魏不起异心——示范效应；王允为什么能说服吕布刺杀董卓——评价顾忌效应；庞统为什么能说服刘备攻取刘璋的西川——道德排除策略；曹操为什么能说服父亲不听叔父的忠言——态度免疫效应。

第六章，情绪——心情起落间的可乘之机。庞统为什么能说服曹操采纳连环计——好心情效应；诸葛亮为什么能说服周瑜袒露心扉——坏心情效应；虞翻为什么能说服傅士仁背蜀降吴——唤起恐惧效应；廖化为什么没能说服刘封出兵援救关羽——明示恐惧策略

第七章，认知——人人都有"一根筋"。马谡为什么能说服诸葛亮让自己镇守街亭——首因效应 VS 近因效应；袁绍为什么没能说服何进对十常侍先

下手为强——信念固着效应；吕蒙为什么能说服孙权让他独任大都督一职——形象化策略；陈宫为什么没能说服曹操停止报复性攻打徐州——人格化策略；诸葛亮为什么能说服王平率千人迎战魏国四十万大军——神秘化策略。

第八章，互惠——愧疚让他无法说 NO。李肃为什么能说服吕布杀掉丁原投靠董卓——互惠原理；阚泽为什么能说服蔡中蔡和说出卧底真相——袒露互惠效应；张飞为什么能说服严颜归降——颠覆预期策略；蒋干为什么能说服曹操第二次信任重用自己——愧疚回报策略；刘备为什么能说服孙夫人和自己私奔回荆州——登门槛技巧周仓为什么能说服关羽收留自己——闭门羹技巧。

第九章，说服的力量——巧辩不如攻心。孙乾为什么能说服刘表盛情收留刘备——说服策略的综合运用；庞统为什么能说服刘备重用自己——事实胜于雄辩的说服力。

学术特色

《巧辩不如攻心：三国的说服智慧》通过对三国故事中的经典案例进行心理学上的深度剖析，深刻地告诉我们这样一个简单到几乎从未思考过的大道理：说服不是口舌之辩，而是一种情感和理性的力量博弈，只有娴熟运用心理学原理，并深入洞悉对方的内心世界，才能真正占领对方理性和情感的高地，由以理服人上升到使对方"口服心也服"的更高境界。这就是日常所言"攻心术"的威力所在。这个奥秘，千百年来，从未有人真正点破过。

观点撷英

说服的本质——协调认知。

诸葛亮为什么能说服关羽放弃和马超比武——说服途径的综合运用。

刘备顺利攻下刘璋的西川，勇将马超也投归刘备麾下。刘备遂自领益州牧，大封老部下及新降文武。独自在荆州镇守的关羽被封为荡寇将军、寿亭侯，刘备又遣使送黄金五百斤、白银一千斤、钱五千万、蜀锦一千匹厚赏关羽。关羽非常高兴，但是当他得知新近归降的马超也被封为平西将军、都亭侯后，就很不高兴了。关羽认为马超刚刚来投，也没立多大的功劳，就得到了这么丰厚的封赏，实在有点说不过去。而且，马超一向以勇猛著称，他的到来对素以"老子天下第一"自居的关羽是一种无形的挑战，所以，心高气傲的关羽决定，要和马超比武，一决高下。关羽叫来儿子关平，对他说："我派你到成都去，向刘伯父致谢。另外，你还要代为禀告一件事。我听说马超勇猛过人，我要入川和他比武，看看到底是谁更胜一筹？"

关平来到成都，面见刘备，禀报此事。刘备闻言，大吃一惊，说："荆州是我等立身之本，云长如果入川，荆州谁来防守？马超确实十分勇猛，当初曾经和翼德数日激战，不分上下，如果云长和他比试，无论哪个有点闪失，都非同小可。这怎么能行呢？"刘备担心的这两点，都十分重要。在任何一点上出了意外，都是他以及他的组织所不能承受的。但刘备对关羽也十分了解，如果自己强行压制，关羽迟早还会动这个念头的。正在为难之际，诸葛亮却说："主公不用焦急，我只要写一封信，必定叫云长回心转意，安心镇守荆州。"于是，诸葛亮写好信，交给关平带回荆州给关羽。关羽见到关平回来，连忙问："我要和马超比武之事，你可曾向刘伯父提起？"关平说："我已经向刘伯父禀告了，现在有军师的一封书信在此。"关羽打开一看，不由放声大笑，心情畅快已极，吩咐关平急传部众宾客，会集一堂，宣示孔明此信！

诸葛亮的信是这样写的："亮闻将军欲与孟起分别高下。以亮度之：孟起虽雄烈过人，亦乃黥布、彭越之徒耳；当与翼德并驱争先，犹未及美髯公之绝伦超群也。今公受任守荆州，不为不重；倘一入川，若荆州有失。罪莫大焉。言虽狂简，惟冀明照。"关羽看毕，自绰其髯笑曰："孔明知我心也。"从此再也不提入川找马超比武的话题了。诸葛亮的信为什么能说服关羽呢？在《刘备为什么能说服袁绍而两次死里逃生》一文中，我们介绍了说服的两种途径：中心途径（理性说服）和外周途径（感性说服）。诸葛亮的这封信正是综合运用了这两种说服途径而达到了说服的效果。信的前半段是一个典型的"外周说服"。诸葛亮把马超归为黥布、彭越这一类人（"形象化策略"）。黥布和彭越都是秦末汉初名将。黥布原来在项羽手下，是霸王帐下五大将之一，曾被封为九江王，后叛楚归汉，投奔刘邦，被封为淮南王。彭越也因战功被刘邦拜为魏相国，后又被封为梁王。黥布、彭越和韩信被称为汉初三大名将。黥布、彭越这两个人以作战勇猛闻名，却不以谋略见长。诸葛亮把马超和他们相提并论，并进而认为，马超和同样勇猛过人的张飞是并驾齐驱的。但是，无论是黥布、彭越，还是张飞、马超，都不能和超群绝伦的关羽相比。至于关羽如何超群绝伦，诸葛亮根本不用解释说明，其实也没法解释说明到底关羽比他们强在哪里。但诸葛亮只要这么一说，就正好迎合了关羽的高自尊需求。如果关羽再提出要和马超比武，就等于是自降身份了。这是非常有感性力量的一种说服。紧接下来的一段，则又采用了说服的中心途径，晓之以理，谕之以义，通过一再强调镇守荆州的重要性，来烘托关羽本人的重要性。诸葛亮认为，荆州北拒曹操，东控孙权，是刘备集团得以生存发展的重要基地。刘备刚刚夺了西川，但人心未定，还存在很多变数。一旦关羽入川比武，曹操孙权乘虚而入，导致荆州有失，那么刘备集团辛苦奋斗形成的大好局面，就又会归于覆灭。荆州是如此的重要，又只能由超群绝伦的关羽来镇守，才能稳如泰山。这本身就是对关羽的最高褒扬。反过来说，如果因为关羽的个人原因，擅离职守，入川比武，导致荆州有失，那么这个罪责就只能由关羽来承担了。所以，关羽也必须理性思考，自己肆意妄为带来的后果。这自然是理性说服的体现了。事实上，诸葛亮要对关羽进行说服，只要运用这两种说服的一种就可以达到。但是，诸葛亮对这两种途径的综合运用，让说服更加容易被接受，说服效力也更加持久。我们知道，外周途径的说服，是一种"投机取巧"的快速途径，能够较快地达成说服；而中心途径的说服，立足于理性分析，说服对象要经过逻辑严密的思考才会接受，所以说服所花费的时间要更长一些，但经过理性思考后而被说服的效力要长久得多。

　　这两者的结合，相互配合，相得益彰，让诸葛亮的说服严丝合缝，没有一丝漏洞，也让关羽心悦诚服，欢心接受。而诸葛亮在这两种说服途径的运用次序上也很值得我们学习。诸葛亮先用外周途径的感性力量快速地满足了关羽的情感需求，激发了关羽的好心情，让关羽心情愉悦地放弃了比武的想法；紧接着又用理性的分析，指出关羽擅离荆州可能会造成的严重后果，让关羽进行中心途径的思考，从而强化了说服的效力。如果诸葛亮先用中心途径，再用外周途径，当然也能达成说服，但可能效果就会差很多。毕竟，在这件事上，关羽确实是在开和他身份不符的"大玩笑"。如果诸葛亮一上来，就先以大道理压人，虽然关羽也无话可说，但多少会有些抵触情绪，从而会影响说服的效果。从这个案例中，我们可以体会到，说服的两种途径，并不是割裂对立的，而是能够有机融合的。作为一个说服者，应该善于同时发掘说服中适于这两类途径的因素，然后根据具体的情势不同而加以不同的运用。

（第18—21页）

（孙贝儿　撰）

中国古典说服传播范式及隐喻叙事研究

马兰州

出版概况

《中国古典说服传播范式及隐喻叙事研究》，马兰州著，天津古籍出版社2011年出版，平装16开本，236页。

马兰州，1991—1998年在西北师范大学中文系就读本科、硕士研究生。现任天津外国语大学国际传媒学院教授、研究生导师。近年来在学术研究上针对中国古典文学中的说服传播思想这一领域，运用传播学、社会心理学态度学说和隐喻理论等分析工具，集中对中国古典说服传播的模式及其隐喻叙事这一专题进行了深入研究，出版专著《中国古典说服传播范式及隐喻叙事研究》，发表中国古典说服传播主题方面的研究论文7篇（含独著和第一作者）。

内容提要

《中国古典说服传播范式及隐喻叙事研究》总共分为了十六章，每一章下属几个小节对中国古典说服传播的思想进行分析。

第一章，"五谏"考论及古典说服范式二元分类。作者从介绍"五谏"的来源进行出发入手，对中国古典的谏法的分类和含义进行了辨析，从历史学的角度对"五谏"的名称含义变化进行阐述后，接着按其思维方式分为两大类进行阐述即是正言直谏和巧辞谲谏两大类。分三个小节，分别从论辩的历史与条件、论辩定义的内涵与变迁、论辩的意义方面进行阐述，让读者对论辩有个整体的了解和大致的方向的了解，为下文对论辩进行详细的解释做铺垫。让人们了解到论辩在西方和中国发展的历史，论辩随着时代发生的变迁以及论辩对于人们生活，对于逻辑和哲学上的意义。

第二章，儒家正言直谏说服思想溯源及对后世的影响。第二章是从儒家学说对于正言直谏思想理论构建的角度出发，结合孔子的重要观点和影响进行分析。分为四个小节，总的说明了从孔子在人际传播模式合理推演的过程来看，还基本保留在线性思维模式，虽然培育了历代无数的刚直正臣，但也客观上催生了后世大量失败的直谏案例。

第三章，正言直谏与巧辞谲谏两种说服范式特征比较。本章通过两种说服模式进行对比，正言直谏模式下采用的是对抗性说服，它的特征主要有警告性、威胁性、攻击性等等，常常用对比性的语句和否定，而另外一种模式，会营造出支持性的语境。通过对比说明了，如果达到说服效果较好的结果，应该使用哪种语境。

第四章，苏秦、张仪说服传播文本的说服者中心化结构解析。作者在本章中通过对古代苏秦和张仪说服的例子，说明了说服者中心化结构，通过强化/弱化模式来剖析他们的说辞，分析他们的策略组合说明他们论辩成功的秘诀。

第五章，苏秦、张仪说服传播文本中被说服者的符号化特征。在这一章中，作者承接上一章的论述，继续对苏秦和张仪说服成功的案例进行分析，不过是从被说服者的角度进行分析，点明在中国古典论述文本传播中，被说服者往往都多被低能化，和现实不太相符合，同时通过语言学结构上的文本分析，进一步证明作者观点。

第六章，苏秦、张仪虚拟性说辞对《鬼谷子》思想的背离。通过对前两章的论述，作者在这一章进行了总结，说明纵横家尚无权变思想，未能充分考虑被说服者的个性差异，从而导致沟通的缺失。同时通过与《鬼谷子》进行对比，说明《史记》等作品已经超越模拟演练之辞的实用层面，获得文学艺术的素质。

第七章，《史记》纵横家列传中成系统的"乖谬"与司马迁的传奇创作意识。本章篇幅不长，分为两个小点进行论述，说明了史学作品《史记》是有部分运用虚构的手法进行创作的。

第八章，《史记》纵横家列传的链式结构序列及其单元划分。作者从纵横家列传的链式结构序列和单元分割进行两个部分的解说，从虚构的叙事时间序列和叙事时间序列的虚构性，再通过这种序列的单元分割，从起点、支点、接点等方面对传奇文本进行分析。

第九章，纵横家列传的虚构方式及其链式结构的生成。作者在这一章通过纵横家列传的虚构方式进行了分析，分为正向虚构、反向虚构、进行变形而形成的虚构、纯粹虚构四个方面进行阐述。既考证了创作的真伪，又说明了传奇文本创作的运用的结构特点。

第十章，《子贡传》传奇文学属性勘定。作者对这一文本进行了文学属性的勘定，从说服者传奇的生成路线出发，对它的传奇属性进行了认定，认定其是纯属外交传奇的小说语言。

第十一章，子贡原型人物性格特质考论。在这一章中，作者对子贡原型人物性格进行了分析，通过对他的品操、智能、言语能力等方面进行分析，用来判断《子贡传》的文学性质和分析其文学形象和原型之间的联系和区别。

第十二章，《子贡传》微型化链式结构及其生成溯源。本章分为四小节，分别从链式结构和单元分割对话语特征进行分析，表明了说服文本中夸大的虚构效果。

第十三章，中国古典政治说服传播的隐喻类型及功能。作者分为两个小节对说服传播中运用的主要隐喻类型和功能进行了分析，得出中国古典政治说服传播中对隐喻的使用，基本上由普通隐喻、寓言式隐喻和隐语三种形态构成这一结论。

第十四章，中国古代政治说服传播的隐喻表达策略。作者对于中国古代政治说服传播隐喻表达分为了三个方面进行论述，通过具体案例进行考证。

第十五章，上古隐喻的诗性隐喻属性及谜面在说服中的"完型"功能。作者在后两节通过具体的案例分析，说明了隐喻和谜语在说服中的功能。前两节通过上古隐语的解释，说明了他的诗性隐喻属性，表达了上古隐语在说服中有着特殊的功能，能在说服中发挥独到的作用。

第十六章，唐宋优谏戏中的戏剧化说服传播范式特征分析。作者通过费舍尔的戏剧化或故事化范式，对唐宋以来的戏剧进行了分析，说明这种戏剧化说服范式的特点和形态特征，以滑稽戏为例子，因为这种说服办事到了唐宋明确采用了滑稽戏的形式，总结出了成熟的戏剧化说服形态主要包含三个方面的因素。

学术特色

《中国古典说服传播范式及隐喻叙事研究》用独特的话语系统建构了带有强烈民族特色的说服学说；另外，该书结合西方说服传播理论、社会心理学态度改变理论以及认知语言学隐喻理论，对国学典籍中的说服思想进行了深入而系统的研究。我们知道，《吕氏春秋》《韩诗外传》《说苑》等书中也收录了丰富的说服案例，同时在理论上也有一定的提炼和总结；至于《史记》《资治通鉴》等历代史学典籍中，更是包孕了无数策士游说和臣子谏说的案例，这些史事叙事的后面同样潜藏着丰富的说服传播思想。这些思想形成了中国古代说服传播的主流。除此而外，历代说客智士巧辞谲谏，尤其是滑稽多智的俳优，超越自身的功能定位，时时用其所长的艺术载体进行"艺谏"，留下了大量创意说服的案例。因此，该书结合这样具体大量的案例，对中国古典化的说服传播范式进行了分析研究，给中国传统文化传播贡献了巨大的力量。

观点撷英

因说者和受者在权力资源占有上的巨大不对等，进谏者经常承担着贬黜乃至杀身的巨大风险和压力。（第 30 页）

正言直谏将整个劝服性话语的重心放在接受者身上，以第二人称代词为主，你来我往，唇枪舌剑，火药味弥足。（第 40 页）

相比来看，苏秦更注意说服策略的选择，较少采用恐惧诉求，即使采用也多属轻度的恐惧诉求。（第 57 页）

这些文本的虚构性质决定了其属于以说士为中心的历史传奇，而非史学著作。这一点大家在认识上虽然趋于达成共识，但在解读文本时未得以贯彻。（第 79 页）

这种对说服理论经典的背离，表明纵横家说辞已经脱离了实用层面而完成了向艺术层面的嬗变。这种变异使得虚拟性说辞的实用价值下沉，而"文"的价值得到大力张扬。（第 92 页）

史学作品运用虚构手法并不足为奇。但历史虚构多在局部有限使用，是历史骨架确定后对个别部位的补足式虚构。（第 104 页）

纵横家传奇旨在塑造叱咤风云的说服英雄。按照传奇文本，合纵连横属于重整乾坤的巨构，非一般人可以主导实施。（第 112 页）

子贡游说诸侯是个自足的情节系统。齐伐鲁，家邦有祸，子贡承命以纾国难。（第 154 页）

（李婕雯　撰）

中国古典说服艺术

李亚宏

出版概况

《中国古典说服艺术》，李亚宏著，云南人民出版社 2011 年 8 月出版，平装 16 开本，213 页，20 万余字。2012 年在普洱市第四次哲学社会科学优秀成果评奖中获著作类一等奖。

李亚宏，男，傣族，1988 年毕业于云南大学中文系，现为思茅师专中文系副教授，长期从事中国古代文学及民族文化的教学和研究，在各级各类期刊发表论文二十余篇，出版专著一部。先后主持一项校级课题，参与四项省级课题研究。

内容提要

《中国古典说服艺术》分五章二十节及三例经典说服案例分析。第一章，神奇的说服艺术。作者从介绍说服力的重要性入手，介绍了说服学的分类，并总结概括前人的观点，根据说服的基本特征和本质内涵为说服下定义，即"说服使人们运用一定的策略和技巧，通过信息符号的传递，以非暴力的方式去转变他人的思想和行为的一种沟通艺术。"最后从本质上区别了说服和操控两个概念，指出了说服与辩论、批评间的共性与个性。

第二章，中国古典说服理论。作者从孔孟、鬼谷子、韩非子的言论或著作入手，分别对其说服思想进行分析和研究，以进一步丰富和完善中国当代的说服理论。从《论语》和《孟子》入手，重点介绍了孔孟"以德化人"的说服原则，即以非暴力的手段影响或感化对方，使之心悦诚服，进而达到"内化"的说服效果。并指出在说服技巧上，孔孟二人对说服语言有独到的见解，注重了解说服对象，重视言外的说服和时机的把握，同时创造了启发式和问答式两种说服模式。从《鬼谷子》入手，介绍了中国第一位专门研究说服的理论大师鬼谷子，并逐一阐述了其捭阖、反应、内揵、抵巇、飞箝、忤合、揣摩、谋略、决断、转丸等十大说服技巧。从韩非子的《说难》入手，指出韩非子认为说服者应具有知识、口才、胆量和洞察力四大基本素质。韩非子主张良好的私交和相互信任是取得说服成功的前提，创造性地总结了进言"四忌"，提倡"听用而振世"的说服观。

第三章，构建说服的平台。作者认为说服者应具备七大基本素质，即拥有良好的品格，学有专长，有胆识，有谋略，洞察力敏锐，具备相应的口才，拥有良好的形象。只有多方面地提高自己的素质和能力，才能胜任说服的工作，并最终成为一个说服高手。其次，作者归纳并总结了具有普遍规律且行之有效的六大说服基本原则，即双赢原则、道德原则、尊重原则、情感原则、需要原则和稀缺原则。最后，作者认为应做好说服前的准备，即从性格、特长及兴趣爱好、真实想法这三方面充分了解说服的对象；明确制定符合双方目的又切合实际的说服目标；找准说服的对象；根据对象的不同年龄、气质、性格制定不同的说服策略；挑选有利的场所；创造适宜的空间，以达到未雨绸缪的说服效果。

第四章，经典说服技巧。作者从文学经典中精选了十类经典说服技巧以帮助说服者顺利达到说服的目的。注重培养人格的力量，做到一诺千金，取信于人；海纳百川，有容乃大。运用心理战术，在说服时循序渐进，分步到位；真诚赞美，心悦诚服；求同存异，拉近距离。善用"借"的艺术，为提高说服力可凿壁偷光，争取外援；随机应变，借题发挥；借用故事，巧妙说服。活用兵法，知己知彼，百战不殆；欲擒故纵，收放自如；巧用激将，激发斗志；反客为主，争取主动。发挥逻辑的威力，创造二难选择，促其就范；以子之盾，攻子之矛；类比推理，由此及彼。利用人性的弱点，投其所好，满足欲求；晓以利害，以利相诱。发挥说服的智慧，藏巧于拙，大智若愚；以退为进，迂回进攻；审时度势，把握时机；旁敲侧击，委婉劝服。善用奇招妙术，嬉笑怒骂，寓庄于谐；设置悬念，激发兴趣；软磨硬泡，穷追不舍。发动感情攻势，以情感人，攻心为上；"泪弹"战术，威力无穷；嘘寒问暖，营造气氛，精诚所至，金石为开。妙用修辞，在说服时深入浅出，寓理于喻；变通思维，正话反说；危言耸听，强化效果。

第五章，经典说服案例分析。作者通过分析李斯的《谏逐客书》，总结出李斯的成功之处在于善于避重就轻，缓和对立情绪；谈古论今，用事实说话；以美为刺，满足虚荣心；设身处地，为对方着想；巧妙对比，指明利害得失；点燃希望，绘制美好蓝图。通过分析诸葛亮的《陈情表》，总结出诸葛亮的成功之处在于善于倾吐不幸，博取同情；陈述理由，释疑解难；提出方案，表明心迹；借助于辞，传情达意。通过分析"智多星"巧说三阮的案例，总结出吴用的成功之处在于善于借题发挥，投石问路；择地而谈，营造气氛；正话反说，观其所托；投其所好，顺其心性；晓以大义，师出有名；审时度势，把握时机。

学术特色

　　说服学是二十世纪后半期在西方兴起的一个热门学科，虽然人们对说服力的研究已经进行了一个半世纪，但这门学科至今还蒙着一层神秘的面纱。在我国古代，孔子、孟子、鬼谷子、韩非子等都曾对说服理论有过精辟的论述，而古代西方则有大量被称为"智者"的职业演说家和培养演讲才能的修辞学校，但这些研究都是只能算是对说服力的初步探索和实践，并没有真正从理论上进行挖掘而最终使说服成为一门学科。目前，我国对说服的研究方兴未艾，但大多从社会学、管理学的角度去加以阐释，侧重于对说服技巧的介绍和剖析，缺乏理论深度和完整的系统性。《中国古典说服艺术》则立足于历史与现实，对中国传统文化中的说服观念和说服活动进行发掘、整理、研究和扬弃，构建了一个较为完整的当代说服学理论框架和体系，其学术价值和现实意义不言而喻。

　　李亚宏的《中国古典说服艺术》是一部系统探讨说服艺术的专著，它以流畅的文笔、翔实的资料、古今中外鲜活的案例，从心理学、人类学、社会学、语言学和传播学等多个视角，分析探讨了说服这一人类特有的交际行为。在讲解说服技巧时，作者引入了"威望效应""登门槛效应""居家效应""罗森塔尔效应"等一系列心理学理论来论证说服应注重的方方面面。在介绍情感的功效时，作者引入了生物人类学的理论，通过美国神经心理学家及生物博士对大脑"杏仁核"的研究向读者展示了情感在说服中的巨大作用。在论述说服的基本原则时，作者引入了马斯洛的需求层次理论对需要原则进行了详细的剖析。在介绍鬼谷子的十大说服技巧时，作者对"捭阖、反应、内揵、抵巇、飞箝、忤合、揣摩、谋略、决断、转丸"等关键词进行了说文解字。

在构建说服的平台这一章，作者主张通过非言语的观察来培养洞察力，了解对方的真实想法，并提倡通过改善自身的非言语行为来提升形象。

此外，作者在吸纳和借鉴古典说服理论和当代说服理论的基础上，试图对说服这一沟通艺术技巧做出全面系统的阐释。中华元典由于传播广，影响深，其中蕴含的一些说服观念往往已成为国民日用而不知的规范。通过对古籍的研究和思考来认识中国的说服沟通艺术，能够帮助我们更深刻地理解现实。该书一方面概括了历史上种种说服理论，对古今大量不同的说服案例展开分析，使之成为"学"和"术"的融合，让人从中得到启迪和领悟。另一方面，该书用大量的篇幅写了说服者必备的素质，说服者应该具有的人格的力量，懂得心理战术，要发挥说服的智慧，使用奇招妙术等等，从而形成了具有中国文化、价值观的特色说服理论。

《中国古典说服艺术》本身就在以一种力量说服读者，它用内在的逻辑力加哲理说服人，使人读而悟道，从而使被"说服"的心与书同道，步入说服的境地。

观点撷英

捭阖术是鬼谷子纵横术中开宗明义的第一策，是所有游说活动的基本法则和前提。"捭阖"的本意是开合，"捭"就是拨动，开启；"阖"就是闭藏，关闭。在文中，鬼谷子赋予了"捭阖"极为丰富的内涵，认为它是天地万物运行的总规律，所以，游说者必须领悟捭阖之道，通晓阴阳之理，把握事情发展变化的规律，才能在说服中左右逢源，游刃有余。（第23—24页）

可以说，韩非子的这一观点，使说服完全跳出了狭隘的个人主义的窠臼，把说服提升到了服务社会的精神层面，这在说服史上无疑具有跨时代的意义。（第46页）

说服有三种境界：其一是用语言去说服别人；其二是用行动去感染别人；其三是用人格去影响人。一、二种境界只能算是一种技巧。第三种境界才是说服的最高境界。（第71页）

这些需要理论启示我们：在进行劝导说服时，必须要顾及人们的不同需要，只有巧妙地把说服的目标和对方的需要和愿望紧密地结合起来，才能促使对方采取行动，取得说服的成功。（第78页）

心理学上有一个著名的心理效应——登门槛效应。把这一效应运用于说服

中，就是我们将要介绍的"循序渐进，分步到位"的说服技巧。（第 105 页）

"借"既是一种艺术，更是一种智慧。然而，在传统的观念中，人们似乎对"借"颇有微词，认为它有沽名钓誉之嫌，为君子所不齿，但这并非是"借术"本身的错误，只要动机纯正，目的高尚，不损人利己，借助各种外力提高自己的知名度和办事效率，仍然是被当今社会认可的方式之一。（第 114 页）

古人言："感人心者，莫先乎情"。可以说，感情是打动人心的最有力的武器。最新的大脑科学研究表明：感情是影响我们决定和行动的关键要素，没有感情我们根本无法做出决定。说服专家指出，在被说服者所采取的行动中，有 85% 的行动，不是起因于对说服理论分析的了解和认同，而是由于自己的感情因素。（第 161 页）

中国古代的说服大师们深知修辞在说服中的巨大作用，并自觉地在说服实践中加以运用，仅仅是比喻这项修辞格，就被老子、庄子、孟子、荀子、墨子、晏子、韩非子等用得出神入化，在他们的谈话、讲学和著作中，几乎无处不用。（第 174 页）

在说服中，李密极为巧妙地把自己的愿望和武帝的要求统一起来，提出了一个两全其美的解决方案，"臣密今年四十有四，祖母今年九十有六，是臣尽节于陛下之日长，报养刘之日短也。"以祖孙二人的岁数作对比，提出了先尽孝后尽忠的解决办法，不仅化解了"忠"与"孝"的矛盾，而且合情合理，完全排除了不愿出仕的政治因素。武帝倘若答应李密的请求，不仅可以换来李密的以死相报，而且可以借此向天下士人彰显自己"以孝治天下"的恩德，可谓一举两得，因此这是一个让双方满意的方案。（第 195 页）

（曹慧敏　撰）

向子贡学说服

陈禹安

出版概况

《向子贡学说服》，陈禹安著，东方出版社 2012 年 12 月出版，平装 16 开本，10 万字。

陈禹安，心理说史首创者，心理经管专家，宁波大学兼职教授，曾游历美国、日本、中国香港、中国台湾等国家及地区考察讲学。代表作品《心理三国》三部曲（包括《心理关羽》《心理诸葛》《心理曹操》）、《心理乔布斯》《海底捞能捞多久》《激励相对论》，其他作品有《麦当劳悖论》《谁主宝洁沉浮》《如何成为带头大哥——金庸武侠管理学》《谁能管好韦小宝——鹿鼎记领导启示录》《巧辩不如攻心——三国的说服智慧》等。

内容提要

《向子贡学说服》分十章，每一章下属几个小节对说服道术进行分析。

第一章，史上最伟大的说服。作者在这一章从子贡的说服之术为切入点，交代了子贡成功说服齐国停止攻打鲁国的背景、过程，点出了说服的三大难点是形势、说服权威、立场，同时和苏秦"合纵之术"的事迹进行对比，更加突出了子贡这次说服成功的不容易，一是他早于苏秦，二是他是临危授命，三是他是一介布衣，从而为接下来的行文做铺垫，揭示他说服成功的秘密。

第二章，孔子为什么会选择子贡。在这一章，作者用几个小分节：孔子为什么不选择颜回、孔子的言辞大溃败、孔子为什么不选择子路、孔子为什么不选择宰予、孔子为什么选择子贡，说明当孔子提出拯救鲁国的任务时，孔子的门下，人才辈出，可是当颜回和子路率先表态要去说服陈恒，却被孔子拒绝了，却选择子贡去承担这项说服的重任的原因。

第三章，恐惧的力量。本章通过马斯洛的需求理论进行分析，说明了子贡的这一场惊天说服成功，正是从"需求"这两个字入手的！说明了这样一个道理：一个人生于世间，因环境与形势的变迁，总会有形形色色的"需求"。如果说服者能够准确地洞察说服对象的需求，并技巧性地加以引导或满足，说服也就可以顺理成章地完成。

第四章，启动恐惧按钮（1）。这一章分几个方面对内容进行仔细解说，从子贡要说服的对立面，说服齐相陈恒出发进行角度分析，分为精妙的开场白、两个绝顶的预言家、陈恒的恐惧、陈恒的新恐惧几个角度，说明要说服别人就要先声夺人，语不惊人死不休，所有说服者都要铭记在心。

第五章，启动恐惧按钮（2）。这一章通过吴王夫差的恐惧点诉求来找到说服吴王夫差的秘密，说明说服不能完全如法炮制，要根据被说明对象的实际情况来分析，找到说明对象的恐惧点，子贡才说服成功。

第六章，启动恐惧按钮（3）。作者通过子贡说服越王勾践的例子，对比前面的案例——子贡已经连续用"恐惧策略"说服了两个大人物，而这一次面对越王勾践，他继续运用这一策略。相对于前两者，勾践的"恐惧点"更为明显。因为勾践就是一只不折不扣的"惊弓之鸟"！从而解释了子贡的说服方法，对于子贡这样善于发掘说服对象"恐惧点"的高手来说，这一次说服当然要轻松很多。所以，子贡选择了一开始就单刀直入，不再铺垫造势。

第七章，启动恐惧按钮（4）。这一章作者通过子贡说服晋定公的事迹来说明子贡抓住被说者的恐惧诉求方成功的言论。晋定公本来是和这件事没有多大关系的，用不着赶这趟浑水。但在子贡精心设计（也有部分是随机起念）的说服链条中，晋国却是"功遂身退"。

第八章，剖析恐惧的三把"刀"。通过上文的四个说服的例子，作者在本章中进行总结，通过对比苏秦的失败，说明了子贡说服成功的关键只是在于他轻轻拨动了每个人人性中固有的"恐惧"按钮。从而告诉读者，当我们在工作和生活中，也面临着不同的说服任务时，如何去发掘说服对象的恐惧。

第九章，恐惧的"3+2"法则。在这里作者对全文论述进行了一个总结，对于上文所说的恐惧策略，总结了三条基本法则，分别是必然性法则、多样性法则和应时性法则。关于必然性法则和多样性法则。对于恐惧的应时性法则进行了重点分析，分为了恐惧的应时性法则、当前恐惧与远期恐惧和直接恐惧与间接恐惧。给读者进行说服提供了参考价值。

第十章，附录，一段历史谜案。第十章没有再分析，而是提供了一段历史故事让人从历史事件中进行思考。

学术特色

《向子贡学说服》看标题，就是以说服力为主要阐述内容的书籍。总的来说，《向子贡学说服》这该书，从心理学的角度为读者介绍了春秋战国时期，孔子门徒子贡成功说服齐国停止攻打鲁国的过程，以及由此而发生的群雄争霸格局的变化，在面对众多不利因素的条件下，子贡用自己高超的智慧完成了一个看似不可能完成的任务。根本原因就是，他正确地分析了每个王公的"需求"，并精准地找出了他们心中的"恐惧点"，最后，作者借古论今，分析并阐述了说服过程中的"恐惧策略"。这该书通过历史事件来启发当今的人们，成功地说服不是靠口舌之利，而是要凭借对心理学原理的娴熟应用，以及对说服对象心理的准确洞悉与把握。

作者具体通过子贡说服四个人不同的方面进行表述，让读者读来特别有对比感，从而引发人们的新思考，对于人们的工作生活具有重大的借鉴意义和价值。以心理学角度进行剖析，观点独特。

观点撷英

《史记·仲尼弟子列传》是这样记载子贡的说服成果的："故子贡一出，存鲁，乱齐，破吴，强晋而霸越。子贡一使，使势相破，十年之中，五国各有变。"（第 1 页）

世易时移，我们所处的时代早已经不是子贡叱咤风云的年代。但不管世事如何变迁，恒久不变的事实是：说服几乎贯穿了每个人的一生，而不论其身处何时，身处何地。（第 2 页）

一般而言，形势具有强大的力量。顺势而为，顺风顺水；逆势而行，难上加难。身处其中的人们很难凭借自身的力量摆脱，更说不上改变扭转了。（第 13 页）

孔子不但运用了"道德约束"的力量，而且还诱之以强大的利益攻势。普天之下，谁又能够抵挡得住这样的说服攻势呢？（第 46 页）

一个商人之所以能够成功，必须具备审时度势的能力，能够因时势环境

的变化而随机应变，绝不会拘泥于各种清规戒律的限制。（第 80 页）

孔子不会想到，子贡所面临的说服难度之高大，远远超过了他的预计；子贡所运用的说服策略之高妙，远远超过了他的预计；子贡所取得的说服成效之高远，也远远超越了他的预计。（第 82 页）

子贡的这一场惊天说服正是从"需求"这两个字入手的！一个人生于世间，因环境与形势的变迁，总会有形形色色的"需求"。如果说服者能够准确地洞察说服对象的需求，并技巧性地加以引导或满足，说服也就可以顺理成章地完成了。（第 83 页）

而提到"需求"，我们不得不先从子贡所处的那个纷乱时代跳出，跨越 2500 年的时空，来到现代，先行了解一下因提出"需求层次论"而闻名于世的美国心理学家亚伯拉罕·马斯洛（Abraham Maslow）。当然，在子贡的年代，不可能有现代意义上的心理学。但人的心理始终是存在的。所以，尽管子贡不知道马斯洛系统化的需求理论，但我们可以肯定地说，子贡一定深刻地了解了当时人们的心理与需求。（第 84 页）

（李婕雯　撰）

鬼谷子：说服谈判的艺术

方鹏程

出版概况

《鬼谷子：说服谈判的艺术》，方鹏程著，安徽人民出版社 2012 年 8 月出版，平装 32 开本，206 页，14.2 万字。

方鹏程，男，汉族，20 世纪 70 年代就读于台湾政治大学。台湾著名学者，现任台湾商务印书馆总编辑，合纵连横学和现代说服传播研究"台湾第一人"。著有《先秦合纵联连横说服传播研究》《中国古代杰出人物故事》《鬼谷子：成功发展的艺术》《鬼谷子：说服谈判的艺术》《孙子：说服谈判的策略》《两岸谈判实录：台湾海基会的故事》等书。

内容提要

《鬼谷子：说服谈判的艺术》，顾名思义，是一部关于说服与谈判的书。该书以谈判说服为经，以捭阖、反应、内揵、抵巇、飞箝、忤合、揣等鬼谷子十三篇为纬，讲天地、听言、亲近、权变、用人、改变、知情等的道理，兼论说服成事原则和顺势、攻心之道，并探讨了鬼谷子的说服与谈判的理论体系，还与现代西方说服理论进行了比较。该书总共有十八章，分为上中下三卷，符合《隋书·艺文志》的记载。

第一章，捭阖——天地之道。《鬼谷子》第一篇，探讨贤能之士在进行传播活动时，如何能够了解对方的志欲和事实的真相，作为进一步说服或决策的参考。这个有助于正确解读讯息的方法，就是运用天地阴阳之道的捭阖。这章主要由捭阖是什么，捭阖的原则这两部分构成。讲述了捭阖是说服传播进行中，探知真假虚实的重要与必要的方法，变化无穷，奥妙无比，是万事之先，也是立足天地寻求发展的关键门户。掌握捭阖的诀窍，即可说人、可说家、可说国、可说天下。

第二章，反应——听言之道。《鬼谷子·反应篇》探讨的是听言的秘诀。人君听言，慎思明辨，反映妥当，即是明君贤主，否则，不明事理，受人蒙蔽误导，或一味排斥建言，乃成昏主暴君。即便是两方对峙谈判，一方发言，另方听言，听者也须冷静分析对方言辞动作的含义，才能做出正确的判断与反应。自古注解《鬼谷子》者，多认为《反应篇》应该是《反覆篇》才是，因为宋朝《太平御览》卷四六二引自《反覆篇》，本篇第一段讨论的也是有关反覆的问题。

第三章，内揵——亲近之道。作者介绍了内揵的意义以及内揵的原则。作者认为内揵的目的，在以技巧的说辞和可行的策略计谋，来结交人主，以获得重视和信任。但是人君善恶不同，贤愚有别，接受建言的态度与反应也不同。《鬼谷子·内揵篇》探讨的是，如何针对需要而建言献策。

第四章，抵巇——权变之道。《鬼谷子·抵巇篇》的主要理论是：天地君臣皆有巇隙，圣贤可建言献策，协助人君消除危机。如果天下纷乱不可为，则以能安定天下者为先。

第五章，飞箝——用人之道。该章探讨的是：如何用言辞钩出实情，再运用各种方式钳制对方，为我所用，以达成圣贤之士治国平天下的理想。

第六章，忤合——改变之道。《忤合篇》探讨的是圣贤之士基本立场、中心信仰或重大决策根本改变的问题，也就是向背归逆的问题。

第七章，揣——知情之道。该章主要介绍了揣情量权的重要，量权的内涵，揣情的技巧，说服与揣情的关系这些内容。

第八章，摩——神明之道。该章探讨的是：如何在揣知对方的求欲真情后，顺应其意向，引导其采取行动，传播者退居幕后不居功，使国君所作所为有利于人民，达到"主事日成而人不知，主兵日胜而人不畏"，天下百姓视之有如神明，则此传播者可称为善摩，也就是善谋。

第九章，权——辨言之道。讨论的是说服言辞与人格特征的互动关系。不同的言辞刺激，对不同人格特征会产生不同的反应效果，传播者必须在揣摩对方个性、需求之后，运用恰当的言辞来说服，才会产生预期效果。

第十章，谋——献计之道。探讨如何对人君建言献策，如何行使计谋，如何使对方接受意见。

第十一章，决——成事之道。《鬼谷子·决篇》讨论的是下决定、作决策的原因、原则、标准，以及圣贤之士谋事成功的方法。说服的目的在促使对方下决心接受，并形成决策、付诸行动，有所为或有所不为。说服的目标不只在使对方接受而已，而是谋事成功，去患从福。

第十二章，符言——主政之道。该章讨论的是主政者应注意的事，如在为之道、明智、积德、用赏、问政、因果、周密、恭敬、名实等问题，以供主政者遵行，是经验积累、可供验证的智慧之言，也是可以遵行的箴言。本篇章可能是汇集当时的智慧之言，出处包括《太公六韬奋》《管子》等书。

第十三章，本经阴符七术——说服成事七原则。该章探讨的是盛神、养志、实意、分威、散势、转圜、损兑的问题，可从主政者的角度来看，也可以从建言献策、说服成事的角度来解释，甚至从两方对阵的谈判、会盟角度来运用。

第十四章，持枢——顺势之道。该章是书中内容最短的一章。主要是讲将自然运行的法则运用于人类也是合适的。天地运行的法则，转用于说服与谈判也是合理可行的。

第十五章，中经过——攻心之道。探讨的是心灵的经营，如何争取人心，使他人感念恩德，为我所用。

第十六章，鬼谷子说服理论体系。《鬼谷子》一书实际上已经具备理论体系的大纲。这一章节是对整个理论系统的简单梳理，这一章有六部分内容：说者的修养与条件；听者的修养与条件；谈说过程；讯息内容；面对面谈说的技巧；鬼谷子说服理论的实施。

第十七章，鬼谷子与现代说服理论。这一部分主要是概述现代传播效果理论的研究发现，并与中国说服理论作简要的比较。

第十八章，鬼谷子与谈判理论。一般谈判理论，都把谈判分为谈判前、谈判中、谈判后三个阶段。这一章节也从这三大方面来阐述鬼谷子的谈判理论。还分析了谈判原则谈判策略和谈判技巧以及谈判与传播的相关内容。

学术特色

该书是作者于 1975 年出版《先秦合纵连横说服传播的研究》之后，第三本有关说服传播的研究。该书还折射出的先秦诸子百家思想，有助于我们更全面地了解春秋战国文化史，书中不仅涉及了寓意深刻的谋略思想，更蕴含着丰富而深邃的哲学理论，即使对我们今天的工作生活也颇有借鉴意义。

观点撷英

鬼谷子认为,圣贤之士,立足天地间,应该做众人的表率,体会天地阴阳之道,预知存亡的关键,思考测度万物兴灭的原因,通达人心变化的道理,掌握人事变化存废的门户。而捭阖是进出人心、了解其意念的门户,如同天道运行,奥妙变化,自然无痕,所以说:"捭阖者,天地之道。"那么,捭阖究竟是什么? 就是传播与沉默交替运用,以了解事实真相与人心意念的方法。(第 2 页)

自古以来,君臣相处,有亲有疏。亲则君臣想得,言听计从;疏则君臣想怨,愈走愈远。不过有时候,君臣虽亲,却是表面亲近而内心疏远;君臣相距甚远,却是心意相近。这就是鬼谷子所描述的情境:"君臣上下之事,有远而亲,近而疏;就之不用,去之反求;日进前而不御,遥闻声而相思。"(第 18 页)

善用天下者,可解释为善于运用天下权势力量与才能之士的人,可能是领导者,也可能是圣贤之士。他们必定要衡量了解天下权势的归属消长,同时测知诸侯(地方领袖)的内心真情。否则,就不知道天下权势的强弱轻重,也不了解各地诸侯内心的向背真情与可能的变化。不知大势与讯息不明,对主政者是非常危险的。了解天下权势归属消长,就是量权,也就是明势。测知诸侯内心真情,即是揣情,也就是观心。(第 43 页)

(孙贝儿　撰)

华夏传播研究的民俗视维

民族文化传播理论描述

郝朴宁、李丽芳、杨南鸥、郝　乐

出版概况

《民族文化传播理论描述》，云南大学出版社 2007 年 7 月第 1 版，2009 年 10 月第 2 次印刷，平装 16 开本，459 页，50.7 万字，其中导论 5 页，正文及后记共 454 页。该书受到云南省哲学社会科学学术著作出版资助专项经费资助出版，获 2007 年度云南省优秀社科成果三等奖，排名第一位。

第一作者郝朴宁，中国民主同盟会会员，云南师范大学传媒学院副院长；李丽芳，九三学社社员，云南师范大学传媒学院教授，曾任少数民族文化传播研究中心主任；杨南鸥，云南省杰出青年作家；郝乐，云南师范大学研究生。

内容提要

《民族文化传播理论描述》包含导论、正文、结语、后记几个部分，其中正文部分分为五个章节，每个章节由四至五个小节组成。导论阐述民族文化传播学理论的起源、我国目前民族文化传播学的发展现状、该书中使用的研究方法和研究设想，同时简要介绍了云南省的自然资源和少数民族文化奇珍，说明研究民族文化传播的现实意义和云南地区少数民族文化的研究价值。第一章，传播——一种历史行为。这一章分为四节，在第一节中作者引用了大量中国古代文献资料、史实，介绍了我国古人对信息的认识和古代信息思想的生成，接着论述 20 世纪以来各国科学家在信息理论领域的研究成果和信息理论的发展过程。第二节以我国古代的社会实践活动为例介绍了人类传播行为与传播认识的发展演变。第三节从文化的定义和构成要素入手，论述了文化交流，特别是跨文化交流的特点、原则和障碍，强调了跨文化交流的重要性。第四节从说服学入手，介绍了我国古代说服理论，包括孔子、老子、鬼谷子提出的说服活动中的原则和技巧，展现了先秦诸子百家在说服学和辩论学领域的高深智慧。

第二章，文化记忆——信息的存储。这一章分为四节，第一节介绍了中国古代多样化的以物记数、记事的历史，其中详细介绍了一部分云南少数民族在历史发展进程中曾经使用过的记数和记事的方式，最后总结出了信息储存的发展规律和少数民族实物记事表意方式的特征。第二节和第三节以纳西族东巴图画文字为例，从符号学和语言学的角度论述了图画文字的符号意义生成和诗性结构，同时也解释了东巴文能够用仅仅一千多个图画文字符号来表意庞大的文化系统的原因，即"每一个图像在自身内部表意系统之外，借助于图像之间的关系而产生的张力，使每一个图像都具有语句的意义"。第四节论述了汉字的结构和表意系统，继而引申到中国古典文学的意境理论，以王国维的"境界"理论为透视点，对意境理论在中国的发展过程进行历史的描述。

第三章，原始传播——远古话语。这一章分为五节，第一节从文化传承的角度出发，论述民族文化传播原理的主要内容。第二节列举了大量出土于云南地区的历史遗物，尤其是种类繁多且特色鲜明的青铜器，这些从尘埃中走出的器物无不诉说着百万年以来滇人的生活状态和社会文明。第三节从云南的交通说起，介绍了云南历史上有名的古道以及由其所带动的经济文化交流盛况。第四节论述语言的力量，作者分别介绍了云南少数民族地区的歌谣、传说、谚语、咒语的起源和社会功能，展现口头传播在少数民族生活中的重要性。第五节介绍了云南各少数民族的主要风俗及其传承，包括婴儿出生前后的仪式、孩子的命名和"成年礼"、婚姻仪式、丧葬仪式和宗教教育传统。

第四章，民族文化传播介质。这一章分为四节，第一节论述媒介的发展与定义，作者依次论述了语言媒介、文字媒介和电子媒介的出现和发展，描绘了人类传播史上三大里程碑对人类文明发展的推动。第二节论述了麦克卢汉的传播学理论。第三节首先介绍了三种古老的少数民族文化——傣族的贝叶文化、彝族的毕摩文化、纳西族的东巴文化，接着用传播学的理论模型来论述云南少数民族的文化传习现象，最后以纳西族东巴文化中音乐的传承为例，论述了少数民族文化的本土传承的方式和过程。第四节介绍云南民族文化原传介质，作者通过描写佤族、摩梭人、瑶族、苗族等少数民族青年求爱择侣的方式及各民族历史悠久的民族歌舞论述了体态传播在民族文化传播中的重要性和局限性；通过介绍云南各少数民族独具特色的"鼓文化"及其他乐器论述了少数民族文化中的声讯传播方式；通过介绍云南各地发现的著名崖画论述了石介质在信息存储和传播上的优缺点，即清晰但信息量小；通过介绍云南部分少数民族的壁画、甲马、剪纸及书画作品论述民间艺术介质在民族文化传播中的作用；最后通过介绍云南部分少数民族多彩的民族节日论述以民族节日为中心的"文化场"概念。

第五章，音乐图像——历史与现代的临界视点。这一章分为五节，第一节论述音乐图像文化传播理论，作者从音乐图像学出发，论述了其学科渊源和研究价值，并且以中国著名卷轴《韩熙载夜宴图》为范例，阐述美国著名音乐人类学家彼德·张对这幅卷轴所做的音乐图像学分析及由此提出的超出普遍认知的大胆设想，之后又将这一卷轴与另外三幅晚唐或明朝时期表现类似音乐题材的著名作品进行对比，引出了彼德·张对音乐在人们心目中的高雅地位的论述；接着作者对比了中国和希腊在政治、经济、军事、文化方面的差异，探讨中国戏曲和希腊戏剧走上不同发展道路的原因；最后作者回到云南民族音乐图像文化传播之上，论述了云南民族文化中原始艺术的审美特征、价值与实用性既相互矛盾，又相互补充的特点。第二节论述图画符号的音乐图像分析与美学精神，作者依然以纳西族为例，通过综合分析纳西族音乐的存在与音乐美的存在，论述纳西族音乐中蕴含的美学思想，此外还介绍了纳西族音乐的人文生态和本体结构，结合纳西族阴阳五行概念论述纳西族的歌舞审美实践。第三节论述音乐图像的象征文化内涵，作者从巫术和宗教的角度出发，介绍了云南少数民族歌舞的种类及社会功能，尤其是傣族的音乐和歌舞，并论述了民族音乐以和为美的审美认识及部分民族乐舞的现代遗存。第四节论述云南民族乐舞的图像文化分析，作者从乐舞中的性意识说起，论述了早期人类的性崇拜及其表现形式，通过介绍铜鼓、笙、竹笛、口弦等云南少数民族乐器论述了远古人类的性意识在乐器制作与文化态度中的体现。第五节论述云南洞经音乐的文化意义，作者从洞经音乐传入云南的历史入手，论述了洞经音乐在丽江的地区流行情况和职能变化，即由宗教礼乐淡化为世俗俗乐；接着论述纳西古乐表述的生命和灵魂——神韵的内涵，最后从图像的角度来分析纳西古乐与云南其他地区古乐的不同之处，以及其他地区的乐器流入云南的情况。

结语提出了"'人'是传播的终极介质"的观点。作者从麦克卢汉的传播理论出发，强调了"人"在赋予信息价值认定上的决定性作用。接着作者提出了要创建有中国特色的传播理论，即创建有中国文化特色的传播理论，作为前者的重要组成部分，民族文化传播理论的研究让"人"的意义得以凸显，由此文化的意义也得以彰显。

学术特色

自从余也鲁先生提出了"传播学中国化"以来，一批又一批优秀传播学者致力于研究和总结中国古代传播者在几千年的传播实践中提出的传播理论，同时也试图将传播学这一"舶来品"运用到中国的具体实践中。然而，诞生于美国的传播学终究是在与中国截然不同的大背景下产生的，它的理论基础是建立在资本主义社会之上的，我们引进并不断研究西方现代传播理论，却忽视了我们祖先留下来得更加值得我们研究的宝贵财富。要让传播学能够真正指导中国的具体实践，就必须建立中国自己的传播学理论体系，即创建有中国特色的传播理论。如果说创造中国自己的传播理论是建一座中国自己的"传播学大厦"的话，那么支撑起这座大楼的"钢筋"和"混凝土"就是中国的"文化传承"和传承的"结果"，也就是几千年积累下来的文化。按照该书作者的说法，就是"首先要知'己'"，先把自己了解透彻了，才有把握去构建自己的理论体系。中国少数民族众多，各个少数民族在历史长河中发展出多元化的本民族文化，成为中国文化的重要组成部分，因此民族文化传播理论无疑是中国"传播学大厦"的最基础、最重要的"地基"部分。以云南为例，云南有 25 个少数民族（其中 15 个为云南所独有），因其文化的原生态，受到世界人类学家的关注和青睐，被誉为"人类社会进化的活化石"。多姿多彩的民族风情、民俗文化组成了云南独特而丰富的人文景观群落。这壮观的民族文化群是如何产生的？又是如何传承至今的？它是如何影响现代文化的？出于对这难得的民族资源的珍视和尊重，也出于对云南的热爱，该书作者将研究视野投向了具有历史意味的民族文化传播。中国目前还没有系统意义上的民族文化传播学，这一领域几乎还是一块荒芜之地。作者在搜集资料过程中发现，云南一代代学者在民族文化学的研究领域付出的努力和汗水令人震惊，但民族文化传播学却因其边缘交叉学科的身份而受到轻视，这实在让作者承受不起。

为了对云南省的民族文化传播做一个较为系统的论述，也为了填补我国目前民族文化传播领域的空白，作者开始了相关的研究工作。作者查阅了大量历史古籍，如《太玄经》《孙子兵法》《周易》《道德经》等等，梳理了我国古人思想中蕴涵的传播理论，为中国的传播理论体系寻根溯源。此外，作者参考了以往许多学者对云南民族文化的调查和研究，总结出其中的精华所在，又实地地走访了云南各个少数民族聚集地和历史古迹遗留处，拿到了珍贵的第一手资料，增加了研究的可信度。在研究方法方面，作者从传播学的角度，以现代传播研究方法，对云南民族原传介质、民族文化保留和传播的途径进行研究。同时，引入文化学、符号学、阐释学、解释学、美学和音乐图像学的理论和方法，将不同研究思路和方法用于研究之中，加固研究的理论根基。在阅读该书的过程中，读者不仅能体会最真实的南地区各少数民族独具特色的文字、器物、歌舞和社会风俗，还能学习其背后蕴含的少数民族思想文化和传播理论。

作为一个土生土长的昆明人，我一直以来都为云南这个自然资源和民族资源宝库感到骄傲，也自认为比较了解家乡的民族文化，而直至读完该书之后，才发现自己对云南的民族文化的了解还不及皮毛，这让我感到由衷的惭愧。该书的编写过程十分艰辛，编写完成后得到了民族文化学界和传播学界的学者们的认同。而在作者看来，书中所展示的内容还称不上系统意义的民族文化传播学，只是抛出的一块"砖"，作者希望"民族文化传播学"成为真正意义上的学科，为民族文化研究铺出一条新的道路，让这块"砖"能够引出真正的"玉"来。

观点撷英

不同民族在其发展过程中，各自创造出了具有特色的物质文明和精神文明，反映在语言上，文化不仅影响了词汇的字面意义，也影响了词汇的引申意义。历史文化传统的不同会形成同一词汇在不同文化里所承载的内涵不同。所以，了解不同语言中由于文化不同而形成的词汇的字面意义和引申意义的异同，是有效进行跨文化交流的关键之一。（第17页）

非言语语交流和语言交流各有其作用，在交流中特别是人际交流中往往是相互补充的。有的研究者甚至认为情绪信息的表达完全是通过视觉观察到的非言语信息完成的。有的研究表明，当语言和副语言（人们在进行交流时，不仅通过言语和非言语，而且通过发声的质量来表达信息，这些伴随言语的声音信息即副语言）不一致时，对方主要依赖于副语言信息；当副语言和面部表情不一致时，则主要依赖于面部表情。（第 18 页）

在说服过程中，要善于巧力智取，主方要善于借用客方之力——思维、推理的能力。当客方说的话不合理时，不要立即反驳，而应换一个角度去启发、诘难，引导客方自己得出正确的结论。"钓语"的另一层含义就是诱导客方走上主方设计的思路，得出主方预期的结论。在说服过程中，还要善于"隐"，即主方要隐藏起自己的真实目的，隐藏说服的手段，即使说服的意图和手段都是正当的，仍须"隐摩"，因为不着痕迹的说服是最能够打动人的。（第 43 页）

象形文字与图画文字在表意性上是不同的。汉字作为象形文字，其表意系统是由八万多个汉字共同完成的。而东巴文字却用一千多个图画文字完成了对等意义上的历史信息的存储。这说明，在表意功能上，东巴的图画文字具有更加宽泛的表意性，所呈现的是一种整体性信息。而在表意的具体指向上，汉字则要明确得多。（第 65 页）

茶马古道上经济物资的大量交流，必然带来相应的其他文化的传播和相互影响，更由于行进在茶马古道上的"马帮"这种极特殊的"载体"，使得茶马古道逐渐形成了联系沿途各地区的政治、经济、文化的纽带。（第 169 页）

正是由于同时肩负着民族文化信息的存储与传播双重功能，而使介质本身的指示性特征被消解，成为特定民族文化的表征符号。（第 214 页）

民族节日为我们创设出一个特定的民族文化场，其中的任何一项活动在文化场中获得了符号的意味，而相互形成联系，产生张力。一旦脱离了这种文化场，活动的符号意味也就随之消解了。（第 316 页）

中国戏曲的形成晚于希腊 1600 多年，这是不容忽视的事实。但由于多年来受文化阿 Q 主义的影响，有人总是主观地将中国戏曲说成是世界上最古老的戏剧，这种不实事求是、自我陶醉的观念，有碍于我们对于这一问题进行一种科学的探讨。（第 331 页）

功利性虽然是狩猎巫术歌舞存在的价值所在，但也必须承认，它那表现形式上的类比、模仿性质的舞蹈和有节奏变化的抑扬的感叹声调，在服务于狩猎劳动的同时，人的本质力量也通过其感性形式得到了充分彰显。（第 402 页）

（杨婧叶　撰）

民俗传播学

仲富兰

出版概况

《民俗传播学》，仲富兰著，上海文化出版社 2007 年 9 月出版，平装 32 开本，496 页，25 万余字。

仲富兰，男，汉族，上海市人，复旦大学哲学系毕业。长期供职于上海新闻媒体，曾任上海电台新闻台副总监、高级记者。现任华东师范大学社会发展学院民俗研究所教授、博士生导师、中国广播电视学会理论广播专业委员会副秘书长、中国广播电视学会对农村广播专业委员会副会长、上海市民俗文化学会会长、中国民俗学会理事、《民俗文化研究通信》主编、香港中国文化研究院顾问。多年潜心研究中国民俗文化学、民俗传播学，是中国民俗文化学科的开拓者和奠基者，著有《中国民俗文化学导论》《民俗文化学论纲》《现代民俗流变》《中国民俗流变》《民俗与文化杂谈》《中华风物探源》《当代人与民俗》《中国通·风俗礼仪》《民俗与文化杂谈》《十二生肖的故事》《风物考》《上海街头弄口》《中国民间节日》《民间吉祥物》和《广播评论——功能、选题与语言艺术》《广播电视新闻学》《广播电视评论教程》等；主编有《国风》学术集刊、《文化寻根》《图说中国近百年社会生活变迁》《中国神秘文化百科知识》《文科十万个为什么·民俗分册》和《上海史迹与风土》等。

内容提要

《民俗传播学》共分十二章三十五节。第一章，文化视野下的民俗与传播研究。作者论述了为什么要把民俗作为文化来研究，给出了民俗文化学与传统民俗学的三大区别，并总结了民俗文化学学科特征的对民俗文化事象的理论探索与阐释、对民俗史和民俗学史的研究与叙述、民俗学方法论以及对民俗资料的搜集保存等方面的理论与技术探讨的三大内容结构。随后，作者更进一步地论述了民俗传播与非物质文化遗传承的息息相关，民俗传承中的各种非物质文化遗产，它们不以物质形态存在，而是存在于传播过程中，传播得以传承，非物质文化遗产得以存在，可见，传播乃民俗研究之枢纽。随后，作者条理清晰地论述了传播学与民俗学在中国的"传播"，以及传播学、民俗学"中国化"的问题，并提出了需要在民俗学与传播学的交叉结合中，寻求新的学科领域。

第二章，民俗传播学的研究对象。本章阐述了民俗传播与文化雅俗之区分的内在关联，民俗文化是高雅文化的基础，民俗乃一国的基础文化，又因，民俗传播的中介特质，即民俗传播与社会生活水乳交融、混同一体，使得民俗传播学有其自身发展的生态环境，其与社会学、人类学、历史学等学科均有交融，而走进了大众传播时代的民俗传播，作者也对一些概念进行了重新地阐述，如民俗、民俗模式、民俗生活及民俗传播学中关于"传媒"的概念等等。

第三章，民俗传播学的层面与要素。本章阐述了民俗传播的心理层面、语言层面和行为层面三大层面和物质民俗传播、社会民俗传播、精神民俗传播及语言民俗传播四大要素，并进一步论述了民俗层面与要素的辩证关系，阐述了探讨"民俗传播学"的理论意义：当前的民俗文化传播正经历着过度开发的危机，融入了很高的商业利益之旋涡，这对于原生态的民俗文化有极大的破坏性。鉴于此，作者提出，一是加强民俗传播学研究。二是批判地吸收各种文化人类学理论研究成果。三是建设有中国特色的民俗传播学。

第四章至第六章共三章内容，作者都用来阐述民俗传播与符号。三章分别为民俗传播与符号理论，民俗传播符号：神话、原型、仪式及跨越时空的"共通意识"。第四章作者提出民俗传播是人类借助民俗符号来传达意义的行为，指出了民俗符号的一般原则和内在结构，并阐述了民俗符号意义建构及其编码解读在传播者中的心理积淀，从而实现了文化的传承。第五章则从具有现实指向性的现实符号和超现实的精神领域神秘符号两面阐述民俗符号。现实符号主要指如风雨云、祈求财富、生殖繁衍、福寿康宁、祈求团圆及辟邪免灾等象征符号。而神秘符号则主要指的是神话、原型及仪式等。第六章则主要阐述了跨越时空的"共通意识"，任何的符号都需要编码和解码，而要想确保解码获得的意义与编码的初衷一致的化，则就需要"共通意识"。作者提炼了民俗传播的模式、民俗传播的类型，有助于我们去更好地认识、解读和刻画民俗意义，有助于我们在民俗传播和改造的过程中始终坚持"共通意识"，从而保证民俗文化的传承和发展。

第七章，民俗与非语言传播。人类传播活动中使用符号，一般分为语言符号和非语言符号。本章作者阐述了非语言传播的手势、目光、表情、语气等非语言传播符号类型，并将这些非语言符号的传播与习俗交流进行了结合分析。本章中作者还对不属于人体各部分的标志如面具、假睫毛、口红等标志语的信息传达及口哨语、鼓语、器物、市声等特殊音响的非语言交际进行了分析。作者还指出了民俗中的非语言传播，尤其是交际传播，具有明显的民族性和地方性特点。

第八章，民俗传播的集体性与普同性和第九章，民俗传播的时空特征，这两章均是在介绍民俗传播的特征。作者认为，民俗传播的集体性主要体现在其相沿成习和传播风行两点，而传播资源则主要集中在公共符号与集体记忆。普同性则是主要指传播过程的普遍性和传播对象具备的共同意义，而传播过程中更是存在着普同意识的纵横深化。时空特征则是指民俗在时空状态下的"信息共享"，而这种"信息共享"也离不开地缘特征和人口流动。传统的民俗地缘具有相对早熟的乡土文明、人际传播的血缘和地缘纽带、农民对于土地高度依赖、束缚人们精神的礼俗等基本特征，而农村人口流动对于习俗变革也具有积极意义，如接受现代文明的熏陶和洗礼，并在乡村社会开风气之先；传统"重农抑商"风气式微，重商思潮漫卷乡村社会；人际交往中的"利益观"逐渐取代以血缘与地缘为纽带的宗法意识；人们价值观念发生变异，冲击乡村一系列社会习俗开始出现变动等。

第十章，民俗传播结构分析。作者主要提出了民俗传播的心理结构包括知觉心理、文化心理、文化—制度心理三个层次，并将包含传者、受者、传播工具和传播情境四要素的民俗传播结构与主体心理积淀进行联系分析，指出了民俗传播结构的意义在于会在人们的心中建立一个精神的神圣空间，实际上就是一种文化心理基础，而这个心理基础会在造物的历史沉淀中不断地变化着，主体心理积淀就是民俗传播的社会心理表现形式。

第十一章，民俗传播的语言载体。民俗传播的符号包含语言符号和非语言符号，而这章作者论述却是倾向于从具体的语言类型进行民俗传播语言载体的分析。作者从民间惯用语、流行语、语言学的"语讳"和民俗学的"口彩"、民间行话和秘密语等具体语言类型在民俗传播中的流行和变迁，去分析其对于社会更俗的镜子式映射，从而指出研究民俗语言对于民俗传播学具有十分重要的意义。

第十二章，新媒体时代的民俗传播研究与方法。新媒体时代，民俗传播的社会背景不断变化，作者认为需要重视的应是媒介的变化。作者指出媒介反映民众生活变迁，表现如人们生活在"媒介环境"中、传媒表述民俗生活、传媒反映民俗生活及其变迁；指出媒介干预民众生活，新媒体形式正占据民众日常交流主渠道，表现在网络化、个人化、即时化和多媒体化。新媒体时代的民俗传播研究的基本方法自然需要谨慎对待，作者对民俗传播学研究的种类、性质、目的、特点、分类等进行了论述，并举例阐述了民俗传播学具体调查方法如问卷调查、内容分析、实地调查、控制实验等方法。

学术特色

《民俗传播学》这该书的诞生，正如作者本人所表示的，实在传播学与民俗文化学基础上进行交叉研究的民俗传播学，在国内学界尚属首次，这是一次崭新的探索。乌丙安指出：在历代俗民的日常生活实践中，民俗符号不停地组成编码在群体中传递民俗信息。早在原始民建立自己的原始社会之初，正是用人类特有的"传"的能力和机制，构成了人与人之间沟通的关系，也构成了人与自然之间的交流关系。于是才形成了衣食住行的日常生活习俗；才丰富了人类赖以交流的语言代码与非语言的象征符号；才积累了有关天地昼夜、日月星辰、风雨雷电等天体天象的神奇生动的神话知识；才创制了有关人生从出生、成年、婚宴，直至丧葬的诸多礼仪；才编造了色彩斑斓、声音嘹亮、载歌载舞的多种娱神娱人活动；才传布了采食、狩猎、捕捞、放牧和农耕等多样的生存、生活与生产的经验，传播了只有人类才拥有的多彩多姿的物质文化和精神文化。整个人类社会的习俗惯制就这样从古传今，自前传后，从秘密的祖传、师承，再到群体的大传播、大扩布，于是构成了完整的系统的"传"的民俗文化。《民俗传播学》正是全面探索上述民俗文化系统所拥有的传播规律的论著。

孙旭培则表示民俗文化学与传播学在我国都是新科学，只有短短几十年的历史，仲富兰教授写《民俗传播学》依靠自己的思想和睿智，放眼世界，将国内外前人的研究成果都搜罗来，做到集中外于一炉，设计出自己独有的框架结构。从这该书中可以看出，进行民俗传播学的研究，还需要民族学、宗教学、心理学、社会学、哲学、美学、历史学、考古学、文艺学、语言学、符号学等多学科的知识。作为一门学问，作者不但重视这门学科的基本框架的建构、基本原理的阐释，最后还对该学科的研究方法进行了探讨。这些都是值得肯定的。这该书逻辑严密，理论观点多有深刻独到之处，资料丰寓翔实，给读者很多启示。

观点撷英

"学术"文化可以理解为雅文化，"风俗"文化，则可视为民俗文化，前者导引开路，后者是奠定基础。两者不可偏废。（第56页）

民俗传播学所关心的，是透过纷纭繁杂的民俗事象，来管窥一定社会文化生成与发展的源流与底蕴，对一个民族文化之根进行深刻的挖掘。（第69页）

民俗传播是人类特有的各种文化要素的传递扩散、传承和迁移的现象，是各种文化资源和文化信息在事件和空间中的流变、共享、互动和重组，是人类生存符号化和社会化的过程，是传播者的编码和解读者的解答互动阐释的过程，是主体间进行文化交往的创造性的精神活动。（第106页）

民俗符号是民俗传播不可或缺的基本要素，是民俗文化传播的基因，是民俗传播的主要载体和工具。从这个意义上我们可以说，所谓民俗文化，究其本质乃是借助符号来传达民俗事象意义和人类行为。（第168页）

民俗符号原型的文化底蕴，远远超越了具体的民俗事象本身，如纸伞是人们的遮雨工具，是一种具有实用性的器具。但它如果作为民俗符号进入信仰民俗活动后，就成了一个神秘的象征符号，具有多重文化底蕴。（第201页）

民俗传播模式是个什么概念呢？我以为，是民俗在传播过程中的各种个特质丛集、聚合所形成的一种整体的、协调一致的系统（整体）的结构状态。（第221页）

我认为传播与变异是民俗文化的根本矛盾，亦即世世代代的人作为社会的主体在随着环境的改变而相沿不绝地传播着民风民俗的同时，民俗传播作为一种主体的对象化的存在，也在不停顿地发生着适应新的时代人文情况的演变。传播和变异作为民俗文化的根本矛盾，也是民俗文化基本特征赖以存在的基本前提。（第300页）

我们要搞好民俗传播与中国传统文化的融合，既要立足于思考民俗传播如何切入中国文化，又要考虑中国文化如何吸纳现代民俗传播，又如何同化和改变现代公共关系。毫无疑问，现代民俗传播与中国文化及其更新出现了某种"同构"与"共鸣"，必将产生非学科本身所能产生的"文化效应"。（第336页）

个人在强大的社会习俗和习惯势力面前，应该保持一种独立的人格创造精神，而不是随波逐流，像一片被秋风刮落下来的落叶飘洒在河流上一样，不知道来自何方，也不知道去向何处。在这方面，主体心理积淀对于民俗传播发挥着巨大的功能。（第382页）

（徐莹　撰）

传播习俗学论纲

杨立川

出版概况

《传播习俗学论纲》，杨立川著，陕西人民出版社 2009 年 1 月第 1 版，平装 32 开本，188 页，14 万余字。

杨立川，西北大学新闻传播学院教授，硕士研究生导师，西北大学新闻传播学院院长。其主要研究方向为广告与文化传播及新闻传播理论，教授西北大学精品课程建设项目"广告策划与创意"。主要承担社会工作包括中国高等教育学会新闻与传播学专业委员会广告学研究分会副会长、中国高等教育学会广告教育专业委员会常务理事、中国新闻文化促进会传播学分会常务理事、陕西省传播学会副会长、陕西省戏剧家协会常务理事等。学术著作包括《新闻学原理》《传播习俗学论纲》《广告专业技术资格考试大纲》（主编）《创新与和谐：当代中国广告学研究与广告教育》（主编）《延安红色新闻传播文化图景》（合著）《秦腔与传媒》（合著）《延安文艺档案·延安戏剧组织》（合编）。主要发表论文有《当前我国新闻的产业性质与新闻界的竞争》《论我国当前新闻媒介的不正当竞争现象》等 25 篇。

内容提要

《传播习俗学论纲》，分原理篇和专论篇，原理篇分为 7 章内容，而专论篇则包含了 9 点内容。

原理篇：第一章，习俗与传播习俗。本章首先对比了民俗与习俗的概念外延，提出了研究主题用习俗的原因和思考；再以陕西的民间及官方的传播习俗案例为引，引出了传播习俗的五大基本特征，并以案例解释了传播习俗的构成设计传播活动全过程，并列举了传播内容、传播符号、传播渠道及内向的人际、群体、组织、大众传播的习俗现象；最后分析了影响传播习俗形成于发展的政治、经济、文化、技术、自然条件等自然因素。

第二章，传播习俗。将传播习俗作为传播习俗的一部分进行了分析，本章就传播民俗及其基本特点、传播民俗的基本类型、传播民俗研究的意义问题谈了作者的一些思考。

第三章，流行性传播现象。本章将流行性传播作为传播习俗的另一个重要组成部分进行了分析：首先从流行现象与传播活动的关系、常见的流行现象以及构成传播活动的各环节三种分类依据对丰富多样的流行性传播现象进行了分类；随后介绍了流行性传播现象的特征如生命周期短、影响力大、群体性或社会性、自发性、盲目性等；最后介绍了利用流行性传播服务于传播实践的利用方式和需要注意的问题。

第四章，中国传统节日与中国传播习俗。本章从三个方面介绍了中国传统节日作为中国传播习俗的一部分的相关性。首先介绍了中国传统节日的传播学意义，以春节、元宵节、清明节等为例印证了不同的节日具有不同的传播内容和传播形式，内容功能主要服从于人际关系协调和人的社会化需要；随后给出了中国传统节日传播活动的习俗性的仪式性、历史性、社会性和规范性等特征；最后介绍了如何利用传统节日传播习俗服务于当代传播实践。

第五章，中国传播习俗与新闻事业的发展与管理。本章首先介绍了新闻传播对方言、戏曲、歌谣、笑话、民间故事及神话传说等语言习俗的应用；随后介绍了如何利用习俗性的传播形式改进新闻传播方式，这种对习俗性的传播方式利用分为直接被新闻媒体采用和被改造利用两种方式；最后还介绍了应用传播习俗对新闻版面和新闻栏目进行包装，并列举了大量翔实例证。

第六章，中国广告应与中国传播习俗相契合。本章首先列举了中国大量存在的广告对中国传播习俗利用的例子，如年节时的拜贺广告、威风锣鼓广告、对联广告等；随后进一步介绍了中国广告在利用中国传播习俗时应该注意让广告传播合乎人们关于传播习俗的种种观念，应该充分利用习俗性的传播手段，更应该注意利用恶俗而消极迎合某些消费者是一种不道德的行为。

第七章，语言习俗与广告文案写作。本章主要从四个方面进行了分析，第一论述了广告文案应与广告对象的语言习俗相契合；第二，自觉地使广告文案写作服从于传播习俗；第三具体提出要使广告文案契合语言习俗需注意广告文案遵循人们语言习俗观念以及广告文案可完整借用或化用各种语言习俗事项；第四则分析了广告对语言习俗利用应注意的三点问题，包括须是特定消费群体喜闻乐见的，与特定的产品具有相关性以及具有一定社会文化特征。

专论篇：一、年节的传播学意义。本专题探讨了年节期间内向传播的特殊性以及内向传播较活跃的原因。并对于年节期间的家人团聚、祭祖、走亲访友、贴春联等活动进行了其传播学的意义。

二、中秋传播习俗。本专题则首先介绍了中秋节作为一种传播符号所承载的意义如收获、婚恋、团员、秋闱折桂等；随后介绍了古代以来中秋节期间家人、亲友及社会成员间的沟通案例。

三、广告与中秋传播习俗。本专题主要介绍了广告在中秋节期间对于中国传播习俗的利用。包括团员主题、以"礼"动人的劝服策略、服务于团聚与沟通的功能定位、广告变现上采用能够体现中秋节特征的符号以及诉诸休闲游乐等。

四、广告传播习俗与广告传播教育。本专题主要介绍了广告传播习俗如何通过广告传播教育来更好地服务于广告传播。本专题首先介绍广告传播习俗的定义和特点，并分析了广告传播习俗广泛存在于广告传播活动中；随后分析了广告传播习俗教育有着广告传播习俗现象的渊源流变和广告传播习俗在人类传播实践中形成的机制等丰富内容；最后介绍了应当如何更好地重视广告传播习俗教育。

五、当代中国乡村传播关系的几个特征。本专题分析了当代中国乡村传播关系中，家庭、乡村基层组织、乡村经济关系、血缘关系、地缘关系以及习俗性等扮演者及其重要的角色。

六、中国乡村的传播形式与广告宣传。本专题介绍了农村群体传播诸形式如传统节日、村舍活动以及农村组织传播形式如农村会议场所、广播、村务公告栏等在广告活动中的可利用之处以及应该如何利用之法。

七、农村广播的生存环境和生存之道。本专题首先介绍了我国乡村广播的内容应关注受众需求，围绕如何在政治、经济、社会、文化等方面体现变革时代的乡村发展问题内容；随后详细介绍了乡村广播的经营管理应注意经营策略、注意对象性与专业性相结合、注意乡村传播习俗和传播手段、充分利用各村广播站并与相关企业合作联合举办乡村公益活动等。

八、陕西某乡乡村传播中的家族传播与亲戚传播的基本模式。本专题主要用图式的方式介绍了家庭内部成员并将组成成员间的传播模式，主要集中于婚丧嫁娶的传播模式分析。

九、文化全球化·中华传播习俗与当代中国广告。本专题首先介绍了文化全球化对中华传播习俗的直接影响和刺激性影响两方面；随后介绍了文化全球化进程中当代中华传播习俗的变化，尤其是影响中国广告传播活动，刺激中国广告对于中国传播习俗的利用；最后提出了全球化进程中需要注意的两个问题包括对于西方广告传播观念的批判接受和广告传播需要注重文化性，避免低俗。

学术特色

西北大学新闻传播学院原院长、教授刘建勋认为：杨立川教授的《传播习俗学论纲》，是在传播学研究本土化的期盼声中孕育而成的；传播习俗的发展、流变，也是人类传播活动中普遍而显著的规律。杨立川教授的《传播习俗论纲》在这方面给予了十分重要的关注；《传播习俗学论纲》对传播习俗的研究做了基础性的工作。不仅如此，该项研究还具有清楚的实践性价值和清洗的应用性思路。例如，自觉利用传统节日的传播习俗服务于当代的传播实践，利用习俗性的传播形式，改进新闻事业的传播方式，中国广告传播如何利用中国传播习俗，以及自觉地使广告文案写作服从于传播习俗等阐述，都十分具有应用研究的特点。应该说，这也是一代年轻学者在科学研究实践中锻造的学术实践新品格、新思维、新视野。

南京大学金陵学院传媒学院院长兼党总支书记、教授段京肃认为：《传播习俗学论纲》同作者本人一样扎根于西北黄土高原的沃土中，从源远流长的黄土文化中吸取了丰富的营养。书中大量使用了历史上保留下的和今天仍然在百姓生活中常见的传播实例，用中国人最熟悉、最亲切的生活和生产内容来说明复杂的传播学原理，拉近了传播学理论同人们生活的关系，增加了抽象学问同人们之间的亲切感。在《传播习俗学论纲》这该书中，杨立川教授带领我们进入了时空的隧道，在古今的结合中完成了对中国腹地的一次传播民俗的全面考察。那些仿佛刚从黄土地上随手捡来的一个个闪亮的珍珠，经作者用一根红丝线穿在一起，便有了令人称奇的魅力。

观点撷英

我们这里所说的"习俗"，有其特定的含义。它不同于一般所谓"民俗"；

它指的是各种各样的习惯与风俗，它大于并且包括了民俗即民间风俗。（第14页）

谋求理想的传播效果的前提之一，是深入地了解传播民俗，合理地利用传播民俗；这也同时给我们提出了一项研究任务——传播民俗研究。因此，传播民俗研究不仅仅对传播学研究具有深化的意义，同时更有着显而易见的实践意义。（第45—46页）

从一定意义上说，中国传统节日也是传播的节日。它既涉及纵向传播，也涉及横向传播；既涉及人与人之间的传播，也涉及人的内向传播。以春节为例，春节期间的传播习俗既涉及人的内向传播，也涉及人际传播、群体传播等。如守岁、祈如愿、家人团聚、拜年和节日期间的社区文化活动以及贴春联等，都包含着丰富的传播内容，发挥着重要而特殊的传播功用。（第60—61页）

总之，合理利用传播习俗，以发展我国的新闻传播事业，从而更好地为受众服务，为社会发展服务，应成为我们新闻媒介机构的一种自觉的业务观念和有关管理部门的一种重要的管理指导思想。（第87页）

然而我们同时不能不意识到这样一点：我们必须对广告文案写作和语言习俗之间的密切关系有一个自觉的认识。换言之，从广告学理论和相应的广告观念来看，我们还有进一步形成关于使广告文案写作服从于语言习俗的自觉意识的必要。（第103页）

激发除夕及春节期间活跃而深刻的人的内向传播的基本因素，首先是时间因素，这个时间因素已不是一般的时间，而是积淀了特定的文化内容的时间，辞旧迎新是一个结点，这个结点是人的生命进程及社会运行的一个阶段的结束和另一个阶段的开始；其次是春节期间人们之间较之平日更为活跃的传播活动——这一时期人们的传播内容也多集中在对人们的成败得失的总结和对未来的展望计划上。（第112页）

中秋节是一个复杂而充满欲望的符号。或者说中秋节积淀了丰富的社会心理、复杂的人生欲求。过中秋节，在某种意义上其实也是一个体验人生欲望的过程。这是人类社会以一种非常特别的方式对个体的洗礼——这个特殊的时间是一种特殊的刺激物，它诱发千千万万的人的一种具有诸多共同特质的心理反应，使千千万万的人们享受了一次特殊的意义大餐。（第128页）

广告传播习俗教育内容的丰富性是由广告传播习俗本身的丰富性所决定的。质言之，广告传播习俗教育涉及广告传播习俗的产生、发展，以及广告

传播习俗本身的本质、特点、类型、功能等许多方面。（第 140 页）

　　值得注意的是，在当今这样一个急骤变革的时代，中国的乡村社会也正发生着历史性的快速变化，相应的，当前中国乡村传播关系也正处于一个快速变化的过程中。例如，随着改革开放的不断深入，随着城乡联系的进一步密切，乡村成员相互间传播关系更趋密切，血缘关系的影响力逐渐减弱，传播圈在扩大，同外部信息联系越来越紧密，传播习俗也处于衍变之中等等。（第 151 页）

　　中国目前仍属于发展中国家，也有一个维护和发展中国文化的问题。广告传播对社会文化有着十分重要的影响。因此，中国的广告人也应该对在域外文化尤其是西方文化影响下的中国社会文化和传播习俗所发生的种种变化有正确的价值判断，并从有利于中国社会的健康发展，有利于为人类社会的发展做出自己独有贡献的目标出发合理利用之。（第 184 页）

（徐莹　撰）

民族文化传媒化

刘建华、〔奥〕Cindy Gong

出版概况

《民族文化传媒化》，刘建华、Cindy Gong 著，云南大学出版社 2011 年 7 月出版，平装 16 开本，327 页，34 万余字。

刘建华，生于 1975 年，男，汉族，江西省莲花县人。云南大学国家文化产业研究中心助理研究员，中国人民大学新闻学院传媒经济学专业博士生，瑶溪（井冈山）发展基金会理事会执行理事长。研究方向为传媒经济、文化产业、网络舆情、传播理论与实务。主要著作有《昆明文化产业发展纪实》《节点与变局》《解构大学竞争力》《几回回梦里稻花香》《五点网络》等，参与《中国传媒发展指数报告》（2010）（任主笔）、《传播与文化概论》《网络新闻编辑》（副主编）、"985"与国家"十一五"教材等书的撰写。

Cindy Gong，女，中文名巩昕頔，奥地利籍在华留学生，中国人民大学新闻学院传媒经济学专业博士研究生，国际传播专业文学硕士。曾担任中文化交流协会理事，致力于中奥两国文化、教育、音乐、经济方面的交流，负责中奥两国文化团体及相关部门的交流与合作工作。研究方向为传媒经济、文化产业、跨文化交流与传播等。

内容提要

《民族文化传媒化》共分四章十四节。第一章，民族文化与传媒经济的关系。作者首先论证了大众文化能够成为符合市场运作的大众文化产品，正是因为其具有了相应的经济特征：资源的稀缺性是商品的本质，也是大众文化可以进入市场流通的基础和前提；产品的消费者需求方面，大众文化产品更是具有区别于其他一般物质产品之处——同一产品对于不同的消费者或者不同时候的同一消费者的意义不同，凸显了大众文化产品的价值的多重性；版权制度的确立，特别是版权贸易，可以节约大量的贸易成本的同时，保证大众文化产品的国际贸易分工，优化产业结构；而产品生产的市场组织与调节，可以最大化地促进大众文化的产品化，为生产者带来经济效益的同时，也为消费者带来了极大的精神财富；大众文化产业链的相关性有效地避免了部分地区"企业扎堆"的现象，为欠发达地区调动各方资源促进经济发展带来了极大的潜力和可能。其次，作者认为拥有了丰富的民族资源并不一定就能拥有丰富的文化产品，对民族文化资源需要进行内容的创新和设计的抽绎，极大地提升民族文化资源的通适性，从而提升国家的民族文化产品的国际竞争力，捍卫本国的文化安全，壮大自身的文化软实力。随后，作者阐述用媒体文化指称大众文化或流行文化，可以有效地回避意识形态方面的纠缠，有利于从纯经济学角度，不带偏见地考察民族文化向大众文化产品的转化。最后，作者指出，民族文化与传媒经济的结合，需要有一个坚强的承载实体，那就是区域，区域为民族文化与传媒产业的发展提供其所需的"软硬"条件。同时，区域也应该利用信息时代的背景和民族文化产品发展的机遇，努力促进自身的民族文化与传媒经济产生化学反应，孵化多元区域增长极。

第二章，民族文化传媒产品化的基础。作者首先强调文化资源是民族文化传媒产品化转换的基础。为了使文化资源能够在转化的过程中保持不竭的原动力，需要其拥有自在性与自觉性、现代化与陌生化、开放与再生等特征。随后，作者以其前瞻性的眼光分析指出民族文化传媒产品化的必要条件是具备完善的市场体系，并对民族文化市场体系理想图景进行了分析：一是有完整的传播供给市场、传播流通市场与传播消费市场。二是传媒文化市场体系应当是能够充分实现经济效益与社会效益的体系。三是传媒文化市场体系应当是全球范围内的市场体系。四是传媒文化市场体系应当是与文化产业市场体系即其他产业市场体系互动相连的体系。不仅如此，作者还提出了实现这种理想图景的五大建构方略。最后，作者强调民族文化传媒产品化工程成功与否，与区域产业结构息息相关。新闻媒介传播内容包括资讯、娱乐与广告，前两者形成内容产品市场，后者形成广告市场。无论是内容产品市场或是广告市场，起变化和发展都源于区域经济产业结构的演变和发展。以传媒为核心的文化产业，以其劳动力密集和技术密集优势，日益成为主导产业，并日益促进区域经济、高新技术产业以及城市化的发展。

　　第三章，民族文化传媒产品化的条件。本章作者从人才、融资、技术和规制民族文化传媒产品化的条件入手，条理清晰做了详细论述。关于人才，文化产业是创意产业，需要的是有思想、有天赋、有技术、有能力的人才支持。在这种情况下，人才格局的合理性建立就显得尤为重要，即作为一种生产要素，人才需要完整的市场供求结构与布局。作者指出面对文化创意产业当前创意如此稀缺的格局，我们想要获得创意，需要从三个层面切入，即宏观上的人才战略制定、中观上的培养机构设置和微观上的思维方式的转型。前两者是就文化创意产业人才培养而言，后者是关于创意获得的方法论而言，重在剖析创意获得的思维基础。关于融资，文化产业具有高投入、高产出和高风险的特点，这样的特点决定了其资金投入很难从传统渠道如股市、银行或与银行类似的单位获得，需要建设自身的融资渠道，吸引风险资本。那么如何吸引风险资本，需要做到：一是明晰观念，强化风险资本认识，营造有利环境。二是培育熟谙传媒产业生产运作规律的理性专业风险资本。三是拓展融资视野，建设天使投资渠道。四是致力建设二板市场，以项目催动创业公司。五是完善风险投资机制，培育可持续性风险资本。关于技术，有进化和流射（异化）两种观点。而作者基于技术进步观念，探索技术与传媒产业发展的关系。对于文化遗产记录，尤其是非物质文化遗产的保护需要依赖影视传播技术，特别是数字时代，更有利于文化遗产影响的数字化保护与传播；对于文化产品生产，数字技术与网络技术使文化产品制作成本大大降低。对于文化商品的流通，计算机技术、数字技术和网络技术的出现，使得文化产品的生产者和消费者跨越一切中间平台，实现面对面交易成为可能。关于规制，规制的目的是矫正市场失灵，但有时政府失灵情况也存在。作者认为，在民族文化影视产品转化方面，应当以鼓励性规制为主，减少限制性规制；政府规制的管理与改革方向是不断放松而不是加强，建立适合中国实际的规制蓝图。

　　第四章，传媒经济对民族文化的影响。本章作者主要阐述了全球经济一体化大格局下，大融合、大跨越、大发展的传媒经济对民族文化的影响呈现利弊交杂的影响态势。现代传媒经济与民族文化的互动，可以促进文化的和谐繁荣，文化需要传播，不同的文化之间相互开放、分享、融合、促进、碰撞，然后共同进步。但同时，作者也看到了传媒经济对民族文化的负向作用，传媒经济实力的悬殊导致传播层次、技术、手段的差距最终建立起来的传播秩序有这样的趋势：信息流总是从经济发达国家涌入不发达的国家，从发达地区传导至不发达地区，从经济地位较高的群体延伸到经济地位较低的群体。这样的趋势会造成文化的涵化和侵蚀，造成文化的逆流，最终的结果会导致意识形态、主流价值观、传统文化的异化和流失。作者认为我们需要对民族文化进行保护，并在保护中发展。我们应从民族文化的载体——语言文字的保护、不要让城市失去记忆两个方面进行保护，而对传统民族文化的保护就是一种既稳定又长远的发展道路。而在保护和发展过程中国家及政府更应该认清自己的角色，发挥自身的作用：一是改变传播的"独白"形式，融入国际对话语境。二是掌握传播规律，用科学的方法顺应跨文化传播的趋势。三是对媒体资源整合完善，参与竞争的市场化经营。四是学习国际媒体对外传播的先进经验，增加与海外媒体的联系。五是加强培养跨文化传播专业人才，同时发掘本民族文化特色。六是参与国际新闻竞争，有效进行舆论引导。

学术特色

民族文化在信息化时代、全球化发展的当代，因其涉及意识形态、主流价值观及社会风气的异化和涵化，涉及文化产业的国际竞争力和国家的文化软实力，越来越受到国家政府和相关专家学者的重视。而民族文化想要成为文化产品、进入市场流通，实现其经济价值和社会效益，则需要更好地利用当代传媒技术，即民族文化传媒化。喻国明教授认为：该书正是找到了民族文化发展与传媒经济两者融合的平台，即国家文化软实力。作者致力于解决中华民族文化的传媒产品转化问题，尤其是立足于西部经济欠发达地区，把丰富的少数民族文化资源转化为文化实力的一种理论探讨。文化资源不等于文化实力，文化产品也不等于传媒产品，作者认识到文化产品贸易中，由于文化差异导致的文化折扣，降低了文化产品民族文化含量与意义所指。为了尽量减少这种折扣，作者认为，由于民族文化的通适性，即"越是民族的越是世界的"，可以致力于民族文化产品的生产与贸易，传播中华民族的声音，让世界认识一个真实的中华民族，增强国家文化软实力，确保文化主权与文化安全。在民族文化资源产业化中，其最佳的载体是传媒，需要把其转化为传媒产品，尤其是在新媒体技术支持下的影视传媒产品，它们能够最大限度地降低文化折扣。为此，作者对民族文化与传媒经济的关系。民族文化转化为传媒产品的基础与条件以及传媒经济对民族文化的影响等，进行了深入的剖析与探讨，旨在进行机理性研究，解决民族文化传媒产品转化的基础问题。

施惟达指出：该书以西部文化产业为主要的研究对象，是多年来我们关注和研究以云南文化产业为代表的西部文化产业发展的一批阶段性成果。云南省在 20 世纪 90 年代较早提出建设民族文化大省的战略目标，2000 年后着力发展文化产业，推出以《云南印象》为代表的一批文化产品，及以丽江为代表的文化体制改革和文化产业发展的典型，在全国产生了很大影响，呈现出政府推到、社会参与、市场运作、品牌先导的文化产业发展的西部特色。在这一发展过程中，无论是理论层面还是实践层面，无论是体制层面还是政策层面，都有许多值得总结的成功案例，也有许多值得分析的失误教训，更有许多值得深入探索的未知道路。该书从不同角度涉及了这些内容。如果上升到理论上看，研究的中心就是围绕着在经济不发达的地区如何发展一个需要建立于发达的经济基础之上的产业这一关键点。虽然还不成熟，毕竟也是跟随历史的发展记录下来的思考。

观点撷英

完善的市场体系是民族文化传媒产品转化的基础。其理想图景是：一是有完整的传播供给市场、传播流通市场与传播消费市场。二是传媒文化市场体系应当是能够充分实现经济效益与社会效益的体系。三是传媒文化市场体系应当是全球范围内的市场体系。四是传媒文化市场体系应当是与文化产业市场体系互动相连的网络体系。（第 10 页）

要了解文化产业市场，必先明白其几个基本问题。即为谁生产，如何生产，何时、何地生产。（第 30 页）

文化生态学是就一个社会适应其环境的过程进行研究。它的主要问题是要确定这些适应是否引起内部的社会变迁或进行变革。但是，他 / 它还结合变革的其他过程来分析这些适应。（第 108 页）

对于经济社会而言，谁掌握了再生性资源利用的方法，谁将会在未来竞争中赢得控制权。那么，对于文化资源来说，可再生性也是其立足世界文化之林的重要保证。（第 131 页）

创意与创新不同，创新不仅指思想和观念上的创新，还包括更为广泛的技术、物质等所有层面的创造和更新；而创意是人的创新思维能力的具体体现，是比宽泛意义上的创新，更深一层的思想创新或理念创新，它是一切创新活动得以展开的前提和基础，一切有形无形的创新过程及其结果最终都可

以溯源到某一创意。（第 182 页）

　　一方面，中国资本市场正日益走向成熟与完善，另一方面，对于民族文化传媒产品转化而言，通过资本市场融资有喜也有忧，喜则是全球资本流通障碍正日益消除，区域经济发展水平对传媒文化产业融资的束缚逐渐松离，忧则是日益规范的资本市场使传媒文化产业上市难度加大，不利于其通过传统渠道获得资金，其高投入、高产出与高风险的特性使其必然偏向风险资本融资渠道。（第 217 页）

　　文化商品是精神性产品，就流通而论，其与物质商品的最大差异在于物质体积与质量方面。（第 233 页）

　　文化产业不同于机械化的大规模生产，它的价值来源于独特性和差异性。这其中包括资金、技术、人才等客观物质条件的差异，更重要的是独特创意以及自然条件的不可复制。（第 267 页）

　　城市不仅仅是单体建筑的简单集合，不仅仅意味着高楼大厦、立交桥、高架路，更是一股从远古吹向未来的心灵之风，是一个民族连续绵延的记忆载体，完善的基础设施，良好的生态环境，深厚的文化内涵，优秀的传统风貌、地方特色和人文景观，都是一个城市不可或缺的组成部分。每个时代都在城市建设中留下了自己的痕迹，保存城市的记忆、保护历史的延续性、保留人类文明发展的脉络，是人类现代文明发展的需要。（第 296 页）

　　在传播“全球化”发展的不平等语境中，唯有通过自我传播技巧和传播模式的改变，尊重和理解不同文化的差异，才能在全球的新闻传播中构建一个国家民族的话语权；只有不断提高自己媒体的实力、公信力，扩大影响力，抓住对外传播的主动权，才可以在国际上树立良好的国际形象，提高中国的国际声誉和国际地位，为经济的发展拓宽道路，将古老的文明发扬光大。（第 308 页）

（徐莹　撰）

民族文化传媒化

程郁儒

出版概况

《民族文化传媒化》，程郁儒著，中国社会科学出版社 2012 年 1 月出版，平装 16 开本，285 页，29 万余字。

程郁儒，西安人，汉族。复旦大学（新闻学业）文学学士。云南大学（民族学专业）法学博士。早期赴云南支边。曾供职于云南日报，云南电视台，云南民族电影制片厂、云南财经大学等单位。后任西南师范大学（现西南大学）新闻与传播学院副教授。科研方向为民族文化传媒化研究和电视传播理论研究。发表论文有《新中国少数民族题材电影的话语本质及其功能》《中国少数民族电影相关概念辨析》，《民族文化传媒化》是其博士论文。

内容提要

《民族文化传媒化》分五章内容。主要基于民族文化成为大众传播内容与产品的基本事实，在传播学、民族学、经济学等多学科交汇之地搭建了一个学术范畴。重点研究了民族文化的大众传播编码特性，并在传播文本编码向度探索了民族文化与主流文化、商业文化的关系，着眼于三者间张力的弥合与合力的更生、进行了理论和政策思考。

绪论，作者提出了该书的主要内容是回答"民族文化何以成为大众传播的内容和产品？"阐明了论题：民族文化传媒化的所指，是民族文化成为大众传媒内容和产品的过程和问题。提出了论题的目的：经由传媒化的动态过程，重点考察民族文化在传媒本体因素，社会因素，市场因素作用下的情态和机制，在历时和共时两个向度上，思考我国的民族文化理论。作者基于民族新闻学研究、关于民族文化的传播学研究和人类学在传播场域的研究三方面做了文献综述，归纳总结出民族文化传媒化的三个总体特征：分散性、片断性和不平衡性。提出了该书的相关概念即民族、民族文化、传媒化、主流文化和文本。从研究范畴上来看，主要从纵向上考察民族文化传媒化的历史源流，从横向上来看，主要考察民族文化传播的信息编码过程、内容制作过程和产品生产过程。作者将该书的基本路径归纳为三点：以论题为基础的整合研究、一时间为基础的联系研究、以权力权益为基础的主体研究。作者采用了文献研究法、微观分析法、田野调查法。

第一章，民族文化传媒化研究的理论与范式。马克思主义的民族理论和马克思主义的文化理论是该书的指导思想。马克思主义文化理论中的精神生产理论和意识形态理论。马克思主义民族理论中作者强调了民族平等、民族团结、民族发展和民族繁荣。该书使用了斯图尔特·霍尔的编码 / 解码理论界说作为理论工具，并对其修正。另外，作者采用了 Y=F（X）的范式结构，其中 Y 表示"民族文化传媒化"，X 表示特定的所指：编码，这里作者选取了最直接影响编码 / 解码的三个因素，即传媒本体因素，社会因素和资本因素。由这三者构成的民族文化传媒化研究涵盖了传媒编码的主要因素。使研究既有了一个明确的编辑，又抓住了影响编码环节的主要变量。

第二章，大众传媒的编码特质与民族文化。在这一章中，作者以传统媒体作为研究对象，将报纸，广播、电视、电影四种媒体分为三类，主要对报纸和电视的编码特质进行了分析，在这个基础上对大众编码特质进行了综合分析。作者将报纸的编码特征归结为意识形态化、简明化、故事化、隐喻化、诗意化等特征，从《人民日报》曾经刊登的《长治回民的新生》《双手推到贺兰山》等文章中提炼出来这些特征。除此之外，作者归结了电视的编码特性：被屏蔽的第一场、影视节目的趋一场性，强权的摄像机，前置的编辑过程和屏蔽的第一场与电视节目趋一场性的矛盾。另外，作者还归纳了大众传媒编码的三大属性：建构性、故事性、拟态性。这三种特质又对民族文化产生了影响：移场、错位、转译和赋权。作者认为，民族文化在被传播的额过程中会表现出不同于中心文化的若干特性：专属性、地方性、内向性和静禁忌性。

第三章，文本编码中主流文化与民族文化的关系。在这一章中，作者主要讨论了文本主流文化对民族文化的作用和民族文化对主流文化的反作用，并且强调了民族文化的社会功能。作者认为主流文化对民族文化进行了借用，改造，并促使民族文化发生变迁。借用的主要表现为中华人民共和国少数民族题材电影并不是一般意义上的艺术变大，而是多民族国家构建的工具，并且主流文化对民族文化的借用并不是一个简单的移植，而是要经过一个改造的过程，把民族文化终于主流文化迥然相异的部分的传媒的编码文本中剔除出去，作者还通过电影《五朵金花》中民族学事项在电影传播前后做了对比分析，发现在某些事项如称谓中对男子唤作"阿鹏"和女子一荷包作为定情信物等，这些事项因为电影传播而发生了较大的变迁，而电影《五朵金花》也成了大理白族的文化标志，促进了当地旅游业的发展。此外，作者归纳了文本编码中民族文化对主流文化的作用：文化资源作用、人性滋养作用、空间营造作用、社会矫治作用。

第四章，传播经济化和民族文化的互动关系。这一章中，作者重点研究了奇观形成的社会心理原因，并在历时过程中重点分析了少数民族题材电影对民族文化的奇观性表达。归纳了奇观构成的五个观察向度：技术基础、视觉刺激的满足、社会权力的建构、奇观的政治经济学和心理机制。此外，作者还将奇观与故事性的关系归结为两点：其一，故事是奇观的基础；其二，奇观是故事叙述的现代方式。电影民族文化奇观化表达，主要分为自然奇观、人物奇观、民俗奇观等。作者分别从一些典型地点如"大理""西双版纳"、经典电影《阿诗玛》《刘三姐》《花腰新娘》等做了例证。作者就佤族大马散社区的传媒化现状进行了实地调查分析，发现尽管媒介和通信工具普及，但是社区的信息的信息交流却是有生活方式所决定，民族社区的信息交流方式并没有发生根本性变化。此外，作者分析了大众传播对民族文化的屏蔽的原因：高度行政化的大众传播制度、主流意识形态与少数民族文化的差异性以及媒介工具的技术障碍。同时，作者还分析了民族文化传播的经济化障碍：少数民族文化的主体参与障碍和族群文化权益实现的障碍。

第五章，民族文化传媒化理论政策性思考，民族文化、主流文化和商业文化共同构成了当下的文化生态，民族文化与主流文化和商业文化具有双向的不合类性。在理论层面上，这一章还对民族文化、主流文化和商业文化的关系，事业和企业两份法的理论和现实误区，以及在民族文化传媒化的过程中国家的责任进行了分析。在政策层面上，围绕制定国家民族文化传播发展战略提出了一些意向性的观点和建议。

学术特色

传播文本的编码和解码是一个同构的过程。传播文本的编码与解码具有同构性，编码和解码是一个循环往复的过程，在其中，编码和解码的结构在一定的时空中都受到了同一性的诸因素的作用而趋于同化。

大众传媒编码的基本特性是建构性、故事性、拟态性。该书试图综合报刊、广播、电视、电影等大众媒介超拔于各自本体特征之上的共同特性，提出了大众传播编码的建构性、故事性和拟态性。

民族文化在传播中具有专属性、地方性、内向性、禁忌性等特殊传播属性。该书提出并回答了民族文化在大众传播过程中表现出什么样特殊属性的问题。这种特殊属性也可以表述为民族文化的传播学特质。可以用来说明民族文化进入传播领域后所导致的对民族文化和大众传播的双重影响。

民族文化受到大众传播的影响而发生了移场、错位、转译和赋权等效应。聚焦于民族文化经由大众传播后的所发生的变异，铜鼓民族文化大众传播文本的历时分析，这该书提出了民族文化进入大众传播过程后可能发生的移场、错位、转译和赋权等效应。

主流文化在对民族文化借用改造的同时，民族文化也对主流文化发生了反作用。主要通过对少数民族题材电影的历时研究，该书得出了主流文化对民族文化产生影响的同时，民族文化也会对主流文化起到了文化资源、人性滋养、空间营造、社会矫治四种作用。这个观点是对"少数民族文化是中华文化的重要组成部分，是中华民族的共有精神财富"观点的细化和补充。目的在于加深对民族文化社会历史功能的认识。

奇观化是故事性叙事的现代表达方式。这部分研究分析了民族文化奇观化表达的历史过程和现实状况，为了说明奇观化表达的经济动因，试图回答观众热衷于身体、性、暴力、冲突等奇观的深层原因。结论是故事性是奇观的基础，奇观泛滥并非一种商业阴谋，而是人类在传媒化时代叩问生存意义的文本编码策略之一。

民族文化主题在文化市场中相较于国家、传媒和企业，处于不完备的市场主体地位。研究借用了文化经济学市场主体的运行结构理论，建构了传媒产业市场主体运行结构框架，民族文化传媒化市场主体的运行结构框架，通过分析得出了较之国家、传媒、企业、民族文化主体处于不完备的市场主体地位，并由此推导出国家在民族文化传媒化过程中应该具有的国家责任。

主流文化、商业文化、民族文化构成了中国当代文化的基本生态，要在三者的互动关系中认识民族文化的历史和现实地位。该书在主流文化、商业文化和民族文化三者的互动关系中考察民族文化，将民族文化从一种边缘的文化分支提升为与主流文化和商业文化并驾齐驱的文化存在，从而说明民族文化应当具有的历史和现实重要性。

民族文化与主流文化和商业文化具有双向的不合类性。该书提出了民族文化与主流文化和商业文化非差异性、非异质性的内在规定性，并将其定义为不合类性，用以说明民族文化与主流文化和商业文化并非一般的合而不同而是同而不合。合而不同和同而不合都是在强调异质性的基础上暗含了相互间可能发生的矛盾与冲突与背离。而不合类性是要着重说明民族文化与主流文化和商业文化具有不同内在规定性的客观文化存在。它们之间既不可替代，也不会因异质性而在理论和现实中产生单一的对抗与冲突，而是形成一个相互关联的文化生态。

观点撷英

传媒本体的指向是技术实存、信息通路；社会指向是意识形态工具、文化场域；资本因素的指向是文化产业形态。（第77页）

民族文化被传播的过程，也是就将民族文化带入了新的权力关系和知识框架，使民族文化获得了新的意义和新的权力关系的过程。（第130页）

传播文本的编码和解码是一个同构的过程。传播文本的编码与解码具有同构性，编码和解码是一个循环往复的过程，在其中，编码和解码的结构在一定的时空中都受到了同一性的诸因素的作用而趋于同化。（第261页）

大众传媒编码的基本特性是建构性、故事性、拟态性。本书试图综合报刊、广播、电视、电影等大众媒介超拔于各自本体特征之上的共同特性，提出了大众传播编码的建构性、故事性和拟态性。（第261—262页）

民族文化在传播中具有专属性、地方性、内向性、禁忌性等特殊传播属性。本书提出并回答了民族文化在大众传播过程中表现出什么样特殊属性的问题。这种特殊属性也可以表述为民族文化的传播学特质。可以用来说明民族文化进入传播领域后所导致的对民族文化和大众传播的双重影响。（第262页）

民族文化受到大众传播的影响而发生了移场、错位、转译和赋权等效应。聚焦于民族文化经由大众传播后的所发生的变异，铜鼓民族文化大众传播文本的历时分析，这本书提出了民族文化进入大众传播过程后可能发生的移场、

错位、转译和赋权等效应。(第262页)

主流文化在对民族文化借用改造的同时,民族文化也对主流文化发生了反作用。主要通过对少数民族题材电影的历时研究,本书得出了主流文化对民族文化产生影响的同时,民族文化也会对主流文化起到了文化资源、人性滋养、空间营造、社会矫治四种作用。这个观点是对"少数民族文化是中华文化的重要组成部分,是中华民族的共有精神财富"观点的细化和补充。目的在于加深对民族文化社会历史功能的认识。(第262页)

奇观化是故事性叙事的现代表达方式。这部分研究分析了民族文化奇观化表达的历史过程和现实状况,为了说明奇观化表达的经济动因,试图回答观众热衷于身体、性、暴力、冲突等奇观的深层原因。结论是故事性是奇观的基础,奇观泛滥并非一种商业阴谋,而是人类在传媒化时代叩问生存意义的文本编码策略之一。(第262页)

民族文化主体在文化市场中相较于国家、传媒和企业,处于不完备的市场主体地位。研究借用了文化经济学市场主体的运行结构理论,建构了传媒产业市场主体运行结构框架,民族文化传媒化市场主体的运行结构框架,通过分析得出了较之国家、传媒、企业、民族文化主体处于不完备的市场主体地位,并由此推导出国家在民族文化传媒化过程中应该具有的国家责任。(第263页)

主流文化、商业文化、民族文化构成了中国当代文化的基本生态,要在三者的互动关系中认识民族文化的历史和现实地位。本书在主流文化、商业文化和民族文化三者的互动关系中考察民族文化,将民族文化从一种边缘的文化分支提升为与主流文化和商业文化并驾齐驱的文化存在,从而说明民族文化应当具有的历史和现实重要性。(第263页)

民族文化与主流文化和商业文化具有双向的不合类性。本书提出了民族文化与主流文化和商业文化非差异性、非异质性的内在规定性,并将其定义为不合类性,用以说明民族文化与主流文化和商业文化并非一般的合而不同而是同而不合。合而不同和同而不合都是在强调异质性的基础上暗含了相互间可能发生的矛盾与冲突与背离。而不合类性是要着重说明民族文化与主流文化和商业文化具有不同内在规定性的客观文化存在。它们之间既不可替代,也不会因异质性而在理论和现实中产生单一的对抗与冲突,而是形成一个相互关联的文化生态。(第263页)

(徐莹 撰)

传播学视野下的妈祖文化研究

孟建煌、帅志强

出版概况

《传播学视野下的妈祖文化研究》，孟建煌、帅志强编著，厦门大学出版社 2016 年 12 月出版，平装 16 开本，217 页，23 万余字。该著作是在《妈祖文化传播导论》基础上的再版。《妈祖文化传播导论》从传播角度针对妈祖文化传播进行系统化研究，分析妈祖文化传播的要素，梳理妈祖文化传播的类型，总结妈祖文化传播的规律。《传播学视野下的妈祖文化研究》在初版的基础上重新调整了部分章节，特别新增加了邮政类实物渠道传播妈祖文化内容，修改和完善了人际传播、大众传播、组织传播、新媒体传播渠道中的妈祖文化传播部分，增加了一些妈祖文化传播相关的图片。

孟建煌，1963 年 11 月生，男，祖籍江苏南京，教授、博士、研究生导师，莆田市优秀人才、文化名家。主要从事妈祖文化、中国现当代文学、大学语文的教学和研究，目前正在进行台港澳暨海外华文文学、两岸政治经济文化交流的研究，主持国家社科规划项目《妈祖信仰世界传播史》、教育部人文社科规划项目《20 世纪 70 年代保钓时期海外留学生办刊办报研究》。先后在《中国现代文学研究丛刊》《光明日报》《文艺争鸣》《创作与评论》《北京日报》《东北师大学报》《电子科技大学学报》等刊物发表论文 60 余篇。部分论文被《中国人民大学书报资料中心复印报刊资料》全文收录。已出版《多元语境中的中国四十年代小说格局谈片》等专著，担任《妈祖文化论丛》《台港文学选刊》增刊《海洋视野中的妈祖文化与华文文学国际学术研讨会论文集》主编，担任《妈祖学概论》《妈祖文化研究论丛》副主编。参与编撰《鲁迅杂文导读》《中国当代文学作品选评》《中外文化新视野续编》等著作十余种。曾获全国报纸理论宣传优秀文章著作奖、教育部全国高校优秀科技期刊评比优秀编辑出版质量奖、福建省教育科学研究优秀论文奖，多次获莆田市社会科学优秀成果奖。

帅志强（1977—），男，江西铜鼓人，莆田学院文化与传播学院副教授，福建省妈祖文化传承和发展协同创新中心研究人员，主要从事妈祖文化传播与产业、乡村文化传播研究。

内容提要

《传播学视野下的妈祖文化研究》共九章三十节，从传播主体、传播受众、传播符号、传播渠道等角度对妈祖文化进行研究。

第一章，绪论：着重论述妈祖文化传播相关概念，妈祖文化传播的研究现状、妈祖文化传播的研究内容和研究方法、妈祖文化传播的研究意义。

第二章，妈祖文化传播的要素：运用传播学的要素，围绕妈祖文化传播的主体、内容、渠道、受众等要素进行了全面的分析。

第三章，妈祖文化传播的符号和意义：结合符号学理论，分析了妈祖文化传播中的符号因素及意义，重点围绕妈祖文化传播中的视觉符号加以分析。

第四章，实物传播视野下的妈祖文化传播：系统梳理城市流通卡、证、旅游类实物、邮政类实物等渠道的妈祖文化传播情况。

第五章，仪式观视野下的妈祖文化传播：阐释了仪式传播理论，综合考察了港里村妈祖信俗传播，提供了大量第一手资料。

第六章，人际传播视野下的妈祖文化传播：主要分析妈祖文化传播包含的人际传播类型，妈祖文化通过人际传播的特点，运用人际传播促进妈祖文化传承。

第七章，组织传播视野下的妈祖文化传播：主要分析了妈祖文化传播包含的组织传播类型，妈祖文化通过组织传播的特点。

第八章，大众传播视野下的妈祖文化传播：主要分析了妈祖文化大传播包含的大众传播类型，妈祖文化通过大众渠道传播的特点。

第九章，新媒体视野下的妈祖文化传播：主要分析妈祖文化传播中包含的新媒体传播类型，通过新媒体传播的特点，研究妈祖文化传播如何通过运用新媒体增强传播效果。

学术特色

妈祖文化是中华优秀传统文化的重要组成部分，从现有文献整理来看，清代出现的《天后显圣录》《天后昭应录》《敕封天后志》《天后圣母圣迹图志》等记录了妈祖相关的一些资料，但准确性和权威性备受质疑。中国近代至改革开放前，中国妈祖文化研究处于起步阶段。直到 20 世纪 80 年代，中华妈祖文化交流协会、莆田学院妈祖文化研究所、湄洲妈祖祖庙董事会联合编纂的《妈祖文献史料汇编》等为妈祖文化研究提供了重要的史料。从现有的研究成果来看，主要集中在历史学、人类学、宗教学、民俗学等，尽管这些要文献的标题带上"传播"，但许多研究成果主要偏向妈祖文化或妈祖信仰史学传播变迁，主要从时间角度或地域角度阐述妈祖文化或妈祖信仰的流变情况，大多数成果具有史学考证或文化地理学考证的影子。

该书第一次运用传播学理论，全面且系统地分析妈祖文化传播现象，对妈祖文化传播进行了学理研究，总结了妈祖文化传播的规律，填补了妈祖文化传播研究的空白，开辟妈祖文化研究的新视野和新天地，进一步丰富了妈祖文化理论来源。通过运用传播理论系统化理论化研究妈祖文化传播，全面展开妈祖文化传播机制、传播渠道与影响研究，尤其是结合妈祖文化传播类型，探讨其特征，进一步提出改进妈祖文化传播的效果的方法与技巧。以传播理论探讨妈祖文化传播现象，突破了以往传统的研究，能够主要扩充妈祖文化研究的视野。对于妈祖文化传统机制进行系统化研究，基本涵盖了传播几个基本的过程，这包括妈祖文化的传播主体、渠道、效果等要素。能够较全面深入地理解妈祖文化传播。本著作揭示了妈祖文化传播规律，阐述妈祖文化传播实务操作方法，为妈祖文化传播和保护提供了具体对策，对妈祖文化活态传承提供了现实指导。

观点撷英

妈祖文化传播主体基本上来说就是妈祖文化的创作主体。妈祖文化的传播主体，随着历史的变迁和社会的发展、繁荣，出现了不同的发展变化阶段，走过了从不自觉阶段、自觉阶段到职业化道路。（第 15 页）

妈祖文化如何能够借助视觉媒体的优势发挥其影响力，首要解决的是传播平台的问题，笔者认为：一方面可以通过妈祖宫庙与媒体合作的形式，比如在电视频道中设置专门的栏目，在相关的网站上设置专门的频道，或对妈祖祭祀、宫庙联谊等文化活动进行重点关注和报道，影像内容的制作可以交由影视制作公司完成，经费根据具体情况采取由政府、文化组织、民间募捐或宫庙自筹的形式给予支持。另一方面则可以通过开发自己的传播平台，通过创办刊物或创建专门网站的形式，比如已经创办《中华妈祖》杂志、湄洲妈祖主庙网站、天下妈祖网、鹿港天后宫网站已经成为主要的妈祖信息传播平台。（第 55 页）

努力开发妈祖系列邮票，可以从一个侧面展现华夏千年发展过程中的历史、地理、文化和宗教信仰等；可以使人领略到华夏民族的博大与精深，体味龙的传人的勤劳与智慧；可以加深海峡两岸的骨肉亲情；可使华人更加热爱祖国，让世界更全面的认识中国。（第 101 页）

首先是时间维度，研究妈祖信俗、祖先崇拜等民间信仰的历史传承。通过对神话传说之生产、加工、流传的解释，对族谱记载的故事、警语、祖训、族范的解读，对游神仪式、祭祀习俗演变的解析，试图说明民间信仰在时间上的延续、传播，形成了港里社区居民的共同历史记忆，产生了"我们的祖先""我们的神"这些观念。其次是空间维度，我们发现自然村的分界与民间信仰"祭祀圈"的分界基本吻合，并且有着鲜明的层次感。最后一个维度，则是研究在共时空下举行的各种民间信仰仪式与族群认同有着怎样的联系。（第 111—112 页）

在妈祖文化的历史传播过程中，"意见领袖"发挥着重要的作用。古代时期的妈祖文化主要通过航海、移民、经商、朝拜等途径来传播。在这一传播过程中，有着多种不同角色的人群，从一代帝王将相到平民百姓，从艺人、文人到商人，此外，不论是移居海外的移民还是飘忽不定的海员，都在妈祖文化的传播中扮演着"意见领袖"的重要作用。（第 128 页）

妈祖文化各种组织的构成要素、特征和维系纽带相互作用，使这些组织具有一种系统质—自组织机制和能力，即不需要外部力量的强制性，通过自身就可以自我整合、自我协调、自我维系，进而实现妈祖文化传播有序化的机制和能力。（第 155 页）

大众传播媒介呈现和建构的妈祖文化为全世界妈祖信众了解妈祖提供了一个认知的"蓝本"，即李普曼所称的"拟态环境"。认知阶段的效果并不排除对态度和行为产生连动作用的可能性。现实生活中，人们往往会把"拟态环境"等同于客观环境本身来看待，并依据对"拟态环境"的认知来采取进一步的行动。此时，妈祖信众若以媒介上获知的妈祖文化为指引，动辄将妈祖文化同祭祀、习俗联系在一块，过分关注其政治功用，势必将妈祖文化进一步地导向迷信，将其同政治等同起来。（第189页）

　　经过上述立体化、多渠道的整合营销传播，不但增强了妈祖文化的传播效果，还获取了良好的社会效益与经济效益。这样，通过第二层面转型策略的实施，妈祖文化的内容形态从被动的转型到主动的创新，才能与新媒体这一新兴的传播渠道实现顺利的磨合。"不积跬步，无以至千里"。微观上根据新媒体传播的新特点制定传播策略，宏观上就有助于国家文化软实力的提升。历史证明，妈祖文化之所以得到很好的传承与弘扬，倚重的是一千多年来多渠道的传播。而要进一步推动妈祖文化在新媒体时代的广泛传播，需要传统媒体与新媒体结合起来，形成强大的传播合力。（第215页）

　　　　　　　　　　　　　　　　　　　　　　　　（帅志强　撰）

西部现代化进程中的乡土文化传播研究：
以通渭小曲为例

姜　鹏

出版概况

《西部现代化进程中的乡土文化传播研究：以通渭小曲为例》，姜鹏著，中国社会科学出版社，2016 年 12 月出版，平装 16 开本，229 页，25 万余字。该著作是 2015 年教育部人文社会科学研究青年基金项目"现代化生态下西部乡土文化传播体系的构建与创新"成果和 2014 年陕西省教育厅科研计划项目（人文社科专项）"西部乡土文化传播机制创新保护与重建研究"成果。该著作获得 2017 年度陕西高等学校人文社会科学研究优秀成果奖著作类一等奖。

姜鹏，男，汉族，毕业于厦门大学传播学专业，获博士学位，目前为西北大学新闻传播学院副教授、硕士研究生导师，同时为陕西省委宣传部新闻发言人培训基地专家组成员和中国西部传媒与社会发展研究院研究员。曾获西北大学"优秀教师"、厦门大学"邓子基奖"和厦门大学"三好博士生"等荣誉称号。迄今已在学术期刊公开发表论文 20 余篇，主持教育部人文社会科学研究青年基金项目和陕西省教育厅科研计划项目（人文社科专项）等具有较大学术价值的科研项目多项，研究旨趣涉及新闻传播与社会发展、文化传播、新闻传播理论等。

内容提要

乡土文化及其传播对保持民族及民族文化的独立性，提升国家软实力，捍卫文化安全，强化民族身份认同以及促进中国社会发展等方面均具有重要文化价值。然而，中国社会的快速现代化导致了乡土文化赖以生存的传统传播模式和生态环境的急剧变迁，使其面临着生存与发展的文化困境。因此，在新时期新语境下，研究乡土文化及其传播变迁，思考乡土文化复兴策略具有重要的时代意义。

该著作以田野调查为主要研究方法，选择甘肃省通渭县作为主要调查地点，重点考察了通渭小曲等乡土文化的生存现状，主要从文化学和传播学角度就社会现代化和媒介的演进对乡土文化产生的现实冲击和影响以及如何实现乡土文化复兴及其现代文化功能，更好地促进中国社会发展，服务于新乡村建设等问题进行了深入研究。通过深入而细致的实地调查，该研究发现，随着中国社会现代化转型和商业主义、大众传媒、移植文化和政治因素的侵入，乡土文化赖以生存的传统十字架传播模式遭到了消解，这深刻影响了乡土文化的现代书写，造成了乡土文化传播的内源式生存危机。与此同时，社会变迁还导致了乡土文化传播软生态和硬生态的破裂，这又引发了乡土文化传播的外源式文化危机。

乡土文化是乡土民众的重要文化生活方式，面对全面推进的新乡村建设运动，乡土文化唯有从传播生态、传播主体、媒介渠道、传播内容、传播体系和制度等方面入手实现传播创新，才能化解中国城乡文化滞后和二元性文化失调的结构性矛盾。由于传播与文化具有强烈的同构作用，所以乡土文化传播创新离不开现代传媒的力量。现代媒介带给乡土文化的既有机遇，也有挑战。在它的强力逻辑感召下，乡土文化逐步媒介景观化，乡土社会的审美空间产生裂痕，公共文化空间私人化。根据传播学者麦奎尔的效后果理论，乡土文化传统人际传播与现代传播方式具有迥异的文化后果，可以塑造出截然不同的文化品格。所以，在扮演社会发展促进器角色的同时，乡土媒介文化要谨记现代传播方式可能带来的潜在不良文化后果，实现全媒体调和传播。全书共分为六章，具体章节来说：

第一章绪论：主要对相关理论、文献、研究方法等基础问题进行阐释与说明；

第二章发展传播学视阈中的乡土文化社会功能分析：主要对中国社会高速现代化语境下的乡土文化传播所具有的社会发展功能进行分析，着重梳理乡土文化所具有的传统社会功能以及社会转型过程中的现代发展功能，凝练出乡土文化之于中国传统社会与现代社会的双重价值，彰显乡土文化传播体系创新构建的意义和价值；

第三章西部现代化进程中的乡土文化传播流变：主要就西部现代化对乡

土文化的冲击与影响，以及西部乡土文化的传播流变与时代困境进行分析。通过田野调查，探寻西部社会现代化和媒介变迁对乡土文化传播生态所造成的影响，重点对其传播模式、传播生态的变迁以及传播困境进行分析，从传播与现代化视角找出乡土文化传播体系构建及其现代价值重拾的现实障碍；

第四章新乡村建设语境下的西部乡土文化及其传播创新：主要结合新农村建设、城镇化建设和新型社区建设对发展精神文化的迫切要求，对乡土社会的文化滞后和文化失调、城市市民精神文化生活匮乏、城乡二元文化矛盾等问题进行剖析，针对民众进行访谈和问卷调查，掌握乡土文化当前的传播效果及其传播现状，分析新时期民众精神文化需求的新要求、新取向，挖掘西部乡土文化传播体系构建的现实切入点，重点做好乡土文化信息传播生态和受众诉求的分析与考察，提出契合当代社会的乡土文化传播体系构型；

第五章全媒体时代的西部乡土文化传播：由于传播与文化具有强烈的同构作用，所以乡土文化传播体系的构建与创新离不开现代传媒的力量。因此，这一章主要就民众文化生活的媒介使用、现代媒介对西部乡土文化传播产生的冲击，以及西部乡土文化的全媒体生存等问题进行了探讨。主要通过问卷调查和实地访谈，提出基于受众本位的乡土文化媒介传播策略，拓宽乡土文化的传播路径，克服现代媒介的负面影响，探讨乡土文化全媒体传播与生存的现实路径；

第六章结论：该研究从较为新颖的传播视角，以通渭小曲等为例，探讨了文化传播和社会发展相关的议题，认为形散而神不散是乡土文化的表象与未来，并提出了实现乡土文化传播复兴可供参考的几项指南：树立人本传播理念；与时俱化，传播创新生存发展之根本；文化生态建设化解危机之关键；调和与共生媒介化生存的最优化策略。

总而言之，该著作通过扎实的田野调查，获得有说服力的实证依据，能够拓宽文化传播研究考察文化实践的视角，将文化传播的现象还原到宏观社会现代化语境之中进行考察，从而找出乡土文化落后于当代社会发展、生存土壤遭受冲击与破坏的现状与原因，再从问题的根源着手，提出乡土文化现代传播模式的新构想，具有重要的理论和现实意义。

学术特色

一、理论特色

西部地区的急剧现代化转型强烈冲击着乡土文化的生存与发展，同时现代媒介又为乡土文化的生存与发展提供了新的可能，因此，面对新的社会语境和媒介生态，如何从传播环节入手更好地保护、传播与传承乡土文化，是传播学界需要深入探讨的一个具有较大实践意义与理论价值的问题。解决好这一问题，不仅有助于中国传统文化的发展，也有助于文化传播理论的充实与发展，这也是该著作重点涉及的问题。

二、应用价值

基于田野调查，取得一手的实证材料，以此为根据探讨现代语境下的乡土文化传播模式，是贡献于文化大繁荣、文化大发展战略的现实选择，对提升文化保护认知，对抗现代化所带来的负面影响，营造乡土社会共同的精神家园有着巨大的文化意义。同时，对于乡土文化资源丰富的西部地区而言，研究城镇化和新农村建设背景下的乡土文化及其传播，对于树立良好的西部区域形象，提升区域软实力，具有较大的发展意义。另外，单从乡土文化的可持续发展、保护民族文化视角来看，建立适用于现代社会语境的传播模式与体系，是自身与时俱化，服务当代，体现时代价值，实现创新发展的必由之路。因此，该研究不仅服务于西部社会发展，也有重要的精神文化意义，还有保持民族文化可持续发展的参考价值。

三、创新点

1. 新视角。从传播生态和现代化视角进行乡土文化的传播研究，把文化看作是"活态"的传播现象，是不同于当下流行的"非遗"保护研究的一个新视角。

2. 宽视野。现有研究对乡土文化本身的传播特征、传播形态、传播目标、传播现状、传播效果、传播的反馈等关注度不足，导致对乡土文化研究的主体性丧失。斯图尔特·霍尔说，把传播研究简化为媒介研究，无疑是对传播研究的"误称"。总体来说，现有文献存在视野较为狭窄，宏观统筹欠缺，鲜有将乡土文化置放于特定社会语境下进行考察，缺乏对其传播生态的立体把握，因此，从其生存与发展的根源上进行调查，还原、定位乡土文化的现实境遇，是把握乡土文化发展脉搏，为其建立适应现代社会发展要求传播体系的必由之路。因此，让媒介与其他传播环节或发展变量结合互动来营造健康的、积极向上的社会文化，同时实现乡土文化在现代化语境下的创新与发展，是该著作视野上的一种拓展。

3. 重视人际传播与组织传播研究。目前，有关乡土文化的现代化与传播视角研究较少，仅有的研究也将关注的话题主要聚焦于大众传播媒介对社会文化发展的作用与影响方面，而对传播的其他渠道，比如人际传播与组织传播的研究较少。因此，想要有效地保护和发展乡土文化，挖掘乡土文化价值，就需要加强乡土文化传播模式、传播机制和传播体系的研究，尤其要加强对乡土文化实践中的人际传播和组织传播的考察，这也是该著作切入的一个重要突破点。

观点撷英

众所周知，传统乡土文化主要倚重"代际传播"方式进行流传与保存，其叙事方式偏重于音义结合的口语媒介，具有显著的地方性、民间性和草根性特征。随着乡村"类都市化"的发展和以城市取向为核心的外来文化的传播与冲击，乡土文化的处境尴尬，危机四伏。（第 5 页）

乡土文化承载着中国传统社会的文化价值观和审美取向，是普通乡民重要的精神表达方式和生活方式。在各种各样的文化活动和生活方式中，乡土社会的文化价值观和审美情趣得以永续传播与传承，这对传统社会的有机运行和文化模式的巩固和统一具有重要的作用。（第 42 页）

在中国社会全面迈向现代化的今天，它（乡土文化）又是人们留存乡村集体记忆，保持文化认同和身份认同，对抗工具理性的重要手段。然而，现代化是一把"双刃剑"，在它给人们的物质方面带来极大丰富的同时，也严重挤压了乡土文化的生存与传播空间，对它造成了巨大的冲击和破坏，使得乡土文化在现代语境中发生了诸多的流变，有些甚至处于濒危状态。（第 65 页）

文化生态是乡土文化生存、传播、延续和发展的土壤，文化生态的流变必然会导致乡土文化的传播流变，这既包括其外在传播环境的变迁，也包括其本身内在传播规制和规律的变迁，它们都会导致乡土文化"传播场域"的破碎。皮之不存，毛将焉附？（第 88 页）

现代中国的快速城市化、城镇化使得大量乡村青年离乡背井走入城市，成为游走于城市与乡村之间的"两栖人"，这就直接消解了乡土文化相对稳定的传播与传承群体，使得乡土文化的传播与传承空间不断向内坍缩，这种情况是内源性的文化生存危机。某一文化元素的消亡很可能就会引发"链性反应"，影响整个文化生态系统内其他文化元素的生存，对受到影响的某一文化而言这又是一种外源性的危机。（第 101 页）

为了避免社会发展中"跛脚"情况的发生，就必须重视精神文化的建设。不管路向何方，中国社会的底色是具有乡土性的，这是由中国的社会历史状况和现实情境所决定的。（第 111 页）

破除文化领域的不均衡、不协调发展状态，不仅可以促进社会的全面进步，也是增强国家与民族凝聚力的客观要求。文化滞后与文化不均衡发展状态是当代中国的文化困局之一，是乡土文化及其传播创新的时代背景。不破不立，打破困局，推陈出新，才能再造一个文化中国，现代中国。（第 121 页）

传播学大师施拉姆也曾有一个形象比喻：受众参与传播犹如在自助餐厅就餐，每个人都根据个人的口味及当天的食欲来挑选某些品种、某些数量的食物，而自助餐厅供应大量的、五花八门的饭菜就相当于媒介提供的林林总总的讯息。这就是受众"自助餐理论"。乡土文化要传播有利于社会发展的信息，做好自身"编码"工作才是第一步。信息到达西部受众后，能否被选择和有效解读则是传播效果能否实现的关键所在，而信息的有效"解码"很大程度上取决于受众的文化与媒介素养水平。因此，西部受众的文化与媒介素养亟待提高。新乡村建设语境下，实现乡土文化的传播创新需要积极引导与调动民众的参与意识，在文化活动的双向互动中着力提升民众的文化与媒介素养。（第 126 页）

现代化进程中的乡土文化传播离不开内容创新，"内容为王"的说法似乎有些偏颇，但却是乡土文化良好传播势态成立的必要条件。新乡村建设语境下，以时代为主题，以主旋律文化为主线，借助合理的传播技巧，乡土文化才能找到自身的时代归属。（第 133 页）

"全景式"的乡土文化教育需要由政府教育部门主导和推动，社会各方共同参与，建立一整套乡土文化教育传播体系，这是实现乡土文化传播与复兴的重要措施，也是从学校教育环节培养青少年民族文化意识的得力方法。"全景式"不仅体现在教育设施、教材、师资、媒介等的投入和全方位配套方面，

也表现在从小学，到中学，再到大学，直到社会教育的多层次教育体系方面。（第145页）

　　概而述之，全媒体时代传统乡土文化同时面临着机遇与挑战，其生存空间虽遭挤压，但却不会终结，而更可能会是以更加精彩纷呈的生命形制示人。可以肯定的是，伴随着媒介技术与现代化的发展进程，乡土文化将会迎来纷繁复杂但却意义非凡的媒介与文化的多维转向。（第151页）

　　媒介景观化的乡土文化改变了乡土文化民间表达与传播的传统模式，并在市场经济条件下与商业价值、经济关系、娱乐取向等发生了密切关系，使得它在当前的文化实践中具有了某种现实合法性。它也因此在媒介社会化环境中借以衍生出具有后现代性特征的文化意义，是现代化进程中的中国社会的一种重要社会文化景观。乡土文化媒介景观的出现是媒介力量与乡土文化话语权博弈的结果，它体现了乡土文化传统与现代社会商业价值、现代传媒逻辑之间的碰撞与均衡，是传统与现代在社会逻辑、社会力量和社会关系方面互相冲突与妥协的结果。（第156页）

　　诚然，不同的传播模式能够塑造不同的文化品格，这是麦奎尔所谓的文化传播的"后果"问题，它不仅重要，而且不易为人发觉。笔者不否认现代传媒的优点，但却对现代传播的不良文化"后果"抱有警惕。现代传媒是现代化的产物，在现代化语境中，不管是乡土文化的媒介化生存，还是乡土文化的"媒介奇观"，都不能背离文化的核心精神和价值初衷，把握住这一原则，一切问题就将化作浮云。（第181页）

　　解铃还须系铃人，解除乡土文化内源化的发展危机，需要从危机发端的本质和核心着手，只有恢复与保证了乡土文化传统的"十字架"传播，乡土文化才能真正获得内在生命力。因此，以乡土社会普通民众和专业传承者为建设纽带，巩固与重塑乡土文化的传播模式，是乡土文化走出文化困局，实现复兴的必由之路。（第197页）

　　"文化的生命在于创新"，乡土文化的创新是中国社会变迁促发的客观要求。作为产生于农耕文明之中的乡土文化，面对工业化、城市化和商业化浪潮的冲击，宜将传统延续，但却不能呆板地固守，与时俱进地创新发展才是乡土文化在现代语境中前进的方向。（第200页）

　　乡土文化生态建设既要从乡土文化所依赖的物质环境、硬件设施等"硬生态"切入，还要将文化气氛、文化参与热情等"软生态"作为突破口。乡土文化是具有强烈"场性"特征的文化形态，所以，文化生态建设的目的之一就是要恢复乡土文化的"在场"，扩大其传播空间。有了良好的传播生态，乡土文化也就有生存和发展的土壤，其现代性困局也将迎刃而解。（第202页）

　　总之，乡土文化只有与媒介"调和"，并实现媒介间"调和"，实现全媒体生存，才能收获最优化的"文化后果"，这是通渭小曲等乡土文化形式创新与发展需要共同遵循的重要指南。（第205页）

（姜鹏　撰）

闽台妈祖文化传播研究

吉　峰

出版概况

《闽台妈祖文化传播研究》，吉峰著，厦门大学出版社，2017年4月出版，平装18开本，328页，25.5万余字。该著作是教育部社会科学基金青年项目"理论阐述与再构：闽台妈祖文化思想传播研究"（编号13YJCZH058）成果，以及福建省社科规划社科研究基地重大项目成果。

吉峰，男，1980年10月5日出生，籍贯吉林。现为福建省莆田学院文化与传播学院副教授，东北师范大学文学院文学博士。兼任福建省孔子学会会员、福建省妈祖文化研究会会员、《南风窗》等多家杂志、报纸任专栏作家、法制日报特约评论员、莆田电视台《大家说法》节目常驻嘉宾、《莆田学院学报》审稿专家、《妈祖文化研究》期刊英文编辑。

2013年，荣获黄日昌教育基金"北楼勤奋敬业青年教师"奖；2015年，荣获福建省高校杰出青年科研人才；2016年，晋升副教授。2017年荣获莆田市五四青年奖章。主要研究领域为中国传统文化与文学传播研究、传媒与文化产业研究。曾主持教育部人文社科课题（青年项目）1项、主持福建省高校杰出青年科研人才项目1项、主持福建省教育厅课题4项（其中青年项目3项、重点项目1项）、主持福建省科技厅软科学项目1项、主持校级课题6项；参与福建省社科基金重点项目1项并主持其中子课题3项。著有《闽台妈祖文化传播研究》（厦门大学出版社出版），参与编写5部文化传播方面的学术著述。在《传媒》《广西社会科学》《重庆社会科学》《四川戏剧》《河北师范大学学报》等核心刊物发表学术论文40篇；为时代文艺出版社、《法制日报》《南风窗》《演讲与口才》《才智》《湄洲日报》《莆田学院报》、吉林公安宣传网等媒体撰写文化随笔、卷首语、时评、书评等44篇。

内容提要

与以往研究不同，本研究出发点在于，在对闽台妈祖文化思想传播发展态势做一番整体性梳理和小结的基础上，对于妈祖文化思想传播的现状进行客观地思考，从不同的角度透视未来该领域的发展空间与机遇，使之在海西建设的宏观视野下，成为区域经济高速稳定发展的起爆器。第一部分《搭建舞台：现状与未来》是对妈祖文化进行现状阐述和未来展望；第二部分《知识再构：从理论到实践》的基本框架是按照香农的线性传播模式展开论述：即控制研究、内容分析、媒介分析、效果分析。

全书共分为两个部分，第一部分是对现状和未来的展望，第二部分是从理论到实践的剖析。第一部分包含两个章节：

第一章《妈祖文化传播的现状阐述》，重点探讨妈祖文化的两个信仰世界以及对妈祖文化的传播主体及受众的范畴界定。

第二章《妈祖文化传播的未来展望》，重点分析"软传播"思维下妈祖文化形象的多元建构，以及提升妈祖文化传播力的问题及转型策略。

第二部分《知识再构：从理论到实践》，共有四个章节，是按照香农的线性传播模式展开论述：即控制研究、内容分析、媒介分析、效果分析。

第三章《市场化与妈祖文化传播：宏观经济环境》，以社会的整体经济制度为着眼点，从宏观环境角度讨论了三个问题：消费文化与妈祖文化传播、妈祖文化产业的业态体系、妈祖文化产业的提升路径。

第四章《符号化与妈祖文化传播：传播内容探讨》，从传播内容和文本的角度，分析了实物符号与妈祖文化传播、仪式符号与妈祖文化传播。

第五章《技术化与妈祖文化传播：传播介质剖析》，从传播介质角度，主要研究的是技术化时代的妈祖文化传播图景、大众传媒与妈祖文化传播、新兴媒体与妈祖文化传播。

第六章《娱乐化与妈祖文化传播：传播效果阐释》，从传播效果的分析角度，侧重分析娱乐时代下的妈祖文化传播、妈祖文化娱乐式传播的形态要素以及营造媒介奇观中的妈祖文化传播。

学术特色

从传播学的角度，以传播学原理为理论基础研究妈祖文化的传播，这是妈祖文化传播研究的新领域、新方向、新渠道之一，对于妈祖文化的传承与发展具有十分重要的现实意义和深远的历史意义。传播学是 20 世纪 20 至 40 年代兴起于西方，主要是美国的新兴学科，20 世纪 40 年代末在美国正式形成，并伴随着信息科学的形成与发展，迅速风靡全球，成为显学。传播学所研究的是人类信息传播的本质及其规律，信息传播广泛存在于人类社会的方方面面，使得对传播的研究也深入到人类社会的方方面面，传播学的研究与人类社会的各个领域相联系，形成了不同的交叉研究和跨学科研究。妈祖文化传播研究既属于传播学与妈祖文化的交叉研究或跨学科研究。妈祖文化历史悠久，传承绵长，在我国东南沿海，尤其是闽台地区，其历史传承更是盛况空前，传承的方式亦是多种多样，历年来的研究成果自然丰富多彩。然而，完全从传播学的角度，以传播学原理为理论基础对妈祖文化传播现象开展研究的成果却不多见。这大概与传播学作为一门学科传入我国较晚及开展这方面的跨学科研究难度较大有关。

吉峰的《闽台妈祖文化传播研究》一书可以说是从传播学的角度，以传播学原理为理论基础研究妈祖文化传播的重要成果之一，该书获得教育部社会科学基金青年资助项目和福建省社科规划社科研究基地重大项目资助，代表了他多年研究妈祖文化传播的主要成果。纵观全书，可以发现该书有以下特点：

一是视阈开阔。虽然作者完全从传播学的角度切入，并以传播学为基础理论，但同时也吸收了其他学科的相关理论研究成果，如心理学、社会学、宗教学、市场营销学、文化人类学，将其与传播学有机结合，形成了以传播学为主导，多学科综合的研究视阈。以这样的视阈研究妈祖文化传播可以更加深入地探寻妈祖文化源远流长的诸多因素及未来发展的多元走向，并可促进妈祖文化传播研究向高层次演进。

二是研究深入。一方面，作者在研究过程中做了大量的基础研究工作，编制了有效的调查问卷，并进行了具体的调查研究，获取了大量的第一手研究资料。同时，作者进行了广泛的材料搜集工作，掌握了大量的历史资料和现实资料，为项目的研究打下了良好的基础。在研究中作者运用理论与实践相结合的方法，不仅有丰富而准切的理论阐述，同时又运用实践材料加以论证。另一方面，关于妈祖文化传播的主体与受众、传播内容、传播媒介、传播效果都显示了研究的整体性和深入性，其中可见作者诸多独特的理论思考和创新观点，读来令人耳目一新。

三是重点突出。从传播学的角度，以传播学原理为理论基础研究妈祖文化传播，作者并没有面面俱到，而是紧紧抓住重点，突出与妈祖文化传播关系紧密之处。比如"传播内容探讨"重点在于符号化与妈祖文化传播的关系；"传播介质剖析"重点在于技术化与妈祖文化传播的关系；"传播效果阐释"重点在于娱乐化与妈祖文化传播的关系。紧紧抓住妈祖文化传播中的突出特点，并与传播学的相关研究领域结合起来，形成了很好地表达效应。

观点撷英

妈祖文化存在着民众自然的信仰世界以及精英文化圈自觉的混融式信仰世界。和"大传统"和"小传统"理论一样，妈祖文化的两个信仰世界相互影响和依赖，宛如两条思想与行动的河流，向前奔流不息。（第31页）

妈祖文化传播的主体依照传播信息的范围划分为个人层面的传播者、组织层面的传播者、大众层面的传播者。主要特征表现为权威性、熟知性、接近性、悦目性四个方面，也是其主要的传播赢效特征。妈祖文化传播的受众和传播主体有时候是重合的，该群体表现特征为自主性、自述性和归属性。（第54页）

在"软传播"的思维下，强调抓住平时的传播时机。怀着顺序渐进、水滴石穿的想法，充分利用新兴媒体和多元化的传播手法，建构积极健康、内容正面、有时代感的妈祖文化形象。（第63页）

罗兰·巴特在其《电视文化》一书中所提出的"生产性大众文本"的理论，摒弃了文本意义的封闭性，创造文本的多重意义。这种创作和传播手法有点类似国画中的留白，预留出一些必要的"空白"，有待受众去按照自己的意识和文化思维模式去填补，最后达到对艺术品内涵的不断升华的目的。妈祖文化传播在表现方式上，可以参考这种文本生成传播路径，用国际化的传播方式，使妈祖文化的传播视角更加理性、开放、多元。激发受众对妈祖文化文本的多元化建构的积极性。任何受众都可以基于自身特定的文化背景和个人理解层面，去感受妈祖文化的魅力，继而接受妈祖文化故事中某些有益的中国优秀的传统文化元素。（第84页）

作为一种特殊的商品样式，文化产品具有双重的属性。既要不断深入挖掘其经济价值，又要确保妈祖文化的文化导向职能，引领先进的社会文化，塑造人们美好的心灵。恰如杭州的宋城一样，既在经济方面获利匪浅，同时又建立了美好的城市生态环境，树立了一种新的文化态度和健康的生活方式。为我国其他的文化产业发展提供了一个成功的个案模板。（第131页）

妈祖文化传播通过"信俗祭祀仪式"和"文化消费仪式"两大象征符号，完成了传统意义上的仪式隐喻和意义转换。不管是祭品、祭器、代表性仪式以及典型信俗祭祀活动等仪式符号，还是文化旅游节、展会和饮食等仪式符号，从两个不同角度扩展了这一象征符号空间，对于妈祖文化超越物质符号的更深层次传播起到建构作用。而在电子传播情境下，妈祖文化传播中仪式符号的传播空间也与时俱进，拓展到"线上"，即通过建设妈祖文化主题网站、在网站上设置祈福平台等，使在线化仪式兴起，也使得社会认同模式网络化。（第182页）

"互动—融合—整合"链条是技术化时代妈祖文化传播的发展模式，现代传播科技与妈祖文化之间的互动，在"文化圈"层面突出了"媒介化共同体"意义，双向互动之后，融合呈现"关键视像"，进而基于最新的"文化生态化"发展框架进行了妈祖文化的"媒介生态"优化，这一整合过程相对独立，与文化的"自组织"命题相契合，也促成了妈祖文化"媒介伦理"的自我建构。（第205页）

妈祖文化促进了"妈祖文化共同体"的形成，这一"想象的共同体"在媒介化时代可以称之为"媒介共同体"，在大众传媒视野下，印刷媒体和电子媒体共同承担了这项建构任务。印刷媒体主要通过书籍、期刊、报纸以及其他印刷品如邮票、信封、明信片、邮资信卡等传播媒介形式，呈现了妈祖文化的关键文本信息；电子媒体则主要通过音乐、电影、电视等传播媒介形式，呈现了妈祖文化的"关键视像"。这些有益的尝试对妈祖文化媒介生态的优化起到正面积极的作用，同时也为妈祖文化传播媒介伦理的自我建构提供了详尽的案例资源。（第219、220页）

反观妈祖文化传播，若借鉴"电子教堂"这一模式，应用于新兴媒介传播场景中，更深切的融合移动互联网络和移动终端聚合特性，集"互动性、移动性、平台性、聚合性"于一体，不失为一种创建新兴媒介下妈祖文化传播图景的可取方法。在此方法之上，仍视"媒介共同体"为圭臬，以"关键视像"为呈现原则，优化妈祖文化传播媒介生态，积极建构妈祖文化传播媒介伦理，创造出技术化社会中妈祖文化传播图景的"新兴"特性与未来。（第231页）

娱乐时代之下，大众传媒将娱乐精神推向极致，似乎无所不"娱"，一切皆可"乐"。妈祖文化的娱乐化传播本身并不是问题，问题的关键在于大众传媒能否控制住"快乐"与"意义"相融共生的"度"。妈祖文化和娱乐并非此消彼长的博弈，随着传媒技巧的成熟，活泼娱乐的形式与妈祖文化内涵兼容绝非一概不能两全。（第250页）

"故事性""名人效应""视觉符号""仪式及""身体语言""生存状态"这五大娱乐要素，还尚有许多未被开发出来的文化和推广空间可以拓展。一种文化的传播和推广不能仅仅局限于旧式的传播模式和技巧，在这个娱乐信息盛行的时代里，不能漠视受众的娱乐需求。板起面孔地说教，绝非良策。文化应该以崭新的面貌示人，通过多元化的媒介形式，在一定时间段内，不断地制造话题，吸引更多的人注意。各类多元化的媒体是适合制造大众关注焦点的绝佳平台，活泼的文字、知名人士的参与、画面的绚烂多彩、艺术作品的精美华丽、影视作品中动人的故事等，这些都可以为妈祖文化娱乐化传播提供出创造媒介奇观的契机。而媒介奇观的存在，也正是我们所处的这个时代的一种难以规避的文化症候。以传播经典的文化为主线，以娱乐运作为主要的传播路径。让妈祖文化变得更加亲民，让这种正面的文化精神不再仅仅局限于区域，而是被更多的受众所了解。（第277、278页）

（吉峰　撰）

华夏传播研究的文艺视域

《万国公报》与晚清中西文化交流

杨代春

出版概况

《〈万国公报〉与晚清中西文化交流》，杨代春著，湖南人民出版社 2002 年版，平装本，248 页。

杨代春，湖南泸溪人，1989 年在湖南师范大学相继完成本科、研究生阶段学习。2000 年至湖南大学岳麓学院。现为副教授，从事于中国近代史及中西文化史的教学与研究。近年来关注的主要对象为近代来华传教士创办的一份刊物——《万国公报》，远期目标则将近代来华传教士及中国基督教徒作为主要研究对象。围绕这一领域，先后发表了一些相关的论文，也出版过《〈万国公报〉与晚清中西文化交流》，承担了湖南省社科规划项目："《万国公报》与晚清社会"。除此之外，也在湖湘文化研究方面作过一些尝试，现正参与国家清史项目——《湘军》的文献资料整理工作，从近代报刊中搜寻湘军的相关史料。2006 年 10 月，应台湾孙文学会理事长黄诚先生的邀请，曾赴台参加海峡两岸第七届孙中山思想研讨会，提交了《孙中山与〈万国公报〉》的论文。该书是由湖南省优秀社会科学学术著作出版资助。

内容提要

《〈万国公报〉与晚清中西文化交流》是一本探讨《万国公报》对于晚清中西文化交流的影响的书，于序、绪论之后分为六章二十七节，第一章，《万国公报》与晚清中西文化交流研究回顾，概述了近百年来《万国公报》研究概况，以及《万国公报》研究综述，并提出要加强《万国公报》与晚清中西文化交流研究的方法和思路。

第二章，《万国公报》概说，介绍了《万国公报》的缘起变化、稿源、编辑、发行、作者群、读者群，介绍详细而完整。直观上对这份报纸的运作模式有了一定的了解。

第三章，《万国公报》的西学传播，介绍了《万国公报》对于西方自然科学、哲学、经济制度及经济学理论、民主制度和民主思想、教育制度与教育理念以及西方空想社会主义。

第四章，《万国公报》的基督教宣传，介绍了《万国公报》对于基督教宣传的全年策略、方法、特点等等。

第五章，《万国公报》对中国传统文化的评析，《万国公报》要介绍西学、鼓吹变法的同时，免不了对于中国传统文化的论战和评析，其中涉及对于佛老、儒学、中国礼仪习俗、中国传统文化的特点以及对于中国传统文化的基本估价。指出《万国公报》虽以基督教文化为中心，对中国传统文化的评析并非科学，但亦不乏合理的成分。

第六章，《万国公报》宣传的中西文化观，提出了"中学西源""西学中源""中西并重""中体西用"的文化观，并针对每一文化观的提出进行详细的介绍和论证。

学术特色

《万国公报》是晚清时期一份发行时间长，刊载内容较多、社会影响大的刊物，它的出名大部分在于其对于西学知识的传播、对于变法言论的鼓吹。因此，作者在研究《万国公报》所传播的西学知识的基础上，侧重于对于中西文化交流意义的论述。故论述中不仅探讨了其报纸介绍的西学知识，而且将其宣传的基督教、其对中国传统文化的评析以及鼓吹的中西文化观都纳入了中西交流的范围，并试图加深研究深度和广度，对于后来的的研究者提供了一定的文本资料和学术思路。

该书系统而具体地考察作为文化载体的《万国公报》，作者并不是浮于表面的介绍，而是深入地研究了其缘起、稿源、编辑、发现、读者群、作者群等，这种细致而具体的分析考察对于后来的研究者很具有参考价值。除此之外还全面而深入地研究了晚清时期中西文化交流状况，尤其需要指出的是作者对于多种学科研究方法的综合运用。杨著以《万国公报》这一大众传播作为历史研究的对象，而单纯的历史研究方法很难完成这一任务，于是他引入了传播学和统计学的理论和方法，参考传播学 5W 模型，且运用统计学分别制成《万国公报》定价变化、发表征文、转载它报的文章数量、刊载学堂课艺的情况等 23 个统计表，从而加强研究工作中的定量分析，使读者对《万国公报》的性质、内容和影响有一个更加明晰的看法。

该书也存在一定的不足之处。作者致力于纯文本的研究，而在语境以及社会环境的结合方面涉及得较少，如能文本结合语境、情境以及社会环境进行考察和论述，则会更有深度。不过，从总体来看，作者无疑是下过很大工夫的，具有相当的学术价值。

观点撷英

综上所述，《万国公报》研究取得了丰硕的成果，但亦存在着明显的不足，具体表现为：专题或某一问题研究多，整体研究少；断代研究多，全部研究少；报刊史或新闻史多，其他问题少；观点重复者多，新颖者少；浅尝辄止者多，深入分析者少；引用材料者多，专门研究者少。尤其是在《万国公报》与晚晴中西文化交流方面，近百年来的研究可谓是刚刚起步，且大多集中在《万国公报》的西学传播，但都未做具体叙述。鉴于此，要将《万国公报》与晚晴中西文化交流研究深入下去，有必要从如下几个方面入手：第一，加强《万国公报》的资料收集、整理及出版工作。第二，进一步更新研究方法。第三，加强对与《万国公报》相关的传教士的研究。第四，加强《万国公报》与中国传统文化的研究。第五，加强对《万国公报》与晚清重大事件的研究。（第 10 页）

1582 年，耶稣会士利玛窦东来，西方学术文化始播入中土，从而开创了西学东渐的局面。而"礼仪之争"的发生，致使这一过程暂被中断。鸦片战争后，凭借炮舰和条约特权的庇护，外人大量涌进"天朝上国"的统治地域，在带给中国人民以屈辱的同时，也为"酣睡未醒"的中国人带来了西方的思想与学说，中断了 200 余年的西学东渐过程重新开始。在晚清西学东渐的过程中，尤其是在 19 世纪中后期的半个多世纪里，传教士充当了极为重要的角色，而其创办的报刊既是西学东渐的产物，也是西学东渐的重要载体。19 世纪后期，《万国公报》是介绍西学较多的刊物之一。正因为其对西学介绍颇为热心，从而引起了一部分中国人的关注。介绍了西方自然科学、西方哲学西方经济制度及经济学理论、西方民主制度和民主思想、西方教育制度与教育

理论、西方空想社会主义等等。（第 90 页）

　　毋庸置疑，晚清来华传教士的最终目的就是"拯救世人摆脱罪恶，让基督征服中国"。他们在华的一切活动均以此为依归。作为传教士创办的一份刊物，《万国公报》必然会努力去实现传教士的最终目标。大力宣传基督教更是责无旁贷。但是，《万国公报》的创办人及经营者都有过一定的世俗工作经历，相信神的国度"不仅建在人心里，也建立在一切机构里"。同时，绝大多数中国人并不欢迎基督教，而对西学、西政颇为关注。因此，为迎合这部分人的需要，特别是为了宣传基督福音，《万国公报》除单纯的宗教宣传外，更多地采用了"以政论教""以学辅教"的方法，试图利用这种方法将耶稣基督的福音浸润在中国人心之中。（第 161 页）

　　作为一种相当完整的神学体系，基督教文化之终极之词为"言"。而历经数千年之发展、嬗变的中国传统文化，其庞杂内容中的核心却表现为"道"。如此不同质的两种文化在晚清这一特殊的情况下相遇，其冲撞的激烈程度可以想见。然奉"言"为圭臬的传教士们的终极目的便是要利用"十字架"来征服中国，"改组中国文化"，让中国永远开放给基督教。故当其足履踏上东方这块古老而神秘的国土，意识到从龙的躯体中迸发出的阻力是其"神圣而伟大"的使命难以完成的缘由之时，他们一方面大肆诋毁中国的传统文化，另一方面又杂糅两种异质文化的某些看似相似之处，于"言"与"道"之间寻找某种特定的结合点，以弥补"十字架"威力之所不逮。（第 177 页）

（董方霞　撰）

《西厢记》传播研究

赵春宁

出版概况

《〈西厢记〉传播研究》，赵春宁著，厦门大学出版社 2005 年 3 月出版，平装 32 开本，327 页，26.4 万字。

赵春宁，女，辽宁大连人，文学博士。厦门大学人文学院中文系副教授，硕士生导师，主要从事中国文学批评史、中国戏曲史的研究工作。主持 2011 年教育部人文社会科学研究青年基金项目《〈申报〉戏曲史料研究》、厦门大学 2013 年度中央高校基本科研业务费项目《晚清民国戏剧与电影报刊研究》等项目，在《戏剧艺术》《厦门大学学报》等刊物上发表了学术论文二十余篇。

内容提要

《〈西厢记〉传播研究》分五章二十一节。第一章，《西厢记》的文本传播。本章以历史与传播接受的方法，从《西厢记》的抄本、刊本、选本及刊本的传播手段四个方面介绍《西厢记》的文本传播，指出文本的印刷、出版、流传和保存的重要意义。

第二章，《西厢记》的改编传播。作者首先介绍了改编著作三种类型作品，即改作、翻作和续作作品，与原作对比分析中，得出改作是原意谱新曲、翻作是旧瓶装新酒、续作是意犹未尽及狗尾续貂的观点；然后探究三种类型改编原因，现象；最后从文学发展和传播接受角度来探究改编的意义。

第三章，《西厢记》的演出传播。本章从演出形式、演唱方式、演出地域与演出接受四个方面来分析《西厢记》的演出传播盛况。从元明直到清末，无论昆山腔、弋阳腔、海盐腔、青阳腔、余姚腔还是其他地方戏曲声腔，或全本，或折子，江南与江北，几乎都有《西厢记》故事的演出，接受对象上至皇帝、贵族，下至平民、妇女，作者认为没有舞台演出，也就没有《西厢记》的成功传播。

第四章，《西厢记》的批评传播。本章分析了关于《西厢记》论争、评点和禁毁三种批评传播现象，作者认为无论是批评的理论深度，还是涉及范围的广度，《西厢记》的批评都是扩大文本影响的重要方面，也是传播中重要一环。

第五章，《西厢记》的影响。本章通过个案分析和比较等方法介绍了《西厢记》对戏曲、小说、诗词、说唱文学和绘画的影响，它们或以崔张故事为题材进行再创作，或模仿其人物和故事情节，或引用其现成的曲辞，体现出《西厢记》传播的广泛性，说明了《西厢记》对文学艺术影响和渗透的深入而广泛。

学术特色

《西厢记》是一部脍炙人口的戏曲经典，对它的研究是学术界的一大热门，要在《西厢记》的研究领域有所突破，并非易事。赵春宁立足经典，运用了新的理论、新的视角对《西厢记》做出了新的诠释。作者借鉴了西方现代传播学的理论，以"传播"为视角，从文本、演出、改编、批评及其影响等方面入手，结合明清社会文化的背景和戏曲发展的历史，对《西厢记》成书后的传播情况，作了深入、系统的历史考察与理论分析，清晰勾勒出《西厢记》在历代的传播全貌，并由此对中国古代戏剧的传播特点与规律，做出了颇有创意的总结。文本研究与实践研究结合起来研究，这不仅为《西厢记》的传播研究填补一项学术空白，也为文学经典的重读，做出了新的有益尝试。

《〈西厢记〉传播研究》以西方传播学理论作为研究中国文学的坐标，以西律中，以今律古，用传播为视角，对传统文学现象进行切实研究，对《西厢记》历代传播情况做出新的阐析，达到古为今用的目的。任何研究方法与视角的运用，需要翔实的佐证材料为支撑，本著作的亮点在于对史料进行全方位开掘，并对史料做出了别具只眼的阐释。比如，作者对于《西厢记》的各种抄本、刻本、选本，进行了十分细致的梳理，考辨细致；对于《西厢记》的演出，视野开阔地从形式、声腔、地域、观众等多个侧面作了清晰的勾勒；从传播的角度富有新意地论述《西厢记》改作、翻作、续作、仿作；作者在观照《西厢记》对戏曲、小说、诗歌、说唱文学等文艺样式渗透的同时，还探讨了其对书籍版画和年画的深刻影响。论著正是凭借了十分翔实的资料，以及作者对史料所做的许多别出心裁的阐析，对《西厢记》的传播，从文本到舞台，从批评到改编，从影响到移植，从常态到殊态，进行了系统而又较为深入的探索，从而在前人的基础上，为《西厢记》研究做出了新的有意义的开拓。

观点撷英

传播是文学存在方式的证明和价值实现的主要手段，戏曲尤其如此。文学创作是作家创作、作品完成、读者接受传播三位一体的活动。对于创作来说，从开始写作到作品完成，还只是进行了一半，另一半需要接受者来实现。也就是说，作品只有经过接受者的阅读、欣赏，对作品进行加工、创造和补充，文学创作才真正完成，价值才得以实现。接受者越多，创造加工的机会也就越多，文学的价值也随着扩展和增值。传播的过程即是作品价值实现的过程。（第1页）

无论从哪个方面来说，《西厢记》都是中国古代戏曲史乃至文学史上的一个特殊存在。高度的思想性和艺术性，使它成为元杂剧的杰出代表、"天下夺魁"之作。历经历史的淘汰、筛选，它顺应了时代、社会和大众的口味，在明清两代引起了广泛的"《西厢》热"，在迄今所知的四千七百多种古代戏曲作品中，传世刊本之多没有哪一部戏曲作品可以与之相比。明清剧坛《西厢记》演出风靡，家喻户晓。《西厢记》批评更是戏曲研究的热点，众多名家参与品题、评点，内容丰富，形式多样。更有一些批评者以一种特殊的形式——改编对《西厢记》的内容和结局予以评价。《西厢记》问世后，不仅对戏曲产生了广泛的影响，而且渗透到小说、诗歌、说唱文学以及绘画等领域。概况而言，《西厢记》的传播表现为：传播时间长，分布地域广，受众多等。（第9—10页）

明清时期戏曲传播有利的外部条件和《西厢记》本身杰出艺术成就的内部因素相互结合，使得《西厢记》在元明清三代广为传播，人们欣赏它、议论它、咒骂它、攻击它，但就是没人能对它漠然视之。从"天下夺魁"到北曲"压卷"，从"全带脂粉"到"秽恶之书"，《西厢记》问世以来，无论是批评的数量，还是批评的深度和广度，都是任何一部戏曲作品无法比拟的。（第

12 页）

　　抄书是最原始、最基础的书籍生产方式，尽管在雕版印刷术发明以后，书籍印刷的质量和数量都有了很大提高，抄写降为图书产生的次要和辅助途径，但由于多种原因和条件的限制，使得总有一些书籍未能付梓刊刻。抄书在印刷业不发达、所需印刷又很少的情况下是非常行之有效的方法。因此，不管刻印技术多么高超，刻书机构如何众多，抄书仍是古代产生图书的重要途径之一，藏书家和书坊主乐此不疲的事。（第 18—19 页）

　　戏曲的发展史甚至整个文学史，实际上并非是一个个文学经典串联而成的时间序列，随时间的推延在不断地进步和向前发展。常出现的情况是，戏曲史和文学史的发展顺序并不与时间的顺序相吻合，某一部作品或一个作家出现以后不是按部就班的被人们广泛接受，而是出现了理解的断裂，经过若干时间和世纪以后才重新被发现和阐释。（第 105 页）

　　文学传播史既是文学本身的发展演变史，也是文学本身在传播过程中不断被接受改造的历史，既是创作者与原作者之间建立起来的文化传递关系，也是传播与创作或说是接受（阐释）与创作的结合，即对原作的整理、加工、创造。改编正是文学"当代"传播的重要方式，改编者通过艺术形式和艺术载体的变换，实现了原作当代思想和艺术的对接，创造出符合现实审美标准和审美趣味的作品。《西厢记》的改编，是明清文人面对庞大而丰富的前代文化遗产——元杂剧采取十分积极的"当代"传播和接受。（第 106 页）

　　文学作品的价值是由读者来决定和实现的，离开了接受主体，作家创作和作品本身都是未完成的。就《西厢记》来说，它的成功和经典地位的确立是由读者来完成的，包括刊刻印刷、舞台演出、批评以及改编等不同手段和书坊主、演员、批评家等大量"阅读"群体共同促成的。（第 107 页）

　　文本作为《西厢记》传播的重要手段，要受到接受者教育水平和文化素质的制约，如果受众教育水平不高，便对文学文本的理解构成了难以逾越的障碍，而作为舞台艺术的戏曲则几乎无条件地保证了接受者的接受和欣赏。舞台演出的直观性和形象性、声音色彩和身体语言也使得舞台演出较之于案头文本更让人们接受戏曲最为便捷也最受欢迎的途径。演员和班社担当了舞台传播的传播者角色。它与文本相互合作、相互引发，以自己的优势赢得不同阶层、不同教育水平的接受群体。为《西厢记》的传播奠定了最基本、最深厚的群众基础。它扩大了人们的审美接受视野，启蒙了人们的个性意识，提高了人们的思想文化素质。（第 112 页）

　　中国一直是一个农业社会，因此农民占据了人口总量的绝大多数，要看一个剧目、剧种的普及程度，首先要看在农村和小城镇的接受情况。对《西厢记》这样一部"天下夺魁""色声俱绝，不可思议"的"化工"之作来说，要领略其中的奥妙和丰神，要欣赏她的优美和典雅，非有相当的知识不可，这对中国古代大多数不识字老百姓来说是件不可能的事，舞台演出却轻易地解决了这一难题。通俗的语言，生动的形象，文戏与武戏交错，冷场与热场相济，唱念做打的表现形式，使老幼妇孺一看即明。（第151页）

　　在中国民间社会，戏班的流动性和认同基础的广泛性，使戏曲成为民众形成道德和价值观念、明辨是非、获得知识以及进行审美的最好途径，因此古代的戏剧理论家和官方都非常强调戏曲的政治教化意义，所谓"不关风化体，纵好也徒然"。在劝善惩恶的伦理道德接受中，伴随音调谐适、自如流转的乐曲，或典雅婉丽或激昂澎湃的曲辞也印在了接受者的记忆里。当然中国普通民众受教育的程度都不高，文化知识有限，而戏曲的叙事性质使他们在故事情节的接受中完成了曲辞的理解，实现了对文人诗词生动形象的诠释。（第252页）

（陈小英　撰）

中国古代文化传播概要

宸晓红

出版概况

《中国古代文化传播概要》，宸晓红编著，中国社会出版社 2006 年 6 月出版，32 开本，共 382 页，30.5 万字。

宸晓红，1959 年生，山西运城人，山西师范大学文学院副教授，硕士生导师。1983 年毕业于北京师范大学历史系，分配到山西师院历史系任教；1987 年北京师范大学史学研究所高级研究班结业；2003 年调入山西师大文学院任教。现任编辑出版学教研组负责人，黄河民俗文化研究所副所长。兼任山西省历史学会理事、中国民主促进会山西委员会常委委员、民进山西师大主任委员。主要研究方向及成果：主要从事中国古代社会史、中国编辑出版史、中国新闻传播史、中国古代文化史教学与研究。出版著作《中国古代文化传播概要》《临汾历代人物》《中国古代史教程》等 4 部。在国家级、省级学术刊物发表论文 50 余篇，多篇被《人民日报》（海外版）、《中国高等学校学报文摘》等转载、摘录，曾被中国艺术研究院授予"文坛新人"称号。

内容提要

全书作者共分为十五章对中国古代文化传播的相关议题进行讨论。前三章作者首先对中国古代文明的起源与最初的传播，古代文化的制度基础，和古代文化传播基础的形成进行了论述。在第一章作者首先认为最初的文明要素包括金属的使用、文字的产生、城市的出现、礼制的形成、贫富的分化以及人牲与人殉，论证了中国古代文明的多元化，同时说明了传说时期文明因素的重要性，接着详述了夏商时期的文化传播活动，最后指出虽然中华文明晚于埃及文明、美索不达米亚文明、印度文明，但依然是现存最古老的文明之一。第二章作者从周族的兴起开始介绍古代文化传播的制度基础，详细介绍了周公摄政时期文化建设，之外还有周朝的宗法制度、昭穆与丧服制度、等级与爵位制度、分封制度与世卿制度、刑法与经济制度。第三章为古代文化传播基础的形成，作者首先讲述了周王室衰落与诸侯卿大夫的崛起，战国时期出现了统一趋势，伴随着政治、经济方面激烈而深刻的变革，思想文化领域出现了各种思潮、学派的交锋与激荡，百家争鸣的繁荣局面为古代文化传播做了充分的思想准备。最后作者对秦朝在中国古代文化传播中的基础地位进行了考察，并进一步阐释了秦朝中央集权体制而衍生出的中国文化传播活动。

从第四章开始，作者主要根据朝代更替的时间顺序对中国代文化传播活动进行论述。中国传统文化中儒家思想是核心，所以第四章作者根据儒家的演变和发展史，实事求是地分析了儒家文化的历史地位和作用，首先在向封建社会过渡的春秋战国，产生了强烈的人文意识，一些学者通过对自然、社会和人生的观察体验，形成了各具特色的学说，一时百家争鸣，从而奠定了中国文化基本格局的基础。随后作者着重论述了汉代儒学的演进和儒家文化新形态的宋明理学，并指出儒学具有重视气节、操守的传统，在特定的历史条件下，是鼓舞人们自觉维护正义、忠于民族国家的精神力量。

第五章讲述了西汉盛世的文化传播境况，汉承秦制，为了维护封建专制的中央集权制度，汉初统治者兼容道、法、儒各家之长的治国理论，出现文景盛世。随后作者分析了汉武帝加强中央集权统治而采取的措施，比如设置太学，独尊儒术；设置内朝，削弱丞相权力；建立卫队，加强内部防务；实行工商业经济的国有化等措施。最后作者探究了黄老思想被确立为西汉前期治国方略的重要性，且儒表法是汉世级以后统治者的治国秘诀。在第六章作者讲述了谶纬思想和《尚书》的流传，关于谶纬思想作者论及了其起源、定性、兴衰、主要内容思想、流变和影响，并指出，从哲学上讲谶纬就是作为汉代统治思想来宣传的神学世界观。关于《尚书》作者认为它是我国封建社会的政治哲学经典，在儒家"五经"中地位最尊，即是帝王的政治教科书，又是封建士大夫必读比遵的"大经大法"，在历史上有过巨大影响。

第七章作者论述了魏晋时期的文化思潮，首先简述了清议之兴时形成了包括官僚士大夫和太学生知识分子的群众性运动，以及清流名士婞直风气，作者认为魏晋是一个动乱而迷惘的时代，名士们思治而不得，对文化、思想、社会风气产生了巨大影响。魏晋南北朝时期中国主要的哲学思潮是玄学和佛学，作者还指出魏晋玄学向佛教般若学的转变是跨文化交流上的一个典范，最后作者提出魏晋玄学虽然有协调名教与自然的关系的一面，但维护名教绝不是玄学家的目的，放旷人性、逍遥自适才是玄学第一性的东西。第八章为接受汉族文化的外族典范，北魏是承担中国北方再统一使命的鲜卑族拓跋部，作者讲述了鲜卑族的改革和汉化，比如北魏颁布均田制和府兵制。其次南北朝时期的汉胡互化、民族融合，为艺术的发展提供了广阔的空间和滋生的土壤，作者详述了其时艺术成就集中地体现在与佛教密切相关的石窟造像壁画中。最后作者还论述了北魏内河航运在文化交流中的作用，并分析了北魏造船业的发展、内河航道的疏通以及服务于政治、军事需要的漕运业。

第九章讲述了封建文化繁荣时期的文化传播，作者在简述了隋朝国祚之短促之后，详细分析了李唐盛世出现之后的文化传播活动，贞观之治到开元盛世，唐代统治者的改革，使经济发展到高峰，为盛世文化传播提供了条件。至于盛世文化传播的内容，作者分析了包括乐曲、舞蹈、服饰、诗歌、书法、绘画以及佛教等诸多方面。最后作者论述了儒学的现实引起人们的忧虑，官方儒学日趋僵化，致使一些学者为儒学的新发展开辟新途，比如韩愈的《原道》《原毁》《师说》等名篇，以及李翱的《复性书》，就其理论学的意义而言，似乎都是重建儒学道德体系的努力和尝试，儒学者的第二个反思便是重提"尊王攘夷"的《春秋》微言大义，而晚唐时期儒家学术最值得称赞的第三点是唐代宗大历年间的壁经和唐文宗开成年间所刻的石经。

第十章为两宋时期文化的划时代发展，作者指出宋朝是中国文化进入了划时代的新阶段，货币流通的进一步扩大，火药及火球投掷机的发明，罗盘针用于航海，炼铁高炉的发明，利用水利的纺织机的发明，造船技术中防水隔壁的发明等，可以说宋朝是中国历史上一个光辉灿烂的文明时期。在这一章作者首先讲述了宋朝的矫枉过正之弊，之后分析了契丹辽的潘汉分治的二元化政治体制和党项西夏的历史，并进一步分析了宋、辽、夏之间的文化交流和宋金之间的和战。最后作者详细分析了民族对抗时期的文化传播活动。第十一章讲述了中国古代文化传播的技术条件，作为中国古代四大发明中两种要素的纸和印刷术，纸是保存人类思想和抱负以及增进知识传播和交流的媒介，而印刷术是人们公认的"文明之母"，二者作为中国古代文化传播的技术条件，作者认为具有基本型和永久性的功能。作者在本章主要分析了造纸术和印刷术的发明及其作用。

第十二章为元蒙时期的文化传播，作者在简述完大蒙古汗国后，即开始分析蒙古对中原地区的文化统治，比如建立中书省与行中书省；对吐蕃进行管辖以实现边疆的统一、建立民族等级制和实行宽容的宗教政策等，其次分析了元蒙时期特色经济对文化传播的影响，元代的农业、手工业、商业都有其特色。再次作者还对蒙古跨亚欧大陆的三次西征进行了文化交往的分析。最后作者分析了南戏的流布、杂剧的流布以及南戏和杂剧的表现题材为特色的文化内容。

第十三章为明初的文化传播活动，作者指出明初农业恢复，进展很快，社会经济繁荣，而这一时期尤为重要的是华夏文化向海外传播，从永乐元年开始，明成祖就积极展开外交活动，用明成祖的话说就是"宣教化于海外诸藩国"。而明朝商品经济的发展也对文化发展产生了推动作用。第十四章讲述的是中国古代最后一个封建王朝，作者着重分析了康雍乾盛世文化发展的弛与禁，清政府为加强中央集权，实行文化专制，大兴文字狱，禁锢人民的思想，作者指出清代的满洲统治者与其他民族不同，清一方面积极吸收汉文化，尤其大力发扬有利于封建专制主义的思想，另一方面则对汉文化中的"华夷之辨"等民族情绪严加防范，形成了清代文化专制的明显特点。最后作者表明康雍乾时代国内相对和平，刺激了社会经济的大发展，明清之际改朝换代的动乱时期陷入停滞的农业、手工业、商业在新的社会稳定的环境下获得大规模高速发展，也显现了盛世文化传播的内涵。

最后一章作者讲述了新式文化及民主思想在中国的传播，从1864年到1895年，中国社会一方面出现了民族资本主义工业和资产阶级、工人阶级等新的因素，另一方面发生了边疆危机、中法战争和中日甲午战争，民族矛盾日益尖锐。于是出现洋务运动，创办新式学堂，派遣留学生，翻译西书，这一时期的中西文化交流以西学东渐为主流，而这一时期的西学又是以近代科学的引进与传播为核心内容。最后作者指出五四运动以前的新文化运动时辛亥革命在文化思想领域的继续，新文化运动在思想上、文化上、政治上给封建主义以沉重的打击，促进了中国人民特别是知识青年的进一步觉醒，为马克思主义在中国的传播创造了有利条件。

学术特色

戾晓红教授从事文化传播史教学研究工作20多年，在漫长的时间里，他不怕"板凳要坐十年冷",查阅研究了大量的文化史文献资料,运用马克思主义唯物辩证法对中国传统进行分析,是宸晓红教授20多年勤奋教学科研工作的结晶。

随着近几年"中国文化"的研究越来越受到人们的重视,虽然专题型的论著层出不穷,但由于中国古代文化纷繁复杂,从文化现象的各方面来讲中国文化传播的论著目前尚属少见。而宸晓红教授的这部书可以说是简明地从经济、政治和意识形态到各种文化现象方面讨论了中国古代文化传播问题,在一本30多万字的书中,能把上述问题容纳进去,实属难能可贵。然而通过通读本著作,确实发现作者做到了知识的科学性、历史叙述的系统性和文字表达的简洁性。所以正如作者所说这该书是根据大学的教学实际设计的,由于该书内容甚丰,所以这该书对普通高校文科各专业的学习和参考都有很大的实用价值。

中国古代文化传播有其内在和外在两种民族特质,其中外在的有统一性、连续性、包容性、多样性四种主要特质;内在特质即表现为以人伦关系为基本,讲究父慈子孝、兄友弟恭、群贤臣忠等。中华文化传播史的资料浩如烟海,涉及的方面太多纷繁,一部30万字的书很难面面俱到,所以作者以概要命名之很贴切。

然而了解和研究文化传播,不但要观察和研究人的创造思想、创造行为、创造心理、创造手段极其成果,也要关注传播行为的引发、阻碍、引导等各种机制,该书过分侧重展现中国古代文化涉及的各个方面,从而稀释了各种传播机制在文化活动中的作用。

观点撷英

纸张被普遍应用后,书籍的收集和复制比间牍时代容易得多,社会上出现了许多私人藏书家,如西晋范蔚藏书七千卷,经常有百余人在他家中看书,范蔚还为他们解决衣食和住宿问题。一些知识分子也各有不同数量的藏书,他们亲自动手校理自己所藏的图书,"编辑"一词也就在这一时期产生。"编辑"最初作"编缉",在北齐魏收所作的《魏书》中多次出现。(第267页)

宗教是最先促进使用印刷术的原动力。宗教图书需要大量复制才能流通广远,当非手抄可以胜任,如果不能应用印刷术,大量复制就没有可能。当印刷品在10世纪五代时期开始大量出现时,印数之多,令惊异。譬如当时的吴越地区，在不到半个世纪时间内，就印出约 50 万份的佛经与佛像，在宋代先后印刷了开宝、崇宁、毗卢、园觉、资福、碛砂、赵城等 6 种以上不同版本的《大藏经》，每种多达 5000—6000 卷，以每卷 10 版计即需要雕版 5 至 6 万块。这些佛教印就后，不仅分发全国，也流通国外。（第 271 页）

（刘敬坤　撰）

八仙信仰与文学研究——文化传播的视角

党芳莉

出版概况

《八仙信仰与文学研究——文化传播的视角》，党芳莉著，黑龙江人民出版社 2006 年 6 月出版，平装 32 开本，371 页，32.5 万字。

党芳莉，女，1972 年生，陕西合阳人。2000 年毕业于复旦大学，获文学博士，2000 年任教于上海财经大学人文学院，2002 年来任新闻系副教授、硕士生导师。2001—2004 年复旦大学新闻传播学院博士后研究，2002—2003 年英国伦敦布鲁奈尔大学访学，2005 年利物浦约翰摩尔斯大学访学，2010—2012 年美国北卡罗莱纳大学访学。2010 年兼任美国华文报《华星报》（The China Star）顾问和特约记者，2011 年在美国北卡州立大学孔子学院、中卡社区大学讲授汉语。主持国家教育部、上海市教委等研究项目 5 项，在国内外学术期刊、国际学术会议发表论文 50 余篇，出版专著 4 部，参编教材和论文集 5 部，参译学术论著 2 部。部分论文被《人民日报内参》《解放日报内参》《新华文摘》和《高校人文学科文摘》引用。

内容提要

《八仙信仰与文学研究——文化传播的视角》分四编十八章。序编，八仙的形成及其信仰的演变。作者从介绍淮南八仙、酒中八仙、蜀中八仙入手，介绍了现代通常所说的八仙的形成以及何仙姑逐步取代徐神翁、张四郎加入八仙等名目演变定型过程，最后从道教和民俗两方面来分析八仙信仰的演变。

上编，八仙原型及其仙事演变。作者分八章介绍了张果老、韩湘子、蓝采和、钟离权、吕洞宾、何仙姑、铁拐李、曹国舅八位神仙原形、仙事演变及仙迹传说，指出八仙成员中的大多数都具有类型化特征，是"箭垛式"的人物，他们的传说具有或浓或淡的黏附性。

中编，八仙文学研究。作者介绍了八仙度脱剧，八仙庆寿戏、八仙小说三种文学样式的研究，分析八仙度脱剧产生的社会根源和心理基础，八仙度脱剧基本格式、特点及剧中神仙形象对现实的反映；八仙庆寿戏的演变及产生的社会心理和理论依据，特点及繁盛的社会历史原因，模式及主要意象分析，八仙庆寿戏影响；介绍八仙短篇小说分类、内容特点及长篇作品的概况分类和考辨，指出不同身份作者及不同的创作意图决定了八仙小说较强的宣教性，文学性不一。

下编，八仙传说专题研究。作者分四章考论了八仙过海、吕洞宾黄粱梦觉、钟离权十试吕洞宾、吕洞宾三戏白牡丹四个流传广泛的传说，探究了八仙过海传说传播规律及其对海洋文学的影响，分析了黄粱梦觉民间和道教两种不同传播体系的形成、发展及其深刻的文化内涵，叙述了钟离权十试吕洞宾传说的演变、宗教内涵和社会心理，介绍了吕洞宾三戏白牡丹传说产生的社会背景、传说演变传播及其文化阐释。

学术特色

八仙是中国妇孺皆知的神仙群体之一，历代的文人用不同的文学样式及不同的艺术形式演绎和表现八仙传说，形成了八仙文学和艺术。道教和百姓供奉他们，在宗教、政治、民俗等综合作用下形成了八仙信仰。然而，长期重雅轻俗的传统观念的影响，学界较少对八仙信仰和八仙文学进行整体性的把握与研究。《八仙信仰与文学研究——文化传播的视角》将八仙本身及其信仰和传说的载体——八仙文学作为一种独立而特殊的文化和文学现象，从宗教史、民俗史及文学史发展的宏观背景对其产生、演变过程及内在规律和特征、外部影响及文化内涵等方面进行具体、系统的考辨，通过文化传播视角，对八仙信仰和八仙文学进行研究，对中国俗文学与俗文化研究具有重要的探索意义。

党芳莉的《八仙信仰与文学研究——文化传播的视角》运用考证、对比、分析等方法，对八仙原型、八仙传说和八仙文学进行多层面、多侧面的考察研究，以探索八仙的形成及八仙文学演变的规律，以及在文学——戏剧、小说、民间文学和宗教、民间信仰、民俗、民间传说等领域所产生的影响。

首先，著作较详细地考辨了八仙各成员的原型及其仙事演化过程，作者用了近十万字的篇幅对此作了至今为止最详备的考察，资料翔实，较多新意。中国史官文化传统，在造神上讲究依据，关于八仙的原型及其仙事，作者在前人研究基础上，重点补充了八位仙家唐宋时期事迹考辨，于各仙显示仙事演化，加入八仙的过程及其在文学作品中的形象演变，分章论述，考察详备。

其次，对于明清时期以八仙为题材的类型戏剧和小说作了系统考察。明清时期八仙度脱剧和庆寿剧有很大影响，但前人研究因其缺乏积极的社会意义，一般评价不高，更缺乏系统的论述。作者全面调查了明清时期这两类戏剧的存佚情况，对八仙度脱剧和庆寿剧的基本格式、戏剧手法、故事构成和神仙形象作了多层次的解释，同时对其产生的社会原因和影响，也作了恰如其分的评述。作者认为此两类戏剧最初都带有强烈的宗教目的，后来逐渐演化，适应了社会上时令节日和喜庆集会要求，戏剧表达欢庆祥和的要求，满足了社会各阶层的消费需求，为民众所喜闻乐见。作者坚持客观公允原则，既无拔高，也无不当的批评，从演出效果、故事演化和社会反响等方面加以论述，弥补了前人研究缺漏环节。

再次，作者对于八仙传说中有代表性的四个传说，作了深入的专题研究。历代流传的八仙故事，多达数百，作者选取了影响最大，演进痕迹较复杂的八仙过海、吕洞宾黄粱梦觉、钟离权十试吕洞宾、吕洞宾三戏白牡丹四个传说，作者将论述重心放在前人论述较少的部分，如八仙过海放在元明清杂剧小说中这一故事的变化，鼓词、皮影、京剧中此故事的演化及以海洋意识来分析故事的文学意义，颇有新意；黄粱梦故事放在道教流布、戏剧演出和小说附会等方面，把唐人吕翁故事与吕洞宾神仙度脱故事结合，赋予特定的社会宗教内涵，分析又有了一定的深度。

在成绩背后，我们也看到，作为中国文化史上具有极其重大影响并且在明清以后深入到社会生活各个方面的八仙文化现象，要进一步考论问题还不少，如八仙原型问题上，吕洞宾其人在历史上是否曾有其人，现有的资料还不能完全作结论，洛阳附近的吕氏家族墓地已经出土了吕渭夫妇墓志和吕让墓表，希望会有更明确的文本发现。

观点撷英

几乎世界上每一个民族都存在数字崇拜，即赋予数字以特殊的文化内涵，

其中包括族人的好恶和风俗传统，从而有了各民族互不相同的数字文化。(第
3 页)

吕洞宾信仰及传说主要由两条途径来传播：一是由道教徒编纂的道教典
籍，带有浓厚的说教意味；一是由文人记载下来的民间传说，带有鲜明的民
间传说色彩。正是这两种不同的传播途径，在民众的心目中塑造了两个迥然
不同的吕洞宾形象：一是作为全真教祖师，他威严而庄重，使一般人敬而远
之，得到道教徒的顶礼膜拜；一是作为传说中的活神仙，他亲切而和蔼，有
着凡人的一切欲望和要求，却常常遭到道教徒的否定和排斥。与此相应，吕
洞宾信仰也包括两个方面：一属道教信仰，一属民间信仰。(第 99 页)

唐宋时期的神仙信仰达到了继春秋战国之后的又一个高潮，无论是封建
帝王还是平民百姓，也不管是文人学士还是布衣白丁，都对神仙生活如痴如
醉，孜孜以求，都渴望成仙飞升。他们坚信"我命在我不在天"，相信只要不
懈努力，就可以达到目的，于是不懈地炼丹药，寻仙草，辟谷食气，做着白
日飞升的美梦。然而理想与现实之间的距离太遥远了，尤其是不少人服用花
费了巨大的人力、物力和财力才炼成的仙丹，不但没有长生不死反而中毒身
亡的残酷事实，给了正在做升仙梦的人们一记耳光。然而这一记耳光并没有
使人们清醒，顶多只不过是让他们改变一下思维方式，继续开始寻求通往仙
界的"终南捷径"。(第 187 页)

从表面看，明代八仙庆寿剧所具有鲜明的献瑞呈祥特点，只不过是剧作
家为了歌功颂德和皇室观赏的需要而设计的。换句话说，借天仙为人间祝寿
只不过是处于政治原因和热闹原则，然而，热闹背后也有着深厚的民族心理、
文化和宗教背景。与世界其他国家和地区相同，中国也经历过自然崇拜、动
植物崇拜、鬼魂崇拜、祖先崇拜、图腾崇拜等，这是原始宗教同时也是人类
发展不可缺少的环节。(第 229 页)

向神灵祈福求寿是社会各阶层人们的普遍愿望和理想，而八仙的出身与
组成具有广泛的代表性：男女老幼，富贵贫贱，文庄粗野……从年轻漂亮的
何仙姑到白发白须"不知其年"的张果老，从文质彬彬的书生韩湘子和吕洞
宾到奇伟英勇的大将军钟离权，从唱踏踏歌求乞的蓝采和到贵为国戚的曹
舅……就这样，几乎社会上的各色人等，均可在其中找到自己的"同类"和
"知己"，因而极易产生"认同感"。(第 252 页)

从传播学来看，任何传播现象都有深刻的社会原因，及它与某种社会心
理相契合。具体到八仙过海，从形式上看，它有着鲜明的人物形象、积极亮

丽的主题、老百姓所喜闻乐道的艺术形式；从深层来看，它符合老百姓惩恶扬善的社会心理以及中华民族热爱"大团圆"结局的民族文化心理。因此，"八仙过海"得到广大人民的深切喜爱而广为流传。（第 314—315 页）

古往今来，大凡作者写梦，有两种意蕴可以寄托：一是于梦中勾画出一种超越现实的景象，以其优越于现实社会的某种假设，去满足人们在现实生活中无法满足的欲望，同时也委婉地表达人们对现实生活的厌恶乃至批判的心理；二是借梦境来表现现实，让人们在入梦醒梦的机制转换中，去否定自我在现实中存在与追求的价值。黄粱梦传说亦不例外，具体地说，它表达了古代士子追求进士及第和娶名门女的热切愿望以及对现实充满幻灭乃至绝望的心理。（第 328 页）

黄粱梦觉的意象，凝聚着中国古代知识分子的血泪经验，吕洞宾一旦成为该传说的主角，便获得了确定不移的读书人身份，成为失意文人追求和认同的神仙代表，从而激起了读书人的共鸣，获得文人的认同和钦慕，并因此被大量记载于他们的著述中。（第 331 页）

神仙"试人"有着丰富的宗教内涵，钟离权十试吕洞宾传说亦不例外，具体地说，它集中地体现了道教的修道伦理。道教神仙理论认为，人要成仙，除了借助一定的修炼方术进行肉体修炼之外，还必须在道德上"合道"，即积善。道教从"道"的特征出发，为修道者制定了一系列的道德伦理规范，以约束修仙者的思想和言行，这就是道教的修道伦理。（第 343 页）

吕洞宾戏白牡丹的传说通过地方戏的形式，已经传播到了全国各地，直到今天仍然有口头传说和"花儿"等说唱艺术形式在传播着。从传播形式来看，旧时地方戏剧和其他说唱可以说是最活跃、最受欢迎的"大众"文化传播形式。遍布全国的地方戏的传统剧目都在演绎这一传说，足见其流布之广泛和深入，深受民众的喜爱。然而也可以看出，虽然都是吕洞宾戏白牡丹之故事，但各种不同的文学题材和各地方戏在编演中都加以适当的改编，因而渗入了作者的好恶，打上了时代的烙印，同时也带上了地域的色彩，这是民间传说相对于书面传播和流布的一个特征。（第 356—357 页）

（陈小英　撰）

包公文学及其传播

李永平

出版概况

《包公文学及其传播》，李永平著，中国社会科学出版社 2007 年出版。平装，440 页，35.6 万字。

李永平，号三谛，1970 年生，陕西彬县人。2006 年毕业于陕西师范大学文学，获得文学博士学位，现任西安石油大学人文学院副教授，新闻系主任。主持科研项目 5 项。出版《中国文学编年史·晚唐五代卷》（合著）、《中国文化的历程》《白话千家诗》等著作多种，在《光明日报》《文学评论》《文史知识》《西北大学学报》《陕西师范大学学报》《求索》等期刊发表学术论文近40 篇。该书系为其博士论文。

内容提要

《包公文学及其传播》与序、绪论之后分四编十章。绪论阐述了为什么一定是包公，以及学术史的回顾和该书运用的基本理论和方法，总体上说明其理论价值、学术背景、研究方法。第一编，包公文学传播的环境。该部分分为二章，作者从包公为政的政治语境和包公的自我叙事与历史叙事的背景下，说明包公这一文学形象传播的背景。

第二编，文学史上包公的"多级"传播，该部分阐述了宋元话本与包公传播的萌芽，包公戏与包公传播之发轫，公案小说与包公传播之拓展。

第三编，全方位多层次的包公文学传播，指出媒介从搬演—书场—小说传抄—书坊刊印对包公传播的关系以及其中涉及的商业利润与诸多传播方式的传播动力，此外还指出地域对包公传播的空间影响、传播者、受众与包公文学传播的阶层模式。

第四编包公文学在民间流传的传播要素阐释。该部分主要阐释民族文化是包公传播的根基；社会控制是包公文学传播的动力。其中民族文化涉及神话、儒家伦理、佛教文化、道教文化、民间信仰，社会控制则主要体现在儒教政治及其社会治理，价值建构与争夺话语权的斗争。

学术特色

该书以传播理论为框架，以文献资料为依据研究包公文学形象的生成、演变、扩散等机制的学术著作。作者认为，是文学传播成就了包公。以传播的控制、内容、媒介、受众、效果、情境、动机等分析模式，借鉴了叙事理论和口头程式理论，运用数据统计、文献分析、田野调查等实证方法，分析包公传播的社会环境，探讨包公获得成功传播的文化心理动因。历史上包公文学的成功传播是"多级"传播规律和媒介权力支配的结果。元杂剧在一定程度上成了准大众传播媒介，对社会舆论产生了"议程设置的功能"。包公文学在城市的传播，依赖于明清以来苏州、南京、北京、扬州等商业的发达；在乡村的传播，则主要归因于宗教祭祀的演剧传统。包公文学在民间传播的规律和以人为媒介的谣言传播极为相似：受省略或空变、加强、泛化、超细节化等传播规律的内在支配。最终，传播规律左右着包公文学的文体形式、主题选择和叙事结构及叙事策略。

该文所建构的理论框架约略为三大层次：一是传播环境的探寻，第一编主要是追问包公文学是在什么环境中传播以及传播何以能够得到传播的。二是传播媒介和传播过程的探寻，追问文学是怎样传播的。第二编是从历时性角度探讨包公文学传播的动态过程，力图说明包公的形象、包公文学在不同的文学样式中是怎样产生、定型、变化、扩散的；第三编则是从共时性角度探讨不同空间、地域、社会阶层对包公文学的传播与接受，不仅探讨了小说、戏剧文本与演出的传播、该部分如果能对历代包公戏剧搬演做一个全面考证将进一步增强论文的实证价值。三是传播的文化理念剖析。第四编，则是从更深层多元的文化传统中进一步探究包公文学传播的历史动因和文化意义。作者并不满足于对纷繁复杂的传播现象的描述和传播历史过程的梳理，而是特别注重对传播规律、传播模式的总结和归纳，从而提升使得文章既超越了一般化的倾向，又具有理论深度和方法论的普适意义。

该书是文学传播学领域的力作，其从传播学立场出发，运用传播学理论和方法研究文学形象的产生、传播演变过程，揭示文学传播对社会发展演变的影响，以及立足传播学立场重估文学的文化价值，拓展"文学"观念，为文学研究创新提供了参考和借鉴，进而为文学研究、历史研究提供了可资参考的新途径和新范式。

观点撷英

包公文学传播的成功，从人类学角度看，因为"决狱断讼"有着人类学的意义，包公文学正契合了这一人类集体无意识的"原型母题"；从题材看，是判案题材文学富有传播性的结果；从传播理论角度看，包公文学传播的成功是多级传播规律支配的结果；从意识形态看，包公文学传播的成功是争夺话语霸权的胜出。何谓"包公文学"？从广义上讲，凡涉及包公并有具体情节的文学作品皆可称之；狭义上则是指以包公为主要角色的文学作品，其形态包括传说故事、词话、小说、戏剧等。由于所学专业的限制，该书对包公文学的考察时限为晚清以前。文学以外传播包公的媒介很多，如祠堂、庙会、风物等，本研究以传播包公的文学为主，故对其他要素不予涉及。（第4页）

宋代的社会经济和思想文化成就，是中国历史上独树一帜的时期。陈寅恪先生指出："惟可一言蔽之曰，宋代学术之复兴，或新宋学之建立是已。华夏民族之文化，历数千载之演进，造极于赵宋之世。后渐衰微，终必复振。"葛兆光也说，后人多说"盛唐气象"如何成功，其实，从生活的富庶程度上来说是不错的，从诗赋的精彩意义上来说也是不错的，从人们接受各种文明的豁达上来说也是不错的；但是，从思想的深刻方面来说却恰恰相反。在思想平庸的时代，不一定不出现文学的繁荣景象，也许恰恰也是一种有趣的"补偿"而已。总体上说，唐宋之间，中国社会逐步显示出了全面深刻的转型，学者一般认为"安史之乱"乃是起点。与此同时，它也是宋代社会经济、政治法律和思想文化转型的因缘。（第14页）

虽说是传播成就了包公，但传播的发生绝不会空穴来风。包公身后之所以身名不胫而走，家喻户晓，其现实中的个人作为和最接近真相的自我叙事以及在一定程度上"建构"过的历史叙事可说是包公文学传播扩散的总源头。文学叙事是包公传播的展开，展开的过程中，讯息、文化中的人以及"真实"之间发生互动，从而使意义得以形成或理解得以完成。具体来说，自我叙事中所承载的个人作为和历史叙事中的"话语建构",正好契合了民族文化发展中的许多集体无意识的文化母题,因而成为后世文学叙事主题选择的诱因和受众所关注的看点,得以在民间以各种形式充分传播扩散,形成相互关联的"文化群落"。其结果,是通过传播,包公获得了很高的知名度。(第27页)

　　元杂剧作为新媒介在官方和民间媒介普遍"缺失"的背景下,承担起了准大众传播媒介的部分职能。而且,杂剧不排斥文盲,几乎"聚集"了社会的各个阶层。英尼斯指出,传播媒介是人类文明的本质所在,历史就是由每个时代占主导地位的媒介形式所引领的。媒介决定了某一历史时期所发生的事件以及哪些事件是具有历史意义的。正是由于"作为我们感知延伸"的元杂剧对民间意识形态的控制,"改变了我们感知的比率",包公戏以其规模的庞大,内容的写实,清官形象的塑造,从而上升为"公共知识",冲上了传播的风口浪尖,获得了广泛的社会认同。它改写了过去包公文学传播的有限规模以及和准大众媒介疏离的历史,掀起了包公文学传播的第一个高潮,对包公传播具有划时代的意义。同时元杂剧作为包公文学传播中一级传播,其新媒介的参与规模,振聋发聩的声音,产生了足以穿越历史隧道的声响,是包公在其他地文学种类中进一步扩散的基石。(第110页)

　　我们不难想象,在古代,有现实关怀的包公戏剧演出时,剧场内人头攒动,或群情激愤,或欢呼雀跃的炽热场面;不难想象,演出后人们争相讨论、奔走呼告人际互动的情形,人们在剧场这一"公共区域"的聚会,大大加速了信息的流动,日久天长,由于群体动力学的原因,遵从机制开始发挥作用,百姓逐渐有意无意地形成一种对清官的心理期待,"清官清结"就产生了。(第136页)

　　道教史历史悠久的中国传统宗教,又是历来与中国平民百姓生活最接近的宗教。因此,道教祀奉民间传说中的神,如雷公、门神、财神、土地、城隍、药王、瘟神、文昌、关帝等,这些神也成为道教俗神。包公文学属于民间文学,因此,大多数说唱作品中随处可见道教的色彩,明成化《包公图公案词话》也不例外。道教和民间信仰的结合是有原因的。中国民间认为民间玉皇大帝总管所有的事情,如把握三界和十方、四生、六道的一切祸福,玉帝在道教的地位也颇高,有关玉帝的描写明成化《包公图公案词话》中随处可见。(第384页)

(董方霞　撰)

中国古代的文化传播

黄镇伟

出版概况

《中国古代的文化传播》，黄镇伟著，南方出版社 2008 年 1 月出版，平装 16 开本，297 页，32 万字。

黄镇伟，苏州大学教授。1954 年生，苏州吴江人。1982 年毕业于江苏师范学院汉语言文学专业，获文学学士学位。1983 年在北京大学进修图书馆学，1984 年起从事图书文献学的教学与研究工作，1995 年起参与筹建新闻专业，从事中外新闻传播史、出版史和文化传播的教学和研究工作。现为苏州大学文学院教授，新闻学专业硕士生导师。

内容提要

《中国古代的文化传播》除导论外分为上下两编共十章进行内容讲解，作者在导论部分介绍了文化和文化传播的概念，古代文化传播的主导观念与组织体制、物质条件和社会环境、基本形式和主要媒介；上编以历史分期的形式分析了古代各个朝代的文化传播形制；下编以专题的形式分析了传播个案和传播学者。

导论部分作者指出研究中国的文化传播，首先需要立足于对中国文献资料的充分把握和透彻理解，并开宗明义地指出文化传播研究属于史学范畴，其任务在于梳理各个历史时期文化传播的特点，传播活动的各项支撑条件和保障措施，传播的发生形式和媒介发展状况。作者指出文化传播研究的要点应该侧重于系统分析传播活动得以正常进行的组织体制和运作程序，全面揭示影响传播效果的物质条件和社会环境，细致描述文化传播的主要途径和媒介形式。在第一节作者分析了文化和文化传播的概念，作者通过综合中外学者的不同理论归纳了文化的三点基本属性，即文化与人类活动相始终、人除生理遗传外的一切后天获得和创造的东西属于文化、文化是一个动态演变的过程，作者认为中国古代的文化概念其内涵的主要部分与精神文化重合，也是由以儒家思想为核心的传统文化中"重道轻器"的倾向所决定。作者认为文化传播是指物质文明、制度体系、意识形态、价值观念等文化要素在社会扩散并被社会接受的过程，是一个持续不断的与人类社会活动和社会发展相始终的过程。在第二节作者通过传播控制、传世观念、传播机构和史馆制度四部分分析了中国古代文化传播的主导观念和组织体制。第三节作者认为汉字、纸与印刷术、科举制度和诗书教子的传统是古代文化传播的物质条件和社会环境。作者在最后一小节分析了古代文化传播的基本形式和主要媒介，即教育、阐释、图书和邸报。

上编作者以历史分期的形式详细介绍了各个朝代的文化传播活动，第一章从古代文化传播活动的起点说起，作者首先分析了汉字的产生，指出结绳确系汉字产生的先声，并梳理了汉字起源的考古学依据，依次为裴离岗文化时期、仰韶文化时期、大汶口文化时期、龙山文化时期和岳石文化时期。其次作者探讨了夏商文明与图书的起源，作者通过历史文献记载分析认为"终夏一代可能已经完成由文字使用到积累成图书文献的历史进程"，并指出中国古代早期形态的图书是殷商和西周时期以甲骨、青铜为载体形成的文字记载：主要为甲骨卜辞和青铜铭文。之外作者通过史官职守和对早期文字记载的编纂与积累分析了历史考古视野中的文化传播活动。

第二章为春秋战国时期，这一时期中国社会处于急剧动荡的转型期，文化传播活动初具规模。作者首先分析了史馆制度的演变和学术的下移，春秋时期"天子失官，学在四夷"，周王朝史官制度遭到破坏，但史官的职守在诸侯各国得到了落实和强化，使春秋时期的史书得到较大发展。其次作者分析了百家争鸣与私家著述的勃兴，简要介绍了今存的春秋战国时期诸子百家著述，并指出诸子思想有关人性善恶的命题与古代文化传播观念有着密切的关系，其中以荀子的性恶说最具有代表意义。再次作者探析了先秦古籍概貌，即划分为儒家六经、诸子著述和历史书籍三大块内容，而本节主要介绍了以编年体、国别体、纪事本末体、语录体和汇编为编辑特点的历史书籍的编纂情况，并指出了诸子以比喻和寓言为游说传播技巧，之外还论述了先秦时期图书文献抄录和传播过程中的随意性和传播的不确定性。最后一小节作者介绍了战国简牍的发现情况，并论证将战国简策作为研究古代简策制度确立问题的标准物是合适的，简牍已经成为先秦时期社会广泛使用的书写材料，简策成为社会文化交流与传播的主要媒介。

第三章为秦汉时期，作者首先分析了秦汉的文化政策和图书编撰传播活动，秦王朝实施"书同文"和"禁私学"的文化政策，汉代则实施较为宽松的文化政策，并且由于汉代崇儒的文化政策，使儒家经典的编纂和出版传播活动出现空前繁荣的局面，同时带动了其他图书种类编纂和传播，并形成了国家图书的典藏和编校制度。之后作者详述了两汉时期辉煌的编纂成就，介绍了古今文经学之争和经书注疏之学的兴起，及字书编纂活动的开创与发展，以及出现的算数类著述、医学类著述等科技著作的产生。再次作者详述了以《史记》《汉书》为代表的纪传体史书，指出史书卷帙浩繁的内容记载对文化传播的重要意义。最后作者介绍了纸的发明和图书市场的萌芽，东汉之世，纸已经进入社会生活，作者根据相关秦汉简帛书籍的出土概况，展现了新汉时期图书抄录和文化传播的基本情况；并指出由于两汉时期统治者对书籍的重视，促使书籍产量大增，从而刺激对书籍的社会需求，最终出现了提供书籍社会流通的中介场所即"书肆"的诞生，书肆的出现催生了专职的抄书职业即"佣书"，越来越多的抄书人进入佣书之业，奠定了两汉文化传播事业逐步发展的基础。

第四章为魏晋南北朝时期，作者首先介绍了魏晋南北朝时期的思想文化状况，比如魏晋玄学和清谈之风，南北文化的交流融合，北方游牧民族和汉文化的融合，以及这一时期大规模的禁书活动。其次作者介绍了图书品种的变化与四部分类法的确立，作者指出这一时期图书品种的最大变化就是史书的大量出现，并且由于各类图书的激增也促使图书编纂的改造分类法的迫切产生，即四部分类法的确立。再次作者详述了纸的广泛使用与纸该书的制作，纸写本在晋代已经相当流行，其制作从染纸、抄写到装帧逐渐形成一定的制度，为隋唐时期卷轴装的成熟奠定了基础。最后作者论述了以总集、韵书编纂的创例以及其他专业论著为代表的新型编纂形式的出现，同时简述旧有编著形式的发展，并描述了以佣书业的发达、社会书籍收藏现象的扩大、佛经翻译和传播活动的加强为表现形式的社会传播的扩大。

第五章为隋唐五代时期，关于隋唐五代时期文化事业的概貌，作者指出为了适应中央集权政治的需要，隋唐统治者十分重视有关图书的搜集整理和编辑出版问题，作者详述了这一时期禁书和重视藏书建设的文化政策，并列举了隋唐政府多次大规模地征书和抄录活动。其次作者叙述了政府编校机构的活动与修史制度的确立，其中政府的编纂机构为秘书省、弘文馆和集贤院，主要编纂活动为编纂类书和刊定五经，并指出隋唐时期中央集权政治在图书编纂方面的反映就是严禁私人修史，设置史馆，确立官修史书、并由宰相大臣监修的制度。随后作者论述了调版印刷术的发明与出版传播事业的发展，作者指出根据现存的印刷品实物和文献记载，我国调版印刷术发明后首先使用于佛经和民间历书的刊印，晚唐至五代，儒家经典和文化典籍经雕版印刷在社会上大量传播，古代文化传播事业迎来以雕版印该书为主流的新时代。晚唐民间书坊业的相对繁荣，直接引发了五代官刻和家刻的诞生。最后论述了唐五代的文化传播与图书贸易，由于当时社会上图书的需求和保藏大幅度上升，古代写该书的生产进入鼎盛时期，带动了图书流通和贸易活动不断扩张，图书以传抄为主的传播方式和以目标阅读和自由阅读两种主要类型的图书阅读行为，并且作者还着重详述了小说的传播与阅读，指出唐人传奇本是古代文化传播活动中特别活跃的通俗文学作品。

第六章讲述两宋时期，作者首先论述了以尊孔崇经、赐书劝学和科举崇儒为主的政府思想文化政策，并探讨了编校机构、编目整理和编校活动以体现国家图书的整理建设，同时也指出了政府对涉及国家机密和涉及违碍思想的文化传播的禁与行。其次，作者论述了宋代以官刻、家刻、坊刻和寺观书院刻书为主的繁荣发展的宋代图书出版事业。作者还指出民间书坊林立，坊本盛行，有力地推动了古代雕版印刷事业的发展和文化传播活动的深入，作者认为宋代仿刻本的文化影响主要表现为与社会文化潮流的互动和应社会民众需求而动，当然两宋政府为了强化符合自己统治意愿也对社会图书发行活动采取了限制措施。最后作者论述了以笔记小说的勃兴和唐宋名家诗文集注为表现形式的文化传播事业的新气象。

第七章为辽金元时期，辽代和金国是两个先后与北宋、南宋对峙的少数民族政权，元代是在消灭金国和南宋政权后建立起来的统一蒙古贵族政权。作者指出，在辽、金政权统治地区和元朝立国的近百年中，儒家经典、子史和文集类典籍继续得到出版和传播，通俗文学作品异军突起。同时，雕版印刷技术在实践中得到发展，木活字印刷技术走向成熟。作者通过分析辽代的文化传播事业指出辽代燕京及辽南京作为当时我国北方政治文化的中心，在雕版印刷方面与北宋一脉相承，且其民间书坊的经营活动也与北宋处于同一发展阶段；而金代的文化制度和机构建设仿北宋，重视刻书，官刻、家刻、坊刻皆承宋而备。最后作者举例分析了元朝建国以后尊经崇儒、兴学立教、科贡并举、荐贤招隐、保护工匠等一系列文化建设和文化传播措施，分析了元代官刻、家刻和坊刻活动，作者指出元代刻本具有多用简字、俗字的特点，并详述了元代印刷技术的发展。

第八章讲述了明清时期的文化传播活动。作者开篇指出明清作为封建社会的末期，明清两代在走向衰落之时，却在图书出版和文化传播事业上遭遇了不同的机遇，明中叶以后，城市和商品经济迅速发展，而小说、戏曲等通俗文学的创作出现繁荣局面，为图书出版业创造了巨大的发展空间。首先作者介绍了明清两代政府的主要编纂机构为翰林院，以及比如类书《永乐大典》和丛书《四库全书》的大型编纂活动。其次作者分析了明清的刻书业，其中明代官府刻书以内府、国子监、藩府为盛；毛晋汲古阁刻书为最具代表性的私家刻；之外民间坊刻还有金陵坊刻、建阳坊刻等。作者还论述了清代前期的刻书业，尤其是康熙、雍正、乾隆三朝，无论刻书的数量或是质量上，都属于历史上最好的时期之一。至于晚晴的文化传播事业，作者着重分析了西学东渐思潮中的译书活动、近代教育的兴起与新式教科书的编制、新闻报刊的编辑出版活动和近代出版事业。最后作者又介绍了活字印刷术的发展，以及明和清前期图书市场的繁荣、图书发行业的建立。

下编作者通过专题的形式分为两章分别论述了传播个案和传播学者。第九章作者重点论述了佛教传播、唐诗传播、理学传播和明代小说传播四个传播个案。作者指出佛教作为一种外来文化，能在中国迅速拥有大量信徒，赢得与本土儒教、道教鼎足而三的崇显地位，归功于其卓有成效的传播活动，并通过佛经的翻译汇刻、佛典的编纂、佛经的传播阅读三方面论述了佛教传播境况。关于唐诗的传播，作者从文化传播的角度出发，论述了诗人的创作活动、文人学者的阐释活动和社会大众的欣赏阅读是推动唐诗广泛传播的三大动力，并指出汇刻活动是唐诗传播经久不衰的重要支撑。其次作者论述了理学传播的三大项活动：创建书院，建立教学传播基地；注释儒家经典，提供阅读传播范本；传授读书法，指导学子正确掌握阅读理解的步骤方法。

最后作者还详述了中国古代文化传播史上明代的一个显著特点，即明代文人与民间书业合作刊行通俗和休闲类书籍，包括通俗小说和说部之书。最后一章，第十章专题讲解了以孔子、司马迁、刘向和朱熹为代表的传播学者。其中孔子的传播贡献作者主要分析了孔子的编辑活动"编订六经"。其次作者认为司马迁的《史记》是文化传播的重要载体，其创新了史书题材，并发扬了实录精神。以整理编纂《别录》和《七略》为标志的刘向、刘歆父子，是我国文化史上首次对先秦以来流传的文化典籍进行的大规模整理编校活动。最后作者指出朱熹作为我国古代自孔子以来最有影响的思想家之一，是理学的集大成者，其教学主张"明道切己"，为中国古代儒家文化思想的发扬光大做出了巨大贡献，是我国历史上文化传播的重要人物。

学术特色

黄振伟教授这部 32 万字的著作以朝代更替的先后顺序，上编详细地按照历史分期的形式对中国古代的文化传播活动进行了论述，下编又分为传播个案和传播人物两个专题对中国古代文化传播进行案例分析，这一内容架构几乎覆盖了中国古代最具代表性的文化传播活动。通读全著，逻辑清晰，结构系统，内容丰富，可见作者对文献资料的充分把握和透彻理解。

正如作者在导论中指出文化传播研究属于史学范畴，其任务在于梳理各个历史时期文化传播的特点，传播活动的各项支撑条件和保障措施，传播的发生形式和媒介发展状况。通观全文不难发现，作者完全按照这些方面以一条清晰的逻辑思路，向我们展现了中国古代传播活动得以正常进行的组织体制和运作程序，全面揭示了影响传播效果的物质条件和社会环境，细致描述了文化传播的主要途径和媒介形式。

然而由于黄振伟教授作为图书出版研究的专家，所以该书有一大特点，即作者主要向我们论述了以文字书籍为载体的文化传播行为，但中国古代的文化传播行为包罗万象，文字书籍的传播为较高文明层次的传播行为，除此之外还有传说、谣谚依托于口语媒介的低层次文化传播行为，又如不同民族之间的战争、兼并、融合等大规模的社会交往行为，但该书并未包纳，所以如若以《中国古代的文化传播》命题，而只是介绍只依托文字书籍为载体的传播行为，题目过泛，有失严谨。

观点撷英

在中华民族的文化发展史上，河图、洛书多次现身授人，除了伏羲及尧以外，还有黄帝和大禹。古籍中有关河图、洛书现身授人的记载，反映了一个共同点，就是图书与文字一样，是一种具有神秘色彩的灵物，为我们先民

们所敬畏。(第 46 页)

《文选》等总集的出现,顺应了时代对文学性出版物的需求。编辑出版工作具有社会引导的作用。编辑者通过编选读本,传达出某种艺术审美的倾向,以此来引导社会阅读的风尚和影响作家创作的选择。所以,自本时期《文选》开创文学选集性总集的编纂先例以后,文学选本的编纂之风,一直劲吹至现代,长盛不衰,成为历代编辑出版活动的重要内容,也是文化传播中的畅销读物。(第 122 页)

唐五代时期,雕版印刷术的发明,刻书业的初步形成,使我国历史上的出版业从手写时代编辑传录不分的状况中正式分离出来,成为相对独立的书籍生产行业。(第 147 页)

"书坊"之名迄今最早似见于北宋,这与雕版印刷技术广泛运用于社会书籍生产的时间基本一致。……至南宋,"书坊"一名作为行业的概称,在官方文书中频繁出现。现在尚能见到的古代坊刻本,最早的绝大部分出自南宋书坊,说明南宋时期书坊已经发展到相当规模。(第 173 页)

(刘敬坤　撰)

《太平广记》的传播与影响

牛景丽

出版概况

《〈太平广记〉的传播与影响》，牛景丽著，南开大学出版社 2008 年 9 月出版，平装 32 开本，297 页，24.2 万字。

牛景丽，女，汉族，1973 年生，河北内邱人。1995 年毕业于河北工业大学并留校工作。1998 年至 2004 年就读于南开大学文学院，相继获文学硕士、文学博士学位。现为河北工业大学人文与法律学院副教授，主要从事古代小说与传统文化的研究工作，著作有《〈太平广记〉的传播与影响》（独著）、《西游闲谭》（合著），在《古籍整理与研究学刊》《名作欣赏》等刊物上发表了学术论文十余篇。

内容提要

《〈太平广记〉的传播与影响》分六章十九节。第一章,《太平广记》概述。作者介绍了《太平广记》的成书及其原因,《太平广记》编纂者、引书、分类体例及思想文化内容,介绍宋前小说发展轨迹,指出《太平广记》在小说史料保存上的重要价值。

第二章,《太平广记》的传播。本章主要考察的是《太平广记》自身的传播。作者介绍了《太平广记》在两宋、金元、明谈刻本之前的传播,考述了《太平广记》现存的各种版本,介绍了《太平广记》重新刊刻后的广泛传播,从而探析了《太平广记》在各个时期的传播情况。

第三章,《太平广记》对小说观念的影响。作者主要介绍了《太平广记》对小说文体观念、小说地位及小说分类三方面的影响,指出《太平广记》体现了宋初小说观念从历史叙事到虚构叙事的飞跃，是古代小说观念走向现代的标志，《太平广记》的史鉴功能为小说处境的改善打下良好的基础，《太平广记》的分类思想为后世小说产生重要的影响。

第四章，《太平广记》对小说创作的影响（上），本章考述了明确受《太平广记》影响的重要作品，介绍了本事见于《太平广记》的小说作品和敷衍《太平广记》故事题材的历代戏曲作品，考察出《太平广记》在广阔时空传播中对后世小说和戏曲创作产生的影响。

第五章，《太平广记》对小说创作的影响（下），本章介绍《太平广记》对后世小说故事类型的影响，《太平广记》对后世小说具体情节的启发及对小说作品构思、人物形象、细节描写、典故运用等各方面的影响，指出《太平广记》对后世小说的影响是多层次、全方位的。

第六章，《太平广记》的传播与小说演进。作者通过对宋元话本、"三言二拍"、《聊斋志异》的分析，揭示了《太平广记》对古代白话小说的兴起、白话短篇小说的成熟以及文言小说走向高峰过程中所起的作用，指出《太平广记》在古代小说史上不可替代的价值。

学术特色

宋初编纂的《太平广记》是中国古代小说史上的里程碑，在小说史上有着不可替代的地位和价值，但目前学界对于《太平广记》的研究并不多，其传播方面相关的研究更是很少涉及。《〈太平广记〉的传播与影响》以小说史的发展为线，把《太平广记》的出现、传播与小说史的发展相对照，来考察《太平广记》对于中国古代小说的影响，大量新材料的挖掘，既有扎扎实实的文献学努力，又有主题学的理论分析，对于小说史的研究、小说理论史的研究，其学术价值和现实意义不言而喻。

牛景丽的《〈太平广记〉的传播与影响》是一部探讨《太平广记》传播与影响的专著，它以扎实的功夫、翔实的资料，从传播学、文献学和主题学等多个视角，考辨分析了《太平广记》在其传播过程中对中国古代小说的影响。其所分析的问题和创新点在于：不仅挖掘出大量的新材料对《太平广记》在历代的传播做了比较系统而细致的梳理，还补充了前人关于《太平广记》对小说创作影响的研究；不仅首次将《太平广记》的传播与影响联合起来进行考察，研究了《太平广记》的传播与小说演进的关系，还考察了《太平广记》

对小说文体观念、小说的功能与地位、小说的分类等方面的贡献与影响。

本著作有夯实基础的意义。例如分析考辨复杂又不易说清的中国"小说"观念的演化这个学术问题。现代的"小说"是一个明确的文体概念，但汉语史上的"小说"与之相去甚远，那么，在"小说"躯壳中，两千多年的时光中"小说"内涵如何发生演变问题，是研究小说者要考虑的问题之一，因《太平广记》没有关于小说直接论述，学者在研究小说发展史上往往会忽略《太平广记》研究，牛景丽的《〈太平广记〉的传播与影响》的研究有着补足必要环节的意义。作者以多条切实的材料证明，当时朝野上下都是以"小说"作《太平广记》称谓的，也就说明当时的"小说"观念集中反映在《太平广记》中，然后作者把《太平广记》体现的"小说"观念与刘知几《史通》的观念细加比较，水到渠成得出了很有创见的结论"从《汉书·艺文志》的说理性短文到《史通》叙事性短文，再到《太平广记》对虚构叙事作品——唐传奇的收入，表明了编纂者已经捕捉到了小说这一文体的本质特征，体现了宋初小说观念从历史叙事到虚构叙事的巨大飞跃，从而确立了以虚构叙事为主体的中国古代文言小说的观念内涵，是古代小说观念走向现代的标志。"这一分析过程，材料可靠，推论严密，展示出作者良好的学术素质和功底。

观点撷英

宋初太宗朝《太平广记》等大型类书的修纂是统治者为安抚那些多为海内名士的降王臣佐而采取的一种政治策略。推而广之地讲，"囿于文字"是朝廷安抚人才的惯用手段，往往用于建国前期或动荡之后，以保证国内安定为目的，古代历史上的几部官修大型书籍如宋初四大书，《永乐大典》《四库全书》的编纂莫不如此。（第 7 页）

《太平广记》的出现是各种因素共同作用的结果，既是宋太宗为维护统一安定的局面、笼络人才的政治手段，也是"文德致治"的文化策略；既是中国历朝注重典籍文化传统的延续，也是小说自身发展的必然结果。《太平广记》近七千则各种各样的故事是先秦两汉，特别是晋唐以来中国古代思想文化的总体体现，成为古代小说之渊海，是后世小说、戏曲取之不尽的宝藏。（第 40—41 页）

宋元话本中以《太平广记》中小说为素材的故事不在少数，但说话人以《太平广记》等为教科书，绝不仅仅是把它当成材料库。观今存之宋元旧篇，无论是题材内容、情节构思还是艺术手法，都多有效法《太平广记》之处，可以说《太平广记》对于宋元话本的影响是渗透性的、全方位的。（第54页）

《太平广记》由于重新刊刻而得到了广泛的传播，成为习见之书、应读之书。明清之际，《太平广记》已成为了文人必备的参考书，普遍用以注解诗文、编纂类书、校勘古籍等等。作为一部类书化的小说总集，《太平广记》成为采撷古代小说的工具书，不断地被辑录、选编，甚至剽掠。《太平广记》甚至成为小说书写的对象。这些都展示了《太平广记》在明后期及有清一代的盛行及人们对它的喜爱。（第89页）

在中国古代，小说时时被信史的传统所压制，常常被指责"凿空无据"。虽然有识之士奋力企图为小说平反，但始终没能令小说昂首。究其根本，这是由于中国古代崇尚实录的正统思想与小说虚构的本质特征之间不同调和的矛盾所造成的。在中国古代小说地位低下的总体状况下，宋初《太平广记》的成书，尤其是太宗皇帝赋予它史鉴的功能与史、诗相并列的地位，给宋代小说理论地位的提高、对待小说态度的转变打下了良好的基础。（第125页）

在中国小说发展史上，宋元时期是一个极其重要的时代，是小说走向平民化、通俗化的时代。宋元话本是中国小说史上的辉煌篇章，它的兴起打破了文言小说的一统天下，引发了小说叙述话语、思想内容、艺术风格、审美倾向的重大变迁。宋元话本标志着中国白话小说的崛起，规定了此后小说发展的主流。（第241—242页）

文言小说地位的提高首先就表现在《太平广记》的修纂上，这种专门的官修小说，在中国古代历史上是第一次出现。《太平广记》竟能以末学之卑跻身于官修"四大书"之列，与经史、诗赋比肩，这本身就代表了官方对小说的认可。同时，编纂者、统治者赋予《太平广记》"政鉴""资治"的社会功用，也使宋代小说的地位有了一定程度的提高。随着它在南宋的刊刻与广泛传播，阅读《太平广记》、聚谈小说成为文人一种娱乐消遣的方式，甚至是他们生活之不可或缺的一部分，这为文言小说在宋代进一步发展创造了良好的环境。（第243页）

宋元话本从语言到人物、故事都跟文言小说多有不同之处，这是由其传播方式和接受者所决定的。文言小说靠书面传播，是案头读物，接受者主要是文人士子；话本小说靠口头传播，直接面向市井民众。因此，两者叙述话语也就不尽相同、各有优劣。最直接的表现就是语言，所以现在用"文言"和"白话"来区分两者。（第247页）

　　中国文化素有雅俗之分，但雅俗也是相对的，没有绝对的界限，它们相互联系、相互影响、相互促进。在文学领域中，小说、戏曲是俗文化的主要表现形式；而在小说范畴里，文言小说总体上属于雅文化层面，通俗白话小说属于俗文化层面。宋代文化从雅文化向俗文化倾斜，从而使白话小说崛起，并在宋金元时期得到长足发展，逐渐占据了中国小说史的主流，产生了巨大的社会影响。（第 255 页）

　　从传播方式上，宋代雅文化向俗文化倾斜，故而书面传播的文言小说向口头传播的白话小说转变。而在明代小说的雅化则为通俗小说从说唱形式的口头传播向书面回归。这种回归当然不是简单的还原，而是向更高阶梯的迈进。但书面传播要求其接受者，也就是读者，必须至少要有初步的文化基础，而长期的科举制度所带来的社会文化的普及和提高，也正为通俗小说雅化并能以书籍作为传播方式提供了文化环境。而在文人的参与之下，由书面传播而雅化了的通俗小说，也逐渐吸引了越来越多的文人读者。（第 256 页）

　　　　　　　　　　　　　　　　　　　　　　　（陈小英　撰）

晚明文人的文化传播研究

聂付生

出版概况

《晚明文人的文化传播研究》，聂付生著，中国戏剧出版社 2007 年 12 月出版，平装 32 开本，296 页，26 万字。

聂付生，男，浙江工商大学人文与传播学院教授、文学博士后。在《复旦学报》《明清小说研究》《红楼梦学刊》《求是学刊》《艺术百家》《南京师大学报》《西北师大学报》《求索》等期刊上发表论文五十余篇，并著有《冯梦龙研究》《晚明文人的文化传播研究》《中国古代小说在古代朝鲜半岛的传播研究》（合著）、《中国小说史略疏论》（合著）、《浙江戏剧史》等专著五部。专著《冯梦龙研究》获浙江省社科联首届优秀成果奖二等奖，主持省部级课题四项，参与国家级课题二项。

内容提要

《晚明文人的文化传播研究》分六章二十节。第一章，文化传播与晚明文人的文化理念。作者从晚明的时代风尚及文人心态入手，分别介绍了晚明文人的王学情结、"情"文化崇拜及传播、娱世心态、为市民写心、主实用的救世情怀等多元化、复杂化的文化理念及发展格局。

第二章，晚明文化传播文本叙事。晚明文人有着自觉的文体意识，善于从传播的角度探讨文体特点，并在文本实践中付诸实现。作者以通俗文学为切入点，结合晚明的时代特点及文学思潮，分别论述了晚明文本拟说书叙述方式和传奇创作舞台化的形成和特点及与传播之间的关系。作者认为传播文本叙事产生及传播是满足接受者的接受需求形成的。

第三章，晚明文化传媒及其机制（一），晚明文化传播具有丰富多彩的特点，作者从晚明印刷出版传媒、插图本的传播机制、藏书与文化传播三方面着眼，分析了它们的发展概述、特点及其传播机制。作者认为晚明有完善的出版体系，官印、藩刻、民间梓行，多元并进，成为明代文化传播重要载体；插图本是印刷文本的一种特殊形式，其传播机制灵活，通俗易懂的插图本更容易在社会上普及；晚明文人利用藏书，或注疏，或阐释，或编纂，保存了古籍，传递了文化。

第四章，晚明文化传媒及其机制（二），本章分析了明代书院讲学、文学评点和演剧三种传播机制，作者认为讲会制度是晚明书院文化传播的关键环节。王学兴起后，书院传播下移到广大民众，讲义采用大众化叙述，名人效应使王学成为朝野上下趋之若鹜的显学；文学评点方面，作者认为它面向的是读者大众，是沟通创作文本与读者间的桥梁，评点的导向功能是文本传播的核心内容；作者认为演剧传播含有明显大众化传播因素，它的传播是以文人为传播主导、家班为传播主体、民间演出团体为补充的传播。

第五章，世界视野与传统习惯：两种文化传播的心路扫描。作者介绍了晚明传教士适应性传播，中国文人开放接纳西学和诘难反教两种不同解读，西方文化虽然随着传教事业的扩大和本土开放意识人士的努力有所渗透，但是政治上的保守和对西方文化敌视，使中西文化的传播举步维艰。

第六章，晚明文化传播个案研究。作者通过分析冯梦龙、凌濛初通俗文学传播，指出通俗文学的传播原则为"话须通俗方传远"，通过冯、凌编创作品社会影响大，且流行广的案例，指出改编是走向通俗的必由之路；作者通过分析毛晋的出版传播，指出其文化传承、泽惠后世的意义；通过分析徐光启的会通中西文化传播，尤其是徐光启与西方传教士的翻译，使两种异质文化在某些方面有了实质性的交融。一些先进知识分子在学先进技术，以期达到救国的实效。

学术特色

晚明时期，是一个社会大动荡时期，也是一个历史转型时期。文人在新与旧、开放和保守、先进与落后等激荡的社会大氛围中经受了新的洗礼，各种思想得到了尽情展现，传统社会的几种重要传媒在这一时期谱写着辉煌，文化传播进入一个重要的历史时期。考察此时期的文化传播有很高的学术价值，作者敏锐地把握此研究命题，把晚明的文化传播作为一个切入点，解剖那个时代文化传播的历史风貌，《晚明文人的文化传播研究》作为研究晚明社会文人文化传播学的第一部论著，具有一定的学术拓荒的性质，展现出它的前瞻性。

《晚明文人的文化传播研究》是聂付生在上海复旦大学博士后工作站期间的精心撰写之作。全书的灵魂和重点是在"文化传播"四字上，著作以晚明文人的文化心态作为晚明文化传播研究的逻辑起点，针对影响晚明文人走向的几种文化心态，如情本心理、王学情结、闲适的生活态度等一一剖析，以期阐述晚明文化形成的主观原因；然后，作者从传播方式的选择和传播媒体机制的生成等方面阐述晚明文化传播的内驱力；最后，以世界的视角进一步比较中西文人在传播理念和方式上的差异，以及中西文化交流对晚明文化的深刻影响等。其立意之新，有着启迪后来研究者的意义。

本著作亮点还在于视野宽广，作者特设了第五章"世界视野与传统习惯"，强调了中西两种文化传播的心理扫描，站在世界文化的角度来看晚明中西文化的传播，两者的交汇和融合是动态的、互为影响的。传教士的适应性传播、援儒证耶，科学思维方法，在中西文化交汇传播中影响着中国士人的思维方式、生活态度、接受方式及学术走向等。作者指出晚明文人心中深深的"西学情结"，把他们的思想文化心态和西方世界结合起来，打开一条晚明文化和世界文化联结的通道。为此，作者在第六章又单设一节"中西文化交融的先驱"，以徐光启为个案，对晚明时期的一些先进的知识分子在传播西学中的历史贡献做了认真的论证。他们通过翻译文本等方式把西学引进中国，让更多人接触和感受当时的先进文化，还在实践中学习先进的科学技术，以期达到救国的效用。

在可喜的成绩背后，我们也看到，本著作重点论述了晚明文化的创造者和传播机制和方式，作为文化系统重要一环的文化接受，全书着墨不多，虽然书的余论有对"晚明文人的文化效果"作了初步的评估，但挖掘尚不够。

观点撷英

刻印、藏书、讲学、演剧、文学评点、结社、官方邸报等都是晚明文人进行文化传播的重要载体。但载体不同，其传播机制也不一样，对社会的影响也有深浅快慢之别。（第 13 页）

晚明文人一生似乎都在解构中国封建文化，在觉醒自我、张扬个性、追求自由自在的生活理想等方面做着努力，但是，他们往往又在解构的地方重新建构起一套旨在敦化社会风气的伦理道德。极为复杂、矛盾的心态一直支配着他们的人生观和世界观，使其思想和行为呈现出极不协调的"二律背反"。像李贽、何心隐辈以死相争者，毕竟少之又少。大多数或回归传统，继续张扬程朱理学，寻求"实学"救国的新道路；或缩于一隅，以文娱心、以文娱世，在一种悠闲自适的意境中寻求精神寄托。（第23—24页）

传播情文化，也被大多数文人视为一种最高理想和终极追求。这固然浸染于王阳明的心学，但晚明社会的无序又是这些文人忧心如焚的。在他们看来，"情"源于心学，又可以避免心学带来的弊病，换句话说，情，既能启蒙人性，让社会有更多的人性关爱，让个性有更自由的舒展空间；又能让社会永远有序，维持好整个封建社会的正常运转。因此，他们在众多的范畴中单独拈出"情"一概念，无限地把"情"放大、从理论到实践探讨情的意义和作用，是非常自然的价值选择；他们利用一切可能的机会传播情文化、让情也与儒教一样深入人心、成为人们自觉遵循的一种心理欲求，也是顺理成章的价值追求。（第29页）

晚明世风，是他们捕捉的一个社会"亮点"，他们或构筑艺术化的生活空间，做他们浪漫的生活遐想；或营造一个传奇世界，既"以文自娱"，又赚取受者的眼泪；或干脆撕下道学的面孔，窥视人们历来认为最丑恶的性心理。晚明文人的娱世之举，恰给我们展现了晚明时期最丰富、最有活力的一面。他们可能不会有心传播，但他们的娱世之作一旦面世（很多文本都是私下传阅），立即成为人们争相阅读的文本，构成晚明社会一道很具时代特色的文化景观。（第40—41页）

晚明文人的文体思考完全是由他们的传播观念决定的。因为一个人的思维方式也就是他的传播方式，也可以说，一个人的传播方式也就是他的思维方式。他的内心世界毕竟是在一定的社会文化中形成的，其中必然包含着为全社会或一群人所共同拥有的社会经验与文化心理，这也是人们相互理解和传播的基础。晚明文人正处在的转型期社会，理学心学化，思考的是"人伦物理"的现实性、人之为人的合理性，这一思索把被社会久久置于边缘的下层人士中心化，以他们为主角重新建构社会理念，这也就是我们经常挂在嘴边的所谓"人文启蒙"。（第74页）

晚明出版基本由书商在操作运营，书商在利益的驱动下，每一次出版选题都是与时代的需求和人们审美趣味的变化密切相关的。他们既在内容上不断调整迎合读者心理，适时地推出时代需要的读物，也在形式推陈出新，如变换版式、插图等，使出版成为晚明传播速度最快、效果最好的传播之一。（第 105 页）

晚明书院文化传播在中国文化传播史上是非常值得挥写的一笔。自王阳明创立"致良知"之学以来，他和他的门徒，以及其他的哲学派别都是利用书院来建立它们理论阵地，传播他们的学术观点，以至直接导致晚明文化传播的多元化，并直指清初的学术繁荣。之所以如此，是因为晚明书院在传播文化的过程中形成了一套成熟的传播机制，传播主体只要按照既定的传播途径和方法，讲会内容就会在比较短的时间里传播给受者，而受者还能及时反馈，形成良性循环，成为明代文化传播网中重要传媒。（第 144 页）

晚明文人在心学的滋养下，格外青睐清新、适意的生活情调，他们除了亲自参与戏曲创作之外，还积极投入戏曲的普及工作，通过各种传播手段，采用不同的传播方式，以此拉近传播主体与受体之间的距离，在我们看来只有读书人才能阅读的传奇作品，通过戏班的演出直接传授给各个层次的观众群。众多的优美故事和文化理念也通过这种方式被各个层次的受体所接受，并积淀起来，成为代代流传的文化传统。（第 188 页）

一种陌生的文化进入本土时，往往要经过四个阶段：进入、碰撞、适应、融合。需要强调的是，任何一种异质文化的传播都不是单向的，而是在互相冲突甚至排斥中逐步靠近、认同而最后融合在一起的，它是互动的。（第 189 页）

中国士人对传教士的人格认定大都立足于中国的大国文化主义，以中国传统文化作为衡量的标准。所以，他们对传教士的接纳和认同，很大程度是以一个儒者的视角来审视的。而传教士具有的品格与儒家风范有吻合的一面，比如，坚韧不拔的毅力、谦和有礼的品貌、善良的心地、绝色轻财等等，都能在中国士人中容易产生认同感，我们可以称之为情感相似型倾向。传教士的儒家打扮、学着儒家温文尔雅的谈吐，在学理上自"辟二氏而宗孔子"（陈候光语），附会儒学，因而迎合了士大夫们的同化性认知结构，更加缩短了因两种异质文化产生的隔膜和距离。（第 207 页）

（陈小英 撰）

中国古代文学传播概论

王金寿

出版概况

《中国古代文学传播概论》，王金寿著，甘肃教育出版社 2009 年 5 月出版，平装 16 开本，269 页，27 万字。

王金寿，男，甘肃省清水县人，汉族，中共党员，教授，兰州文理学院图书馆馆长，甘肃省唐代文学学会副理事长兼副秘书长，甘肃省教育学会中学语文教学专业委员会副理事长兼秘书长，甘肃省轩辕文化研究会副理事长。研究方向：中国古代文学传播研究、甘肃地方文学研究、古代小说戏曲研究等。先后开设过"元明清文学专题""汉魏六朝文学""宋元明清文学"等必修课，"甘肃古代作家作品""中国古代文论""散曲研究""甘肃古代文学研究""历代诗歌鉴赏"等选修课。

在《兰州大学学报》《西北师大学报》等省级刊物发表了学术论文 30 余篇，专著《中国古代文学传播概论》《甘肃古代文学作品选》《甘肃历代诗词曲赋鉴赏辞典》，译著《龙文鞭影》《蒙求》《增广贤文》。参加了国务院批准的大型文化项目《中华大典》编撰，完成《中华大典·文学典·隋唐五代分典》（江苏古籍出版社）20 多万字撰稿。该著作荣获 2001 年国家新闻出版总署、全国古籍整理出版规划小组颁发的第三届全国古籍整理图书一等奖。专著《中国古代文学传播概论》2010 年获第十二届甘肃省高校社科评奖三等奖。先后主持甘肃社科基金会资助的"历代'悲士不遇'主题文学作品选注评析"项目及"中国古代文学传播之研究""历代关山诗歌文化研究"等多个校级项目。

内容提要

《中国古代文学传播概论》分五章十九节。第一章，文学生产、传播的理论架构。作者把文学传播还原到具体的历史语境进行描述，在文献文本学、文学史研究基础上，借助传播学理论，从文学传播主体、文学传播动因、文学传播媒介、文学传播方式及途径等几个方面初步建立相对完整的中国古代文学传播理论研究模式。

第二章，《诗经》的传播。作者认为《诗经》是古代典籍中说解最详、派别最繁、争议最多的书，《诗经》的传播动因是由其作品的社会价值和作用决定的。歌诗首先在民间口头传唱，以"乐"的形式传播；孔子删订整理，立于学馆后，又以"诵、歌、舞、弦"为媒介传播；列为"经"后，历代的宗经、解经，对其进行符合时代思想文化需要的解释，发挥它"诗教""乐教""礼教"作用。以组织传播形式，通过国家主流媒介进行传播的。

第三章，楚辞的传播。《楚辞》是楚文化研究的活化石和百科全书，是古代诗歌从集体创作进入文人自觉创作的标志，作者认为，楚辞传播的最初动因是百姓祭祀的实际需求和作品本身情感引发力，楚辞的被重视和真正传播是在汉代。屈原及作品作为民族精神这一特殊媒介，使楚辞得以等同于经学的地位而学习、研究、继承，代代传播。作者以客观翔实的文献，分析出楚辞的传播动因，不仅论述了中国古代乃至现当代对屈原及楚辞的评价和推崇，还展示出楚辞在境外的传播状况。

由楚辞传播发展而来的辞赋，兴于楚盛于汉，它以文本为媒介，通过"朝夕论思，日月献纳"等政治化的方式，顺应其意识形态发展态势进行传播，后世以文本形式传播，清代严可均《全汉文》是传播到今天的汉赋全貌。

第四章，乐府诗的传播。作者从文学传播理论出发，理清汉乐府生产主体、乐府歌诗的内容类别和生产动因，分析出歌诗叙事内容的大众化、享乐化和歌诗抒情的个性化、世俗化倾向。诗乐舞三位一体的汉乐府歌诗，其传播不仅有代表国家意志的乐府机关，还有百姓自觉的社会行为，使汉乐府传播具有特别的生命力。

第五章，"六经"的传播，《诗》以道志，《书》以道事，《礼》以道行，《乐》以道和，《易》以道阴阳，《春秋》以道名分，"六经"不是某个人在某一个时间写成的，是在不断传播过程中，经历口授、竹帛书之，经解、注释等传播，作为主流思想，带着时代政治思想文化的"鞭痕"被整理、疏解、讲说和传播，积聚着民族心理文化，成为社会的价值观体系。"六经"是科举必考科目，"学成文武艺，货与帝王家"推动"六经"的传播流行，文学是社会政治的产品，形成了传播—注疏—传播的良性循环。

学术特色

文学传播伴随文学创作而来，文学一经诞生，就开始了文学的传播活动。文学传播是文学发展史上一个重要环节，因此文学传播的研究意义深远。王金寿把中国古代文学传播作为一个课题来研究，对整个中国古代文学传播进行相对系统的概述及详细梳理，较为系统地勾勒中国古代文学传播的基本面貌，初步建构起中国古代文学传播的研究体系，其学术价值和现实意义不言而喻。兰州大学程金城教授认为"王金寿的《中国古代文学传播概论》，从这个意义上说，是一本拓荒之作，其原创意义不言而喻"。

该书是一部系统分类探讨中国古代文学上古时期文学传播基本面貌和演变轨迹的专著，它以流畅的文笔、翔实的资料，钩稽辨析，博考故实，从发生学的学术立场出发，借助现代传播学的理论，在文献文本学、文学史研究之间构筑起一种系统化关联的中国古代文学传播学体系。对文学缘何生产、如何生产、如何流通并保存等现象进行过程化研究描述，探索文学史研究的新视野，初步建立起中国古代文学传播研究的理论架构及研究体系。

该书点面结合，不仅细致描述上古时期文学演变轨迹和传播状况，还对上古时期主要的文学现象《诗经》、楚辞、乐府诗、"六经"分章阐释，重点突出。作者以"大文学"观的视野来探究文学的传播，研究的视野沉潜到当时主要文化现象乃至社会现象，如关于《诗经》的传播方式和途径，就勾连到以礼仪乐舞形式传播，创办学馆、授徒传经以及生活中的引诗赋诗、教科书传播等途径；在分析"六经"的传播媒介时，作者阐述了文字传播媒介，还谈及汉代搜书、校书活动和汉代的和亲政策这一"六经"及儒家典籍向少数民族传播的特殊媒介。

该书亮点还在于它的学理性，作者对文学传播进行了深入的思考和分析，提出了一些值得注意的学术观点，如，提出作为意识形态的文学的传播，是以国家意志、统治阶级的思想为核心的，文学传播的特性表现在历时性、永恒性、经典性等方面。在文学传播主体方面，作者从文学的发生、传播主体的身份、不同时期的主体的类型等方面进行论述，分梳得当，评说审慎。

在可喜的成绩背后，我们也看到，著作第四章为乐府诗的传播，却撇开魏晋南北朝乐府和唐代新乐府，只阐述汉乐府，此章节只有两小节，相对来说单薄了。著作名为《中国古代文学传播概论》，而专著主要分析的是上古时期的文学传播，我们期待后几编能早日问世，使其能成为完整的中国古代文学传播体系。

观点撷英

表达是创作，交流是传播。或者说，文学的缘起和文学传播同源同流，同时产生，相互交融。借用传播学的理论，那些不知名的精神产品的"言说"者，是文学传播的主体，"发言为诗"的"摇荡性情"是文学传播的内容，而承载它的物质形态及流通渠道是文学传播的媒介，"言说"者的对象就是文学传播的对象，那些精神产品，如，诗、歌、舞蹈、音乐具有感人心魄的力量，能使人发乎言止乎礼，有了规范社会人行为的礼仪，这就是文学传播的效果。（第5页）

文学传播必须受制于国家政府意志，并为时代主流文化服务。不论文学生产的个体动因如何复杂，不论是顺应统治的赞颂，还是逆于统治的反抗揭露批判等，都要与当时的社会政治风云紧密相连，都是这个时代政治文化的有机组成部分，没有超越于这个时代社会政治思想文化之外的仅属于作家个体的"自由活动"，其传播的范围、方式和媒介，都要受到政府意志的制约：或大力提倡，组织传播；或严加禁止，查抄烧毁，甚至诸如文字狱等，绝对没有超越时代主流之外的文学传播。（第21页）

文学传播以传播人类社会的先进思想文化为核心，以传播人性的真善美为宗旨，与新闻等其他传播相比，文学的传播表现出更为顽强的生命力，具有历时性、永恒性和经典性。也就是说，古代文学史上，有些文学作品在传播中经常出现这样的情况：由于作家和他的文学作品坚持真理，触逆于当朝者，遭到当时统治者非常森严的查禁，但是人民又非常欢迎，在民间则秘密传播。事过境迁，真相大白于天下式，在另一时代就得到了广泛的传播。（第21页）

在文字没有出现的远古时期，原始先民们主要靠"姿态或手势"、眼神、表情等"拟势语言"交流和传播，靠口语、吟唱等语言传播思想。像神话、传说、类似小说的"前小说"故事、歌诗吟唱等，就是口耳相传，或通过血

缘家族，或师徒口传，代代相许。同时，听说双方都能积极参与到传播过程中来，不断地丰富着传播的内容。（第38页）

文体媒介可以说是文学传播的本质载体。中国古代文体走过了漫长的发生发展道路，从文体自觉到文体成熟之后，文体大备，文学才以各自规范的文体格式，承载着思想文化进行传播。（第55页）

任何一种文学形式，在它的发生初期大都是自由传播的，由于得到广大受众的喜爱而自觉地或以口头形式，或以文字形式传播。历代的统治者都要对自由传播的文学进行规范，那些谣言惑众、容易造成社会混乱的异端邪说，将视之为反动，严加打击和限制，只有那些教化社会、人心的好作品，才能得到提倡，宣传和流播。因此，每个时代的文学等到其"固定化"之后，由于它承载的思想符合统治者治世的需要，就不得不受到社会的重视，而以组织者的方式进行自由传播。（第72—73页）

古代没有文学作品的独立概念，也没有独立的文学作家，在我们看来是文学作品的东西，在那个时代的人们的眼里它们就是经世致用的知识、技术、政策等实用性的文字。春秋时期，社会动荡，在儒家看来是由于礼崩乐坏造成的。用什么样的思想统一人们的认识，规范社会人的思想行为就显得非常迫切而必要。于是王者必须察风情，密切关注和审视社会生活、人情物理。（第85页）

屈原的人格品质是儒家精神的典范，他对祖国的眷念、热爱，对君主的忠诚，崇高的政治理想，"九死不悔"的斗争精神，对真理的执着追求和峻洁耿介的伟大人格，不仅仅是文人人格的范式，而且是中华民族精神的脊梁，是在任何时代都必须高扬的主旋律。而楚辞正是他高洁人格、浓烈的政治情怀的载体。因此，楚辞虽然不是儒家经典，却以等同"六经"的地位，代代传播。（第141页）

汉乐府歌诗以载歌载舞的娱神娱人的歌舞乐演唱表演为媒介，以满足国家礼仪制度所实施的政治目的、祭祀宗庙的宗教目的、朝会宴飨等娱乐目的为动因，不仅通过乐府机关的行政权力代表国家意志使其传播，而且它以汉代社会的集体无意识成为老百姓生活的有机组成部分，成为一种自觉的社会行为。于是，汉乐府歌诗的演唱表演，就是汉代百姓的一种生活。因此，它的传播方式和途径就是生活化了的。也正因为如此，汉代乐府歌诗的传播就特别具有生命力，其传播范围就非常广泛。（第208页）

孔子不是"六经"的原作者，但却是"六经"最早的传播者。他搜集、考证、整理周及其以前的旧典籍和资料编辑而成"六艺",并且按照自己的理论和观点进行了"理解",既是供鲁国贵族治理国家用的经典,也是他教育自己学生的教科书。在课堂上口授予自己的学生,而他三千弟子中的佼佼者"七十二人",一边再传授予他的学生,一边进行书写记录,也不乏他们的弟子参与其书写工作,慢慢就著之竹帛,成为文本流传。到汉代作为帝王政治之书时,不仅成为儒家思想的经典,而且也成为孔门的系统学问,更成了后世之经学。(第217页)

（陈小英　撰）

唐诗西传史论——以唐诗在英美的传播为中心

〔美〕江　岚

出版概况

《唐诗西传史论——以唐诗在英美的传播为中心》，江岚著，学苑出版社2013年4月出版，平装16开本，共323页。此书还有一版是由学苑出版社在2009年9月出版的，平装16开本，共325页。

江岚，祖籍福建永定。美国里海大学教育技术学硕士，苏州大学文学院古典文学博士。现执教于美国威廉·伯特森大学。主要研究方向：国际汉语教学与师资培养；中国古典文学英译与传播。现任美国威廉·伯特森大学（William Paterson University）人文社科学院"关键语言研究中心"主任，定居美国新泽西州，教授美国高校中国文学、文化及语言相关课程，业余从事文学创作。

内容提要

该书除导论、结论、附录外，全书分为上下两篇，共计十五章54小节，以英语为媒介的唐诗翻译为研究对象，以其细腻的笔调、跨越文化的独特视域，为读者展现了唐诗在英美传播的画卷。导论中作者首先对唐诗跨文化传播的意义，唐诗东播、西传的大致状况进行了勾勒，划分了唐诗英译方法的三大类，即直译文本、意译文本和创译文本。着重对"汉学"和"中国学"这两个概念进行了辨析，说明该书是以唐诗英文流播的历史渊源和发展过程作为论述的主题，文献查找侧重于20世纪中期，所以无论从内容上还是时间上，该书研究都属于"汉学"范畴，继而在地域上确认了该书的考察对象是英美两地专家学者用英文译介、借鉴、研究唐诗的成果。

上篇主要介绍的是唐诗西传起步阶段的历史渊源和发展状况，即唐诗西传到在英国的兴盛这一时间段，也是唐诗西传译介从宽泛到专门、由随意到传统的阶段。在此篇中，作者首先阐述了唐诗西传至英美各自特殊的历史背景和特色，认为译介者始终对东方文化抱有了解和接近的善意，在起步阶段英国汉学界的贡献远超于美国，唐诗的影响像汉学领域以外传播……并在研究过程中，屡有开创性的发现和结论。如，杜牧的《九月九日齐山登高》是第一首被完整英译的唐诗；英国诗人克莱默—班是以文学家身份在英美大力推介唐诗的第一人……同时，对英译唐诗文本进行了错误定位文本、尝试文本和专门文本的建设性划分，对误读的文本保有同情理解的善意，对英译唐诗的文本又有科学严谨的学术研究态度，最终作者认为弗莱彻的《英译唐诗选》及《续集》是西方世界最早的英译唐诗专门著作。在之后的篇章中，作者着重挑选了翟理斯、克莱默—班、阿瑟·韦利、弗莱彻和其他早期英美汉学家进行分篇章的具体解读，对他们各自的译介作品进行了介绍和梳理，对他们本人对唐诗研究的贡献和译介作品在唐诗西传中的地位进行了学术评价，其间穿插大量的译介作品的具体例证并进行解读，叙议结合，深入浅出，可读性非常强。

下篇主要介绍、分析了唐诗西传的发展阶段和进深阶段的相关情况，即从 20 世纪 20 年代初至今，期间由美国唐学会的成立划分为发展阶段和进深阶段。在这一阶段唐诗西传以及西方世界对"汉学"的研究中心由英国转移到美国，与英国汉学界对中国古典文学研究陷入"中间停滞，后劲不足"的困境相比，美国汉学界与之前的起步阶段相比，迅速发展壮大，迎来高潮。较之起步阶段，这一阶段的唐诗西传的译家群体、译介渠道和文本种类都得到空前的丰富，唐诗在西方的传播已经由单纯译介向自觉研究的阶段过渡，对唐诗理论的研究开始起步，西方世界对唐诗的鉴赏不再流于表面，而对其内在文化元素开始注意、研究并深受影响。同上篇一样，作者在对整个发展阶段进行纵览之后，详细列举了多位在此阶段对唐诗西传做出重要贡献的译者及他们的作品，并进行详细解读和评价，以及华裔学者在此中扮演的重要角色。如法国女诗人俞第德的《白玉诗书》体现了美国译介对欧洲译介唐诗的继承和过渡，庞德《神州集》的初版标志着西方世界从初识唐诗的阶段走向了化用唐诗的阶段，但同时作者也客观指出了庞德在译介唐诗中的误读和过渡诠释。在此篇的最后部分，作者谈到了美国"垮掉的一代"诗派出现后，以王公红和斯耐德为代表的诗人将目光转向中国唐诗寻求灵感和素材，由此引发了美国唐诗译介的第二次高潮，唐诗西传借此进入了进深阶段。在此阶段，英语世界对唐诗的译介和研究无论是广度还是深度较之以前，都有了深刻的发展，扩大了中国文化在英美的影响力。

值得一提的是，江岚老师在书本最后将文中涉及的重要英译文本罗列为附录，这既是江岚老师学术严谨负责的体现，而我本人在浏览这些之前几乎没有听闻过的唐诗译介著作时，仿佛打开了新世界的大门，惊叹于西方世界对唐诗译著的丰富。在为我们民族文化感到深深自豪的同时，也引发了我对了解西方汉学发展的兴趣。

学术特色

唐代是中国古代文明发展的一个永远的典范，而唐诗是唐代文明重要的具有标志性的成果，在唐代中国与周边国家的深度交流中，也成为被传播和接收的内容。但是，由于距离遥远、交通不便、语言文化阻隔等跨文化传播的种种障碍，唐诗的西传要比东播困难得多，除此客观原因，由于研究课题的特殊性，对研究学者身份和所在地域都有一定要求。这就造成了以往唐诗的传播和接受研究，多集中在国内历代或东亚地区的状况，英语世界的传播问题研究，虽不乏散点式的透视，但整体观照仍是空白。《唐诗西传史论》深入英美文化中的唐诗研究领域进行比较研究和传播路径的探索，较为全面系统地研究了唐代诗歌在西方的传播，在唐诗研究领域中，这是令人耳目一新的跨文化书写。"《唐诗西传史论》在对东、西文化深刻领会基础上的融合，体现出著作的深思明辨与学术首创性"。[1]

江岚学者《唐诗西传史论》的研究过程是在纵深的历史进程中思考，在广博的知识空间中省查。其对中西文化精神的融通领悟、对文化史学的宏观把握，对各种唐诗文本的准确掌握，对唐诗在英语世界的译介与接受进行了系统细致的梳理，第一次清晰地勾勒出了唐诗向英美传播的全过程。[2] 历史研究和比较研究在《唐诗西传史论》中经纬交织并相得益彰，江岚学者创造性性的第一次清晰地划分了唐诗西传的三个历史阶段，即自最初西传到在英国

---

[1]　萧晓阳：《比较文化视域中唐诗风韵的呈现——江岚〈唐诗西传史论〉述评》，《苏州科技学院学报》（社会科学版），2011 年第 1 期.

[2]　同上

的兴盛为起步阶段，《神州集》的出版到美国唐学会成立之前为发展阶段，从美国唐学会成立与《唐代杂志》的出版至今为进深阶段。由此构建了时间划分历程，以英美译本为主要研究范本的唐诗西传史基本论述格局。

《唐诗西传史论》对西方文化精神的把握体现在两个方面，一是在宏阔的视域中对英美唐诗传播周详的描述，一是对英语文化，特别是英美诗歌情韵的深刻理解。著作选取的研究对象独特、视域广远，作者以其带有情韵的笔调首次勾勒出了唐诗西传史，成为目前学界少见的、全面系统研究唐代诗歌西传的重要论著之一，也是英美文化研究领域中一个专题研究的典范。[①]

不过，《唐诗西传史论》关于唐诗西传的问题，还有一些未尽之处，还有一些知识点容其未能涉及，在歧义纷繁的材料和观点中，目前所梳理和呈现的并非周圆尽善，而"英语世界"在英美之外尚有更大的文化圈范围，其唐诗译介和传播的情况也有补充的必要，但总体来说，该书对唐诗在英语世界传播的历史做出了整体性研究，学理允洽，精彩纷呈，在唐诗研究中式难得一见的重要成果，在中国传统文化域外传播的研究中，无疑也是很有意义的贡献。

观点撷英

东方文化群体接受中华文明较早，历史上深受中华传统文化，特别是儒家文化影响。这种文化同源，决定了他们对唐诗的接受状况和接受心理，既有异质性也有同质性。而当唐诗传播到西方，与东方文化群体相对的，以欧美为主要代表的西方文化对唐诗的诠释和接受，则不仅具有异质性，也更具有异构性，从而呈现出实质性的跨文化交流的特色。（导论第2页）

美国早期汉学研究的内容，主要表现为对中国的历史、语言、民俗等方面的介绍，此外也有一些有关中国地理、文学、考古、哲学、政治、教育、医学等方面的研究，可以说带有欧洲传统汉学的色彩。但美国汉学从兴起之日起，国际环境和国家利益就是最主要的驱动力。（第13页）

这些误解（英译唐诗的误读）主要表现在三个方面：一是语言的严重障碍使他们对古汉语难以通彻理解，而只能望文生义；二是知识量的不足和对作品背景缺乏深层了解而造成的对典故的回避或歧解；三是文化心理的差异

---

① 同上

所导致的对中国传统文化意向的隔膜，对诗歌的意境无从喻会。（第 20 页）

"长诗"的概念应当是古希腊《伊利亚特》和《奥德赛》一类的长篇叙事史诗，以汉语为主体的中国的诗歌经典中确实没有这种诗体的流传。……中国和西方古典诗歌的差别实质上并不是在于篇幅长短的相异，更在于传统的表达方式与审美情趣的不同。（第 51 页）

推动英译唐诗走出学术界精英圈，被更广大的英语世界范围的读者所喜爱和接受，是克莱默—班队唐诗西渐最伟大、最直接的贡献。所以，如果我们把克莱默—班列为推动唐诗西渐的先锋人物之一，这位浪漫的英国诗人当之无愧。（第 108—109 页）

早期译家们的诗论文字对唐诗的创作模式及其相应的英译技巧探讨较多，偏重于赏析理论的阐发较少。随着英译唐诗文本数量的增多和影响层面的扩展，英语世界对唐诗的风貌特征的区分额把握渐趋深入，对其中文化意向的深层诠释的要求也更加迫切，促使学者们开始对唐诗的美学规律作更多更细致的探讨。（第 166 页）

这些诗人及其作品和庞德、洛维尔等知名意象派诗人的作品一起，集体展示了美国诗坛努力摆脱欧洲传统文化的框架束缚，关怀美国本土，同时从东方文化中"寻找灵感"的成果，也彰显出在人类文明中独具一格、自成体系，有数千年历史的中国传统文化思想博大深弘的影响力。（第 191 页）

跨国界跨民族的文化传播，是文化发展的一种历史趋向。而任何一种历史发展的趋向都是分阶段地进行的。在两个阶段之间是谁来充当承上启下额角色，也往往不由某人自告奋勇，而必须听凭历史的选择。在唐诗西渐的文化过程迈向第二阶段之时，历史选择了庞德。他主要的贡献就在于以诗人的敏锐与才能，在感受到唐诗巨大的艺术魅力的同时，努力去探索其中奥秘，并把自己探索得到的一些心得体会，运用到了现代诗歌创作之中。（第 210 页）

从诗歌的艺术感染力这个方面比较客观地来看，在英语世界中对唐诗由纯粹的欣赏向学习、借鉴、运用其美学观念与艺术技巧的转变过程中，如果说庞德和他整理的《神州集》起了关键性的作用，那么洛维尔与她改译的《松花笺》则以其译诗数量大，选诗范围广而胜过了《神州集》，大大扩展了英语世界对唐诗的总体认识，使得英译唐诗的风格更加奇异多彩。（第 248 页）

（陈丹玮　撰）

唐诗传播方式研究

陶 涛

出版概况

《唐诗传播方式研究》，陶涛著，北京师范大学出版集团，安徽大学出版社 2010 年 8 月出版，平装 16 开本，228 页。

陶涛，文学硕士，中央电视台十套科教频道《探索·发现》栏目编导。曾公开发表影视传媒和中国古代文学研究论文多篇。陶涛的父亲是唐代文学研究名家陶新民先生。陶涛原求学浙江传媒学院。2003 年自皖入桂，求学于广西师大。

内容提要

《唐诗传播方式研究》从传播学角度较为全面地论述了唐代诗歌的传播方式。首先从唐代人际交往、科举制度、交通往来、音乐舞蹈及统治者的重视与提倡等方面分析了唐诗传播的文化原因，然后用较大篇幅细致论述了唐诗传播的方式，即通过书写、演唱、诵读方式进行传播。《唐诗传播方式研究》资料丰富，见解新颖，是唐诗研究的一个新成果。对于唐诗的研究者有很多，有考辨诗人诗作文献者，有专论诗人诗风者，有专论问题者，有专论时代文风者，著作汗牛充栋，成果迭出。近年又多另辟蹊径，从诸文化元素之交流入手，探讨唐诗之原生态与魅力，或与政治诸因素之交合探寻诗风文体之演变。唐诗之本来生存状态日益明晰，唐人之生活状态也是日益清楚。近十年之唐诗研究成就很大。

学术特色

陶涛这该书以传播学为视角关注唐诗在唐代之流传过程，角度独特。一般论唐诗的传播者都是泛泛而谈，或者是引用一些常见的笔记材料，该书却深入进行了挖掘。首先厘清了唐诗传播的文化原因：一是人际交往的密切；二是教育与科举考试的推动；三是交通往来的发达；四是音乐舞蹈的繁荣；五是统治者的重视和提倡。这该书系统研究了唐诗的两个重要传播途径——书写传播和演唱传播。前人虽然也有谈及，但是这该书更加全面深细、资料丰富。

该书从传播的过程和条件开始，提出了"所谓'传播过程'，就是从传播者流向受传者，实现信息共享的过程，信息的传递与反馈构成了一个完整的传播过程。"并指出中国文学的起源是与传播同步产生的，传播的主要目的有：政治教化、统治者考察民意、士人干预政治、抒发情怀、文学价值追求、文化传播等。

在唐代，诗歌的传播方式大体仍如魏晋南北朝一样，变化不大，传播方式依然主要是书写传播与口头传播。但由于唐代是诗歌发展的高峰阶段，唐诗成为人们生活的重要组成部分，上至皇帝，下至"牛童、马走"，都以吟诵诗歌为乐，诗歌的传播就比以往时代更加发达、广泛，也更加深入。比起前代，唐朝的诗歌传播具有很多新的特点，分别表现在唐代人际交往、唐代科举考试、唐代交通、唐代音乐舞蹈、唐代统治阶级等这些与唐诗传播。

唐代诗歌的传播，通过书写媒介传播，主要是指唐诗运用文字符号而进行的多种文化传播方式与活动。文字作为传播符号，在唐诗传播中占有突出的地位。汤是通过书写媒介传播，局域流动性、互递性及准确性，并且易于收藏保存，是最重要的传播方式。

唐诗还有一个重要的传播方式就是通过游宴酬唱进行传播。诗歌宴咏活动从传播的角度看，诗歌借助口语媒介传播，随即被记录、传抄，又借助了书写媒介传播，从而广泛流传开来。

文中一节写到唐诗通过国家、地区间的政治文化交流传播。唐代在经济、政治、文化和中外交流等方面，都取得了辉煌的成就，所交往的国家遍及亚洲乃至非洲、欧洲的部分地区。在吸收外来文化的同时，借助强大的政治力量，唐朝也将自身的文化艺术和风俗传给了它的邻国，尤其是日本、朝鲜、安南和中亚地区。唐诗自然也不例外，它通过国家、地区间的政治文化交流而传播到国外。

当然唐诗还通过演唱、诵读的方式进行传播。唐代不仅是诗歌的黄金时代，也是音乐歌舞的黄金时代。诗歌音乐歌舞相互作用，加速了彼此的传播。这个在书中也有一节进行详细的介绍。

书中还在最后总结了各种传播方式的效果，因为传播效果是传播活动的目的所在、价值所在，又是评价传播者、传播媒介所取得成就的重要依据。

总之，唐代的经济文化繁荣昌盛发展，在大一统的安定和平条件下，水陆交通发达，给诗歌的传播提供了良好的环境和条件，使唐诗的传播比起前代有很大的发展。

观点撷英

唐诗通过书写媒介传播，主要是指唐诗运用文字符号而进行的多种文化传播方式与活动。……唐诗通过书写媒介传播，具有流动性、互递性及准确性，而且易于收藏保存，是最重要的传播方式。（第19页）

把诗歌题写于墙壁上，靠过往行人的传诵、传抄、转述而得到传播，集合了书写传播方式和口头吟诵传播方式，而且题壁诗具备书法的形式美与诗词的诗意内蕴美，可以提高诗歌流传的范围和速度。（第61页）

由于行卷是唐代士人们必要的政治活动和交往形式，所以，许多诗人的诗作通过行卷而传播于世，显示了行卷的传播功能与传播价值。行卷投献的多元化形态，具有传播过程中双向性。呈送的对象，即为作者所传播信息的受传者，他们接受并阅览行卷之后，必然会进行价值评判，或褒或贬，或抑或扬，又把自己的评价反馈给作者，构成了传播者之间的相互交流。此外，受传者观看作品后，有时候会把作品再推荐给别人欣赏，这实际上又形成了新的传播过程。（第121页）

吟诵在诗歌普及化、社会化的唐代，是文化传播的又一主要方式，较之传抄、歌唱，表现出更大的传播自由度，加之语言的抑扬顿挫、节奏起伏、平仄谐调，加强了这一传播方式的社会效应与传播信息的增值功能。（第191页）

（杨京儒　撰）

西游记传播研究

胡淳艳

出版概况

《西游记传播研究》，胡淳艳著，中国文史出版社 2013 年 6 月出版，平装 16 开本，372 页，43.5 万余字。

胡淳艳，北方工业大学副教授，博士，著有《中国戏曲十五讲》《〈西游记〉传播研究》等。

内容提要

《〈西游记〉传播研究》分六章十四及附表。该书以《西游记》目前所发现的最早刊本金陵世德堂本的刊刻为起点，主要考察、分析从明万历二十年（1592 年）前后到 1949 年中华人民共和国成立前夕 300 多年《西游记》的传播历史与特性。全书分六章。

第一章，《西游记》版本传播。世德堂本之前的传播，宗教性占据绝对地位。世德堂本本、李评本后游戏性有所增加，宗教性则继续延续并加强，二者呈现杂糅状态。《西游记》全本和节本的差异，明清版本间流变的背后，渗透着游戏性和宗教性的消长。

第二章，《西游记》批评传播。主要从评点本和笔记、序跋的散评两个角度进行。评点本的批评传播，从明代李评本中对游戏说的强调，到清代宗教性传播占据绝对主流地位。散评主要集中于对《西游记》主旨的探讨和其游戏性的分析。宗教性传播成为《西游记》批评传播的主体。

第三章，《西游记》续书传播。明末清初的三部续书对《西游记》文本和批评传播中所体现出来的宗教哲理色彩，不同程度上接受并从各自不同的角度进行了新的演绎。对《西游记》文本和批评传播中的游戏性，三部续书或追踪效仿，或另辟新径。《西游记》西天取经的结构被许多神魔小说模仿。这些小说更倾向于民间信仰，较《西游记》更加世俗化。晚清"新西游记"系列凭借《西游记》传播的影响，借神写人，讥刺现实社会，游戏性发挥到了肆无忌惮的程度。

第四章，《西游记》改编传播。戏曲改编传播包括戏曲剧本传播和演出传播，逐渐形成了"西游戏"传播的独特景观——"猴戏"。而孙悟空脸谱又以此为中介，将瞬间动态的表情凝固为独特的意象，是"西游戏"传播的一个特色符号。说唱改编传播更趋向世俗化，游戏色彩更为浓厚，以适应占主体的中下层观众的审美趣味。明清宝卷对《西游记》的改编传播则以世俗化的宗教性为特征。从清末至民国间，《西游记》较之其他小说的传播，在利用当时刚刚兴起的新媒介方面都走在前列。从早期电影到20世纪40年代的美术片，都显示出它在传播的现代化进程中的努力。

第五章，《西游记》图像传播。主要包括明清版画，近、现代月份牌、烟标、连环画等。它们在将小说文本文字符号转换为形象符号中占据了主导地位。图像传播是建立在《西游记》小说广泛传播基础上，人们以对《西游记》故事、人物的稔熟。反观其各种平面或立体的造型，在对民俗艺术的欣赏、娱乐中，加深对《西游记》的记忆。游戏性为其传播的主流，但各地的齐天大圣庙和齐天大圣像，则是小说文本对民间宗教与信仰的渗透。

第六章，《西游记》翻译传播。西方翻译家的《西游记》中，特别注重以西方宗教的眼光，强调西天取经这样一个过程本身所蕴含的深刻的东方色彩的宗教哲理性，同时包含一定程度的戏谑、幽默色彩。

学术特色

《西游记》是明代"四大奇书"之一，在明清小说史乃至中国文学史上占有十分重要的位置。从万历二十年金陵世德堂本刊行以后，数百年风行不衰，其影响一直延续到当代。该书拟对《西游记》成书后在明代、清代及近、现代（1592—1949）300多年间的传播、流布情况进行考察、分析和论证。形成于20世纪40年代的美国，50年代后盛行于西方的现代传播学，自20世纪70年代末传入中国后，从方兴未艾到蔚为大观，从译介国外传播学著述、移植其研究成果，到提出"传播学的本土化命题"，试图建立中国自身特点的传播学。

在 2005 年之前，《西游记》传播情况的综合、全面、深入的考察相对较少；2005 年之后，出现了一些硕士、博士论文涉及这一内容。该书运用传播学理论分析、考察《西游记》传播的同时，从前大众传播的角度关注《西游记》传播的频率要更高一些，因为真正地传播学是 20 世纪四五十年代才产生的理论。而处于前大众传播时代的《西游记》传播也有着和现代不同的特色，许多现代大众传播的理论不能生硬地照搬到前大众传播时代的明清阶段的《西游记》传播。因此，该书主要是采用传播学的概念和术语来分析前大众传播时代的《西游记》传播。在研究方法上，采用以类相从、共时与历时并用，同时适当与传播学相结合的方法，梳理数百年中《西游记》传播的一些规律性的东西，理清《西游记》研究中的一些偏颇和误解。

该书深入研究《西游记》传播的共性与个性，特别是宗教性与游戏性的杂糅使其更具特点。对共性和个性的考察，可以丰富、深化明清小说传播的研究。一方面，通过对《西游记》传播的个案研究，其传播中所体现出的与其他明清小说相似的共性研究，可以使我们有更为充足的资料梳理明清小说传播的总体态势、特征。而另一方面其传播个性的探讨，则使我们能深入认识明清小说传播中的复杂性、多变性，从而加强对明清小说传播的进一步深入的研究。因此，无论是对《西游记》传播的共性，还是个性的研究，对于明清小说的研究都将具有重要的意义。对《西游记》自身而言，从《西游记》诞生后，形成了长达数百年的"西游热"，围绕其文本形成了蕴涵丰富的"西游"文化。追寻这种文化的历史与现实，探讨其背后的民族精神底蕴，是《西游记》研究中的一个期待深入研究的课题。《西游记》传播的历史，在"西游"文化传播中扮演着十分重要的角色。因此，对《西游记》传播的考察，本身既是"西游"文化的一部分，同时又是深入领悟"西游"文化的有效途径和手段。

观点撷英

但同时，这种以牺牲文本自身意思的完整与精美为代价的做法，最终也是导致《西游记》简本走向湮没的主要内因，换言之，简本固然可以在短期内赢得一部分读者，但却难以长久。一旦有适合多数受众阅读的版本出现，简本的被淘汰就在所难免。（第 30 页）

《证道书》之后的一系列道教内丹评本，不但使儒家评点《西游记》的传播史短命，更扼杀了以文学评本传播《西游记》的可能性，并造成了《西游记》评本始终未能出现像《三国演义》的毛评本、《水浒传》的金评本、《金瓶梅》的张评本一样传播广泛而深入、持久的评点本。（第78页）

总的来看，《西游记》的续书传播有气特色，主要体现在以下几个方面：第一，集中出现于明末清初这一集中阶段。从成书到出版的密度都是十分密集的。而且从康熙中叶之后就再没有出现过一本真正意义上的《西游记》续书。这是一个非常奇特的现象。第二，重复继承和发扬了明代人对《西游记》传播的观点。第三，在艺术性上，在继承原著的某些叙事原则、结构之外，都力求另辟蹊径，开拓出一片新的艺术天地。（第96页）

从宗教世俗化的劝善主题向文人人生理想的转化中，可以窥见在清初"西游戏"的改编传播中所存在着的某种文人化的倾向。这既与原有的民间故事相背离的，也与记载这一故事的小说《西游记》中所同样具有的世俗特性区别开来。在清初"西游戏"的传播中，显得十分特别。（第129页）

猴戏的特出之处在于，它一方面在孙悟空等人的武打上下功夫，发挥作为短打武生的优长。另一方面又结合了武丑表演中所具有的滑稽性和孙悟空作为猴的动物特性，从而把孙悟空身上所具有的神性、人性和猴性三者相结合的特性表演出来。在京剧和地方戏中创造了独特的武打猴戏。（第175页）

总的来说，在《西游记》的绘画传播中，娱乐性、商业性和艺术性的结合，与明清以来大众文化的走向是一致的。（第219页）

可见，近十几年的《西游记》的传播以及渗透到了各种媒介之中，其传播形式和渠道极大丰富。而法国巴黎中国文化年的彩车上赫然印着孙悟空的脸谱作为中国文化的象征，表明《西游记》在当代社会的传播，吹了保持原有的游戏、娱乐性之外，越来越具有了象征中华民族精神的特征。（第269—270页）

（俞俊杰 撰）

后　记

　　华夏传播研究是传播学中国化研究的一个重要方向，在繁荣发展中国的人文社会科学的时代背景下，致力于中国社会传播问题的研究，探讨中国传播学的理论话语体系建构已成为中国传播学者的神圣历史使命。

　　厦门大学传播研究所二十余年来一直致力于这一领域的研究，我们的目标就是如黄星民教授所期盼的那样，即能够形成传播学"中华学派"，与美国学派、欧洲学派并驾齐驱，为世界传播学贡献中国力量，向世界描绘解决世界传播问题的中国方案。

　　近五年来，我们通过创办《中华文化与传播研究》半年刊，力求以华夏文明传播研究为刊物特色，涵盖新闻传播学所有研究领域的综合性辑刊，而即将推出的《华夏传播研究》半年刊，则深耕华夏传播研究这一研究领域，探讨从古至今的中国社会运作的传播机制、传播媒介、传播历史、传播观念以及传播理论等方面，力争成为国内外研究中华文化传播的学者提供一个学术交流平台，也为中国传播学界在世界传播学舞台上发出中国声音，奠定基础。

　　为了早日促成传播学"中华学派"的形成，厦门大学传播研究所一直致力于这一研究领域的教学与科研建设，出版教材与教辅，形成独具特色的教学与科研体系。在教材建设方面，我们出版了本科生教材《华夏传播学引论》和研究生教材《华夏文明与传播学本土化研究》，同时还推出《华夏传播学读本》（世界道联出版社，2016）和该书《华夏传播学的想象力》两本参考材料。前者是精选华夏内向传播、组织传播、人际传播、大众传播、跨文化传播、媒介批评、舆论传播、宗教传播、说服传播等方面的论文，以便学生能够把握该领域研究前沿。而该书则精选华夏传播研究领域有代表性的104部著作，撰写著作提要，以便同行能够一本在手，把握华夏传播研究四十年来的主要成就。需要说明的是，受篇幅和精力所限，该书暂时主要收录我们手上能够收集到的大陆和台湾地区的成果，当然，该书并还没有收录中国（含港澳台）所有的相关成果，且这个领域的著作还将不断涌现，为了让读者能够及时把握这一领域的最新成果，后续我们拟在《华夏传播研究》《中华文化与传播研究》这两本辑刊中及时提供新著作的提要和其他学术动态，欢迎同行关注。此外，将来我们还要努力编撰一本《华夏传播研究学术史（1978—2018)》（暂名），以便能够较为全面地历史性地展现这一领域的研究成就。

该书各著作提要是由编者选择需要撰写的著作，并提供体例，然后安排给这些年来参加《华夏传播概论》和《中国传播理论》等课程的博士生、硕士生、本科生以及访问学者来共同完成，再由编者统稿。在初稿汇集整理过程中，林凯博士生提供了很大帮助，特此感谢。

该书所以取名"华夏传播学的想象力"，是希望学者能够突破学科的界限，开展跨学科对话，展开无穷的想象力，从而描绘出以传播学为底色的中华文化的全览图。因为华夏传播学本是文史哲等其他人文社会科学与新闻传播学交融的产物，它本质上是以传播学的研究视角观照中华传统文化，充分吸收各学科研究成果，打造出传播学中国化的崭新理论成果，也是建构中国传播学理论话语体系的应有之义。

值得一提的是，为了更好地推动华夏传播研究这一独特研究领域的发展壮大，许多同仁以厦门大学传播研究所为依托，成立了华夏传播研究会，并与全球修辞学会建立合作，今后将通过出版期刊和专著，主办学术会议，共同主编相关丛书等方式，为中国传播学早日形成传播学"中华学派"而不懈努力。

主编：谢清果

2018 年 3 月 19 日

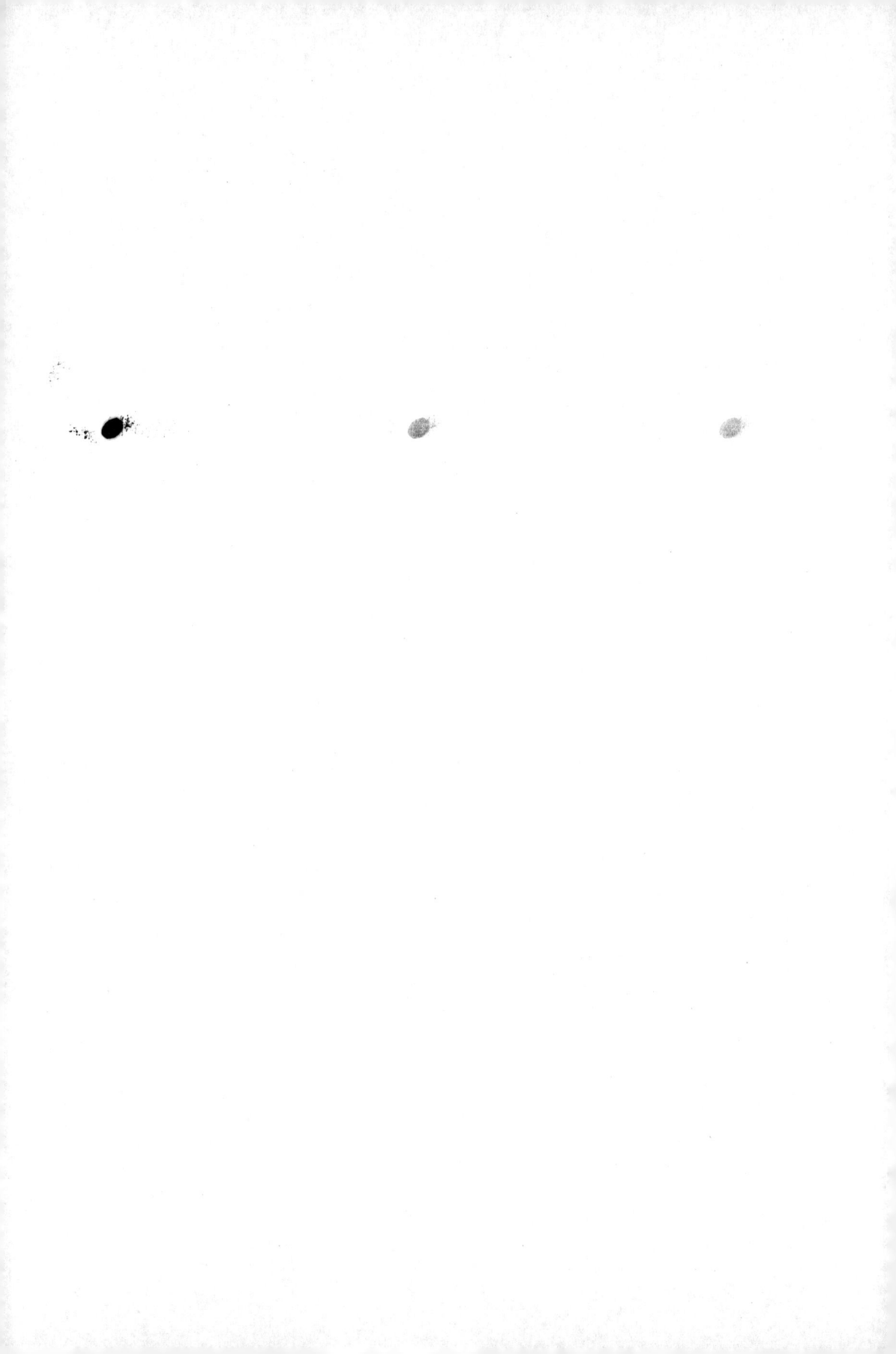